PAGINATION MULTIPLE

Début d'une série de documents en couleur

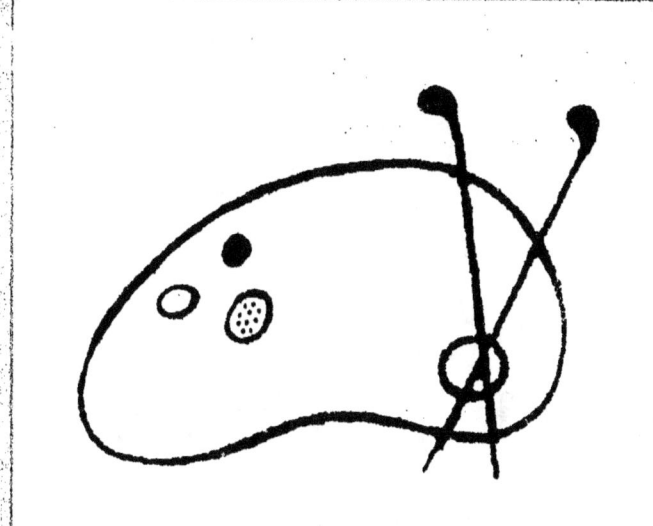

Fin d'une série de documents en couleur

PHILOSOPHIE ANALYTIQUE
DE L'HISTOIRE

ANGERS, IMPRIMERIE A. BURDIN, RUE GARNIER, 4.

CH. RENOUVIER

PHILOSOPHIE ANALYTIQUE

DE

L'HISTOIRE

LES IDÉES
LES RELIGIONS. — LES SYSTÈMES

TOME PREMIER

PARIS
ERNEST LEROUX, ÉDITEUR
RUE BONAPARTE, 28
—
1896

A LOUIS LIARD

DIRECTEUR DE L'ENSEIGNEMENT SUPÉRIEUR

AU MINISTÈRE DE L'INSTRUCTION PUBLIQUE

Son très affectionné,
CH. RENOUVIER.

PHILOSOPHIE ANALYTIQUE
DE L'HISTOIRE

LIVRE PREMIER

CRITIQUE DES RELIGIONS A L'ÉTAT CONSTITUÉ. — LES DOGMES.
LES SACERDOCES.

CHAPITRE PREMIER

Résumé de l'Introduction à la Philosophie analytique de l'Histoire.

La philosophie analytique de l'histoire, telle qu'elle sera comprise ici, est une étude des idées dans l'histoire sous la double forme religieuse et rationnelle qu'elles y présentent, en laissant de côté autant que possible les événements empiriques, produits complexes de ces idées et des fatalités de la nature et de l'homme. Dans une introduction à cette *Philosophie analytique*, dont l'histoire et la critique des religions, l'histoire et la critique des notions philosophiques et scientifiques les plus générales sont des parties, j'ai tenté l'application de l'analyse à ce qu'il y a de données accessibles dans les premiers développements de la conscience de l'homme. Je me suis formé une idée du plus ancien état que je puisse concevoir de l'esprit et de la moralité, et des conditions dans lesquelles la réflexion a pu se fortifier et les sociétés s'étendre; puis des lois de production, d'aggravation, de réparation du mal moral, c'est-à-dire de l'injustice, dans les relations humaines. Afin de confirmer et de préciser ces vues, j'ai défini les phénomènes moraux et religieux que l'observation ou l'histoire et les monuments nous montrent chez certaines tribus et au berceau des nations, comme ce qu'il y a de moins éloigné du primitif.

Ce mot *primitif* ne désigne pas pour nous l'état vraiment initial, que nous ne saurions atteindre; mais un état empirique qui ne serait ni le plus haut ni le plus bas auquel les hommes peuvent s'élever ou tomber rapidement par l'usage de la liberté morale, dans un milieu, avec des mœurs relativement simples, avant que l'habitude enracinée et de fortes institutions leur aient forgé des chaines. Ce serait quelque chose comme une condition qui, par l'expérience acquise et par les conséquences des actions bonnes et mauvaises, ne se serait pas encore éloignée beaucoup de l'innocence, puissance égale de bien et de mal, mais dans laquelle se marqueraient déjà distinctement, chez les individus d'un groupe donné, les qualités et les tendances d'où dépendent des déterminations de mœurs et de croyance. L'induction historique la mieux justifiée rend probable l'existence de groupes de cette sorte, originairement divers par leurs dispositions mentales, et dont les produits spontanés les plus importants sont les modes du langage et les façons de concevoir le monde et les forces naturelles dans leur rapport avec l'homme, avec ses sentiments et ses intérêts. Ce sont là des races, mais considérées d'un point de vue surtout intellectuel et moral, des *races éthiques*, c'est-à-dire dont les propriétés, quelles qu'elles aient été dans leur origine première, doivent être regardées, à partir d'un certain moment, comme des produits de l'usage et de l'habitude au milieu des actions et des réactions nées de l'exercice de la liberté et modifiées par les différences individuelles.

L'analyse des faits ainsi envisagés ignore les lois prétendues que la « philosophie de l'histoire », la « philosophie positive », et la doctrine de l'évolution imposent aux commencements et à la marche de l'humanité, comme si l'unité de l'espèce était démontrée telle, et le sort de chaque nation et ses rapports tellement déterminés par des décrets de la nature, qu'elles dussent être nécessairement conduites toutes d'une même origine à une fin unique par une seule voie possible que la théorie serait en état de tracer *a priori*.

J'ai abordé le sujet des religions, qui est, avec celui des langues, ce qu'il y a partout de plus antique, et, autant la critique historique et philologique est tenue d'admettre de groupes humains divers dans la plus haute antiquité accessible, autant j'ai dû reconnaître de tendances originales et de systèmes d'imagination et de sentiment, pour ainsi parler, qui ont paru capables d'expliquer les phénomènes de l'univers et de fournir des sujets de culte. Les points communs dépendent de notions morales communes et varient dans l'application selon le degré d'élévation ou d'abaissement de ces notions. Les points différents tiennent aux directions prises par l'entendement sous des impressions reçues, dans un champ libre ouvert aux hypothèses, ou, pour mieux dire, aux représentations spontanées de l'inconnu, du possible imaginé comme réel, puisque l'hypothèse n'a pas encore conscience d'elle-même. Loin que les hommes aient partout débuté par les mêmes vues, encore moins qu'ils aient tiré leurs idées d'une même doctrine antécédente, on peut s'assurer qu'ils ont différé, si haut que nous les suivions, plus même qu'il ne nous est facile de le comprendre. Et au contraire, ils ont très ordinairement conduit leurs pensées, par la réflexion, à des conclusions semblables, à mesure qu'ils s'éloignaient de leurs berceaux, soit lorsque leurs communications amenaient entre eux des rapprochements, soit surtout parce que la généralisation des idées peut faire aboutir à une doctrine commune des chemins de l'esprit qui semblaient d'abord divergents. C'est ainsi que le panthéisme est descendu de plusieurs sources.

Les différences les moins sensibles doivent se trouver entre les tribus les plus abaissées ; et cependant là même il y en a de très importantes. Les termes souvent employés : fétichisme, chamanisme, sabéisme, ainsi que les termes plus généraux : idolâtrie et superstition, s'appliquent à des directions de sentiment et de croyance de valeur fort inégale. Les tribus, tant anciennes que modernes, offrent de grandes variétés en leurs tendances d'adoration et de culte. La même inégalité s'observe au sujet de la préoccupation du sort des âmes, et aussi de la notion plus ou moins générale d'une puissance cosmique. Tantôt ce sont des points à peine indiqués, tantôt il y a des tentatives de constructions cosmogoniques ou pneumatologiques.

Ce qui manque le plus à ces peuplades, au moins aux plus infimes, c'est quelque chose d'arrêté et de ferme dans l'imagination même, une certaine solidité de l'esprit. La cause de leur mobilité, obstacle chez elles à tout progrès sérieux, se découvre par la considération des notions morales élémentaires, selon le degré où elles se soutiennent et s'appliquent dans un milieu donné. Les races mères des grands peuples qui occupent encore la terre, et de quelques-uns qui ont péri après de fortes destinées remplies, se sont distinguées, dans les temps connus les plus anciens, par des directions intellectuelles originales et constantes, liées à un état de moralité stable, alors même que cet état dût être qualifié de *barbare*; mais tout nous défend de croire que les ancêtres des Aryens, ou des vieux Sémites, et ceux aussi des Égyptiens et des Chinois, nations remarquables par la possession d'un esprit de règle et par des dons intellectuels puissants, quoique différant profondément les unes des autres, aient jamais été pareils à ces sauvages que nous voyons dans un état semblable à celui d'une chute morale presque toujours irrémédiable.

Pour résumer très brièvement ce que chacune de ces nations placées pour nous aux limites de l'histoire a reçu de dons en propre, en a développé d'abord seule, au cours de sa croissance, nous constaterons chez les « cent familles » de la Chine une sorte de pneumatologie systématique embrassant la nature entière, un anthropomorphisme universel, par conséquent, sans mythologie, avec emploi continuel du symbolisme et de l'analogie, un dualisme vital, posant, d'un côté, des éléments animés, de l'autre des formes animatrices, mais, par dessus tout, l'idée générale de l'ordre cosmique ou céleste, et de l'ordre terrestre et humain, en dépendance mutuelle. La croyance à l'immortalité, qui régnait à l'origine, s'affaiblit rapidement, pendant que ne laissaient pas de durer les cultes qui la supposaient, surtout le culte des ancêtres lié au sentiment dominant de ce peuple en tout temps : la conservation des traditions, l' « observation des rites ».

Chez les Égyptiens, ce n'est plus l'harmonie des *esprits du Ciel et de la Terre*, quoique cette nation se soit fait aussi de grandes idées de l'enchaînement universel et du devoir reliant les hommes aux dieux leurs protecteurs et leurs types *humains* suprêmes, mais pour eux c'est l'*adoration* de la force bienfaisante qui constitue essentiellement la religion. Leur culte se porte avant tout sur les puissants générateurs de la nature, fécondants et fécondés; accessoirement, sur les types animaux, réalisés en des êtres vivants et mystérieux, bienfaisants ou nuisibles, et symboles aussi des forces ou qualités d'ordre général; enfin sur les rois comme organisateurs, constructeurs et civilisateurs, centres de la force collective. Tous ces objets sont reliés par le système des incarnations et des pérégrinations des âmes. L'adoration des dieux de la nature et de leurs formes incarnées, le culte du corps mort, conservé comme pour un retour possible de l'âme, et la divinisation de l'homme qui triomphe des épreuves auxquelles il est soumis par les dieux, tels sont les traits caractéristiques de cette religion du « plus religieux de tous les peuples », au jugement de l'antiquité.

Il n'y a que peu de rapports entre les plus anciennes expressions connues des idées religieuses en Égypte et en Chine, et toutefois on peut voir quelque chose de semblable, au point de départ, des deux côtés, dans le dualisme des esprits ou âmes et des éléments matériels, dualisme qui appartient également aux Touraniens et que ceux-ci apportèrent dans la Babylonie et unirent à d'autres éléments, au contact des races établies dans cette contrée. Mais aucun rapprochement n'est possible, quand on passe à considérer une troisième race, aussi différente des deux autres que celles-ci sont différentes entre elles. La connaissance de l'Arye primitive a été une sorte de révélation du procédé constitutif, autrefois incompris, de la mythologie, et ce procédé ne se voit bien que là, dans son application à la nature, où il nous facilite l'intelligence de toutes les applications inconscientes que les peuples aryens n'ont cessé et ne cessent d'en faire à la science et à la philosophie. J'ai cherché à me rendre compte de l'esprit mythologique, de ses rapports avec l'anthropomorphisme du langage et de la pensée irréfléchie, enfin des produits, similaires, quoique variés, qu'il a donnés en religion, selon les directions que l'imagination et la moralité prenaient dans les branches séparées d'une même race : hindoue, hellénique, italique, celtique, etc.

Une quatrième famille encore, bien tranchée des précédentes, est celle des Sémites. Un concept absolu de la puissance divine en tant que cause anthropomorphique opérant sur la nature, plutôt que la constituant ou se confondant avec elle, se joint ici à un système spécial de langues, pour établir une division de races qui ne ressortirait pas assez fortement des caractères ethnologiques. Les Sémites n'usent que peu de la mythologie proprement dite, ou de celle qui fait et multiplie les entités autant que les rapports conçus ou perçus se prêtent à la personnification ; mais ils se plaisent au symbole et à la légende ; au symbole qui donne aux notions morales une enveloppe sensible, sans trop les dénaturer, et à la légende qui revêt l'imagination des formes de l'histoire, ou ajoute à l'histoire, pour l'embellir et l'idéaliser, des traits imaginaires. La notion de la pure matière, qui n'entra jamais qu'avec peine dans l'ancien esprit aryen, le Sémites se la forment facilement, comme les Égyptiens et les Chinois, mais celle des esprits informants ou animateurs et des âmes séparables leur est presque étrangère (abstraction faite de l'apport touranien dans la Babylonie). L'idée de la permanence du moi semble n'être venue que du dehors à la branche hébraïque du sémitisme, et elle y a si peu pénétré que la résurrection des corps est la forme qu'a dû y prendre, et de là dans le christianisme non platonisant, la doctrine de l'immortalité. Le monde ne se présentait aux yeux des hommes de cette race ni comme une lutte entre des forces contraires, ni comme un ensemble d'esprits reliés dans l'ordre universel, mais comme l'effet d'une ou de plusieurs causes souveraines dont l'attribut essentiel est la puissance en tant que volonté.

Ce caractère originel de la famille sémitique me semble avoir été poussé jusqu'à la démonstration par la critique philologique. Je crois aussi avoir expliqué comment un polythéisme sémitique a pu se former suivant la pente morale des tribus passées à la grande vie politique, dans les empires de l'Asie occidentale, et grâce au mélange de leurs religions avec celles de la Chaldée ancienne et des peuplades méridionales à affinités chamitiques. Encore même ce polythéisme a-t-il différé de celui des peuples aryens, jusqu'à l'époque où l'instinct des procédés primitifs étant perdu, la réflexion tendait à identifier les croyances en les poussant toutes également au panthéisme.

Ces religions d'origine et d'esprit divers, il faut maintenant les suivre dans leurs développements, pendant la période où elles se modifient et se systématisent, souvent se rapprochent les unes des autres, même sans se mêler, et les conduire toutes jusqu'à l'époque où des révélateurs s'élevèrent du sein de certaines d'entre elles, introduisirent l'inspiration religieuse individuelle dans ces anciens produits spontanés de l'esprit des nations, et donnèrent aux croyances et aux mœurs des peuples qui les suivirent un caractère nouveau. J'ai anticipé à plus d'un endroit de l'*Introduction*, sur la partie de mon étude qui concerne les dogmes, soit pour éclairer les temps primitifs par des comparaisons nécessaires, soit parce qu'il était difficile de séparer l'époque des origines, abordable à l'induction, d'avec celle où l'on a déjà affaire à un état religieux développé. Mon sujet se réduira maintenant en grande partie à celles des religions qui n'ont pas seulement formulé des doctrines d'un sérieux intérêt moral, mais qui ont exercé une influence directe ou indirecte sur les croyances des âges suivants et introduit des éléments durables dans le courant général des idées venues jusqu'à nous. Certains cultes, certaines idées dogmatiques prennent un autre genre d'importance en nous découvrant des analogies avec d'autres qui nous sont plus familières, et par là nous aidant à envisager celles-ci d'un point de vue plus général. Ils nous montrent quelquefois ce qu'on peut attendre des produits de la réflexion et de l'esprit dogmatique, là où une certaine culture de l'esprit se joint à un abaissement profond de la moralité.

Nous ne commencerons pas notre revue par un de ces derniers cas, mais, au contraire, par celui de tous qui remonte à la haute antiquité aryenne, et doit être regardé comme l'origine, dans cette race, de la position dogmatique du bien moral produisant et gouvernant le monde, en opposition avec un principe du mal qui résiste activement au bien et donne lieu à tous les phénomènes subversifs de l'ordre matériel et de l'ordre mental. Cette doctrine dualiste, qui était destinée à se voir partout supplantée par des doctrines unitaires, plus absolues dans l'affirmation de la toute-puissance suprême, et qui n'a pas laissé de conserver presque en tout temps et en tous lieux des adeptes, ou d'exiger des concessions de ses plus violents opposants, prit naissance de la réaction religieuse de certaines tribus aryennes contre l'esprit panthéiste de celles qui fondèrent le brahmanisme.

CHAPITRE II

Le mazdéisme antique. — Le dualisme moral.

Les historiens les plus accrédités du monde grec ont placé à l'origine des doctrines morales et religieuses, — *à l'origine de la philosophie*, pour laquelle on aimait à chercher, dans la haute antiquité, une certaine unité profonde, dispersée depuis dans les sectes, — un corps sacerdotal, appelé *les mages*, qui auraient eu Zoroastre pour premier instituteur. Ces mages étaient aussi nommés des *Chaldéens*, et on se plaisait à les rapprocher des anciens Égyptiens, des gymnosophistes de l'Inde, des druides de la Gaule, et du civilisateur légendaire de la Grèce, le poète thrace, Orphée. Ce sont ces sortes de rapprochements imaginaires, qui, systématisés par les philosophes néoplatoniciens d'Alexandrie, ont constitué le *syncrétisme*, école de fausse critique historique et religieuse dont les errements ont toujours trouvé et trouvent encore si facilement parmi nous des imitateurs.

Un curieux passage de la *Préface* des *Vies des philosophes* de Diogène de Laërte (IIe siècle de notre ère) met cette confusion dans tout son jour, spécialement en ce qui concerne les prêtres chaldéens et ceux de la religion mazdéenne :

« Plusieurs auteurs rapportent le commencement de l'œuvre de la philosophie aux Barbares. Suivant Aristote, en son *Magikon*, et Sotion dans son XXIIIe livre de la *Diadochè*, la philosophie serait née des mages chez les Perses, des Chaldéens chez les Babyloniens et les Assyriens, des gymnosophistes chez les Indiens, et de ceux qu'on nommait *druides* et *semnothées* chez les Celtes et les Galates..... En ce qui touche les mages, qu'on fait commencer au Persan Zoroastre, Hermodore le platonicien, dans ses *Mathemata*, compte cinq mille ans de ce dernier jusqu'à la ruine de Troie. Mais Xanthos de Lydie n'en admet que six cents jusqu'à l'expédition de Xercès contre les Grecs ; et il donne les noms d'une suite de mages, après Zoroastre jusqu'au renversement de l'empire persan par Alexandre : Ostanas et Astrapsychès et Gobryas, et Pazatas... Les Chaldéens étaient adonnés à l'astronomie et aux prédictions ; les mages s'appliquaient au culte divin, aux sacrifices, aux prières, comme les seuls qui eussent l'oreille des dieux. Ils professaient des doctrines sur l'essence et la génération des dieux qu'ils disaient être feu, et terre et eau. Ils condamnaient les images et, avant tout, l'opinion de ceux qui font les dieux mâles et femelles. Ils raisonnaient sur la justice, traitaient d'impie l'usage de brûler les morts, et autorisaient le mariage du père et de la fille, du fis et de la mère. Tout cela, d'après Sotion. Ils pratiquaient au surplus la divination et prétendaient que les dieux leur apparaissaient, que l'air est rempli d'images (εἰδώλων) qui s'exhalent des corps et se font apercevoir aux yeux perçants. Ils réprouvaient les ornements et l'emploi de l'or dans le vêtement, portaient de simples robes blanches, couchaient sur un lit de feuilles, se nourrissaient d'herbes, de fromage et de pain, et avaient au lieu de bâton un roseau, au bout duquel ils mettaient le fromage qu'ils portaient à la bouche. Ils n'usaient pas des prestiges de la sorcellerie dans l'art de la divination, suivant Aristote, en son *Magikon*, et suivant Dinon, également, qui, dans le Ve livre de son *Histoire*, attribue le culte des astres à Zoroastre, en se fondant sur la signification de son nom. Hermodore pense de même. Aristote, dans le premier livre *Peri filosofias*, regarde les mages comme plus anciens que les Égyptiens. Ils reconnaissaient, dit-il, deux principes, la divinité bonne et la divinité mauvaise (ἀγαθὸν δαίμονα, καὶ κακὸν δαίμονα). Ils appelaient l'un Zeus et Orosmade, l'autre Haïdès et Ariman. C'est aussi ce que rapportent Hermippe, en son premier livre *des Mages*, Eudoxe dans le *Périodon* et Théopompe dans le VIIIe des *Philippiques*. Ce dernier dit aussi que, selon les mages, les hommes ressusciteront, et seront immortels, et toutes choses seront stables désormais, grâce à leur intercession auprès des dieux. Eudème de Rhodes témoigne dans le même sens. Cléarque de Solos, dans son livre *sur l'Éducation*, dit que les gymnosophistes sont descendus des mages. Quelques-uns font venir aussi d'eux les Juifs. Ceux qui ont écrit sur les mages accusent Hérodote, pour avoir avancé que Xercès lança des flèches contre le soleil et voulut enchaîner la mer, deux objets d'adoration pour ces philosophes. Et ils donnent raison à Xercès pour avoir renversé les images. »

J'omets les endroits les plus étranges de cet auteur, ceux où, à propos de l'origine de la philosophie selon les *Barbares,* il parle de Nilos et d'Héphaistos et d'Atlas. Il ne s'agit ici que de la confusion des sectateurs de Zoroastre avec les mages chaldéens. Par les écrivains auxquels il se réfère, Diogène ne fait qu'un bloc de doctrines telles que le dualisme moral du bien et du mal, l'adoration du dieu bon, créateur unique du bien, la proscription de l'idolâtrie, la résurrection et l'immortalité, d'une part, et, de l'autre, le culte des éléments, celui des astres, la génération et la sexualité des dieux, et toutes les pratiques ou puériles ou criminelles de la divination et de la magie. Cette confusion eut pour cause principale la rencontre forcée qui s'était faite sur tous les points à la fois, au moment de la conquête de la Babylonie et de l'Assyrie par les Perses, entre les prêtres de la religion mazdéenne qui était la religion de ces derniers, et les mages, ou prêtres chaldéens, qui eux-mêmes s'étaient unis aux castes sacerdotales des populations sémitiques, quatorze ou quinze cents ans auparavant. Deux phénomènes historiques inverses l'un de l'autre se produisirent sous le règne des Achéménides, dont l'éclaircissement a échappé aux écrivains de l'antiquité classique et n'a été obtenu que par les études de notre siècle. On savait que Cambyse, fils de Cyrus, avait déployé de l'intolérance et du fanatisme contre les cultes de l'Égypte, fait incompréhensible aux yeux des Grecs ; que Darius, fils d'Hystaspe, après l'usurpation du faux Smerdis, avait ordonné le massacre des mages et institué la fête de la *magophonie* (1) : ce qu'on pouvait naturellement attribuer à des motifs tout politiques ; et que Xercès, fils de Darius, avait renversé les temples et les statues sur son passage en Grèce ; mais on ignorait que ces mages n'étaient point les prêtres de la religion des Perses, et que les violences iconoclastes des rois achéménides tenaient à des principes religieux.

Mais voici maintenant le phénomène inverse qui acheva d'éga-

---

(1) On a une inscription de ce roi, dans laquelle il se vante d'avoir rétabli les vraies croyances et le culte légitime et aboli le *mensonge,* les superstitions qui, pendant l'expédition de Cambyse en Égypte et sous l'usurpateur *Gautama le mage* (le faux Smerdis), s'étaient répandues dans la Perse, la Médie et *les autres provinces* de sa domination. Les autres provinces, ainsi parle Darius, et il se garde de les nommer. Le fait est que les *superstitions* y étaient traditionnelles et non pas répandues depuis un petit nombre d'années seulement. Dans la Médie même, on ne saurait douter que la religion chaldéo-babylonienne n'eût beaucoup de force et des racines anciennes. (Inscription dite de Behistoun.)

rer la critique des historiens ; c'est que, après le premier choc, dont peut-être on ne se fût pas aperçu hors de la Perse même, n'eût été l'incident politique de l'usurpation de Gautama et la courte tentative de persécution des mages contre la religion des envahisseurs, l'esprit madzéen, les pures traditions mazdéennes déclinèrent rapidement chez ces derniers. Soit que les prêtres zoroastriens (les athravas, — c'était leur nom, tandis que celui de *mage* est d'origine chaldéenne) eussent peu d'autorité chez les Perses, nation essentiellement héroïque à cette époque ; soit qu'eux-mêmes se fussent bientôt laissés séduire aux doctrines et aux pratiques astrologiques et magiques du sacerdoce babylonien ; soit enfin et surtout que les superstitions de la population la plus nombreuse de l'empire persan eussent gagné toutes les classes de la race politiquement dominante, et les princes, il ne tarda pas à devenir difficile à des voyageurs étrangers de s'apercevoir de l'existence d'une croyance profondément spiritualiste, à vues exclusives, opposée au polythéisme naturaliste des habitants d'Ecbatane et de Babylone. (La ville de Ninive était alors en ruines.) Au reste il faut dire que, dès une époque antérieure, le mazdéisme avait été altéré par des infiltrations venues de l'Occident, dans les contrées situées entre le Tigre et l'Indus, dans cette Asie même où il avait son siège, que sa propagation avait éprouvé partout de vives résistances, et que la Médie antique, étrangère de race et de langue aux Aryens, le subit seulement en sa caste politiquement dominante, au vin^e siècle. Ce qui semblait devoir être le triomphe de cette religion, l'avènement des Perses à l'empire de l'Asie, fut si bien le signal de son affaiblissement et de sa décadence, qu'elle perdit aux yeux des historiens son existence distincte et parut se fondre dans le commun polythéisme de l'ancien monde, pis que cela, s'identifier avec le culte le plus mal renommé, le magisme, jusqu'à l'époque où, sept cents ans plus tard, sous les princes sassanides, elle se releva comme une sorte de protestantisme mazdéen pour succomber définitivement à la persécution des musulmans. On sait comment Anquetil-Duperron retrouva ce qui restait des livres sacrés des sectateurs de Zoroastre entre les mains des Guèbres réfugiés sur les bords de l'océan Indien et les fit connaître à l'Europe.

Il n'y a donc pas lieu de s'étonner de ce que l'historien Hérodote voyageant en Médie (non pas en Perse, paraît-il), pendant le ve siècle, et parlant de ce qu'il a vu, ignore, jusqu'au nom du dieu des Mazdéens, Ahoura Mazda ; et que tout en signalant l'interdiction caractéristique des temples, des autels, des statues, il attribue aux Perses des sacrifices aux astres et aux éléments, leur prête l'assimilation de Zeus au « cercle entier du ciel » (au zodiaque, aux planètes, sans doute), et le culte d'Uranie, c'est-à-dire d'Aphrodite, qu'ils ont appris, dit-il, des Assyriens et des Arabes; d'Aphrodite, « que les Assyriens appellent Mylitta, les Arabes : Alitta, *et les Perses Mitra.* » Ce nom de Mitra, qui surprend un peu à cette place, a été trouvé associé à celui d'Anahita (Grande Déesse) dans une inscription d'Artaxercès Mnémon, qui le premier, que l'on sache, des Achéménides a invoqué des dieux auprès du dieu suprême. Mais le culte du couple luni-solaire que ces noms désignent pouvait déjà s'être introduit dans le mazdéisme corrompu au temps du voyage d'Hérodote. Des perversions de la dernière gravité dataient d'une époque antérieure à ce voyage, puisque les Perses, pendant les guerres médiques, avaient enterré de jeunes hommes vivants en sacrifice, — à Ahriman, selon toute apparence, les rites destinés à l'apaisement du mauvais principe étant la grande aberration des anciennes religions dualistes (1).

L'étrange confusion de deux cultes profondément ennemis, dont l'un étouffa l'autre et le recouvrit, a fait peser sur Zoroastre, dès lors appelé *le mage,* figure reculée aux lointaines origines, la charge du plus abominable culte et des superstitions les plus abjectes dont l'esprit humain ait été capable. On peut prendre Plutarque et Pline l'Ancien, l'un curieux de toute philosophie, l'autre de toute science, et à peu près contemporains, pour les témoins les mieux autorisés de l'opinion de leur temps, demeurée celle de la postérité jusqu'aux découvertes des philologues de nos jours. Voici ce que dit Plutarque (2) :

« C'est l'advis et l'opinion de la plus part, et des plus sages anciens » — à savoir « qu'il y ait dans la nature un principe dont procède le mal aussi bien que le bien » : — « car les uns estiment qu'il y ait deux dieux de mestiers contraires, l'un autheur de tous biens, et l'autre de tous maulx : les autres appellent l'un dieu qui produit les biens, et l'autre dæmon (δαίμονα), comme fait Zoroastres le Magicien (ὁ μάγος) que lon dit avoir esté cinq mille ans devant le temps de la guerre de Troye. Cestuy donc appeloit le

---

(1) Hérodote, *Histoire*, I, 131 et VII, 114.
(2) *De Isis et d'Osiris*, trad. d'Amyot, XLII-XLIII.

bon dieu Oromazes, et l'autre Arimanius, et davantage il disoit que l'un ressembloit à la lumière, plus qu'à autre chose quelconque sensible, et l'autre aux ténèbres et à l'ignorance, et qu'il y en avoit un entre les deux qui s'appeloit Mithres (Μίθρην) : c'est pourquoy les Perses appellent encore celui qui intercède et qui moyene Mithres : et enseigna de sacrifier à l'un, pour luy demander toutes choses bonnes, et l'en remercier, et à l'autre pour divertir et destourner les sinistres et mauvaises ; car ils broyent ne sçay quelle herbe qu'ils appellent Omomi (Ὄμωμι), dedans un mortier, et reclament Pluto (Ἄδην) et les ténèbres, et puis la meslant avec le sang d'un loup qu'ils ont immolé, ils la portent et la jettent en un lieu obscur où le soleil ne donne jamais : car ils estiment que des herbes et plantes les unes appartiennent au bon dieu, et les autres au mauvais dæmon, et semblablement des bestes, comme les chiens, les oyseaux et les hérissons terrestres, soient à dieu, et les aquatiques au mauvais dæmon, et à ceste cause réputent bien heureux ceux qui en peuvent faire mourir plus grand nombre : toutefois ces sages là disent beaucoup de choses fabuleuses des dieux, comme sont celles cy, que Oromazes est né de la plus pure lumière, et Arimanius des ténèbres, qu'ils se font la guerre l'un à l'autre, et que l'un a fait six dieux, le premier de benevolence, le second de vérité, le troisième de bonne loi, le quatrième de sapience, le cinquième de richesse, le sixième de joye pour les choses bonnes et bien faittes : et l'autre en produit autant d'autres, tous adversaires et contraires à ceux cy.

« Et puis Oromazes s'estant augmenté par trois fois, s'esloigna du soleil autant comme il y a depuis le soleil jusques à la terre, et orna le ciel d'astres et d'estoiles, entre lesquelles il en establit une comme maîtresse et guide des autres, la caniculaire. Puis ayant fait autres vingt et quatre dieux, il les meit dedans un œuf, mais les autres qui furent faicts par Arimanius en pareil nombre gratterent et ratisserent tant cest œuf qu'ils le percerent, et depuis ce temps-là les maulx ont esté pesle-mesle brouillés parmy les biens. Mais il viendra un temps fatal et prédestiné, que cest Arimanius ayant amené au monde la famine ensemble et la peste, sera destruict et de tout poinct exterminé par eux : et lors la terre sera toute platte, unie et égale, et n'y aura plus que une vie et une sorte de gouvernement des hommes, qui n'auront plus que une langue entre eux et vivront heureusement. »

On voit comment au dualisme des principes et à d'autres traits qui, nous le verrons, procèdent d'une exacte tradition, viennent s'ajouter les idées et les pratiques dites *magiques*, que le mazdéisme condamne, et l'imputation du culte du « mauvais démon ». Mais, au sujet de la magie, c'est surtout Pline qu'il faut entendre. Il prononce au nom de la science, quoique auteur de peu de critique lui-même, une condamnation bien motivée contre les impostures magiques (*magicas vanitates*) et il en fait remonter l'origine à Zoroastre, comme *tout le monde en est d'accord*, dit-il, (*ut inter auctores convenit*) (1).

« La magie est du petit nombre des choses sur lesquelles il importe de s'étendre, ne fût-ce qu'à ce titre qu'étant le plus trompeur des arts, elle a eu, par tout le monde et en tout temps le plus grand crédit. On ne s'étonnera pas de l'influence extrême qu'elle s'est acquise, car elle a seule embrassé et confondu les trois arts qui ont le plus de pouvoir sur l'esprit humain. Elle est née d'abord de la médecine (2), cela n'est pas douteux ; et, sous l'apparence d'avoir pour objet notre salut, elle s'est glissée comme une autre médecine plus profonde et plus sainte. En second lieu, aux promesses les plus flatteuses et les plus séduisantes, elle a joint le ressort de la religion, sujet sur lequel le genre humain est encore aujourd'hui le plus aveugle (3). Enfin pour comble elle s'est incorporée à l'art astrologique (*artes mathematicas*) (4); or tout homme est avide de connaître son avenir, et tout homme pense que cette connaissance se tire du ciel avec le plus de certitude. Ainsi tenant enchaînés les esprits par un triple lien, la magie s'est élevée à un tel point qu'aujourd'hui

---

(1) *Histoire naturelle*, livre XXX *sub init.*, trad. de Littré.
(2) La publication des « hymnes magiques » des Chaldéens donne une confirmation singulièrement nette à ce jugement de Pline sur l'origine de la magie. Au reste, encore aujourd'hui, la médecine des tribus sauvages et, parmi nous, nombre de recettes superstitieuses pour la guérison de certaines infirmités, reposent sur des croyances *magiques*.
(3) Encore un état d'esprit dont les exemples ne cessent pas d'abonder : les croyances et pratiques *spirites* procèdent de l'esprit de magie, c'est-à-dire de la tendance à affirmer la réalité de certains faits et rapports secrets des choses, qu'on imagine et dont on assure avoir l'expérience qu'on n'a pas réellement ; et cette tendance ne manque pas de porter des gens sans religion à se faire des sortes de religions individuelles et de fantaisie.
(4) L'incorporation de la magie à l'astrologie s'était déjà faite bien avant que Pline l'observât dans le monde grec. Elle s'était produite lors de la fusion de la vieille religion chaldéenne, essentiellement magique, avec les cultes sidéraux des religions sémitiques.

même elle prévaut chez un grand nombre de nations, et dans l'Orient commande aux rois des rois.

« C'est dans l'Orient sans doute qu'elle a été inventée, dans la Perse, par Zoroastre; les auteurs s'accordent sur ce point; mais n'y a-t-il qu'un Zoroastre? y en a-t-il deux? C'est une question indécise. Eudoxe, qui a prétendu que parmi les sectes philosophiques la magie était la plus illustre et la plus utile (1), plaçait ce Zoroastre six mille ans avant la mort de Platon; autant en faisait Aristote. Hermippe qui a écrit avec beaucoup d'exactitude sur toutes les parties de cet art, et qui a commenté les deux millions de vers écrits par Zoroastre, et mis des tables aux ouvrages de cet auteur rapporte que Zoroastre a puisé sa doctrine chez Azonaces et vécu cinq mille ans avant la guerre de Troie. Il faut d'abord s'étonner que ces souvenirs et cet art aient subsisté pendant tant de siècles sans que les monuments écrits aient péri, et en outre sans que la tradition ait été entretenue par des intermédiaires illustres et continus (2)... Je croirais qu'Orphée a le premier transporté de proche en proche les superstitions magiques avec les découvertes de la médecine, si la Thrace, où il faisait séjour, n'eût été totalement étrangère à la magie. Le premier, d'après le résultat de mes recherches, qui ait écrit sur ce sujet et dont les ouvrages subsistent est Osthanes. Il avait accompagné Xercès dans la guerre faite aux Grecs par ce prince; il dissémina pour ainsi dire les germes de cet art monstrueux, et en infecta tous les lieux qu'il parcourut. Des auteurs qui poussent l'investigation plus avant placent peu de temps avant lui un autre Zoroastre de Proconnèse; ce qui est certain, c'est que c'est cet Osthanes qui inspira aux peuples de la Grèce, non l'amour, mais la rage de cette science (3). Toutefois je remarque qu'anciennement et presque toujours on cherche dans cette science le plus haut point de l'éclat et de la gloire littéraires; du moins

---

(1) On croirait plus volontiers que le savant mathématicien et astronome Eudoxe de Cnide eût remarqué que les fausses sciences, telles que l'astrologie, ont été utiles en portant les hommes à l'observation et au calcul des phénomènes. On va voir que Pline impute à Platon lui-même et à tous les plus illustres philosophes l'estime et le goût de la magie!

(2) Il n'y a certainement rien de commun en ces *deux millions de vers* commentés par Hermippe, et les livres mazdéens réels restaurés en Orient deux siècles après Pline et, en partie, parvenus jusqu'à nous.

(3) Je modifie quelques mots de cette phrase pour serrer le texte de plus près.

Pythagore, Empédocle, Démocrite, Platon, pour s'y instruire, traversèrent les mers, exilés à vrai dire plutôt que voyageurs. Revenus dans leur patrie, ils vantèrent la magie, ils la tinrent en arcanes, Démocrite a fait connaître Apollobèches de Coptos et Dardanus de Phénicie. Il alla chercher les écrits de Dardanus dans le tombeau de ce personnage; quant aux siens, ils ont été composés d'après la doctrine de ces deux hommes. Que tout cela ait été reçu par d'autres et se soit conservé dans la mémoire, c'est ce qui m'étonne le plus au monde. Ici tout est si peu croyable et si révoltant, que ceux qui donnent leur approbation aux autres écrits de Démocrite regardent comme apocryphes les livres magiques qui portent son nom. Mais il n'est que trop vrai : c'est lui qui a surtout infatué les esprits de cette attrayante chimère. Il faut aussi remarquer, comme une circonstance singulière, que les deux arts, médecine et magie, se soient développés simultanément, la médecine par Hippocrate, la chimie par Démocrite, au temps de la guerre du Péloponèse, répondant à l'an 300 de Rome. Il est une autre secte magique formée par Moïse, Jamnes et Jotapes, tous trois Juifs, mais postérieurs de plusieurs milliers d'années à Zoroastre. Du temps d'Alexandre le Grand, la magie reçut un surcroît non petit d'influence par le second Osthanes, qui eut l'honneur d'accompagner ce prince, et qui, ce dont personne ne doute, parcourut presque toute la terre. »

Ce morceau est trop instructif, pour que la citation ait pu en être abrégée. On y voit comment Pline est victime de la grande fraude littéraire qui accompagne la fraude scientifique qu'il entend dénoncer. Il insinue un doute léger sur l'authenticité des millions de vers écrits par un Zoroastre six mille ans avant la guerre de Troie! mais il affirme celle des livres magiques de Démocrite, honteux apocryphes dont la popularité fut l'une des causes de la perte si fâcheuse de ses livres philosophiques, et il tient fermement Pythagore, Platon et Moïse (1) pour des adeptes de la magie. Il voudrait pouvoir leur adjoindre le fabuleux Orphée comme premier initiateur. Ce qu'il y a à recueillir d'historique en tout cela, c'est le rôle d'Osthanes, Mède grécisé, ou Grec orientalisant, en qui est assignée la source première des livres de

---

(1) Peut-être avait-il entendu parler, d'après les Juifs, de la rivalité du grand prophète de leur nation avec les magiciens de Pharaon, telle qu'elle est rapportée dans le livre de l'*Exode*.

magie en Grèce, dès la seconde guerre médique ; c'est peut-être l'existence d'un pseudo-Zoroastre, peu avant cet Osthanes ; c'est la constatation de la grande supercherie de la littérature zoroastrienne dont un certain Hermippe, ou trompeur ou trompé, se fit le patient commentateur ; et c'est la preuve irrécusable de l'ignorance où l'on était en Grèce de la nature réelle de la doctrine de Zoroastre, et de l'état de corruption et de mélange adultère où cette doctrine était tombée dans l'Asie même, puisque nous savons pertinemment qu'il n'y a rien de commun entre les livres sacrés du mazdéisme et les « arts magiques ». Ceux des savants, — car il y en a encore à présent, malgré la découverte de l'origine et du véritable siège de ces *arts*, dans les religions asiatiques, — qui persistent à prendre pour des prêtres mazdéens les mages que Darius se vanta d'avoir exterminés (fête instituée en commémoration de la *magophonie*), n'ont pas seulement à expliquer comment ce roi perse a pu se défaire si aisément des ministres du culte de son peuple ; ils ont à nous dire où étaient en ce temps-là les représentants réels de la religion d'Ahoura Mazda ; car nous voyons bien que les imposteurs et les dupes que le monde grec a connus et appelés mages peu après ce temps étaient caractérisés par de tout autres traits que ceux de cette religion sérieuse. Au point de vue que je crois le vrai, les prêtres mazdéens existaient et n'avaient subi aucune persécution ; mais, dans un milieu qu'envahissaient rapidement toutes les superstitions des provinces conquises, atteints sans doute eux-mêmes, et dès avant cette époque, par d'importantes innovations et de culte et de mœurs contraires à leurs statuts (1), représentants

---

(1) Par exemple, les rois perses, dès les premiers Achéménides, avaient adopté l'usage, interdit comme impie dans l'*Avesta*, d'enterrer leurs morts, au lieu de les exposer en un lieu consacré pour être dévorés par les bêtes de proie.

C'est alors aussi que se fit un mélange du culte babylonien de la Grande Déesse (sous son nom d'Anahita) et du mythe aryen et iranien de Mithra (voyez G. Rawlinson, *The five great monarchies*, t. III, p. 360-363), et peut-être du culte du dieu médiateur chaldéen Silik-moulou-khi (voyez F. Lenormant, *La magie*, p. 177 et 209).

La difficulté de la question des *mages*, — de l'identification ancienne, sous ce nom, de deux corps de prêtres si différents d'origine et de doctrine, avec pénétration mutuelle toutefois, à certains moments et jusqu'à un certain point, — ne pouvait être levée que par les découvertes encore si récentes dans le champ de l'assyriologie. Cependant, elle a été bien aperçue, et la solution en a été pressentie par Michel Nicolas, dont la belle étude sur le Parsisme, publiée dans la *Revue germanique*, en 1859 (voir au t. VIII, p. 98 de cette Revue), conserve sa valeur.

peut-être peu dignes d'une doctrine élevée qui ne se conservait à l'état pur qu'en des lieux éloignés de la grande circulation des idées, au nord et à l'orient de la Perse, ces prêtres assistaient impuissants à l'usurpation de leur autorité par d'anciens rivaux et, pour comble, confondus à la fin avec ces derniers et affublés de leur nom! On savait bien en gros ce que Pline et Plutarque nous ont transmis d'après quelques historiens grecs des dogmes de Zoroastre et des anciens mages : un dieu suprême créateur de tout bien, le dualisme moral, la restauration finale du monde bon; mais ce n'étaient point ces sortes de dires passés de main en main et très mélangés qui pouvaient intéresser le public de ces temps de décadence. Les superstitions avaient tout envahi. Au milieu des révolutions de l'Asie, sous les successeurs d'Alexandre, sous l'empire des Parthes, le mazdéisme alla toujours déclinant ou persécuté jusqu'à sa restauration par les Sassanides. Même à ce dernier moment, et malgré la dévotion qui fit recueillir et mettre en honneur les livres sacrés de cette religion malheureuse, la partie d'inspiration la moins ancienne et la moins élevée de ces livres, les cultes naturalistes et les personnifications mythologiques qui y occupent une place non petite, furent évidemment ce qui obtint le plus de succès. C'est comme si, à l'époque du second Temple, à Jérusalem, les Juifs avaient élevé des autels à Jahveh sous l'emblème du feu (qui ne leur a point été inconnu) et embrassé le culte des bons génies adversaires de Satan depuis l'origine! Le jour où vint la conquête musulmane, c'est essentiellement en qualité d'*adorateurs du feu* que les *mages*, les *guèbres*, furent connus, haïs et enfin exterminés de la Perse par les mahométans fanatiques.

Jusqu'à quel point nous est-il donné de remonter à l'origine d'une religion dont ses livres, aujourd'hui assez vulgarisés pour le service du philosophe, si ce n'est assez complètement éclaircis pour la satisfaction de l'érudit et du philologue, nous révèlent des traits d'une saisissante originalité? On a vu ce que les historiens ou commentateurs du *magisme* disaient de son antiquité, de celle de Zoroastre, quelques siècles avant notre ère. Leur manière aisée de prodiguer les milliers d'années, en reculant, depuis quelque date prise à plaisir, n'a visiblement que le sens vague de ces mots : une époque inconnue fort ancienne. Les plus autorisés des savants orientalistes adoptent actuellement les dates, qui du xvᵉ, qui du xxᵉ siècle, ou même un peu au-dessus, pour l'époque de la propagation première de la doctrine iranienne, qui se serait produite en opposition des croyances aryennes formulées dans les *Védas* et développées dans l'Inde. Eugène Burnouf pensait à peu près de même. La relation indéniable de ces deux évolutions religieuses prises à une commune origine dont l'affinité des langues et des traits communs de mythologie donnent la preuve, ne permettra d'abaisser notablement la moins élevée de de ces dates que si la chronologie des origines aryennes arrive elle-même à se fixer sur des temps plus rapprochés de nous, ce qui est assez la tendance actuelle des indianistes. Même en ce cas, il serait toujours possible de se transporter par la pensée à une époque antérieure à celles dont nous avons des documents, et où des populations pastorales ou agricoles, mais pastorales d'abord, vivant durant des siècles à l'état patriarcal, se sont arrêtées à des croyances et à des cultes distincts, tels qu'ont été en divers lieux ceux des tribus sémitiques, les unes polythéistes, les autres à tendance monothéiste; ceux des tribus chaldéennes et médiques, ceux des tribus de la Chine, et ceux des tribus aryennes et iraniennes, parties du contact et profondément éloignées et hostiles en leur développement. Voilà ce qui importe à un point de vue philosophique des choses. Les grandes guerres survenant, et les faits de conquête, les races se sont déplacées et mêlées et il est devenu difficile, souvent impossible, de retrouver leur distribution géographique la plus ancienne. Leurs divers points de départ intellectuels, d'où qu'ils se prennent, se discernent mieux en leurs oppositions, parce qu'ils se concluent directement de l'esprit le plus profond et des caractères d'antiquité des documents.

La réalité, l'époque et le rôle du personnage de Zoroastre posent à la critique un problème qu'il faut distinguer du précédent; car rien ne prouve, à quelque moment très ancien ou relativement récent qu'on croie voir sa place dans l'histoire, que le prophète iranien ait été un premier initiateur, dans sa nation, de l'idée morale et de la doctrine profondément tranchées de l'Avesta, plutôt que le héros populaire et le représentant éminent, le défenseur, même le propagateur armé des croyances morales d'une race (1), et à qui, pour cette raison, les livres sacrés, quand ils

---

(1) Je dois rappeler ici que je prends constamment le mot *race* en un sens différent du sens exclusivement matériel et déterministe qui lui est d'ordinaire attribué par les historiens et les physiologistes.

furent écrits, prêtèrent un rôle d'interprète du dieu suprême. Cette dernière supposition me semble la plus vraisemblable. Et d'abord l'existence réelle de la personne est très croyable jusqu'à preuve contraire, attendu que, dans ces livres, la figure de Zoroastre n'est pas entourée d'une auréole de merveilles, naturelles ou surnaturelles, comme le sont celles d'autres fondateurs de religions, qui toutefois ne passent pas pour de purs mythes ; ou du moins les légendes empreintes de merveilleux qui la concernent, et qui sont relativement modérées, plus poétiques que dogmatiques, ne se rencontrent pas dans les documents les plus anciens ; et, en dehors de ces livres, d'où ne se tirent point de renseignements sur la personne du « vainqueur des dêvas » (1), les traditions qui ont eu cours sont d'une nature intrinsèquement historique : elles se résument à nous montrer un héros religieux qui entreprend la réforme de la doctrine et du culte dans sa patrie (sur laquelle on ne s'accorde pas, mais qui serait plutôt occidentale), et qui accomplit sa mission dans une autre contrée, probablement dans la Bactriane (2). Ce serait donc un rôle analogue à celui de Mahomet dans l'Arabie, sauf la rentrée de ce dernier à la Mecque ; et il y a similitude encore sur deux autres points : le caractère guerrier de Zoroastre, et la nature de ses communications avec Ahoura Mazda, qui sont des entretiens ou sortes de dialogues à formules monotones. Il est bien remarquable que ces derniers paraissent n'être qu'une forme littéraire d'exposition de doctrines, et non point précisément des récits de relations miraculeuses entre l'homme et le dieu.

En tout, la sobriété d'imagination et de fiction des anciens

(1) Le mot sanscrit *dêvas* de la traduction indienne prend la forme *daêvas* dans la langue dérivée qu'on nomme le zend, et dans les livres iraniens, où il désigne constamment les divinités proscrites, les esprits du mal, les ennemis d'Ahoura Mazda, dont Zoroastre poursuit l'extermination. Je conserve ici et dans la suite la forme unique *dêvas*, la distinction n'ayant d'intérêt que pour la philologie.

(2) Il faut se garder de chercher dans le nom de Zoroastre (Zarathoustra), comme l'ont fait les Grecs, et comme Anquetil a cru encore possible de le faire, le radical qui signifie *astre* dans beaucoup de langues. Eugène Burnouf regarde cette étymologie comme impossible. Le sens qu'il propose pour ce nom en langue zend est d'ordre commun (fulvos camelos habens : *Commentaire sur le Yaçna*, p. 12-14). Quant au séjour primitif des Aryens de la Bactriane, à déduire des renseignements venus des textes les plus anciens et les plus authentiques du *Zend Avesta*, ce savant dont l'autorité est si grande là où il se montre très affirmatif, la fixe au pied de l'Imaüs des anciens, du côté occidental des montagnes Célestes des Chinois. (*Ibid.*, p. 181-185 des *Additions et corrections*, à la fin du volume.)

livres iraniens, comparativement à la production mythologique immense des races parentes, est un fait capital. La religion mazdéenne a multiplié les êtres, les génies, les anges, les démons, mais n'a point créé de formes mythiques de personnification des phénomènes naturels. Le génie de l'Iran est aussi contraire à celui de tout le reste de la famille aryenne, que l'esprit hébreu l'est au sémitisme en général, ainsi qu'au genre de croyances chaldéennes. L'école mythique, les savants qui ne voient partout, dans toutes les origines, qu'une forme unique de la pensée de l'homme au spectacle de la nature, ou même qu'une seule application de l'imagination aux phénomènes — le symbolisme et la personnification des accidents de l'orage, notamment — sont des simplistes qui ont bien peu, quand ils lisent certains livres d'inspiration antique, l'intelligence du sentiment dont leurs auteurs ont été pénétrés. Un esprit bien ouvert, en dehors de toute préoccupation de système, doit, au premier abord de la littérature avestique, en recevoir une impression originale et en saisir le caractère propre et saillant. Ce caractère, c'est l'émotion due à l'expérience du bien et du mal en conflit sur le double théâtre de la vie humaine et de la conscience; c'est une explication générale de cet état des choses dans le monde; c'est la primauté reconnue à l'auteur du bien; c'est la forte notion du devoir, dans la situation faite à l'homme au milieu du conflit universel; c'est le sentiment du péché, c'est-à-dire du désordre dans les résolutions et les actes délibérés et voulus; c'est la menace et la promesse eu égard à un ordre futur; c'est enfin la confiance en la fin dernière de la lutte du bien contre le mal. Mêlées que soient ces vues à de nombreux éléments de superstition et à des cultes naturalistes, elles ne sont pas moins de premier plan dans les livres mazdéens, et étrangères en leur esprit, sur tous les points essentiels, à la littérature des Védas. Une école opposée à l'école mythique, reconnaissant le caractère théistique et moral du mazdéisme, voudrait, pour assigner les sources de cette religion, les mêler en partie aux origines hébraïques. Dans cette intention, qui tient, on peut le craindre, à d'autres préoccupations que celles d'une critique indépendante, on profite de l'incertitude du lieu et du temps des origines mazdéennes pour rapprocher celles-ci de l'Occident et en abaisser l'époque (1). Ce système a contre lui les rapports très

(1) Ainsi M. de Harlez, dans la savante introduction de sa traduction française de l'*Avesta*.

particuliers de toute nature du monde aryen et du monde iranien, l'un et l'autre pris dans leur plus haute antiquité connue, et l'état de violente protestation du second contre le premier, son parent ethnique, linguistique, et même mythologique en un sens, puisque lui empruntant ses dieux naturalistes, ses *dévas*, pour en faire des esprits mauvais créés par le principe du mal personnifié, il constate l'existence d'un commun berceau de leurs conceptions anthropomorphiques : *nomina numina*. Ce sont les mêmes noms, et des sortes de dieux encore, mais avec une interprétation inverse et de terrible hostilité. D'autres rapprochements ne prévaudront jamais contre celui-là, qui, d'une *haine de famille* si caractérisée, nous force de conclure à une fraternité plus ancienne. Il y a d'ailleurs une difficulté insurmontable à prendre chez les Juifs l'origine d'une doctrine dont le dualisme et la vie future sont des traits essentiels, — à supposer même qu'entre Ahoura Mazda et Jahveh ou Elohim la ressemblance fût assez marquée ; — car ce sont là des idées étrangères aux Juifs avant leur transportation à Babylone. Ils ont pu en ressentir le contact en entrant en rapport avec les Perses, après leur délivrance, dont ils leur étaient redevables ; ils n'auraient pu les leur communiquer.

Si les critiques les plus compétents ont raison, et il le paraît bien, de persévérer dans la première impression née de la lecture des livres mazdéens, rendus intelligibles enfin, au moment où l'on était encore sous la vive influence des premières publications du *Rigvéda*, et d'une sorte de révélation de l'esprit de l'antique mythologie, dont on y trouvait les sources : s'ils ont raison de voir dans les croyances mazdéennes, ainsi que le faisait Eugène Burnouf, le résultat d'une profonde scission intellectuelle entre des peuples sortis d'une souche commune et originairement pourvus de dons analogues, il faut, pour satisfaire aux lois de l'histoire, accorder un long temps à l'établissement de la divergence. C'est un motif pour placer à une époque du même ordre d'antiquité, pour ainsi dire, les origines des deux développements rivaux dont l'un toutefois précède l'autre qui prend un caractère de protestation et de haine. L'expansion de la seconde doctrine l'ayant d'abord portée vers l'Occident et jusque dans la Médie, où elle fut repoussée à cette époque, selon la tradition, il serait assez naturel de voir une part de vérité, quoique mal comprise ou mal rapportée, dans le rôle que des annalistes anciens prêtaient à Zoroastre « le mage », ou « le Mède », ou le « roi bactrien », à l'époque de la conquête de la Babylonie, par « les Mèdes », sur la plus antique dynastie chaldéenne établie dans cette contrée. La supposition nous ferait remonter deux ou trois siècles au-dessus du XXe, avant la séparation des deux branches aryennes, avant la descente de l'une d'elles dans la vallée de l'Indus (1). Elle nous présenterait le réel Zoroastre sous la figure d'un guerrier porteur d'une foi religieuse, plutôt que d'un inspiré attaquant par une révélation nouvelle une foi ancienne chez les siens. Nous éviterions ainsi de prêter à Zoroastre un caractère de révélateur personnel de doctrine; car il n'est pas facile de comprendre qu'un prophète, un seul, à un moment donné de la vie d'un peuple, parvienne à changer tous ses sentiments, le cours entier de ses idées, sa manière d'envisager l'univers, les causes, le devoir, et de lui faire prendre les dieux bienfaisants de ses adorations d'hier pour des démons à maudire maintenant. Ce n'est point là une révolution que la prédication d'un homme puisse accomplir, quelque mandat divin qu'il s'attribue, ou sa volonté exécuter, de quelque puissance matérielle qu'il dispose.

Dans le fait, les parties anciennes du canon des écritures mazdéennes, — il en est dans le nombre qui descendent jusqu'à l'ère musulmane, et ce sont celles-là qui rapportent des anecdotes et mettent des miracles sur le compte du prophète, — nous présentent Zoroastre comme un homme qui s'entretient avec Ahoura, et qui est porteur de la loi d'Ahoura; comme un homme pur et saint, comme un chef spirituel des mondes corporels dont Ahoura est le créateur, un maître et surveillant, un seigneur des êtres terrestres, de la manière dont Ahoura est le seigneur des êtres célestes, ou dont tels et tels animaux sont les *rois* de ceux de leur espèce. Ces livres lui attribuent surtout la mission de combattre et détruire les dévas et leur autorité dans le monde; ils supposent la lutte engagée depuis longtemps, et les sectateurs de la vraie loi souffrant souvent la persécution de la part des suppots d'Anra-Maynious, le Mauvais Esprit. Tout cela, en style antique et asiatique, s'applique très bien à un chef, à un roi, mais répond mal à l'idée que nous prenons, dans l'histoire des religions, d'un prophète ou d'un révélateur. Le prophète, lui, s'appuie sur les croyances mêmes de son peuple pour en prêcher

(1) M. Oppert regarde cette interprétation et cette date comme très vraisemblables, et donne pour les adopter des raisons en partie tirées de l'Avesta même, et très fortes (*Rapport au Ministre*, 1856, p. 34).

des interprétations et des conséquences nouvelles, contraires à l'opinion de ses coreligionnaires, et à leurs errements religieux qu'il condamne. C'est par eux qu'il est persécuté, et non par ceux qu'il déclarerait lui-même être ses ennemis.

Non seulement ce dernier caractère n'est pas celui de Zoroastre, dans l'*Avesta* ou dans l'*Yaçna*, mais encore certains morceaux des plus importants et anciens de ces recueils, — car ce sont bien des recueils de fragments de différentes époques, et parfois de différentes langues, dont les plus anciens sont des restes de livres perdus, — donnent à Zoroastre des prédécesseurs en qualité de soutiens de la vraie loi, qui se sont entretenus avec Ahoura, et qui ont pratiqué le rite essentiel, la préparation du Hôma, qui donne la vie (1). Or ces morceaux d'origine éminemment mythologique présentent, sous la forme claire et nette de personnages terrestres et de sectateurs d'Ahoura, des êtres tels que Yima et Hôma, dans lesquels on reconnaît sans peine Yama, le dieu des morts du Rigvéda, et l'analogue de Soma, autre divinité de l'Arye antique, qui est, comme on sait, le jus enivrant de l'*Asclepias acida*, la liqueur du sacrifice. Cette transformation tout anthropomorphique d'une mythologie divine, ce changement de dieux en patriarches, en héros humains dompteurs du mal (au nombre de quatre dont le dernier est le père de Zoroastre, triomphateur définitif des dévas), indique assez clairement l'existence d'une religion spontanément développée, qui a sa tradition, qui ne naît pas d'une inspiration personnelle et d'une révolution subite, dans un milieu auquel le révélateur doit faire violence.

Le trait dominant de cette religion est le dualisme des principes d'action dans le monde. De la première à la dernière ligne écrite dans un livre zoroastrien, mieux que cela, de la première pensée d'un Touranien de Médie converti il y a peut-être quatre mille ans (2) jusqu'à l'ardente conviction d'un guèbre de Bombay pâlis-

---

(1) *Avesta*, fargard II, et *Yaçna*, hymne IX. — Hôma est à la fois, dans l'hymne, un homme avec qui on s'entretient, être sage et pur, et une nourriture qu'on doit préparer *pour la manger*.

(2) Il faut distinguer, — et la question doit se poser pour les livres mazdéens, et se résoudre, de la même manière que pour les Écritures des Juifs, — entre l'époque à laquelle remontent les traditions conservées dans ces livres et les époques variables et incertaines où leurs plus anciennes parties ont été composées. Quelle que soit la date où l'Avesta a été écrit et ne fût-ce pas

sant aujourd'hui sur ses écritures sacrées de langue morte, tout part de l'idée d'une double création et tout y revient, et toutes les notions de la vie roulent autour du devoir de combattre la création mauvaise et de seconder la bonne, à laquelle est promise dans l'univers la victoire définitive. Même le formalisme des rites et des observances, qui est de tout temps, et qui alla toujours en augmentant, suivant une loi commune aux religions, n'a pas d'autre origine et d'autre signification que celle-là. Son objet est de rappeler incessamment à l'homme le combat qu'il livre et les conditions de pureté dans lesquelles il doit se maintenir pour éviter la souillure du mal et le détruire autour de lui. Ce dualisme moral s'offre en parfait contraste avec le dualisme matériel de l'antique Chaldée, et la comparaison est pour nous d'un grand intérêt. De part et d'autre on se place au point de vue des maux physiques qui affligent l'homme, et on les attribue à l'action de volontés mauvaises données hors de lui, dans la nature : ce sont les *esprits*, avec lesquels d'autres êtres d'une espèce analogue, auteurs du bien, luttent d'influence ; mais, d'un côté, l'homme admet cet état de choses et ne se porte pas juge d'un conflit naturel, dans lequel il arrive même que les agents échangent entre eux leurs rôles bienfaisants ou malfaisants à son égard ; il se défend seulement de son mieux, implorant les uns, apaisant comme il peut les autres, et cherchant à surprendre les secrets dont la connaissance permet de vaincre les mauvais (magie, opérations magiques). De l'autre côté, l'homme professe la croyance à une création premièrement toute bonne, qu'une volonté mauvaise, intervenant, a troublée et corrompue; il prend parti, dans la lutte universelle, contre les esprits pervers créés par le premier Ennemi ; il juge et condamne moralement le méchant, il voue son activité à l'extermination du maudit et de ses œuvres, avec l'espérance du rétablissement final d'un monde conforme à la volonté du bon créateur. Si, nous plaçant dans la supposition vraisemblable d'une Médie antique, touranienne de religion comme de langue, une première fois rebelle et plus tard gagnée comme la Perse, plus incomplètement peut-être, aux idées venues du haut pays aryen, nous nous demandons ce que ces hommes descendus de Bactriane apportèrent aux populations des empires de l'Asie occidentale, il

avant l'ère persane, il est toujours de fait que ni l'état social, ni les connaissances géographiques dont il témoigne ne se rapportent à l'Asie des Achéménides, ni à celle de l'empire d'Assyrie.

faut répondre sans hésiter : Dieu et la morale. Mais, sur ce terrain et sous les dominations successives qu'il eut à subir, jusqu'à celle de Romains, le dualisme mazdéen fut presque partout étouffé par le syncrétisme panthéiste des autres religions, et souvent en butte aux persécutions. Il est remarquable que la contrée dans laquelle il s'était le mieux conservé comme le fond des croyances populaires jusqu'à l'époque musulmane, puisqu'il a pu y être restauré par la faveur des souverains sassanides, soit celle qui placée à la limite de la civilisation gréco-romaine était encore occupée par des tribus dont les mœurs avaient peu varié depuis la haute antiquité.

Jusqu'à quel point cette croyance dualiste était-elle à l'origine un monothéisme réel, quoiqu'on l'ait presque toujours représentée plus tard comme une doctrine d'*éternité des deux principes*? C'est une question à laquelle la réponse ne peut plus être douteuse en présence des textes. Nous n'avons pas seulement la probabilité, qui consiste en ce que pas un de ces derniers qui puisse passer pour ancien n'exprime l'idée d'un principe éternel d'où seraient provenus ou émanés Ahoura Mazda et Anra-Maynious, les deux adversaires, alors que les cosmogonies de toutes les autres religions antiques posent sous différents noms, soit une substance ou matière éternelle, d'où seraient nés les dieux aussi bien que la nature, soit un dieu unique, tel que Brahma, duquel tous les êtres émanent. Dans l'Avesta, Ahoura est un *créateur* dont toutes les œuvres, produit d'une volonté bonne, sont excellentes. Anra-Maynious survient et, bien que créateur à son tour, implique par son œuvre même la création première qu'il s'efforce de détruire et à toutes les parties de laquelle il approprie des agents spéciaux de corruption ou de renversement. Mais nous avons aussi une preuve positive : à savoir l'introduction dans le mazdéisme, à une époque très tardive, de ce principe de conception panthéiste commun aux autres religions, — le christianisme seul excepté, — car les Juifs eux-mêmes, ceux de ce temps, étaient souvent entraînés au panthéisme (1). Le fait de l'altération de l'ancien mazdéisme est d'autant plus probant que la forme en est parti-

---

(1) C'est l'époque de la cabale, qui est une doctrine panthéiste élaborée par les Juifs sous l'influence d'un mazdéisme corrompu. Voyez Ad. Franck, *La kabbale ou la philosophie religieuse des Hébreux*, 3ᵉ partie, chap. v. — Cet ouvrage, d'une critique sûre d'ailleurs, pèche, à raison de sa date (1843), sur un point : les sectateurs de Zoroastre y sont confondus avec les Chaldéens.

culière et nouvelle, tirée sans doute d'une notion qui appartient aux anciens livres, mais non de leur langage relatif à la production du monde. Il s'agit de ce que les zoroastriens, ou plutôt une partie d'entre eux, — car ce fut l'origine d'une hérésie mazdéenne des Parses, le zarbanianisme — appelèrent le *Temps sans bornes* (Zarvana akarana). Les anciens livres ne comprenaient ni dans la création, ni dans l'essence des esprits créateurs, le temps, l'espace et la lumière. Ils y sont invoqués, on l'a très bien dit (1), « comme tout ce qui est existant et bon, mais non personnalisés; ce ne sont point des génies; ils ne forment, pour ainsi dire, que le théâtre du monde, la scène où se meuvent tous les êtres vivants ou agissants ». Ces choses, et le Feu regardé comme cause de la lumière et employé symboliquement pour l'expression de l'essence d'Ahoura Mazda, sont, dans l'ancien mazdéisme, des données incréées (qadhâta); car il ne s'agit point ici de la création absolue, mais de la création dans l'acception ordinaire et pratique du mot, — la seule qui soit comprise de tous en dehors de son exégèse philosophique. — L'esprit panthéiste appliqué à la vieille doctrine devait naturellement choisir entre ces incréés, si facilement acceptables à la raison commune (2), celui qu'il pourrait investir d'une fonction vague d'émanation par rapport aux deux principes actifs. En donnant la préférence au temps, qualifié d'infini, les zarvaniens ont certainement adopté le moins matériel des supports de l'univers auxquels l'imagination se puisse adresser, mais en même temps le moins intelligible en ce rôle de cause première, puisque l'idée en est de nature abstraite et n'implique point l'activité. On dirait qu'ils ont voulu exprimer la nécessité d'une puissance antérieure, ou substantielle ou causale (d'où la double création aurait procédé par *deux créateurs*) mais sans déterminer la substance ou la cause autrement que par cet appel à l'infini d'une

---

(1) Harlez, Introduction de la traduction française de l'*Avesta*, p. 97.

(2) Le *fiat lux* du premier chapitre de la *Genèse* est, dans la littérature de l'antiquité entière, Bible comprise, la seule expression que je connaisse d'une idée de la création qui ne suppose rien de préexistant à l'acte divin, excepté le temps et l'espace. Je n'oserais pas, on n'oserait pas penser que même le temps et l'espace n'étaient point supposés hors de la création par l'auteur du mot sublime. L'*Avesta* donne de la création une idée plus imparfaite puisqu'il tient le feu et la lumière pour des données incréées, de même que l'espace et le temps. Mais on peut dire que, étant bien éloigné de considérer le feu et la lumière, à la manière des modernes, comme des actions ou des états de la *matière*, il pouvait sans *matérialisme* les unir à l'essence divine.

chose préexistante. C'était donc bien la négation de Dieu comme premier principe.

Le caractère religieux pratique du concept de création chez les mazdéens est surtout visible en ce que créer et donner s'expriment par un seul et même terme (1). Le monde est un don d'Ahoura Mazda. L'idée de loi et de religion se tire de la même source, parce que le créateur donne leur loi aux hommes (2). Le créateur, d'après l'étymologie du nom d'Ahoura Mazda, n'est point désigné à l'aide du concept de divinité en général, le mot *déva* qui avait cette signification (*daéva* dans le dialecte zend) ayant été appliqué par les mazdéens, comme nous le savons, aux esprits méchants. Le nom qui lui est alors réservé est pour le sens celui-là même que les Juifs ont accoutumé de substituer tant au nom propre de dieu, Jahveh, qu'au nom plus générique Elohim (3). A ce nom d'*Ahoura*, Maître, Seigneur, le mazdéisme a ajouté un qualificatif qui rend l'idée de *grande science, Mazdâ* (4). Cette idée se trouvant exclusivement rapportée au principe personnel du bien, on peut, ce semble, l'entendre dans le sens de souveraine connaissance. Le principe personnel du mal est aussi un être intelligent (car le mot *mainyous* signifie intelligent, et tout à la fois invisible ou même céleste, esprit, génie, toutes idées unies sans peine en une seule qui répond à *daimôn* de la langue grecque) : mais alors il reçoit la qualification de mauvais qui ne s'en sépare jamais : *Anra-Mainyous*. A son tour Ahoura est quelquefois nommé Çpento-Mainyous, le bon esprit. Ces noms répondent ainsi exactement à l'*agathos daimôn* et au *kakos daimôn*, termes employés par Aristote au sujet de la doctrine de Zoroastre (5). Il résulte de ces étymologies rapprochées que celui des deux principes qui est appelé bon est le seul aussi qui soit appelé Seigneur. Le premier hymne du Yaçna l'invoque en ces termes (6) :

(1) Eug. Burnouf, *Commentaire sur le Yaçna*, p. 75. — Le radical est *dâ* sanscrit, qui se retrouve dans le latin *do*.

(2) Id., *ibid.*, p. 9. — *Daêna*, loi, religion.

(3) Eugène Burnouf dérive Ahoura, non comme on le fait souvent, du nom du Dieu védique, Asoura, et, par conséquent, du radical sanscrit *asou*, vie, mais du radical zend *ahou*, maître, avec un suffixe. (*Commentaire*, p. 81-82.)

(4) Le *dâ* de *Mazdâ* n'est plus comme ci-dessus le radical de *donner*, mais un autre radical, qui a le sens de *savoir*, et se retrouve dans le grec di-*das-kô*. *Mazdâ* est *multum sciens* comme *douj-dâ*, *male sciens*, *hou-dâ*, *bene sciens* (*ibid.*, p. 76).

(5) *Commentaire sur le Yaçna*, p. 90-92.

(6) Traduction d'Eugène Burnouf (*Commentaire*, p. 166) avec de légères modifications prises des traductions subséquentes de Spiegel et de M de Harlez.

« J'invoque, j'appelle au sacrifice (1) Ahoura Mazda, le créateur, lumineux, majestueux, très grand, très bon, très puissant, très intelligent, de forme parfaite (2), éminent en sainteté, qui possède la bonne science, qui est source de joie, qui nous a créés, qui nous a formés, qui nous a nourris, lui, le plus saint de tous les esprits. »

Le génie mythologique de l'Arye antique éclate dans les invocations multipliées qui suivent cette grande invocation, mais avec une transformation si profonde, qu'il est plus juste de dire que la mythologie proprement dite n'est point ce qu'on doit constater dans la direction mazdéenne, mais bien l'angélologie, doctrine toute différente. Nous n'avons plus en effet, ces personnifications de phénomènes naturels que la réflexion, à mesure qu'elle s'y applique, conduit invariablement au panthéisme ; mais les êtres divins sont des personnes distinctes de la nature, et dont les fonctions consistent à pourvoir à l'ordre, au maintien, au développement de ses différentes parties en tant qu'utiles à l'homme, et à défendre l'état de choses établi par la création, contre les atteintes d'autres esprits ennemis de l'œuvre du créateur. Ce serait donc le spiritisme de la Chaldée primitive, si ce n'étaient ces deux points qui changent tout : la création par un esprit suprême, souverainement bon ; la moralité, née du devoir de seconder le bien et de combattre les ennemis de l'œuvre divine, dans le ciel et sur la terre. Mais le point de vue sur la nature et la vie est si bien le même au surplus, et le dualisme moral est tellement étranger à toutes les branches de la race aryenne, l'iranienne exceptée, que la supposition la moins vraisemblable sur le lieu de naissance du mazdéisme n'est peut-être pas celle qui, s'appuyant d'ailleurs sur une tradition à considérer, le fait partir de Médie, pour s'implanter dans une région plus septentrionale. Dans la Médie, pays touranien par sa population la plus ancienne, le dualisme aurait commencé, suivant cette hypothèse, à revêtir un caractère moral,

---

(1) Sorte de convocation adressée à Ahoura Mazda et aux esprits célestes pour être présents au sacrifice. Le sacrifice, *yaçna* (d'où le livre des hymnes a pris son nom), doit s'entendre du culte « consistant en prières accompaguées d'offrandes » (Burnouf, *Comm.*, p. 24). Les allusions à un genre d'offrandes supposant des sacrifices sanglants sont très rares dans les livres anciens du mazdéisme.

(2) Les glossateurs ont rapporté au corps les attributs de grandeur et de perfection de forme. La distinction de l'incorporel et du corporel leur était plus facile qu'elle ne fut probablement aux auteurs des hymnes.

en quelque tribu on ne sait de quelle origine ; dans la Bactriane, où il se serait transporté, il aurait pris les formes d'imagination et de langage et ceux des cultes par lesquels il se rattache au monde aryen. Ce point de vue nous fait remonter à une très haute antiquité pour des raisons déjà indiquées.

Nous n'avons à marquer ici que les traits les plus généraux de l'angélologie et de la démonologie mazdéennes. Prenons-les dans l'hymne dont nous venons de citer l'invocation première. Ce sont d'abord les Amchaspands (*Amecha Çpenta*), c'est-à-dire les saints immortels, qui sont au nombre de sept en y comprenant le Maître suprême, Ahoura Mazda : ils ont la garde des troupeaux, du feu, des métaux, de la terre, des eaux, des plantes. Ce sont ensuite des objets de culte de très différentes sortes, dont la réunion provoque l'étonnement de l'homme moderne éloigné de la nature, étranger aux sentiments religieux spontanés et naïfs : — le corps de la vache et l'esprit de la vache, — le feu d'Ahoura Mazda, le feu, le plus secourable, des Amchaspands, — la loi de Zoroastre, qui chasse les dêvas, — les Gahs (divisions du jour), — Mithra, possesseur de grands pâturages, qui a mille oreilles et dix mille yeux, — les eaux, les vents, les terres, les monts, le ciel, le soleil et la lune, les lumières primitives, — les jours, les mois et les années, — tout ce qui est pur dans le monde, les esprits des personnes pures, des justes, des premiers croyants, et l'esprit du sacrificateur lui-même, — et un grand nombre d'autres esprits plus ou moins bien déterminés pour nous, enfin jusqu'aux instruments matériels à l'usage du culte, et, d'autre part, jusqu'à des personnifications d'idées abstraites : la justice, la droiture, l'utilité. La prière se termine par le pardon demandé des offenses, volontaires ou involontaires, « commises en pensées, en paroles ou en actions » ; et l'hymne est suivi d'une profession de foi religieuse du « mazdéen, sectateur de Zoroastre, ennemi des dêvas, adorateur d'Ahoura. »

L'interprétation philosophique d'une telle prière peut se renfermer en deux remarques : l'une pour expliquer la nature d'un culte rendu à des objets si dissemblables, quelques-uns qui semblent étranges, et qui doivent avoir, pour le sentiment, quelque chose de commun ; l'autre pour définir l'espèce de ce qui est sanctifié.

Quant au culte, il est manifestement du genre de ceux que les théologiens ont appelé de *dulie*, exempt de servitude basse et de terreur, sans manifestations autres que de respect et de louanges, le même pour Ahoura que pour son œuvre comme toute bonne et pure originairement, ou en ce qui a dépendu de lui seul. C'est au caractère de bonté dans l'agent et dans l'œuvre, dans les agents subalternes et dans leurs actions, dans tous les produits qui en dérivent, que la vénération se rapporte, et elle s'étend à ce qui n'a qu'un rôle instrumental, par l'effet d'une sorte de sanctification communiquée aux choses matérielles par l'usage, le but et pensée.

Mais il y a dans le mazdéisme un trait bien plus particulier à cette religion et très remarquable. Les objets sanctifiés, choses ou personnes, ne le sont pas et ne reçoivent pas le culte en eux-mêmes, ou pour ce qu'ils sont dans l'ordre de l'expérience, mais seulement en ce qui constitue l'*âme* ou l'*esprit* de ces êtres, comme nous dirions en usant du sens métaphorique de ces mots, leur *idéal*, comme on dit aujourd'hui plus volontiers, leurs *férouers* en terminologie mazdéenne (le terme exact est *fravachi*). Le spiritisme chaldéen, fondé sur le même genre d'imagination que celui des tribus touraniennes, consistait en une sorte de dédoublement des objets, afin de pouvoir les considérer en leurs esprits comme volontaires et actifs, tout en leur conservant, d'autre part, leurs qualités sensibles, empiriques, étrangères à l'action et à la passion. La magie chaldéenne usait de cette imagination pour représenter le corps humain comme habité et possédé, non par son esprit propre, mais par un autre occupant, qui pouvait être « son dieu » ou quelque esprit mauvais ; et les incantations avaient pour but d'appeler l'un et d'expulser l'autre. Ce dédoublement de l'être semble s'offrir avec un sens profondément différent dans le mazdéisme. D'abord les férouers sont tous et constamment envisagés sous un aspect de perfection et de bonté ; ensuite, il est difficile de dire quelles choses ne pourraient avoir des férouers : le feu, l'eau, la terre, les plantes, les animaux, les hommes, les morts et les vivants, les esprits, Yima, Mithra, et les Amchaspands, des génies de tout ordre, Zoroastre, et enfin Ahoura lui-même ont les leurs. L'interprétation de ce concept doit peut-être se tirer de son universalité d'adhérence aux êtres et du caractère d'excellence attribué à l'être fictif. Comment seraient-ils des esprits, puisque les esprits en ont, et Dieu lui-même ; ou de simples mânes, comme on l'a supposé, puisque leur notion s'étend à tout ce qui a vie et à tant d'autres choses ? Seraient-ce des *anges gardiens* ? Les anges gardiens en sont provenus peut-être; mais ceux-ci sont plus extérieurs, le férouer est intime, inséparable de son sujet; et en tant qu'attaché à des esprits ne saurait être un esprit semblable à eux. L'esprit d'un esprit ne se comprendrait pas. Procédant par voie d'inclusion, il semble que nous soyons forcés de concevoir ces essences comme des sortes d'idées auxquelles les choses se rapportent et dont l'existence est supérieure à celle des réalités empiriques. Mais, à la différence des essences platoniques, ces idées ne représenteraient que ce qu'il y a de sagement ordonné et de bon dans la création, abstraction faite de toute impureté et de tout mélange. Ce seraient donc plus proprement des *idéaux*, des formes pures des choses, avant toute altération, des archétypes ou idées exemplaires dont les êtres ne se seraient jamais écartés sans la perversion causée par Anra-Mainyous, et auxquels elles redeviendront conformes après que le mal aura été anéanti. Nous avons là une belle explication possible de cette intéressante doctrine; et comme Ahoura lui-même a son férouer, on est enclin à la pousser jusqu'à comprendre qu'il s'agit en ce dernier cas de l'idée du monde, telle qu'elle est dans la pensée d'Ahoura, idée essentiellement liée à sa nature et à son acte créateur, à son intelligence pure, nécessairement dictincte de la connaissance qu'il doit avoir du monde mêlé et impur qui existe actuellement.

Cette conception remarquable rappelle, on l'a bien senti (1), la théologie du *Logos*; mais, pour admettre la comparaison, il ne faut penser ni aux hypostases, ni au rapport spécial de l'acte créateur à l'une d'elles, mais seulement à cette exégèse judéo-chré-

(1) Voyez le *Zoroastre* de Jean Reynaud dans l'*Encyclopédie nouvelle* de P. Leroux et J. Reynaud, t. VIII, p. 805. C'est un beau travail, plein de vues, qui date de 1840, mais dont plusieurs parties ont conservé leur valeur et seraient utilement consultées encore aujourd'hui par les philologues traducteurs ou commentateurs du *Vendidah* et des hymnes. Les morceaux traduits ont été revus par Eugène Burnouf, ami de l'auteur. Ce dernier séduit et mené trop loin par l'analogie, a cru reconnaître le Verbe, Parole douée de vertu créatrice, dans une certaine prière du culte mazdéen, connue sous le nom de l'*honover* (anhoura vairya), à laquelle un texte, non des plus anciens, attribue, quand elle est récitée, des effets extraordinaires pour chasser les dêvas, qui la redoutent entre toutes. Cette prière, cette *parole*, *arme* véritable dans les mains de l'homme pieux, est dite avoir été apprise au fravachi de Zoroastre par Ahoura lui-même « avant le ciel, avant l'eau, avant la terre, avant le taureau, avant les arbres, avant le feu, fils d'Ahoura Mazda, avant l'homme pur, avant les dêvas à l'âme perverse, avant la race humaine, avant tout le monde corporel, avant toutes les choses bonnes créées par Ahoura Mazda, qui ont une origine pure ». (*Yaçna*, hymne XIX, d'après traduction de Spiegel.)

tienne de la doctrine platonicienne des *Idées* dont la méthode fut d'assembler les idées *en soi* de Platon dans un sujet pensant qui est la conscience divine *informée*, constituée avant la création, par les essences représentatives que la création doit réaliser. Et il y a de plus, je l'ai déjà remarqué, cette condition, que le contenu de l'esprit divin, selon le mazdéisme, est le bien seulement, et non cette harmonie prétendue des biens et des maux solidaires qui a été de tout temps la théorie préférée du fatalisme et de l'optimisme, — d'un optimisme qu'on nommerait à bien meilleur droit un pessimisme, puisqu'il interdit à ses partisans la contemplation du bien pur comme idéal de la raison.

Cette interprétation autorise à dire, suivant une ingénieuse expression de Jean Reynaud, que la théologie mazdéenne, à quelque moment de son développement qu'il soit possible de lui reconnaître un dogme ainsi élaboré, a donné « un corps angélique à ces pensées de Dieu » : — les férouers des êtres ; — que, « sous cette figure, ce sont effectivement les types divins qui se seraient trouvés précisés et livrés au culte. Ainsi toute créature a dans le ciel sa correspondance immortelle. » Et il faut ajouter : les êtres purs de cette constitution idéale sont ceux qui ont été réellement *donnés* par Ahoura (ou Çpento-Mainyous) avant toute action d'Anra-Mainyous, l'esprit du mal, dans la création, et qui se retrouveront au sein du monde futur. Dans ces termes, on est fortement tenté de faire remonter la conception d'un monde pur de la pensée divine jusqu'à l'antiquité mazdéenne, aux origines morales du dualisme. En effet, admettant, dans ces origines, l'idée de la création, celle d'un créateur entièrement bon, celle d'une perturbation universelle apportée dans l'œuvre de ce créateur par l'intervention d'une volonté mauvaise, celle enfin de la victoire future du bien dans une lutte qui est la vie morale du genre humain, et à laquelle sont appelés à prendre part les adorateurs du Seigneur souverainement intelligent; admettant tout cela, l'idée d'une représentation primitive du monde bon et des créatures saintes dans la suprême intelligence est une conséquence, un développement naturel qui n'apporte pas à la doctrine cosmothéologique un élément nouveau. Remarquons que l'exposition qui précède, non plus que ce qui va suivre, n'emprunte rien aux livres mazdéens reconnus pour relativement récents, rien surtout au *Boundéhech*, le plus récent de tous, que ne craignent pourtant pas d'employer à leurs fins des critiques dont le plan est de ramener le mazdéisme à la plus antique mythologie aryenne naturaliste.

Le *Vendidad*, le principal (avec une partie des hymnes), des livres où se peut prendre avec plus ou moins de sûreté l'esprit de l'antiquité mazdéenne, se compose d'une suite de demandes et de réponses, consacrées à l'exposition de loi, c'est-à-dire à l'énumération des préceptes, observances, manquements et punitions, relatifs à la conduite de l'homme. Zoroastre interroge et Ahoura explique, sans qu'aucune légende rapporte soit le lieu et la manière dont l'homme et le dieu communiquent ensemble, soit le fait d'une mission donnée au premier pour instruire et convertir les peuples. Quelques chapitres de ce livre, quoique rédigés suivant la même méthode que les autres, traitent de sujets d'un autre genre et sont manifestement des morceaux à part. Les deux premiers, par une ressemblance singulière avec le mode de composition du livre de la *Genèse*, sont précisément dans ce cas : l'un a trait à l'introduction du mal sur la terre ; l'autre à ses premiers effets, et contient la description d'une sorte de paradis terrestre; mais ce n'est qu'un fragment, et la légende réelle qui devait exister sur la perte de l'Éden manque dans nos documents.

Le mal s'établit sur la terre par l'œuvre de l'esprit mauvais, non à son instigation et par l'œuvre propre de l'homme, comme dans la *Genèse*. Son premier acte mentionné est du genre physique : le froid, la saison hivernale : « La première et la meilleure des régions et des places que j'ai créées, moi qui suis Ahoura Mazda, c'est Airyana Vaêja. Alors Anra-Mainyous, qui est plein de mort, a fait une création contraire : un grand serpent, et l'hiver, que les dévas ont créé (1). » Cette Airyana Vaêja est la contrée que les Iraniens regardaient traditionnellement comme leur première patrie. Les lieux dont l'énumération vient à la suite, avec d'insuffisantes désignations ou qualifications, ne se laissent pas bien déterminer comme les stations successives de la migration d'une race, mais ils sont tous renfermés, sans aucun doute, dans l'enceinte de l'Arye antique, en prenant ce terme dans sa plus grande extension géographique. A chacun d'eux Ahoura applique la men-

---

(1) *Vendidad*, I, 5. — Ce paragraphe 5 paraît être le vrai commencement du fargard, ou chapitre. Un certain nombre des maux énumérés comme les créations d'Anra-Mainyous sont difficiles à préciser. Les interprétations varient.

tion louangeuse de région excellente donnée ou créée par lui, — la seizième et dernière, circonstance singulière, est désignée comme se gouvernant sans rois ; — et, à la suite de chacun, il rapporte la création contraire de l'esprit « plein de mort ». Ces créations sont de toutes les espèces : phénomènes climatologiques, animaux nuisibles, ou qui vivent de proie, fléaux et maladies, actions méchantes et mauvaises passions des hommes, sorcellerie et « crimes à la suite », doute ou incrédulité religieuse, et enfin usages condamnés, tels que l'enterrement ou l'incinération des cadavres : le tout sans ordre apparent, sans aucun classement, et avec cette circonstance, étrange à nos yeux, que les crimes des hommes sont imputés à l'esprit du mal, quoique si nettement personnifiés, comme s'il en était l'auteur direct. Il faut supposer à l'écrivain une pensée quelconque : la seule probable, c'est qu'au lieu d'imaginer des crimes instigués, comme le péché du premier homme dans la *Genèse*, — car il n'aurait guère pu manquer, en ce cas, d'en indiquer au moins la légende, — il admet le système chaldéen de la possession démoniaque. Ainsi, sur ce point capital, le mazdéisme paraît être resté dans un état de grande infériorité par rapport à la religion hébraïque ; il n'a pu donner une force entière au principe de la responsabilité humaine dans le péché.

« Il y a d'autres régions encore, plaines et collines » ; tels sont les derniers mots du texte, et l'absence de toute allusion aux royaumes situés à l'occident du pays aryen est un signe de l'antiquité du document ou de la tradition dont il descend.

Le second chapitre du *Vendidad* n'a quelque rapport avec le premier qu'en ce que cette Airyana Vaêja, le premier des lieux créés par Ahoura, y est décrite d'une manière légendaire et poétique. Le début est étrange et caractéristique :

« Zarathoustra demanda à Ahoura Mazda : Ahoura Mazda, le céleste, le saint, créateur du monde corporel, le pur,

« Avec qui le premier, d'entre les hommes, as-tu conversé, toi qui es Ahoura Mazda?

« A quel autre que moi Zarathoustra, as-tu enseigné la loi qui vient d'Ahoura Mazda, la loi zoroastrienne?

« Ahoura Mazda répondit : À Yima, plein de beauté, maître d'un bon troupeau, ô pur Zarathoustra,

« Avec lui le premier, d'entre les hommes, j'ai conversé, moi qui suis Ahoura Mazda.

« A cet autre que toi, Zarathoustra, à lui, j'ai enseigné la loi zoroastrienne, qui vient d'Ahoura Mazda.

« Je lui dis alors, O Zarathoustra, moi qui suis Ahoura Mazda :

« Seconde-moi, ô Yima, plein de beauté, fils de Vivanhao, sois le porteur et le conservateur de la loi.

« Alors Yima plein de beauté me répondit, O Zarathoustra :

« Je ne saurais ni donner, ni enseigner, ni porter et conserver la loi.

« Alors, je lui dis, O Zarathoustra, moi qui suis Ahoura Mazda :

« Si tu ne me secondes pas comme porteur et conservateur de la loi,

« Alors développe mon monde, fais fructifier mon monde, sois le protecteur, le nourricier et le surveillant du monde.

« Alors Yima plein de beauté me répondit, O Zarathoustra :

« Je développerai ton monde, je ferai fructifier ton monde, je te seconderai comme protecteur, nourricier et surveillant du monde.

« Sous ma direction, il n'y aura ni vent froid, ni chaleur, ni maladie, ni mort (1). »

La première remarque à faire ici doit porter sur le contraste de cette antique légende avec la mythologie du Rigvéda. Le dieu des morts de cette dernière est ici un homme et un chef des vivants, appelé par Ahoura à régir un monde parfait, à l'abri des atteintes du mal, tandis que Zoroastre sera le législateur du monde souillé par les créations d'Anra-Mainyous.

Une tradition des temps postérieurs, chez les Parsis, mais qui pouvait avoir sa source dans ce texte lui-même, portait que Yima avait pour un temps maintenu l'immortalité dans le monde. D'autres documents sont évidemment perdus et ont dû l'être de bonne heure. Un obscur passage interpolé, dans une addition à la fin du précédent, se rapporte à une action exercée contre les dêvas, mais ne fait que constater en quelque sorte l'absence de tout éclaircissement ou sur la conservation, ou sur la ruine future du royaume de Yima, qui se présente ainsi comme une exception aux entreprises d'Anra-Mainyous contre la création d'Ahoura. La suite du chapitre dont nous nous occupons n'est pas facile à interpréter en ce qui touche cette question, qui n'est autre chose que celle de l'état de l'humanité primitive selon la légende mazdéenne.

(1) *Vendidad*, II, 1-16. D'après les traductions de Spiegel et de M. de Harlez.

On y lit qu'Ahoura fit don à Yima d'une charrue d'or et d'un royaume de 300 pays, qui se remplit de troupeaux et d'hommes, et de chiens et d'oiseaux, et de feux, tellement que la place manquait; que Yima conduisit la charrue, suivant la marche du soleil (de l'orient à l'occident), qu'il eut alors 600 pays, et que, de nouveau, la place vint à manquer; et ainsi de suite (refrains); que la terre cultivée allait toujours s'étendant par la vertu de la prière, augmentant d'un tiers, de deux tiers, de trois tiers; que la place ne manquait pas; que les troupeaux et les hommes circulaient à plaisir; qu'alors le Créateur Ahoura Mazda convoqua une assemblée des Honorables (les Yazatas) célestes, des renommés dans l'Airyana Vaêja, la terre de la création bonne; et Yima une assemblée des hommes les meilleurs, des renommés, etc.; qu'Ahoura Mazda, en cette réunion, annonça à Yima la venue prochaine du mal de l'hiver en ce monde corporel, des frimas, de la neige en grande abondance, des inondations et de tout ce qui rend la terre impropre au parcours des troupeaux; qu'il lui prescrivit d'enclore une vaste enceinte et d'y porter, d'y semer en terre les germes producteurs des hommes les meilleurs, des bestiaux, des bêtes de somme, des chiens, des oiseaux, *des feux*, puis des arbres de tout genre et des aliments, de disposer par couples toutes ces choses, « qui seraient impérissables, pour les hommes renfermés dans l'enceinte »; enfin de construire et disposer tout le nécessaire pour le logement, la dépaissance et l'abreuvement; et qu'il défendit qu'il y eût à l'intérieur ni querelle, ni inimitié, ni injustice, ni pauvreté, ni maladies, ni de certains défauts corporels qui sont des marques d'Anra-Mainyous sur les corps des hommes; que Yima fit tout ce qui lui était prescrit, et que tout se passa comme Ahoura Mazda l'avait dit (1).

Ce document étant sans liaison avec ce qui le précède et ce qui le suit, dans l'arrangement des parties qui sont parvenues du *Vendidad* aux Parsis actuels, on peut croire, de deux choses l'une : ou qu'il ne s'y agit que d'une légende isolée qui se serait formée

---

(1) A mon sens, l'antique document se termine ici (au § 122 inclus) du chapitre 2e du *Vendidad*. Les six paragraphes suivants font un retour sur la marche de la narration, à laquelle ils n'ajoutent rien de clair ou de raisonnable; et les quinze derniers (129-143) sont rejetés par plusieurs interprètes comme visiblement interpolés. Ils ne forment pas une suite naturelle de la légende et ne lui apportent pas de terminaison morale. Ils renferment seulement une description *particulièrement* absurde et d'un genre d'imagination qui sent sa décadence, de la manière d'être des hommes dans le royaume ter-

au sujet de l'invasion du mal sous la forme des intempéries hivernales dans le séjour primitif des Iraniens, et qui représenterait une sorte de colonie miraculeuse conservée pour l'immortalité au milieu des calamités qui accablent le reste du monde ; ou bien que nous avons là une partie seulement d'une légende plus vaste et plus intéressante relative au *paradis terrestre*, à son établissement par Yima en exécution des ordres d'Ahoura, et à sa perte causée par le péché d'Yima. Nous allons expliquer ceci, mais commençons par exclure l'hypothèse qui voudrait faire passer le sauvetage des germes des êtres dans l'Airyana, la bonne terre, au moment où Anra-Mainyous va y établir son empire, pour une légende parallèle à celle du déluge des Chaldéens et des Hébreux. Les Iraniens n'ont pas plus connu le déluge que leurs frères de l'Inde. La catastrophe annoncée par Ahoura n'est pas *le déluge*, mais l'ensemble des phénomènes atmosphériques qui composent l'« hiver de dix mois » du haut pays aryen, et que la doctrine dualiste ne pouvait que poser en contraste avec le climat que l'imagination demandait pour la création toute bonne d'Ahoura. Enfin, c'est un vrai contre-sens, que la comparaison de l'établissement de l'empire du mal physique sur la terre, par l'acte du démon, avec une punition infligée aux hommes pour leurs péchés, par la volonté de Dieu ; et il n'y a guère de rapport entre l'arche de Noé, qui flotte en attendant que la terre inondée redevienne habitable, et le *vara* (enceinte et lieu de plaisance) où Yima doit vivre comme le chef d'une humanité née des germes de l'ancienne et soustraite au règne de la mort.

Il s'agit donc d'une mesure que prend Ahoura, prévoyant l'invasion d'Anra-Mainyous et du cortège des maux sur la terre, pour éviter l'anéantissement des êtres ; et cette mesure ni l'occasion de la prendre n'ont rien de commun avec le péché. Maintenant ce qui s'oppose à ce que nous regardions le *vara* comme un lieu d'exception, en quelque sorte juxtaposé au monde, et n'ayant nul rapport à l'histoire de ce dernier, qui n'aurait point péri mais

---

restre idéal de Yima. Ce séjour, suivant la glose, est éclairé par des lumières, les unes créées, les autres qui existent par soi ; le soleil, la lune et les étoiles y sont ensemble sur l'horizon ; une année y vaut un jour ; chaque couple humain y engendre un autre couple tous les quarante ans, et chaque couple d'animaux fait de même ; c'est Karchipta, le roi des oisaux, qui y a promulgué la loi. « Et qui en est le chef spirituel et le maître ? demande Zarathoustra. — Urvatat Nara et toi, ô Zarathoustra », répond Ahoura Mazda. — C'est assez le genre d'insanité du Boundéhech et des temps de décadence.

continuerait à vivre sous le régime du mal; ce qui nous oblige à l'assimiler au paradis des Hébreux, d'où l'homme a été banni par le péché, c'est que la déchéance de Yima, roi d'un royaume exempt de mort, de maladies et d'intempéries, tel que le voulait le Créateur, est rapportée dans un autre document dont l'antiquité ne paraît pas douteuse. Rien n'est plus naturel que de supposer que la partie conservée du *Vendidad*, où nous avons la relation du *paradis construit*, avait sa suite dans une partie perdue du même livre, où se trouvait la relation du *paradis détruit*, l'histoire de l'invasion du mal, cette fois moral et non plus seulement physique, apporté par Anra-Mainyons. Voici les principaux passages du document :

« Nous honorons la splendeur royale qui appartint longtemps à Yima, le brillant, le chef de la bonne assemblée, quand il dominait sur la terre aux sept divisions, sur les hommes et les dêvas, sur les Yatous et les Pairikas, les Çatras, les Kaoyas et les Karapanas (esprits malfaisants créatures d'Anra-Mainyous).

« Il dépouilla les dêvas de leurs biens et de leurs profits, de leurs richesses et de leurs troupeaux, il les priva à la fois de nourriture et d'honneur. Sous sa domination, une nourriture impérissable était prodiguée pour les corps; les hommes et les bêtes étaient immortels, les eaux ne tarissaient pas, les plantes ne se desséchaient pas.

« Sous sa domination, il n'y avait ni froid ni forte chaleur, ni vieillesse, ni mort, ni envie causée par les dêvas; et il n'y avait pas de mensonge, avant qu'Yima lui-même, devenu menteur, se complût aux paroles fausses.

« Lorsqu'il devint menteur et se complut aux paroles fausses, la splendeur s'envola loin de lui, visible, sous le corps d'un oiseau. Lorsque Yima, le brillant, le chef de la bonne assemblée, ne vit plus la splendeur, il s'affligea, tomba dans les mauvaises pensées, s'étendit plein d'épouvante sur la terre (1) ».

La suite du texte s'enfonce dans la mythologie : on y voit l'oiseau Splendeur s'envoler trois fois de Yima, passer à Mithra, passer à Thraêtona, qui tua le serpent Dahaka, passer à Kereçaçpa qui tua le serpent Çruvara, etc., et l'on ne sait pas ce qu'il

---

(1) *Khorda-Avesta*, Yesht XIX, 30-34. — Conf., pour l'idée du monde des êtres immortels, et pour l'attente d'un monde futur de l'immortalité, le même livre, XIX, 9-12; XV, 15-17; XVII, 30.

advient de Yima (1); mais il est facile de comprendre la succession de ces mythes comme une sorte de tableau du monde de la lutte et de l'héroïsme, prenant la place de la paix et de la pureté, après le péché et la déchéance d'une créature établie primitivement dans le bien. Il est donc certain que la doctrine de la chute, sous cette forme, appartient à l'antiquité mazdéenne; il y a seulement cette différence, mais elle est considérable, d'avec la doctrine impliquée par le second chapitre de la *Genèse*, que cette dernière se rapporte au péché du premier couple humain tenté par le Serpent, et à la désobéissance à l'ordre de Jahveh, tandis que, dans l'autre, le péché est aperçu directement comme violation de la loi morale, mais imputé à un être qui, bien que qualifié d'homme, est cependant porteur d'un caractère universel, à demi mythologique, — étant l'organisateur et le souverain de la société parfaite, le chef d'une humanité pure et immortelle, — et n'est nullement donné pour le premier père, l'auteur de la race humaine. Celui-ci, qui porte le nom de Gayo-Merethan (Vie mortelle) est (ou plus exactement son férouer) associé aux louanges du Taureau primordial, de la Vache, de Mithra, du Ciel, de la Terre, des arbres, du pur Zarathoustra, de la Conscience, de l'Intelligence, de la Volonté arbitrale, en un mot de toute la création bonne. Il est dit quelque part être « le premier qui entendit la pensée d'Ahoura et ses commandements, le premier *de qui* Ahoura créa la race aryenne, la semence aryenne (2). » Il ne semble pas que l'origine du péché soit mise à aucun endroit sous sa responsabilité. Par conséquent la cause du mal est comme envisagée hors de la race humaine terrestre. Le serpent Anra-Mainyous —

---

(1) Il y a sur Yima un autre important document, et l'un des plus antiques, car il se trouve dans les *Gathas*, partie du Yaçna dont le dialecte est archaïque comparativement à celui des autres parties. Mais le texte du morceau est si obscur que les philologues les plus autorisés n'osent en garantir la traduction. Un passage plus clair que beaucoup d'autres est celui où Yima est dit avoir appris aux hommes à « manger des lambeaux de chair » (ce qui semble présenter l'usage de la nourriture animale comme un trait de déchéance). Le sens le plus général du morceau est la réprobation des auteurs du mal — du mal moral, spécialement — la menace du châtiment réservé au jour de la rétribution finale, aux aveugles suivants des dévas, révoltés contre Ahoura, auteurs du mal en actes et en paroles (*Yaçna*, § XXXII).

(2) *Yaçna*, XIV, 18; XXVI, 11; LXVII, 61; *Vispered*, XXIV, 3; *Khorda-Avesta*, Yesht XIII, 86-88. — Les noms des premiers descendants de Gayo-Merethan : Meshia et Meshiana, ne se trouvent pas dans les livres anciens, mais seulement dans les ouvrages postérieurs à l'*Avesta*.

car l'esprit mauvais reçoit ce nom de serpent (1) — n'est pas le tentateur du premier homme ; il est ou par lui-même, ou par certains autres personnages, empruntés à la tradition mythologique et tenus pour ses créatures (à l'exception de Yima), l'auteur réel de la perversion physique et morale du monde (2). C'est un point de vue plus *objectif* et moins *moral* que celui de l'auteur hébreu, homme de la tribu antique dans laquelle se forma la légende du péché originel selon la *Genèse*.

On peut chercher l'origine première de la légende du péché originel dans sa forme, ou dans son fond qui importe beaucoup plus : dans sa forme, c'est-à-dire dans les détails et les accessoires de la scène et du sujet de la tentation, le jardin, l'arbre, les fleuves, le serpent ; dans son fond, qui est la perte de la vie idéale et du séjour de félicité par la faute de l'homme et la violation du commandement divin. L'antiquité chaldéenne et l'antiquité mazdéenne peuvent, l'une comme l'autre, fournir avec le récit de la *Genèse* des éléments de rapprochement sur les premiers points ; nous n'avons pas ici à nous occuper de ceux qu'on a signalés, ou de la probabilité d'en découvrir de nouveaux en étudiant les monuments de la Mésopotamie et de la Chaldée, mais nous pouvons nous tenir pour assurés que des croyances polythéistes en des dieux pourvus de tous les attributs possibles excepté ceux de la moralité n'ont pas inspiré l'idée que Dieu ait créé l'homme heureux et le monde parfait, et que le mal ait eu son origine dans la désobéissance de l'homme à la loi de Dieu. Voilà pour la Chaldée et pour le polythéisme sémitique, sources des religions de l'Asie occidentale. Quant au monothéisme iranien, on vient de voir ce qu'il en est ; le rapport est profond, mais la différence est considérable ; elle se résume en ce que le mal, pour le mazdéisme, est *hors de Dieu*, à la vérité, mais *hors*

---

(1) *Vendidad*, XXII, 1-6 : « Ahoura Mazda parla au saint Zarathoustra : Moi qui suis Ahoura Mazda, le donneur de bien, quand je créai cette demeure, la belle, la brillante, l'admirable, — j'irai, j'avancerai, — le serpent regarda contre moi ; le serpent Anra-Mainyous qui est plein de mort créa contre moi nonante-neuf mille neuf cent nonante-neuf maux. » Le serpent n'est jamais pris en bonne part dans les livres mazdéens. Les religions touraniennes lui ont donné parfois un rôle favorable, et il est arrivé aussi qu'il ait été l'objet d'un culte pervers comme être malfaisant.

(2) La tentation, mais infructueuse, est appliquée à Zarathoustra par Anra-Mainyous dans un passage d'un très remarquable chapitre (xix, 20-26) où toutefois on peut signaler de fortes traces de doctrines qu'on sait ne pas appartenir à l'antiquité mazdéenne.

de l'homme aussi, quant à la l'origine; il est dans un principe, non pas impersonnel, mais enfin qui *depuis la création,* en opposition avec elle, a conquis dans le monde une place indépendante.

Nous pouvons conclure que l'esprit inspirateur de la légende biblique du péché est un esprit original et non d'emprunt. Il y a, si l'on peut ainsi parler, deux flots de doctrine dans l'Ancien Testament. Le livre de *Job* en est un : sans auteur connu, quoique marqué d'un caractère bien individuel, il pose la question de la théodicée, qui est restée la *croix* des théologies. L'autre est la cosmogonie jéhoviste de la *Genèse*; à quelque époque et par quelque génie ignoré qu'elle ait été composée ou écrite, — et cette époque n'a guère importé pour la suite des temps, — son auteur n'a pas eu la puissance de lui assurer une grande place dans la pensée de sa nation, ni en dehors du petit cercle où sans doute il a vécu; elle a dû attendre mille ans ou davantage le moment où un nouveau génie serait suscité pour faire du « péché de l'humanité en Adam » la base d'une théorie du bien et du mal dont le dernier mot n'est pas dit encore.

Après la question de l'origine vient celle de la fin du mal. Le mazdéisme, étant éminemment une religion de lutte morale, ne peut pas n'être point une religion d'espérance. Par la même raison que ses livres sont remplis de préceptes et de prières en vue d'accomplir la loi d'Ahoura Mazda et d'anéantir le mal et ses suppôts *sur la terre,* ils renferment la promesse d'un état futur où le mauvais esprit sera terrassé, où le bien seul règnera. Cette révolution finale, l'universalité du dualisme exige qu'elle soit très éminemment une révolution *dans le ciel,* comme nous parlerions aujourd'hui. Son moyen est la destruction des démons et de leur chef; son effet, le retour de l'humanité à l'état céleste dans lequel elle a été créée. Pourquoi le bon esprit, plus puissant que le mauvais, puisqu'on a l'assurance de sa victoire, n'a-t-il pu arrêter l'invasion de ce dernier; ou comment ne peut-il en triompher plus tôt? C'est une question à laquelle les plats glossateurs ont essayé de répondre en recourant au destin, à une doctrine des *âges,* ou en imaginant une convention entre les éternels adversaires. L'antiquité ne se la posait probablement pas. Mais l'essentiel est ce qu'elle affirmait : que le salut est dans la main des hommes, par leur alliance avec l'armée des bons esprits contre celle des mauvais, pour toutes les œuvres qui tendent à *accroître*, à faire progresser le monde ; par le travail, surtout agricole ; par l'observation de la justice, par les pratiques rituelles et par la prière. Les différentes prières personnifiées, legs singulier de l'esprit mythologique, figurent dans le culte mazdéen comme des *armées* propres à terrasser les dêvas. Une telle imagination rappelle d'assez près celle qui engendra les superstitions du spiritisme chaldéen et la sorcellerie, d'ailleurs condamnée par le mazdéisme. La croyance au pouvoir magique des formules, et l'empire toujours croissant des parties extérieures du culte, qui finissent par en étouffer l'esprit, ont été le fléau du mazdéisme, comme ils le sont de toutes les religions (1). La morale du devoir et ce qu'on peut appeler la sanction cosmique de la morale ne laissent pas d'appartenir à l'antiquité mazdéenne.

Les plus anciens documents, dont le dialecte est archaïque, sont précisément ceux dans lesquels se trouve l'expression la plus énergique de la foi au monde futur, de la réparation finale et de la rétribution des œuvres. Malheureusement le texte des Gathas est d'une obscurité que les traductions ne peuvent encore dissiper là où il importerait le plus, et il est difficile de se faire une idée précise de la manière dont il faut entendre la restitution céleste des êtres primitifs, c'est-à-dire le retour à la vie des férouers humains, et des férouers des animaux de la bonne création. Cependant l'esprit général des livres indique qu'il s'agit d'une reprise générale de leurs corps par ces férouers des êtres, de ceux au moins qui sont dignes de vivre et n'appartiennent pas aux dêvas *agents* et *réceptacles de mort*. S'il en est ainsi, l'auteur du *Boundéhesch*, bien qu'écrivant si tardivement (après la conquête musulmane), a pu réellement reproduire une ancienne tradition iranienne, et non point emprunter un dogme à des religions ennemies de la sienne, quand il a parlé des éléments comme devant restituer aux corps humains ce qu'ils leur auront pris aux moments de leur mort et de leur dissolution. Mais il se peut aussi que l'idée primitive fût moins grossière, plus idéaliste, le culte des férouers indiquant chez leurs adorateurs une conception de la *forme* vivante, supérieure à la donnée du corps empirique, lequel n'est que la copie altérée d'un type.

(1) Kant a écrit une belle analyse de ce mode de corruption de l'esprit religieux (*La religion dans les limites de la raison : Observation générale*, à la fin de l'ouvrage).

Les passages les plus carastériques des *Gathas* sur la création, la nature et la fin des choses ont été traduits en ces termes par un auteur qui n'a pas craint de les mettre en bon et clair français :

« Toi qui maintiens à jamais la loi de l'*Asha* (1) et la bonne pensée, toi, Mazda Ahoura, enseigne-moi de ton intelligence et de tes lèvres, pour que je le dise en ton nom, comment le monde à commencé (2).

« Je vais parler, prêtez l'oreille, écoutez, vous qui de près venant, qui de loin, désirez savoir. Voilà que les Omniscients m'ont tout révélé. Plus n'arrivera que porte la mort dans le monde le Maudit, le démon enveloppé dans la corruption de sa loi et de sa langue.

« Je vais proclamer les deux Esprits primitifs du monde : desquels l'un, le Bienfaisant, dit à l'autre, le Pervers : Point ne s'accordent nos pensées, ni nos enseignements, ni nos intelligences, ni nos lois, ni nos paroles, ni nos actions, ni nos religions, ni nos âmes.

« Je vais proclamer le commencement de ce monde, tel que me l'a dit celui qui le connaît, le Souverain Omniscient. Ceux qui n'agiront point selon la Parole, de la façon que je pense et que je dis, malheur à ceux-là à la fin du monde (3).

« Il est dit qu'il y a deux esprits originels, deux jumeaux aux qualités propres : l'un bon, l'autre mauvais, en pensée, en parole, en action ; de ces deux les sages ont choisi le droit esprit ; point les insensés.

« Et quand ces deux Esprits se rencontrèrent, alors commença la création, alors se firent la vie et la mort, et qu'à la fin le monde infernal serait la demeure des méchants et que le monde de *Vohou Manô* (le Paradis) serait la demeure de l'homme de bien (4).

« Oh ! que nul de vous n'écoute les formules et les enseignements du pervers, car il porterait dans sa demeure, dans son clan, dans son pays, dans sa province, la maladie et la mort : frappez-le donc à coups de massue.

« Écoutez ceux dont la pensée est dans l'asha, celui qui con-

---

(1) L'*asha* est, pour les Parsis, la pureté qui comprend trois choses : bonne pensée, bonne parole, bonne action.
(2) *Yaçna*, XXVIII, 11.
(3) *Ibid.*, XLIV, 1-3.
(4) *Ibid.*, XXX, 3-4.

naissant les deux mondes, ô Ahoura, maître de sa langue, sait prononcer les paroles légitimes ; ô toi qui, avec l'aide de ton feu éclatant, ô Mazda, décides en faveur du bien du sort de la lutte.

« Celui qui irait à tromper le dieu de l'asha, à celui-là, dans la suite, longue demeure dans les ténèbres, nourriture immonde et paroles de dédain : voilà le monde, ô pervers, où par vos actions vous conduit la loi que vous adoptez (1).

« Sort brillant pour le sage, dont la pensée comprend ; il suit l'asha en exerçant bonne royauté, bonne parole, bonne action; celui-là, ô Ahoura Mazda, sera ton bienheureux compagnon (2).

« Dis-moi, tu le sais, ô Ahoura, comment, ô Mazda, l'homme de l'asha abattra le pervers : car c'est là le but excellent que doit atteindre le monde (3)..·

« Nous adorons la lumière souveraine qui s'attachera à Çaoshyant, tueur de démons et à ses compagnons, lorsqu'il ranimera le monde, l'affranchira de la vieillesse et de la mort, de la corruption et de la pourriture, le rendra éternellement vivant, éternellement accroissant, maître de lui-même ; alors que les morts se relèveront, que l'immortalité de vie viendra et que le monde recevra la vie au gré de ses vœux, alors que seront soustraits à la mort les mondes qui suivent la loi de l'asha...

« Avec l'Actvat-Ereta, vainqueur des démons, viendront ses amis, aux bonnes pensées, aux bonnes paroles, aux bonnes actions, à la bonne religion, aucun n'ayant de la langue manqué à sa parole. Devant eux pliera Aeshma à la lance sanglante, à l'éclat sinistre ; il frappera la Drug, fille de ténèbres. Akem Manô frappe ; Vohou Manô le frappera à son tour ; Haurvatât et Ameretât frapperont la faim et la soif ; Haurvatât et Ameretât frapperont la faim terrible, la soif terrible. Il plie, l'artisan du mal, Anra-Mainyous, réduit à l'impuissance (4). »

Ces citations « montreront, dit l'auteur de cette belle traduction, le caractère abstrait et purement moral auquel a pu s'élever *le vieux dualisme des luttes de l'orage* ». Selon M. J. Darmesteter,

---

(1) *Yaçna*, XXXI, 18-20.
(2) *Ibid.*, XXXI, 22.
(3) *Ibid.*, XLVII, 2.
(4) *Khorda Avesta*, Yesht XIX, 89 sq. — La traduction de ce dernier morceau, ainsi que celle des précédents, qui appartiennent aux *Gathas*, est de M. James Darmesteter, prise de son ouvrage *Ormazd et Ahriman*, p. 226 et 312.

en effet, l'*histoire d'Ormazd et Ahriman* n'est autre que celle des phénomènes de l'atmosphère ; leur lutte est la rencontre du dieu et du démon dans l'orage. Le mythe naturaliste de l'Arye primitive, tant de fois célébré dans le *Rigvéda*, serait devenu, chez les Iraniens, la doctrine morale de l'*Avesta*. Mais, au contraire, la différence est essentielle entre la personnification directe des forces naturelles, et l'application du génie personnificateur, — commun des deux parts, — à la fiction des agents spirituels regardés comme les réels moteurs de ces forces, et portés de volonté, les uns bonne, les autres mauvaise, ceux-là à accroître et ceux-ci à détruire la vie dans le monde. Cette dernière tendance est bien plutôt de l'espèce du spiritisme touranien, dont elle se sépare par son caractère moral. Le dualisme iranien se développe, en ce même caractère, dans un frappant contraste avec la marche aryenne la plus commune vers une conception cosmogonique unitaire, de laquelle on voit toujours résulter l'optimisme philosophique de la justification universelle. La faible et d'ailleurs tardive hérésie mazdéenne du « Temps sans bornes », antérieur aux deux Esprits créateurs est peu de chose, au prix de la doctrine brahmanique et des cosmogonies panthéistes des mythographes de la Grèce. Et cette hérésie même ne supprime pas catégoriquement le dualisme dont elle cherche à voir vaguement sortir les deux branches d'une même souche.

Les fragments de l'*Avesta* que nous avons cités en dernier lieu mettent en relief, avec les traits les plus remarquables du dualisme vital universel et du finalisme optimiste de la doctrine mazdéenne, ses points faibles aussi, dont l'un est l'origine ou l'essence, laissée inexpliquée, de l'Esprit générateur du mal, l'autre la multiplication des esprits tant bons que mauvais, source de superstition, vue prise sur le monde, qui, relativement inoffensive à l'origine, devient nécessairement incompatible avec toute explication rationnelle des phénomènes. Le passage ci-dessus qualifie les deux esprits de *jumeaux*; d'autres plus nombreux donnent la priorité dans le temps à l'Esprit bon et à la création bonne, contre laquelle se dresse l'Ennemi ; mais il est clair que le fondement de ce dernier demeure énigmatique et qu'on ne voit point pourquoi son pouvoir n'aurait qu'une durée limitée. Quant à la multiplication des Esprits subordonnés, agents d'Ahoura Mazda ou agents d'Anra-Mainyous, elle a été une suite inévitable du système des personnifications d'actions utiles ou nuisibles, vertueuses ou condamnables. Les dévas et les dévis (Esprits féminins) ont dû recevoir différentes attributions de malfaisance. La personnification a été appliquée à des maladies et à des vices. Elle l'a été, dans un sens favorable, à des qualités ou propriétés du genre animé, et même de l'inanimé. Quelques-unes des divinisations traditionnelles du monde aryen primitif ont été exceptées de la proscription commune qui frappait les dévas : tels Soma et Mithra, celui-ci réservé à une fortune particulière en dehors même du mazdéisme. Les démons et les bons génies, énumérés et classés, — Amchaspands et Darvands, notamment, compagnons d'Ahoura, compagnons d'Anra-Mainyous, — et une foule d'autres aux attributs, tantôt abstraits, tantôt pittoresques, ont formé des milices célestes et des milices infernales qui ont pu servir de modèles aux angélologies et démonologies de religions plus tardivement développées. Enfin des cultes d'un aspect décidément plus naturaliste, celui des astres et surtout celui du feu, prirent dans le mazdéisme des derniers temps une importance croissante et passèrent pour idolâtrie pure aux yeux des juifs, des chrétiens et des musulmans.

CHAPITRE III

Du fondement psychologique du spiritisme.

J'ai considéré le spiritisme comme un des modes *naturels* d'explication des phénomènes. Je m'y trouvais assez autorisé de cela seul qu'il répond, et même doublement, à leur personnification : 1° quant à l'idée de substance pour donner l'unité à la complexité des organes; 2° quant à l'idée de cause, pour représenter les mobiles externes de la conscience, là où elle s'estime passive. Ce spiritisme dont nous avons vu chez les Chaldéens des applications toutes naturalistes et grossières, nous le retrouvons dans le mazdéisme avec des déterminations d'un ordre moral élevé, et il n'a cessé d'occuper depuis ce moment, non seulement en religion mais en philosophie un rang en rapport avec l'importance de son fondement imaginatif. Au lieu de cette sérieuse raison d'être, l'évolutionnisme de H. Spencer lui a cherché une source dans l'illusion d'un entendement pris au degré le plus bas. Il y a ce me semble, un réel intérêt philosophique à lui garder sa place réelle où il doit être vu et apprécié dans l'ordre spéculatif.

Nous avons aujourd'hui d'assez nombreux *spirites*, en Europe et en Amérique, quelques-uns qui ne laissent pas d'être des hommes distingués. Ils se représentent, par un mode d'imagination que les faits en tout temps démontrent être éminemment naturel, les corps des animaux et des hommes comme *animés*, je ne veux pas dire simplement vivants, sentants, pensants, mais pénétrés, informés, conduits par *quelque chose de substantiellement spirituel*, qui est un principe propre de sentiment, de mouvement, de volonté plus ou moins consciente et d'entendement plus ou moins clair. Quoi qu'on pense au sujet du vitalisme, ou de la pluralité du principe animique, on croit toujours, en cet ordre d'idées, que le corps organisé a besoin pour fonctionner intellectivement de renfermer quelque chose de plus que des organes, et de se rapporter à quelque chose d'autre, dans les divers mouvements de ceux-ci, qu'à des idées, formes purement représentatives, liées à ces mouvements par des lois de la nature. Si nous admettons, et comment ne pas admettre? qu'une telle manière de voir est naturelle, il nous suffira de nous rappeler cette habitude antique de personnification universelle, dont la méthode du langage est, n'y eût-il qu'elle, un vivant témoignage, pour comprendre que toutes sortes d'objets ont dû être, en même temps que personnifiés, *animés*. Nous toucherons là le fondement de l'explication psychologique de l'animisme, ou spiritisme, comme de l'une des formes les plus aisément adaptables à la représentation des phénomènes externes en rapport avec les passions humaines, excitées, — c'est le langage courant, — par l'action de *ces phénomènes*. Mais il n'est pas croyable, dit-on, que les hommes soient à ce point sujets à illusion en des choses où l'on ne voit guère que les animaux eux-mêmes se trompent. L'objection n'est pas valable contre l'existence d'une loi empirique de l'esprit humain, ou pour mieux dire d'un fait qui ressort à la fois de tant de superstitions et de tant de théories. H. Spencer ne remplace l'opinion commune de ce fait, avéré pour les historiens de la philosophie et les philologues, qu'en le rapportant, ne pouvant le nier, à un moment où l'homme déjà sorti de l'état primitif commence à spéculer sur son expérience, et se laisse égarer par des expériences trompeuses (1). Mais dans l'étude qu'il entreprend de celles-ci, dans les explications qu'il suppose que l'homme a dû s'en donner, au temps des premiers exercices de sa pensée, il est infiniment plus facile de voir fonctionner la disposition naturelle à croire aux esprits animateurs des corps, qu'à comprendre la génération de ce penchant par l'interprétation erronée de ces expériences. Je veux dire que si, par exemple, l'homme a rêvé qu'il voyageait au loin, et qu'il a eu telles et telles aventures; si, n'étant pas capable de distinguer entre ce qu'il peut *avoir fait* réellement et la simple idée qu'il peut avoir eue *qu'il le faisait*, il infère de son rêve qu'un *second moi* qui est encore lui-même *l'a fait* pendant que le *premier* restait couché, et que par conséquent il est en quelque façon un être double, c'est qu'il se figure avoir dans son corps un esprit qui peut s'en absenter pour un temps et y revenir. C'est un esprit qui est son *autre*, son *double*, dont

---

(1) *Principes de sociologie*, 1re partie, nos 65-67.

il sait que le corps vivant ne pourrait néanmoins se passer trop longtemps ; et c'est lui seul que le rêveur, à son réveil, pourrait charger d'avoir voyagé et agi effectivement au loin, quoiqu'une telle imagination soit déjà bien forcée et trop démentie par l'expérience et le témoignage ; mais enfin, si elle est possible et pour peu qu'elle dure, il faut l'interpréter dans ces termes et non dans ceux de H. Spencer, qui ne sauraient absolument passer pour l'expression d'une croyance naturelle :

« Le parti à prendre le plus simple est, pour cet homme, de croire, dit ce philosophe, qu'il est resté en place, et tout à la fois qu'il s'en est allé ; qu'il possède donc deux individualités dont l'une laisse l'autre, et retourne bientôt après. Lui aussi a, comme tant d'autres choses, une existence double (1). » Un sauvage me parlerait en ces termes bizarres, — c'est toujours un sauvage, et le plus inintelligent qui se puisse, que H. Spencer a en vue quand il traite de l'homme primitif, — je ne croirais certainement pas apprendre de lui son véritable état de croyance induite de son rêve, mais je chercherais quel sens on peut bien supposer qu'il attache à son dédoublement, et je trouverais pour unique réponse l'imagination animiste (2).

« Comme tant d'autres choses, une existence double », ces mots se rapportent à la théorie générale de H. Spencer, qui attribue à l'homme primitif une espèce de diplopie mentale. La duplication du moi, — *duplication* et non *duplicité*, car il s'agit d'une inférence, acte de raisonnement, et non d'une illusion de l'imagination ou des sens, — n'est, suivant lui, pour l'homme primitif, que le point de départ, pris dans le rêve de la duplication appliquée généralement aux choses : « Nous tenons là le principe et legerme (*germinal principle*) de ce que peuvent comporter d'organisation les observations sans règle (*random observations*) de l'homme primitif. Cette croyance en un autre moi qui lui appartient est d'accord

---

(1) « The simple course is that ob believing both, that *he* has remained and that *he* has been away, — that *he* has two individualities, one of which leaves the other, and presently comes bach. He too has a double existence like many other things. » (*Principes de sociologie*, 1re partie, n° 69.)

(2) Cette remarque vise les observations prétendues des sentiments et croyances des sauvages, dont les rapporteurs, très peu psychologues, étrangers aux méthodes scientifiques, et d'ailleurs en communication sans intimité avec ces sauvages, gens eux-mêmes inaptes à bien expliquer leurs pensées, et défiants, et rusés, ne sont presque jamais capables d'interprétations correctes, ni d'exactes relations et de critique.

avec les exemples de dualité que lui présentent les choses environnantes, d'accord aussi avec la multitude des cas dans lesquels les choses passent de l'état visible à l'état invisible, et reviennent à l'état visible. » — La logique voudrait peut-être ici la multiplicité indéfinie et non la simple dualité : autant de soleils que le soleil se lève de fois après s'être couché ? — « Bien plus, il découvre par comparaison un rapport de famille (*kinship*) entre son propre double et les doubles des autres objets. Car n'ont-ils pas leurs ombres ? Et lui aussi n'a-t-il pas son ombre ? Son ombre, la nuit, ne devient-elle pas invisible ? Et n'est-il pas clair, alors, que cette ombre qui, de jour, accompagne son corps est cet autre moi qui, la nuit, erre au loin et rencontre des aventures (1) ? »

Pour bien entrer dans la pensée de H. Spencer, on ne doit pas lui reprocher de faire trop bon marché du sentiment de l'identité et de la continuité personnelles, qu'il semble ainsi sacrifier à une induction tirée des plus grossières apparences. Il faut savoir que ces raisonnements qu'il prête à l'homme primitif, il les lui fait faire à un moment de son *évolution* où il ne sait pas encore se connaître comme un moi proprement dit, un sujet pensant. Cet homme « passe par une phase de l'intelligence, durant laquelle n'est pas encore né le pouvoir d'introspection impliqué par ces mots : « Je pense, j'ai des idées. » C'est pour cela que les expériences du rêve doivent être considérées comme antérieures à la conception du moi mental ; « et *c'est de ces expériences mêmes* (l'auteur souligne) *que la conception du moi mental arrive à se former* », c'est-à-dire à mesure que la supposition de l'existence du double devient visiblement incompatible avec la matérialité des faits.

Mais ceci rend la théorie de plus en plus difficile à défendre ; à comprendre même. Qu'est-ce que cette *intelligence*, non pas d'un animal, non pas d'un enfant, mais d'un homme, remarquons-le, qui peut traverser une *phase* pendant laquelle, ne s'observant pas lui-même comme pensant (2), il est nécessairement incapable de réflexion sur ses perceptions, et ne peut tirer d'inférences qu'à la manière des animaux, c'est-à-dire obéir à des suggestions irraisonnées, soit qu'elles proviennent d'objets réels

---

(1) *Principes de sociologie*, 1re partie, n° 73.

(2) « Like every child, the primitive man passes through a phase of intelligence during which there has not arisen the power of introspection implied by saiyng : I think — I have ideas. » (*Ibid., loc. cit.*).

ou d'apparences illusoires. Cette intelligence, *en cette phase*, n'est pas seulement étrangère à l'idée de l'identité personnelle, il faut qu'elle le soit même à l'idée de l'identité des objets externes, à leur reconnaissance comme identiques lorsqu'ils reparaissent exactement semblables à eux-mêmes après avoir été perdus de vue. Autrement comment prendre pour multiple l'objet unique qui se montre par intervalles, et, comment prendre l'ombre d'un objet pour le double de lui-même, et par conséquent pour *un autre lui-même*, en dépit de leur différence? Ce n'est pas être un homme que d'avoir l'esprit ainsi fait, puisque c'est manquer de la catégorie d'identité et de la conscience de soi ; et cependant on fait des comparaisons, on a des croyances, ce qui est œuvre d'homme ; et ce n'est pas être un simple animal, l'animal n'étant certes pas plus exposé à se croire double qu'il ne l'est en général. observe avec raison H. Spencer, à prendre des choses pour des personnes. Il est vrai que ces sortes d'ambiguïtés conviennent au système de l'évolution, mais elles en sont le vice radical, parce qu'elles ne permettent d'éviter la contradiction qu'à la condition de ne pas définir.

Tout cet effort de construction d'un *homme primitif* si peu naturel, ni animal, ni homme, et sujet à d'étranges bévues, n'est que pour arriver à une explication des croyances animistes, dont H. Spencer se refuse à voir la génération directe et le réel principe, en tout temps agissant. De l'animisme ainsi obtenu, et regardé sans raison comme l'unique chemin que l'homme ait pu suivre pour arriver à des conceptions religieuses, ce philosophe déduit les idées d'une autre vie, d'un autre monde, la croyance à des agents surnaturels, les pratiques de la magie et de la sorcellerie, le culte des ancêtres, le culte des fétiches, des animaux, des plantes, la fiction des existences divines, les apothéoses (méthode évhémériste), enfin toute cette série des aberrations — c'est ainsi qu'il est forcé de la considérer — qui, se prolongeant depuis l'émergence de l'homme du sein de l'animalité, jusqu'à nos jours, forme un chapitre étrange de déviation et de folie dans le cours général de l'évolution. Et cependant l'évolution a pour méthode, selon lui, de constituer progressivement l'intelligence par voie d'*adaptation de l'interne à l'externe*, c'est-à-dire des représentations aux réalités !

Mais je reviens au principe de l'animisme. Il est facile de se convaincre par des exemples qu'il s'est trouvé dans la nature mentale de l'homme, entre autres penchants, celui de donner pour support à la pensée, des corps subtils, impalpables et presque réduits à des apparences, quoique soumis aux conditions de lieu et de mouvement local. Il est naturel de supposer que, possédant le concept de substance, un des plus profondément enracinés qui soient en nous, et qui est inhérent au langage, voyant de plus que la plupart des corps sont dénués de sentiment et de pensée, les regardant tous, et le sien même, comme grossiers comparativement à *quelque chose qui pense*, et néanmoins incapable de séparer l'idée de la pensée d'avec l'idée d'un corps qui pense, l'homme est arrivé d'une façon très simple à imaginer des *esprits*, c'est-à-dire des corps subtils qui sont doués de sensibilité, de passion et de volonté. Ces corps subtils, il n'a aucune peine à se les représenter *unis* à des corps plus matériels et les *animant*. Il s'en est attribué un à lui-même, il en a placé partout où il a eu besoin de se représenter un agent vivant pour produire un phénomène spécial; car les idées purement mécaniques lui ont été longtemps étrangères. Telle est très probablement l'origine du spiritisme, elle tient à des modes de penser qui sont encore très communs, et il n'en faut pas davantage pour expliquer toutes les aberrations auxquelles se prête ce genre de croyances : démonologie, magie, obsessions, possessions, exorcismes, etc. Le principe de perversion du jugement, en pareille matière, est à chercher dans le caractère gratuit des hypothèses que le spiritisme peut faire et qui, ne manquant jamais d'être des fonctions de ses passions et de son état de moralité, le conduisent, quand cet état est peu élevé, et que la crainte ou l'espérance l'agitent, à des conséquences de la plus déplorable espèce (1).

Cette explication ne suppose rien de plus que la connaissance du moi et l'existence d'un *entendement humain* dans l'*homme primitif*, c'est-à-dire la donnée des concepts, sans lesquels on n'a pas la parole, on n'a pas la raison, on n'a pas l'homme. L'une de ces données les plus essentielles est le concept de substance, mais objectivé, réalisé, comme tous les concepts tendent à l'être avant le progrès très avancé de la réflexion, et comme celui-là l'a été dans presque tout le cours de l'histoire des idées. Mais pour bien

---

(1) Voyez la *Critique philosophique*, 8ᵉ année, n° 15, p. 225, et la suite des articles sur les théories de l'homme primitif et de l'origine des religions de Herbert Spencer, t. XV, nᵒˢ 2, 6, 14 et 15.

comprendre comment, avec ce point de départ et ce procédé, l'homme a pu être conduit à prêter des esprits à toutes sortes d'objets, de ceux que nous appelons matériels, après n'en avoir conçu de prime abord que pour lui-même et pour les animaux, il faut réfléchir aux idées qu'il a dû se faire de trois choses : 1° de son propre corps; 2° de ce que les savants et les philosophes quand leur temps est venu ont entendu par le mot *matière*; 3° des *actions* exercées par les corps de la nature autres que ceux des animaux.

Sur le premier point, l'homme n'a pu manquer de tirer de la connaissance de la mort, qui de ses premières expériences a été la plus sérieuse, cette conclusion, que le corps d'un homme ou d'un animal n'avait pas la vie par lui-même, ou par lui seul, puisque la vie pouvait le quitter pendant qu'il gardait encore sa forme et ses apparences visibles ; que, par conséquent la vie, le sentiment et l'action appartenaient à un sujet invisible qui, selon qu'il habite ou qu'il abandonne le corps, le conserve et le rend capable de ses fonctions, ou le livre à la dissolution.

Sur le second point, le point de savoir quelle idée cet homme se faisait de *la matière*, on peut affirmer absolument qu'il ne s'en faisait aucune. Il n'avait pas une telle idée. Il connaissait des matières, si on veut les appeler ainsi, des choses particulières de son expérience, qu'il nommait d'après leurs qualités sensibles ou propriétés, mais il ne pensait certainement point à une chose commune à toutes ces choses, et de laquelle elles seraient toutes formées, malgré leur diversité. Encore moins avait-il le concept universel et abstrait d'une chose sans qualités et capable de porter ou engendrer toutes les qualités possibles. C'est un hardi penseur qui, le premier, a imaginé la chose simplement étendue, divisible et mobile, dont les figures et les mouvements seraient les causes de tant d'autres phénomènes où ne se retrouvent plus ni mouvement ni figure.

Le troisième point tire des deux premiers beaucoup de lumière. Si l'homme primitif rapporte à l'existence d'un *sujet*, lequel est un *esprit*, les manifestations de sentiment et de volonté chez l'animal, et si, d'une autre part, il ne pense pas aux objets dépourvus de propriétés vitales, comme étant matière, ou faits de matière, quelle idée va-t-il se former des qualités de ces corps qui agissent sur lui de tant de manières en bien ou en mal? Ne va-t-il pas rapporter aussi leurs actions à des esprits divers dont ces corps seraient le siège, et n'attribuera-t-il pas à ces esprits en eux-mêmes un mode d'existence intime, analogue à celui qu'il se reconnaît à lui-même et dont l'essence est si différente de celle de son corps, puisqu'elle est invisible? La personnification sous le mode spiritisme n'est-elle pas dès lors naturelle? Il y aurait lieu de s'étonner de ce qu'elle n'a pas été le genre universel unique des hypothèses sur les puissances latentes et, par suite, des religions, si ce n'était que les grands phénomènes célestes et ceux de l'atmosphère ont ouvert à l'intelligence une autre voie qui a conduit à des personnifications dont les corps proprement dits n'étaient plus les sujets, et à des mythes ayant pour personnages les qualités ou forces naturelles en relation les unes avec les autres sous le symbole des passions humaines. De là s'est frayé un passage à l'idée soit de la direction, soit de l'émanation de ces forces rapportées à un ou à des agents, à un ou à des principes distincts d'elles-mêmes; et c'est la source des Olympes, et c'est celle du panthéisme. Enfin la pensée a pu s'élever directement à l'idée d'un pouvoir qui domine tous les êtres et jusqu'à celle d'un pouvoir qui les a créés. Nous avons vu l'animisme lui-même transformé par cette conception supérieure, malgré le dualisme des actions utiles ou nocives, et transformé en un double sens : par la croyance en la personne créatrice douée d'attributs essentiellement moraux, et par la notion transcendante des esprits idéalisés des êtres en rapport avec un monde plus conforme que le monde empirique à la pensée du Créateur. En dehors de la vue proprement animiste des choses, — en dehors ou à côté, — le procédé des personnifications s'est appliqué à des notions tout intellectuelles et même abstraites, et à des notions morales, en se généralisant par l'effet d'une disposition mentale dont la métaphysique entière, non moins que la mythologie, porte témoignage. On s'explique donc bien que le spiritisme ait été un des modes importants de conception de la causalité des phénomènes, et par conséquent des idées religieuses, et qu'il n'ait été ni le seul, à beaucoup près, ni exclusif, même là où il s'est trouvé prépondérant.

L'analyse du principe générateur de l'animisme est d'un grand intérêt philosophique, parce que ce principe est celui de doctrines considérables, qui ont occupé de tout temps et occupent toujours une grande place dans la spéculation, et qui volontiers ne se reconnaîtraient aucun rapport avec cette infime conception des choses. C'est, en un mot, car nous pouvons ainsi résumer toutes nos considérations, la distinction et l'objectivation, dans l'objet, de quelque chose d'autre que l'objet, d'autre que les phénomènes qu'on y peut distinguer, définir, rapporter les uns aux autres; d'autre enfin que les rapports eux-mêmes, et que les lois générales sous lesquelles ils sont assemblés pour notre intuition, nos perceptions et nos concepts. Cette chose latente prend toutes sortes de noms qui varient avec l'espèce et le plus ou moins de généralité des fonctions dont on entend la charger : c'est l'âme séparée, détachée du corps, ou corps raréfié, subtilisé, dont la fiction est à l'usage de presque toutes les doctrines immortalistes depuis la métensomatose des brahmanistes et des bouddhistes, jusqu'au spiritualisme des chrétiens platonisants, et c'est aussi l'ombre, ou corps exsangue, habitant de l'Hadès ou du Schéol. Ce sont les âmes, végétale, animale, intellective, en leurs divers gouvernements, et les formes substantielles, et les natures plastiques et les archées. Ce sont les Idées pures de Platon, dont les choses réelles sont d'imparfaites copies, et ce sont les espèces sensibles émanées des corps, suivant des écoles empiristes. C'est, encore, par un progrès remarquable de l'abstraction, la substance de Descartes, qui varie selon qu'elle possède l'attribut de chose qui pense ou l'attribut de chose qui s'étend; et c'est enfin, — car il ne faut pas que le comble de l'abstraction nous donne ici le change sur la nature, au fond la même, du procédé, — la Substance de Spinoza, c'est-à-dire la chose qui est sous toutes les choses, qui n'est aucune d'elles et les fait être toutes, leur donne leurs qualités en nombre infini, supporte, sans changer, tous leurs changements. En un autre style, plus moderne, les âmes prennent le nom de forces et servent au même emploi, qui est d'expliquer les phénomènes par leur rapport à quelque chose d'inconnu et de *supposé* (*suppositum quid*) qui les fait être et changer précisément de la manière dont ils sont et dont ils changent. Et les forces se réunissent dans la Force, dont elles sont les modes transformables, comme auparavant les substances dans la Substance, comme, en un style passé de mode, les âmes dans l'âme du monde, enfin comme les esprits se fondent et se perdent dans l'Esprit universel. Le philosophe qui dogmatise sur les forces n'est pas plus avancé en vraie connaissance de l'univers et de sa Cause, des vraies causes des phénomènes, que le pauvre animiste de la vieille Chaldée; il l'est peut-être moins, car il se paie d'abstractions plus que lui, et il est victime d'une illusion semblable à la sienne.

CHAPITRE IV

De l'origine du dualisme moral.

De même que, comparé au spiritisme chaldéen, le spiritisme iranien nous transporte du point de vue des agents physiques, bons ou mauvais par nature, et qu'il faut prier ou conjurer, à celui d'un Créateur moralement bon, dont le Méchant, survenant, a gâté l'œuvre, de même, par rapport a la mythologie aryenne primitive, à laquelle il s'oppose, il nous conduit de la conception naturaliste des phénomènes personnifiés, en lutte les uns avec les autres, à la doctrine d'un antagonisme moral. Mais ce n'est pas d'une application de la première méthode que la seconde a pu naître, car le sentiment qui a inspiré le dualisme est le contraire de l'idée panthéiste. Je veux parler ici d'une thèse mythologique dont l'auteur fait sortir, par voie d'évolution, la religion de l'*Avesta* de celle du *Rigvéda* (c'est-à-dire le dualisme, d'un polythéisme confus à tendances fortement unitaires) et qui donne une origine naturaliste à la conception morale et religieuse du bien et du mal. La notion de lutte morale devrait, à ce point de vue, procéder de la seule idée de la lutte des éléments, — de l'orage, en propres termes, — à peu près comme les concepts sont des sensations transformées, pour certaine vieille philosophie, ou les pensées des forces transformées, en style plus « scientifique ». La thèse générale que j'ai partout admise, c'est que la notion de moralité ne dérive pas; il n'y a ni évolution ni révolution qui puisse en rendre compte, à moins qu'on n'entende par l'un de ces mots l'effet premier de l'expérience qui, en cette sphère, comme en celle du pur entendement, est requise pour faire passer à l'*acte* les *puissances* de la conscience. L'homme n'ayant pu vivre en homme et entrer en relation avec des semblables sans que des notions de bonne ou mauvaise conduite, des notions de devoir, des notions qu'on appelle morales se soient produites en lui, pour ensuite se développer ou s'altérer par l'effet des actions et réactions nées de leur application, ses idées religieuses ont dû inévitablement naître et s'élaborer dans la dépendance des idées qu'il s'est faites sur la vie au point de vue moral. Si donc il est arrivé que telle tribu primitive, — c'est-à-dire antérieurement à laquelle l'histoire ou de solides inductions ne nous fournissent point d'antécédents, — s'est représenté le monde, en ses diverses parties, comme *donné* par un être *omniscient et bienfaisant* dont les créations ont ensuite été contrariées par un être *menteur et méchant* qui s'est élevé contre le premier; si, dis-je, cette tribu a vu ainsi les choses, tandis qu'une tribu voisine et parente de l'autre multipliait et dispersait ses imaginations et ses adorations, selon le jeu qu'elle voyait des forces de la nature; si celle-ci poétisait les luttes des éléments dont les résultats intéressent la vie humaine, sans les rapporter à un dualisme moral d'ordre universel, que devons-nous penser? Simplement, que la première tribu s'est fait une religion essentiellement morale, et la seconde une religion de mythologie presque toute naturaliste, encore bien qu'il y ait eu beaucoup de points communs dans leurs circonstances, outre leur communauté d'origine? C'est ainsi que deux hommes issus de la même famille peuvent différer beaucoup dans les croyances qu'ils se font au cours de la vie et dans les conclusions qu'ils tirent de leur expérience, d'une expérience souvent la même sur les sujets qui importent le plus à la vie, à la pensée et à la conduite.

Mais ces deux hommes ont pu aussi recevoir des impressions diverses, éprouver des effets divers de leurs communications et de leurs relations dans le monde; et de même l'une des deux tribus peut avoir subi des influences qui ont manqué à l'autre. C'est une raison de plus pour ne point regarder les idées de celle-là comme sorties par voie d'*évolution* des idées de celle-ci. Nous ne voyons pas mieux pourquoi on donnerait à leur divergence la forme d'une *révolution*, alors que rien ne prouve qu'elles aient eu les mêmes dispositions natives et partagé le même développement pendant un temps plus ou moins long. Rien n'empêche la séparation des cultes de remonter presque au berceau, et rien n'oblige de regarder une opposition établie, constatée pour une certaine époque, comme le résultat de la rupture brusque et violente d'une communauté antérieure. Quant au fait de l'hostilité des sectateurs de Zoroastre contre la religion védique, il est en tout cas hors de doute, par cela seul que Zoroastre est nommé, dans tous les textes mazdéens, l'exterminateur des dêvas.

Le mot *déva* peut avoir signifié des deux côtés l'idée générale de divinité, en un temps dont l'antiquité répond à celle de la commune origine des deux langues, le zend et le sanscrit, et cela n'est point une raison pour que ce nom, affecté pratiquement, dans le monde védique, à la désignation de toutes sortes de dieux de caractère éminemment naturaliste, ne soit pas devenu odieux aux Iraniens qui, tout en conservant un culte pour certaines personnifications reçues, avaient besoin du concept d'un dieu unique et supérieur, d'un dieu absolument bon, créateur dans le sens propre du mot, et non pas livré à la rivalité indéfinie de ces dieux du *Rigvéda* dont chacun reçoit à son tour du poète qui le célèbre les mêmes titres banals de puissance sans borne et de productivité universelle : Agni a créé le ciel et la terre ; Soma de même ; Varouna de même ; on ne sait pas ce que c'est que la création : elle est partout, elle n'est nulle part.

Une remarque analogue, mais d'application inverse, est à faire au sujet du mot védique *asoura*, en supposant que l'iranien *ahoura* en soit dérivé (1). Les Asouras, dans le *Rigvéda*, sont les ennemis des dieux de la lumière ; ce sont eux, puissances de ténèbres, personnifications des vapeurs terrestres et des nuées, qu'Indra foudroie, perce de ses traits. Leur rôle *infernal* va s'accusant de plus en plus dans le développement du brahmanisme. Ils sont associés aux animaux impurs, aux hommes impies, à tous les révoltés ; ils combattent les dêvas en escaladant le ciel, comme les Titans de la mythologie grecque. Or il paraît y avoir quelque chose de forcé à vouloir que les Iraniens ne se soient pas contentés d'affecter à leurs esprits du mal le nom qui désignait les dieux dans la commune tradition de l'Arye, mais encore qu'ils aient conservé le vocable des démons du mythe principal de la mythologie védique pour en faire le nom de leur propre dieu. Ils auraient apporté à cela un esprit de système bien fait pour étonner. On suppose alors, on va même jusqu'à regarder comme démontré que le mot sanscrit *ahoura*, dans une antiquité plus haute, a été un terme générique désignant les dieux, et le premier de tous, Varouna, organisateur et souverain à titre principal. C'est ce Varouna védique, dont le concept aurait passé dans l'Ahoura iranien (2). Mais en

(1) L'étymologie est douteuse. Eugène Burnouf ne la croyait pas bien établie et trouvait une objection philologique au passage de l's à l'*h* en ce cas particulier. (*Commentaire sur le Yaçna*, p. 78-80.)

(2) James Darmesteter, *Ormazd et Ahriman, leurs origines et leur histoire*, p. 44 sq. et 268 sq.

admettant ceci comme prouvé, on aurait peut-être rendu plus vraisemblable la dérivation matérielle d'Ahoura par rapport à Asoura, mais on n'aurait pas fait un pas vers l'assimilation réelle du dieu iranien à un dieu védique, soit à Varouna.

Varouna, source mythologique de l'Ouranos des Grecs, est un dieu matériel, dont l'œil est le soleil et dont les attributs d'espace et de lumière, de pénétration et de connaissance, de puissance créatrice enfin, se rapportent à l'immensité des cieux et des êtres que le rayonnement divin atteint et féconde. Quand certains de ces termes s'appliquent à Ahoura Mazda, dans l'*Avesta*, ils y prennent un sens figuré, parce que ce dieu est toujours une personne. Le ciel est son habitation et non son essence; il n'a ni femme ni enfants, si ce n'est par évidente métaphore; il est le créateur des esprits et des corps; il est saint, « maître de sainteté », et ses commandements sont des préceptes moraux.

Qu'est devenu, dans le dualisme iranien, le dualisme naturaliste du *Rigvéda*, que l'école de l' « orage » prétend en être la source? L'opposition d'Anra-Mainyous à Ahoura Mazda, différente dans son esprit, différente par ses effets, n'offre qu'un point de ressemblance avec la lutte d'Indra contre Ahi et Vritra, le Serpent et le Nuage, dans le ciel orageux : c'est que l'esprit du mal est quelquefois qualifié de serpent dans l'*Avesta*; mais cette image de l'animal rampant, odieux, pris des deux côtés pour figurer l'Ennemi, ici physiquement et là moralement, est trop naturelle en un sens comme en l'autre pour autoriser un rapprochement. Il n'y a non plus aucune similitude entre le dieu créateur Ahoura, dont toutes les œuvres sont rivalisées par celles de l'Adversaire, et le dieu du météore, Indra, qui lance la foudre sur Ahi, le terrasse, le met en lambeaux, et délivre les vaches prisonnières dont les mamelles répandent la pluie fécondante sur la terre altérée.

Dans l'impossibilité de retrouver le combat d'un dieu contre un démon, on imagine que le mythe de l'orage, devenu légende, s'est retourné pour être la lutte non plus précisément d'un démon, mais d'un homme contre les dieux : de Zoroastre contre les dévas, qui prennent alors la place des nuées! Il faut à l'école mythologique, exclusivement mythologique, un mythe naturaliste à l'origine de toute histoire, de toute légende et de toute idée morale. Mais, pour qui n'a pas foi dans le système, l'hypothèse d'une semblable transformation, bizarre qu'elle est en elle-même, n'a pas l'ombre d'une preuve à offrir ; car le personnage de Zoroastre, s'il manque d'une détermination historique précise, porte au moins le caractère légendaire le plus net, la *forme de l'histoire*. Le mythe du combat d'Indra et des Asouras, d'un autre côté, est constitué par la plus nette et la plus indubitable personnification de phénomènes météorologiques. Entre les deux, il n'y a rien, excepté l'idée générale de la lutte, mais le sens en est entièrement changé.

Une dernière remarque : L'hypothèse d'une évolution de l'esprit humain passant des idées purement naturalistes aux notions morales ne résout pas, comme le croient ses partisans, le problème de l'origine de ces dernières. C'est toujours, en effet, quelque chose de nouveau et d'essentiellement différent qui prend naissance, et qu'on n'explique pas plus en le supposant obtenu par degrés qu'en l'acceptant tout d'abord à titre d'élément caractéristique de la nature mentale de l'homme, encore que très variable en force ou en degrés chez lui, suivant ses dons natifs et suivant sa réaction contre l'expérience. Mais la transition du non-moral au moral, — de l'animal à l'homme, en ce chapitre de la spécificité de ce dernier, comme en celui du mode intellectuel, — est inassignable. L'évolutionnisme essaie de surmonter l'obstacle, et de se représenter la formation de la conscience morale, ainsi que de l'esprit, par degrés, en supposant que ces degrés sont insensibles ; mais c'est là précisément qu'est l'illusion. On ne se représente réellement rien ainsi. Insensibles, si les degrés le sont à la lettre, et indéfinissables, ils ne sont rien ; sensibles, ils sont arrêtés par la même difficulté que les plus grands : la difficulté de tirer du semblable le différent.

A ce vice intellectuel de la méthode évolutioniste, il s'ajoute un vice moral. Admettons que le dualisme moral, principe d'une croyance religieuse, ait sa source dans le dualisme physique de l'orage ; que conclure de là ? C'est la scission de la doctrine morale et du naturalisme qui importe, et non l'origine vraie ou fausse cherchée en ce dernier ; et c'est elle que l'évolution prétendue fait perdre de vue. Les facultés humaines supérieures semblent n'avoir plus aucun intérêt pour cette sorte de philosophie qui les estime dérivées des facultés inférieures, et vise, au fond, dirait-on, à les y réduire. Les hauts attributs moraux et rationnels de l'homme ne perdent pourtant pas leur qualité de faits éminents de l'ordre universel, de cela qu'on peut dire qu'ils n'existaient pas chez l'enfant, et que l'homme procède de l'enfant. Mais même cette comparaison du progrès de l'homme avec le développement de l'enfant, familière à la doctrine de l'évolution, est un sophisme. Car l'homme adulte, à toute époque de son histoire, a dû différer de l'enfant par les affections et le jugement. La loi du développement du premier, de génération en génération, est d'une autre espèce que la production graduelle des puissances du second dans le cours de sa vie organique. La confusion est grossière, autant qu'elle est commune en « philosophie du progrès ».

CHAPITRE V

Le dogmatisme chez les Chinois.

Les Chinois, partis du régime patriarcal, autant que l'histoire et une induction légitime puissent nous renseigner, ne tombèrent jamais comme certaines races aryennes ou sémitiques dans cet individualisme farouche de tribu et ces mœurs violentes, non plus qu'en cette entière corruption morale, d'où dérivent des croyances et des cultes semblables à ceux des tribus appelées *sauvages*. Leurs religions demeurèrent exemptes des plus graves aberrations que présentent celles de certains autres peuples, à des époques voisines de leurs origines, mais qu'on a le tort de confondre sans preuve avec leurs origines mêmes. Elles se développèrent sur le propre fond où elles s'étaient d'abord constituées, c'est-à-dire en laissant toute son importance au culte primitif des *esprits*, et en essayant d'y joindre quelques idées dogmatiques, selon la faible mesure de raison spéculative départie aux philosophes de cette race. La théocratie tenta, mais vainement, de se substituer au gouvernement patriarcal. Il y eut une grande lutte, mais les traditions artificielles ne purent prévaloir qui auraient remplacé par de la mythologie l'histoire des anciennes familles de la Chine. La Chine est restée une nation exceptionnelle qui a connu son antiquité comme une histoire à peu près positive.

Le défaut d'aptitude des Chinois pour la spéculation n'était pas tel qu'ils pussent éviter tout à fait de se poser le problème physique ou métaphysique de la génération universelle et de l'essence des choses. Mais les esprits les plus réfléchis se contentaient d'aperçus qui aujourd'hui nous paraissent vagues ; leur critique n'exigeait rien de bien défini. La classe populaire, à laquelle revient partout l'œuvre des mythologies, se contentait d'imaginations flottantes du genre spiritiste, et les esprits à tendance ascétique ou mystique, — la Chine n'en fut pas entièrement dépourvue, — penchaient vers une sorte de quiétisme. C'est dans ce sens que se fit le développement religieux autant qu'il était possible.

Si une doctrine sacrée avait pu s'établir sur un antique fondement, elle serait née sans doute des énigmes de l'*Y-king* (1). Une exégèse ancienne (antérieure au moins à Confucius) de ce livre mystérieux formule la thèse métaphysique du *Grand-Comble*, générateur de deux *effigies*, c'est-à-dire d'un principe male, céleste, solaire, le Yang, et d'un principe femelle, terrestre, lunaire, le Yn. Ces deux principes répondent aux idées de perfection et d'imperfection, et font participer à ces idées les éléments composants du monde, selon qu'ils président plus ou moins l'un ou l'autre à leur production. Ce dualisme n'est point le symbole de l'opposition et de la lutte du bien et du mal, mais plutôt d'une harmonie réalisée dans un ordre de choses où la perfection ne peut régner sans partage : idée empreinte de sagesse chinoise et à laquelle on peut trouver de l'analogie avec l'optimisme des écoles occidentales qui ne voient dans le mal que de l'imperfection. Le mot qu'on a rendu par *effigie* signifie apparemment la double ressemblance des choses, selon qu'on les rapporte à des types qui représentent le mieux ce qui s'approche de la perfection ou ce qui s'en éloigne. Des gloses innombrables sont sorties de ce vieux thème, sans aucune construction systématique. La nature propre des *effigies* est restée indéterminée, et celle du *Grand-Comble* incertaine entre les interprétations théistes ou athéistes, si tant est qu'on songeât à choisir.

Le Yang et le Yn étaient représentés dans les trigrammes sacrés de Fo-Hi, selon les interprètes, l'un par la ligne droite continue, l'autre par la droite à traits interrompus. Sur ce fondement, les huit trigrammes étant d'ailleurs affectés par une ancienne tradition à la représentation du Ciel, de la Terre, du Vent, de la Nue, du Feu, du Tonnerre, de l'Eau et de la Montagne, on abonda en commentaires pour découvrir les rapports des figures avec les objets, fixer le sens de soixante-quatre hexagrammes dérivés, et lier cette espèce de physique allégorique avec la division reçue des cinq éléments matériels. Toutefois la morale prit la part principale à ces recherches. Les obscures sentences que les princes des Tchéou avaient jointes aux hexagrammes portaient sur une éthico-politique de tout temps familière aux Chinois; on les expliqua à l'aide de symboles et d'allégories, d'où se tirèrent des maximes sur l'orgueil et la modestie, le commandement et l'o-

---

(1) V. l'*Introduction*, 1ʳᵉ partie, chap. ɪx.

béissance, etc., et quelques thèses générales sur la génération et le changement. Il y eut aussi une certaine spéculation, mais stérile, sur les nombres, à propos du rôle qu'ils jouaient dans les combinaisons des lignes des hexagrammes.

Dans le cours du premier millénaire avant notre ère, et probablement au temps de la décadence des institutions des Tchéou et des progrès de l'anarchie féodale, soit mouvement original de l'esprit chez une partie du peuple, soit effet de ses premiers rapports avec l'Inde, on voit se prononcer une tendance mythologique étrangère à la haute antiquité. L'histoire nationale tente de s'agrandir à l'aide de légendes de rois fabuleux; l'histoire de la terre, de se construire par l'imagination de périodes cosmogoniques, où se placent des êtres à formes hybrides, des animaux merveilleux, des enfantements de vierges. On parle d'un temps où les hommes vivaient sans travail et bienheureux. Enfin vient l'âge de l'invention des arts; il est question d'un premier homme, appelé Pouen-Kou, espèce de Protée démiurge, dont le rôle se dégage mal. Des légendes mieux enracinées dans le terrain chinois sont celles des génies, qui, formées peut-être avant l'époque dont nous parlons, s'assemblèrent ensuite autour de l'histoire populaire du philosophe Lao-Tseu, et servirent en partie à la constitution d'une religion et d'un sacerdoce. On ne saurait dire ce que l'un et l'autre furent au début, mais il est certain que, s'ils donnèrent satisfaction aux besoins de la mysticité élevée, et cela jusqu'à la doctrine de l'anéantissement du vouloir, en quoi le bouddhisme vint plus tard les dépasser, ils favorisèrent d'une autre part les superstitions attachées au culte antique des esprits. A la place des intelligences célestes ou terrestres de la primitive croyance, exempte de dogmatisme, on n'admit pas seulement alors des classes d'êtres bienheureux, plus ou moins inactifs selon leurs degrés d'identification avec l'être suprême, mais on se donna, sous l'ancien nom des *Chin*, une classe d'esprits aériens, à demi affranchis, à demi retenus dans la nature, en commerce avec les hommes, patrons des lieux et des personnes, sensibles aux hommages et aux reproches, et qu'on pouvait même, si l'on savait s'y prendre, assujettir à des fonctions de serviteurs, et garder ou destituer à volonté. Les *Mânes* du culte antique, les *Kouei*, dégénérèrent d'une façon plus grave, car la superstition fit d'eux des génies malfaisants, tenant de la bête, ennemis des *Chin*, et que l'on pouvait évoquer ou chasser par des exorcismes. De là des pratiques profitables aux prêtres du Tao et dégradantes pour le peuple. Quelle qu'en puisse être la source première, on ne trouve pas ces sortes d'esprits dans le *Chou-king* et dans le *Tchéou-li*, les seuls livres où l'on puisse prendre une idée de l'institution religieuse antique de la Chine.

L'antiquité chinoise n'avait eu ni temples ni prêtres, mais seulement des lieux sacrés et des magistrats sacrificateurs. La commodité des empereurs fit ériger à proximité du palais un édifice pour remplacer la montagne où s'offraient auparavant les sacrifices au Ciel et à la Terre. A son tour, la religion des génies ne se contenta pas du culte national des maisons, des carrefours et des champs que la croyance spiritiste avait institué jadis. Elle éleva et multiplia des temples où les esprits eurent leurs idoles consacrées et reçurent en sacrifices les porcs et les volailles que la superstition leur apportait. Près des temples s'établirent des monastères où des religieux vécurent de la religion, quelques-uns sans doute épris de vie contemplative et désireux de s'absorber dans le *Tao*, mais le plus grand nombre faisant commerce d'amulettes et d'enchantements, de directions et de prédictions. On y vendait des recettes d'hygiène et de médecine, des *vins d'or*, des poudres de jade, des breuvages d'immortalité. Dans un genre différent, on enseignait aux dévots une certaine gymnastique de la respiration et des membres, qui pouvait aller jusqu'à l'extase et à la perte des sens, ou s'arrêter à des exercices ascétiques modérés et servir même à l'amusement.

Lao-Tseu qui ne prétendit jamais qu'à la philosophie, si l'on en juge par son livre *De la Voie et de la Vertu*, eut la mauvaise fortune d'être pris pour le héros ou le dieu de cette religion. Sa doctrine était le Tao, *la voie*, c'est-à-dire apparemment la *méthode* de la vérité et du salut. Ce mot *Tao* connotait naturellement les idées de *connaissance*, de *raison*, de *vertu*, enfin de *divinité*, toutes choses dont sa signification propre désignait le chemin ou moyen d'acquisition; en sorte que le Tao, prenant ainsi le sens objectif, pouvait représenter l'être suprême, absolu, sans commencement et sans forme, avec lequel la sainteté consistait à s'identifier. On doit probablement voir dans cette doctrine une imitation de la philosophie indienne du Vedanta qui était la fleur du brahmanisme, et cette supposition est facilitée par une tradition chinoise qui rapportait un voyage de Lao-Tseu dans les « contrées occidentales ». Si elle est exacte, l'introduction d'une doctrine de l'Inde dans la Chine, à une époque qui peut avoir été voisine de celle du Bouddha, eut lieu sous ce nom de *Tao* dont le sens concorde avec celui du terme consacré pour la théologie bouddhiste : *Véhicule*. Elle donna naissance à une religion plus rapidement altérée et défigurée que l'était celle du Bouddha lui-même quand, plus tard, elle y fut transportée à son tour. Cette dernière connut au moins quelques siècles de ferveur et de piété sincère avant de verser comme l'autre dans la pure superstition et dans le charlatanisme ; et elle posséda son histoire authentique.

La plus absurde des légendes prit la place de la vie, à peu près inconnue, du philosophe Lao-Tseu : elle le fit naître du sein d'une vierge fécondée par la chute d'une étoile filante, et délivrée après quatre-vingt-un ans de gestation, ce qui fait qu'il reçut un nom signifiant à volonté *vieux docteur* ou *vieux enfant*. Sa figure était imposante et cependant bizarre ; ses organes multiples. On le regarda comme un *Chin* incarné, apparu au milieu des solitudes où vivaient des religieux exilés par l'empereur Ouen-Ouang, fondateur de la dynastie des Tchéou. Mais la légende ne s'en tint pas là, quand elle eut à soutenir la concurrence de celle du Bouddha. Le vieux enfant devint alors le contemporain des empereurs fabuleux, mieux que cela, un être antérieur au Ciel et à la Terre, témoin, auteur du débrouillement du chaos, existant par lui-même ! Enfin on lui attribua une ascension céleste après une longévité extraordinaire, puis des incarnations successives. Partout la fable se répète.

La secte de Lao-Tseu rapporta à son fondateur, selon l'usage, tout ce qu'elle put d'anciens traités de morale ou de sciences occultes. Le principal de ces ouvrages, encore aujourd'hui très répandu dans la Chine, est le *Livre des récompenses et des peines*. C'est un recueil de préceptes moraux, commenté par des historiettes dont l'objet est de prouver que toute action bonne ou mauvaise est infailliblement rémunérée ou punie dans cette vie, sans préjudice de ce qui attend l'homme dans une autre existence. Cet enseignement, contraire à l'expérience, et de peu d'efficacité pour la morale, se présente dans ce livre avec un caractère enfantin que ne relève pas, comme chez les prophètes hébreux, la vive préoccupation de la destinée nationale. Tout est individuel et mesquin dans ces petits contes moraux dont les personnages ne s'inquiètent que d'examens à passer et de leur fortune à faire. La convoitise et les crimes traversent la carrière que les volontés célestes destinent à chacun d'eux. On les voit à chaque tentation nouvelle obtenir ou manquer leurs grades, allonger ou abréger leurs jours, devenir les favoris ou les victimes des Esprits, mériter enfin le ciel ou l'enfer que leur ouvrent différentes métamorphoses. L'influence du bouddhisme est sensible dans ce livre où plusieurs époques ont dû mettre la main. Des emprunts sont plus que probables dans les récits et les moralités où l'auteur recommande d'une manière touchante, si ce n'est toujours raisonnable, le respect de la vie chez les animaux, chez les moindres et les plus méprisés.

Cette littérature légendaire occupe le milieu entre les livres d'édification et les contes des fées. La notion de la liberté humaine est surtout abaissée dans une pareille religion. Il faut bien qu'il s'en conserve un certain sentiment partout où des devoirs, en somme, sont prescrits, mais ce sentiment n'est sérieux qu'autant qu'il s'allie à celui du développement inévitable et durable des conséquences de nos actes, sans la continuelle intervention de volontés étrangères au monde. C'est ainsi qu'il se présente dans le *Chou-king* (1), livre d'une élévation, à cet égard, incontestable et j'ose dire supérieure à ce que les livres des Hébreux nous offrent en matière de conception du devoir. La religion du Tao, en faisant de l'idée des peines et récompenses célestes des applications trop particulières, individuelles et mesquines, en ôta la gravité, et, pour s'éloigner ainsi de l'esprit politique et généralisateur des vieilles annales, elle n'en fut pas plus fidèle au mysticisme du maître qu'elle prétendait suivre; car elle lui emprunta bien sa doctrine de l'absorption divine, mais non le sentiment sincère d'abnégation qui doit accompagner la vie contemplative. L'affectation de l'inaction mystique ne fut que le semblant du détachement, un voile pour les préoccupations les plus personnelles et les moins nobles. Par opposition à la doctrine des *Lettrés*, représentants de la vraie tradition nationale, cette religion devint une école d'hypocrisie en même temps qu'elle pouvait paraître une protestation contre les tendances trop exclusivement positives de la nation chinoise.

Une religion qui vise un idéal élevé impose à l'esprit du peuple

---

(1) Voyez, par exemple, les chap. ix et suivants de la 3º partie.

en cela même qui le surpasse, dût son enseignement lui être incompréhensible et puis la réalité descendre des conceptions d'apparence sublime à de basses pratiques. Un petit nombre de saints, attirés par le côté noble de la croyance, servent alors de recommandation au vil sacerdoce dont la subsistance est fondée sur la crédulité et la sottise humaines. Le système théologique de l'absorption en Dieu et la morale du renoncement absolu frappent les imaginations vulgaires, qui admirent outre mesure ce qu'elles regardent, chez les ascètes, comme un effort merveilleux de désintéressement d'un monde dont elles sentent fortement les attaches. Nulle doctrine d'autre part ne convient mieux à un culte qui affiche l'indifférence politique et prétend se borner à la poursuite du salut transcendant. Sur ce dernier point, l'enseignement de Lao-Tseu était certainement d'accord avec les vues de ses prétendus disciples. Ils ne le calomnièrent pas en composant la curieuse légende où leur maître gourmande l'illustre Koung-Fou-Tseu (Confucius) sur ses illusions, en lui reprochant de vouloir *blanchir le corbeau*, contre l'ordre de la nature. Blanchir le corbeau, c'est la recherche vaine de l'humanité et de la justice au dehors, tandis que, rentrant simplement en soi-même, on peut atteindre la perfection sans se donner tant de mouvement.

La doctrine et les prêtres du Tao, bien que contraires aux traditions nationales, obtinrent la faveur de ceux des souverains de la Chine qui tendaient à constituer la pure autocratie. Au contraire, la philosophie et la religion des *Lettrés* faisaient ombrage au pouvoir absolu, par l'esprit d'indépendance des hommes, par leurs maximes de morale qui gênaient la raison d'État, et par le culte de la mémoire de Confucius, inséparable de son enseignement. Cet enseignement comprenait la morale sociale et la direction du gouvernement, portait les sujets à l'action politique, blamait la sagesse purement contemplative. Au reste, loin de vouloir innover, le confucianisme prétendait s'attacher aux traditions patriarcales, que sans doute il épurait ou idéalisait quelquefois. La correction des textes et l'exégèse des anciens livres (les *King*) par Confucius ne furent peut-être pas de sa part l'œuvre d'une érudition exclusivement littérale ; il dut plus d'une fois altérer en restituant; mais le crédit immense dont il jouit de son vivant, le respect universel, et l'attachement des disciples, en l'absence de tout faux prestige, ne nous obligent pas moins à voir dans ce grand philosophe une personnification exacte du vieil esprit de sa nation tel qu'il s'était produit et élaboré dans les sphères supérieures de cette société. Autour de lui et de sa mémoire on vit se constituer en une puissante école tout ce qu'il y avait d'hommes de raison et de bonne volonté dans une classe de magistrats et de docteurs dont les études communes maintenaient, grâce aussi à la puissance corporative, l'unité intellectuelle de l'empire sous un régime féodal.

Ce régime était livré à de grands désordres au commencement du VI⁰ siècle avant notre ère, à l'époque où Confucius mourant faisait entendre des paroles de découragement sur la difficulté de faire du bien aux hommes. Les institutions de la dynastie des Tchéou étaient en décadence. Les Lettrés tentèrent d'organiser dans chaque seigneurie une autorité chargée de l'inspection et de la censure des mœurs au nom de la science morale, avec mission d'inculquer *aux princes le devoir du gouvernement, aux sujets celui de la soumission.* Mais les princes visaient à un autre genre d'autorité, et leurs guerres de compétition devaient aboutir à l'établissement de l'unité violente du pouvoir. Le jour où vint à triompher le génie militaire d'un prétendant à l'empire, c'en fut fait de l'indépendance des corporations d'enseignement et de magistrature. Les Lettrés eurent à soutenir une persécution terrible dans laquelle l'arbitraire impérial fut secondé par l'influence des prêtres du Tao. Ils y résistèrent pourtant et préservèrent leur pays de tomber sous le régime commun des autres grandes monarchies asiatiques; mais ce ne fut pas sans une interruption, qui manqua d'être définitive, des traditions authentiques et de l'œuvre littéraire de la Chine.

L'empereur sous lequel le danger fut le plus grand est ce Thsin-Chi-Houng-ti (III⁰ siècle avant notre ère) qui le premier prétendit au pouvoir arbitraire, substitua, pour désigner sa personne, des titres nouveaux aux termes usuels de l'étiquette chinoise, édifia la *grande muraille*, œuvre inutile et fastueuse, et fit construire à frais immenses une montagne artificielle destinée à lui servir de tombeau. Ce monument, où son corps fut, en effet, déposé, non sans accompagnement de victimes humaines, semblait présager à la Chine l'établissement du régime égyptien, avec la barbarie des mœurs en décadence et sans le contrepoids d'un savant sacerdoce. Ce ne sont ni les prêtres du Tao, ni plus tard les bonzes du bouddhisme chinois, qui auraient pu relever un peuple condamné aux alternatives de l'autocratie et de l'anarchie. La civilisation n'aurait pas survécu à l'extinction de la caste intellectuelle des Lettrés et à la perte des *Livres*, que l'empereur proscrivit et fit rechercher partout pour être livrés aux flammes (an 213), si le nouvel état de choses eût obtenu plus que la durée d'une génération. Mais une nouvelle dynastie sortit bientôt de la guerre civile, les Lettrés furent rappelés et les anciens écrits réédités et remis en honneur. Malheureusement ceux qui portaient sur la morale, l'administration et les *rites* civils, et ceux qui renfermaient les annales ne se retrouvèrent que mutilés. Il n'y avait eu d'entièrement épargnés que les livres de description statistique de l'empire et les traités de la médecine et des *sorts*.

Malgré tout, et bien que plus d'un empereur, après ce temps, ait dû subir l'influence de prêtres hostiles aux Lettrés, la tradition officielle resta depuis lors confucéenne pour l'enseignement, les institutions administratives et le culte civil. Confucius lui-même, dès le IIe siècle avant notre ère, devint l'objet d'un culte d'honneur, d'abord célébré devant sa tombe, et puis dans des temples innombrables qui furent élevés par les villes. Les plus illustres des Lettrés qui, dans le cours des siècles, popularisèrent sa doctrine par des travaux historiques et exégétiques, eurent une part dans ce culte, d'abord spontané pour les populations, ensuite obligatoire pour les fonctionnaires. En un mot, l'école de morale et de gouvernement de Confucius donna à la Chine une religion d'État rationnelle, sans dogmatisme religieux proprement dit, sans intolérance, et une administration enchaînée à des traditions invariables sous un régime de continuels concours. Cette civilisation chinoise fut sujette à de grands vices, devenus irrémédiables aujourd'hui. Les doctrinaires du progrès, obligés d'excepter de l'application de ce qu'ils croient être une loi naturelle et positive de l'humanité le plus nombreux et le plus anciennement sage des peuples de la terre, auraient à expliquer comment les descendants des hommes qui furent autrefois capables de cette œuvre de moralité et de génie qui est l'établissement et le maintien de l'ordre social dans une agglomération de plusieurs centaines de millions d'individus, se trouvent maintenant impuissants à réaliser la somme de vertu nécessaire pour réagir contre la corruption introduite par les vices de la nature humaine dans ce vaste corps, en un cours de vingt-cinq siècles.

Cette immense organisation, l'idéal peut-être de ce qu'il fût jamais possible d'obtenir dans un État sans liberté politique, défendit la Chine contre trois maux qui sévirent ailleurs avec plus d'intensité. Premièrement, la corruption des cours et l'arbitraire impérial trouvèrent des bornes dans la force des usages et des règlements; le pouvoir politique des eunuques ne put prévaloir contre le mandarinat. Ce corps immense des fonctionnaires fut toujours prêt à rétablir l'ordre après des temps d'anarchie, de même qu'à aider le peuple à renverser des dynasties hostiles à l'institution confucéenne. Secondement, l'ennemi extérieur, le barbare du nord, ou fut tenu en respect, ou quand il imposa par la guerre une dynastie, subit si bien l'étreinte des *rites* chinois, qu'il songea plutôt à les fortifier comme moyens de gouvernement qu'il n'essaya de s'y soustraire. Troisièmement, enfin, le dissolvant religieux de la société, le monachisme, rencontra dans le corps des Lettrés un obstacle insurmontable à ses progrès. Les empereurs, même bouddhistes, quand il en vint, remplirent en général leurs fonctions officielles de religion civile et furent arrêtés dans le désir qu'ils avaient de donner la suprématie à leur croyance. Au contraire, ceux qu'anima l'esprit confucéen s'opposèrent au progrès des sectes par des mesures efficaces, quelquefois violentes. Au viie siècle, un empereur des Thang força les portes des monastères et décréta le mariage des prêtres du Tao. Au ixe, à la suite d'une enquête, les temples de Fo (Bouddha) furent fermés, les bonzes dispersés, leurs esclaves affranchis, leurs terres soumises au droit commun de l'impôt. La persécution, qui toutefois ne fut pas sanglante, s'étendit à tout ce qui se rencontra de cultes originairement étrangers à la Chine. On a cru reconnaître, dans les deux religions nommées à cette occasion, des Guèbres, débris du culte mazdéen banni d'une autre partie de l'Asie, et des chrétiens, au nombre de trois mille, regardés alors simplement comme une branche de la secte de Fo.

Le bouddhisme avait été connu des Chinois, dès la fin du iiie siècle avant notre ère, grâce à des voyageurs de leur nation qui s'étaient convertis à cette religion dans l'Inde. Il fut introduit officiellement vers l'an 60 de notre ère, et fit des progrès rapides, par la protection de l'empereur Ming-ti, qui, selon la légende, avait vu en songe un nouveau *Chin* tout brillant d'or et de lumière. Informations prises, non pas sans doute auprès des Lettrés qui blâmèrent toujours cet empereur et sa mémoire, le *Chin* ainsi révélé se trouva être un esprit occidental appelé Fo. Une mission spéciale envoyée de l'autre côté des monts amena bientôt deux prêtres du Bouddha, avec son image et ses préceptes. Après des alternatives de faveur et de persécution, le nouveau culte et l'institution monacale qui s'y rattachait arrivèrent à un tel crédit que l'enquête officicielle eut à compter les temples et les couvents par dizaines de mille, et par centaines de mille les religieux des deux sexes. Dès avant ce temps, sous l'empereur Ou-Ti, des Liang, la foi bouddhique avait produit une extraordinaire tentative de réforme sociale. Ou-Ti, zélé confucéen au début de son règne, puis bouddhiste, et moine, à deux reprises, enlevé du couvent par ses sujets, abolit la peine de mort au milieu d'un empire livré aux plus sanglants désordres, et donna un instant la mesure de l'abîme qui sépare l'idéal de la réalité à certaines époques. L'histoire a présenté ailleurs et d'autres fois ce spectacle tristement instructif.

L'esprit de la Chine se refusa toujours en grande partie à cette religion née d'un mouvement spontané de la pensée indienne, et que nous aurons à étudier dans une autre section de ce livre. Repoussée par les Lettrés et par leur culte civil si contraire à toute vie contemplative, en rivalité constante avec le culte du Tao qui s'abaissait plus qu'elle en se mettant au service des superstitions populaires, éminemment tolérante enfin, elle survécut aux persécutions et ne fut jamais ni longtemps dominante ni détruite. Elle n'est peut-être pas moins dégradée à l'heure actuelle que sa rivale, car il est de la nature des institutions monacales de servir de prétexte à la paresse et d'instrument à l'hypocrisie et à l'intrigue ; mais elle fut aussi l'asile des saints dans une société à bien des égards répugnante et étonnamment prosaïque. On peut voir dans les mémoires des pèlerins chinois qui visitèrent l'Inde bouddhiste au IVe et au VIIe siècle ce qu'elle inspira de sentiments de piété et de charité sincères à ses fidèles de ces temps. Aujourd'hui les Chinois instruits professent l'indifférence et l'équivalence des religions, de celles au moins qui leur paraissent n'avoir point de visées politiques. *Il y en a plusieurs*, disent-ils, et toutes recommandent aux hommes de se bien conduire, mais *il n'y a qu'une raison*. Ce dernier point manque d'exactitude si l'on entend par la raison celle dont l'usage est donné à l'humanité et qui varie avec les lieux, les temps et les personnes.

CHAPITRE VI

Le dogmatisme au Japon.

Le travail mythologique, si on peut ainsi le nommer, auquel la Chine se livra à une certaine époque, pour se créer des empereurs fabuleux et composer de grossières cosmogonies, n'atteignit pas son but, parce que l'esprit positif de quelques-uns de ses grands souverains, dans la haute antiquité, plus tard l'ascendant du confucéisme, maintinrent l'idéal du patriarcat et les objets du culte primitif, et défendirent l'empire contre la théocratie qui y fut un moment en voie de formation. Le mal se borna à la perte d'une partie importante de la littérature et des annales. Le même effort de l'imagination pour combler l'inconnu du passé se produisit au Japon sans rencontrer le même obstacle, car les Japonais ignorèrent très longtemps l'écriture, indispensable condition des traditions positives, et ne connurent rien de semblable à une classe de Lettrés veillant à leur conservation. On peut ainsi se rendre compte d'une évolution religieuse dont on n'a pas la chronologie authentique, mais qu'il faut probablement faire dater de l'époque de l'institution monarchique, elle-même liée à l'établissement de la suprématie d'une race qui réclama pour ses chefs la consécration divine. Cette époque est celle du viie siècle avant notre ère. Le spiritisme japonais sortit de l'état confus et se donna une cosmogonie.

L'idée maîtresse de la formation spontanée du monde fut là ce qu'elle est encore ailleurs si naturellement : celle d'un *œuf porté sur les eaux*. Une sorte d'*aiguillon*, qui se meut et se transforme de lui-même, en cette matrice, devient le premier des esprits célestes, quand le ciel et la terre se séparent par l'effet des qualités opposées de la matière. Ce premier esprit est suivi de six autres à des intervalles de temps immenses, par une génération incompréhensible. La séparation des sexes se fait dans la personne du septième, qui commence l'histoire des dieux en rapport avec la terre. La production des îles et de leurs phénomènes naturels, les ébauches formidables, les enfantements monstrueux de la nature, l'intervention secourable des êtres divins, enfin l'apparition du premier-né des esprits terrestres, Ten-sio-daï, telles sont les phases du développement d'une semence à travers lesquelles on parvient à Sin-Mou, cinquième esprit, ancêtre des Daïris, souverains religieux du Japon. A cette cosmogonie, à cette théogonie, se rattachent des légendes relatives aux fils, aux frères, aux épouses des dieux, dont les traits, empruntés aux éléments cosmiques de leurs générations et de leurs règnes, semblent indiquer un procédé mythologique semblable à celui des peuples aryens, c'est-à-dire fondé sur la personnification des phénomènes. Mais le spiritisme est quelque chose de très différent, et c'est lui dont l'esprit est ici dominant. Il n'identifie point les éléments et les personnes; il peuple les *bassins* de la nature avec des âmes ou corps subtils, toujours distincts des milieux où leur action s'exerce. Ce genre d'imagination est favorable à l'assimilation des êtres divins, siégeant dans les éléments, aux ancêtres des souverains et au principe animateur des hommes au-dessus du commun. De là aussi la facilité des apothéoses par l'attribution d'une vertu céleste aux âmes humaines bien méritantes. Les Japonais les prodiguèrent, ajoutant des saints ou des héros aux dieux déjà en possession de l'histoire fabuleuse, fixant leurs habitations, leurs patronages des lieux, des professions, des occupations diverses des hommes, leurs genres d'influences, plaçant enfin des paradis et des enfers dans ces milieux animés des éléments où se modèlent les formes de l'existence. Certains animaux purent prendre rang parmi les âmes, à raison des services rendus ou des méfaits, Mais la religion du Sinto ne s'avança que peu dans cette dernière voie.

La définition précise des lieux infernaux ne date probablement au Japon que de l'entrée du bouddhisme dans ce pays. On imaginait auparavant les âmes méchantes errant dans l'espace, tandis que s'étendent plus haut des champs célestes pour l'habitation des bons avec les dieux.

La terreur n'était pas, au Japon, un ressort de cette religion des esprits, qui, dans l'Asie occidentale, produisit, au contraire, les superstitions et les pratiques du plus triste et du plus fâcheux caractère. Dans la religion du Sinto, tout respire la douceur des sentiments. Les sacrifices n'y répondent pas, dans le culte, à l'idée de l'expiation, qu'on y dirait inconnue; ils ne font pas de victimes; ils consistent en de simples offrandes. L'acte d'adoration est grave et court, la prière brève. Les prescriptions regardent la pureté du corps et de la pensée. L'horreur du sang, l'abstention de presque toute nourriture animale, l'extrême propreté, l'éloignement du chagrin, *qui est une souillure pour l'âme*, en sont les premiers ou même les seuls points. Le culte se développe surtout en fêtes et réjouissances publiques. Les pèlerinages aux lieux consacrés par les légendes des esprits terrestres n'ont pris que sous l'influence du bouddhisme le caractère de cruel ascétisme qui s'y montre parfois aujourd'hui. Les institutions monastiques ou n'ont encore que la même source, ou s'établirent à l'origine dans un esprit opposé à celui du bouddhisme, c'est-à-dire non de renoncement, mais de plaisir corporatif et d'oisiveté voluptueuse, relevés peut-être par un sentiment de charité universelle. Il est en tout cas probable que les associations sintoïstes doivent à des emprunts ce qu'elles ont de pratiques ascétiques, tandis qu'elles possédaient d'original l'usage de ces fêtes d'un entrain extraordinaire et toutes de joie, sans ce mélange et ce contraste systématique des jours de tristesse et de deuil qui était de règle dans les mystères du paganisme.

En tout, et les emprunts mis à part, il semblerait que la religion du Japon a porté ce caractère extraordinaire : la sanctification du plaisir. On n'y retrouve rien des tendances qui se montrèrent, au moins au début, dans le culte chinois du Tao. Les prêtres ou moines sintoïstes ne professent ni la chasteté, ni la pauvreté en esprit, quoique mendiants. On cite un ordre de religieux qui admet dans son sein des hommes et des femmes : des femmes qu'il recrute dans les classes pauvres de la nation, qu'il voue au plaisir des passants et des voyageurs, et qu'il destine enfin pour compagnes, après qu'elles ont amassé une dot, aux religieux des autres instituts; car elles ne sont point en butte au mépris du peuple. La plupart des monastères ont cependant fait au bouddhisme des emprunts plus ou moins considérables, et il en est beaucoup qui concilient la vie ascétique, c'est-à-dire censée telle, comme les Tao-ssé de la Chine, avec le commerce des remèdes mystiques, des sortilèges et des consultations, grâce à cette *seconde vue* qui permet de retrouver les objets volés, de lire dans la pensée d'autrui, etc., propriété que des prêtres ont exploitée un peu partout dans le monde avant que des savants songeassent à en autoriser chez nous les applications laïques.

Les germes de théocratie que renfermait originairement cette religion ne purent se développer dans une forte mesure, parce qu'elle manquait de dogmes travaillés par la spéculation, et qu'elle ne s'appuyait point sur un assez puissant sacerdoce. L'influence des prêtres de ce culte national se trouva affaiblie par le défaut de centralisation, ensuite par l'introduction au Japon du confucéisme de la Chine, et surtout enfin du bouddhisme. Les monarques, issus des *Esprits* de la Terre, ne semblent pas avoir exercé le genre d'autorité religieuse qui exclut la tolérance et provoque les hérésies. Abaissés peu à peu à des rôles de pure représentation, et pourvus, pour l'administration, de vicaires impériaux, les Séogouns, qui, eux-mêmes, avaient à compter avec les pouvoirs locaux des grandes familles féodales, ces princes perdirent l'autorité civile, en même temps que leur caractère religieux se bornait à les poser en objets d'adoration populaire. Leur annihilation effective s'est prolongée jusqu'à notre époque, où par une révolution dont nous n'avons vu que les effets, ils ont ressaisi le pouvoir politique et abaissé les feudataires, sans que d'ailleurs aucun grand mouvement religieux ait paru les aider dans cette entreprise. Et ces Mikados, ces Daïris descendants des dieux, sont alors devenus, contre l'exemple constant des puissances fondées sur une religion nationale, les agents destructeurs des traditions et des coutumes, les auteurs principaux de l'assimilation de leur pays aux mœurs et aux lois de l'Europe.

On croirait que le bouddhisme, introduit au Japon vers le même temps que dans la Chine, au premier siècle de notre ère, mais plus complètement, deux siècles plus tard, par des communications avec la Corée, ne pouvait qu'y prendre le contre-pied du sintoïsme. Mais ce fut en grande partie le contraire ; les deux religions se prêtèrent entre elles à des combinaisons, et s'entendirent pour favoriser les superstitions populaires, en faire vivre leurs prêtres, au moins à dater d'un certain moment. Un grand Bouddha, du nom d'Amitabha, fut identifié avec l'esprit Tensio-daï. Par une autre fusion, l'âme d'un autre personnage bouddhique passa pour avoir animé le corps de Lao-Tseu, grand sage dont la légende reçut ainsi sa part de satisfaction. La doctri...

la vie future se fortifia et devint plus précise par l'introduction de la croyance aux transmigrations, et le nirvana n'occupa que la moindre place dans le nouvel enseignement religieux; il ne fut guère l'idéal reconnu que d'une seule secte, ou de quelques adeptes d'une classe ou d'une intelligence supérieure. Et pourtant le nirvana renferme toute l'essence du bouddhisme et sa raison d'être, étant la révélation du moyen qu'a l'âme d'échapper aux transmigrations, qui sont la loi de la vie mortelle et la cause de la perpétuité du mal inhérent à l'existence. Il est vrai qu'en aucun pays, de ceux où le bouddhisme pénétra, ni dans l'Inde même où il naquit, la doctrine du nirvana, que ce fût l'enseignement du néant de conscience, ou celui de la béatitude immuable, ne put se conserver longtemps dans sa pureté, et dégénéra en des formes voisines du commun polythéisme et de l'éternelle durée des âmes dans un monde de changements (1). Mais au moins cette doctrine eut-elle, avant de se corrompre, une phase de pureté sans mélange et d'inspiration originale et sincère. C'est en cela qu'elle était une *révélation*, une religion à l'état *tertiaire*, par opposition à l'état *secondaire*, ou d'exégèse et de dogmatisme, auquel passent les religions nées de la spontanéité populaire aux époques des origines, et auquel elles reviennent, avec de nouveaux éléments d'inspiration et de connaissance, aux époques qui suivent les révélations. Ce n'est point ainsi que le bouddhisme pénétra dans le Japon. Tout indique qu'il y entra, déjà profondément transformé par la fiction des Bouddhas célestes. Le culte d'Amitabha, qui est l'un de ces Bouddhas, y occupa une place importante; le culte du Bouddha humain, l'unique Bouddha réel, Çakyamouni, et par conséquent la mémoire de son modeste enseignement du salut (le « petit véhicule ») ne fournirent que leur moindre part aux religions japonaises.

Néanmoins ce bouddhisme dégénéré renfermait des éléments complètement étrangers au sintoïsme, à la vieille croyance des esprits, à tout le cortège de superstitions qui en est inséparable. C'était l'idée du salut obtenu grâce à la révélation d'un homme qui nous en montre le chemin, et c'était la foi dans la parole d'un maître de la vérité, ce sauveur lui-même, qui le premier est entré dans le repos final où il nous invite à le suivre. Il n'y a rien de trop forcé à signaler une analogie entre ces idées reli-

---

(1) Voyez ci-après, livre VI, chap. 4 et 5.

gieuses et celles qui se rapportent essentiellement aussi à la promesse d'un salut, et à la foi dans un Homme-Dieu qui le met à notre portée par ses mérites. Il est vrai que la résurrection remplace le nirvana dans cette promesse ; mais le nirvana n'était point dans le bouddhisme, ce qui exerçait un attrait sur les Japonais, non plus que l'athéisme, qui d'ailleurs avait disparu de cette religion. Ils pouvaient donc passer pour assez bien préparés à recevoir le christianisme, et la surcharge catholique des saints et des miracles n'était pas faite pour les étonner.

Les missionnaires catholiques arrivés au XVIe siècle, dans les vaisseaux portugais, opérèrent en peu de temps de nombreuses et très sérieuses conversions, en ce pays où la liberté religieuse était entière et l'intolérance inconnue. Les empereurs les accueillaient, la religion nationale, d'ailleurs numériquement plus faible que les sectes bouddhiques, restait passive, et le parti confucéen indifférent, à cause du genre d'esprit de ses adhérents, éloignés de toute mysticité. Les bonzes seuls se montraient hostiles, en présence de la concurrence dont les menaçait un nouveau clergé intrigant et ambitieux. Mais ce fut précisément l'esprit de domination et d'intrigue, ce fléau du sacerdoce catholique, qui perdit la mission. Les bonzes avaient toujours borné leurs prétentions tant bonnes que mauvaises, — d'un côté, l'enseignement religieux et les préceptes de l'ascétisme, de l'autre, l'exploitation des superstitions populaires, — à une action uniquement exercée sur les individus, sans immixtion politique, sans désir d'imposer des croyances et de gouverner l'État par ce moyen. Au contraire, les prêtres catholiques étaient imbus de cette idée que la vraie religion, la leur, avait le droit de détruire les autres, autant que cela était possible, et que l'art d'y parvenir était de s'emparer de l'esprit des princes, ou sinon de remplacer ceux-ci par de plus convaincus et de mieux disposés, qui consentissent à mettre la puissance temporelle au service de l'unité de la foi, à combattre les infidèles, à exterminer les hérétiques. Avec de telles vues, ils crurent trouver dans le Japon une proie facile, et ne craignirent pas de s'engager à fond dans la politique de ce pays et d'y fomenter la guerre civile. En punition de ce crime, commis à très bonne intention, l'on n'en saurait douter, le christianisme japonais fut étouffé dans le sang, resta un objet d'exécration et de terreur pour le peuple que les prêtres avaient essayé de dominer, et le Japon s'isola du monde occidental pendant trois siècles avec un excès de précautions absolument inouïes, pour n'en recevoir aucune communication morale (1).

La philosophie confucéenne, très ancienne au Japon, n'était jamais parvenue à y organiser comme en Chine une administration civile fondée sur de purs principes de morale et confiée à des hommes formant un corps d'université toute rationnelle. Elle y avait prétendu selon toute apparence. Quoi qu'il en soit, les sectateurs de Confucius furent quelque temps compris dans une persécution qui dut atteindre, avec les étrangers, les hommes qu'on voyait se tenir à l'écart des cultes nationaux, au moment de la réaction du gouvernement japonais contre les innovations religieuses. Ils traversèrent pourtant cette épreuve et continuèrent de former un parti assez puissant pour diriger l'esprit des princes dans certaines rencontres et les aider pour des fondations d'enseignement public en dehors des religions. Cela ne fut jamais poussé bien loin. Cependant le confucéisme, avec ses principes de morale indépendante de tout culte et ses tendances on ne sait s'il faut dire déistes, ou panthéistes à la manière stoïcienne, a certainement maintenu une partie importante de la nation japonaise à un degré d'élévation intellectuelle dont les effets se montrent aujourd'hui dans sa facilité d'assimilation à la culture européenne positive. Et si l'on ne veut voir dans cette doctrine philosophique que ce qu'elle est souvent dans le fait et chez les individus, une profession d'indifférence religieuse et d'éloignement de toute croyance transcendante, encore en ce cas le dommage est singulièrement diminué quand on considère l'état de corruption où la basse qualité des religions régnantes dans l'Extrême-Orient, et les misérables superstitions dont elles semblent ne pouvoir se dégager. D'un autre côté, il n'est point à regretter pour la civilisation japonaise que la secte confucéenne ait été impuissante à construire un vaste système politique embrassant et régissant toutes les forces de l'État; car ce système, auquel la Chine a dû la merveilleuse organisation d'un peuple immense soustrait à la barbarie et à tous les excès et les hasards des gouvernements arbitraires, ce système est devenu aujourd'hui un obstacle presque insurmontable à la régénération d'une civilisation épuisée.

(1) Voyez à ce sujet Kæmpfer, *Histoire de l'empire du Japon*, t. I, p. 306-307; t. II, p. 128-129, 160, 165, 169 sq., et t. III, p. 331 et 345 de la traduction française, édit. in-12.

CHAPITRE VII

Religion des Américains.

Le nouveau monde renfermait sur deux points principaux, lors de sa découverte, des religions à un état développé qu'on peut qualifier de dogmatique et de sacerdotal. Mais les peuples du Mexique et du Pérou, malgré leurs institutions de civilisation matérielle, étaient incapables de rendre compte de leurs origines. Cette lacune, jointe au fait de l'extermination, qui n'a laissé subsister aucune trace de leur passage, pour ainsi dire, entre les nations, fait à leurs religions une place entièrement isolée dans l'histoire des idées morales. Le seul service que nous pouvons demander à ce que les témoignages des conquérants nous en ont transmis, est de nous former par hypothèse une idée de certains résultats que l'imagination religieuse atteint en partant de prémisses suggérées par un état de moralité pervertie. Les prémisses nous sont fournies, dans ce cas, par les idées qui régnaient chez quelques tribus américaines et polynésiennes, et dont nous avons rendu compte dans notre *Introduction*. Un progrès relatif est possible, en effet, pour des hommes dégradés que le génie de quelques chefs et des circonstances favorables élèvent à un état social réglé et stable. Non que l'injustice régnante des mœurs et la bassesse des idées changent nécessairement beaucoup; car il peut même y avoir aggravation; mais un ordre s'impose à l'arbitraire et à la violence des chefs; les superstitions deviennent des doctrines, la coutume se pose en devoir, le travail se régularise, la population augmente, la classe oisive s'exerce à la réflexion, on voit paraître les observations systématiques, le calcul du temps, l'écriture idéographique, la notation des annales, et il se forme un certain amas de connaissances qui va croissant de génération en génération. Le peuple lui-même gagne en intelligence, et, en même temps que ses sentiments se fixent, ils se trouvent plus capables de varier grâce à l'application de la raison. Les communications de peuple à peuple ont plus d'efficacité. Enfin des révolutions politiques ou religieuses deviennent possibles.

Ces systèmes sociaux qu'on appelle les civilisations orientales ne furent ni bons en soi, ni nécessaires. Certains peuples, les Grecs, les Hébreux, les Romains pendant longtemps, en ont été préservés, mais le progrès des nations a pu être favorisé, à certaines époques, par des institutions mauvaises en elles-mêmes qui étaient un mal moindre ou la préparation à un état meilleur que l'état d'où elles les tiraient. Seulement, ce bienfait s'est toujours payé très cher dans l'ordre politique et religieux. Quand des nations ont contracté l'habitude de l'obéissance, sous des gouvernements de castes ou de sacerdoces fortement organisés, l'histoire nous montre leur abaissement irréparable, à moins de conditions particulières qui se tirent pour elles du dehors. Cette loi se vérifie du moins dans la mesure où les États s'approchent de l'organisation parfaite des institutions oppressives : unité dans la tradition, autorité absolue fondée sur la naissance, ou attribuée à des corporations qui se recrutent par elles-mêmes. On peut citer les grandes monarchies et les théocraties de l'antiquité : elles n'ont péri qu'avec les peuples qu'elles gouvernaient ; il y en a dont l'esprit et les traditions durent toujours, sous la pression matérielle de l'Europe, qu'elles subissent. Il est plus que douteux que la théocratie catholique et les institutions féodales eussent laissé une ouverture possible à la liberté moderne, si des traditions rivales plus anciennes n'avaient pas entretenu dans leur sein des germes très actifs de dissolution. C'est l'infusion persistante et réitérée de l'esprit de l'antiquité républicaine dans les sociétés européennes qui a produit notre monde moderne à travers des difficultés sans cesse renaissantes.

L'évolution des religions, qui les amène de l'état spontané, fragmentaire, à l'état systématique, aurait pu se produire en plus d'un point de la Polynésie si les circonstances matérielles s'y fussent prêtées. Elle eut lieu pour des tribus américaines qui fondèrent à une époque mal déterminée les empires du Mexique et du Pérou. Ces races, autant qu'on a pu observer leurs semblables à l'état sauvage, n'avaient pas plus de dispositions que celles de l'Océanie à changer en prêtres leurs jongleurs, en dogmes leurs superstitions, et en empereurs leurs grands chefs de guerre. Plusieurs îles offraient même un commencement d'organisation assez marqué : c'étaient de véritables castes, « descendues des dieux » qui gouvernaient dans quelques-unes. En Amérique, aucune des tribus qu'on a trouvées parvenues à une certaine civilisation, — Muyscas, Quichuas, Aztèques, Toltèques, — ne faisait remonter ses traditions à une réelle antiquité. La critique renonce à se prévaloir de vagues indices et d'analogies dans les symboles ou les monuments pour expliquer les civilisations américaines par des apports de l'Asie orientale. Depuis que le bouddhisme est bien connu on ne peut plus chercher des disciples du Bouddha chez les instituteurs américains Bochica ou Quetzalcoatl. Enfin si la Chine ou le Japon ont fourni des éléments aux arts, aux calendriers, peut-être aux religions de certaines familles en Amérique (A. de Humbolt), cette hypothèse n'exclut pas le travail que durent faire sur leurs données d'emprunt les peuples que les premiers explorateurs européens, il y a quatre siècles, trouvèrent à l'état d'organisation politique et religieuse avancée.

Ces civilisations matérielles devaient remonter à une époque plus ancienne que ce qu'elles possédaient de traditions positives. Les calendriers des Muyscas, des Incas et des Aztèques, assez différents les uns des autres, supposent des connaissances qui ne s'acquièrent pas aisément en peu de siècles, si elles ne viennent pas du dehors. On trouve d'ailleurs dans l'Amérique septentrionale des restes d'amples monuments qu'on ne peut attribuer à aucune race connue, et c'est du nord que les plus importantes traditions, corroborées par des documents hiéroglyphiques, font descendre les tribus civilisées du Mexique. Quoi qu'il en soit de ces origines, l'esprit dans lequel j'étudie les religions m'autorise à voir dans les cultes et croyances des races qui les ont acceptés et élaborés, si ce n'est atteints d'original, des produits de l'intelligence et de la moralité chez certaines familles humaines. C'est de ce point de vue que je parlerai des cultes du Mexique et du Pérou. Le problème de l'origine tel que je l'envisage sera résolu, si je peux comprendre par quelles transformations certaines idées et coutumes de basses tribus sont devenues des systèmes plus vastes, capables de régir des populations nombreuses.

Un trait distinctif de beaucoup de tribus américaines, comparées à celles de la Polynésie, était une disposition plus marquée à l'adoration, surtout rapportée aux deux grands corps célestes, de préférence à des objets plus infimes ou à des abstractions personnifiées. Ce caractère et des mœurs relativement douces, autrefois observées chez des peuplades de l'Amérique méridionale, sont à rapprocher des points saillants des cultes de cette partie du continent. Bochica, l'instituteur légendaire des Muyscas, nation agricole qu'on trouva établie sur le plateau de Bogota, était un « Fils du Soleil ». C'est à une idole solaire qu'était offert le grand sacrifice usité chez ce peuple, à l'expiration d'un certain cycle d'années figurant un renouvellement d'âge, et la victime, un enfant nourri dans le temple, devait être promené à travers la contrée, en représentation des voyages de Bochica, ou du parcours du soleil lui-même. Le fondateur de la monarchie théocratique des Incas, Manco-Capac, avait aussi une origine solaire. Ce personnage, peut-être historique, dont les Péruviens ne faisaient pas remonter l'époque au delà de quatre siècles avant l'arrivée des Espagnols dans leur pays, passait, d'où qu'il fût venu, pour le créateur d'institutions religieuses, civiles et politiques chez une peuplade avant lui toute sauvage. Les Incas, ses descendants, avaient propagé par les armes, dans un rayon étendu autour du territoire de Cuzco, ses innovations et un état social plus humain que la coutume qui régnait auparavant : guerres d'assimilation, non d'extermination. Mais s'il est vrai que les Incas purent se louer justement d'avoir ennobli les cultes et les mœurs des hommes qu'ils soumirent à leur gouvernement, il est probable, d'autre part, qu'il existait déjà chez des races si modifiables certains éléments de moralité qui ne se seraient pas rencontrées chez les Aztèques, par exemple.

Les Incas avaient un temple du Soleil, des fêtes du Soleil, des libations au Soleil levant, des vierges vouées au Soleil, un feu tiré des rayons solaires, qui servait à la préparation d'aliments consacrés. Les cultes des autres astres et des météores, l'éclair, le tonnerre, venaient accessoirement. On admettait l'existence d'un monde supérieur, lumineux, et d'un monde inférieur, souterrain : lieux de félicité ou de souffrance pour une vie future. On ne sait ce qu'il faut penser des notions relatives à un dieu placé au-dessus du Soleil, et à un génie du mal. Il est plus certain que les populations avaient conservé des pratiques fétichistes d'un genre bas et cruel, indépendamment des sacrifices d'animaux, et de la divination par l'inspection des entrailles, qui faisaient aussi partie du culte des Incas, de même que les sacrifices humains dans certains cas. Il est question de cérémonies de purification, qui consistaient à recueillir pour les noyer ou les transporter hors de la contrée les maux répandus dans les corps, les habits, les maisons, etc., et encore de la confection de petits pains pétris avec du sang pris de la veine d'un enfant. Ce sont des traits de fétichisme raffiné où l'on peut reconnaître l'introduction de quelque esprit de système dans les superstitions plus flottantes des tribus inorganisées.

L'adoration se reportait du Soleil sur les Incas ses descendants et tout particulièrement sur les empereurs, ses *fils aînés*. Est-ce l'idée religieuse qui conduisait ainsi au pouvoir absolu, ou le pouvoir absolu qui avait créé à son profit l'idée religieuse? La réponse ne saurait probablement avoir la précision de la question. Dans l'ignorance où l'on est de l'origine de la caste supposée divine, il faut se borner à comprendre le prestige exercé par des pontifes-rois auxquels la tradition rapporte l'œuvre entière de l'organisation sociale : populations agglomérées, vaste administration, force militaire organisée, pompe des fêtes et des spectacles, éclat des costumes et des monuments, et puis la science qui suppute et règle les temps et s'applique à l'œuvre des tracés symboliques d'où sortent l'écriture et les annales, c'est-à-dire la constitution d'un peuple, au lieu de la masse confuse des générations sans mémoire. Ébloui, subjugué, l'homme qui adore dans la nature l'énergie splendide et bienfaisante, terrible aussi, du soleil, est prêt à plier les genoux devant l'être humain souverain, si bien vêtu, si bien nourri, si bien gardé, qui fait rouler le monde social sur son axe, et peut d'un mot précipiter son esclave dans le néant. Le phénomène du « culte des héros », si *naturel* dans un état de moralité dont les nations actuelles ne sont pas toutes encore bien éloignées, — notre histoire même récente en donne la preuve, — peut s'organiser politiquement de deux manières, ou avec l'unité de commandement, en la pleine identité acceptée des lois divine et humaine, ou avec la division des pouvoirs, moyennant une ancienne alliance des chefs politiques et de l'autorité sacerdotale qui les consacre. Cette dernière méthode paraît s'être trouvée chez les Muyscas; l'autre dans le Pérou. Les biens physiques, moraux même, en partie, que la piété, l'adoration et l'obéissance peuvent procurer à une nation prosternée, les Péruviens purent les connaître sous leurs Incas; mais l'histoire n'a qu'une voix sur le caractère pusillanime et la sujétion mécanique des hommes que forma cette société théocratique. Ils vivaient et mouraient sans droit ni propriété, sans liberté même pour le mariage, travaillant par corvées, craignant le fouet, régis par des lois dont l'espionnage et la peur assuraient seuls l'exécution. Les Jésuites, au Paraguay, que ce fût de propos délibéré ou non, imitèrent les institutions de Manco-Capac et surent y assujettir des peuplades de même caractère que celles du Pérou.

La même tendance à la divinisation des hommes supérieurs par la force ou la science, sinon par la race seulement, exista dans l'Anahuac (Mexique). Elle y fut poussée à ce point que le corps d'un cacique mort et consumé sur le bûcher (non sans accompagnement de victimes humaines) pouvait passer au rang d'idole. Les cendres mêlées à différentes pâtes étaient modelées en forme humaine et offertes à l'adoration, en brillant costume, avec les enchantements convenables. Les empereurs ne semblent pas avoir été regardés comme issus de la divinité, de sorte que leur gouvernement n'était pas strictement théocratique; peut-être même avaient-ils commencé par être électifs; ils n'en possédaient pas moins des attributions divines, car ils s'engageaient, lors de leur couronnement, à régler la marche des météores et à préserver le peuple des fléaux naturels. Les cérémonies de leur *sacre*, longues, imposantes, mystérieuses, avaient peut-être une vertu déifique.

Les ethnologues ont reconnu une analogie de type entre l'ancienne race mexicaine, dont on a des monuments, et celle des *Peaux-Rouges* du nord-ouest du continent américain. Les traditions conservées des Aztèques confirment leur origine septentrionale. La comparaison des idées de part et d'autre vient encore à l'appui et il est intéressant d'étudier le changement d'une religion libre et barbare en un culte organisé, puissant, où la barbarie trouve des formules fixes et passe à l'état systématique, en même temps qu'une coutume de tribu fait place à des institutions de gouvernement.

La migration des Aztèques est rapportée au XIIe siècle. Cette tribu déposséda du sol mexicain une autre tribu de même langue, les Toltèques, dont les annales remontaient à cinq ou six siècles plus haut, et on en nomme d'autres encore qui eurent, en divers points de ce territoire, des usages et des cultes particuliers, malgré leur communauté ethnique. On attribue aux Toltèques des connaissances qu'ils transmirent aux Aztèques : les hiéroglyphes, une année plus exacte que celle des autres peuples du même continent, et des monuments élevés de forme pyramidale, les *Téocallis*, temples et tombeaux placés sur une éminence et dont le double objet se comprend assez de soi sans y chercher un emprunt à l'Asie. On dit que ce peuple, les tribus ses voisines, et les Aztèques eux-mêmes s'étaient abstenus jusqu'au xiv° siècle, des sacrifices humains, si multipliés dans la suite; et il y avait des légendes, pour en expliquer la première origine. Toutefois le grand pontife et initiateur légendaire des traditions mexicaines avant la domination des Aztèques, Quetzacoatl, passait pour avoir établi des pratiques de pénitence et d'expiation par effusion du sang. D'autres mythes du même temps, ou plus anciens, rappellent certainement la logique la plus commune des sacrifices destinés à apaiser des dieux irrités. Un dieu des Toltèques, qui, avec quatre éléments, personnifiés, faisait le fond de leur théologie, Tescatlipoca était l'objet d'un culte inspiré par la même idée. Les Aztèques durent seulement donner l'interprétation la plus cruelle à des croyances partagées par les autres tribus, plutôt qu'ils n'opérèrent une révolution véritable dans les sentiments. Le culte de Huitzilopotchtli fut l'expression de ce nouveau sens, et le genre des sacrifices qu'il exigeait se transporta au culte des autres dieux. Sans doute, une transformation en sens inverse eût été possible, venant d'une tribu dominante de mœurs plus douces. La plus inhumaine prévalut. Elle est pour nous d'un réel intérêt. Les religions des tribus nous sont mal connues, tandis qu'on peut parler en connaissance de cause d'un culte que les Espagnols trouvèrent établi à Mexico, et le rapprocher de ce qu'on sait des idées des sauvages nord-américains.

Des deux côtés, on peut remarquer d'abord la croyance au Grand-Esprit, ainsi qu'on traduit la pensée de ces sauvages, ou au créateur et souverain maître de l'univers, comme on comprend celle des Mexicains; mais ce dieu indéterminé moralement et sans culte n'a peut-être pas l'importance que lui ont accordée des observateurs prévenus. En fait, un dieu qui semblait approcher fort de la souveraineté, des deux côtés, est celui qui présidait à la guerre. Un autre trait commun est la croyance aux âmes, à une vie future en des lieux de félicité ou de misère, toutefois plus relative à des idées morales chez les Mexicains que chez les *Peaux-Rouges*, parce qu'il est naturel que l'établissement régulier d'une justice sociale retentisse dans l'idée d'une justice distributive après la mort. Les phénomènes extatiques ou convulsifs, bien connus chez les sauvages, les furieuses bacchanales dont le vertige entraînait par moments des tribus entières, à la suite de rêves, ou de visions, ou de procédés artificiels pour produire une folie passagère, se retrouvaient au Mexique, sous la forme plus réglée et organisée de fêtes populaires, à époques fixes, avec d'atroces et dégoûtantes coutumes. Enfin personne n'ignore la cruauté et les mœurs d'anthropophages des tribus errantes du nord-ouest. La *civilisation* mexicaine n'en amena point l'adoucissement. L'histoire n'offre pas d'autre exemple d'une nation constituée dont le culte et les fêtes aient atteint ce degré de férocité, dont les temples, les idoles, les prêtres, les soldats, aient été ornés de tant d'attributs de mort et de dépouilles sanglantes. Les parvis sacrés étaient recouverts d'une couche épaisse et puante de sang humain coagulé. On faisait la guerre pour se procurer des prisonniers, afin de pouvoir arracher en cérémonie les cœurs de ces hommes, par milliers, en frotter des statues, livrer les corps au peuple en pâture, et couvrir des peaux des écorchés les prêtres qui allaient quêter en dansant dans les rues. Le contraste des cultes mexicains et péruviens, au moment de la conquête des Espagnols, est un exemple de la dépendance des religions organisées par rapport aux dispositions morales des tribus qui passent à l'état civilisé.

On sait combien répugnent à la vie régulière des tribus semblables à celles qui se fixèrent dans l'empire du Mexique. La force unique qui put agglomérer ces dernières, après des pérégrinations décidées et conduites par leurs sorciers ou devins, est une religion. L'anthropophagie était la coutume dominante, ils durent l'ériger en dogme de sacrifice, d'autant plus aisément qu'il existait déjà des pratiques d'expiation entraînant l'effusion du sang. On comprend que quelques-uns de ces guides fanatiques se soient élevés par l'intelligence d'un rôle de sorciers à l'état plus régulier de prêtres, et que l'hérédité ait constitué une caste sacerdotale. En même temps, les dieux multipliés des tribus ont pu être subordonnés aux divinités de l'ordre le plus général, telles que celle qui présidait à la guerre, et dont la *faim* voulait des victimes (Huitzitopotchtli), et une autre (Tescatlipoca), qu'on supposait informée de toutes choses, grande distributrice de biens et de maux, et à laquelle s'adressaient pour cette raison les cérémonies de pénitence et d'expiation nationale. Des dieux inférieurs, mais encore assez importants, représentaient l'eau, l'air, le feu, la terre et son produit capital le maïs, *soutien de la vie*; et on connaissait une Reine du ciel, des vierges-mères, une Lucine, une sorte de

Vénus vulgaire, un dieu de l'ivresse, etc.; enfin des personnages variés, à mythes mal éclaircis, et de formes monstrueuses ; car tout est laid dans l'art mexicain, et il n'y a trace du sentiment du beau dans aucun des dessins ou hiéroglyphes qui nous sont parvenus de cette nation.

Aux éléments divinisés se rapportait une théorie des *âges du monde*, au nombre de *quatre*. L'âge actuel était celui de la Terre, auquel celui du Feu devait succéder dans une convulsion générale de la nature, à la fin d'une période divisée en phases de 52 ans. L'attente de la catastrophe était solennisée par des jubilés mêlés de réjouissances populaires et de simulacres de terreur. L'acte religieux principal accompli dans cette occasion était le renouvellement du feu. On faisait naître la flamme par frottement devant le cœur ouvert d'une victime humaine. Quant aux âges antérieurs, on imaginait celui de l'Air, terminé par un ouragan, et celui de l'Eau par un déluge. Le récit de ce dernier paraît avoir renfermé quelques traits communs aux légendes sémitiques. Le récit de l'autre est plus riche en mythologie. On y racontait que les 16,000 enfants divins nés d'un caillou enfanté par une déesse avaient reproduit l'espèce humaine anéantie, en arrosant de leur sang un os accordé à leurs prières par une divinité plutonienne, et brisé dans une contestation. Ensuite, l'un des frères avait obtenu, en se sacrifiant dans les flammes, de remplacer le soleil éteint. Du sacrifice moins parfait d'un autre était née la lune. On voit, en se bornant à ces traits d'une fable, qui ne s'arrêtait pas là, quelle place occupait l'idée du sacrifice dans la religion des Aztèques. Mais cette idée a deux faces, et c'est avec une terrible facilité qu'on passe de l'une à l'autre : sacrifice de soi, lié aux pratiques de pénitence et de mortification; sacrifice des autres, la violence et l'injustice pouvant obtenir *matériellement* les mêmes effets d'expiation que la douleur qu'on s'impose à soi-même. Dans la fable précédente on reconnaît le premier sens; dans une autre, le dieu toltèque de la guerre, fils mystérieux d'une vierge persécutée par les siens, naît armé et formidable, et, pour premier exploit, dépose aux pieds de sa mère les dépouilles sanglantes de sa sœur et de ses frères.

La croyance aux métempsychoses régnait chez les tribus mexicaines. Les âmes envoyées en des lieux de tourments ou de délices passaient pour n'y séjourner que temporairement ; elles devaient ensuite entrer dans des corps d'animaux, même de reptiles ou d'insectes. Sur ce point la religion du Mexique se rencontra donc avec une hypothèse qui a tenu dans notre ancien monde une place importante : il ne faut pas s'en étonner, car l'imagination si commune des âmes séparées qui informent des corps est déjà plus qu'à moitié chemin de celle des transmigrations. De même les idées de baptême, de confession, de pénitence, l'institution des couvents, avec des applications naturellement variables, se comprennent sur des théâtres divers de croyances et de moralité. Arrêtons-nous de préférence sur un rapprochement plus profond et d'un sérieux intérêt.

Il s'agit de la forme que revêtit le concept eucharistique chez les Aztèques. Les éléments d'information que nous possédons suffisent à nous en rendre un compte exact. Le nœud du changement, entre la religion vague d'une tribu féroce et le culte régulier par laquelle elle systématise ses mœurs, est ici dans l'emploi de l'idée du sacrifice pour tenter d'élever à la *moralité* la guerre sauvage et les banquets de chair humaine. C'est, au lieu d'un progrès, une chute plus profonde, en même temps que la constatation du principe de justice dans la conscience qui sent le besoin de *justifier* le crime. Rien ne montre mieux l'erreur psychologique de cette philosophie de l'histoire qui regarde le mal antique comme un effet simple et direct des premiers instincts de l'humanité. L'analyse et, pour ainsi dire, l'histoire psychologique de la notion du juste, au moment des origines morales, ne doit pas se figurer entre la notion elle-même et ses applications l'intervalle infranchissable qui nous apparaît au spectacle des mœurs des races dégradées, dont le jugement moral a été faussé par la justification sophistique des actes injustes passés en habitude. La même conscience que corrompt maintenant une raison viciée, *maximant la conduite*, aurait spontanément, avant l'habitude, réprouvé des actions qui lui semblent à présent *naturelles*, et qui en vérité le sont comme devenues.

L'idée du sacrifice sanglant répond au besoin de justification chez les hommes sanguinaires. Tel est l'homme, tel le dieu est supposé être. Il faut donc au dieu du sang; il lui en faut pour se nourrir, au moins fictivement, si l'anthropophagie existe, et, en tout cas, pour satisfaire sa colère L'homme se justifie devant le dieu en offrant ce que la passion du dieu exige, et, du même coup, à ses propres yeux, en rapportant à la nature divine le mal qui est en lui et que par ce moyen il se représente conforme à l'ordre universel. Il peut d'ailleurs sacrifier autrui, ou soi-même, ou sa chose. Le sacrifice se trouve dans tous les cultes antiques sous quelqu'une de ces formes : offrandes pacifiques, privations qu'on s'impose, meurtres d'animaux, etc. Les plus innocents des hommes ont cru partager avec leurs dieux leur frugale nourriture, le charme de leurs banquets : c'était pure bonté de cœur, non pas encore tout à fait le sacrifice. Les plus barbares ont été disposés à verser le sang à tout propos. Les Aztèques s'ouvraient à chaque instant la veine. Il n'y avait pas de cérémonie d'initiation, ou de réception, où il ne fallût se tirer du sang, en offrir au moins quelques gouttes. Et comment ne pas rapprocher cet usage de certaines superstitions si communes dans notre moyen âge, et qu'on assure n'être pas éteintes absolument partout, qui consistent à donner au démon la satisfaction d'une légère libation quotidienne de sang. Légère ou abondante, c'est du sang d'autrui qu'il s'agit cette fois. Les Mexicains le répandaient en grand, et non pas, semble-t-il, d'après l'idée, ailleurs régnante, d'appeler la victime à payer la dette du peuple au dieu, en la chargeant symboliquement des méfaits de tous, mais, suivant une conception contraire et plus brutale, de mettre le dieu de complicité avec le peuple en lui supposant une communauté de vengeance et de jouissance avec lui dans l'œuvre des razzias chez les nations voisines, et du supplice des prisonniers.

La logique de ce culte fait apparaître le dieu comme un anthropophage. A un point de vue renversé, le dieu devient pour l'homme un objet d'alimentation transcendante, encore que ce ne puisse être que figurément. L'idée étant matérielle et non mystique, pour des hommes pareils, la théophagie doit s'interpréter chez eux dans un sens analogue à celui que prend l'anthropophagie chez les sauvages qui se figurent augmenter leur courage et l'acuité de leur vue en mangeant le cœur et les yeux des grands chefs qu'ils ont faits prisonniers. Les Peaux-Rouges ont vraisemblablement cru à cette vertu spécifique des organes assimilés à un organisme étranger. Les Aztèques, leurs héritiers, imaginèrent de manger quelque chose d'encore plus fortifiant que la chair humaine. Leurs prêtres distribuaient au peuple des gâteaux consacrés qu'ils modelaient à l'image de la grande divinité, et les cérémonies de la consécration, les actes d'invocation des dieux, la préparation exigée des communiants, enfin le caractère d'une nation peu capable des abstractions symboliques, — songeons que les théologiens du catholicisme ne l'ont pas été davantage, ou n'ont pas cru que leurs peuples le fussent, — tout indique qu'il s'agissait d'une métamorphose à opérer dans la matière, quoique sans aucun changement dans les apparences. Les historiens espagnols du Mexique, Herrera, Acosta, de la Compagnie de Jésus, nous l'attestent formellement. Ils parlent aussi de la piété du peuple communiant, ce qui nous oblige à reconnaître qu'il pouvait entrer dans un tel culte, atroce par son origine, un sentiment de reconnaissance envers le dieu qui consentait à donner son corps pour servir à l'exaltation de la nature humaine.

Les Mexicains modelaient une autre figure dont la composition et l'emploi révèlent clairement l'idée qu'ils se formaient du pouvoir magique de l'aliment élevé à la plus haute puissance. Ils faisaient une mixture des semences les plus importantes pour l'alimentation, broyées avec du sang de victimes humaines pures et choisies. Ce mélange modelé, desséché et dûment consacré en forme d'idole, se gardait précieusement pour exercer par voie de simple contact une influence favorable sur les personnes et les choses. Hors d'usage par vétusté, les débris de l'idole étaient encore bons comme talismans pour les individus. Il est aisé de remarquer là une application de l'esprit fétichiste et, de nouveau, l'idée du sacrifice des autres à soi-même comme principe de l'alimentation. C'est l'expression barbare, à la portée des intelligences les plus ordinaires, de la loi de la nature qui fait de la vie une conquête, et fonde la génération de l'un sur la destruction de l'autre. Il n'était pas besoin de la science de nos jours pour découvrir cette loi, et quoique nous ne soyons plus exposés à en imaginer de pareilles applications fétichistes, la science ne suffit pas à nous préserver d'en faire d'autres applications, à tout le moins doctrinales, et ne sait où prendre le fondement d'une loi supérieure.

CHAPITRE VIII

Doctrine théologique et eschatologique des Égyptiens.

Après cette digression, car nous ne saurions la nommer autrement, sur les aberrations religieuses de nations perdues, dont les idées n'ont point laissé de traces dans le cours général de la pensée humaine, nous devons retourner à l'ancien monde. Nous avons étudié la plus ancienne peut-être des religions de dogmatisme moral, le mazdéisme, dont les auteurs ont depuis longtemps disparu du rang des peuples, mais non sans léguer à l'humanité une pensée indélébile. Nous nous sommes rendu compte des modes religieux de sentir et des conceptions très imparfaites des nations de l'Extrême-Orient qui sans nous transmettre aucune idée importante ont prolongé jusqu'à nous leurs civilisations originales, et qui semblent désormais forcées d'entrer dans le courant commun, matériel au moins, des idées et des inventions des peuples occidentaux. Nous allons passer maintenant à la religion d'un peuple situé à la limite de notre antiquité classique et qui, à l'inverse des précédents, avait poussé très loin ses croyances et ses doctrines transcendantes, mais dont la civilisation a péri tout entière, ne laissant après elle que l'héritage douteux de certaines de ses aspirations, recueilli par des hommes de races différentes.

Dans la très haute antiquité où plongent l'histoire, les monuments et on peut même dire la littérature de l'Égypte, les connaissances acquises ne permettent pas de séparer nettement la religion primitive d'avec le corps des idées et des cultes développés. Nous avons dû cependant maintenir une division fondée sur la nature des choses, et, pour cela, grouper dans une première partie de ces études (1) les principaux éléments et, pour ainsi dire, les procédés de religion qui unissent à une visible originalité les caractères d'une pensée primitive. Il faut à présent

(1) *Introduction à la Philosophie analytique de l'histoire*, 2º partie, ch. x-xii.

discuter les dogmes que le sacerdoce égyptien formula touchant les dieux et la destinée des âmes. Ils doivent remonter en partie aussi haut que la société même dont les prêtres et les rois firent succéder l'organisation à la vie de tribu, vers le LX⁰ siècle avant notre ère. Cette date est un minimum. On possède en effet un ouvrage égyptien, c'est le *Rituel funéraire*, ou *Livre des morts*, que certaines des formes grammaticales qui s'y rencontrent autorisent les savants égyptologues à faire remonter, en partie du moins, à une époque aussi reculée. Ce livre est formé de textes compilés à différents moments et peut-être par différentes écoles de prêtres. Des exemplaires, qui se trouvent peu uniformes, en étaient déposés auprès des momies, dans les sarcophages. On en a des fragments du temps de la XI⁰ dynastie égyptienne (3000 ou environ avant notre ère) (1).

Nous discuterons tout d'abord la forme égyptienne de la doctrine des transmigrations : question moins simple qu'elle ne devait le paraître à une époque où les documents originaux n'étaient pas connus. L'Égypte, en cette partie de sa religion, a surpassé en élévation morale ceux des autres peuples qui ont été séduits par l'hypothèse des métensomatoses. Sans vouloir justifier une croyance qui établit des liens trop étroits entre l'homme et l'animal, et donne à la doctrine de la vie future une forme grossière, on peut remarquer que les rapports réels de l'humanité et de l'animalité ont été méconnus plus gravement peut-être par la plupart des écoles spiritualistes qu'ils n'ont été exagérés par les partisans des transmigrations. De leur côté, les matérialistes ont, il est vrai, maintenu l'unité des êtres animés, mais en supprimant tout principe d'individuation réelle, ce qui n'est nullement une conséquence nécessaire de la négation des entités psychiques incorporelles. Or, la croyance à la vie future s'est enracinée chez les peuples qui n'en ont pas fait le privilège de l'homme ; elle s'est montrée plus faible chez les autres, et n'a tiré que peu de profit du génie spéculatif des philosophes qui ont cru assurer l'existence de l'âme en la dépouillant de tout caractère sensible. A la vérité, le point de vue antique des transmigrations est simpliste, et peu relevé ; il favorise, de plus, les idées d'émanation des âmes d'une

---

(1) Le vrai titre du *Rituel funéraire* est : *La manifestation* (de l'âme) à *la lumière de Ra.* Nous y reviendrons plus loin.

substance unique où elles ont leur unité ; mais il a sur les prétendus théorèmes de la spiritualité pure, l'avantage de s'éloigner moins de la recherche d'une loi générale de développement de l'organisme en rapport avec la puissance psychique.

Nous allons voir la doctrine égyptienne échapper à l'écueil où se perdit la doctrine brahmanique, la seule à laquelle on se reporte ordinairement quand on pense aux métensomatoses. Mais posons d'abord l'originalité de la conception égyptienne. Elle résulte à nos yeux : 1º de la place de dignité accordée de tout temps aux animaux dans la religion de ce pays ; 2º du rapport qui existe entre l'imagination du voyage des âmes à travers une suite de corps, et l'idée de la présence possible d'âmes divines en des corps de certains animaux où elles s'incarneraient, selon la croyance égyptienne ; 3º de l'époque relativement tardive des communications de l'Égypte avec les nations aryennes. Le système des transmigrations ne s'étant solidement implanté chez ces dernières que dans la branche indienne, et par conséquent au temps de sa séparation accomplie, ne lui a appartenu qu'à une époque très récente eu égard à la haute antiquité du peuple du Nil, deux ou trois mille ans peut-être après le premier Pharaon. L'emprunt ne pourrait donc avoir eu lieu que dans le sens inverse de celui qu'on a longtemps et arbitrairement supposé, si d'ailleurs on pensait que l'esprit humain ne peut atteindre d'original qu'une seule fois la même idée, en un sujet où le champ des hypothèses est très borné.

Lorsque les philosophes grecs prirent connaissance de l'Égypte, ils y trouvèrent la doctrine des métempsychoses que ni Homère ni les plus anciens de leurs mythographes n'avaient connue. Leur imagination en fut frappée. Phérécyde de Syros, Pythagore et son école, à la fin du VIᵉ siècle, Empédocle plus tard adoptèrent la nouvelle hypothèse. Platon la prit pour thème de ses mythes philosophiques sur la destinée des âmes. On s'exerça à la systématiser en la combinant avec une doctrine d'émanation. Sous la forme régulière où le travail de l'esprit grec est reconnaissable, il ne faut plus chercher l'idée des Égyptiens. L'historien Hérodote nous dit que, d'après eux, l'âme ayant quitté son corps, qui se dissout, parcourt successivement toutes les formes animales, du reptile au quadrupède, et rentre dans un corps humain au bout de trois mille ans. Or, les parcours de l'âme n'obéissent pas à une loi fatale, suivant une doctrine religieuse, qui est celle des Égyptiens, attendu que son sort dépend du jugement qu'elle subit dans le royaume des morts, et ce jugement, de la conduite qu'elle a tenue pendant la vie, plus encore peut-être de la manière dont elle soutient les épreuves d'au delà de la tombe, et des accidents auxquels elle est exposée pendant les pérégrinations qui suivent sa carrière terrestre. Tout cela est incompatible avec l'enchaînement réglé et la loi inflexible des métempsychoses telles que les conçurent Hérodote et Pindare.

Nous ne pouvons éviter le rapprochement de la croyance aux transmigrations avec la coutume de la momification des corps. On a pensé que les Égyptiens devaient croire au retour de l'âme dans sa première enveloppe à l'expiration de chacune des périodes définies ci-dessus, ou enfin des aventures, quelles qu'elles soient, qui l'attendent après sa vie présente. Il y aurait alors de l'analogie entre leur idée et celle des pharisiens et des chrétiens, relative à la « résurrection des corps », quoique la religion chrétienne ait été bien loin de favoriser le culte de l'enveloppe mortelle, par lequel l'Égypte s'est si extraordinairement distinguée de toutes les nations. Cette dernière remarque doit déjà nous porter à nous défier du rapprochement. Mais tout s'oppose à ce que la critique admette la doctrine de la résurrection, avec le caractère d'une solution générale applicable au problème total de la palingénésie, dans la religion égyptienne. Une première raison est le silence de l'antiquité grecque devant un dogme capital aussi bien fait pour l'étonner que l'eût été celui du retour de toutes les âmes en leurs mêmes corps à une époque future. Réfléchissons ensuite à la différence d'esprit des religions qui ont étendu au monde entier et à toutes les formes de l'animalité l'histoire de la vie de l'âme, et de celles qui arrêtent leur vue sur la terre et le corps humain, ne font guère état des animaux, et n'arrivent à croire à l'immortalité qu'en la regardant comme un privilège de l'homme et un effet de la volonté de Dieu. La religion égyptienne est du premier genre ; nous verrons aussi qu'elle envoie les âmes revêtir leurs corps définitifs dans une sphère supérieure, tandis que les premiers chrétiens paraissent s'être souvent contentés des espérances terrestres dont l'idée du millénium, après la résurrection des corps, est restée l'expression la plus connue. Ce n'est pas à dire que le retour de l'âme dans son ancien corps n'est point été une possibilité admise par les Égyptiens, mais la reviviscence possible de la momie n'était pour eux qu'un cas particulier, un accident sans aucune importance de théorie, comme nous le verrons.

Parmi les critiques qui ont renoncé à prendre la résurrection pour la doctrine eschatologique essentielle de l'Égypte, certains ont entendu le texte d'Hérodote en ce sens, que l'âme n'abandonnerait son corps humain que dissous littéralement et réduit en poussière. L'embaumement aurait visé à la conservation de cette ancienne demeure, on ne sait comment habitée par une âme que la mort aurait sans cela fait passer dans le royaume d'Hésiri ; et il lui aurait épargné les existences misérables auxquelles elle eût été exposée autrement par la loi des transmigrations. Mais si telle eût été la pensée des Égyptiens, il aurait fallu que, suivant eux, la morale religieuse des peines et des récompenses fût frappée d'interdit et la vie d'outre-tombe annulée pendant tout le temps qu'aurait duré l'œuvre du dessiccateur de cadavres. Or ce temps devait paraître indéfini, sous le climat de l'Égypte, pour des corps en quelque sorte éternisés dans une crypte ou sous l'entassement d'une montagne artificielle. Et de fait, une ou même deux des périodes de trente siècles d'Hérodote s'écoulèrent pendant le cours de la religion égyptienne, et les plus anciennes momies étaient toujours là, et beaucoup y sont encore. Comment accorder avec cette conservation des corps, tenant encore en leurs liens les âmes, la loi des transmigrations de trois mille ans, ou les épreuves renfermées dans un cycle de neuf ans, selon Pindare ?

On s'est donné une peine inutile en cherchant une signification dogmatique à un usage que tant de peuples ont connu plus ou moins, et tant de souverains employé à la glorification de leurs restes, autant qu'ils en ont eu la puissance. Le degré de l'engouement ne fait rien à l'affaire, et le sentiment d'où procède le culte des reliques est presque universel. Quelle ne serait pas la méprise d'un antiquaire de l'avenir, qui, découvrant que nous aussi nous avons pratiqué les embaumements, supposerait que nous avons consulté pour cela l'intérêt des âmes ou espéré de leur garder un moyen de retour! Et remarquons bien que l'erreur ne consisterait pas à croire que nous vivions alors sous une religion qui enseigne la résurrection du corps, mais à en alléguer pour preuve le fait que nos empereurs et nos papes avaient fait embaumer leurs cadavres. En réalité, il y a plutôt opposition, on le sait, entre l'esprit chrétien et le culte physique des morts. De même, les Égyptiens ont eu ce qu'on pourrait appeler la religion des momies indépendamment de l'eschatologie formelle qui leur faisait envisager toutes sortes d'incarnations et de pérégrinations des âmes dans le monde; ensuite l'imagination populaire dut se porter facilement à la fiction d'une reprise exceptionnelle de possession, par les âmes, des corps conservés grâce à la piété des familles et à la protection des dieux. La croyance populaire aux métamorphoses magiques et aux incorporations volontaires, dans certains cas, du principe animateur, rendait cette superstition fort naturelle. Telle est l'interprétation la plus vraisemblable des textes authentiques.

Le livre de la *Manifestation à la lumière* nous montre l'âme, symbolisée par l'Épervier à tête humaine, volant vers sa momie qui repose sur un lit funèbre, et lui apportant la *croix ansée*, signe de la vie. Nous y voyons la momie, illuminée par le soleil, avec ce commentaire : *Il est accordé que le corps ne se dissoudra pas*. Les dieux promettent à l'âme arrivée au terme de ses épreuves qu'elle ne sera plus séparée de son corps, que la carrière des métensomatoses imposées a pris fin pour elle et que *l'éternité devient le cours de sa vie*. Mais, d'une autre part, le même livre est plein des voyages de l'âme, de ses stations, de ses travaux, de ses actes d'adoration et de purification, avec l'aide des dieux; et il est clair que ce ne peut-être qu'unie à un ou plusieurs corps différents de celui qu'elle a laissé sur la terre qu'elle accomplit ses pérégrinations célestes. Un point très important est souvent mentionné, c'est que l'âme triomphante obtient le pouvoir de prendre toutes les formes qu'elle peut désirer. En d'autres termes la corporéité devient libre et le corps est un organisme que l'esprit bienheureux peut désormais se procurer selon ses désirs. On conçoit sans peine que son corps d'ici-bas lui reste cher. Ce sentiment naturel explique l'intérêt excessif qui s'attacha, — après coup, si nous ne nous trompons, — à la coutume des momifications que des mobiles plus simples avaient sans doute engendrée à l'origine, mais le dogme capital de l'eschatologie égyptienne est plus général et d'une tout autre envergure.

On voit plus au naturel dans un conte populaire que dans un rituel de funérailles la vraie nature des croyances qui ont cours sur un sujet donné. Le roman des *Deux frères*, composé sous la XIXe dynastie, c'est-à-dire vers le temps de l'Exode des Hébreux, est un étrange et curieux spécimen des idées que les Égyptiens se faisaient de l'âme et de ses propriétés. Le récit rappelle au début un sujet fameux : la légende de Joseph et de la femme de Putiphar. Un homme accusé calomnieusement par la femme de son frère aîné, et poursuivi par ce dernier, prend le parti de se mutiler de ses propres mains, en témoignage de son innocence, devant le Soleil. A dater de cet acte héroïque, sa vie devient un tissu de miracles et de métamorphoses. Objet de la faveur divine, il prend les formes qu'il veut, d'un arbre, d'un taureau sacré, d'un Pharaon, échappe aux pièges que lui tend une autre femme criminelle, la sienne cette fois, présent magnifique mais dangereux de la *Société des dieux*. Les traits de croyance à relever dans ce conte sont : 1° la persistance de l'âme et de sa vie indépendamment d'un premier corps qu'elle a délaissé ; 2° le pouvoir obtenu par l'âme, et grâce à un acte méritoire, de revêtir différentes formes de la nature vivante, entre autres, des formes humaines ; 3° le rôle prêté à un certain *cœur*, organe mystérieux, compagnon de l'âme, qui peut résider, durant la vie même, dans un autre corps que celui où il demeurait d'abord, et rester néanmoins une condition de la vie de ce dernier. Il peut habiter la sphère céleste et revenir à son gré sur la terre, rentrer dans le corps mort et le ressusciter, si la piété d'un vivant préside à cette infusion magique. Au surplus, la transmission de ce *cœur* ne se fait pas sans des moyens physiques, bien que d'espèce merveilleuse : une goutte de sang est la semence d'un arbre, un copeau de bois entre dans la bouche d'une femme et dépose dans son sein le germe d'un enfant. Avec un procédé de ce genre, un homme peut renaître par sa propre opération, et prendre pour mère sa femme, par exemple. Le roman qui accorde à son héros cette faculté nous fait penser à un symbole théogonique dont il sera question plus loin : le dogme du *dieu mari de sa mère* (1).

Ces fables des revivifications et des métamorphoses nous rejettent fort loin de la conception commune des transmigrations, dont l'origine est dans l'Inde brahmanique, et loin aussi de la doctrine de la résurrection générale des morts pour le dernier jugement. Et le retour final de l'âme dans son ancien corps se trouve n'être

---

(1) Le rôle du cœur dans ces sortes de métamorphoses est éclairci par une distinction que font les textes entre le *het* et le *hati*. Le cœur, principe vital subtil, n'est pas le cœur, organe physiologique. Il n'est pas l'âme non plus. On verra l'imagination d'une entité analogue, dans le *linga sarira* d'une école philosophique de l'Inde. (Ci-dessous, livre V, chap. I.)

plus qu'un détail dans l'ensemble des promesses de la pneumatologie égyptienne, une éventualité assez explicable par l'attachement que celui qui fut homme, et tel homme en particulier, peut conserver pour sa forme empirique et familière, mais une satisfaction sans importance, au regard des voies célestes ouvertes au mort *justifié*.

Le *Livre des morts* vérifie ce qu'on a su par tradition et souvent répété, à savoir que la mort était, aux yeux des Égyptiens, le départ pour la grande initiation de l'âme. Cet ouvrage, en ses nombreuses variantes, a des parties obscures, dont les erreurs des anciens copistes négligents ont augmenté les difficultés; il ne répond pas à toutes les questions que suggère sa lecture; mais il nous apprend beaucoup, de cela seul qu'il roule tout entier sur les voyages de l'âme dans les royaumes célestes du levant et du couchant, sur les dieux qu'elle visite, les travaux qu'elle accomplit, les épreuves qu'elle subit, les dangers qu'elle surmonte et auxquels elle peut succomber, tout le temps qu'elle habite les sphères inférieures. D'une autre part, nous avons un jugement des morts au tribunal de Hésiri, la fameuse psychostasie (pèsement symbolique des âmes); et les peines ou récompenses qui suivent cet acte solennel doivent concerner au moins en partie la conduite du défunt pendant sa vie terrestre. Les épreuves posthumes suivent-elles le jugement, auquel cas ce dernier serait une sorte d'examen d'admissibilité aux exercices d'où dépend l'ultime purification, *la manifestation à la lumière*? ou bien n'est-ce qu'après le cours d'une vie remplie sous des conditions nouvelles, et qui serait ouverte à tous, qu'interviendrait l'arrêt souverain du Juge prononçant l'immortalité ou la seconde mort, celle qui anéantit l'âme?

Quelque réponse que puisse donner à cette question la critique des textes, les dogmes principaux : jugement, initiation, palingénésie sont hors de doute. De nombreux emblèmes de la vie en puissance dans la mort accompagnent les momies dans leurs cercueils : tels sont la fleur de lotus portant sur son calice Hor, l'enfant divin, Soleil oriental; et le Scarabée à tête solaire, et la figure de la momie ithyphallique; et cette déesse Nout, l'éther céleste, qui entoure de ses ailes le ventre du défunt pour y assurer le triomphe de la lumière sur les ténèbres. Les phénomènes palingénésiques sont rattachés à la légende de Hésiri Les sœurs de ce dieu protègent la momie, chantent les chants du deuil pour le

mort, ainsi qu'elles firent jadis sur les membres de leur frère, réunis à force de recherches et ranimés par l'incantation sacrée. C'est Isi qui récite les formules poétiques du retour à la vie, pendant que la momie est dans les bras d'Anoup, le dieu crépusculaire. Les textes vont au delà de ce que les peintures peuvent nous rendre. Le défunt est assimilé par une sorte de fiction religieuse au dieu son patron ; il prend le nom de Hésiri et traverse sous son égide, à son exemple, les phases d'une vie d'outre-tombe ; il consacre aux différentes divinités toutes les parties de son corps, et, quand il a triomphé des dernières épreuves, il prend les noms et assume la puissance de tous ces dieux qui le reçoivent dans leur compagnie, dont il partage les mets, et auprès desquels il combat dès lors en vainqueur les ennemis de la Lumière. C'est ainsi que le justifié ne craint pas de s'intituler Atoum, « créateur dans l'abîme », et Men, « le grand bélier dans sa manifestation » et Ra « qui crée son nom de Seigneur de la société des dieux, et Vennou dans An, Phénix renaissant de ses cendres, et enfin Hor et Hésiri. Dès ce moment, il est celui que Isi a conçu et que Nephti a nourri de son lait : la légende osirienne s'applique en propre à cet homme que sa justification a divinisé. Les identifications ne s'arrêtent pas là. Le justifié, devenant Hésiri, devient Isi aussi : fusion sacrée du frère et de la sœur, de l'épouse et de l'époux. Par ce retour au fondement, par cette rentrée de la destinée individuelle dans l'éternel, il ira jusqu'à s'appeler lui-même la loi de l'existence, le dieu qui s'engendre de soi dans l'abîme. Toutefois les formules d'identification ne sont point au préjudice de celles qui posent les dieux protecteurs et agents de purification de l'homme. On peut dire que le panthéisme est au commencement et à la fin de cette histoire symbolique du monde ; il n'en constitue pas le développement.

Revenons aux épreuves. Le *séchou* ou âme séparée, reprend la vie dans *Kerneter*, la demeure divine inférieure, et commence un dur pèlerinage. Il combat les animaux infernaux : l'Ane, le Crocodile, la Tortue, la Vipère, et le plus terrible de tous, le serpent Anap, ennemi du Soleil. Hésiri le conduit, l'aide à franchir les passages difficiles, gardés par des monstres. Il y a des paroles sacrées, des incantations, qu'il faut connaître, qui assurent la victoire ; les dieux invoqués les enseignent à l'initié, ce qui s'appelle lui *donner* ou lui *ouvrir la bouche*. Ce sont eux aussi qui lui donnent ou lui conservent *le cœur*, principe de vie ; il en demande la sauvegarde à

Cheper, le grand Scarabée, source de toute existence. Au cours de cette initiation, le ressuscité dans Kerneter court de terribles dangers ; on en juge par les prières que lui prête le rituel funéraire : d'éviter telle ou telle demeure, de ne pas descendre en sa marche, de ne pas manger ou boire l'ordure, de ne pas se corrompre, de n'avoir pas la tête coupée, de ne pas mourir une seconde fois. On voit l'échafaud infernal, le billot et le glaive, et le dieu Hor tranchant lui-même la tête du méchant. La menace des métensomatoses funestes est impliquée dans celle qui fait craindre au malheureux qui manque l'initiation de devenir la proie d'un de ces animaux qui s'approprient l'âme en mangeant le cœur.

Après avoir surmonté tant de périls, l'initié entre dans la barque divine où il adore Ra, Atoum et Chéper ; il navigue sur l'Océan céleste et visite les dieux dans leurs demeures étoilées. Il fait un long séjour dans Aenrou, vaste champ qu'entourent des canaux sans poissons ni reptiles, ont quinze portes ouvrent l'entrée, et dans lequel il doit se livrer aux travaux agricoles et offrir des moissons au Nil céleste, père des dieux. Enfin il cingle vers l'orient et, purifié, transfiguré dans la lumière, *possédant les eaux, respirant les souffles*, maître de la *couronne de justification*, il est associé à la divinité. Dès ce moment il peut revêtir toutes les formes qu'il veut : la forme du lotus, ou de l'oiseau Vennou, ou de l'Épervier d'or, ou celles de Ptah, le dieu ouvrier, de Sevek-ra, dieu solaire à tête de crocodile, etc., et, comme on l'a vu plus haut, la forme de son corps humain, dans laquelle il reste libre de rentrer, quoique l'éternité *devienne le cours de sa vie*. Rien n'indique, ou plutôt toutes ces mémortaphoses éloignent de nous l'idée que la forme humaine ait été honorée. dans la doctrine égyptienne, comme la plus haute et la plus digne que puisse revêtir une créature, même divine. Elles ne sont guère compatibles non plus avec l'astrologie, avec l'assimilation des dieux et des hommes divinisés aux astres, qui seraient leurs constantes apparences physiques. Les spéculations astrologiques, ailleurs très anciennes, ne sont peut-être, en Égypte, que de la basse époque. Elles s'étendirent alors au monde entier.

La place du jugement des morts, avant ou durant le cours et les péripéties du voyage des âmes, est difficile à fixer. Ce dogme ne serait-il pas une production religieuse différente de celle que nous venons d'exposer, et postérieure en son origine ? Dans cette hypothèse, une croyance commune à beaucoup de religions grossières de tribus se serait développée dans un sens moral en quelques sanctuaires. Nous voulons parler de cette eschatologie primitive qui consiste à se représenter l'âme errante après la mort dans des lieux souterrains ou dans l'atmosphère, et exposée à de cruelles aventures avant d'atteindre son repos. Plus tard, ou sur quelque autre fondement traditionnel, l'idée serait intervenue d'un jugement moral et d'une rétribution selon les mérites, sans que l'on abandonnât celle des épreuves posthumes, devenue seulement plus théologique et liée à un concept d'apothéose. L'œuvre, d'ailleurs certaine, de la fusion des religions anciennement séparées de l'Égypte aurait fait réunir sans en former un corps systématique, dans les rituels, des articles de foi et des symboles dont la conciliation restait à opérer. Les exemplaires qu'on a du *Livre des morts* semblent confirmer cette hypothèse par leurs variantes d'ordre et de fond, et par les tâtonnements d'exégèse qu'on y sent. Il est visible que dès l'époque, si antique pour nous, à laquelle remontent certains documents, le respect de l'antiquité dominait déjà l'écrivain et interdisait chez lui la réflexion, ne laissant faire foi qu'à l'autorité des paroles sacrées, conciliables ou non les unes avec les autres. Rien n'est plus conforme à la nature des anciennes religions, et c'est bien à tort qu'on s'est peint le sacerdoce égyptien comme un collège de philosophes libellant ou discutant des théorèmes ou des canons à la façon de Spinoza ou à celle des Pères de Nicée.

Le jugement des morts est en tout cas un point de doctrine constaté par les textes et par les peintures qui représentent l'âme dans la *salle de la double justice*. Le défunt conduit dans l'Amenti (l'Hadès égyptien) par Anoup, le dieu psychopompe, est reçu là par d'autres dieux, surtout par Hésiri, qui jadis passa comme lui dans ce royaume du couchant, dont il est le soleil. Quarante-deux juges assistent le souverain. Le défunt adresse à chacun d'eux une invocation, fait sa confession devant leur face, « repousse ses péchés pour voir la face des dieux ». Alors on pèse l'âme. L'un des plateaux de la balance porte le cœur du mort, l'autre le symbole de la justice. Taout, dieu cynocéphale, assis, lit la sentence. Deux déesses, debout, qui tiennent à la main des serpents, figurent, l'une, la justice vengeresse, l'autre la rémunératrice. Ailleurs, c'est la justice qui amène le mort en présence de Hésiri, c'est Hor qui pèse, et ajoute le poids de sa grâce (?) en tirant les chaînes du plateau qui porte l'âme, et c'est Taout à tête d'ibis, comme *Seigneur des paroles divines, écrivain de la justice divine*, qui prononce l'arrêt décernant l'immortalité. Mais devant Hésiri se tient aussi la Dévorante de l'Amenti, monstre composé du lion, de l'hippopotame et du crocodile. Après que la sentence est rendue, l'âme qui n'est ni condamnée ni justifiée encore, s'adresse aux esprits chargés de laver les péchés et d'effacer les souillures. Le lieu destiné aux purifications est un bassin entouré de flammes et gardé par quatre singes. Des interprètes ont reconnu là un purgatoire. Puis vient l'entrée dans la barque du soleil, le voyage et les stations de la manifestation à la lumière. Rien ne nous instruit du sort ultime, s'il en est un autre pour elles, des âmes damnées, que les monstres dévorent, ou que Hor décapite et voue à la seconde mort. Au rapport des Grecs, dont le témoignage est toutefois insuffisant, elles ne doivent pas tomber dans l'éternel néant, mais bien reprendre par en bas la roue des métempsychoses afin de remonter des profondeurs de la vie animale jusqu'à l'humanité. A ces âmes s'appliquerait donc le cycle de trois mille ans de la version acceptée par Hérodote, c'est-à-dire de la seule partie de la doctrine eschatologique des Égyptiens que cet historien se soit cru permis de révéler, parce que d'autres de sa nation s'en étaient fait honneur. Il donne à entendre que des scrupules religieux l'empêchent de s'expliquer sur des dogmes dans lesquels il a reconnu le fond même des Mystères de la Grèce, auxquels il est est initié, et qu'il croit en être descendus.

Il serait plus aisé de pénétrer dans la doctrine égyptienne, si l'on pouvait se fier à ce qui passe pour dérivé de cette source dans les œuvres des philosophes néoplatoniciens, ou dans ces livres, dits *hermétiques*, qui furent composés à l'époque du syncrétisme alexandrin, c'est-à-dire de la fusion peu scrupuleuse de tout ce qu'il y avait alors d'idées générales en renom, portant le double titre d'antiquité et de sagesse. Mais ce qu'on s'imagine recueillir par une telle provenance représente moins un système dont les points vraiment authentiques peuvent s'aborder aujourd'hui d'une manière sûre, qu'il n'est le résultat de sa transformation sous des influences diverses. Encore n'est-ce pas *ce système*, cette religion, qui s'est transformée. L'art de l'Égypte et ses concepts religieux propres traversèrent sans aucun grave changement les dominations persane, grecque, romaine, et ne fléchirent enfin que très tard devant le christianisme. L'introduction de quelques nouveautés, telles que les représentations zodiacales des Grecs, ne touchait à rien d'important. Mais chez les esprits cultivés ce fut autre chose. Pour ceux-là, définir et formuler, en pareil cas, c'est interpréter, et ils partaient de l'hypothèse que les formules anciennes avaient un sens caché, contenaient la vérité sous enveloppe. Ils purent ainsi de bonne foi substituer leurs sentiments à la tradition. Les philosophes regardèrent comme des symboles dont ils avaient à chercher le sens les dieux vivants de la croyance nationale. L'eschatologie positive, les épreuves, le jugement devinrent à leurs yeux des formes populaires de la phase de retour des âmes primitivement émanées de la substance unique. Celle-ci même, à leurs yeux, ne représenta l'unité véritable qu'en y faisant abstraction de toute détermination d'être. Plusieurs étaient convaincus que les anciens sages de toutes les nations avaient professé la même doctrine qu'il s'agissait de retrouver ou d'éclaircir. C'est une tournure d'esprit qui a encore des représentants parmi nous. Mais, dans ce temps-là, on pouvait, ce qui ne se peut plus aujourd'hui, mettre des ouvrages controuvés sous les noms de ces grands initiateurs, les Orphée, les Zoroastre, les Hermès. Et l'on ne croyait pas tout à fait mentir en les faisant parler comme on ne doutait pas qu'ils l'eussent fait actuellement. Ces fraudes pieuses ont pu occasionner la perte de livres sortis réellement des sanctuaires, et auxquels on en substituait d'autres qui convenaient mieux au goût philosophique du jour.

Heureusement le *Livre des morts* est là, qui nous apporte, sur la théogonie et la cosmogonie égyptiennes, des données aussi nettes que sur la vie future. On y voit en quel sens il est possible d'y trouver les idées de l'unité divine, et de l'émanation ou de la création. Il importe ici de les préciser un peu plus qu'on n'a coutume de le faire. Et d'abord, s'agit-il de ce concept de Dieu et de son unité, suivant lequel on place au commencement du temps une personne unique, source par sa volonté, mais non point essence physique de l'existence universelle? en ce cas il est certain que ce n'est point là le concept du dieu de l'Égypte. Le concept du dieu de l'Égypte est très éloigné de celui du premier chapitre de la *Genèse*, et de celui dont l'*Exode*, le *Deutéronome* et les prophètes ont suivi la tradition, et dont nous croyons fort, quant à nous, que la révélation appartient à Moïse. On peut assurer absolument que Moïse et, par lui, les Hébreux n'en ont pas reçu des Égyptiens la connaissance. Les rituels, d'accord avec tous les monuments, s'accordent à identifier le dieu *engendré de lui-même* avec la puissance lumineuse et fécondante du soleil, et à envisager l'origine de cette puissance dans l'abîme de la nuit éternelle, au sein des eaux primitives, où germa la lumière en soi, sans préjudice des autres grandes générations divines dont chacune vise à l'absolu. Pour avoir le droit de qualifier de monothéisme la théogonie égyptienne, il ne suffit pas d'y reconnaître des efforts pour constituer une première hypostase au profit de l'un ou l'autre des noms divins des plus anciennes traditions; il faudrait encore pouvoir oublier la multiplicité de ces noms, dont aucun ne s'est inscrit, que nous sachions, contre les titres des autres prétendants; il faudrait que les modes de génération des autres dieux, ou du monde, fussent uniformes dans les divers sanctuaires, au lieu de varier à ce point que le principe femelle tantôt en est absent et tantôt s'y emploie avec plus ou moins d'importance; et il faudrait que la notion de personnalité, c'est-à-dire de volonté, se fût dégagée quelque part, d'une manière exclusive et forte, rejetant explicitement toutes les idées naturalistes. Mais c'est ce qui n'est point arrivé; cette *révélation* n'a pas été faite; l'assimilation de la vertu génératrice première à un principe lumineux par soi, manifestée par le soleil, est restée dominante.

Ce n'est donc pas un point important comme il l'a paru, de savoir si tels signes hiéroglyphiques doivent se lire *Le seigneur les dieux* (1) ou *Seigneur de la société des dieux*. Ce second sens est celui d'un polythéisme sous un dieu chef, ce qui n'a qu'un faible intérêt dogmatique. Le premier exprimerait, il est vrai, la donnée d'une compagnie de personnes ou natures distinctes, avec racine commune de ces natures, et rappellerait la signification étymologique de l'Elohim des Hébreux, mais il n'y a nulle conséquence à tirer de là, tant que cette racine à laquelle revient, en son unité, la seigneurie demeure indéterminée et peut désigner en général *la Nature* adorée d'où s'engendrent les dieux.

Il en est de l'émanation comme du principe émanant : nous ne devons pas y chercher le sens auquel d'autres doctrines plus philosophiquement formulées nous ont accoutumés. Éloignons l'idée non seulement de toutes les formes qui nous sont familières pour rattacher les êtres à quelque racine commune d'où ils se déve-

---

(1) Lecture de Mariette (*Mémoire sur la mère d'Apis*, p. 29, 36 et *passim*). L'autre leçon est celle de M. de Rougé.

loppent organiquement, mais même d'une suite d'hypostases à travers lesquelles les dieux et les âmes seraient produits extérieurement ou résorbés, selon le système néoplatonicien. Il n'y a pas à penser davantage à la conception brahmanique de l'Homme éternel (homme symbolique? homme personnel?) périodiquement endormi et réveillé qui engendre les myriades de myriades d'apparences divines, humaines, animales. Mais si c'est assez pour constituer une théorie d'émanation que la tentative faite pour atteindre le concept d'une génération par soi, au sein d'une matière donnée qui se trouve être *anthropomorphiquement génératrice*, alors cette théorie se trouve en effet dans les symboles de la religion égyptienne, symboles physiques, très éloignés du fondamental idéalisme de la philosophie brahmanique ou alexandrine et de leurs tendances mystiques.

La doctrine d'Héliopolis, dont on croit avoir dans les rituels funéraires l'expression plus spéciale, pose comme être primitif un dieu *double par soi, père et fils de lui-même, engendrant avec lui-même*. Cet *Un de l'Un, Premier engendré du Premier*, reçut des philosophes, à un certain moment, une interprétation mystique; mais il s'agit ici d'une conception matérielle, quoique incompréhensible, de cette génération qui se nie en s'affirmant. Il est curieux d'observer ceci : la contradiction logique, qui d'ordinaire s'énonce et s'étale dans la thèse du *processus in infinitum* des phénomènes, ici se résume, se concentre et s'exprime avec une plus naïve impudence, si cette association de mots pouvait s'admettre, dans l'affirmation de l'*ingenitum genitum*! Les générations sont au surplus de l'ordre physique : des soleils. Dans le système dont nous parlons maintenant, le principe femelle ne figure pas formellement, comme à Thèbes et à Saïs. Sa place est tenue par Nou, l'abîme. Le dieu suprême est désigné par trois noms : Cheper, le Scarabée, symbole de la force productive; Atoum, le soleil nocturne (sous l'horizon); et Ra, le soleil diurne. Sont-ce là des sortes d'hypostases liées entre elles? Rien ne le dit. Les personnes et les cultes de ces dieux sont séparés. Et tout ne finit pas là, il faut réserver une place à Sou, le support du ciel, *sur qui marche Ra*, et une autre plus importante à Hésiri, à qui reviennent à son tour l'existence antérieure et la fonction de créateur. Comment chercher une théologie fixe dans un pêle-mêle de filiations et d'attributs croisés? C'est moins un système qu'un résultat de juxtaposition, un syncrétisme d'anciens cultes qui avaient entre eux des analogies et ne voulurent jamais s'exclure les uns les autres.

Une certaine théogonie tantôt commence par la fécondation au sein du chaos, tantôt se rapporte à la mutilation d'un dieu, comme dans les cosmogonies sémitiques, à moins que ce ne soient là différentes phases d'un seul cours de création. La dernière admet des variantes. Le dieu Ra apparaît dans la *demeure royale de l'enfant*, comme un être qui n'a pas été engendré. Sou remue l'abîme, Ra crée ses membres, dieux associés; il s'unit à lui-même et engendre les dieux; les êtres sont sa semence, son corps. Ra tente de se mutiler; le sang qui coule de son membre fait naître les dieux devant lui. Les deux premiers-nés *qui sont avec leur père Toum chaque jour* sont Hou et Saou, c'est-à-dire le Goût (métonymie des organes des sens) et l'Intellect, l'un qui est le pilote, et l'autre le maître d'équipage de la barque du Soleil. Quant à Hésiri, il est ici le fils de Ra, contrairement à la légende commune qui le dit fils de Seb, divinité chtonienne. Mais Ra et Hésiri sont ailleurs des frères jumeaux, et les parents de leur âme double et jumelle sont peut-être Sou et sa compagne Téounout, à tête de lionne. On voit le désordre de ce symbolisme.

Que l'intervention de Hésiri joigne à un dieu primitif un autre dieu primitif, c'est ce qui s'ensuit clairement de ce que l'essence de Hésiri est étendue au passé sans limites par un symbole qui le désigne comme le *Jour d'hier*, et puis de ce qu'il est nommé l'*âme de Ra* (ailleurs de Fils de Ra). La fonction de champion du bien, dans la lutte commencée à l'origine des choses, est attribuée à l'un comme à l'autre de ces deux dieux, et l'un comme l'autre ils ont pour fils ce dieu Hor, vengeur de son père, *appelé au gouvernement et au droit*, après la victoire de l'ordre sur le chaos. Ici se montre distinctement l'idée du salut du monde à travers la mort et la résurrection d'un dieu, l'idée du bien, comme réalisable en chaque personne, ainsi que dans celle du dieu, par la lutte et le sacrifice. Enfin une pensée nouvelle et plus morale est attachée à l'œuvre divine. Au sang versé du membre de Ra, image brutale, la croyance populaire substitue les membres dispersés, puis réunis et ranimés de Hésiri, Soleil-Roi du royaume du couchant, qui crée la vie éternelle dans le domaine de la mort. Mais est-ce bien d'une substitution qu'il faut parler? Tout dénonce, au contraire, des origines et des développements d'idées divers et parallèles, au critique qui, dans l'absence de rapports chronologiques authentiques, ne se guide pas sur l'opinion arbitraire du progrès naturel des idées morales et religieuses à partir des plus barbares.

Le symbole osirien ne s'offre assurément point, dans les rituels, avec toutes les explications désirables; mais on y voit que chaque dieu, chaque astre, chaque âme ont à soutenir un combat en approchant *du couchant*, et ne peuvent se remanifester *au levant*, qu'après une victoire. La matière de l'allégorie est claire, c'est le mouvement diurne, avec l'imagination enfantine des monstres dévorants qui attaquent et ne peuvent vaincre les corps célestes, et le premier de tous, le soleil, à leur descente sous l'horizon. La moralité, c'est le transport de l'image de ce qui tombe ainsi et se relève périodiquement dans la nature aux moments d'ascension et de déclin de la vie divine ou humaine, et puis aux défaillances et aux relèvements de l'âme, dans les épreuves de la destinée. Le même symbolisme, reporté à l'origine des choses, représente le premier combat du bien contre le mal, des bons contre les méchants dieux. Ceux-ci sont nommés les *fils de la défection*, ce qui exclut la pensée d'une essence première et par soi du mal. La révolte de Set et de ses compagnons est une usurpation, le soulèvement contre un pouvoir légitime. C'est ainsi du moins que se présente la légende commune de la famille royale d'Osiris. Dans les rituels, le symbole revêt un caractère cosmique, non simplement humain et politique. On y voit le Grand Chat, « celui qui était dans l'Allée du Perséa, dans An, la nuit du grand combat; celui qui a gardé les impies, depuis le jour où les ennemis du Seigneur universel ont été écrasés ». Le Chat est un dieu solaire, et le lieu du combat le ciel. Au moment où les Fils de la défection arrivent à l'orient (pour s'opposer au lever de l'astre?), une vignette du Rituel représente le félin tranchant d'un coup de sabre la tête du Serpent. A côté de ces textes, il y en a d'autres qui parlent de l'intronisation de Hor, roi des dieux, « le jour où le monde a été constitué par le Seigneur universel », ou encore du combat de Hor contre Set. Hor, identifié à Men, dieu ithyphallique, a reçu à la face l'ordure lancée par son ennemi. « Hor saisit les testicules de Set; Taout en fit autant de ses propres doigts. » Cette lutte, qui se termine par l'émasculation de Set, a lieu dans le jour du « Viens à nous », quand Hésiri dit au soleil : « Viens. » Quelquefois Hésiri a le premier rôle dans le drame cosmique et dans la victoire. Ou bien il périt, et, dans ce cas, son ensevelissement, la réunion de ses membres dispersés figurent la grande réparation des « deux mondes ». L'œil terrible du vainqueur c'est-à-dire de Hor, selon cette variante) s'apaise ; sa chevelure éparse est ramenée à l'harmonie des plis onctueux. Si l'œil souffre et pleure encore, Taout le guérira. Désormais Hor règnera sur les vivants, et son père, vengé, assurera le salut des morts bien méritants, dans l'Amenti.

L'institution d'un enfer, avec une classe de puissances infernales est un effet irréparable du premier combat des ténèbres contre la lumière. Certains lieux de l'univers sont affectés au séjour de ces êtres qui, méchants eux-mêmes, torturent les méchants. Ils les prennent « dans leurs filets », ils les plongent dans leurs creusets, dévorent les cœurs, les vomissent en ordures, etc. Mais les dieux non plus ne dédaignent pas un emploi de leur force qui, de leur part, est juste vengeance ; ils continuent la lutte contre les dieux mauvais, leurs ennemis ou les fils de leurs ennemis ; car la vie est un combat. Les âmes des justifiés se joignent à eux, participent à leur vie bienheureuse, à leurs libres métamorphoses et à l'éternelle guerre qui est une continuelle victoire.

Il n'y a pas à se dissimuler que la conception de la vie universelle comme une lutte sans fin, au sein d'un ordre toujours combattu mais toujours triomphant, est un dualisme d'espèce moins répugnante que le système des *peines éternelles*, infligées sans utilité et sans noblesse à des méchants qui ont cessé d'être dangereux, et contre lesquels s'exerce une impitoyable vengeance dont le vrai nom ne peut plus être que la haine. Ce dernier système est un dualisme *sui generis*, fondé sur une interprétation barbare de l'idée de justice, et pire en un sens que celui du Tartare du polythéisme grec, dont il s'est inspiré, et qui du moins ne donnait pas à l'enfer le caractère absolu d'une institution de l'Éternel tout-puissant et bon. Il l'expliquait, comme le système égyptien, en faisant de son établissement la suite naturelle d'une ancienne guerre des dieux (de Zeus contre les Titans) (1). Un rapprochement tout indiqué, pour le dualisme égyptien, est celui qu'on en peut

---

(1) Il est vrai que l'enfer du système catholique, dont la loi mosaïque ne possédait pas l'équivalent, admet un autre précédent que le Tartare des païens ; il a, en commun avec celui-ci, et la tenant d'une autre source, la tradition mythique de la guerre des Titans, à savoir la révolte des anges, à laquelle se rattache par une conséquence naturelle, pour leur punition, l'idée d'un séjour infernal. Mais l'enfer catholique a pris un caractère entièrement nouveau, et odieux, quand la théologie en est venue à le représenter comme un lieu de tourments affecté dans les Conseils de l'Éternel à l'éternel supplice des prédestinés de « la damnation ».

faire avec le dualisme mazdéen, qui remonte également à une source religieuse antique et originale. Il en diffère, à son grand désavantage, en ce qu'il présente l'origine du mal sous une forme symbolique, et non pas essentiellement morale, volontaire, s'exerçant par une *création* opposée à la création bonne (1). Il en diffère encore par l'idéal de la fin des choses, qui est la fin de la lutte dans le triomphe accompli du bon principe, et le règne de la paix universelle.

L'antique dogme égyptien procédait à la réduction des essences divines à une unité originaire par l'identification du Père avec le Fils, en une génération par soi, dans une nature mâle, et encore à l'aide du symbole du Fils époux de sa Mère. Sous la seconde forme, il était conduit à une manière de trinité dans laquelle le principe femelle avait place. Il pouvait appliquer cette vue à divers personnages. C'est ainsi que Hor, fils d'Isi et de Hésiri, devenait quelque part, lui aussi, le mari de sa mère, d'où une certaine trinité Hor-Isi-Mandouli. Il eût été possible, en imaginant et coordonnant des groupes ainsi formés, de donner à la doctrine égyptienne l'aspect d'une sorte de monothéisme d'émanation dans lequel les dieux se seraient classés comme autant de degrés de descente de cette génération hermaphroditique continue au sein d'une matrice unique. La fiction est d'un genre bien laid, en sa subtilité barbare. A-t-elle été poursuivie à ce point?

Les égyptologues anciens et modernes, Champollion lui-même parmi ces derniers, ont cherché un système construit, là où n'existent en réalité que des combinaisons empiriques et naturellement imparfaites de dieux et de symboles primitivement étrangers les uns aux autres, et cherchant à se rejoindre et à s'appuyer mutuellement au lieu de se combattre. Des concepts de dieux régionaux qui avaient formé des groupes distincts se rapprochaient du mieux qu'on pouvait en laissant au premier rang ceux qui se recommandaient par leur illustration plus grande et leur popularité. Ce sont de tels arrangements partiels qui, à la distance où nous sommes, causent l'illusion d'un système unique, mais impossible à formuler sans incohérences et doubles et triples emplois. Ce système, les prêtres égyptiens avaient-ils déjà tâché de le composer, ou bien les philosophes seuls s'en occupèrent-ils en dehors des temples? Peut-on regarder comme le signe d'une

(1) Voyez ci-dessus, chap. ii.

tentative sacerdotale de ce genre, l'existence d'une certaine tradition fictive de dynasties divines antérieures à Ména, premier roi de l'histoire positive ? Les listes de ces rois fabuleux qui nous sont parvenues ne comprennent que les principaux noms divins et d'ailleurs ne s'accordent pas entre elles. Il est plus facile d'admettre, à dater au moins d'une certaine époque, des prêtres qui auraient été des philosophes, rougissant de l'apparence obscène et barbare de leurs symboles, et leur cherchant un sens spirituel, que de croire qu'ils se sont appliqués à la besogne ingrate de les fondre et coordonner dans l'esprit de l'antiquité, qu'ils avaient probablement perdu. Le fait est que les textes sacrés de l'Égypte nous sont parvenus dans un état d'incohérence sincère et beaucoup plus conforme à l'ordinaire coutume des conservateurs professionnels d'une religion. Ceux-ci, dans le cas où la puissance créatrice n'aurait pas encore été épuisée pour la religion égyptienne, à l'époque de la domination grecque, auraient plus vraisemblablement introduit des nouveautés dans leurs rituels que travaillé à en ramener à l'unité les formules divergentes. C'est ainsi que les choses se passèrent dans un autre milieu, dans une autre religion qui nous touche de plus près(1).

C'est en dehors des prêtres que se fit, non ce travail impossible, mais un autre que l'absence à la fois de l'esprit critique et de l'attachement à une tradition nationale exclusive rendit opportun : le travail d'assimilation des trois mythologies, grecque, égyptienne et romaine, et de ce que l'on croyait savoir des antiquités religieuses des autres peuples, sauf à accorder à l'Égypte une supériorité de profondeur dans les connaissances divines. Mais le plus souvent on aima mieux alors se prendre à des cultes particuliers, tels que ceux d'Isis ou de Sérapis, qu'on arrangeait au goût superstitieux du jour, que de chercher les titres et de rédiger le *credo* d'une religion universelle. La philosophie, de son côté, celle qui *platonisait*, appliqua à la doctrine mal éclaircie des Égyptiens l'espèce d'exégèse confuse et mystique dont le fatras nous a été conservé dans les livres dits hermétiques et dans ceux de quelques rêveurs néoplatoniciens. Ces élucubrations nous font descendre jusqu'au IIIe siècle de notre ère, et puis bien plus bas, et remonter au second et au premier pour quelques ouvrages seulement. C'est chez des auteurs de cette période que n'ont pas

(1) Voyez ci-dessous : *Le mosaïsme*, l. VII, chap. II.

craint de puiser leurs renseignements des mythologues comme Creuzer, et d'autres moins connus. C'est là que leurs émules recueillent des témoignages sur des doctrines de deux, trois et quatre mille ans plus anciennes. Ils se fient même à des écrivains du ve et du vie siècle : Macrobe, Proclus, Damascius, dont ils partagent les tendances syncrétistes. Plutarque, ou le rédacteur quel qu'il soit du traité d'*Isis et Osiris*, est le seul de leurs auteurs qui, grâce à son âge moins récent, garde un peu mieux la couleur de la réelle antiquité. Aussi ne tirent-ils pas de lui si grand parti que des autres ; son exégèse timide, sa résignation à rapporter fidèlement ce qu'il sait de la matière indigeste des symboles qu'il ne peut pas bien spiritualiser le leur rendent plus embarrassant qu'utile. Ils s'adressent donc moins à Plutarque, moins à Diodore, beaucoup moins à Hérodote, trop âgé pour eux de huit ou neuf cents ans, qu'aux écrivains tard venus qui ne doutèrent plus de rien, connurent le secret de la pensée des temps en raison de l'éloignement où ils en étaient, et n'hésitèrent jamais sur le sens caché d'une vieille fable. On dit que ces auteurs ont bien pu connaître quelques idées authentiquement égyptiennes, car ils avaient encore à leur disposition des ouvrages instructifs qui se sont perdus depuis. Ils l'ont pu peut-être, mais tout indique qu'ils ont négligé ces lumières, s'ils en avaient à leur portée. La source de leurs idées dominantes est indubitablement platonicienne.

Il reste au syncrétisme la ressource de croire que Platon lui-même a « puisé sa science sur les bords du Nil ». On n'y a pas manqué ; on a pris au sérieux la fiction littéraire du philosophe-poète qui attribue volontiers à la *sagesse* des anciens peuples ou de leurs instituteurs, et particulièrement à celle des Égyptiens, dont il admire l'esprit profondément conservateur, l'invention de ses propres compositions mythiques, où brillent en traits méconnaissables la grâce, la souplesse et l'ingéniosité de l'esprit grec, mis sur la voie des spéculations profondes par l'obscur retentissement des « dogmes des Barbares ». Les traits principaux, qu'il est désormais interdit à la critique de rapporter à la religion originale de l'Égypte, et qui appartiennent à ce qu'on peut presque appeler la religion platonicienne, sont, en premier lieu, l'unité et l'immatérialité du premier principe, son incompréhensibilité, non plus exprimée par un symbole de génération sexuelle en des conditions contradictoires, mais rendue par la suprême abstraction de l' « Un supérieur à l'Être » ; en second lieu, la puissance émanante, à la source de laquelle se placent les Idées et les formes dont les êtres de l'expérience participent, et qui les rend intelligibles; en troisième lieu, les dieux astraux et la chute des âmes, la théorie de leur descente et de leur retour, celle de la contemplation et de l'extase par laquelle s'opère la rentrée de l'âme sanctifiée dans l'Un, et se ferme le cycle de sa destinée. Ajoutons la conception qui fait du siège universel des Idées une personne intermédiaire entre l'essence suprême et une et toutes les intelligences individuelles : doctrine du Verbe divin, qui appartenait à la philosophie avant qu'une hypothèse de métaphysique religieuse en eût fait usage pour se représenter Jésus-Christ sous la forme d'une incarnation de cette personne. Il n'aurait manqué à la religion spéculative des platoniciens, pour devenir une religion populaire, surtout si l'on songe aux facilités qu'elle offrait à la croyance aux génies intermédiaires, au culte des héros et des saints, il ne lui aurait manqué qu'un peu de simplicité et d'ignorance chez ses adeptes, de l'obscurité dans ses origines, et, chose il est vrai, plus rare, un prédicateur pénétré, plein de foi ardente en lui-même et en sa mission. La révélation qui devait entraîner le monde est venue d'une source qui ne devait rien à la métaphysique. Mais ni ce platonisme ni le christianisme et sa théologie n'ont eu avec la religion et les symboles égyptiens d'autres rapports que ceux qu'on peut toujours imaginer en de semblables sujets, d'après des analogies qui n'impliquent point d'emprunts, point de filiation réelle.

CHAPITRE IX

Brahmanisme et doctrine sacerdotale de l'Inde.

Remontons maintenant à la haute antiquité, non pas à celle qu'on a longtemps attribuée aux origines indiennes, et qui est entièrement fictive, non pas même à une antiquité comparable à celle que des documents authentiques revendiquent pour la civilisation égyptienne, mais enfin à des temps reculés et dépourvus de chronologie. Notre époque initiale est marquée ici par l'émigration d'un peuple de l'Arye ou des régions du haut Sind et son arrivée dans les plaines de l'Inde. On ignore les causes de cet événement. En les cherchant, au moins en partie, dans la dissidence religieuse dont le brahmanisme et le mazdéisme comparés nous indiquent la nature, on est porté à supposer du côté des Aryens de l'Inde une influence sacerdotale que leur histoire a si bien confirmée, et à laquelle la famille iranienne se serait montrée rebelle. La complication croissante des rites, l'esprit de supersiitieuse minutie dans les observances, et sans doute aussi un certain goût de sujétion aux plus éclairés, en matière de croyances, auraient amené peu à peu l'établissement d'un monopole des rites, et la formation d'une caste sacerdotale. De là les brahmanes, voués professionnellement, par naissance et tradition de famille, à la connaissance des dieux et des modes du sacrifice. Ceci impliquait le règlement de la vie que commandent les dieux, et l'œuvre de la conservation des chants des ancêtres, qui étaient essentiellement des prières. Ce nom même de *brahmane* a pour signification radicale tout ce qui concerne la prière. Quoi qu'il en soit de l'action que ces prêtres purent exercer pour amener la séparation de leur *troupeau* d'avec des peuplades d'une domestication plus malaisée, il est certain que les plus dociles des tribus de la commune descendance furent celles que nous trouvons à une certaine époque établies dans la péninsule gangétique et, seules entre toutes, en possession des titres les plus anciens qu'on ait de leur race quoique incapables d'en fournir des annales positives, exemptes de mythologie.

Ces Indiens, puisque nous avons maintenant à les nommer ainsi, ajoutaient à la cause originaire que nous venons d'indiquer, pour les mettre sous le joug d'une théocratie, d'autres causes encore : le climat énervant des principales contrées où ils se fixèrent, influence physique, mais surtout un penchant moral auquel il est difficile de trouver un nom quand on veut l'envisager dans sa première source psychologique. A l'état développé, c'est le fanatisme de la mortification et de la pénitence, indubitablement né du sentiment du péché, de la conviction des misères de l'existence et de l'indignité de la vie vulgaire. Si on réfléchit à la contrepartie, presque toujours violente, d'un tel état de l'âme, je veux dire à la puissance des impulsions physiques et à l'amour des jouissances, on comprendra que les Indiens aient poussé jusqu'à l'extrême le respect accoutumé des hommes pour ceux d'entre eux qui ont la force de s'imposer des privations et de souffrir volontairement la douleur. Il n'est pas de nation qui ait produit autant d'ascètes et d'extatiques que l'Inde, autant de *saints formels*, c'est-à-dire, abstraction faite de l'espèce et des motifs des renoncements. Mais les contraires moraux s'appellent et se soutiennent mutuellement, et le même peuple est un de ceux qui ont poussé la passion d'infliger des supplices jusqu'au raffinement. Il faut certainement noter comme la principale cause de la perversion morale du peuple indien, comparativement à ces mœurs de l'Arye primitive, dont nous jugeons d'après son œuvre de poésie et de religion (les hymnes du Rig-véda), la conquête, qu'il eut à faire ou à défendre, de ses nouveaux établissements contre des tribus dépossédées. On ne peut pas douter que ces races occupantes barbares n'aient été, par l'occasion et par l'exemple, des causes de corruption pour leurs dominateurs. La conquête ne put qu'aider à l'affermissement de l'autorité théocratique, et elle conduisit à l'institution des castes. Les colons aryens, dans leur mépris de l'ignorance religieuse et de la vie impure des indigènes, les mirent au-dessous d'eux, plus bas qu'ils ne s'estimaient eux-mêmes à l'égard de leurs brahmanes. Seule, la caste militaire dut aux qualités spéciales, qui ont partout et en tout temps, distingué l' « homme de guerre », un prestige indépendant de l'idée de sainteté. Aussi posséda-t-elle souvent l'autorité réelle, et les castes inférieures ne furent pas tenues à moindre distance d'elle que de la caste brahmanique.

La plus basse des castes régulièrement constituées, — les parias, issus de mariages mixtes, ou hors la loi, n'entrant pas en compte, — est celle des Soudras, composée originairement de tribus insoumises, en partie indigènes, en partie aryennes. Le plus profond mépris pesait sur elle : à ses membres revenaient tous les travaux les plus nécessaires à la subsistance du peuple. Au-dessus de celle-là se plaçait la caste des Vaisyas, surtout marchands, réputée *le peuple* proprement dit (du radical *vis*), ou ensemble de travailleurs libres. Elle admettait, avec des Aryens, certaines classes d'indigènes assimilés. Ainsi, seule la caste noble ou militaire, celle des Kchatryas, renfermait exclusivement les hommes du sang aryen le plus pur, en dehors des brahmanes. On voit que les castes de l'Inde ne rappellent en rien, ni par le fait, ni par le principe, les castes égyptiennes, fondées sur la division du travail, mais unies par la liberté des mariages et par la communauté de religion et de culte, sans monopole absolu et de naissance pour le sacerdoce. La stabilité des professions dans les familles indiennes ne dépendit point d'une organisation sociale systématique, dont rien n'indique l'existence, mais bien du degré d'estime ou de mépris qui suivait les différents métiers ainsi que les races dans l'opinion, et les distribuait en petites sociétés fermées, de l'une à l'autre desquelles le déclassement des individus était rendu impossible. Maîtres de la religion et de la culture supérieure, les brahmanes eux-mêmes étaient hors d'état, par le fait même de l'existence des castes, d'exercer le pouvoir absolu dans la société indienne, parce que les castes inférieures avaient des cultes particuliers et que les Kchatryas, chefs héréditaires des tribus conquérantes, possédaient la richesse et la force. Ceux-ci disputèrent aux premiers la suprématie d'ordre divin et l'inviolabilité. Leurs entreprises *impies* ont laissé de fortes traces dans l'ancienne littérature de l'Inde. Elles se renouvelèrent avec plus ou moins de succès. Individuellement, les hommes qui se disaient « sortis de la bouche de Brahma » tombèrent souvent au dernier degré de l'abjection, dans les palais des princes dont ils se faisaient les bas courtisans ; mais, considérés en leur caste et dans la vie ascétique de beaucoup d'entre eux, par comparaison avec les habitudes de violence et de débauche des « fils du bras » du dieu, ils durent paraître aux « fils de la cuisse et du pied », Vaisyas et Soudras, de dignes émanations de la divinité suprême.

Une caste sacerdotale comme celle des brahmanes, appartenant à une nation aussi apte à la haute spéculation que le fut la race indo-aryenne, devait naturellement composer une théologie dogmatique avec infiniment plus d'unité et de conséquence, avec des formes plus rationnelles dans la mythologie même, que ne le purent jamais les prêtres égyptiens. Cependant le brahmanisme n'ayant jamais possédé ni une organisation politique, hiérarchique et centralisée, de son corps de prêtres, ni une formule imposée et intolérante des croyances de ses adhérents, les sectes religieuses se multiplièrent librement autour d'un tronc commun. La preuve de cette liberté se trouve déjà dans les *Védas*; et elle ne s'est jamais démentie. C'est un fait digne de remarque que le bouddhisme, quand il vint et qu'il infirma le principe religieux de la caste, adopta dans certaines des contrées où il s'établit et se maintint, la forme aristocratique ou monarchique pour ses Églises. Au contraire, les brahmanes, dont la corporation était cimentée par bien autre chose qu'une foi et une doctrine, ont toujours gardé pour eux et laissé aux autres l'indépendance de la pensée, et n'ont imaginé ni évêques, ni papes, ni conciles pour définir et défendre leurs croyances religieuses. Toutes les sectes, toutes les doctrines n'ont pas laissé de s'accorder merveilleusement sur des points fondamentaux, qui obtinrent de l'aveu du peuple entier une autorité de chose jugée, équivalente pour lui, on le dirait presque, au témoignage des sens. Cette énergie tout à fait extraordinaire de la foi ressemble à ce qu'on pourrait nommer pathologiquement la monomanie dogmatique de l'Inde. Elle s'appliqua à ces deux articles : 1° l'immortalité des âmes et leurs métensomatoses, étendues à toutes les existences, tant divines qu'humaines, qu'enchaîne une loi périodique de naissance et de mort à des intervalles variables pour chacune; 2° l'origine du monde, émané du sein d'un être que l'on envisage sous un aspect anthropomorphique.

Occupons-nous d'abord de cette image de l'émanation, appliquée à un concept au fond psychologique. Elle a pour objet d'établir un fondement commun et une cause première pour toutes les existences que l'on croit voir empiriquement soumises à la loi des transmigrations, et de conserver néanmoins à ce principe le caractère de personnalité qui est un élément essentiel du procédé mythologique des Aryens. C'est donc, quelque singulière que paraisse l'association des mots, un *panthéisme anthropomorphique.* Seulement, il faut ajouter que les exégètes philosophes du brahmanisme, en plusieurs écoles, remplacèrent la *personne substantielle,* d'où descendent les âmes individuelles, par une *substance* conçue d'après un type de réalisme impersonnel. Et de là les systèmes athéistes, — athéistes quant au point d'origine seulement, car ils admettaient, comme les autres, des dieux engendrés. — Ils s'éloignaient de l'*orthodoxie* védique, et c'est à l'un d'eux que se rattacha le bouddhisme en ce qui concerne la question théologique (1).

J'ai montré dans mon *Introduction* comment ce panthéisme était en germe dans les concepts de l'antiquité védique, et comment le nom de Brahma s'offrit pour un rôle qui aurait pu dogmatiquement, quoique moins bien indiqué pour l'utilité de la caste brahmanique, convenir à Agni, à Soma, à Varouna et à d'autres. L'emploi des noms tels que Brahma et Manou fut donné encore à un troisième nom, ainsi que cela se voit dans le *Rigvéda,* dans l'un des hymnes, il est vrai, les moins anciens de ce recueil, où son importance et sa célébrité durent le faire admettre (2). Je parle de Pouroucha, qui, avec la double signification caractéristique d'âme suprême et de premier mâle, représenta différents personnages. Ici il figure seul, sans autre désignation. Il est tout ce qui a été, est ou sera ; il a des milliers de têtes, d'yeux et de pieds, symbole grossier de l'homme idéal ; et, des quatre parties qui le composent, trois sont immortelles, hors du monde, tandis que la quatrième *sort* et se développe dans le monde par la nourriture. De Pouroucha naît Viradj (forme individuelle première) ; de Viradj, Adhipouroucha qui, à peine né, croît et produit la terre et les corps. Les dévas et les richis (dieux et prêtres), prenant pour sujet d'offrande et pour victime *ce Pouroucha qui est le monde,* et l'immolant sur le gazon, offrent le premier sacrifice. *C'est à l'aide du sacrifice* — ceci est textuel — *que les dévas sacrifièrent au dieu qui est le Sacrifice même, et s'assurèrent la possession du ciel.* Il semblerait d'après cela que les dieux, les hommes et la nature sont

---

(1) Voyez ci-dessous, l. V, chap. unique.
(2) Voyez Eugène Burnouf, *Bhagavata Purana,* t. I, p. cxxiii et suiv. Cet hymne est le même où se trouve la mention des quatre castes émanées de Brahma, ce qui suffit pour lui assigner dans le recueil une date relativement récente.

engendrés du premier mâle et sacrifient leur géniteur qui s'offre lui-même comme victime (étant, comme il est dit, le Sacrifice même) afin d'être le type et l'éternel exemple de l'acte éminent de religion par où se gagne la plus haute vie. Cette idée mystique est complétée par l'assimilation de l'acte de la création à celui du sacrifice. Contradiction étonnante qu'il s'agirait de comprendre en pénétrant dans un état d'esprit qui nous est maintenant fermé : les mêmes dieux qui offrent le sacrifice, c'est du Sacrifice qu'ils naissent. De la bouche de la victime égorgée sortent Indra, le Feu et le Brahmane; de sa respiration le Vent, de ses yeux le Soleil, de son cœur la Lune, de son nombril l'Atmosphère, de sa tête le Ciel, de ses pieds la Terre, etc. Enfin tous les animaux terrestres et aériens sont des enfants du Sacrifice. Il est curieux de trouver dans les énumérations, à côté de produits comme le beurre, par exemple, les hymnes, les chants, les rites et les védas !

Cette cosmogonie, pour être moins ancienne que le contenu général des hymnes du *Rigvéda*, n'en remonte pas moins à la haute antiquité indienne, si on la compare à celle qui est placée au début du *Manava dharmasastra* (*Livre des Lois de Manou*). Cette dernière est du temps de l'explication philosophique des dogmes. On y trouve la théorie des âges, c'est-à-dire des périodes d'évolution et d'involution du monde, un système des éléments, un autre des catégories de la connaissance, enfin des principes de physique atomistique. On est généralement revenu aujourd'hui de l'opinion qu'on s'était formée sur l'âge très reculé d'un livre qui renferme des idées raffinées, comme celle du salut par l'extase, et le tableau d'une société parvenue à l'apogée de son organisation. Ce n'est pas qu'il ne s'y rencontre des traditions très antiques; dans son ensemble il précède le grand développement du culte de Vichnou, qui devait mettre partout sa marque, à un certain moment. D'une autre part, il fut naturellement sujet aux interpolations et aux remaniements, comme tout livre qui doit rester d'accord avec les usages et règlements d'époques successives. Car le *Livre de Manou* est un ouvrage de droit, un véritable code.

La cosmogonie proprement brahmanique est celle de Manou, dont les âges suivants ne firent que varier les leçons en substituant à Brahma un dieu d'une autre dénomination. Elle suppose deux choses en principe : le monde indistinct, imperceptible, plongé dans l'obscurité (dans le *Tamas*); et le pouvoir par soi, éternel, insensible, incompréhensible. C'est, on le voit, l'antique, inévitable et continuel procédé illusoire qui consiste à poser une substance qui n'est rien de déterminé, et puis une faculté interne de développement de ce néant qui devient et qui fait tout, toutes les choses définies et distinctes. L'évolution est en partie physique, en partie mythologique. Le principe d'activité produit les eaux et, dans les eaux, dépose un germe qui devient un œuf lumineux, l'*œuf d'or*, dans lequel il naît lui-même en qualité de Pouroucha, le divin mâle connu sous le nom de Brahma. C'est pourquoi il se nomme Narayana, Celui dont les eaux sont la voie. Il demeure un an dans cet œuf, et le sépare, quand il en sort, en deux parties d'où se forment le ciel, la terre, l'air intermédiaire et le grand réservoir des eaux. On remarquera, dans cette première partie de l'évolution, un mélange de l'idée de *production spontanée*, à partir d'une substance représentée sous le mode physique, et de l'idée d'un pouvoir, plutôt *créateur*, qui prend cette forme pour se produire lui-même et tirer de lui les créatures. Le premier point de vue est celui qui domina dans les cosmogonies des mythographes de la Grèce et aussi chez quelques-uns de ses anciens philosophes (école d'Ionie). Le second conduit à la doctrine de l'émanation et cette doctrine elle-même se diversifie profondément selon que l'on envisage l'être suprême comme indifférent à ses produits, ignorant ce qui émane de lui, ou comme l'auteur proprement dit de ses créatures et leur âme universelle. De là la dissidence principale entre les sectes « orthodoxes » et « hétérodoxes » de la philosophie indienne. La cosmogonie religieuse, qui est la plus ancienne, s'exprimait dans le sens d'un Brahma conscient.

Au moment de la séparation des parties de l'œuf cosmique, cette cosmogonie fait apparaître Paramatma, l'âme suprême, distincte de Brahma le créateur, et de laquelle il tire successivement le Manas et l'Ahankara, principes de conscience et de spontanéité, l'Intelligence, le sujet des « trois qualités » (qui sont la Bonté, la Passion et l'Obscurité), et les cinq organes des sens, avec autant d'éléments sensibles pour y correspondre. A ceci se rattache l'exposition sommaire d'une théorie des éléments, de leur division et de leur composition, qui sans doute avait été déjà élaborée par les philosophes. Enfin, ce n'est qu'après tous les êtres abstraits, de mythologie métaphysique, le Manas et les autres, que cette cosmogonie arrive à la production des âmes des dévas, de celles de nombreux personnages mythiques, et de celles de toutes les autres créatures dont chacune reçoit ses instincts propres et sa destinée. L'énumération des choses créées comprend, dans un mélange étonnant que l'usage naïf du procédé mythologique est seul capable d'expliquer, le Sacrifice, « institué dès le commencement », les *Védas*, le Temps, les astres, les fleuves, les montagnes, les mers, l'Austérité, la Parole, le Plaisir, le Désir, la Colère, le Juste et l'Injuste, enfin les passions posées deux à deux en rapport de contrariété.

A la suite de cette création, que l'on croirait avoir tout compris, la cosmogonie du *Livre de Manou* rapporte la production de l'humanité, à savoir des castes, selon le mode connu d'émanation des différentes parties du corps de Brahma, après quoi, et comme si un fragment venait se placer là, d'une autre cosmogonie, Manou fait connaître sa propre naissance. Brahma s'étant fait mâle et femelle, dit-il, en formant de son corps deux parties, engendra Viradj. Celui-ci obtint par ses austérités le pouvoir de créer et produisit Manou, et c'est Manou, qui, grâce aux siennes, à son tour, fut l'auteur de toutes choses, et en particulier de l'espèce humaine. Dix saints éminents, « maîtres des créatures », lui durent d'abord la naissance, lesquels, par son ordre, en vertu des mêmes mérites, créèrent sept autres Manous, les dêvas avec leurs demeures, les troupes des génies, les géants, les nymphes et les bayadères célestes, les dragons et autres animaux fabuleux, les Pitris, les astres, les météores, les végétaux et les animaux de différents caractères, tous ces êtres enfin qui plongent plus ou moins dans le Tamas (l'Obscurité), et dont les âmes conscientes, éprouvant le plaisir et la douleur, passent de corps en corps, selon leurs mérites, et parcourent toutes les formes de la vie « en ce monde effroyable qui se détruit sans cesse ». On voit le sentiment pessimiste apparaître déjà clairement dans cette version de la création, où ce sont des êtres bons, cependant, qui produisent, mais par la vertu du sacrifice, un monde mêlé où toutes sortes de qualités bonnes et mauvaises sont introduites intentionnellement.

Tout ceci semble supposer l'unité d'émanation et d'évolution, mais le problème du premier commencement n'est pas résolu pour le penseur qui s'en tient à l'idée de la substance indéterminée et du pouvoir par soi qui s'y développe intérieurement. En présence de cette difficulté, une nouvelle idée, une illusion nouvelle, s'offre à lui : c'est l'hypothèse de la répétition indéfinie, éternelle des évolutions semblables, dont chacune a son commencement et sa fin. La théologie indienne s'est avisée de cette hypothèse, et lui a donné la forme des périodes alternatives de la veille et du sommeil de Brahma. Analogie de l'homme et du dieu, progrès à l'infini pour éviter l'acte premier, on ne pouvait imaginer rien de plus spécieux. Un panthéisme soi-disant scientifique ne trouva pas mieux plus tard que ne fit alors le panthéisme de la foi : il n'eut qu'à supprimer Brahma, pur symbole, en laissant les évolutions. Mais suivons l'imagination brahmanique. Quand le dieu s'endort ou s'absorbe en lui-même, le Manas s'éteint et le monde se dissout ; quand le dieu revient à lui, le monde se reprend à la vie, les âmes s'allient aux éléments, et voici la loi du temps : un certain nombre de *clins d'œil*, assemblés de groupe en groupe, forment un jour, puis un an, puis 360 ans, qui font un jour des dêvas ; puis 4,320,000 ans, ou 12,000 années divines, qui font un *youga* ou âge divin ; puis 306,720,000, ou 71 fois la précédente série, qui font un *manvantara*, période d'un Manou ; et enfin 4,320,000,000, ou mille âges divins, qui font un jour de Brahma, un *kalpa*. Ce jour de Brahma est suivi d'une nuit d'égale durée. Les kalpas sont innombrables ; « Brahma les renouvelle en se jouant. »

Le *youga*, âge divin, se divise lui-même en quatre âges, le *krita*, le *tréta*, le *dvapara* et le *kali*, qui occupent respectivement 4,800, 3,600, 2,400 et 1,200 années divines de 360 ans. Les vertus et les forces des êtres vont en décroissant de l'un à l'autre de ces âges. Le quatrième et dernier, dans lequel nous sommes, cet âge de fer, comme disaient les Grecs, en une conception analogue, mais plus sobre, a commencé, selon les exégètes indiens, à une époque qui répond à 3,102 ans avant l'ère chrétienne. Entre-t-il un élément chronologique quelconque dans l'origine ainsi fixée de ce *kali-youga* par un chiffre modeste ? On a pensé au déluge de la tradition assyrienne et hébraïque, mais il n'y a nul rapport entre cette tradition et les mythes indiens. On ne sait d'où procède cette date si précise de 3,200 ans, chez un peuple qui n'a existé que *beaucoup plus tard* en corps de nation, et qui même alors est resté sans annales positives. On n'ignore pas moins sur quelles données du genre spéculatif ils ont construit les nombres de la vie des Manous et des dêvas.

Nous avons vu que les dix saints créés par le premier Manou étaient les créateurs de sept Manous subséquents. Chacun de ces derniers produit son *manvantara*, sur lequel il règne pendant les 71 âges de dêvas qui en forment la durée. Postérieurement au *Livre de Manou*, les sept furent portés à quatorze, le septième desquels, fils de Vivasvat, est actuellement régnant depuis plus de 116 millions d'années, et poursuit le cours de son 28e âge divin. Avec quatorze *manvantaras*, augmentés de certaines périodes crépusculaires ou de transition, on reconstruit la durée précédemment affectée à la grande évolution du kalpa de mille âges divins, que doit terminer un cataclysme. A la fin de chaque *manvantara*, le monde est livré aussi à une dissolution, mais incomplète, annoncée par de nombreux signes précurseurs. Nous avons parlé ailleurs, incidemment, des révolutions du monde brahmanique, en traitant du *déluge* de la *Genèse* (1).

La doctrine du *Livre de Manou* se donne elle-même comme divinement révélée, par l'Être immuable, dans le texte du *Véda*. « Il me fit apprendre le livre par cœur, dit Manou, et moi j'instruisis Maritchi et les autres sages. » La cosmogonie et l'exposition du système des âges sont suivies des règles du devoir pour les différentes castes, des rites du culte, des lois de la famille, des préceptes de la pénitence et de l'expiation, enfin des promesses et des menaces relatives à une autre vie. Touchant les cas que ce code ne prévoit point, il déclare les soumettre à la sentence des brahmanes instruits, qui doit faire loi. Il attribue aux brahmanes, à ces êtres « que les dieux mêmes vénèrent », la propriété de la terre et le privilège de ne jouir en toutes choses et partout que *de ce qui est à eux*. On comprend qu'une telle prétention ne pouvait être que de théorie à l'égard des Kchatryas; leur caractère et leur situation leur assurèrent l'indépendance, vis-à-vis d'une théocratie qui tendait à s'emparer de tous les genres d'autorité. Les deux autres classes durent une certaine liberté au droit coutumier qui était une sauvegarde pour chacune d'elles, à leurs cultes particuliers, qui ne semblent pas avoir été contrôlés, et au mépris même dont elles étaient l'objet pour les castes supérieures. Entre deux tyrannies, celle de la caste militaire et des princes, ordinairement violents et cruels, et celle de la caste sacerdotale, qui devait cependant, en vertu de son principe ascétique, racheter par une certaine douceur les privations et les interdictions que ses règlements imposaient aux castes inférieures, les Vaisyas

---

(1) Voyez l'*Introduction*, 2e partie, chap. XXII.

et les Soudras purent vivre et suivre leurs coutumes sans avoir à craindre, pour leur sécurité, autre chose que ces actes accidentels de prépotence des grands, dont la nature est de n'atteindre ordinairement qu'un petit nombre de personnes en vue sur une masse de population donnée.

Si nous considérons l'état général de la moralité dans les deux castes supérieures de la société brahmanique, nous le voyons appuyé pratiquement sur deux principes. Ce sont, pour emprunter les termes de la philosophie indienne, du côté de la caste militaire, *radja*, la Passion, et, du côté de la caste sacerdotale, *satva*, la Bonté. Mais le principe de justice est absent : il n'est pas compris dans la passion, ouvrière de bien et de mal selon l'impulsion, et incapable, si elle va à la haine, de trouver aucun frein en elle-même ; et il ne l'est pas davantage dans la « bonté pour les créatures », dans l'amour, comme nous disons aujourd'hui, dont les ascètes font leur idéal, car cette bonté n'a ni critère ni règle. Les mêmes hommes qui s'interdisaient d'ôter la vie au plus humble animal pouvaient se montrer cruels pour des hommes ; et cela par un principe de bonté suivant eux. En dehors de ces deux qualités, *radja* et *satva*, la psychologie morale de l'Inde ne connaît qu'un état de l'âme : *tamas*, l'obscurcissement, les ténèbres de l'animalité. Il faut cependant que le principe du Juste s'inscrive quelque part ; il n'y a pas sans lui de société possible. Nous le trouvons dans la règle externe du devoir, dans les règlements qui président à l'ordre du monde émané, et qui sont, on ne peut pas dire ici donnés par les dieux, car les dieux y sont assujettis comme les hommes, mais tels que de leur observation ou de leur violation dépend la destinée des individus, intéressés par là à s'y soumettre.

La loi déterminante des transmigrations est une loi de rétribution des mérites et des démérites. Chaque âme qui vient sur la terre y naît dans la condition qu'elle s'est préparée dans une existence antérieure. De là une justification implicite des conditions quelles qu'elles soient, et des douleurs que chacun éprouve du fait de la nature ou du fait de l'ordre social ; ce sont *des fruits naturels des actes*. L'âme pèche par trois modes : pensée, parole, action, et à trois degrés : supérieur, moyen, inférieur. La grande âme dont elle émane la suit partout, la juge et la rétribue pour chaque mode et chaque degré suivant des tarifs dont le *Livre de*

Manou fait connaître le détail. La théocratie brahmanique donne ses propres prescriptions pour la loi-même de Brahma, et fait ainsi de l'obéissance le mérite qui renferme tous les autres. Le livre explique ce que c'est qui fait l'herbe, ou l'âne ou l'araignée, le géant, l'esprit impur et malfaisant qui se nourrit de cadavres, etc. Mais la punition des âmes les plus coupables n'est pas bornée aux renaissances viles. Le meurtrier d'un brahmane, par exemple, n'obtiendra la transmigration, même dans les matrices abjectes, qu'après avoir passé de longues années dans les enfers, où, revêtu d'un corps particulier, il doit subir les tortures infligées par Yama. Il y a aussi des séjours paradisiaques où demeurent les dêvas qui les ont gagnés par leurs mérites et qui les conserveront pendant le cours d'une vie divine.

On est porté à croire que le respect de la vie des animaux était fondé, dans l'esprit des brahmanes, sur le sentiment de la communauté de nature des êtres sous les enveloppes les plus diverses. Mais c'est là une erreur. Ils ne respectaient nullement la vie humaine, comme ils l'auraient dû *a fortiori* dans cette hypothèse; seulement ils ne devaient pas se souiller en versant le sang ou touchant au sang, personnellement. Ils professaient un profond mépris pour le corps de l'animal et s'en interdisaient le simple contact. Ils ne défendaient point aux hommes des autres castes ces mêmes meurtres pour lesquels on leur prête une répugnance motivée par la croyance aux métempsychoses. La cause réelle de ce qu'on appelle leur respect de la vie, c'est le désir d'éviter pour eux-mêmes une souillure. On ne saurait attacher trop d'importance à ce sentiment, quand il s'agit de la haute antiquité et de celles des nations qui réussirent le mieux à atteindre un certain degré de noblesse de la vie. Dans l'Inde, les distinctions de castes n'ont presque pas eu d'autre mobile profond à l'origine, et capable ensuite d'en assurer la durée, d'empêcher la fusion du peuple en un seul corps moral. Les observances diététiques et hygiéniques ont élevé partout une barrière entre l'homme qui, par sa raison, s'en est créé le besoin, et celui qui s'est contenté non de la vie de la bête seulement, mais d'une vie plus basse encore, toute faite d'habitudes que l'instinct naturel ne justifie plus, étant lui-même perverti. La propreté et un choix convenable d'aliments furent des vertus de premier rang aux époques primitives et le seraient encore pour bien des pays et des classes populaires, si elles pouvaient y atteindre. Ces vertus ne deviennent subalternes que dans la mesure où elles se trouvent acquises et passées à l'état de pures habitudes. Il n'est pas douteux que certaines familles occupant les territoires de l'Inde, après la conquête, n'aient été profondément séparées de certaines autres de même sang, et surtout de races différentes, par quelque chose d'analogue à ce qui, en Europe, aujourd'hui, empêche des hommes de différentes classes de vivre familièrement ensemble et de se sentir *du même monde*, — mais par quelque chose d'incomparablement plus sérieux, et qui s'oppose à toute convivance. Tel est le sens des castes, et telle est la raison des prescriptions diététiques et d'isolement dont l'observance distingua jadis les races pures : raison très grave, pourvu qu'on n'oublie point la part de responsabilité qui peut revenir aux races pures dans la condition misérable des races dégradées.

Par l'effet d'une loi bien connue qui tend, en toute matière d'observances, à mettre la forme au-dessus du fond et à recouvrir l'esprit par la lettre, des règles de vie physique adoptées primitivement avec un sentiment profond de leur utilité morale deviennent machinales et en même temps s'exagèrent et se compliquent, tournent à la minutie, au dérisoire même, sans cesser de passer pour sacrées. Le principe dont elles procèdent est oublié. Les brahmanes poussèrent l'interdiction des fréquentations et des contacts qui pouvaient mettre en danger leurs personnes morales, ou les exposer à prendre l'habitude des souillures physiques, jusqu'à la superstition inhumaine qui les fit s'arroger le droit de tuer le paria osant s'offrir sur leur chemin. On sait de quelles innombrables puérilités leurs livres sont pleins touchant le régime qui convient à un brahmane. Sur ce chapitre, la doctrine de la pénitence apporta une interprétation nouvelle des principes d'abstinence dont le sens originaire était relatif à l'idée qu'on se formait de la pureté, et en altéra profondément le caractère.

Cette doctrine naquit des progrès de la corruption, au moment où la vie de tribu fit place aux relations de grande société et de races mêlées, et le générateur moral en fut le sentiment amer de l'indignité et du péché. Les pratiques de renoncement et d'expiation allèrent se multipliant et s'aggravant, et loin de s'adoucir, dans la recherche des moyens de se procurer de bonnes transmigrations, les mœurs devinrent plus cruelles. Le goût de plus en plus développé des sacrifices sanglants montra bien alors si l'opinion de la communauté de nature et la pitié avaient été vraiment les motifs du respect de la vie des animaux, et non pas la crainte de *se salir les mains*, comme l'ont bien vu ceux qui ont étudié de près les mœurs brahmaniques. De tous les animaux, il en est un seulement qui, par un sentiment spécial, de source très antique, est resté constamment sacré pour les Indous des castes régulières : c'est la vache dont les produits les moins nobles passent auprès d'eux pour des agents de purification.

Ce n'est pas à dire que les brahmanes, tout en participant plus qu'ils ne croyaient aux mœurs dures et à l'iniquité d'une société dont ils aspiraient à être la loi vivante, aient été inaccessibles au sentiment sincère de la *bonté pour les créatures*. Du moins ce sentiment se développa chez les purs ascètes, chez les solitaires voués à tous les genres de renoncement, devint dominant dans certaines sectes, et prit enfin pour le bouddhisme une importance de premier ordre. Là, sa vraie nature de *pitié* se trouva impossible à méconnaître : pitié pour les misères du monde, abstention des actes qui ajoutent à la somme des douleurs de la vie universelle. Malgré tout, il ne faudrait pas se laisser trop séduire à ce côté de douceur des religions de source indienne. La bonté n'accepte pas la loi de la logique. Un *mouni* peut manquer d'humanité et craindre de nuire à un insecte. On a toujours vu le même cœur humain qui s'endurcit en choses essentielles, et reste sourd à la justice, s'abandonner à la sensibilité par fantaisie, surtout dans les cas où l'amour ne réclame pas de trop grands sacrifices.

Le besoin de justification qui suit la conscience du péché ne conduit pas seulement à ces pratiques d'expiation et à ces sacrifices qui constatent et consacrent le renversement de la moralité qu'elles prétendent rétablir; il engendre aussi, et plus logiquement, la résolution de renoncer à des biens de la vie et à des plaisirs que, dans le monde tel qu'il est, la participation au mal procure communément. De là la vie solitaire et de privations volontaires, et de là, l'idée de l'expiation s'y joignant, les privations, même inutiles ou nuisibles, les jeûnes, les mortifications, les douleurs qu'on s'inflige soi-même. Le *mouni*, à qui pèse la responsabilité du monde, fuit le monde, au lieu de s'efforcer d'en corriger ou d'en modérer l'injustice, et c'est du dehors qu'il lui donne l'exemple insuffisant et malentendu de la sainteté individuelle. Pour le vulgaire, qui n'aspire pas à la perfection, pour le vulgaire même des brahmanes, les devoirs de religion se réduisent à des pratiques aisées. On peut se procurer des transmigrations passables, si l'on n'a pas les hautes prétentions, en observant des prescriptions médiocrement gênantes, dont même l'esprit générateur est oublié. D'autres religions que le brahmanisme ont donné et donnent encore, *mutatis mutandis*, de semblables facilités.

Sans doute, il se joint aux prescriptions religieuses proprement dites des préceptes de morale ; mais ils sont loin de viser un idéal de justice dont la poursuite ne serait pas compatible avec la vie du monde ; ils n'interdisent guère que les plus grossiers des actes injustes, pour ne pas dire ceux-là seulement que la coutume et l'opinion commune réprouvent aussi. Tels qu'ils sont, la religion n'entend pas encore se montrer inflexible quand ils sont violés, et la dévotion aisée fait un nouveau pas. Les brahmanes enseignent que les péchés sont effacés par la récitation de quelques formules de prière, par la lecture des *Védas*, par l'acquisition de la science sacrée. Ils en viennent même à faire dépendre le salut d'un seul mot prononcé fréquemment ou à propos. Il se trouve de ces recettes de pénitence simplifiée dans ce même *Livre de Manou* où l'on rencontre d'autre part des règles de la vie la plus ascétique et la doctrine de l'extase pour atteindre la béatitude. Ce contraste s'est prolongé, en devenant même plus frappant, dans la littérature des *Pouranas*, ces derniers en date des produits de l'esprit brahmanique.

C'est qu'il y a deux ordres de dévotion et deux voies du salut. Le *Livre de Manou* en avertit expressément. Le mérite intéressé, — il faut entendre par là celui des gens qui recherchent le bonheur vulgaire, les plaisirs, mais non la béatitude, — a pour œuvres principales les sacrifices d'animaux et les offrandes pieuses. Il est récompensé par une transmigration avantageuse. Au plus il peut conduire l'homme pieux au ciel d'Indra, où les âmes séjournent durant un âge divin, mais d'où enfin elles ont à redescendre. Le mérite désintéressé, qui consiste dans le parfait détachement des choses du monde et dans l'abnégation de soi-même, ouvre la voie d'une délivrance définitive, dont on approche par les pratiques de la vie contemplative et de l'extase. Le brahmane que l'étude a initié à la connaissance et à l'adoration de la Grande Ame, le solitaire livré à la contemplation, parvenu à concevoir le souverain Pouroucha, *la Grande Ame dans tous les êtres et tous les êtres dans la Grande Ame*, ceux-là atteignent la félicité la plus haute. L'homme arrivé à ce degré de mérite *sent déjà tous les dieux dans ses organes*; son âme affranchie des cinq éléments s'absorbe, quand il meurt, dans la substance de l'éternel Brahma.

Le panthéisme anthropomorphique de la pensée première, dont le caractère mythologique (mythologie religieuse) était si manifeste, est ainsi amené par la réflexion à un panthéisme de substance abstraite (mythologie métaphysique). C'est au moins la conclusion qui fut tirée ouvertement par la philosophie, dans les « sectes hétérodoxes », parce qu'on ne pouvait comprendre que ce fût un dieu doué de personnalité et conduisant le monde par sa providence, comme les brahmanes pieux le prétendaient, celui dont l'âme, renfermant et absorbant des âmes innombrables, doit leur faire perdre toute existence distincte, et n'en conserver lui-même aucune. Et c'est là que le bouddhisme, à son tour, trouva la source de son athéisme, et les philosophes bouddhistes celle de leur nihilisme (1). Cette évolution de la pensée spéculative en sa phase encore religieuse se montre dans les parties les moins anciennes des *Védas* et déjà dans les parties moyennes, telles que que le *Samavéda*, et les germes bien visibles en apparaissent dans quelques hymnes du *Rigvéda*. Le *Dharma Sastra* (Livre de Manou), où nous puisons ici, appartient par son contenu, si ce n'est par l'époque où il fut compilé en dernier lieu, à un temps où le bouddhisme n'avait pas ébranlé profondément la théologie brahmanique en embrassant l'interprétation athéiste que les philosophes « hétérodoxes » donnaient aux communes doctrines de l'indianisme. Ce temps paraît être celui qu'Eugène Burnouf assigne au travail philosophique de discussion des dogmes, c'est-à-dire le viiie siècle avant notre ère, époque, dit-il, moins éloignée de l'ancien âge védique que de l'âge postérieur des *Pouranas*. Les grands cultes populaires de Siva et de Vichnou, qui se répandirent probablement en concurrence avec la foi bouddhique, ne devaient pas encore être nés lorsque l'auteur du *Dharma Sastra*, au lieu de les mentionner, écrivait ces lignes : « Les uns l'adorent (sc. Pouroucha) dans le Feu, d'autres dans Manou, Seigneur des créatures, d'autres dans l'Air, d'autres dans l'éternel Brahma ». Un peu auparavant, il se contentait de nommer Vichnou et Hara (Hara synonyme de Siva et de Roudra) en compagnie des autres dieux de l'antiquité aryenne, tels que Indou (c'est-à-dire Soma), Agni, Mitra, etc., parmi les êtres qu'un saint brahmane porte dans ses organes.

(1) Voyez ci-dessous, livre V.

CHAPITRE X

Sectes religieuses de l'Inde. — Sivaïsme, Vichnouisme.

La spéculation sur les principes de l'existence et de la vie avait conduit les brahmanes, poussés par le besoin de découvrir la source et la fin du mal dans le monde, à des doctrines de panthéisme, de renoncement et d'absorption en Dieu, sans abandonner toutefois les idées plus anciennes et communes d'expiation et de sacrifice. Mais la passion religieuse ne pouvait être satisfaite d'une croyance et d'un culte de genre élevé, peu à la portée du vulgaire, ni l'esprit mythologique, toujours vivant et ardent, quoique bien moins naïf, se contenter d'une fiction aussi simple que celle d'une âme, substance de toutes les âmes, et dans laquelle leur salut à toutes est de se perdre. Cette insuffisance populaire d'un brahmanisme trop philosophique fut la cause des grandes sectes qui se greffèrent en quelque sorte sur le vieux tronc de la mythologie aryenne et que les brahmanes durent ou tolérer ou s'assimiler.

On croit que le culte de Siva appartenait originairement à des tribus indigènes. C'est au pied de l'Himalaya qu'il grandit, et le saint *mont Mérou* occupa une place importante dans la mythologie sivaïte. L'invasion de ce culte, dont il n'y a pas trace dans le *Rigvéda*, eut la plus fâcheuse influence sur les Indo-Aryens. Ils s'y jetèrent passionnément et extravagamment, tandis que les Grecs, qui en reçurent un à-peu-près semblable, et peut-être à une époque voisine, comme nous le font penser les légendes de Dionysos, trouvèrent dans leur caractère moral la force de modérer l'impulsion fanatique qui lui est propre, et bientôt même pour en transformer et ennoblir l'esprit dans leurs mystères. C'est une sorte de religion violente et farouche de la joie et de la douleur, comme dépendantes d'une seule puissance qui engendre pour détruire et détruit pour produire. On adore cette puissance dans le double organe de la génération; on désarme ses fureurs par des pénitences atroces et de cruels sacrifices. Tout est dans ce contraste du bien et du mal, dans la pensée qui les pose comme nés l'un de l'autre, et dans l'aveugle passion du dévot sivaïte, qui tantôt se réjouit du bien comme un insensé, tantôt se précipite dans le mal pour le conjurer.

Le sivaïsme s'étale dans les parties les moins anciennes du troisième *Véda* (le *Yadjour-Véda*), où Siva reçoit le nom de Grand-Dieu (*Mahadeva*). Ce dieu, qui est aussi le Roudra du *Rigvéda*, reçoit, en qualité de dieu de la Flamme, la série des dénominations, les unes douces et les autres terribles, que les sivaïtes donnent à l'objet de leurs adorations. Ce n'est plus seulement le sacrifice innocent du Soma qui lui convient, mais le sacrifice expiatoire, celui du cheval, celui de l'homme, le *pourouchamédha*. Tous les détails nécessaires sont donnés sur le choix des victimes et sur les rites à observer. Des critiques ont pensé que ce dernier sacrifice, avec son grand appareil de 185 victimes, n'est que symbolique dans le *Véda*, mais on ne peut guère douter que les sivaïtes l'aient pris à la lettre, quoique des brahmanes aient bien pu s'efforcer de rester fidèles à leurs traditions plus pures, tout en se laissant envahir par le culte des sectaires.

Le même livre énumère les castes mêlées (produites par des mariages mixtes, illégitimes), dont le nombre nous montre la société brahmanique tombée dans un grand dérèglement. Mais a-t-elle pu jamais être bien réglée. Ce qui, dans cette énumération, intéresse le plus notre sujet, c'est la mention des sectes de voleurs et d'assassins qui couraient le pays, cherchant des victimes pour apaiser la colère de Roudra. Il est bon de remarquer ici l'opposition singulière des idées du sacrifice, dans le culte atroce de l'assassin sivaïte, et dans la pensée mystique du brahmane, qui conçoit la création comme un sacrifice volontaire de Pouroucha. On dirait tout d'abord un abîme entre les deux. Cependant le rituel brahmanique a fait entrer dans les cérémonies du sacrifice humain la récitation de l'hymne du sacrifice créateur; et, d'un autre côté, le sivaïte n'ignorait pas que le sacrifice d'une victime consentante est le plus méritoire, le plus efficace. Tel récit qui nous montre un hôte assassinant son hôte, par acte de dévotion à Siva, a soin de nous apprendre que la vertu de cet acte est la plus grande possible quand la victime sourit au moment même où elle reçoit le coup fatal. C'est sans doute qu'alors elle a l'air de consentir.

Les divinités femelles, bonnes ou malfaisantes, occupent une grande place dans le sivaïsme. C'est Bhavani, ou Parvati, ou Dourga, sœur, femme ou fille de Siva, qui prend et cumule les attributs de ce dieu lui-même et devient son suppléant, à la fois vierge, et père et mère de tous les êtres, puissance de génération et rage de destruction, essence infinie, universelle. On la trouve assimilée à tous les dieux possibles, en des hymnes que les *Pouranas*, — même ceux de sectes opposées, — se sont gardés de rejeter. C'est encore Kali, autre épouse de Siva, si ce n'est un autre nom de la même, sous l'aspect du Temps (*Kala*), qui dévore la vie. Cette divinité terrible est peut-être la plus populaire de toutes chez les Indous, qui ont sacrifié d'innombrables êtres vivants sur ses autels, et parmi eux des victimes humaines. Il serait sans intérêt ici d'énumérer les noms et les formes des divinités sivaïtes, et leurs symboles, souvent mêlés à ceux des autres sectes. Au reste, ce panthéon ressemble à ceux d'une mythologie partout commune, avec son dieu de la guerre, son dieu de l'amour, son dieu des richesses, etc. Ce que les légendes sivaïtes ont de plus remarquable, c'est assurément leur accord avec celles des autres sectes, en ce qui concerne la valeur et le pouvoir de la pénitence. Les ascètes du sivaïsme, ordinairement errants, se sont signalés entre tous par le délire de leurs dévotions, par les tortures qu'ils s'infligent et auxquelles ils doivent leur popularité : on en voit qui sont constamment nus, couchent sur le sol humide, et le jour se placent au soleil entre quatre feux allumés. D'autres tiennent un bras ou les deux bras levés par dessus leur tête et vont ainsi, prétendant ne jamais les fléchir. Siva lui-même est, dans la légende, le maître et l'exemple souverain des pénitents et de la vie contrastée qui les fait passer fougueusement de l'excès des voluptés à celui des austérités, destinées elles-mêmes, dans leur pensée, à les mettre à la fin dans une condition de renaissance où ils posséderont à un très haut degré la puissance des plaisirs. Ce dieu, dont la religion fait, comme ailleurs de Brahma, une âme du monde, est présenté, en son type humain, comme coulant des jours voluptueux dans les bois charmants des pentes de l'Himalaya. S'il sort de ces bocages, sa fougue l'entraîne à se mêler aux guerres des dévas : il prend quelquefois leur parti, celui de Vichnou et de la piété ; plus souvent, il se met du côté des géants qui obtinrent jadis par le mérite de leurs austérités de devenir les maîtres de la terre, et qui maintenant font trembler *les trois mondes* ; il les suit dans leurs brigandages ; mais à la fin ses yeux se dessillent et, reconnaissant l'illusion du monde des changements, il embrasse le sage Vichnou, *qui est sa propre substance*. Ce dernier trait est la marque de la doctrine de l'identité universelle, à laquelle il faut toujours s'attendre en conclusion dernière. Mais le type de la vie ainsi conçue, quoique traitée d'illusion, c'est la vie du coquin qui devient un saint, et que sa conversion n'a peut-être pas changé autant qu'on le croit. De ces coquins sanctifiés, de ces saints prêts à redevenir des coquins, le dieu Siva est le patron.

Il n'y a aucun rapprochement à tenter entre cette religion scélérate, non plus qu'entre le brahmanisme philosophique, et la religion égyptienne. C'est un esprit, ce sont des ordres de concepts entièrement différents. La nature des idées morales, des deux côtés, ne se ressemble pas, malgré la divinisation finale des âmes saintes. Là, en effet, nous avions, pour salut définitif, la société des dieux immortels, la vie et le bon combat à leur côté pendant l'éternité; la faculté des métamorphoses, il est vrai, mais désormais sans déchéance possible. Ici, au contraire, dans le monde indien, c'est ou l'absorption dans la substance universelle, ou des retours à la vie qui sont pour les hommes et pour les dieux la rentrée dans le monde du mal et dans les vicissitudes des bonnes et des mauvaises actions, des bonnes et des mauvaises métensomatoses, sans sécurité et sans garantie définitive. Les symboles diffèrent également, même ceux dont le sujet est pris chez les animaux, auxquels l'Inde n'a pas rendu comme l'Égypte un culte proprement dit. La vache n'est nullement un dieu incarné pour les Indiens, et ne reçoit point, comme le bœuf Apis, les honneurs divins, quoique sa vie doive être respectée à l'égal de celle du brahmane. D'autres espèces, souvent nuisibles, telles que les serpents, les oiseaux de proie, ont pu être des objets de culte chez des tribus indigènes, et puis matière de superstitions pour les Aryens conquérants, mais en somme, c'est moins à titre de bêtes terrestres et réelles que d'animaux fabuleux, que le serpent et l'oiseau prennent une place distinguée dans la littérature des *Védas*, et surtout des *Pouranas*. Des habitants merveilleux d'un monde supérieur ont été représentés sous des formes animales: le Roi des serpents, l'oiseau Garouda, etc. Les singes et leur roi, qui figurent dans le *Ramayana*, sont une race, humaine ou fabuleuse, on ne sait, qui n'ont rien de divin. D'une autre part, la doctrine des transmigrations se prête à l'imagination des âmes comme renfermées dans des corps de bêtes, et à celle des dieux prenant aussi de telles formes pour paraître sur la terre; c'est le cas de plusieurs des incarnations de Vichnou. Les Égyptiens ont admis de semblables métamorphoses, ainsi que la puissance des dieux et des âmes sanctifiées pour se les procurer. Jusque-là c'est à peu près la même imagination. Mais l'espèce de symbolisme qu'ils ont tiré de ces formes et l'adoration dont elles ont été l'objet pour eux leur sont particulières. La vieille mythologie des personnifications, qui est chose fort différente, a toujours été celle de l'Inde. Elle a continué de régner durant l'ère des *Pouranas*. Elle a porté, comme à l'origine, encore que moins naïvement peut-être, sur les produits les plus artificiels de la fantaisie, aussi bien que sur les phénomènes naturels; et, elle s'est appliquée à ces derniers, tout aussi systématiquement, sauf à prendre l'aspect d'une simple allégorie, comme dans le grand combat de Crichna contre la Fièvre, dans le *Harivansa Pourana*.

Le *Livre de Manou* offre le tableau d'une organisation au moins philosophique du brahmanisme vers les VIII° ou VII° siècles de notre ère. Une crise très grave des idées religieuses semble s'être produite peu après cette époque. Les écoles de la réflexion et de l'exégèse travaillaient à donner au dogme une forme abstraite. L'« orthodoxie » elle-même y tendait. D'un autre côté le sivaïsme introduisait ses dieux terriblement vivants, sa férocité et son fanatisme. La philosophie « hétérodoxe » déclarait le *salut* indépendant des sacrifices et en général des rites du culte ; elle le ramenait pour toute condition à la possession de la *science*, ce qui tendait à rendre le sacerdoce inutile (système Nyaya). Dans une autre école (système Sankhya) on allait plus loin. C'est Brahma lui-même qui était rejeté, bien qu'on s'attachât à l'esprit spéculatif du brahmanisme le plus récent. En haine du *monde déplorable de la transmigration*, on concluait à la délivrance par la science, par la contemplation et l'extase, mais à une délivrance qui était l'anéantissement et non plus la réunion à une âme divine universelle. Ainsi se préparait l'avènement du bouddhisme. Une situation si critique mettait les Brahmanes en demeure de procéder eux-mêmes à une évolution religieuse et de produire, pour en saisir la foi populaire, un nouveau dieu favori tiré du panthéon des *Védas*.

Les dernières parties de ces livres indiquent déjà ce mouvement. On y trouve des réfutations de ce que nous nommons aujourd'hui le *nihilisme*, à côté de doctrines qui en sont très voisines et tendent au moins à annihiler le vieux Brahma. Mais la mythologie ne perd pas ses droits. A l'ancien Pouroucha, ainsi qu'à l'abstraction de l'âme suprême, une nouvelle personnification de l'Universel se substitue, qui finit par être Vichnou. Tantôt le nom de Narayana semble appelé à désigner l'être cosmogonique; Siva et Brahma sont alors ses émanations, et Vichnou avec eux; tantôt c'est autour de Nrisinha que s'exerce la gravitation mythologique, et Nrisinha devient un nom de Vichnou, et Narayana également. D'autres fois l'âme suprême est Bodhi, l'Intelligence, terme emprunté à la philosophie Sankhya (du même radical dont les bouddhistes ont tiré le titre de Çakyamouni : le Bouddha). D'autres fois elle est Siva, ou Vichnou. Enfin Narayana est aussi Brahma, comme dans l'ancienne donnée, ou Hari ; mais Hari est un nom de Vichnou.

Les dates des parties de l'*Atharva-véda*, d'où ces divers traits sont tirés, sont incertaines; mais si l'on veut y voir l'effet des tâtonnements d'un auteur peu systématique, ou celui de la divergence des sectes, et la main de plusieurs auteurs, il semble qu'on a, de toutes manières, l'image de ce qui dut se produire au moment où le vichnouisme se fit jour à travers les idées bouddhistes commençantes et le culte sivaïte, et conquit la première place dans la société brahmanique.

Le nouvel Homme-Suprême venait du panthéon védique où il occupait un rang subalterne, quoique déjà le *Rigvéda* eût caractérisé ce Vichnou comme le grand voyageur Soleil qui en trois pas mesure le monde. Les brahmanes de l'époque où nous sommes l'appellèrent à une double fonction bien différente : d'abord à celle d'essence universelle et principe dernier de résolution des créatures, — c'est l'ancien rôle de Brahma; — puis à celle de substance des êtres merveilleux et des héros qui de loin en loin se portent au secours de notre monde près de succomber sous le poids de ses maux. Cette dernière fonction constitue Vichnou le dieu bienfaisant par excellence, le *conservateur* de la création. Il est opposé, à ce titre, à Siva, le *destructeur*. Grâce à une position religieusement aussi éminente, et surtout au vaste champ que ses incarnations secourables ouvrent à l'esprit mythologique, Vichnou s'empara facilement de l'esprit du peuple et s'imposa aux sivaïtes eux-mêmes, en laissant à Siva la part d'empire qu'il pouvait souhaiter. Nous retrouverons ce sujet en traitant spécialement des **cosmogonies**.

La lutte des deux cultes paraît avoir été pacifique, comme c'est l'ordinaire chez les peuples polythéistes. Les récits des combats fabuleux de Siva contre les incarnations de Vichnou ont une signification littéraire, bien plus qu'historique, parce que, passé le temps de la fécondité mythologique originale, la rivalité des sectes fut surtout celle des compilateurs de légendes, chacun d'eux donnant l'avantage au dieu de son choix, quand il se mesure avec les autres dieux. Le travail théologique plus sérieux dont Vichnou a été le sujet lui assurait un genre de supériorité que les sivaïtes semblent avoir respectée, sans laisser pour cela d'épuiser en faveur de Mahadeva et de Mahadévi, leur grand dieu et leur grande déesse, le formulaire des qualités absolues et les litanies de l'adoration. En cet état des cultes, il vint des penseurs éclectiques qui imaginèrent de former un seul corps de religion en reconnaissant la triade de trois dieux nécessaires, Créateur (le vieux Brahma), Conservateur (Vichnou), et Destructeur (Siva) des formes de ce monde périssable.

Cette triade ne se montre que dans les *Védas* de la dernière et tardive production. Elle systématise des faits accomplis, ce qui nous interdit de lui accorder l'intérêt dont elle est l'objet pour les mythologues enthousiastes que toute apparition de *trinité* transporte de joie. La thèse de *trois = un* y a été tout naturellement envisagée par les penseurs brahmaniques, toujours disposés à regarder l'univers comme le jeu des illusions au sein de l'absolu; mais voilà tout. Si nous la considérons par le côté de la nature qui dévore incessamment ses œuvres, le sivaïsme y occupe la première place. Par un autre côté : Vichnou est un dieu sauveur qui, de temps à autre, vient au secours des créatures menacées de destruction; c'est une atténuation du mal seulement, et qui laisse subsister un dualisme. L'unité qui se fait dans l'ancien Brahma, essence universelle et créatrice, ne peut elle-même que nous rendre le concept du monde qui se produit et se dévore lui-même; et nous revenons au sivaïsme, qui se trouve n'être qu'une interprétation du brahmanisme. Aussi, qu'arrive-t-il? L'idée de trinité n'est qu'une lettre morte, une froide spéculation. Les dieux échangent leurs rôles suivant la fantaisie de leurs adorateurs. Siva, dieu terrible, est, à l'occasion, un dieu secourable; Vichnou usurpe sur Brahma la fonction d'essence suprême et substance universelle; Brahma, dans les *Pouranas*, est un créateur subalterne, sujet au péché, et dont on raconte des chutes lamentables. Après tout, le vichnouisme demeure la religion la mieux assise et la plus dogmatique.

On rattache quelquefois à l'idée de la trinité indienne le monosyllabe sacramentel *Aum*; il paraît plus probable qu'il ait servi à symboliser les trois mondes que les trois dieux. Au moins l'idée des trois mondes appartient à l'antiquité védique et a toujours gardé sa place dans l'indianisme. Quoi qu'il en soit, ce monosyllabe est devenu étroitement lié à l'*yoga* (l'extase) chez les brahmanes et dans le bouddhisme. L'ascète qui le prononçait mentalement sans relâche, ou au moment du dernier effort de ce qu'on appelait sa méditation, croyait s'assurer le plus haut mérite et les plus belles récompenses promises à la vie contemplative.

Une cosmogonie vichnouite empruntée à celui des grands *pouranas* dont la popularité est la plus grande dans l'Inde, achèvera ici de nous initier à l'esprit de la principale construction dogmamatique issue du brahmanisme. Ce poème, le *Bhagavata Pourana*, n'a pas été composé, ou plutôt compilé, avant le XIII° siècle de notre ère, suivant Eugène Burnouf, mais le contenu en doit être bien plus ancien, d'autant mieux que l'ancien et le nouveau, comme il le remarque, sont des mots dont le sens européen s'applique mal aux produits intellectuels d'un peuple dont les traditions et les dogmes, bouddhisme à part, n'ont subi aucune révolution.

Cette cosmogonie nous offre d'abord le tableau de l'Être suprême *endormi sur les eaux*. Elle le désigne cependant comme *Celui dont les yeux ne se ferment point*. Il a pour support le *Roi des serpents*, Ananta (symbole de l'infini). Sous l'influence de sa première énergie, à laquelle il a donné l'essor sous le nom de Temps, la qualité de Passion se développe au sein de cet être solitaire et inactif, et sa subtile essence émane de son nombril, sous la forme d'une tige de lotus. Le créateur Brahma, nommé Svayambou, qui est par soi, et dont le Véda est l'essence, paraît alors au cœur de la plante mystique. Mais ce dieu ne sait d'où il est, ni qui il est; il descend et s'enfonce lentement sans trouver la racine du lotus. Une extase prolongée pendant la durée d'une vie d'homme la lui fait enfin découvrir dans son propre cœur, où elle a la forme du pouroucha Bhagavat (sc. Vichnou), couché sur Ananta, grand comme les trois mondes. Suit une description physique du dieu universel, qui comprend jusqu'à son nez, à ses oreilles et à ses pendants d'oreille : mélange étonnant de traits de métaphysique, réputés ordinairement très profonds et d'extravagances mythologiques (1).

Touché de la qualité Passion, Brahma, émané de Bhagavat, lui adresse un hymne dont voici le sommaire : Bhagavat est le bonheur, l'unique salut et l'essence de tout ce qui est. Il tient sa nature multiple et ses qualités de son union avec Maya (l'Illusion) dont il se vêt. De sa racine il fait pousser en se jouant trois troncs : Production, Conservation et Destruction, mais l'un de ces troncs est plus spécialement lui-même. Fruit des œuvres, après que les êtres sont sortis des transformations de Maya, le monde privé d'une existence véritable se développe, parce que les hommes distinguent de l'essence suprême cette apparence qui est tout l'être des objets externes; et, avec le monde, se perpétuent les tourments et les mécomptes de la vie.

Alors Bhagavat dit à Brahma : Crée, ô Brahma, le monde endormi dans mon sein, comme tu l'as fait jadis, en tes existences antérieures. Mais ne me perds pas de vue moi-même, en procédant aux œuvres, moi qui n'ai point de qualités quoique je paraisse en avoir.

Brahma se livra aux austérités pendant cent années divines consécutives. Grâce au pouvoir que lui acquit ainsi la pénitence, il absorba le vent et les eaux, et divisa le lotus en trois parties qui sont les trois demeures. Les objets créés furent l'Intelligence, la Conscience, d'où la Connaissance et l'Action; puis les éléments, les sens, les qualités, les Dêvas; puis, avec l'aide de la qualité de Passion unie à Bhagavat, les plantes, les animaux et l'homme : l'homme, cet être livré à l'action et qui prend la peine pour du plaisir. Au dernier rang de la création viennent des séries d'êtres mythologiques produits par les Dêvas.

Cette partie de l'exposition se termine par une sorte de théorie atomique des éléments en extension et en succession, et par une théorie des âges, semblable à celle du *Livre de Manou*, appliquée à la vie entière de Brahma. A l'expiration du quatorzième et dernier *manvantara*, formé de soixante-onze âges divins, pendant lequel Bhagavat, avec la Bonté, uni aux attributs de l'homme,

---

(1) Tel passage semble s'accorder mal avec d'autres, celui-ci, par exemple : « Brahma *vit dieu qui est l'esprit*; il vit l'eau, le vent, l'espace et rien de plus. » Mais gardons-nous de donner au mot *esprit* le sens abstrait des modernes. *Esprit, dieu, homme, monde*, traduisent également le mot *Pouroucha* selon les endroits. Voyez Burnouf, Préface du *Bhagavata Purana*, p. CLXXIV sq.

aidé par les Manous et par d'autres êtres *qui ne sont que ses formes*, a continué de protéger cet univers, la fin d'un *kalpa*, jour de Brahma, se trouve arrivée. A ce moment, Bhagavat prend *une parcelle d'obscurité*, rappelle à lui son énergie et consume les trois mondes. Les eaux poussées par les vents couvrent la terre, les saints qui ont obtenu de s'unir à Bhagavat se retirent dans le *djanaloka*, dans une demeure stable, et Bhagavat flotte, couché sur le serpent Ananta. Or, la vie de Brahma se compose de cent années formées de jours de cette sorte. Au commencement de sa vie intégrale, il parut comme celui que les sages nomment la Parole. A la fin de la première moitié de cette même vie s'est placé le *kalpa du lotus*, celui où le lotus des mondes sortit de l'*étang du nombril de Hari* (de Vichnou), et la seconde moitié, celle au cours de laquelle nous sommes à présent, a commencé par le *kalpa* de l'incarnation de Hari en sanglier. Cette période de cent fois autant de kalpas que l'année compte de jours, n'a que la valeur d'un clin d'œil de l'être simple, infini, sans commencement, âme de l'univers, dont l'être multiple échappe au temps ; « car le temps n'est le maître que de ceux qui tiennent à leur demeure corporelle ». On a là un curieux échantillon de l'effort de courir après l'infini par l'imagination, et, à bout de voie, de cette illusion qu'on se fait d'en embrasser le concept dans la contradiction de l'Un qui est multiple, de l'Éternel qui commence, et de l'Immuable qui change. Bien d'autres que des brahmanes se sont livrés à ce travail et s'y livrent encore sous différentes formes, de génération en génération de philosophes, sans se laisser décourager par l'échec de leurs prédécesseurs.

Cette cosmogonie qui fait de Hari (Vichnou) l'unique essence et le seul Éternel reste brahmanique en ce qu'elle conserve à Brahma une place entièrement à part, en dehors de la commune mythologie. Elle fait de lui non seulement le premier-né des êtres, mais une essence analogue à celle que la théologie chrétienne a consacrée sous le nom de *Logos, le Verbe*. Brahma, dans tout le corps de la tradition indienne, est identifié avec le *Véda* ou doctrine souveraine et raison révélée. Le *Bhagavata Pourana* le qualifie de Parole divine (Sabdabrahma). Ton esprit dont je suis la matrice, lui dit Vichnou, dans le même poème, est celui dont la réunion des *Védas* forme l'essence. La même pensée se reconnaît parfaitement dans le mythe du Svayambou Brahma, amoureux de sa fille Vatch (le latin *vox*), la Parole. Les sages lui font honte de son égarement. Alors il abandonne son corps et crée par la force de la méditation les *Védas*, les rites du sacrifice, les traités des sciences, la justice, etc. Cette génération spirituelle provenue de Brahma équivaut à l'assimilation de Brahma lui-même à la Parole, quand Brahma est regardé comme consubstantiel à Vichnou.

Cette spéculation de mythologie métaphysique est ancienne dans l'Inde. Le *Rigvéda* nous offre déjà un hymne, de ceux où se montre la transition des mythes primitifs au brahmanisme, dans lequel Vatch, la Parole, est identifiée avec le grand Un, supérieur au Ciel et à la Terre et qui pénètre tous les êtres. Vatch est nommée au même endroit l'énergie de Brahma; *elle rend fort celui qu'elle choisit; elle fait de lui un Brahma saint et sage*. Plus tard on la trouve tantôt la fille, tantôt la femme du Dieu existant par soi. L'idée n'arrive pas à se fixer dans une forme unique et définitive. Le Vichnouisme attribue ses théophanies à son Vichnou lui-même, qui est une sorte de dieu Père, non point au *dieu Fils*, à la Parole; et ces théophanies, ces incarnations, il les multiplie et leur donne des formes quelquefois peu dignes, suivant le fatal penchant aux fictions de la magie et des métamorphoses. Il ne ressort pas moins de là le premier exemple aryen d'une théologie qui, après avoir établi son dieu dans l'Absolu, éprouve le besoin de l'en faire sortir et se sert pour cela du concept d'un dieu émané du premier dieu, et type de l'intelligence et de la parole, type de l'homme qui pense.

La cosmogonie du *Bhagavata Pourana* ne se termine pas au point où nous l'avons laissée; ou plutôt elle y finit et elle y recommence. Le compilateur n'a rien voulu négliger de ce qui était parvenu à sa connaissance. Les Indiens, comme les Sémites, ont multiplié les cosmogonies, et l'auteur du *Bhagavata*, comme Sanchoniathon, les met en paquet sans aucune critique. L'une d'elles pose au commencement l'existence de myriades d'*œufs de Brahma*, réunis en monceaux et tous enfermés en un seul d'une prodigieuse étendue. Là réside l'impérissable Brahma (le nom est mis au neutre), cause des causes. Cette idée n'est pas poussée plus loin; une autre suit, où Brahma déchoit singulièrement de son rang, et où Siva fait son apparition. Brahma est le créateur de l'*Ignorance*, d'où procèdent l'*Erreur* et les *Ténèbres*, mais, reconnaissant sa faute, honteux de lui-même, il purifie son cœur par la contemplation de Bhagavat, et, cette fois, crée *quatre sages, solitaires, chastes, étrangers à l'action.* « Créez des êtres », leur dit-il, mais eux demeuraient dans la contemplation. Dès leur naissance, perdus dans la pensée de la délivrance, ils se refusaient à l'exécution de ses ordres. Alors s'élance, quoique retenue, d'entre ses sourcils, la Colère du Chef des créatures, sous la forme de Bhava, l'enfant rouge, premier-né des dieux. Ce Bhava, c'est Siva, qui vient au monde en pleurant (d'où son nom Roudra), et demande des noms et une demeure. Ses noms seront le Colérique, l'Intelligent, l'Heureux, l'Existant, la Semence redoutable, le Temps, etc.; ses demeures, le Cœur, la Vie, les Sens, les Éléments, la Pénitence, etc. Il s'unit à des femmes dont le texte énumère les noms symboliques, et ses fils sont des êtres terribles qui désolent la terre. Alors une pénitence lui est ordonnée, qu'il accomplit, pendant que Brahma, uni à l'énergie de Bhagavat, tire de ses propres organes dix nouveaux êtres, les pères du genre humain. Cette création est suivie de celle de nombreux personnages mythologiques, et du corps des Écritures, et des procédés des arts. Là se trouve le mythe de Brahma épris de sa fille Vatch. Beaucoup de ces traits de la création sont monstrueux ou bizarres. Brahma est encore réduit à reconnaître que ses créatures ne se développent pas régulièrement sur la terre. A force de méditations, il parvient à ce résultat, que son corps se divise en deux parties qui forment le couple du premier Manou, et nous atteignons l'origine de l'ordre des choses actuel. Bien d'autres matériaux de cosmogonie abondent dans la vaste compilation d'où ceux-ci sont pris. Il est facile de voir, sans les multiplier ici davantage, que les idées caractéristiques s'y rapportent toujours à l'existence du mal comme inhérent à la passion et à la vie, et prenant sa source mythologique dans l'Illusion ou l'Ignorance; puis à la vertu de la pénitence et du sacrifice, d'où naît toute puissance créatrice; enfin au pouvoir de la contemplation, de la méditation et de l'extase, qui, par la Science de la vanité de l'être, conduisent à la délivrance.

La mythologie vichnouite roule sur une idée qui lui est antérieure, et où toutes les sectes ont puisé. Le mythe antique du combat d'Indra contre les Asouras, après avoir tiré sa signification des phénomènes de l'atmosphère, fut pris dans un sens moral et s'appliqua à la lutte des dieux bons contre les dieux méchants : les premiers, qui devaient la position qu'ils occupaient et leur puissance aux pénitences qu'ils avaient accomplies en des vies antérieures, et les autres, de la même nature au fond et soumis à la même loi de la destinée, mais qui, actuellement, sous l'empire de leurs passions, troublaient la terre et les *trois mondes*, sauf à faire pénitence plus tard. On admettait que ces chefs d'Asouras, de Détyas et autres troupes de Titans, avaient, eux aussi, comme les dieux bienfaisants, conquis autrefois par des austérités terribles la puissance dont ils abusaient. Souvent l'orgueil et l'ambition, non le repentir, avaient porté de simples brigands à poursuivre avec une constance et une énergie qui faisaient trembler les dieux dans leurs demeures ces mêmes pratiques de mortification des passions et des sens que les vrais dévots embrassent avec désintéressement; ils n'en étaient pas moins arrivés à leurs fins, c'est-à-dire à la domination magique sur les éléments et au pouvoir des métamorphoses. Il pouvait arriver que Brahma ou Siva prissent parti pour ces parvenus qui se rendaient alors maîtres de la terre et menaçaient le ciel, jusqu'à ce qu'un dieu assez fort les renversât et rétablît la sécurité dans le haut séjour, en bas les sacrifices. On a cherché dans l'histoire de l'Inde, dans les guerres anciennes des races, un fond réel de ces fictions d'une immoralité monstrueuse, mais cette explication, restée vague, ne fait pas disparaître l'origine, assez visible, tirée du mythe primitif de la lutte d'Indra contre les puissances ténébreuses, et ne rend pas compte de l'idée capitale et singulièrement intéressante qui met la puissance physique dans la dépendance des exercices ascétiques, dans quelque intention qu'ils se soient accomplis, pourvu qu'il le soient matériellement. A quel degré les hommes qui donnaient dans de si étranges croyances avaient perdu le sens du raisonnable et du juste, on le voit à l'invention de ces guerres des dieux dont la doctrine des transmigrations leur fournissait le sujet. Et on doit être bien convaincu que ce dualisme apparent, dont l'indifférence et l'identité constituent le fond, n'a aucun rapport avec le dualisme moral du créateur bon et de son éternel antagoniste le créateur méchant, selon la conception de la branche iranienne des religions de l'Arye (1).

Le rôle du dieu sauveur naturellement appelé par la foi populaire à ramener à l'ordre le monde troublé par les entreprises des

(1) Voyez ci-dessus, chap. IV.

pervers fut attribué successivement aux principaux dieux. Après Indra, l'ancien triomphateur des puissances malfaisantes, on trouve, dans ce rôle, Siva lui-même, en dépit de la place de dieu destructeur que lui fait dogmatiquement la trinité indienne. Siva prend part, dans l'intérêt du bien, à l'attaque des villes aériennes construites par la magie de ces mêmes Asouras, ennemis d'Indra. Siva se dévoue aux créatures, quand il consent à avaler le poison qu'exhale l'Océan baratté par les dieux. Mais il devient l'adversaire de Vichnou, dont il a lui-même reçu l'assistance contre les Asouras. Entre Vichnou et lui se livrent des combats effroyables. Si l'un des adversaires a le desssous, invincible jusque dans sa défaite, il rentre en lui-même au dernier moment, reconnaît la magie des phénomènes et l'identité de sa substance avec celle de son divin antagoniste. La lutte finit par l'union des lutteurs dans une extase commune (1).

L'imparfaite subordination de Siva à Vichnou laisse à ce dernier la fonction essentielle de dieu sauveur, mais le mythographe métaphysicien ne manque pas d'établir l'impassibilité profonde de ce dieu, au cours même de ses *avatars*, au moyen desquels il se porte au secours des créatures : contradiction systématique et qui craindrait plutôt de n'être pas aperçue. Les théophanies et les incarnations sont des unions de l'essence éternelle, indifférente et immobile, avec Maya (l'Illusion), sous des formes animales ou humaines, à l'effet ou de déployer dans le monde une puissance merveilleuse, ou, tout au contraire, de donner aux hommes la leçon et l'exemple de la pénitence, de la renonciation à l'action. Les apparitions et les œuvres des dieux sur la terre durent n'être d'abord que des légendes sans construction régulière et sans liaison les unes avec les autres. Quand on donna pour objet à celles de Vichnou le relèvement d'un monde déclinant, en voie de perdition, on fut conduit par la théorie des âges à en imaginer de semblables sous les *manvantaras* antérieurs à l'âge actuel. Il se produisit nécessairement des variantes. Brahma eut aussi ses incarnations; la croyance aux opérations magiques et aux métamorphoses pouvait conduire à en attribuer à tous les dieux ; mais

---

(1) Ce trait caractéristique est complété, dans le poème où il se trouve, par un autre qui achève d'en montrer l'esprit : l'*identité des différents,* comme parle certaine logique : l'indifférence universelle. A l'identification des dieux nouveaux, Vichnou et Siva, l'auteur ajoute celle des anciens dieux védiques **Agni et Soma. Agnisoma = Harihara; tout est confondu** (*Harivansa pourana*).

les avatars de Vichnou prirent seuls le caractère bien décidé d'organes du salut du monde indépendamment de la loi générale des transmigrations qui régit les dieux comme les hommes.

Les vingt-deux incarnations que rapportent de lui les *Pouranas* (entre d'autres innombrables, disent-ils, puisque tous les êtres sont *lui*) sont de trois sortes. Il y a d'abord des théophanies d'intérêt cosmique. Ainsi Bhagavat prend la forme d'un sanglier pour soulever du fond de l'Océan la terre engloutie à la fin d'un *kalpa*. Il prend la forme d'un poisson pour guider sur les mers un roi qu'il sauve d'un déluge et qui est le Manou du présent *manvantara*[1]. Il prend la forme d'une tortue pour soutenir le fond de l'Océan, pendant que les Dêvas et les Asouras barattent les eaux à l'aide d'une montagne enroulée d'un grand serpent. Il s'occupe, au cours de la même aventure, en se donnant l'apparence d'une jeune beauté, de fasciner des troupes de prétendants au breuvage d'immortalité (l'*amrita*, sorti des ondes), afin d'en réserver le monopole aux Dêvas. La théophanie de l'homme-lion, qui tue un chef de Dêtyas, celle du brahmane-nain qui demande l'aumône de *trois pas*, pour reprendre en trois enjambées le monde usurpé par les méchants, d'autres encore sont du même genre. Ensuite il y a les incarnations humaines en des personnes de sages et de solitaires qui enseignent la doctrine ou la pénitence. Parmi ces dernières il en est une fort curieuse et inattendue, en la personne de Kapila, le philosophe, auteur de la doctrine Sankhya, qui se trouve ainsi divinisé, projeté hors de l'histoire, dans l'âge du premier Manou, remontant à environ quatre millions d'années. Enfin les incarnations de Vichnou en des héros tels que Rama et Crichna, qui se rapportent à des temps historiques, et dont le dernier marque même une évolution de la religion de Vichnou, forment un troisième genre d'avatars de ce dieu.

Il faut ajouter maintenant les incarnations futures. L'incarnation de Crichna, donnée pour la plus complète des manifestations de Vichnou, *la seule qui soit entièrement lui*, remonte, d'après le *Bhagavata Pourana*, qui, selon l'usage indien, recule fabuleusement sa perspective historique, aux dernières années qui précédèrent le *Kali-youga*, notre âge de fer. Vers le crépuscule de ce même âge, *quand les rois ne seront plus que des brigands*, Bhagavat reparaîtra sous le nom de Kalki. Mais, même avant cette époque, on peut l'at-

---

(1) Sur ce déluge des Indiens, voyez l'*Introduction*, 2ᵉ partie, chap. XXII.

tendre en la personne d'un Bouddha, fils d'Andjana, qui viendra pour combattre les ennemis des Souras. Le vrai Bouddha, celui de l'histoire, est Çakyamouni, fils de Souddhodana, dont le brahmanisme répudia la doctrine. Ici nous voyons annoncer un Bouddha de l'avenir. Une autre version des légendes des brahmanes a admis toutefois un Bouddha du passé, en qualité d'avatar de Vichnou, tout en repoussant ses adhérents qui n'avaient point le culte de Vichnou. Ces divergences, assez naturelles dans un milieu littéraire où l'on s'écarte à l'envi du réel et de l'historique, étaient bien propres à dérouter la critique européenne, jusqu'au moment où des documents bouddhiques authentiques ont été découverts. Peut-être le nom de Bouddha, à la faveur de la signification du mot (l'*Intelligent* ou l'*Éclairé*), est-il devenu pour des Vichnouites la désignation reçue d'une sorte de Messie attendu, bien que d'autres, si ce n'est eux-mêmes, l'acceptassent aussi comme le titre d'un ancien sage.

CHAPITRE XI

Secte de Crichna.

Le culte de Vichnou en son avatar de Crichna est postérieur au temps de la révélation et de la propagation première du bouddhisme. Nous le classons complètement en dehors de cette religion dont l'origine, l'esprit et le caractère sont si profondément différents, parce qu'il est une suite et un développement logique du brahmanisme dont le bouddhisme a été la formelle négation sur un point fondamental : l'existence de l'âme suprême et le retour final des âmes émanées au sein de cet être universel.

La doctrine rattachée à ce nom de Crichna est la forme la plus élevée des croyances panthéistes de l'Inde. C'est un mélange de l'esprit héroïque avec le mystique, du goût de l'action et des plaisirs avec le sentiment de la béatitude extatique, qui n'est pas sans rapport avec la *religion de la chevalerie* dans l'Europe chrétienne. Même assemblage d'éléments contradictoires : culte passionné de Dieu, de la force et de la beauté ; subtilité d'esprit, mœurs grossières, oscillation entre les idées du guerrier et les idées du moine, immoralité et sophismes nés du besoin de concilier ces inconciliables.

Les légendes indiennes des Ramas, — Parasou Rama, Bala Rama et Rama Tchandra, le grand Rama, héros du *Ramayana*, — sont toutes en rapport avec le temps de Crichna, et nous permettent de nous faire une idée des conditions de succès de la nouvelle secte au moment de son apparition. La série des incarnations héroïques de Vichnou qui se termine à Crichna est placée par la tradition fabuleuse à la fin de l'âge *dvapara*, à la veille de l'âge *kali*, c'est-à-dire, selon le calcul fantastique des brahmanes, à trois mille ans avant notre ère. Elle doit, au vrai, concerner l'époque du premier éclat du vichnouisme, de celles de certaines guerres favorables aux brahmanes, et de l'extension des cultes indiens au midi de la péninsule et dans l'île de Ceylan. Cette période a pu rester, dans les souvenirs populaires, entourée d'un prestige qui la fit regarder comme une clôture des âges fortunés, quand vinrent les époques suivantes, signalées par le grand développement du bouddhisme embrassé par des princes, la domination voisine des Grecs en Asie, finalement, bien plus tard, l'arrivée des musulmans.

Ce Crichna, la plus populaire des incarnations de Vichnou, avait été, avant sa naissance, selon la légende, annoncé prophétiquement à son oncle Kansa comme devant être son meurtrier. Seul de ses frères échappé à la mort, de nombreux miracles accompagnèrent la venue et l'heureuse croissance du jeune dieu. Sa vie se partagea entre les plaisirs et la lutte héroïque contre des monstres, contre les dieux mêmes de l'ancienne mythologie, qu'il subjugua tous. L'événement le plus considérable de cette vie légendaire auquel on puisse attacher un sens historique est une lutte de deux races, les Pandous et les Kourous, qui est le sujet du grand poème du *Mahabharata*, mais dont l'époque et la réelle nature sont inconnues. Après de nombreux miracles dont plusieurs rappellent la vie légendaire de Jésus, particulièrement telle qu'on la trouve dans les Évangiles apocryphes, Crichna meurt percé d'une flèche et cloué à un arbre en prédisant aux hommes les maux de l'âge kali qui va commencer. Il n'est pas facile de voir en quoi ce héros remplit le rôle de sauveur qui est réclamé en général par les incarnations de Vichnou. Mais le caractère dominant de la nouvelle évolution religieuse paraît être une interprétation mystique du commun esprit du brahmanisme, pour laquelle se posent sous une forme nouvelle la question de la béatitude et celle du rapport de la foi et des œuvres, qui s'y rattache. Cette doctrine d'ordre visiblement secondaire et récent paraît avoir été une réaction et une sorte de moyen de dérivation employé contre l'esprit du bouddhisme. L'indifférentisme universel était devenu, comme nous le verrons, une philosophie très répandue parmi les docteurs de cette religion, vers le premier siècle de notre ère et dans les siècles suivants. L'indifférentisme de mysticité de la secte de Crichna avait, en un système analogue, le mérite, aux yeux des brahmanes, de prendre sa racine dans leurs traditions et sous leur autorité, en même temps qu'il devait convenir à la caste militaire par le côté guerrier et chevaleresque de la légende du héros. Enfin l'époque présumable où commença de fleurir cette secte permet d'admettre les emprunts qu'elle put faire aux plus anciennes légendes du christianisme. Il est plus facile de supposer une certaine expansion vers l'Orient de ces dernières que d'imaginer un peuple tel que nous connaissons le peuple juif allant chercher des fables dans l'Inde pour en vêtir la figure de son Messie. Au surplus quelques-uns des traits de similitude peuvent tenir à la rencontre naturelle d'idées du genre légendaire qui s'offrent spontanément à l'esprit, les mêmes pour des sujets analogues.

Il résulterait d'un passage du *Mahabharata* qu'un brahmane, à une certaine époque, aurait fait un pèlerinage « à travers la mer occidentale, vers la terre des sages », et aurait rapporté de là le culte de Crichna dans sa patrie. La similitude des noms, Crichna et Christ, jointe à celle de quelques légendes, vient assez à l'appui de cette hypothèse, encore qu'un peu simpliste. La *terre des sages* pourrait, à la rigueur, être Alexandrie. Quoi qu'il en soit, la critique est mal fondée à expliquer par des emprunts, outre les traits légendaires, qui sont chose accessoire, la doctrine de l'*unité de Dieu* et la notion théologique et morale de la *foi*, telles qu'on les trouve dans la religion de Crichna. L'unité, telle que la comporte et l'exige le système de l'émanation, a été de tout temps, au moins après le premier *Véda*, la croyance théologique de l'Inde, qui n'en a jamais eu d'autre, en dépit de sa mythologie polythéiste. La notion de la foi n'est pas dans le même cas ; mais si l'on ôte de cette notion l'application essentielle qu'elle a dans le christianisme, à savoir le fils de Dieu mort pour nos péchés, le salut par son sacrifice, et la résurrection pour la vie éternelle, il n'en reste que l'opposition qu'elle établit entre la sainteté de la vie contemplative, ou communion divine, et la morale commune des œuvres. Or le vichnouisme et le vieux brahmanisme lui-même en ses sectes ascétiques ont été des doctrines de la foi en ce sens. La religion de Crichna y a seulement ajouté un élément qui en corrige jusqu'à un certain point l'immoralité fondamentale, c'est l'*amour de Dieu*, s'il est permis de le désigner par un si beau nom. Mais il ne semble pas que ce sentiment puisse être matière d'emprunt.

L'opposition de la foi et des œuvres doit nécessairement se dégager dans toute religion qui préconise la vie ascétique extrême, puisque l'ascète qui pense s'unir à Dieu n'a que faire des moyens par lesquels le commun des hommes cherche à se le rendre favorable. Les œuvres, celles de la morale, celles du culte qui deviennent prépondérantes aux yeux de la religion et qui consistent à la fin, même le sacrifice, en pratiques matérielles, paraissent inutiles au dévot qui s'éloigne des unes en quittant le monde, et trouve plus que l'équivalent des autres dans le face à face de la divinité à laquelle il se donne. On peut dire alors que la religion est concentrée dans la foi. Mais les Indiens n'ont pas connu la foi intellectualiste, agitée, difficile et méritante qui implique la possibilité et les tentations du doute. Ils n'ont pas distingué *leurs croyances* — ceux d'entre eux pour lesquels elles n'ont pas été une coutume aveugle, — d'avec ce qu'ils regardaient comme *leur science*. Ils ont connu des assertions contradictoires aux leurs, et émises, comme les leurs, au nom du savoir, mais ils n'ont pas connu le monde hostile, opposant la raison à leurs idées prises d'une autre source que la raison. Toutes les sectes étaient d'accord sur des dogmes fondamentaux, que la révélation et la philosophie reconnaissaient également. Pour eux, l'opposition de la foi aux œuvres n'a donc pu être que celle de la vie contemplative au culte, au sein d'une doctrine en très grande partie commune. Les « orthodoxes » admettaient et recommandaient la première de ces voies de salut, et les « hétérodoxes », qui la suivaient ou la préconisaient toute seule, se bornaient à soutenir l'inutilité de la seconde. En un mot, la foi, dans les religions de l'Inde, n'avait pas plus le caractère que la matière de la foi chrétienne, mais se réduisait à l'idée et à la pratique d'une particulière union prétendue du dévot avec le dieu. Et l'inutilité des œuvres, de son côté, ne signifiait rien au fond qui ne fût déjà renfermé dans l'*indifférence* des ascètes. Le mysticisme prit seulement, dans la secte de Crichna, une couleur nouvelle.

Les dévots avaient cherché l'union divine dans un état d'extase qu'ils comparaient eux-mêmes à celui du serpent qui vient d'engloutir sa proie. L'insensibilité béate était leur but, pendant que d'autres ascètes, plus calculateurs, espéraient, nous l'avons vu, obtenir par des supplices volontaires les pouvoirs magiques des dieux, à la suite d'une simple transmigration. La dévotion aisée arrivant, par un autre côté, avec le matérialisme croissant des pratiques, les *Pouranas* enseignaient un salut à la portée de tous : ils promettaient le pardon des péchés et le paradis du dieu suprême de leur secte aux lecteurs du récit de ses exploits dans le monde des phénomènes. Ils imaginaient des cas tels que celui d'un ani-

danger, le souvenir du saint nom de Hari, et se rend digne ainsi de baiser le lotus des pieds divins; ou, mieux encore, celui du brigand, *terreur des trois mondes*, qui est sauvé, à son dernier soupir, par l'énonciation machinale du nom du dieu que de son vivant il a combattu. Entre les diverses méthodes du salut, le crichnaïsme se place à un point de vue qui lui est propre et qui, grâce à la combinaison de l'esprit mondain et de la prétention philosophique et religieuse, est peut-être le plus immoral qui soit sorti du brahmanisme. Issu, d'abord, pour l'usage des Kchatryas, d'une conciliation des goûts et des passions militaires avec l'amour de Dieu et de la sainteté, il convient à merveille à tous ceux qui, voués à une action malfaisante quelconque, en désirent la justification. Une exposition éclatante de la doctrine qui résout ce problème nous est parvenue dans le *Bhagavad-Gita*, épisode célèbre du *Mahabharata*.

Le dieu lui-même la professe et l'enseigne à son disciple Ardjouna. Le lieu de la scène est un champ de bataille. Deux armées sont près d'en venir aux mains. Ardjouna hésite à commencer une lutte dans laquelle il doit donner la mort à des parents et à des amis, ou la recevoir d'eux. Crichna le rassure et lui fortifie le cœur en lui remontrant que la vie et la mort ne sont rien que des apparences, et qu'à voir le fond des choses, nul ne tue, nul n'est ni peut être tué. C'est l'enseignement qui ressortait depuis longtemps du concept approfondi de l'émanation d'une substance unique et du retour des êtres au sein de cette unité où ils se perdent. Quel prix, en effet, et quelle réalité peuvent appartenir à ces apparences? ils sont insignifiants. Mais ce que Crichna a à dire de plus nouveau que cela, c'est que, au lieu de se jeter dans la méditation solitaire et dans l'extase, pour atteindre immédiatement le but du devenir universel, il convient de se livrer à l'action sans scrupule. L'action est le but immédiat de l'existence; il est naturel qu'un homme de caste militaire s'y destine, conformément aux usages, à l'attente du monde, au désir de la gloire. Ardjouna ne doit pas croire que la vie ascétique soit le comble de la perfection; elle est trop contraire à l'essence même de la vie. Mais alors, demandera-t-il, que devient la dévotion, le soin du salut? Voici : l'agent sera saint, si, agissant, il a le mépris des fins de l'action; si, passionné, il n'est pas dupe de sa passion. Le réel intérêt lui est seul défendu; l'issue de l'acte doit lui être indifférente. Tel est Vichnou lui-même, qui secourt, il est vrai, les uns et punit les autres, mais n'a d'attachement pour aucun. Tout est pareil en son essence; il crée, conserve et détruit, et il lui est égal de détruire, conserver ou créer. C'est en partageant cette indifférence divine, au sein même des illusions, d'ailleurs inévitables, qu'on se rend digne de contempler la suprême essence du dieu qui est à la fois l'être et le néant de tous les phénomènes, et à la fin de s'y abîmer et de s'y confondre.

Cette leçon d'une métaphysique subtile et souvent éloquente unit la thèse du dieu absolu, unique et indifférent, à la théophanie du dieu incarné qui instruit son disciple, et elle conclut tout à la fois à l'action, au mépris de sa fin, et à cette béatitude absolue qu'on ne sait si l'on doit distinguer de l'anéantissement de la conscience. L'Inde, excessive en tout, est donc passée, sur ce point, d'un genre de mysticisme que la théologie chrétienne désigne sous le nom de *quiétisme*, à des formules rigoureuses, ainsi qu'à une profondeur d'immoralité, motivée par l'*illusionisme* universel, que n'ont pu atteindre tout à fait, dans notre Occident, ni la philosophie déterministe de l'histoire ni le système d'indifférence de certaines hérétiques dévots pour la satisfaction des *passions de la chair*.

CHAPITRE XII

Religions de l'Asie occidentale.

Les différentes méthodes suivies par l'esprit dans la construction des systèmes religieux sont issues d'autant de formes distinctes de l'imagination appliquée à la représentation des phénomènes divins : divins, c'est-à-dire dépassant par leur universalité ou par leur puissance les effets et qualités sensibles qu'il est donné à l'homme de produire ou de concevoir, et tenant toute destinée humaine en leur dépendance. Mais ces méthodes se sont mêlées plus ou moins et mutuellement altérées. Telle direction prise par la pensée et rendue prédominante par l'habitude ne devient pas exclusive à tel point que d'autres tendances, également permises à la nature mentale, ne puissent paraître et s'étendre en certaines circonstances. D'une autre part, les communications des peuples entre eux et les faits de conquête amènent des mélanges d'idées, et détruisent ou atténuent les caractères saillants par lesquels elles contrastent. Antérieurement à l'action des causes qui peuvent produire ainsi des religions de syncrétisme, ou des identifications de concepts primitivement très divers, nous avons dû distinguer des formes nettement délimitées d'imagination du divin. Nous n'avions pour cela point d'hypothèses à faire. L'hypothèse est du côté des auteurs systématiques qui substituent à l'analyse historique et à l'examen des documents leurs idées préconçues sur la nature humaine primitive et sur l'origine des croyances religieuses. C'est la plus simple observation des faits qui nous a fait reconnaître trois principaux modes de constitution du concept de divinité : le mode *spiritiste*, le mode proprement dit *mythologique* et le mode *symbolique*, souvent confondu avec le précédent, mais qui ne laisse pas de se bien définir en son application à un groupe considérable de religions très différentes des autres. A ces trois procédés il faut encore ajouter un procédé accessoire : celui de la *légende*, c'est-à-dire de l'imagination constructive opérant librement sur des données historiques, réelles mais altérées, ou pour remplir les vides de l'histoire par des récits de merveilles.

L'*anthropomorphisme* est une vue commune aux trois méthodes. La tendance à assimiler les phénomènes dont le monde est le théâtre à ceux qui se produisent dans l'homme avec les caractères de la volonté, de l'intention et de la passion est un fait universel des religions à leurs origines, et ce fait a des applications dans tout le cours de leurs développements, quand on considère les cultes et croyances populaires et non les exégèses théologiques ou philosophiques des penseurs. Le procédé spiritiste est celui qui est caractéristique chez de nombreuses tribus, et qui a surtout dominé toute la culture religieuse des Chinois et des Japonais. On sait aujourd'hui qu'il a appartenu dans l'antiquité chaldéenne à des races qui n'étaient ni aryennes ni sémitiques, et c'est une découverte importante. Il dépend d'une tournure de l'imagination, par laquelle un dédoublement s'opère du mobile et du moteur en une même personne, le moteur prenant une existence indépendante du corps, et même des affections mentales du sujet passif. Ce point de vue une fois adopté, on se représente les corps extérieurs comme animés et mus d'une manière semblable, on attribue les phénomènes à l'action des esprits qui peuplent les éléments, la terre, l'atmosphère et le ciel en quantités innombrables et exercent toutes les sortes d'influences. Le culte s'attache aux plus importants d'entre eux, ou dont l'empire est le plus universel.

Le procédé mythologique n'exclut pas un certain dédoublement, puisqu'il distingue l'âme du corps animé en tout ce qui concerne les animaux et l'homme, mais il transporte la personnalité humaine tout entière, avec ses caractères propres, aux phénomènes naturels; il les pose si bien comme des personnes, qu'il traduit leurs relations sensibles en forme de celles qui existent entre des êtres doués de passion et de volonté, d'où les mythes ou fables qui racontent leurs aventures de façon à représenter des lois de l'ordre physique. Mais les phénomènes du ciel et de la terre ne sont pas les seuls auxquels s'applique ce travail de poésie; les sentiments humains, tels qu'ils se développent dans la famille et dans la société, et les fonctions de l'ordre moral, sont aussi une matière de personnifications, quoique moins riche et moins apte à exprimer le divin pour des hommes que le spectacle de la nature enivre. La personnification des passions, des vices et des vertus ne laisse pas de s'être fait dans l'esprit humain une grande place que lui a conservée la pratique des poètes de l'Occident, dix-huit siècles encore après que le concept de la divinité avait été complètement changé. En regard de cette mythologie, devenue toute fictive et matière de jeu littéraire, une autre branche s'est perpétuée; c'est celle dont le procédé est sinon la personnification formelle, au moins la réalisation de termes généraux tels que l'Être, l'Idée, la Force, la Matière, la Volonté qui sont en possession de fournir à la métaphysique des illusions d'explication universelle. Nous aurons souvent à y revenir.

Cette dernière méthode mythologique est semblable dans le fond à celle dont la matière a été demandée à une autre sorte de termes généraux : les grands qualificatifs, le Haut, le Fort, le Dominateur, d'un côté, se réunissent sous les noms de Maître, de Seigneur universel, soit dans une intention honorifique, soit pour désigner réellement l'unité maîtresse des choses, mais, de l'autre, ils divisent le souverain principe par le fait de le dénommer ainsi diversement, et ensuite de spécifier ces grands attributs eux-mêmes selon leurs applications. De là vint le polythéisme qu'on peut appeler symbolique parce qu'il a pour dieux, des personnes, il est vrai, mais adaptées à des symboles ou signes généraux de telles et telles forces exercées, de telles œuvres accomplies, depuis la production des phénomènes cosmiques jusqu'à la fondation des villes et des empires, à la révélation des arts et des sciences, à la protection spéciale des États ou des princes.

Cette personnification n'est pas toujours facile. La confusion de la création et du créateur, en ce qui concerne les grandes existences de l'univers, les corps célestes, est, au contraire, un penchant naturel, quand une fois l'adoration s'est appliquée à la chose créée, qui est seule visible, au lieu de sa causation éloignée dont on ne peut se faire une image. Le symbole passe de l'abstrait au concret, se *réalise*; la divinité devient matérielle, s'envisage dans le corps, et non plus dans le pouvoir supérieur dont le corps est un acte. La tendance matérialiste, à mesure qu'elle s'accuse, met fin à un anthropomorphisme qui cesse d'être compatible avec les formes du monde externe, auxquelles l'imagination s'attache. Les cosmogonies du genre physique se substituent au concept de création par un être volontaire, et, l'idée de *substance* remplaçant alors l'idée de *cause* pour la définition du premier principe, les penseurs qui sont partis d'un symbolisme dont la causalité leur fournissait le type principal, se rencontrent dans une commune doctrine de panthéisme avec ceux qui ont passé de la mythologie naturaliste primitive au concept de la substance universelle. C'est ainsi que les Aryens, les Égyptiens et les Sémites ont pu arriver par les voies les plus différentes à l'adoration de grands dieux solaires et de *Grandes Déesses* qui répondent à peu près chez tous aux mêmes divinisations.

A l'époque la plus ancienne des religions de la Babylonie et de la Chaldée où les monuments nous permettent de remonter, nous ne trouvons point d'informations sur l'état originaire des cultes sémitiques, mais bien une dispersion déjà accomplie entre des adorations diverses et matérialisées, et, de plus, un mélange de celles qu'on est autorisé à rapporter à cette source ethnique avec d'autres de provenance proprement chaldéenne, c'est-à-dire touranienne et du genre animiste (1). Nous avons vu ailleurs que les villes de la région inférieure de l'Euphrate, nombreuses et très peuplées longtemps déjà avant le xx° siècle, possédaient, comme l'Égypte à une époque encore plus reculée, des cultes qui plus tard se réunirent en un panthéon. Les dieux d'origine chaldéenne y prirent place avec les dieux d'origine sémitique et s'unirent à eux par des identifications, et notamment par le procédé des filiations supposées. Par exemple, la ville d'Our des Chaldéens, qui eut son temps de suprématie sur d'autres de ces villes, avait pour son dieu spécial un androgyne, Sin « dame suprême », personnification de forme lunaire, dont la fonction était femelle à l'égard du Soleil et mâle à l'égard de la terre, Nana, son épouse. Une divinité toute semblable se retrouve sous le nom de Men dans les religions de l'Asie Mineure. Or ce Sin fut accepté des Chaldéens comme fils de Moul-Gé, l'un de leurs principaux dieux; et, à Babylone, il devint un fils de Bel et prit rang parmi les divinités planétaires. A Larsa, c'était un dieu solaire, Samas, que les Chaldéens acceptèrent à titre d' « esprit de Oud », Soleil, roi de justice, arbitre des dieux; à Nipour : Bel et Bélit, pris pour Moul-Gé et Nin-Gé des Chaldéens; à Eridou : Nouah et Davkina; à Erech : Anou et Nana; et ainsi de suite. Babylone, destinée à la suprématie définitive sur toute la contrée, avait surtout

(1) Voyez sur cette question et sur l'emploi du mot *chaldéen*, qui prête à confusion, l'*Introduction*, 2° partie, chap. xxix.

Mardouk et Zarpénit : Mardouk que l'on croit avoir été d'abord une personnalité solaire, qualifiée d' « Ancien des dieux » et « Juge suprême », recevant les mêmes attributs que Bel, mais qui tomba au rang planétaire (comme planète *Jupiter*). Ces dieux planètes semblent avoir été tous, avant d'entrer dans le système astrologique, de grandes divinités locales, avec des attributs suprêmes, et unis respectivement à des divinités femelles de même rang.

L'idée générale d'une force génératrice dans la nature, force semblable à celle que l'on voit opérer dans le règne animal, et, par suite, le dualisme du fécondant et du fécondé, a dû être une des premières représentations symboliques de la puissance créatrice. Nous nous représentons mal ce symbole matérialisé, pris au sens propre et appliqué aux astres qu'on suppose ainsi capables des fonctions sexuelles ; et pourtant cette idée, sans aucune apparence qui puisse la soutenir, s'est perpétuée, on le sait, jusqu'en des rêveries de notre temps. Dans le sémitisme babylonien et ses analogues, ce dualisme, laissant dominer tantôt le principe mâle, que l'on rapporte habituellement au concept d'autorité et *causalité*, tantôt le principe femelle où l'on envisage plutôt le développement spontané ou passif, et la *substantialité*, a conduit l'imagination aux trois sortes de fictions : 1° le générateur universel ; 2° la matrice universelle ou Grande Déesse ; 3° le dieu androgyne qui ramenait le tout à l'unité. Des résultats tout pareils ont été atteints par la mythologie aryenne qui, racontant, dans ses fables, les aventures des dieux en forme de relations humaines, et par conséquent de relations sexuelles, celles-ci étant les plus importantes de toutes, n'a eu qu'à généraliser l'idée familière de la conjugalité, et de l'étendre aux causes premières, quand le moment est venu pour le polythéisme de tourner au panthéisme. Ainsi s'explique la conciliation qui se fit si aisément, à une certaine époque, des cultes aryens et sémitiques, dans l'Asie occidentale, la Grèce et l'empire romain. Le dualisme de la génération sexuelle des dieux, sa réduction panthéiste à l'unité n'avaient trouvé plus anciennement aucun obstacle dans le culte chaldéen, touranien, que la religion babylonienne dut s'assimiler ; car ce culte animiste disposait constamment en forme de couples ses esprits divins. En somme, on peut regarder la conception à demi religieuse, à demi matérialiste, qui tendait à remplacer toutes les divinités de l'ancien monde par une sorte de panthéisme fondé sur la génération sexuelle, comme le résultat d'un syncrétisme où des apports étaient venus de tous côtés. Le brahmanisme, en son isolement, avait vu naître cette même conception, quoique tenue dans un rang inférieur (cultes sivaïtes). Elle régnait dans les cultes si variés en apparence de l'Asie Mineure, presque toujours analogues à ceux qui avaient leurs types à Babylone. C'est de l'Asie Mineure et de la Phénicie qu'elle passa dans la Grèce et plus tard dans le monde romain, avec des cultes obscènes, des idées barbares d'expiation, et des systèmes cosmogoniques originairement étrangers à la pure antiquité hellénique.

Les empires de Babylone et de Ninive, quoique politiquement rivaux et livrés à des guerres qui causèrent plusieurs fois la ruine de ces deux villes et définitivement la destruction de cette dernière, eurent au fond, à dater d'une certaine époque, la même religion qu'il faut distinguer profondément du mazdéisme apporté par la conquête persane (1). Le caractère dogmatique et sacerdotal de cette religion s'alliait à la conservation des cultes populaires et des traditions locales, dont les prêtres se contentaient de fondre au besoin par de convenables interprétations ou identifications les idées génératrices. Le dieu suprême de Ninive, Assour, bien qu'ancienne divinité locale, et éponyme de l'Assyrie, n'est peut-être que le nom imposé par un peuple nouveau, — car le développement de Ninive est postérieur à celui de Babylone (2) — à El, le Très-Haut, l'*Ancien des dieux*, du sémitisme. El lui-même, ou Ilou, comme on lit aujourd'hui ce nom, duquel celui de Babylone est formé (*Bab-Ilou, la porte de Ilou*), ne paraît pas être celui qui reçut le plus haut titre à l'origine. Anou, autre *Ancien des dieux*, l'aurait précédé avec la qualité de dieu unique, générateur de tous les autres, et lui aurait été subordonné quand le sacerdoce procéda à un arrangement où ils entrèrent l'un et l'autre avec Bel, le démiurge babylonien. El et An (ou Anna) sont, nous l'avons vu ailleurs, l'un le concept le plus élevé du divin selon la pensée sémitique, l'autre le Grand Esprit du domaine céleste de la tradition chaldéenne ; l'adjonction de Bel compléta une sorte de triade de dieux supérieurs, que les prêtres coordonnaient de leur mieux, mais il faut probablement des-

---

(1) Voyez plus haut, 1re partie, chap. II.
(2) Smith, *Notes on the history of Assyria and Babylonia*, p. 6, et F. Lenormant, *La magie chez les Chaldéens*, p. 274.

cendre aux basses époques et sortir de l'Asie pour trouver ces triades régulières auxquelles se complut l'école néoplatonicienne, qui donna celle-là pour une très profonde et antique doctrine.

Anos, *Illinos* et *Aos* sont, selon les Babyloniens, au dire de Damascius (vi^e siècle de notre ère), une triade de principes, laquelle procède elle-même de deux couples successifs séparés par un « fils unique » qu'il croit être « le monde intelligible ». Tous ces principes sont nommés avant *Bélos*, le démiurge, qui est engendré par *Aos*, et encore Damascius se plaint qu'il en manque un, et que les Babyloniens ne mentionnent pas « le principe unique de l'univers » ! Il n'y a pas encore très longtemps que les mythologues acceptaient ces sortes de renseignements comme valables pour la connaissance de la réelle antiquité. Il ne reste pas moins que trois des noms rapportés par le philosophe sont authentiquement chaldéens, quoique mêlés à d'autres de provenance confuse.

De ces trois noms, celui d'Aos se rapporte à l'Ea chaldéen sur lequel nous reviendrons ici. Cet Ea ou Zi-ki-a, Esprit de la terre et souverain de l'Abîme des eaux, dieu révélateur et protecteur des hommes, l'Oannès des Grecs (identifié peut-être avec Anou, c'est-à-dire An ou Anna, l'Esprit du ciel, à l'époque où, dans la fusion des cultes, El ou Ilou des Sémites prenait pour lui la souveraineté céleste?), cet Ea se retrouve en outre dans le panthéon babylonien sous le nom de Nouah; car Ea et Nouah se traduisent l'un par l'autre dans les inscriptions bilingues. Or, Nouah est un dieu des eaux, d'origine sémitique. C'est lui qui sauve le roi Xisouthros dans la légende du déluge de Bérose. Il paraît avoir représenté un principe de fécondation aquatique, animant la matière du chaos humide et la dirigeant dans ses productions métamorphiques. Il se peut, à ce point de vue, que Anou, donné quelquefois pour le père de Ea, qui est le même que Nouah, soit descendu au rôle de principe premier passif, dans l'Abîme, en abandonnant celui de suprême activité céleste. La cosmogonie substantialiste aurait alors remplacé pour la spéculation les conceptions d'ordre supérieur du Zi-Anna chaldéen et de l'El sémitique. Ç'aurait été le commencement des compositions à moitié symboliques, à moitié matérialistes, qui se sont multipliées chez les auteurs qui prétendaient recueillir les traditions des peuples sémitiques polythéistes.

La fonction proprement démiurgique reste cependant celle de Bel, confondu quelquefois avec El par les Grecs, et assimilé tantôt à Kronos, tantôt à Zeus, et qui était bien le dieu vivant de Babylone, de même que celui dont le nom domine dans les cultes syriens, sous la forme de Baal, accompagnée d'autres dénominations attributives, ou encore sous les formes féminisées de Bélit, Baalit, etc.

Entre une cosmogonie d'un genre aussi peu religieux que celle qui fait sortir les premiers êtres d'une fermentation de la boue sous l'action du *principe qui fait fermenter*, entre cela et une théologie nationale, il faut un raccord. L'auteur de ces sortes de compositions se propose de faire aboutir ses symboles physiques aux dieux de la foi populaire. C'est ainsi que les mythographes de l'antiquité grecque conduisaient leurs genèses symboliques ou matérialistes jusqu'à la rencontre des généalogies convenues d'Ouranos, de Kronos et de Zeus. De même la cosmogonie chaldéenne rapportée par Bérose, à la suite des premières personnifications cosmiques et des productions désordonnées du Chaos, fait tout d'un coup intervenir Bel, qui coupe en deux la femme symbolique Omorca, forme des deux sections de ce corps le Ciel et la Terre, féconde la Terre de son propre sang répandu, accomplit la création des astres, *et fonde Babylone*. Avec différents symboles, on arrivait à un semblable résultat, à Babylone, et le même procédé pouvait conduire aussi bien à Assour, si le théâtre d'une telle construction était Ninive, ou à tout autre dieu éponyme en toute autre place. Nous reviendrons plus bas sur les cosmogonies, qu'il est bon de réunir dans une même étude.

Bel et Bélit, tout dieu devant être accompagné de son complément féminin, étaient donc à la tête du panthéon babylonien avec un sens plus formellement anthropomorphique que les autres dieux, comme il convient à un fondateur d'empire, le premier de dix rois, régnant pendant 432,000 ans, d'Aloros à Xisouthros, avant le déluge, et à son épouse partageant avec lui la gloire de l'ethnique national. Bélit (la Mylitta des auteurs grecs) était, à ce titre, la plus importante des déesses adorées à Babylone, les Nana, les Davkina, les Goula, les Anat, les Taaut, qui ne sont guère que les noms d'une même divinité, selon qu'elle est mère des dieux, ou reine de la terre, ou de la mer, symbole de fécondité, souveraine de l'abîme, etc. Quels que soient leurs attributs, elles reçoivent invariablement des titres de suprématie sans rivale.

Les dieux inférieurs à Bel sont les trois puissances : solaire, lunaire, atmosphérique, et les cinq planétaires. Samas le soleil est le fils de Nouah, ce qui rappelle la doctrine de la génération universelle dans l'humide, à laquelle pouvait donner appui l'image du soleil nocturne plongé dans l'Océan. Le principe féminin corrélatif est Gouba, la Grande-Maîtresse, ou Malkit, ou Anounit, selon les aspects de la lune qu'elle représente; mais le même astre, sous le nom de Sin, fils de Bel, est un dieu mâle qui doit être, en ce cas, le symbole d'actions d'une autre espèce. Le polythéisme des attributs se prête à la personnification de tout ce qu'on peut imaginer qui doive être prié, conjuré ou adoré dans les forces naturelles et dans les corps où l'on croit qu'elles siègent, et il se fait des mélanges et des croisements, selon qu'en exigent des traditions diverses et des superstitions toujours en travail. Il serait inutile de multiplier ici les définitions, ou de suivre dans la Syrie et dans l'Asie Mineure les analogues de tant de divinités anciennement connues ou que la lecture des inscriptions fait découvrir chaque jour. Mentionnons seulement, parmi d'autres dieux babyloniens, un fils d'Anou, Bin, dont l'action exercée dans les phénomènes aériens et lumineux, la foudre et les tempêtes, n'est pas de moindre importance que celle de Samas. Bin est du nombre de ces grands taureaux ailés dont les images sculptées étaient des symboles de protection divine pour les rois; on le voyait représenté aux portes des palais en acte de poursuivre et foudroyer un monstre à formes hybrides, une espèce de Chimère babylonienne.

On ne saurait douter du caractère purement symbolique des représentations animales des dieux, dans une religion où n'existent ni à la manière de l'Inde, ni à celle de l'Égypte, elles-mêmes différentes de l'une de l'autre, une théorie des métensomatoses et un culte de dieux incarnés. Le taureau, le lion, l'aigle, formes les plus communes qu'offrent les monuments en dehors de la forme humaine, ont un sens allégorique assez clair. Le corps de poisson d'Oannès s'explique par la cosmogonie océanique. Si le père des dieux, Bel, est représenté avec une tête humaine, une tiare et des cornes, Anou avec une queue d'aigle et une tête humaine coiffée de la gueule d'un poisson, dont le corps s'étend sur ses épaules, ce sont là des signes d'attributs d'intelligence et de force et une allusion à l'origine aquatique des êtres. Cette origine, avec la conception caractéristique des tâtonnements et des ébauches de la création, et des périodes marquées par des productions monstrueuses, n'a nulle analogie avec les idées égyptiennes de la génération par soi et des incarnations des âmes, non plus qu'avec la doctrine indienne de l'émanation commune des êtres du sein de l'être universel. Il faut, pour se transporter à l'origine populaire de la fable d'Oannès, imaginer, avec les anciens Chaldéens, des esprits qui se manifestent aux riverains du golfe Persique sous des formes appropriées à l'habitation de la mer. Le roi de ces esprits, Oan, ami des hommes, est un être amphibie qui jadis sortait de la mer tous les matins, pour les initier aux arts de la vie, et se replongeait le soir dans son élément. La spéculation des prêtres put prendre pied de ces vieilles fables, et, sous l'influence d'une impression reçue de l'observation à laquelle ils se livraient constamment des productions tératologiques du monde animal (1), arriver à l'idée des essais progressifs de la matière chaotique procédant du monstre à l'homme en ses compositions dues à l'action d'un dieu interne. C'est une sorte de préconception grossière du *transformisme* des savants modernes. Ces derniers, qui envisagent le plus souvent des *forces inhérentes à la matière* pour expliquer le progrès de ses formes et l'existence d'une finalité générale, se croient plus avancés que ces anciens, dont le sentiment à la fois très empirique et très mythologique admettait certainement un *dieu immanent* de la nature. Au fond, la différence entre les deux réalismes n'est pas grande.

La lecture des inscriptions, qui nous fait connaître un grand nombre de divinités subalternes à attributs nettement anthropomorphiques, n'en apporte guère de celles que les écrivains grecs ont relevées à cause du symbolisme physique ou métaphysique qu'ils y reconnaissaient. Ce fait, quoique négatif, indique assez que les notions cosmogoniques sont les produits d'une pensée relativement tardive, et plutôt de spéculation que de tradition religieuse populaire. La doctrine la plus ancienne dans cette direc-

---

(1) « Quod aiunt quadringenta et septuagenta millia annorum in periclitandis experiundisque pueris, quicumque essent nati, Babylonios posuisse, fallunt ; nam, etc. » (Cicéron *De divinatione*, II, 46). Les observations non pas de 470,000 ans, mais cependant anciennes, faites par les prêtres de Babylone dans la vue chimérique d'établir des rapports entre les horoscopes et les destinées des enfants, s'étendaient aux divers accidents de naissance et de conformation. Les textes cunéiformes fournissent des listes de phénomènes tératologiques dans la génération des hommes et des animaux domestiques, comme étant des signes précurseurs d'événements notables pour la contrée.

tion spéculative, mais encore étroitement liée aux croyances nationales fusionnées, chaldéennes et sémitiques, paraît être l'identification de l'essence céleste, An ou Anou, avec le principe terraqué sorti de l'abîme, Ea ou Nouah. Par un changement inverse, Moul-Gé, dieu chtonien de la Chaldée, devint pour Babylone, son dieu Bel, dieu céleste; et Bel est fils de Nouah, comme lui dieu de l'intelligence, régnant sur l'empire terrestre et humain. L'absurdité de ces traits de confusion et d'incohérence s'atténue quand on songe que l'imagination se prêtait sans peine à des variantes dont chacune a son sens particulier, sans préjudice de la signification des autres, et que les contradictions ne deviennent intolérables qu'à un esprit qui a perdu la clé du langage symbolique. Deux récits qui, au sens propre, seraient inconciliables expriment seulement des idées différentes et indépendantes l'une de l'autre, qui ne se heurtent point, si ce sont des allégories; et l'absurdité de la fiction en elle-même ne choque pas, quand on n'entend de la fable que sa moralité. Prenons, par exemple, un fondamental concept babylonien de ce genre : le dieu qui se tranche la tête, afin que, du sang qui coulera de sa blessure, en le pétrissant avec de la terre, les dieux forment des hommes intelligents et des animaux aériens; mettons à côté un symbole dont les matériaux, les noms divins, ont également une origine babylonienne, mais reçoivent une explication du genre métaphysique : *Moymis* (le principe de vie), né de l'union de *Tauthe* (la matière de la création) avec *Apason* (le désir de créer) (1). Le second symbole cosmogonique nous paraîtra moins déraisonnable que le premier, abstraction faite de l'interprétation à leur donner à l'un et à l'autre. Pourquoi cela? Précisément parce que nous faisons cette abstraction trop bien dans le premier cas, et que nous ne la faisons pas dans le second. Il s'agit, dans tous les deux, d'êtres et de relations que nous savons n'avoir jamais pu exister proprement; mais les systèmes de métaphysique nous ont accoutumés à nous servir sans répugnance de ces termes généraux, Vie, Matière, Désir, pour exprimer des relations, tandis que les symboles physiques et grossiers de la tête et du sang nous sont étrangers et répugnants, et que nous ne séparons pas l'esprit de la lettre pour comprendre l'espèce de panthéisme dont ils sont l'expression.

(1) Guigniaut, *Religions de l'antiquité*, t. II, 3ᵉ partie, p. 891 et suiv.

Le système fameux des dieux planétaires est, comme les cosmogonies pseudo-philosophiques, un produit des collèges sacerdotaux, qui n'ont trouvé dans les croyances populaires plus anciennes que des adorations sidérales certainement plus incohérentes. L'astrolatrie était de toute antiquité pour les races sémitiques, bien qu'avec la prédominance naturelle des cultes du soleil et de la lune; elle s'est formulée, par l'œuvre des prêtres, de manière à envelopper tous les sujets connus de l'observation astronomique et la composition du calendrier, en les liant aux différentes divinités nationales. A l'époque d'un état moins construit des croyances, plusieurs des dieux auxquels furent plus tard affectés des corps planétaires avaient été le Soleil, avec des attributions spéciales. Les plus grands d'entre eux avaient même eu probablement, avant leur identification astrale, une signification plus universelle, et les planètes, après le Soleil, ont pu être prises pour des organes spéciaux de leur puissance. Adar-Sandam, — c'est le nom de la planète Saturne à Babylone, — qui est aussi l'Hercule assyrien, analogue à l'Hercule de Tyr, — était plus anciennement un dieu solaire. Cette planète, à la faveur de certaines idées d'extrême éloignement et d'antique primauté, fut rapportée à l'Anou des Chaldéens, assimilé lui-même à l'El des Sémites, et c'est par le rapprochement de ce dernier avec le Kronos des Grecs, puis de Kronos avec le Saturne italique qu'elle prit le nom qui la désigne encore. Adar-Sandam ne laissa pas d'être un *Soleil du Sud*, sous un autre point de vue. On le trouve aussi tantôt le fils et tantôt l'époux de Bélit, quoique Bélit soit plus ordinairement associée à Bel. Ces variations sont instructives et doivent s'expliquer par des symboles implantés sur d'autres symboles, sans aucun souci de l'incompatibilité.

La planète que nous nommons Jupiter, à cause de l'identité que supposa le syncrétisme des anciens entre Jupiter et Zeus, et entre Zeus et Bel, reçut à Babylone un nom qui, comme celui de la planète Saturne, s'appliquait d'abord à une personnification solaire. Ce nom — Mardouk, ou Mérodach, Amar-Outouki des Chaldéens, — avait signifié le cercle du Soleil. Lors de la constitution du système astrolatrique, cet astre remarquable fut affecté à la puissance de Bel, le Maître par excellence. La planète Vénus fut prise pour siège et organe céleste de la plus Grande Dame, comme la planète Jupiter du plus Grand Seigneur d'entre les dieux engendrés; et, en effet le nom d'Istar (Astarté) est un nom commun des

Grandes Déesses, par dessus tous leurs noms particuliers en langue assyrienne, outre qu'il désigne spécialement l'astre auquel la grécité aussi a donné le nom que sa propre mythologie attachait à toutes les divinités étrangères dont les attributs se rapportaient directement ou indirectement au symbole de la fécondité féminine. On sait que le culte de ces divinités, notamment celui d'Astarté, identifiée avec Aphroditè, et le mythe d'Astartè en rapport avec Thammuz ou Adonis son amant, furent pour la Grèce des importations asiatiques (1). Ce mythe répandu sous des noms et des formes variées dans tout l'Orient sémitique, et lié à des rites obscènes, à des fêtes extravagantes, a ses premiers éléments dans la religion babylonienne. C'est Douzi (Thammuz), amant d'Istar et ramené par elle du *Pays immuable* où il a été transporté.

Tous ces dieux qui passent par des périodes d'ombre et de lumière, d'absence et de retour, de mort et de résurrection, sont, comme on sait, des symboles de la révolution solaire. Ils sont, en général, des dieux mâles, pourtant les sexes se confondent quelquefois : Adonis, en quelques localités syriennes, Atys en Phrygie étaient hermaphrodites ; l'Aphroditè de Cypre et d'autres lieux encore était représentée barbue et phallophore. Des corporations de prêtres, imitant l'émasculation d'Adonis, cherchaient un semblant d'hermaphroditisme par l'eunuchisme, et prenaient des allures efféminées. Ce sont là des traits de corruption indubitables d'idées qui avaient primitivement un caractère sérieux dans leur obscénité même, comme celle d'où naquit, sans doute, l'usage de la *prostitution sacrée* qu'Hérodote, historien fidèle, rattache au culte de Mylitta, et qui, semble-t-il, remontait, dans un autre culte, à la haute antiquité chaldéenne (2). Une pensée de sacrifice a dû en être le fondement.

Les grandes déesses ont pour ainsi dire oscillé en divers lieux entre les attributions lunaires et celles de la planète Vénus, ce qui jette de la confusion dans leur histoire. Mais le dieu de la Lune occupe dans la religion babylonienne une place distincte et remarquable, qui ne rappelle en rien celle des déesses-mères. Sin est son nom ; il est qualifié dans certains textes de Père du Soleil ; il est père d'Istar aussi, et il est fils d'Anou (ou de Bel), et, loin de répondre à un principe de génération femelle, il a lui-même

---

(1) Voyez A. Maury, *Histoire des religions de la Grèce*, t. III, p. 220.
(2) Hérodote, *Histoire*, I, 199. — *Hymnes magiques* (trad. par F. Lenormant dans *La magie chez les Chaldéens*, p. 4).

des déesses correspondantes de ce genre, telles que Goula, Malkit ou Anounit. Sa haute filiation et son rang généalogique antérieur au Soleil, — symbole si éloigné des idées communes quand il s'agit d'une personnification lunaire, — réclament une explication ; on la trouve dans ce fait que Sin était un dieu d'Our en Chaldée, un dieu représenté avec des attributs de haute primauté. La doctrine astrologique le prit pour le mettre à une place où son titre de générateur suprême devait, semble-t-il, s'abdiquer. Mais il était conforme aux usages d'un polythéisme en quelque sorte formé d'une accumulation de monothéismes dans lesquels la divinité était regardée comme manifestée sous des formes diverses, encore que séparément souveraines, d'invoquer chaque dieu ou déesse adorés sans leur marchander aucun titre, et même en les élevant tous et chacun en particulier jusqu'à l'absolu.

Les deux dieux-planètes qui nous restent à mentionner, Nergal et Nabou (Mars et Mercure), avaient, comme les précédents, occupé le premier rang dans leurs contrées originaires, l'un à Coutha, l'autre à Borsippa près de Babylone. Le premier portait les attributs du guerrier, il est représenté avec une tête de lion, et les textes le qualifient de dompteur de monstres. De là son assimilation à Arès et à Mars. Le second est l'intelligence suprême, l'« intelligence de Moul-Gé », disent les hymnes chaldéens, l'inspecteur des légions du ciel et de la terre, l'*astrologue*, le *prophète*, d'après le sens de son nom assyrien. La fonction des Thot et des Hermès est donc celle qui lui convenait. C'est ainsi que le nom de Mercure, porté aujourd'hui par une planète, est une dernière trace qui reste de l'attribut d'un dieu de la sagesse, adoré dans une ville de Chaldée, plusieurs milliers d'ans avant notre ère.

Remarquons, à propos de Nabou, deux traits intéressants pour l'interprétation des religions sémitiques. Les Chaldéens adorant l'*Intelligence de Moul-Gé*, le dieu de l'abîme, tirent les origines d'en bas, ce qui est conforme au sens général de leurs idées cosmogoniques et à la fonction d'éducateurs des hommes qu'ils prêtent aux « dieux du fond ». Ea est pour eux le grand esprit des eaux, encore plus que de la terre, et Anou lui-même est ichthyomorphe. Les Chaldéo-Babyloniens, au contraire, transportent les actions divines dans le ciel, en composant le système théoplanétaire. Nabo et le dieu suprême Anou deviennent pour eux des planètes. Il y a là tout au moins une indication favorable à l'opinion qui rapporte l'astrolatrie primitivement aux Sémites, en laissant aux Chaldéens le choix de l'eau, de la terre et de leurs profondeurs pour premier théâtre des manifestations divines.

En second lieu, le système théoplanétaire offre cette particularité, que les planètes Istar et Nabo s'y dédoublèrent afin de s'adapter à l'observation astronomique d'apparitions distinctes l'une du matin, l'autre du soir, de ces deux astres intérieurs qui accompagnent le soleil. Des dieux distincts répondirent à ces deux conditions apparentes de chacun des deux corps célestes et à ses influences imaginaires, quoique l'on sût déjà fort bien qu'il n'était partout en sa révolution que le même corps. Si nous rapprochons ce dédoublement fictif du fait que le soleil, suivant qu'on l'envisageait au levant, au midi ou au couchant, et la lune sous ses différentes phases recevaient souvent et des noms divins et des cultes particuliers, il sera difficile de ne pas conclure que le procédé polythéiste de la division de la puissance fondamentale en autant de personnes divines qu'on imaginait de genres d'action ou d'attributs était peu capable de faire illusion à quiconque apportait le moindre jugement à l'emploi d'une telle méthode. Nous devons ainsi donner raison à ceux qui reconnaissent un fond de monothéisme inhérent en principe à cette classe de religions. Mais ce monothéisme est un panthéisme, c'est ce qu'il faudrait ajouter aussitôt; c'est un panthéisme matérialiste, que la réflexion fait sortir d'un concept de puissance universelle diversifiée par ses sièges et ses effets dans la nature et sur l'homme. Il se formulerait donc, sauf à savoir quelle idée on doit se faire du *principe*, dans les mêmes termes que toute autre doctrine regardant tout ce qui existe comme des attributs ou modes d'agir d'un *principe* unique. Les doctrines de ce genre ont différentes manières de sortir, dans l'intérêt de la religion, de cette unité à laquelle se croient tenus au fond les docteurs, ou métaphysiciens ou matérialistes. Le polythéisme sémitique est une de ces manières.

La tour célèbre de Babylone, qu'Hérodote visita, dans la vaste enceinte du palais du roi, avait ses différents étages consacrés aux sept dieux-planètes. Elle servait d'observatoire d'astronomie aux prêtres. On sait par cet historien que l'étage inférieur appartenait à Bel (Zeus-Bélos comme il le nomme) et renfermait son temple; mais il doit s'agir là d'un soubassement, car Hérodote parle de huit tours superposées, et non de sept. Nous avons vu dans l'*Introduction* que l'étage supérieur contenait, d'après le même auteur, *une table et un lit,* pour tous attributs, sans aucune effigie (un lit, car cette religion ne séparait jamais l'idée de la divinité, même la plus haute, de l'idée de la génération sexuelle). Cette absence d'attributions spéciales pour le dieu autorise à définir ce dernier comme le primordial Ilou, le Très-Haut sémitique, en rapport avec la planète Saturne, et assimilé par les Grecs à leur Kronos. Six étages restent disponibles pour les dieux-planètes en cet ordre, partant d'en bas : Sin (le dieu Lune), Nabou, Istar, Samas, Nergal et Mardouk. Mardouk, quoique l'une des formes de Bel, pouvait avoir sa place comme planète, indépendamment de celle que, suivant Hérodote, il occupait à l'étage inférieur à titre de grand dieu protecteur de la nation. Cet arrangement met le Soleil (Samas) au quatrième rang, entre les trois planètes supérieures et les trois inférieures, parmi lesquelles se compte la Lune : disposition conforme à la réalité, et que les observateurs ont reconnue de bonne heure. On peut s'étonner de ce qu'il ne parle pas de la semaine, et de l'ordre des jours, que l'astrologie a également consacrés aux six planètes et qu'elle nous a légués : lundi, mardi, etc., dimanche ; mais cet ordre s'obtint par une autre spéculation, en franchissant les dieux de quatre en quatre pour obtenir les jours qui leur appartiennent.

Toutefois il paraîtrait, d'après des lectures modernes d'inscriptions, que le temple de Borsippa (ou son étage supérieur?) était dédié à Nabou, et que la crypte, dans le soubassement, l'était à Anou. Ce n'est point ce que dit Hérodote. Mais la possibilité de ces variantes de témoignages s'explique par les identifications et superpositions de noms, méthode familière à ces religions de l'Asie. Nabou a pu, comme patron des observateurs astrologues, avoir sa chapelle au sommet de la tour des planètes, sans préjudice de la chambre du dieu sans nom ; et l'association du dieu suprême des vieux Chaldéens avec le dieu tutélaire de Babylone n'est pas faite pour nous étonner.

Les étages de la pyramide de Borsippa se distinguaient extérieurement par leurs couleurs, et cela sur le fondement d'on ne sait quelles analogies entre ce caractère et celui des dieux ou des astres. Enfin à ces correspondances il s'en ajoutait d'autres qui se tiraient des métaux, et c'est encore un genre de symbolisme dont les traces se sont conservées et perpétuées par l'assimilation que les alchimistes ont faite des métaux aux planètes : du cuivre à Vénus, du plomb à Saturne, etc.

Il est clair que ces pyramides n'avaient nul rapport de construction ni de destination avec celles qui servirent de tombeaux aux Pharaons. Nous avons parlé ailleurs de la signification d'alliance religieuse que paraît leur avoir donnée un roi d'Our en Chaldée, qui les multiplie sur tous les territoires où s'étendait sa domination, et auquel on croit qu'appartiennent toutes celles dont les ruines se voient encore sur les emplacements des vieilles villes chaldéennes. C'est la date du syncrétisme sémitique et chaldéen, qui s'étendit ensuite à l'Assyrie. Une telle œuvre fut nécessairement liée à la tentative de centralisation politique dans laquelle se succédèrent de nombreux conquérants de cette région et des régions voisines, et qui aboutit à la domination alternative de deux États se disputant l'hégémonie. Ninive reçut de Babylone son temple pyramidal à une certaine époque, et il paraît bien que si les rois d'Assyrie ont le plus souvent dominé, à partir du grand développement de leur nation jusqu'à l'arrivée des Mèdes et des Perses sur ce théâtre d'invasions souvent renouvelées, Babylone a été de son côté le principal centre de religion. C'est sans doute à Our, tout d'abord, ensuite à Babylone que s'accomplit l'alliance des deux sacerdoces, avec le travail nécessaire pour la jonction des dieux, vers le temps où les légendes des Hébreux rapportent la sortie d' « Our en Chaldée » des Térachides monothéistes (émigration de Térach, d'Abram et de Lot). La construction d'une *Tour de Babel*, que ceux-ci, pour une raison aujourd'hui inconnue, purent considérer comme manquée par ses auteurs, doit être en relation avec la même époque critique de cette contrée à races très mêlées ; et le Nimrod de l'Écriture est très probablement, quoi qu'on en pense dans l'école de la mythologie partout et toujours, le conquérant devenu légendaire qui, parti des villes de Chaldée, étendit le premier son empire de la Babylonie jusque dans l'Assyrie (1).

Si les pyramides-panthéons sont les monuments de cette fusion de deux systèmes de religion, les différences de classification qui auraient dû se marquer dans la consécration des assises

---

(1) *Genèse*, xi, 31 ; xi, 1-9 ; x, 8-13. — Les légendes doivent être prises indépendamment les unes des autres, sans rapport chronologique entre leurs sujets respectifs.

de ces tours à étages, selon les localités et les cultes les plus en faveur en chaque lieu, se déguisaient à l'aide de plusieurs méthodes : par les synonymies fondées sur des analogies tant naturelles que forcées, par les attributs multiples d'une même divinité, par leurs croisements de l'une à l'autre. Puis il y avait la volonté d'un maître, l'imitation des sujets, et l'esprit général d'un polythéisme que nous avons caractérisé. C'est, au fond et avant tout, cet esprit qui avait permis les assimilations chaldéo-babyloniennes, qui nous explique la similitude des dieux et des cultes de l'Assyrie avec ceux de la Babylonie, — réserve faite seulement en faveur d'Assour, le grand dieu éponyme, — en sorte que nous pouvons nous dispenser, pour l'objet d'une étude telle que la nôtre, de nous occuper des rapports et des différences des compositions théologiques des deux empires. Et c'est encore l'existence du même esprit chez les Aryens mythologisants et les Sémites symbolisants, mais tous également polythéistes, qui peut seule nous rendre compte du syncrétisme qui se continua de religions en religions dans l'antiquité gréco-romaine. On peut prendre pour exemple de la facilité des identifications la manière vraiment curieuse dont Hérodote, au livre II de son *Histoire*, retrouve les dieux de la Grèce dans les dieux de l'Égypte.

La théorie des dieux-planètes a pour suite naturelle les problèmes du calendrier et de la chronologie à Babylone. Il convient d'indiquer ici ce qui peut sembler acquis touchant les connaissances tantôt prêtées, tantôt disputées aux prêtres chaldéens, et quelques éclaircissements sur leurs supputations fabuleuses des temps. On verra qu'une explication assez probable de ces dernières apporte une confirmation de la manière dont nous avons envisagé ailleurs une question troublée par différentes préventions, les unes religieuses, les autres antireligieuses, toutes d'un genre également peu scientifique : la question du *déluge*.

Les prêtres astrologues de Babylone ont peut-être connu les mouvements du soleil et de la lune avec assez d'approximation pour calculer la durée d'une année sidérale de 365 jours, 6 heures et quelques minutes, et découvrir la période de 1805 ans ou 22,325 lunaisons; et ils ont dû posséder des tables des mouvements des *autres planètes* : elles leur étaient nécessaires pour les calculs astrologiques qu'ils établissaient sur les temps des levers et des couchers, des révolutions et des apogées. Voilà ce qui est aujourd'hui généralement admis (1). Mais à quelle époque se sont-ils réellement trouvés en possession de ces données si avancées? ceci est une autre question. Ils ont pu et dû les préciser de plus en plus, afin d'éviter le trop grand nombre des cas de natalité identique, et d'avoir réponse aux objections suggérées par l'expérience des horoscopes semblables et des destinées diverses. Mais ce n'est pas une raison pour que les prédictions astrologiques n'aient pas été motivées grossièrement avant de l'être avec précision, ou scientifiquement (c'est-à-dire suivant les règles de cette science imaginaire). Rien ne prouve que la valeur en jours de l'année sidérale leur ait été connue à l'époque où, voulant se découvrir des traditions reculées par la supposition d'une dynastie nationale qui datât du déluge, ils attribuèrent un nombre fabuleux d'années à la durée de cette dynastie prétendue, à l'aide de laquelle ils rejoignaient une dynastie chaldéenne antédiluvienne aux proportions encore plus gigantesques. L'époque dont nous parlons étant celle de la fusion de la religion chaldéenne avec les cultes sémitiques, et de l'alliance de deux corps de prêtres dont le premier, le chaldéen, se trouvait probablement le mieux organisé, cette époque est assez ancienne pour avoir laissé de la marge aux progrès des observations astronomiques après elle. Elle remonte en effet à 2000 ou davantage avant notre ère et jusqu'à des temps assez voisins du déluge, considéré comme un grand fait d'histoire locale. Partons de là pour les considérations qui vont suivre, et rapportons d'abord brièvement les points capitaux de la chronologie chaldéenne.

Les Chaldéens, selon Bérose, historien dont les assertions ont repris un juste crédit, de même que celles de Manéthon concernant l'Égypte, comptaient 432,000 ans pour cette période fameuse de dix rois antédiluviens dont la correspondance avec celle de dix patriarches similaires de la Bible a toujours été si remarquée. Ils comptaient, après le déluge de Xisouthros, un laps encore de trente et quelques milliers d'années pour les prétendus rois chaldéens antérieurs à une certaine invasion médique, de laquelle seule on peut faire dater les supputations vraiment historiques. Depuis ce moment, que tout doit nous faire supposer séparé de celui du déluge par un intervalle de dispersion et de désorganisation qui n'a pas eu besoin de s'étendre sur plus de trois ou

(1) Chasles, *Recherches sur l'astronomie indienne*; Oppert, articles *Babylone* et *Chaldéens* de l'*Encyclopédie des sciences religieuses*.

quatre générations pour effacer les traditions positives des temps antédiluviens, les Chaldéens attribuaient des durées acceptables et que, pour la critique, rien n'infirme, à une suite de dynasties dites médique, élamite, chaldéenne, arabe, assyrienne, babylonienne, etc. Le total de ces règnes couvre environ 2000 ans jusqu'à la mort d'Alexandre fils de Philippe de Macédoine : environ, car certains chiffres laissent un peu d'incertitude. Il se serait donc écoulé de vingt-trois à vingt-quatre siècles depuis la première date sérieuse des Chaldéens jusqu'au commencement de notre ère.

On a présenté (1) l'hypothèse suivante pour l'interprétation de la période fabuleuse de 432,000 ans, comparée à celle de 1,656 ans qui se tire du texte hébreu de la *Genèse* en additionnant les durées de vie attribuées dans ce texte aux patriarches hébreux jusqu'au déluge. Les deux nombres sont entre eux dans le rapport de 6000 à 23, et « puisque 23 ans font juste 8,400 jours ou 1,200 semaines, l'auteur de la cosmogonie mosaïque a substitué la semaine aux 5 ans, 60 mois, ou au lustre babylonien ». Mais pourquoi les Chaldéens n'auraient-ils pas aussi bien substitué le lustre à la semaine des Hébreux? La supposition ne serait pas plus arbitraire. L'auteur de l'hypothèse semble croire qu'un phénomène géologique remontant à plus de 40,000 ans a été conservé avec sa date dans la mémoire des hommes ! « Le cataclysme eut lieu, dit-il, selon les listes de Bérose, aujourd'hui vérifiées avec une exactitude mathématique en 41,697 avant J.-C. (2). » Comment est-il possible de conclure ainsi de la vérification des périodes historiques de Bérose à la vérité de ses périodes fabuleuses. Pour appliquer la saine critique historique à la Bible, il faut d'abord abandonner l'opinion de l'universalité du déluge, parce que la géologie la dément. Cela fait, le bon sens demande qu'on rapporte cette catastrophe locale à une époque abordable pour les traditions humaines, et dès lors les nombres qu'on peut tirer de la *Genèse* sont discutables, et ceux de Babylone, en eux-mêmes, ne le sont pas. Il n'est pas admissible que les nombres des Hébreux, qui sont raisonnables, si ce n'est vrais, soient tenus pour fictifs, tandis que les nombres fantastiques des Chaldéens deviendraient de l'histoire. Mais quoi qu'il en soit, un obstacle mathématique insurmontable, ce me semble, s'oppose au passage, en quelque sens

---

(1) Oppert, *loc. cit.*, article *Chaldéens*, p. 13.
(2) Id., *ibid.*, article *Babylone*, p. 6.

qu'on l'imagine, de la période de 432,000 à celle de 1,656 ans, ou *vice versa*, en posant l'équation de 23 ans à 8,400 jours, comme le fait l'auteur cité ci-dessus. En effet, ce rapport qu'il appelle *juste* suppose une détermination de l'année, et cette détermination, non pas juste, mais exprimée par un nombre fractionnaire indéfini (365^j, 5^h, 13^m, 2^s, etc., etc.), il n'y a aucune raison de supposer que les Hébreux ou les Chaldéens s'en soient jamais servis, contrairement à la tendance partout vérifiée des hommes de l'antiquité à supposer des rapports numériques exacts, des *nombres ronds* (1).

Si nous voulions nous fier à de meilleures probabilités, dans un problème si peu déterminé, nous raisonnerions comme il suit : Voilà deux nombres d'années, l'un, 432,000, visiblement factice et qui pour cette raison même est à prendre tel qu'il est pour le parti qu'on en peut tirer, l'autre, 1656, qu'on peut supposer correspondre à une supputation, non pas précisément chronologique, sans doute, mais enfin qui réponde à la supposition *possible* d'un certain nombre de générations d'une race donnée antérieurement à un certain événement. C'est trop présumer que de vouloir rendre compte de l'arrangement numérique des dix générations inégales, et pareillement factices, par lesquelles les Hébreux ont exprimé, en manière de légende, l'idée qu'ils se formaient de la longévité de leurs patriarches supposés avant le déluge, mais le nombre total de ces générations n'est ni tel qu'il viole toutes les vraisemblances, puisque l'histoire d'Égypte nous fait remonter plus haut que la date probable de cet événement augmentée de 1,656 ans ; ni composé au moyen du nombre chaldéen par une substitution de la semaine au lustre d'années des Chaldéens, puisque ce calcul supposerait la connaissance de nous ne savons quel rapport approximatif de la semaine à l'année ; ni enfin établi en se guidant sur une théorie quelconque de numération et en cédant au prestige de certains nombres, car cela se verrait tout de suite au choix de ceux-ci. Le nombre chaldéen, au contraire, est égal au double de la troisième puissance de 60 (2. 60. 60. 60 = 432,000) et 60 est la base de la numération babylonienne, qui est sexagésimale. Il n'en faut pas davantage pour se faire une idée de la vraie nature des *dix générations antédilu-*

---

(1) $\frac{8400}{23} = 365{,}217391\ldots$, fraction indéfinie qui répond en heures, minutes, secondes, etc., etc., à la durée de l'année que suppose l'auteur implicitement.

viennes de Bérose. Celles de la Bible ne sont pas plus historiques, mais elles sont composées pour répondre à des idées d'ordre moral quoique nous ne sachions plus bien lesquelles. Le nombre supposé des générations est le même de part et d'autre. On peut sur ce point admettre une rencontre aussi bien qu'un emprunt, d'autres peuples ayant également choisi le nombre 10 pour celui de leurs générations fabuleuses.

Nous avons vu que l'histoire ne commence pas plus pour la tradition babylonienne que pour celle des Hébreux au déluge admis de part et d'autre, puisque la liste de Bérose place entre le cataclysme et l'invasion médique une période de 39,180 ans occupée par une dynastie nationale. Il existe différentes versions de ce nombre (savoir 33,091 et 34,080). La moyenne de ces nombres se rapproche de 36,000 qui est égal à 10 fois la seconde puissance de 60. Le commencement réel de l'histoire pour la Babylonie se place dans la première moitié du XXIIIe siècle avant notre ère, en suivant les chiffres de Bérose, et l'étude des monuments permet, semble-t-il, de remonter encore de quelques siècles plus haut. C'est vers cette époque qu'on doit placer le déluge de la région de l'Euphrate, soit qu'on la trouve ou non conciliable avec celle du déluge des Chinois : question accessoire, après tout, pour le critique qui regarde les cataclysmes diluviens comme des phénomènes locaux (1). A dater de ce moment les Sémites civilisés de Babylone, unis aux Chaldéens, prennent décidément l'avantage sur les nomades hébreux pour la constitution des annales humaines ; car ceux-ci dans les périodes qu'ils construisent entre les figures de Noé et d'Abraham, entre celles d'Abraham et de Joseph, ne connaissent que l'art de grouper certains nombres de générations successives sous la forme de patriarches longèves, et de les orner de légendes où se traduisent leurs sentiments religieux et leurs mœurs.

Les traits principaux du déluge de la tradition chaldéenne, telle qu'on la trouvait dans les fragments de Bérose, ne rappelaient en rien le sens moral attaché par les Hébreux à la destruction du genre humain et ne donnaient qu'un aperçu insuffisant du rôle qui avait dû être prêté aux dieux dans l'interprétation de la catastrophe. On pouvait donc supposer que la croyance à une

---

(1) Voyez l'*Introduction*, 2e partie, chap. XXII.

vindicte divine exercée contre les hommes avait été absolument particulière aux Hébreux. La découverte et la lecture des textes assyriens est venue rectifier cette opinion, mais jusqu'à un certain point seulement ; car il ne suffit pas de traduire des mots assyriens par les termes français classiques de péché, de repentir et de pénitence pour qu'il soit démontré que le sentiment du devoir avait à Babylone les applications que comportent nos propres associations d'idées. Les mots d'une langue morte ne prennent des valeurs précises que grâce à la comparaison d'un grand nombre de textes et à l'étude prolongée d'une littérature. On n'en est pas encore là en assyriologie. Nous avons parlé ailleurs de ce curieux poème d'Izdubar où se trouvent, avec une légende du déluge, une mise en scène analogue à celle que la poésie épique nous a rendue familière depuis Homère : les assemblées des dieux, une *descente aux enfers*, etc. Izdubar, grand guerrier, preneur de villes en Chaldée, comme le Nimrod de la Bible, maître d'Erech, la grande ville, vainqueur du roi Balazou, tombe malade. Quoique époux d'Istar, une déesse, la mort va le saisir, s'il n'obtient le secret de l'immortalité, que possède un ancien roi, jadis enlevé par les dieux, maintenant habitant de cette région d'où sortirent les êtres ichthyomorphes, premiers éducateurs des hommes. C'est, après un voyage plein d'aventures qu'Izdubar apprend de la bouche de ce personnage l'histoire du déluge. La conversation s'établit entre eux d'une rive à l'autre d'un fleuve : imagination familière aussi aux Égyptiens et qu'on retrouve dans leurs anciens contes. Revenons sur ce récit du cataclysme pour éclaircir autant que possible les points qui concernent sa cause et la conduite des dieux (1).

On y voit la multitude effrayée des dieux chercher un refuge et *se blottir* dans le ciel d'Anou, pendant qu'un certain nombre des plus grands, Nabou, Nergal, Ninip, etc., participent à l'œuvre de destruction. Les Esprits pleurent sur le sort de l'homme ; Istar prononce un discours dans lequel elle attribue le malheur qu'elle a prédit, dit-elle, à son peuple, au peuple qui lui doit la naissance, à ce fait, que « le monde s'est tourné au mal ». Après le déluge, dont la durée n'est ici que d'une semaine, — application du septénaire sémitique, à rapprocher du septième jour, qui

---

(1) Voyez sur le poème d'Izdubar, pour quelques détails qu'il est inutile de reproduire ici, l'*Introduction*, 2⁰ partie, chap. XXIX.

suit l'œuvre de la création dans la *Genèse*, — et après une seconde semaine, à la fin de laquelle se place la légende des oiseaux lâchés, Sisith (Xisouthros) fait sortir les animaux du navire, descend lui-même et offre un sacrifice sur la montagne. Là se place un épisode intéressant, d'un caractère polythéiste encore plus marqué que celui des traits précédents.

Les dieux, au rapport de Sisith, dans le poème, s'assemblèrent autour de la flamme du sacrifice. Plein de douleur, il pria que la vie ne lui fût pas conservée plus longtemps pour subir de telles épreuves. Mais en les convoquant, il excepta Bel de tous les autres : « Puisse, dit-il, Bel ne pas venir à mon secours ; c'est lui qui a été impitoyable et qui a détruit le peuple dans la tempête ! » Nous voyons en effet ce dieu rencontrant dans sa course le navire sauvé de Sisith, et se rendant tout colère à l'assemblée des dieux et des esprits pour demander que pas un homme ne sorte vivant de l'abîme. Ninip intervient. Ea « qui sait toutes choses » propose un expédient à Bel, « prince des dieux ». Ta vengeance fut juste, lui dit-il, et c'est l'homme lui-même, « auteur du mal, qui a fait son mal » ; mais, au lieu d'anéantir sa race, augmente le nombre des lions et léopards, envoie la peste et la famine, et les hommes diminueront. Bel accepte le plan du plus sage des dieux. Lui-même, en présence de Sisith et de sa femme, contracte une alliance avec le peuple. Les époux privilégiés sont conduits dans un lieu écarté, vers l'embouchure du fleuve. La partie de l'épisode qui a pu être reconstituée se termine sans que Sisith révèle à Izdubar le secret qu'il est venu chercher. Il semblerait même que toute la révélation du vieux roi se borne à la communication d'une recette pour rendre au héros la santé et la beauté. On n'en peut tirer aucune lumière sur les idées chaldéennes ou sémitiques touchant le problème de la mort et de l'immortalité, à l'époque de la composition du poème. Quant au genre de ce mal *dont l'homme est l'auteur*, et qui motive la vengeance des dieux, on est réduit à s'en faire une idée vague, puisqu'on ignore s'il s'agit du mal moral de la société humaine, en un mot de l'*injustice*, selon le sens non douteux de la Bible, ou d'une offense aux dieux, de l'espèce de celles qu'on s'attend à rencontrer dans un poème épique où les dieux forment entre eux société comme les hommes, et sont en relation avec eux.

Pourrait-on, sans trop forcer les analogies, voir dans cette partie de la légende où le dieu Ea suggère l'idée de multiplier les maladies et les bêtes féroces sur la terre, afin de punir les hommes, quelque chose de semblable à l'introduction du mal physique à la suite des désordres moraux et des ravages de l'impiété dans le cœur humain? ou simplement la substitution de maux particuliers, atteignant par chance les individus, à une peine englobant solidairement la race. La seule réponse possible à de telles questions, en attendant de nouvelles découvertes, paraît être que rien de ce que nous connaissons de cette branche des peuples de l'antiquité n'indique l'existence d'un sentiment moral et d'une conviction du péché comparables à ceux qui ressortent des notions religieuses de l'Égypte et de l'Inde, tant s'en faut qu'on puisse établir un rapprochement avec l'esprit de la Bible. Un autre genre de rapports reste toujours à rechercher, ou plutôt à préciser, car il est bien constant; c'est celui qui existe entre le matériel des légendes qui nous sont venues par les Hébreux et le matériel des légendes, semblables, mais conçues et traitées dans un esprit différent, qui nous ont été de tout temps indiquées par divers écrivains de l'antiquité, et nous viennent à présent de source assyrienne originale et authentique. Nous verrons tout à l'heure, en traitant des cosmogonies sémitiques, jusqu'où s'étendent ces rapports concernant la *création* et la *chute de l'homme*. Le savant linguiste à qui on doit la découverte et la traduction de fragments d'un si haut intérêt des légendes relatives à la cosmogonie, au déluge et à quelques autres points importants de mythologie babylonienne et assyrienne (1), n'a pas tenu suffisamment compte des différences profondes des idées dont il constatait les ressemblances ; il a cédé au penchant ordinaire des inventeurs à forcer les assimilations et les analogies; et pourtant, plus elles s'accusent, plus le contraste fondamental ressort et domine.

Le principal enseignement philosophique à tirer du poème chaldéo-babylonien, en dehors de la comparaison de ses légendes avec celles de la Bible, c'est qu'une religion polythéiste dont les premières déterminations théologiques sont du genre proprement

(1) George Smith, *The Chaldean account of Genesis, containing the description of creation, the fall of man, the deluge, the tower of Babel, the times of the patriarchs and Nimrod, etc. from cuneiform inscriptions*, fourth edit. 1876. — Les tablettes sont au Musée Britannique La langue est l'assyrien (sémitique). La grammaire et les caractères dénotent une antiquité supérieure à celle de la copie.

symbolique, et non directement mythologique, — suivant les définitions sur lesquelles nous avons insisté au commencement de ce chapitre, — arrive à produire des compositions poétiques semblables à celles des peuples constructeurs de mythes. La raison en est dans la présence, de part et d'autre, des deux grands éléments communs : 1° la pluralité des dieux, qu'ils soient fournis par des phénomènes, ou des forces, ou par des idées générales d'ordre intellectuel ou physique; et 2° leur personnification, qui conduit naturellement à feindre entre eux des relations telles qu'il y en a entre les hommes, et, avant tout, l'union sexuelle, matière de mythes inépuisable. Ces relations, une fois posées, doivent se développer de la même manière et se traduire par les mêmes aventures. Ainsi Izdubar, personnage qui paraît avoir été d'abord la divinisation de la force du feu, puis du soleil spécialement, a reçu par la méthode des allégories l'attribution des courses et des exploits qui rappellent ceux des Hercules célestes, dompteurs de monstres, conquérants lumineux des régions zodiacales. Il a pu ainsi se rencontrer avec les héros solaires dérivés de mythes dans lesquels on envisageait le soleil lui-même, immédiatement, comme un sujet d'aventures exprimant, *affabulant*, les relations de son personnage avec les autres personnages affectés aux phénomènes qui accompagnent sa marche dans le ciel.

Si nous jugeons du poème d'Izdubar par les fragments que nous en connaissons, l'anthropomorphisme nous paraît y prendre des formes analogues à ce que nous voyons dans les poèmes homériques, par exemple, où, dans la décadence du procédé mythologique naïf, les dieux, leurs rôles, leurs passions, leurs délibérations, leurs interventions dans la marche des destinées humaines se modèlent sur le type de l'homme beaucoup plus que sur la nature et les fonctions d'un astre ou d'un météore qu'ils avaient représentés originairement. Les méthodes que nous avons distinguées au point de départ tendent donc à se confondre, et, après tout, ce qui les unit a beaucoup plus d'importance que ce qui les sépare. Ce qui les unit, c'est la personnalisation, c'est ce procédé qui *a cessé d'exprimer pour nous une vérité* depuis qu'il est devenu une pure habitude d'esprit grammaticale, et que *nous ne le pensons plus*, quoique nous l'appliquions à tout instant. Il a pourtant dû nécessairement *être pensé, pensé comme une vérité*, au moment où il a été établi spontanément par les créateurs des langues aryennes et sémitiques. Or une fois que le système des personnifications est adopté, soit qu'il s'applique au jeu des forces et des phénomènes naturels, ou à des idées générales ou symboliques, ou enfin à ce spiritisme qui surajoute aux choses des personnes motrices immanentes, — troisième méthode, — le fondement d'une mythologie commune se trouve posé, parce que l'on imagine entre les personnes des rapports, et ces rapports correspondent à ceux des choses moyennant ce qu'on appellera plus tard des allégories. Plus tard, en effet, quand se sont constituées les notions abstraites de *chose*, de *matière* et de *rapport*, toutes ces méthodes se rencontrent à nommer des choses ce qu'elles nommaient des dieux, et à concevoir des rapports sans les affecter à des personnes. Elles tendent toutes alors également au panthéisme, qui consiste à se représenter les choses et leurs rapports comme ne formant qu'un tout solidaire, développé dans le temps, et à leur refuser, au moins à titre permanent, cette qualité de personnes qu'elles leur donnaient autrefois universellement. C'est la fin des religions polythéistes.

L'étude des religions de l'antiquité, poursuivie sans aucune hypothèse exclusive sur ce que des hommes primitifs ont dû penser des causes, attentive seulement à l'interprétation psychologique de l'esprit des plus anciens documents dans les différents groupes entre lesquels nulle communication ne nous est connue, ni ne peut être légitimement supposée, cette étude nous conduit donc à reconnaître des produits religieux spontanés et divers, et des directions originales de croyance, autant que le peuvent permettre des propriétés communes dans l'objet et dans le sujet. Mais ensuite ces diversités mêmes perdent peu à peu de leur importance. Comment pourrait-il en être autrement? Au fond, les inspirations variées et les méthodes sont également accessibles à la nature humaine mentale, dont elles constituent des puissances; il doit donc arriver que les modifications naturelles de l'esprit à la suite de l'expérience, et l'application du jugement réfléchi aux concepts qui se présentèrent les premiers, amènent entre les religions des rapprochements, là où étaient des divergences. La force des habitudes contractées n'empêche pas ces changements, tout en les rendant plus difficiles et plus lents. Puis les communications survenues entre des nations qui s'ignoraient, et surtout leurs mélanges violents donnent lieu à des emprunts et à des combinaisons, à des fusions d'idées. Le *syncrétisme* est le nom qu'on a très justement donné à celui de ces faits de fusion (et de confusion) intellectuelle que la critique historique nous a révélé le premier, parce qu'il nous touchait de près ; à celui qui, dans notre Occident, a commencé avec les rapports entre la Grèce littéraire et philosophique et les nations *barbares.* Il s'est accusé principalement après les conquêtes d'Alexandrie, après celles des Romains, et a fini par s'étendre systématiquement à la philosophie et aux différentes religions polythéistes, à l'époque de l'école d'Alexandrie. Mais nous avons remarqué plus haut que le syncrétisme est un événement qui s'était accompli plus anciennement sur un autre théâtre, en Orient, par l'alliance des doctrines ou croyances chaldéennes (touraniennes d'origine première), et de celles du monde babylonien (sémitique), non sans mélange aussi, on le suppose souvent, de quelques éléments d'emprunt, pris du côté de l'Égypte, ou du côté de l'Arye, dont certaines branches ont rayonné dans l'Asie occidentale. Mais ces derniers éléments sont restés sans importance. La source chaldéenne a suffi pour introduire dans le sémitisme babylonien et assyrien ce que nous reconnaissons de mythologique, selon le sens propre que nous réservons à ce mot, à une composition telle que le poème d'Izdubar. Les esprits élémentaires, les différents ordres de génies, et les personnifications des principes souverains de l'air, de la terre ou de l'eau se prêtaient mieux que les concepts généraux d'élévation, de puissance et de maîtrise universelle à la construction des mythes complexes, aux récits des aventures des héros, enfin à l'épopée. On sait que les tribus de race touranienne, autant que leur développement intellectuel l'a permis, se sont montrées plus fécondes que les nations sémitiques en ce genre de productions. Tout ce que ces dernières en ont connu paraît leur être venu des anciens Chaldéens, ainsi que le cortège immense des superstitions spiritistes et des divinités d'ordre inférieur, bienfaisantes ou malfaisantes, qu'on trouve nommées, invoquées ou conjurées dans les inscriptions assyriennes.

Cette religion de Babylone et d'Assyrie, compliquée et confuse, comme la font paraître les découvertes modernes, est plus facile à envisager dans ses sources sémitiques quand on la compare aux plus simples de ses similaires, surtout aux cultes des peuplades mêlées à l'histoire d'Israël, cultes dont les livres historiques et prophétiques de la Bible nous donnent une idée sommaire assez claire. Joignons-y le résumé des cultes de la

Phénicie et de quelques nations dispersées de la même race. Que trouvons-nous? d'abord la prééminence d'un dieu, souverain protecteur du peuple, avec une apparence matérielle prise des corps célestes ou marins, et un attribut de puissance dont l'organisation animale fournit souvent le type et le symbole ; d'autres dieux et déesses en nombre plus ou moins grand, distribués par couples, formant des familles, et dont chacun est la représentation symbolique, bien que personnelle, d'une puissance spéciale ; trois types dominants : celui d'un héros et d'un conquérant, assimilé au soleil, parcourant le monde, accomplissant de grands travaux, naissant et mourant, finalement vainqueur et immortel ; celui de la grande déesse, symbole de la génération universelle, tantôt corrélative à un principe mâle, tantôt hermaphrodite, spontanée en ses productions : c'est l'*évolution de la nature*, comme nous disons ; enfin l'Ancien des dieux, ordinairement conçu comme la plus reculée des causes, un premier père des êtres, mais qui dévore ses enfants, et contre lequel les forces de la vie sont des révoltes heureuses.

A ce dernier dieu, type du Kronos hellénique, se rapporte l'idée la plus barbare du sacrifice, soit qu'il en soit lui-même le sujet dans les légendes, soit que sa puissance destructive doive être satisfaite par des offrandes sanglantes et par le sacrifice des prémices de la vie. Au culte de la grande déesse se rapportent à la fois le sentiment sérieux et la fougue de la génération dans le plaisir, et ces fêtes caractéristiques, à double face, de douleur et de réjouissances, symbolisant les alternatives de peine et de joie, de séparation et de réunion qui sont les phases nécessaires de la nature et de la vie. Tel est le fond commun d'idées des religions sémitiques polythéistes, qui, soumis peu à peu à la réflexion, comparé de nation à nation, rapproché des conclusions obtenues dans les religions d'une autre provenance, a conduit l'esprit de l'antiquité à des vues ouvertement panthéistes, à mesure que cet esprit croyait reconnaître, du côté des traditions religieuses, de purs symboles dont il fallait écarter la superstition des personnes divines, et, du côté de la réalité ou de la nature, une matière qui produit l'univers par le transformisme et l'évolution de ses forces.

CHAPITRE XIII

Les cosmogonies sémitiques.

Les éléments d'une conception cosmogonique peuvent se rencontrer comme des produits spontanés de l'esprit dans des religions de caractère primitif, et tels ils se trouvaient sans doute dans l'idée première des organisateurs et constructeurs sortis du sein des eaux, qui appartient aux origines chaldéennes. Toutefois les cosmogonies ont par elles-mêmes un caractère doctrinal qui les rattache nécessairement à l'étude de la partie réfléchie et systématique des religions, qu'elles accompagnent dans le cours de leur développement, et d'où même elles passent dans la philosophie religieuse sous des formes variées, comme ce fut visiblement le cas chez les anciens mythographes grecs.

La partie essentielle des formes de l'imagination qui s'imposent aux cosmogonies sémitiques consiste en ces deux points : 1° l'idée de la matière chaotique d'où sortent les êtres vivants sous l'influence d'un principe soit extérieur, soit immanent ; d'où les concepts rivaux de l'évolution spontanée et de la production par une action séparée de son objet ; 2° l'idée de la génération sexuelle, — celle-ci inhérente à un polythéisme radical, — d'où la méthode génésique appliquée à la représentation des états successifs et de l'enchaînement des choses. L'idée de la substance matérielle et de son transformisme doit se combiner ici avec le caractère anthropomorphique de toute pensée primitive, quelque difficile à comprendre que nous paraisse une telle alliance. Il n'est pas moins certain qu'on doit voir là un commencement de matérialisme, et il faut constater, à cet égard, une différence profonde entre les cosmogonies sémitiques et les cosmogonies de l'Inde brahmanique, dans lesquelles l'idéalisme s'associe, par une vue plus justifiable, avec le fondamental anthropomorphisme. Quant à la méthode des généalogies divines, elle est commune à ces deux grandes branches de religion, mais plus essentielle peut-être à la branche sémitique, en ce qui touche le premier principe ; car nous ne voyons en celle-ci rien d'analogue à Brahma, sujet universel d'émanation des âmes. Cette méthode, grossièrement entendue, n'a pu que favoriser, à l'époque de la décadence des religions, l'hypothèse du Grec Evhémère soutenant que l'apothéose des héros, des inventeurs et des princes était l'origine et le fond de tous les cultes. Jamais un tel système d'exégèse philosophique des religions n'aurait pu être envisagé un seul instant dans l'Inde.

A ces premiers éléments des cosmogonies sémitiques il s'en ajoute, en certain cas, un autre, d'un caractère bien différent et qui paraît étrange en sa mysticité alliée à des formes barbares : c'est l'idée du sacrifice d'un dieu comme nécessaire au développement de la création, au commencement d'une réelle évolution des phénomènes. Ici, la similitude est frappante avec une conception capitale du brahmanisme. Mais le sacrifice se présente sous un aspect plus grossier et plus brutal dans le sémitisme — et dans les emprunts probables de la mythologie grecque au sémitisme — que dans les religions de l'Inde. La rencontre en la même idée de deux antiquités religieuses qui n'ont à peu près nul esprit commun est d'autant plus digne de remarque qu'il existe moins de vraisemblance pour la supposition d'une communication entre les peuples. C'est le signe de quelque chose à comprendre pour nous dans la racine de l'idée du sacrifice, ou, plus exactement, dans l'antique perversion de cette idée à la suite des hypothèses morales suscitées par l'expérience du mal.

Il existe plusieurs cosmogonies chaldéennes qui se retrouvent, ou leurs traces, dans ce qui a pu être découvert, ou déchiffré jusqu'ici des textes cunéiformes (1). Il est manifeste que des compositions de ce genre ont été faites à Babylone, transmises à l'Assyrie, et confiées librement à l'écriture, sans qu'aucune fût arrêtée et seule autorisée, sur le thème de la production de la nature ordonnée et vivante, et de l'espèce humaine, et sur les rôles que les dieux des différentes traditions locales avaient remplis dans l'œuvre démiurgique. A ces légendes proprement cosmogoniques, il s'en attachait immédiatement d'autres sur les divisions et les guerres des dieux, la lutte des bons contre les mauvais, la victoire des bons,

(1) George Smith, *loc. cit.*, p. 101.

la part prise par les hommes à ce combat des deux principes, la malédiction divine sur la race humaine, l'introduction des maux dans la vie. Les textes cunéiformes fournissent de nombreux passages qui se rapportent visiblement à des récits de cette dernière espèce, sans cependant nous donner jusqu'ici une relation suivie et cohérente. Il y en avait probablement plusieurs et plus ou moins divergents. Quels qu'ils soient, notre point de vue actuel peut les rattacher dans leur ensemble à l'un de ces deux ordres d'idées antiques, à la fois analogues et si profondément différentes : la *guerre des Titans* et la *chute de l'homme*. Mais c'est la première assimilation qui est ici la véritable, à condition d'ajouter que, suivant les légendes babyloniennes, l'homme prend part à cette guerre et se trouve entraîné dans la défaite des Titans. Pour préférer l'interprétation morale à laquelle font penser ces mots : *chute de l'homme*, il faudrait négliger l'écart que le polythéisme, d'un côté, le monothéisme de l'autre, en tendance du moins, et dans son absolu moral, établissent entre les deux sortes de conceptions. Leurs analogies ne laissent pas d'être considérables, comme nous le verrons. Mais occupons-nous de la cosmogonie en tant que constitution première de l'univers.

L'antiquité classique nous a transmis deux thèmes comme également chaldéens, qui n'ont à peu près rien de commun l'un avec l'autre. Celui dont la transmission est due à Damascius est le plus lié des deux à la théogonie, et correspond au plus important des fragments connus des textes assyriens. Il faut seulement en rétablir le véritable esprit, dont ce philosophe néoplatonicien était fort éloigné. L'autre thème et le plus connu, conservé par Bérose, ne correspond qu'à de moindres indications dans les inscriptions authentiques (1). Serait-il trop téméraire de supposer que ce dernier, le plus *scientifique* des deux, comme on dirait aujourd'hui, était le plus récent, et doit être regardé en partie comme le résultat d'une élaboration d'esprit *évolutioniste*. L'auteur aurait écarté autant que possible les personnifications divines primitives dont le concept n'était pas nettement matérialiste ou symbolique; il aurait pris surtout pour ses dieux les révélateurs ichthyomorphes, enfants de la mer, et puis le dieu national, Bel, dont il ne pouvait éviter de faire usage.

A une époque (selon la version de Bérose) où la Chaldée et la

(1) On les trouvera dans l'ouvrage de George Smith cité ci-dessus, p. 102-107.

Babylonie étaient habitées par une masse d'hommes de différentes nations qui vivaient sans loi à la manière des bêtes, « il sortit de cette partie de la mer Érythrée qui borde la contrée un animal du sexe mâle, appelé Oannès, dont le corps était celui d'un poisson. Sous sa tête de poisson il avait une autre tête, et aussi des pieds semblables à ceux d'un homme, joints à une queue de poisson. Sa voix était articulée, son langage humain. Son image a été conservée jusqu'à ce jour. Cet être passait la journée avec les hommes sans prendre de nourriture, et il les instruisait dans les lettres, les sciences et les arts de toutes les sortes. Il leur apprit à bâtir des villes, à élever des temples, à composer des lois, et les initia aux connaissances géométriques... Rien d'important n'a été ajouté depuis lors à ce qu'il apprit aux hommes. Au coucher du soleil, Oannès rentrait dans la mer et passait la nuit dans ses profondeurs ; car il était amphibie. D'autres animaux semblables parurent encore après lui... Il écrivit sur l'origine de l'humanité et de la vie civile, et voici ce qu'il enseigna :

« Il fut un temps où rien n'existait que les ténèbres et l'abîme des eaux, dans lequel s'engendraient des animaux monstrueux, de natures mêlées. Il y apparaissait des hommes dont quelques-uns étaient pourvus de quatre ailes, d'autres de deux, avec deux visages. Ils avaient un corps et deux têtes, l'une d'homme, l'autre de femme, et les organes génitaux pareillement doubles, mâle et femelle. Il se rencontrait d'autres figures humaines avec des pattes et des cornes de bouc. Quelques-unes avaient la partie antérieure du cheval, et d'autres la partie postérieure, avec la partie antérieure de l'homme, comme les hippocentaures. Puis c'étaient des taureaux avec des têtes d'hommes, des chiens à corps quadruples à queues de poisson... bref des créatures formées de la combinaison des membres de toutes les espèces animales... On a des représentations conservées de tout cela dans le temple de Bel, à Babylone. »

Ce dernier trait indique assez clairement une rédaction relativement récente, à moins qu'on n'attribue la réflexion à Bérose lui-même, qui vivait à Babylone au temps des Séleucides, et qui était prêtre de Bel.

« Le tout était sous le gouvernement d'une femme appelée Omoroca, nom qui signifie en chaldéen Thalath, en grec Thalatta (la mer), et peut signifier également Sélènè (la lune). Toutes choses étant dans cet état, Bel survint, qui coupa la femme en deux, et de l'une de ses parties fit la terre, de l'autre le ciel... »

Bérose, continuant, explique, — car ce ne peut être que lui, si ce n'est l'auteur qui le cite, qui prend ici la parole, — que tout cela n'est dit *par manière de naturalisme allégorique* (ἀλληγορικῶς φυσιολογεῖσται); et, après cet avertissement : « L'univers étant tout entier de matière humide, et les animaux s'y engendrant, ce dieu (Bel) se trancha la tête, les autres dieux recueillirent le sang qui coulait, le mêlèrent à la terre, et formèrent les animaux, ensuite les hommes, qui furent intelligents et participants de la sagesse divine (1). »

Une version de cette cosmogonie qui diffère en partie de la précédente et qui la suit immédiatement, chez l'auteur dont nous suivons la compilation, est conçue en ces termes : « Ce Bel, que les Grecs nomment Δία, divisa les ténèbres, sépara le ciel de la terre et mit en ordre le monde. Les animaux qui ne purent supporter la lumière périrent. Bel voyant une terre déserte et fertile commanda à l'un des dieux de mêler à la terre le sang de sa tête coupée et de former les hommes et des bêtes qui pussent supporter l'air. Bel fit aussi les étoiles, le soleil, la lune et les cinq planètes. » Suivant un autre texte encore, il acheva son œuvre en construisant Babylone et l'entourant de remparts.

L'intervention de Bel dans cette cosmogonie ne se motive pas, au moment où elle se produit. Est-ce un être suprême, une puissance donnée en dehors du mouvement générateur des êtres au sein des eaux? En ce cas, une place aurait été réservée pour l'unité indépendante et distincte de la force ordonnatrice; la création démiurgique commencerait à la séparation du ciel et de la terre. Dans l'ignorance où nous sommes de la manière dont ce corps de légendes et de théorie s'est formé, et de ce que Bérose, Babylonien grécisant, a pu y mettre du sien, nous pouvons faire deux suppositions : ou l'auteur quel qu'il soit a eu pour idée principale la génération spontanée de la vie au sein de la mer, et, s'il n'a pas su ou voulu pousser son idée jusqu'à l'imagination d'un progrès de la nature qui apprend peu à peu à rapporter les uns aux autres des organes produits d'abord séparément et mal assemblés, il s'est du moins attaché à faire entendre que tout ce qui concerne l'action de certaines personnes pour tirer le monde du chaos n'est rien qu'allégorie. C'est donc à ce titre d'allégorie qu'il aurait introduit dans sa composition les personnages essentiels de la tra-

(1) Fragments de Bérose, d'après Alexandre Polyhistor, cité lui-même par des auteurs postérieurs (*Chronique d'Eusèbe*, édit. Aucher, t. I, p. 20 sq.).

dition chaldéo-babylonienne : Bel et les éducateurs ichthyomorphes. Il aurait mis poétiquement dans la bouche du principal de ceux-ci, l'amphibie Oan, la révélation de l'origine véritable des êtres. Ou bien on peut admettre que cette cosmogonie, telle que nous l'avons, n'est qu'une compilation, dans laquelle on aurait, avec peu d'intelligence, réuni des légendes diverses et des traits d'interprétation à tendances athéistes. Suivant cette seconde supposition, il y aurait à distinguer deux ordres de conceptions originairement différentes : la cosmogonie marine, surtout chaldéenne, rattachée dans la haute antiquité à Ea, Seigneur de l'abîme et dieu de la connaissance ; puis l'œuvre démiurgique de Bel, créateur du ciel et de la terre. Il faudrait probablement aussi séparer de cette dernière la fiction mystique et barbare du sacrifice de Bel ; et c'est la première qui, par une interprétation matérialiste, aurait conduit à l'hypothèse de la génération spontanée des êtres, dans une matrice universelle à personnalité purement symbolique.

Il y a aussi une incohérence visible et des traces probables de plusieurs versions de la cosmogonie, dans les textes malheureusement mutilés et obscurs que fournit la lecture des inscriptions cunéiformes. Celle des légendes qui se rapproche par quelques noms de l'arrangement des couples et triades que Damascius cite d'après Eudème, ne nomme pas pour première origine et point de départ le couple Tauthè et Apason (Tauthè, *la Mère des dieux*) engendrant Moymis, *fils unique*, que ce philosophe prétend concevoir comme *le monde intelligible, procédant des deux principes*. Mais au nom de *Moymis* semble correspondre celui de *Mummu* qui est le chaos, et au nom de *Tauthé* celui de *Tiamatu* qui est la mer (*Mummu Tiamatu*, le chaos aquatique des précédentes cosmogonies et de celle du premier chapitre de la *Genèse*). *Tiamatu*, ou sa variante *Tisallat*, paraît donner la vraie forme du *Thalath* de Bérose, par lui assimilé au nom grec de la mer. Le couple suivant de Damascius, *Dachè* et *Dachos*, a pour correspondants dans les textes deux noms tout différents *Lahmou* et *Lahamou*, qu'un interprète assimile à l'esprit moteur et générateur (le *rouach* de la Genèse avec un dédoublement sexuel). Le troisième couple de Damascius, *Kissara* et *Assoros*, est plus exactement représenté dans les cunéiformes par les dieux *Sar* et *Kisar*, symboles de l'expansion supérieure et inférieure. (*N.-B.* Damascius nomme le principe femelle en premier.) Enfin la triade émanée selon le philosophe : *Anos, Illinos, Aos*, répond bien certainement aux trois grands dieux, Anou, Ilou, Ea, comme nous l'avons remarqué plus haut. Ces dieux paraissent être les premières personnes réelles de la génération du monde, les couples antérieurs ayant un caractère plus visiblement symbolique ; et d'ailleurs, en certaines listes de dieux, l'auteur, comme s'il voyait dans ce rang subordonné des divinités suprêmes une objection à lever, a soin de présenter Lahmou et Lahamou, Sar et Kisar, comme des noms et des formes d'Anou et d'Anatou. Anou est le suprême dieu céleste auquel on donne quelquefois pour complément une épouse Anatou, maîtresse des régions inférieures (1).

Le début de cette cosmogonie, autant qu'on peut se fier à des textes mutilés, pleins de lacunes, et à leurs traductions que leurs auteurs ne peuvent pas encore entièrement garantir, a de frappants rapports avec les premiers versets de la *Genèse*. Il y est question d'un temps où le ciel ne s'était pas levé, où les plantes n'avaient pas poussé en bas sur la terre, où l'abîme n'avait pas rompu ses bornes. Tiamat, le chaos aquatique, était la matrice de tout. Les dieux, aucuns des dieux, n'avaient encore surgi. Il n'existait aucun ordre. Les grands dieux furent faits. Et le texte (mutilé) passe à la naissance des dieux Lahmou et Lahamou, des dieux Sar et Kisar sans que leur génération soit expliquée. *Ils furent faits.* Anou semble ne venir qu'après. Ce qui en tout cas est clair, c'est qu'il ne se dégage pas de l'ensemble du morceau un principe d'unité créatrice.

La fonction créatrice d'Anou est fortement accusée dans d'autres textes cunéiformes qui ont cela aussi de remarquable, que l'établissement, si ce n'est la production, des autres dieux célestes est rapporté à ce dieu du ciel, sans en excepter Bel. Mais c'est particulièrement à l'ancien dieu du domaine inférieur, Ea, qu'est attribuée la création de l'homme. Celle des animaux semblerait être une œuvre collective. D'autres analogies avec le récit de la *Genèse* sont encore sensibles, par exemple à ce début : « C'était beau, ce que les grands dieux avaient établi. » La suite montre Anou disposant les étoiles en certaines figures d'animaux (origine de certains noms de constellations?), déterminant les années et les mois par la distribution de ces constellations comme signes, fixant les positions des planètes, afin qu'elles brillent et ne se heurtent pas

---

(1) George Smith, ouvrage déjà cité, p. 62-67. Conf. *ibid.*, p. 54.

dans leurs cours, et donnant auprès de lui des places à Bel et à Ea (en tant que dieux planétaires). L'œuvre d'Anou s'étend, à ce moment, dans la région inférieure. Il en ouvre les *grandes portes*, il produit une grande ébullition dans la masse chaotique et en fait jaillir Ourou et Chamas, le dieu Lune et le dieu Soleil, le premier d'abord, *pour rejeter la nuit dans l'ombre* (?). Cet ordre de création, qui paraît constant dans les idées babyloniennes, et qui forme un si parfait contraste avec la place donnée au *Fiat lux* dans la cosmogonie hébraïque, s'explique, d'un côté, par la prédominance du principe d'évolution, — le progrès de la lumière sur les ténèbres étant moins marquée dans l'apparition de l'*astre des nuits* que dans celle de l'*astre du jour*, — et, de l'autre côté, par le souverain sentiment de l'acte absolu qui suscite la lumière. Il est à remarquer, dans le même ordre d'idées, que les étoiles, puis les planètes précèdent la lune et le soleil, dans la narration polythéiste, tandis que la Bible ne mentionne les étoiles qu'après avoir rapporté la création des *deux grands luminaires*.

La constitution de l'univers représentée par cette cosmogonie est celle d'un monde sorti de l'abîme, au-dessus duquel il est en sûreté grâce à des *portes* gigantesques et fortement closes, qui le défendent de l'irruption des eaux. C'est de ce sombre lac infernal que le dieu du ciel fait sortir à travers les portes ouvertes, et en y causant un puissant tourbillon, la lune, comme une bulle immense qui va prendre au front du ciel la place qui lui est destinée (1). Ce mode de création s'écarte beaucoup des légendes où le principe de l'évolution est envisagé dans les puissances mêmes de l'abîme, et aussi de celles où Bel est représenté coupant en deux morceaux le corps de la *femme Omoroca,* ou se tranchant la tête pour rendre possible la production des hommes et des bêtes.

Les fragments, malheureusement très insuffisants, des inscriptions cunéiformes, relatifs à la création de l'homme par le dieu Ea, semblent présenter le couple humain primitif comme établi dans la société des dieux, puis prenant partie contre eux lors de la grande révolte du dragon Tiamat (principe du désordre dans l'abîme) contre les puissances célestes, et, à la suite de cette faute, expulsé et maudit. Mais nous reprendrons ce sujet en arrivant à la légende du second chapitre de la *Genèse.*

(1) George Smith, *loc. cit.*, p. 69-75.

Les cosmogonies rapportées à des sources phéniciennes nous sont parvenues en assez grand nombre, bien qu'entremêlées et plus ou moins altérées par l'auteur qui les a recueillies. Elles affectent la forme généalogique, et il est souvent difficile de se fixer sur le sens des personnifications dont l'union et la filiation sont rapportées sommairement. Quelques-unes pourtant sont assez transparentes, et il est facile d'y reconnaître un travail fait sur des données physiques, avec application de symboles empruntés à l'ordre des passions et servant à représenter une succession de phénomènes cosmiques. Le tout aboutit, quand la série se trouve complète, aux générations divines populaires, et se raccorde avec des légendes locales. Les obscurités abondent dans ces documents tardivement rassemblés par des compilateurs qui eux-mêmes ne les comprenaient plus.

La cosmogonie attribuée aux Sidoniens pose pour premiers principes le Temps, la Nue obscure et le Désir. De ces derniers naît l'Air, avec une double personnification, mâle et femelle; et puis, d'une fonction mal expliquée de ces deux *airs*, procède l'Œuf du monde. Il s'agit, en substance, d'un état chaotique primitif et d'une action du Désir sur l'Être ténébreux pour donner naissance au germe universel. Cet Œuf se retrouve encore ailleurs, et c'est là que la cosmogonie dite orphique a pu le prendre, quoique l'idée en soit aussi naturelle que peu instructive, malgré l'effort qui s'y ajoute pour expliquer la génération de l'Œuf lui-même à l'aide du symbole du Désir fécondant l'Obscurité. L'Obscurité, en son symbole la Nue (ὀμίχλη), est peut être la même idée que les philosophes indiens, en termes plus métaphysiques, rendaient par l'Ignorance. Mais les Indiens l'ont plus approfondie, dans le sens idéaliste, en donnant à l'Ignorance la primauté de principe sur le Désir (1).

Cette cosmogonie, rapportée par Damascius d'après Eudème, ne s'arrêtait probablement pas à la production de l'Œuf. Une autre qui nous vient de la même source et qui est mise sous le nom du Phénicien Mochos, — premier auteur prétendu de la doctrine atomistique, et qui n'est peut-être que le prête-nom légendaire de la philosophie matérialiste — va un peu plus loin, sans cependant descendre aux généalogies divines : elle mentionne la séparation de l'Œuf en deux parties, qui furent le ciel et la terre.

---

(1) Voyez, plus loin, le chapitre relatif aux philosophies de l'Inde.

Les phases précédentes sont plus confuses et difficiles à interpréter. L'Air et l'Éther y paraissent d'abord comme premiers principes et donnent naissance à Oulômos (le Chaos?) qui s'unit à lui-même et engendre, d'une part, l'OEuf, de l'autre, Chousóros (le séparateur?). Le même récit intercale entre Oulômos et les deux premiers principes, Air et Éther, le Vent et ses deux divisions principales selon les directions où il souffle. Ce que cette cosmogonie a seulement d'intéressant, c'est le mélange du sens physique et du sens symbolique des personnifications. Il semblerait que les notions physiques pures avaient pris de l'empire sur les esprits, sans que la méthode du symbolisme, qui est la métaphysique de ces notions, se fût affaiblie. En même temps l'ancien polythéisme sémitique étant devenu inintelligible, ainsi que l'était de son côté le polythéisme grec, à l'époque des philosophes, les prêtres phéniciens s'exercèrent sans doute, comme les mythographes de la Grèce et comme la secte des orphistes, et plus grossièrement, à composer des récits cosmogoniques en opérant le mélange des généalogies symboliques, des anciennes légendes et de leurs propres imaginations matérialistes. On ne voit pas pourquoi des produits de spéculation de ce genre n'auraient pu figurer en inscriptions sur les stèles des temples phéniciens, où Sanchoniathon est dit avoir recueilli ceux qui nous sont parvenus dans la compilation qui porte son nom.

Il n'y a pas de raison sérieuse pour rejeter l'existence de cet historien, dont l'ouvrage est perdu, pourvu qu'on ne la rapporte pas à un degré d'antiquité que les fragments conservés excluent évidemment, et qu'on admette, de plus, que lui-même ou son traducteur grec, Philon de Byblos, ont mêlé leurs remarques à l'agencement grossier des matériaux qu'ils avaient sous la main, ce qui a achevé de donner à cette composition de fâcheuses apparences. Il n'est même pas sûr que l'écrivain ecclésiastique auquel la conservation en est due, Eusèbe de Césarée, n'en ait pas altéré quelque partie dans l'intérêt de sa polémique religieuse. Cette opinion a pu être défendue (1).

Il paraît plus probable que les documents rapportés par Eusèbe sont authentiques pour le fond, ainsi qu'on le croit généralement, mais d'une antiquité moyenne, et défigurés à certains endroits par les interprètes. On peut y distinguer plusieurs cos-

---

(1) Lobeck, *Aglaophamus*, livre III, § 14.

mogonies juxtaposées. Sans en compter jusqu'à huit comme on a pu le faire (1), on en détache aisément quelques-unes en plaçant des coupures aux endroits où se marque visiblement un retour de la pensée à un principe premier, après une suite de générations d'ordre secondaire.

La première de ces cosmogonies est aussi la plus remarquable par son analogie avec les légendes babyloniennes. Elle a dû être en substance une des plus répandues. Elle place au commencement le Chaos (Boou) ténébreux, humide, infini dans l'espace et le temps, et le Souffle, qui devient épris de ses propres principes et engendre le Désir. *Mais le Souffle n'a pas connaissance de ce qu'il produit.* Môt naît de cette union du Souffle, avec lui-même, pour engendrer le Désir, et puis avec le Chaos : Môt, c'est-à-dire une matière en fermentation qui a la forme d'un œuf et qui est le germe de toutes choses. Il naît de là des animaux, d'abord privés de sentiment, mais qui eux-mêmes en produisent d'autres, intelligents, appelés *Zophésamin, contemplateurs du ciel*. L'œuf devient lumineux, le soleil, la lune, les étoiles et les grandes constellations commencent à briller. Puis viennent les météores, les vents, les pluies, le tonnerre. Les animaux intelligents, mâles et femelles, effrayés, commencent à se mouvoir sur la terre et sur la mer. Le traducteur grec de Sanchoniathon ajoute de son chef que cette cosmogonie remonte à Taautos (le dieu égyptien sans doute) et termine en disant que les hommes appelèrent dieux les vents et les adorèrent comme leurs créateurs.

Un autre fragment cosmogonique est reconnaissable au retour du compilateur à de nouveaux principes analogues à ceux du précédent : Du vent Kolpia (vent d'ouest ?) et du Chaos (Boou) naquirent les premiers hommes Æon et Protogonos (Durée et Premier-né), desquels Genos et Genea (l'Espèce divisée sexuellement) qui habitèrent la Phénicie et adorèrent le soleil sous le nom de Beelsamin, c'est-à-dire Seigneur du ciel, en élevant leurs mains à lui, par un temps de sécheresse. Le système exégétique de l'auteur (ou du traducteur) continue de se montrer par l'énumération d'une suite de générations où figurent comme des hommes qu'on aurait érigés en dieux, les nommés Phôs, Pyr, Phlox, qui découvrirent l'art de faire du feu et de s'en servir. Ceux-là eurent pour fils des géants qui donnèrent leurs noms à des montagnes, Liban

---

(1) Renan, *Mémoire sur Sanchoniathon.*

et autres ; puis viennent les inventeurs de l'agriculture, de la pêche, de la navigation, de la médecine, puis aussi des noms comme Technitès, Autochthôn, etc. Ce qui domine là, c'est le procédé sémitique de l'attribution de l'invention des arts à des dieux révélateurs, mais accompagné d'une explication athéiste déclarant que l'admiration ou la reconnaissance seules ont jadis élevé des autels à ces individus dont les noms ont passé à leurs découvertes. On reconnaît, dans cette partie du fatras reproduit par Eusèbe avec toutes les apparences de la caricature, des emprunts aux légendes non seulement phéniciennes ou syriennes, mais hébraïques, égyptiennes et grecques, et les noms étrangement mêlés, d'Esaü et d'Hermès ou Toth, avec Héphaistos, les Titans et les Kabires. A propos d'un des *hommes-montagnes* auquel l'auteur donne un nom de haute signification théologique (Samemroun = hypsouranios), et qu'il paraît assimiler à Israël, puisqu'il le donne pour frère à Ousous qui est certainement Esaü, rival d'Israël, *inventeur des habits de peaux de bêtes*, il parle de Tyr comme patrie de ces hommes ; il dit que les fils prenaient alors le nom de leurs mères à cause de la coutume de la prostitution des femmes. Ces traits et d'autres encore forment un mélange bien extraordinaire.

La troisième des cosmogonies — ou des théogonies, pour mieux dire — dont la séparation n'est pas trop arbitraire commence à Elioun, le Très-Haut des cultes sémitiques, dont l'auteur fait un époux de la nommée Bérouth. Ils habitaient Byblos. Là vient se souder une suite de générations qui visent à représenter toute une mythologie gréco-sémitique. On ne peut imaginer rien de plus puéril et de plus grossier que le mythe ainsi travesti. D'Elioun, ou Upsistos naît Epigeios ou Autochthôn, qu'on appelle Ouranos, à cause de sa grande beauté. Sa sœur et femme, Ghè, belle comme lui, donne son nom à la terre. Leur père Upsistos étant dévoré par les bêtes féroces, ils lui rendent un culte. Leurs enfants sont El ou Kronos, Béthel, Dagon et Atlas. Ouranos est adultère, Ghè est jalouse. Ouranos veut détruire les enfants qu'il a d'elle, Ghè prend leur défense et parvient à sauver Kronos dont elle confie la garde à Hermès trismégiste. Kronos venge sa mère et détrône son père, avec le secours d'Athènè et d'Hermès, qui lui apprennent à forger la faulx et le fer de lance. Hermès lui enseigne aussi les ar's magiques ; il en use pour enflammer le courage des révoltés. Il serait inutile de pousser plus loin le détail. L'auteur veut expliquer à la fois la création des arts, la fondation des villes, l'institution des cultes et l'origine des mythes ; il brouille tous les noms et toutes les traditions, et il n'est pas bien sûr qu'il n'improvise pas au hasard plus d'un de ces rapprochements qui ont donné de l'exercice à la critique.

Notons seulement quelques traits : l'allusion aux *pierres vivantes* (bétyles) qui étaient consacrées dans les sanctuaires et que l'on croit avoir été des aérolithes ; c'est un point de réelle antiquité sémitique ; — la mention des compagnons de *El* ou *Kronos* sous les noms d'*Elohim* ou *Kroniens* ; — les passages répétés qui se rapportent à l'institution des sacrifices humains et à la vertu de l'offrande du sang, ou de la virilité. Ouranos est mutilé par son fils et le sang qui découle de ses plaies se répand en fleuves et fontaines, au lieu où se fonde son culte. *On en montre encore aujourd'hui la place.* Puis Kronos donne la mort à son fils unique ; il le sacrifie à Ouranos ; lui-même se circoncit et oblige ses compagnons à suivre son exemple. « C'était l'usage chez les anciens, dans les graves dangers, qu'à la place d'une destruction universelle, les souverains livrassent les plus chéris de leurs enfants comme un rachat auprès des divinités vengeresses. » C'est ce que fit ce Kronos que les Phéniciens nomment El et qu'ils ont consacré dans l'astre qui porte son nom. Tout cela est bien authentiquement de tradition sémitique, mais prise à rebours ; car les monarques assumaient les attributs et les noms des dieux, bien loin d'avoir pu leur prêter les leurs.

Philon de Byblos conclut en accusant les Grecs, hommes de grande imagination, d'avoir brodé leur mythologie sur ce fond réel des antiques apothéoses. « Hésiode, dit-il, et les poètes cycliques qui font tant de bruit dans le monde, ont forgé les théogonies, les gigantomachies, etc., et la vérité s'est éclipsée sous la fable. Nos oreilles se sont habituées aux fictions et le temps a consacré l'erreur. » Il trouve apparemment ses propres fables raisonnables !

L'évêque du iv⁰ siècle qui nous a transmis ces plates absurdités a trouvé facile de faire honte de ses croyances à l'antiquité polythéiste prise en masse, en prenant à témoin l'écrivain qui en présentait ainsi les origines sous un jour ignoble. Le système d'Évhémère a passé auprès de lui pour le « témoignage authentique des anciens sages et des théologiens, confirmant avec la dernière évidence des faits antérieurs à tous les poètes et à tous les historiens, et prouvant irrévocablement que les traditions de l'antiquité ne sont pas des fables qui couvrent des théories sous leur double sens, mais qu'elles doivent recevoir une interprétation physiologique (1). »

(1) Eusèbe Pamphile, *La préparation évangélique,* livre 1, *sub finem.*

CHAPITRE XIV

La cosmogonie du livre de la Genèse.

Les fragments de cosmogonies de Sanchoniathon, ou de Philon de Byblos, n'apportent pas plus de lumière sur ce que pouvaient avoir de caractéristique les conceptions proprement phéniciennes de ce genre que si Sanchoniathon n'était qu'un historien fictif et Philon un compilateur sans esprit ni bon sens de traditions grossièrement défigurées. Il n'en est pas moins vrai que ces fragments, comme ceux que Damascius a recueillis, tiennent par des traits frappants à une autre composition, qu'Eusèbe connaissait bien, et qui aurait dû lui apprendre que l'interprétation qu'il appelait *physiologique* est celle qui convient aussi à plusieurs des principes que cette pièce révérée pose comme premiers. Il pouvait, suivant un autre genre d'exégèse qui a séduit de nombreux auteurs après lui, soutenir, en se fondant sur des analogies et des similitudes de noms, que les légendes païennes prenaient toutes leurs sources dans l'antiquité hébraïque corrompue et falsifiée. L'erreur eût été moins ridicule ; mais alors il fallait reconnaître aussi que la Chaldée, la Phénicie et les mythographes grecs s'accordaient avec le récit biblique de la création en des points où l'interprétation évhémeriste n'a rien à voir : le chaos, les ténèbres, le souffle ou esprit qui plane sur les eaux, la séparation du ciel et de la terre. Cette ressemblance n'empêche pas, elle ne fait même que mieux ressortir la différence entre les théogonies polythéistes qui font suite à ces principes, et sont marquées en effet d'un esprit tout *physiologique*, et la création monothéiste, dont le récit est dominé par le concept d'une personne suprême et d'un pouvoir actif antérieur à toute l'ordonnance de la nature. L'écrivain chrétien avait donc à réclamer en faveur de la tradition des Hébreux un avantage très grand sur toutes les autres, sans chercher à les avilir par les vues inintelligentes d'un païen impie.

La cosmogonie du premier chapitre de la *Genèse* ne nous présente nullement l'idée de la création *ex nihilo*, qui est née d'un travail de la pensée sur l'antique document. D'abord rien n'autorise à donner au radical hébreu du concept de *faire* ou *produire*, un sens absolu qui n'existe pas dans le commun usage des langues humaines. Ces premiers mots : « Au commencement Dieu fit le ciel et la terre » font porter la création sur un état de choses qui en est la matière, et dont la description suit. C'est un état chaotique et ténébreux, dans lequel le créateur introduit la lumière, les distinctions du lieu et du temps, l'ordre des matériaux et enfin la vie, dans son *œuvre de six jours*. Les idées de *faire, composer, arranger, produire, modeler*, etc. sont celles qu'expriment partout ailleurs le verbe hébreu *bara* (également employé pour la création de l'homme) (1), et le grec ἐποίησε des *Septante*, et le latin *creavit* de la *Vulgate* et les mots correspondants des langues modernes, dans leur acception commune.

Le second verset rappelle, à n'en pas douter, le chaos, les ténèbres, et le souffle, esprit ou vent des cosmogonies polythéistes : « La terre était désolée et sans forme, les ténèbres au-dessus de l'abîme, et le vent de Dieu courait sur les eaux. » Il serait difficile de voir autre chose là que l'idée d'une matière chaotique, théâtre et sujet passif, non point produit et partie de l'acte créateur.

Mais si l'idée de création *ex nihilo* est un fruit de spéculation métaphysique, il faut ajouter que ce fruit est naturel. La production de la lumière, celle de l'étendue (firmament) et les actes de séparation des éléments, et de constitution des êtres animés et inanimés impliquent, par la manière dont ils sont rapportés, une absolue spontanéité de la pensée et de la volonté d'Elohim, et tout d'abord une vertu efficace de sa seule parole, qui nous mènent immédiatement à l'idée d'une causalité sans précédents. Le *Fiat lux* a passé de tout temps pour une expression sublime ; il l'est, en effet, et quelque chose de plus encore, indépendamment de toute comparaison à d'autres cosmogonies.

La lumière est dans l'ordre physique le moyen principal de distinction des objets, et, pour l'ordre psychologique, à la fois un mode de sensibilité et le symbole de la vision intellectuelle : représentation et connaissance. Penser et voir sont, l'un comme

---

(1) Voyez le Lexique de Gesenius et les passages de la *Genèse*, I, 27; v, 1 et 2; vi, 7; ii, 7.

l'autre, distinguer, séparer, ensuite réunir et composer. La création de la lumière est donc à sa place au début d'une suite d'actes que l'idée de séparation qualifie essentiellement. Le premier est la séparation même de la lumière d'avec les ténèbres, la lumière étant jugée bonne par Elohim, et appelée *jour*, et les ténèbres *nuit*. On a coutume ici de se poser des questions : Comment concevoir ces essences du jour et de la nuit qui ne répondent pas à nos idées sur les causes de présence ou d'absence des phénomènes lumineux? Comment imaginer la lumière dans le monde sans rattacher sa production aux *flambeaux naturels*, les astres? Et comment se représenter la succession du jour et de la nuit sans la rapporter à la révolution apparente du soleil, qui cependant n'est point encore créé avant le *quatrième jour* de l'œuvre d'Elohim? On s'embarrasse à tort de telles questions. Les hommes à qui elles s'adresseraient ne songeaient pas qu'on eût à se les poser. Ils pensaient à la lumière et aux ténèbres comme à des existences sensibles exposées à se confondre, l'une envahissant l'autre, et aptes à se séparer. Ils pouvaient voir, dans les luminaires célestes, de nouvelles existences propres à servir de *signes* à la présence, à la séparation et à la succession des précédentes, le soleil étant considéré moins en son pouvoir éclairant (quoique reconnu d'autre part, et celui de la lune aussi) qu'en sa fonction de mesure de cette durée de lumière appelée nuit. Les autres astres sont également des *signes* pour marquer d'autres époques, ainsi que cela est dit, et cela sans un seul mot qui autorise à étendre cette signification aux événements et aux destinées humaines, comme l'entendaient les Chaldéens.

Il serait ridicule de recourir aux notions modernes de physique mécanique et de prêter à l'auteur hébreu la connaissance des vibrations lumineuses dont le rayonnement solaire est lui-même le produit, mais on peut lui attribuer l'idée d'une essence lumineuse par soi que le commandement d'Elohim aurait fait apparaître en la séparant des ténèbres. Cette idée réaliste n'est d'ailleurs pas plus absurde, peut-être l'est-elle un peu moins, que celle de tel moderne qui s'imagine comprendre la sensation de la lumière en tant que l'effet d'un mouvement moléculaire.

« Il fut soir, il fut matin : un jour », cette expression, avant la création des astres, ne peut être que l'image servant à désigner un intervalle de temps indéterminé, et l'on n'a point le droit de donner à cet intervalle lui-même un autre sens que le sens naturel de la distinction temporelle quelconque entre des parties d'une œuvre qui se présente ainsi à l'esprit plus facilement que si elle était supposée faire bloc et n'employer qu'un moment. Après le *quatrième jour*, le mot *jour* pourrait logiquement se prendre pour l'intervalle diurne, mais le sens indéterminé peut tout aussi bien se continuer sans précision nouvelle pour l'esprit, après qu'il a été employé plusieurs fois de suite. C'est sans aucune raison que des interprètes ont prétendu faire penser l'auteur hébreu à des « âges de la nature ». Le texte implique seulement des *moments* de l'œuvre.

Le *second jour* comprend un de ces moments, qui se rapporte à un nouvel ordre de séparation cosmique, la séparation des eaux célestes d'avec les eaux terrestres. Cette dualité est naturelle pour l'auteur qui ignore la circulation que les phénomènes de l'évaporation, de la solidification et de la liquéfaction établissent entre les mers, les nuages et les fleuves, et l'unité des eaux qui en résulte. Il imagine, au sein du chaos, une interposition d'étendue qui survient et qui a pour limite, entre le haut et le bas, le *Rakia* (*Stéréotoma* des Septante, *Firmamentum* de la Vulgate). Ce corps sépare les eaux supérieures des eaux inférieures et porte les astres : « Elohim appela le firmament Ciel. » Cette division des eaux est en rapport avec les termes employés dans le récit du déluge : « Les sources du grand abîme jaillirent et les écluses du ciel furent ouvertes. »

C'est encore à un acte de séparation que répond le *troisième jour* : Le *Sec* et la terre passent d'un côté, la mer de l'autre, et là se place, sans interruption, la création végétale devenue possible à ce moment : « Elohim dit : Que la terre produise l'herbe, l'herbe donnant sa semence, l'arbre son fruit selon son espèce. »

L'établissement du système du ciel suit la constitution de la terre, au lieu de la précéder, et répond au *quatrième jour*. La raison de cet ordre est apparemment que la terre, futur séjour de l'homme, est une fin plus pressée de la création, et que les arrangements célestes y sont eux-mêmes subordonnés. Ils apportent les limites et le règlement des temps et des saisons, ils préparent ainsi hors de la terre des conditions de vie de l'être principal pour qui tout le reste n'est que moyens appropriés. De là les déclarations sur l'objet et la fonction de la création astrale.

A ce moment paraît la création du monde animal, qui commence par les animaux aquatiques et les animaux aériens créés *selon leurs espèces*. Il semble que le commandement soit fait à la mer de les produire tous, mais les oiseaux volent aussitôt sur la terre. Elohim les bénit et leur commande d'être féconds et de se multiplier. C'est le *cinquième jour*.

Le *sixième jour* est d'abord consacré à la production distincte des animaux terrestres : bétail, reptiles, bêtes sauvages. La formule : *Elohim vit que cela était bon*, se reproduit, comme à la suite des actes précédents. Et puis : « Elohim dit : Faisons l'homme à notre image et ressemblance.... Elohim fit l'homme à son image, il le fit à l'image d'Elohim ; il les créa mâle et femelle. Elohim les bénit et leur dit : Croissez et multipliez-vous, remplissez la terre, soumettez-la, dominez sur les poissons de la mer, sur l'oiseau du ciel et sur tout animal qui se meut sur la terre. Et Elohim dit : Je vous donne toute herbe semant sa semence sur la terre et tout arbre ayant en lui son fruit avec sa semence. Ce sera votre aliment. A tous les animaux de la terre, à tout oiseau du ciel et à tout reptile sur la terre en qui est souffle de vie, toute herbe verte servira d'aliment. Et il en fut ainsi. Elohim vit tout ce qu'il avait fait, et c'était très bon. Il fut soir, il fut matin : sixième jour. Le ciel et la terre étaient achevés avec leurs *armées*. Elohim acheva son œuvre le sixième jour, et, le septième, il se reposa de l'œuvre qu'il avait faite. Elohim bénit le septième et le sanctifia parce qu'en ce jour il s'était reposé de toute l'œuvre qu'il avait faite. Voilà l'histoire du ciel et de la terre, comment ils furent créés. »

Telle est la cosmogonie du livre de la *Genèse*, pour ne pas donner proprement ce nom de cosmogonie au récit d'un caractère si différent qui commence à la première pluie sur la terre, continue par la formation plastique de l'homme, par la plantation du jardin, l'œuvre de la germination des plantes, la formation des bêtes, la construction de la femme, et s'étend aux commencements de l'histoire de l'humanité. La page que nous venons d'analyser est une belle œuvre qui plane sur la haute antiquité religieuse, quoique la date de sa composition ne puisse être assignée. La critique en a rarement pris l'esprit avec justesse, les uns lui cherchant des mérites qui ne peuvent que lui être étrangers, les autres lui imputant des vices de conception ou des contradictions qui naissent de leur propre manière de penser et de leur savoir, au lieu de la prendre en elle-même en dehors de toutes connaissances scientifiques. C'est à nous de nous adapter à son point de vue, et non de la forcer au nôtre. S'il arrive cependant qu'elle s'accorde en quelques points matériels avec ce que l'expérience ou l'induction longuement exercée nous ont appris sur l'ordre des phénomènes de la création, disons-nous que c'est simplement une rencontre entre la vérité étudiée des modernes et l'aperçu synthétique d'un ancien penseur en présence du même spectacle de la nature. L'avantage des modernes, en cela, nous le connaissons assez ; celui de l'ancien, que nous méconnaissons presque toujours, est de pouvoir aborder d'une vue immédiate des rapports simples et souverains qui échappent à l'esprit obstrué par la masse des relations et des faits positifs, et faussement satisfait par l'habitude de l'abstraction scientifique.

Les récits du second chapitre de la *Genèse* ne diffèrent pas seulement de la cosmogonie du premier en ce que le nom de Jéhovah (1) s'ajoute au nom d'Elohim pour la désignation du créateur. C'est là, à la vérité, un signe assez clair de diversité d'origine et de tradition ; mais la différence intrinsèque est par elle-même assez frappante, et le sujet ni le plan ne sont plus les mêmes, ni les faits ne s'accordent. Il a fallu pour s'aveugler sur cela des préventions telles qu'une autorité religieuse est seule capable d'en établir.

« Lorsque Jéhovah-Elohim fit la terre et le ciel il n'y avait encore aucun arbuste des champs sur la terre, et aucune herbe des champs ne germait, parce que Jéhovah Elohim n'avait point fait pleuvoir sur la terre, et qu'il n'y avait point d'homme pour la cultiver. » Le commencement par création est ainsi supposé d'une manière générale, mais c'est à l'homme que le récit commence. La formation de l'homme est unique et précède toute mention des animaux, et le créateur *le* fait mâle, il ne *les* fait pas mâle et femelle. Immédiatement après qu'une vapeur humide s'est élevée pour arroser le sol, il *forme l'homme de la poussière de la terre* (probablement humectée?), lui *souffle un souffle de vie dans les narines* et fait de lui un *être vivant*. Ce n'est que plus tard que le narrateur amène les animaux, compagnons de l'homme, et enfin la femme, sa compagne par excellence, prise de sa propre chair. Avant cela il nous montre Jéhovah-Elohim plantant *un jardin en Éden*, y mettant l'homme, y faisant pousser

---

(1) Voyez plus loin, livre VII, la raison de rendre à ce nom littéraire, anciennement usité, de *Jéhovah* la place donnée par l'exégèse contemporaine au nom de prononciation non moins douteuse : *Jahvéh*.

de beaux et bons **arbres**, *l'arbre de vie au milieu*, et *l'arbre de la connaissance du bien et du mal*. Un fleuve arrose le jardin et se divise en quatre bras, qui prennent leur cours sur la terre.

Jéhovah-Elohim permet à Adam de manger du fruit de tous les arbres, à l'exception de l'arbre de la connaissance. Il dit alors : *Il n'est pas bon que l'homme soit seul ; je lui ferai une aide semblable à lui.* Et il forme les animaux, et les lui amène afin qu'il leur donne des noms, et Adam leur donne des noms à tous. C'est à ce moment que se place la construction du corps féminin. *L'homme ne trouvait point d'aide qui fût semblable à lui.* Jéhovah-Elohim fit tomber Adam en un profond sommeil, et, endormi, il prit une de ses côtes, dont il remplit de chair la place. Jéhovah-Elohim bâtit en femme la côte qu'il avait prise d'Adam et il la présenta à Adam. Et Adam dit : *Cette fois, c'est un os de mes os et la chair de ma chair ; celle-ci s'appellera hommesse (ischa) parce qu'elle a été prise de l'homme (isch).* C'est pourquoi l'homme quittera son père et sa mère pour s'attacher à sa femme, et ils seront une seule chair.

Le caractère principal de cette légende de la création plastique, et qui se maintient dans la suite du récit : légendes du premier péché, de la perte du paradis, de la rivalité d'Abel et de Kaïn, etc., c'est un anthropomorphisme d'une extrême naïveté. Sans doute les récits élohistes ne personnifient pas Elohim moins que les jéhovistes ne personnifient Jéhovah-Elohim, intellectuellement et moralement ; mais les traits de l'ordre passionnel et les actes propres de l'homme physique attribués à Dieu sont plus accusés dans les récits jéhovistes. De même, la subordination du plan tout entier de la création à l'homme et à ses fins, quoique bien claire dans les premiers, est plus frappante dans les seconds, où, le ciel et la terre étant laissés dès l'abord à l'arrière-plan, l'Éden apparaît, séjour spécial des êtres animés ; où l'homme, première des créatures, est modelé des propres mains de Jéhovah-Elohim ; où les animaux sont modelés pour l'homme et marqués par lui des noms qui doivent leur rester, dit le texte ; où la femme, enfin est *bâtie* pour être le complément *externe*, mais consubstantielle de l'être du premier être. L'œuvre n'est plus en rien comparable, comme l'est celle des *six jours*, aux cosmogonies polythéistes, dans lesquelles on assiste à une évolution dont le chaos est le point de départ. Le créateur ne commande pas aux eaux et à la terre de produire les animaux. Ce n'est pas en termes généraux qu'il est dit lui-même les *faire*; il procède à la composition matérielle du corps humain, mais c'est de lui-même qu'il tire le *souffle de vie* par lequel est instituée une *âme vivante*. Auparavant, c'est encore de ses mains qu'il a planté le jardin, et il l'a donné à habiter à sa créature, sous certaines conditions.

L'anthropomorphisme de ces récits n'est pas du même genre que l'anthropomorphisme de la mythologie et des cosmogonies polythéistes. Celui-ci laisse percer partout l'allégorie ou le symbole auquel il s'unissait primitivement, et qui doit finir par y demeurer seul, en un panthéisme nettement dégagé. Mais celui-là est l'expression forte de la croyance à la personnalité divine. Les philosophes qui le traitent trop sévèrement n'ont peut-être pas gagné autant qu'ils s'en flattent à répudier ses fausses et puériles images, lorsqu'ils ont du même coup abandonné la réelle idée de la personnalité.

Quant au grief que, sous l'influence des connaissances positives, on a pris l'habitude de formuler contre la Bible, sur ce qu'elle rapporte la création et la nature entière à l'homme comme fin, il est permis de se demander si la science ne fait pas payer cher, à l'humanité, sans aucun droit, ce que l'humanité doit au progrès de l'esprit scientifique; et si elle ne lui impose pas un vrai déchet moral, lorsqu'elle porte à se mésestimer comparativement aux grandeurs de l'univers, lesquelles sont toutes de l'ordre matériel? Si le monde n'est pas *pour une fin*, tout n'est-il pas au fond *sans intérêt*? Et si le monde est *pour une fin*, n'est-il pas clair que *la fin* se rapporte à l'homme, le seul être qui connaisse des fins, le seul qui ait de la *dignité*, le seul (avec les animaux jusqu'à un certain point) qui puisse passer pour *intéressant*?

Lorsque Jéhovah-Elohim place l'homme dans le jardin de l'Éden et lui interdit les fruits de l'arbre de la connaissance du bien et du mal, il lui dit: « Le jour où tu en mangeras, tu mourras. » Dieu est donc dépeint, dans la légende, comme une sorte d'homme éminent ou céleste, possédant la science et l'immortalité, qui a formé *Adam* d'*adama* (l'homme terrestre de la terre), tiré Ève d'Adam pour être sa compagne, établi le couple heureux dans le jardin, intimé une défense et institué, pour ainsi dire, une tentation. Après qu'Ève a péché et fait pécher Adam, Dieu est représenté parcourant le bocage, appelant Adam, l'interrogeant, prononçant une sentence, maudissant le serpent séducteur, condamnant la femme, l'homme son complice, la terre à cause d'eux. Il parle de ses semblables, à lui, Jehovah-Elohim, qui connaissent le bien et le mal et vivent immortels ; il exprime la crainte que ceux qui viennent de goûter au fruit de l'arbre de la connaissance ne mangent aussi du fruit de l'arbre de vie et ne deviennent alors à tous égards semblables à des dieux *comme lui* (*comme l'un de nous*, dit-il) ; il les bannit enfin de l'Éden, et défend l'approche de l'arbre auquel ils n'ont point encore touché, par l'épée flamboyante d'un *Kroubim* commis à sa garde. Tous ces traits sont de nature à favoriser l'interprétation littérale des croyances que suppose la légende. Faut-il donc admettre que l'auteur du récit croyait à la pluralité des dieux, à la passion jalouse de celui d'entre eux auquel il attribue la création, et à l'existence des génies, tels que ce *Kroubim* et ce serpent dont la forme animale est peut-être un attribut symbolique ?

Quoique le nom de Jéhovah-Elohim se soit attaché à la légende de la création de l'homme qui a pris place dans la *Genèse* à côté des traditions élohistes et jéhovistes, ce n'est peut-être pas trop s'avancer que d'accepter l'opinion suivant laquelle cette légende ne serait pas d'origine proprement sémitique, mais seulement adaptée et incorporée. Ce qui concerne l'Éden et les quatre fleuves paraît de source iranienne, le serpent a souvent désigné l'esprit du mal, Anra-Mainyous, dans le mazdéisme ; mais, surtout, le dualisme du bien et du mal en son acception morale a eu là son origine la mieux avérée. Il a pu y avoir, à une époque inconnue très ancienne, comme il y a eu après l'époque de l'exil des Juifs à Babylone, des emprunts et des points de fusion de l'hébraïsme et de la religion de l'Iran. Il est remarquable qu'ayant eu sa raison d'entrer dans le canon des Écritures à l'époque où ce canon s'est constitué, la légende du premier péché, qui prit plus tard tant d'importance, ait été cependant comme oblitérée dans la mémoire du peuple, et soit restée étrangère à l'esprit et à l'enseignement de l'école des prophètes. Elle traversa inconnue, on le dirait, les âges, et fut la pierre d'attente de l'exégèse paulinienne de l'Ancien et du Nouveau Testament. C'est là le signe assez peu douteux d'une inspiration empruntée, chez l'auteur de la légende, et à la fois d'une haute antiquité chez la nation qui en a gardé fidèlement le dépôt. Au reste, elle ne laisse pas d'appartenir à la religion d'Israël par plusieurs des grands caractères qui distinguent sa théologie et sa morale d'avec celles du mazdéisme. Elle admet

Jéhovah-Elohim comme le créateur du ciel et de la terre, et ne lui oppose point, en tant que créateur, un pouvoir rival et malfaisant; elle semble seulement lui associer d'autres êtres immortels qui connaissent comme lui le bien et le mal. Il attache l'origine du mal physique, — malédiction de la terre, nécessité du travail, la maladie et la mort, — à la faute de l'homme, et non point au pouvoir direct d'un esprit mauvais se dressant contre Dieu au premier moment. Et il impute le mal moral à la volonté humaine séduite par un esprit inférieur qui n'est point capable de se défendre lui-même et qui partage la punition infligée à la victime de sa malice.

Il faut considérer en elle-même cette œuvre d'un penseur hébreu inspiré par une tradition étrangère, à quelque époque que sa composition appartienne. La haute moralité de la conception est frappante. Le point capital est l'infraction du commandement divin pour suivre des suggestions parties de bas et liées toutefois à la noble passion de grandir et de s'élever. L'acte du libre arbitre, le choix de *faire ou ne pas faire*, sous l'impulsion de motifs opposés, engageants, non nécessitants, implique l'intelligence et le jugement. Quel que soit le sujet légendaire de l'infraction, qui ne peut en aucun cas se prendre à la lettre, l'acte de désobéir à celui qui a le droit de faire ses conditions et de commander à sa créature peut se poser pour *le péché*, indépendamment de sa matière, qui reste mystérieuse. Le symbole de l'acquisition de la connaissance du bien et du mal, liée à l'acte de manger le fruit de l'arbre de ce nom, ne laisse pas d'être clair ; car il est vrai, et d'observation juste et profonde, que le mal n'est bien *connu* qu'après qu'il est *fait*, et que s'est développée la peine qui lui est fatalement inhérente.

Une objection d'un profond intérêt psychologique nous vient ici. Si l'on suppose un acte de libre arbitre tel qu'il faut le concevoir pour répondre à la perte de l'innocence, c'est-à-dire à la sortie d'un état où toutes les déterminations à l'acte sont par hypothèse spontanées, jamais combattues, il est clair que cet acte doit suivre et non point précéder la distinction du bien et du mal. Cette distinction ou connaissance est un effet de l'expérience et de la réflexion. Sans elle, comment l'acte pourrait-il être libre, de liberté morale, et engager la responsabilité, qui implique chez l'agent une comparaison et un choix délibéré? Dans l'ordre naturel de la formation de l'esprit, chez l'être appelé à la raison, on peut imaginer des degrés de lumière, des tâtonnements, une conscience progressive obtenue au cours des passions qui s'opposent les unes aux autres, et des erreurs, sur un théâtre d'épreuves d'un faible intérêt peut-être d'abord, et peu à peu plus importantes. Mais ce point de vue ne saurait être celui d'une légende, forcée de simplifier les choses, et de les porter immédiatement au tragique. L'auteur du symbole des origines morales n'a pu résoudre ce problème qu'en se représentant la première faute comme la violation d'un commandement dont l'observation n'aurait été confiée qu'au respect spontané de la créature pour son créateur, puisqu'il a supposé la raison morale absente, ou ne lui a donné aucune matière pour s'exercer. La chute a pu ainsi être supposée antérieure à la connaissance du bien et du mal, c'est-à-dire du juste et de l'injuste, et la conscience ne naître que de l'écart de la volonté du créateur, et des peines qui en ont été la suite.

Le même sujet traité d'une manière philosophique, avec la même croyance, d'ailleurs, à la création, à la liberté et au péché, exigerait qu'on se représentât l'homme établi originairement par le créateur en des relations de société où le juste et l'injuste eussent leur application, et non point lui-même dans un état d'*innocence*, mais, au contraire, en possession de la *conscience* et de la *raison*, connaissant *par raison* le bien et le mal.

C'est justement, semble-t-il, que la critique de Kant a remarqué l'application du concept biblique de la chute au passage de l'animalité pure à l'humanité, ou de la vie tout instinctive aux déterminations réfléchies. Ces dernières apportent avec elles le *devoir*, dont la loi succède à l'acceptation toute simple des attraits et des répulsions tels qu'ils se présentent à l'âme; le *travail*, par lequel on s'assure les fins que le devoir a proposées et que la nature ne donnait pas; la *douleur*, c'est-à-dire le sentiment réfléchi de la souffrance, la privation ressentie des fins les plus désirées; et la *mort*, confirmée par la connaissance de la mort (*morte morieris*). L'opinion d'après laquelle cette chute serait, à vrai dire, un progrès, et un progrès nécessaire, est une vue optimiste moderne, en opposition patente avec le pessimisme moral de la Bible, un contre-sens, quand on l'attribue au vieux penseur religieux. Songeons aussi que le passage de l'état d'âme animal à l'état d'âme humain, au point de vue de la légende, n'est pas précisément la transition que plusieurs imaginent, et qu'ils croient avoir pu être graduelle, des pouvoirs de l'instinct à ceux de la rationalité. La *rationalité* doit être tenue pour essentielle à l'homme, car ce mot signifie raison *raisonnante*, condition des concepts et du langage, sans laquelle les avis du tentateur ne seraient pas entendus. La raison qui doit manquer, au point de vue biblique de la liberté, c'est la raison *raisonnable*, tant que l'expérience et les conséquences mêmes de la chute n'ont pas amené l'esprit à concevoir une loi morale et à s'exercer sur un sujet d'application de cette loi. La Bible n'en mentionne aucune. Elle n'en suppose pas la conscience donnée. Cette conscience ne peut se produire qu'empiriquement, et c'est empiriquement aussi, c'est comme punition du manquement à une condition formelle posée par Dieu, que la réflexion en vient à s'appliquer aux choses de la vie, dans lesquelles est entrée la douleur, où le travail est devenu nécessaire, où le devoir se fait connaître par le besoin. Un écart profond se montre et n'a jamais cessé d'exister entre la croyance religieuse et la méthode philosophique, touchant la justice et la faute. La philosophie juge de l'une et de l'autre d'après des notions synthétiques, ou d'après l'utilité que l'expérience découvre : c'est selon les écoles ; mais la religion n'envisage que le commandement de Dieu et la désobéissance de l'homme : celle-ci source unique de tous les maux.

Revenons à la légende. La désobéissance est certainement le mot du péché, et c'est bien vainement qu'on en a cherché un autre dont il n'est point question dans le texte. Le fruit et l'arbre qui le porte sont les signes de l'acte défendu, d'autant plus clairs qu'ils sont plus insignifiants en eux-mêmes. Si l'auteur avait pensé à l'interdiction des rapports sexuels, comment se serait-il gêné pour le dire ? La nudité aperçue, les ceintures de feuilles sont des traits qui n'ont rien de commun avec l'interdiction prétendue, mais qui définissent la condition de la pudeur comme un retour sur soi, une observation de soi, un effet de la connaissance obtenue de ce qu'on est : « Qui t'a fait savoir que tu étais nu ? » Ce sentiment, la pudeur, comme celui du beau, comme le rire et les pleurs, autres caractères de l'humanité, est étranger aux modes de représentation où n'entre pas l'idée de ce qui pourrait être mais où la pensée va droit à son objet actuel. La responsabilité de l'acte de désobéissance est d'ailleurs rejetée par l'homme sur la femme, par la femme sur le serpent, et cela encore est la preuve qu'il ne s'agit nullement là de l'attrait des sexes. La femme devait, selon les idées de tout temps communes, être choisie comme la plus accessible à la séduction, et le séducteur symbolique est l'animal rampant et insinuant, aux nœuds enveloppants, qui pour cette raison même est le prête-nom du génie du mal.

Ainsi l'esprit et la lettre de la légende se dérobent également aux interprètes, tant respectueux que malveillants, qui abaissent et rapetissent le concept du premier péché. Les suites de la faute n'excluent pas moins cette fausse manière de la définir, puisque Jéhovah n'y fait point allusion à l'acte physiologique de la conception comme moyen désormais permis, et qui auparavant ne l'aurait pas été, de la multiplication de l'homme, ni même à l'existence d'un rapport quelconque entre la mort, qui est le sort commun des individus, et la propagation de l'espèce qui commence, mais seulement aux peines relatives à l'état de connaissance du bien et du mal : le travail, la douleur, l'enfantement douloureux, l'assujettissement de la femme, toutes les misères d'une existence disputée, et cette crainte de la mort qui nous fait pour ainsi dire mourir nous-mêmes et voir mourir ceux que nous aimons, à chaque instant de nos pensées dirigées vers l'avenir.

Le mobile de la faute ne reste nullement un mystère dans le texte. Où prend-on le droit d'en imaginer un autre? « Vous ne mourrez nullement, dit le serpent, mais Elohim (1) sait qu'au jour où vous en mangerez, vos yeux seront ouverts, et vous serez comme des Elohim, connaissant le bien et le mal. Alors la femme voyant que l'arbre était bon pour se nourrir, agréable à la vue et *désirable comme devant donner la science*, prit de son fruit, en mangea, et en donna à son mari qui était avec elle. Et il en mangea, et leurs yeux à tous deux s'ouvrirent, et ils virent qu'ils étaient nus. Et ils cousirent des feuilles de figuier, et se firent des ceintures ». Il est indéniable que l'auteur donne pour motif unique à la femme l'ambition d'égaler les Elohim et de posséder comme eux la science. Le premier gain de la science est de *se voir* et de réfléchir sur soi. Adam et Ève *se voient*, parce que pour la première fois *ils se regardent*.

Jéhovah-Elohim exprime la crainte que l'homme devenu tel qu'un des Elohim, sachant le bien et le mal, n'étende aussi la main sur le fruit de l'arbre de vie, et ne devienne immortel. D'autres anciennes légendes, en une autre tradition, rendent, comme on sait, l'idée de la jalousie du dieu devant le progrès de sa créature. Le trait de la *Genèse* peut avoir le même sens; il

---

(1) Le nom d'Elohim est seul dans ce passage, au lieu de Jéhovah-Elohim qui est employé dans tout le chapitre (chap. III, 1-5).

peut avoir celui d'une cruelle ironie. Si l'on préférait cette intention comme la plus vraisemblable chez un écrivain qui est si loin de prendre moralement parti pour le pécheur, et dont toutes les vues seraient *plutôt misanthropiques*, on pourrait donner un sens terrible à ce trait de la légende. On ne peut douter en effet que l'auteur ne regarde les Elohim comme des êtres *bons*. L'homme qui deviendrait semblable à l'un d'eux par le double privilège de la science et de l'immortalité, différerait donc d'eux par l'usurpation et le péché. C'est l'être *mauvais* qui deviendrait ainsi immortel, et le mal introduit dans le monde sans l'accompagnement de la mort serait un mal plus profond et plus irrémédiable que celui auquel l'extinction et le renouvellement des individus vivants pose continuellement la borne. Qui peut assurer qu'un sentiment de cette sorte n'a pas été au fond de l'esprit du penseur qui a posé sans le savoir le fondement de la doctrine religieuse et morale de l'Occident, destinée à se développer tant de siècles après lui?

Si nous élevons maintenant notre vue au-dessus des symboles eux-mêmes, tout intéressants et profonds qu'ils sont, et si nous généralisons la pensée principale qui en ressort, nous trouvons ces deux points qu'on ne dégage jamais assez et dont la portée s'étend sur le grand sujet de philosophie et de religion qu'on a nommé *la théodicée* :

1º Selon la volonté de Dieu, telle que la comprend l'auteur, l'homme devait demeurer dans l'état d'innocence, si lui-même il ne violait le commandement divin. Toutes choses étaient disposées dans la nature en vue des fins de ces êtres qui n'auraient pas connu le bien et le mal, qui auraient été comme des animaux intelligents, affectueux et heureux, étrangers à la lutte des passions, ignorants des conséquences attachées à celles où leur liberté ne se serait point égarée. La description du paradis est relative à la partie extérieure et matérielle de cet état, la seule, on le conçoit, que l'écrivain puisse aborder, et qu'il traite avec naïveté.

2º La nature est présentée comme corrompue par le péché, sous une double forme du récit : d'abord la distinction entre le jardin de l'Éden et la terre, le jardin étant la portion de terre idéale où le Créateur a réuni toutes les conditions d'un séjour de bonheur; et ensuite la malédiction prononcée contre la terre elle-même qui est le lieu d'exil : « Que la terre soit maudite à cause de toi (à cause d'Adam); tu t'en nourriras en travaillant tous les jours de ta vie ; elle te produira des ronces et des épines ; tu mangeras l'herbe des champs, ton pain à la sueur de ton visage, jusqu'à ce que tu retournes à la terre, dont tu as été pris ; car tu es poussière et tu retourneras en poussière. » En termes abstraits : le mal moral a été l'origine et la cause des maux physiques, et la mort la suite du péché, voilà ce que cela signifie.

Le caractère moral si saisissant et le caractère dogmatique, bien qu'implicite seulement, de cette légende hébraïque du péché sont ce qui manque à la légende chaldéo-babylonienne, autant qu'on peut juger de celle-ci sur des traits épars, sans suite et souvent douteux ; si bien que les ressemblances qu'on y constate, et d'autant plus qu'on les suppose provenir d'emprunts, ne font qu'accuser plus fortement les différences d'esprit. Le dieu chaldéen Ea est le créateur spécial de l'homme, tandis que la cosmogonie en général semble être rapportée au dieu supérieur Anou qui marque leur place aux dieux célestes, les astres. Il semble que l'homme soit créé pur et que des devoirs lui soient imposés, ainsi qu'à la femme. Nous ne savons pas quels devoirs. Sa faute paraît consister à prendre parti pour le Karkar Tiamat, dans la révolte de ce Dragon et de quelques-uns des dieux contre les grandes divinités. La victoire de Bel est suivie, semble-t-il toujours, de la malédiction prononcée contre l'homme, et de son exclusion de la société des dieux. Enfin certains passages indiqueraient que c'est dans la race noire qu'est pris le type de l'homme condamné pour sa rébellion (1). Sur l'ensemble, on peut assurer qu'il s'agit, en premier lieu, d'un dualisme dans lequel le dragon symbolise les puissances unies du mal, et un tel dualisme est étranger au livre de la *Genèse*, où il n'y a pas trace d'une puissance capable de résister en face au créateur ; en second lieu, d'une guerre des dieux analogue à celle des mythes aryens, et où l'homme est impliqué ; mais l'idée de cette guerre ou de cette révolte, en sa généralité, se trouve à peu près dans toutes les grandes mythologies. Ce qui est particulier à la légende biblique, c'est la simplicité des rapports entre Dieu et l'homme, entre l'homme, son devoir et l'épreuve ; c'est le caractère également simple et très visiblement symbolique du tentateur ; et c'est la netteté de l'opposition entre le paradis créé pour l'homme avant le péché et la terre maudite qui est son séjour après la chute. La forme allégo-

(1) Voyez George Smith, *The Chaldean account of Genesis*, p. 76-78, 80-92, 97-99.

rique du récit paraît, il est vrai, se retrouver sinon dans les textes cunéiformes connus jusqu'ici, au moins sur des monuments où sont représentés l'arbre, le serpent et des personnages de chaque côté de l'arbre. Il reste toujours à savoir quel est le sens moral du fruit à cueillir et de la défense d'y toucher, s'il y en a une. L'emprunt des traits extérieurs d'un mythe n'implique pas l'identité du sens moral qui lui est donné.

Il est naturel d'admettre que le penseur hébreu, quelles que soient la profondeur et l'originalité de son inspiration morale, n'invente pas les matériaux de son œuvre. Il reçoit les mythes qui ont cours autour de lui, les combine, les refond et au besoin les modifie en les interprétant selon son sentiment particulier. On comprend que le sublime et le puéril arrivent à se rencontrer dans une même composition. Rendons notre idée par une supposition. Imaginons pour un moment que quelques parties relativement simples et sérieuses des aventures des dieux de la terre et de l'air, dans les mythologies des peuples européens avant le christianisme, eussent obtenu la vogue à une époque semblable à notre moyen âge, à cela près qu'une religion importée n'y eût pas pénétré ; et qu'alors un philosophe religieux se fût trouvé, Celte, Germain ou Slave, il n'importe, capable de dégager et d'amener à un sens moral les éléments des mythes traditionnels qui pouvaient fournir des vues sur la création et sur la destinée humaine : ce philosophe aurait fait une œuvre analogue à celle que nous prêtons ici à l'auteur du poème biblique de la création de l'homme et du paradis perdu. Dans cette dernière hypothèse, on croira sans peine que, vu la position géographique et les relations mutuelles des nations sémitiques, les unes polythéistes, une autre à tendances monothéistes, des éléments provenant des premières se soient introduits dans le corps d'un récit légendaire composé par un penseur de la seconde et portant l'empreinte d'un sentiment religieux très différent. Tel serait le cas pour ce qui se rencontre de commun entre la légende de la *Genèse* et la mythologie chaldéo-babylonienne. Les rapports de l'une et de l'autre avec les mythes iraniens n'ont rien de plus inexplicable et peuvent remonter à la haute antiquité.

Certains symboles sont d'ailleurs si naturels à l'esprit primitif qu'il n'est pas nécessaire de supposer d'antiques communications des peuples qui en ont fait usage. Celui du serpent appartient aux sources védiques sous l'aspect naturaliste du sombre nuage qu'Indra frappe de la foudre. Il figure dans le mazdéisme avec la signification morale de l'esprit mauvais. On le trouve dans les hymnes magiques de l'ancienne Chaldée, dans beaucoup de légendes touraniennes, dans les textes cunéiformes, comme on l'a vu plus haut, et en Égypte enfin, où il sert à d'autres symboles qui n'ont rien d'odieux, mais où il désigne aussi le premier des « Fils de la révolte », l'ennemi des dieux, Apap. D'autres serpents, de même que la tortue et le crocodile, paraissent dans le *Livre des morts* pour personnifier le principe du mal. A la prendre en sa plus grande généralité, on ne saurait dire que l'idée de la transgression de la volonté divine en dehors des devoirs communs des hommes sur la terre, ou celle d'un certain dualisme du bien et du mal, à l'origine des choses, soit plus particulière à la doctrine des Hébreux, que la personnification symbolique de l'Ennemi des dieux dans le serpent. Loin de là, les traces d'une telle croyance sont effacées du canon des Écritures, quand on en met à part les premiers des chapitres jéhovistes de la *Genèse*. D'un autre côté, la religion de l'Iran, à laquelle se rapporte plus essentiellement qu'à aucune autre le dualisme moral, a placé la lutte des deux principes sur un théâtre de création bien plus vaste que le séjour paradisiaque du premier couple humain, et peuplé l'univers d'esprits bienfaisants et malfaisants. La croyance à de tels esprits, anges et démons, n'est entrée que tard chez les Juifs, à l'époque de leur contact *historique* avec les conquérants aryens de l'empire sémitique de Babylone. Mais c'est probablement à la haute antiquité qu'appartient leur premier contact, celui où nous cherchons la source de la légende du paradis. L'auteur qui s'en assimila les données fondamentales : création par le dieu bon, félicité de l'état terrestre initial, commandement de Dieu, tentation par l'esprit mauvais, chute et exil sur une terre impropre aux fins de l'homme, cet auteur dut les séparer des traits de l'esprit polythéiste dont elles étaient marquées, les resserrer en un concept plus sobre et plus borné, qui convient aux idées simples des tribus pastorales au milieu desquelles il vivait, et en transporter le personnage divin au dieu de ces tribus, Jéhovah. Cette adaptation se fit naturellement en prêtant au dieu, créateur unique du premier homme, et contre qui l'esprit mauvais peut bien s'élever, mais ne saurait soutenir un instant la lutte, ces actes d'intervention personnelle dont les similaires nous sont offerts dans les visions et les révélations des grands patriarches,

Abraham et Jacob. Le contraste est grand entre la personne du tentateur, ce serpent dont la vraie nature est enveloppée de l'obscurité d'une allégorie, et l'Anra-Mainyous des mazdéens, qui partage avec Ahoura Mazda la fonction créatrice.

Je ne sais si l'on a jamais remarqué autant qu'il le faudrait l'unité d'esprit et de doctrine morale qui se montre dans toute la suite des documents jéhovistes, comprenant la légende du premier péché et de l'expulsion de l'Éden, celle de Kaïn et de ce qui s'y rattache, celles des Fils d'Elohim, de la corruption des hommes et du déluge, celles de la tour de Babel et de la ruine de Sodome; et puis combien la malédiction anciennement prononcée contre la civilisation, en ses œuvres perverses, est restée caractéristique de la pensée des Hébreux, à partir des mœurs nomades primitives, en traversant la période des rois où il a les prophètes pour constants interprètes, et bien au delà. La répulsion pour les empires : Égypte, Assyrie, princes grecs, proconsuls romains, s'étend jusqu'au dernier jour d'existence de la nation et se prolonge chez les premiers chrétiens qui souhaitent à Rome le sort de Sodome et des villes maudites. Il existe un rapport réel entre cette proscription dont les mœurs humaines développées dans le bien et le mal sont l'objet, dans l'idéal du peuple de Jéhovah, et l'interdiction divine de la connaissance du bien et du mal dans la légende du péché. Les établissements civils avec l'indispensable cortège des pouvoirs matériels et des lois pénales sont en effet des suites de cette connaissance.

Le premier meurtrier, le fratricide Kaïn, est un laboureur, fondateur de la propriété et des clôtures, de qui Jéhovah rebute les offrandes, fruits de la terre. Sa victime est Abel, le pasteur innocent qui offre et fait accepter les premiers-nés de son troupeau. L'acte de l'assassin est qualifié d'acte libre en termes admirables. Jéhovah maudit le coupable : il sera errant sur la terre : mais Jéhovah ne confère à personne un droit de vindicte. Kaïn craint le talion, Jéhovah le rassure et défend qu'on le tue. Il défend donc implicitement la justice pénale et l'établissement des lois.

Ce Kaïn errant sur la terre est fidèle à ses attraits; il se fixe, et le premier criminel est le fondateur de la première ville; il lui donne le nom de son fils d'Hénok : signe apparemment d'une intention dynastique.

Les descendants d'Hénok sont les inventeurs des métiers et des arts. Un seul, Jabal, à la cinquième génération, est donné comme le père de peuples habitants sous la tente, de nomades. Les autres sont des cultivateurs et des artisans. Toutefois c'est encore le plus fort qui règne et défie toute justice pénale. Lémek se vante auprès de ses femmes d'avoir tué un homme pour une blessure qu'il a reçue, et déclare que, de même qu'il a été dit à Kaïn par Jéhovah que, si quelqu'un le tue, le meurtre sera *vengé dix fois*, de même et plus encore, si quelqu'un le tue, lui Lémek, le meurtre sera vengé *septante-sept fois*. Le passage n'est pas assez mystérieux pour ne pas signifier en tout cas la condamnation divine supposée de tout établissement légal, et l'argument que les puissants tirent de là en réclamant l'impunité pour leurs violences.

La suite du document, en passant la généalogie élohiste de Seth, fils d'Adam, qui appartient à une légende différente et parallèle, nous conduit aux préliminaires du déluge de Jéhovah. Les hommes se sont multipliés sur la terre ; les Béni-Elohim ont trouvé les filles des Béni-Adam belles et les ont épousées ; et Jéhovah dit : « Mon esprit ne s'abaissera pas plus longtemps dans les hommes, car ils ne sont que chair. » C'est l'époque des héros ou *illustres de l'ancien temps*, ces géants, ces *Nephilim, faisant bruit dans le monde* par la guerre et la conquête, plus corrompus que les nomades, et dont les alliances ont achevé de corrompre ces derniers. Jéhovah voit donc l'homme méchant et toutes ses pensées tournées au mal ; il se repent d'avoir créé l'homme ; il prend le parti d'anéantir toute créature vivante ; Noah seul trouve grâce devant lui.

Après le déluge l'alliance de Jéhovah et de son élu appartient aux légendes tant élohistes que jéhovistes (comme le déluge lui-même). La réprobation attachée, dans les dernières, au principe inséparable des établissements civils, la répression du crime, n'apparaît plus. « Noah érigea un autel à Jéhovah... Jéhovah sentit l'odeur agréable du sacrifice et dit en lui-même : Je ne maudirai plus la terre à cause de l'homme ; car les pensées du cœur de l'homme tendent au mal. Je ne frapperai plus toute vie comme je l'ai fait. » Ces paroles impliquent la résignation du Créateur au mal humain né de la volonté déviée, et le consentement donné à l'existence des sociétés corrompues. Ce n'est cependant pas dans ce document, c'est dans l'élohiste, que se trouve mentionné, après le déluge, l'établissement du principe du talion appliqué au crime principal. Le trait ne doit que mieux être mis en rapport avec l'interdiction de la vindicte, dans la légende jéhoviste de Kaïn et le dire de Lémek : « Je redemanderai, dit Elohim, le sang de vos âmes ; je le redemanderai de la bête et de l'homme ; je redemanderai de tout homme la vie de l'homme, son frère. Celui qui répandra le sang de l'homme, son sang par l'homme sera répandu ; car Elohim a fait l'homme à son image. »

Ce passage fait immédiatement suite, dans le document élohiste, à la permission donnée à l'homme de la nourriture animale : « Soyez féconds et multipliez-vous et remplissez la terre. Toutes les bêtes de la terre et tous les oiseaux de ciel, tout ce qui se meut sur la terre et tous les poissons de la mer vous craindront et vous redouteront et seront remis en votre pouvoir. Tout ce qui se meut, tout être vivant vous servira de nourriture, ainsi que toute plante verte ; je vous donne tout. Seulement vous ne mangerez point l'âme (le sang) avec la chair. » Il faut se rappeler que dans la cosmogonie élohiste, les végétaux seuls sont donnés pour nourriture à l'homme (*Gen.*, I, 29). Ainsi les hommes n'auraient commencé à manger de la viande qu'après le déluge, selon l'élohiste. Le jéhoviste obéissait à d'autres sentiments sur cette question, si l'on en juge par l'offrande d'Abel préférée par Jéhovah à l'offrande de Kaïn.

Le même idéal de la vie pure, la même répugnance pour les grands établissements humains continue de se montrer dans les récits qui suivent celui du déluge. L'alliance de Jéhovah avec Noah n'est visiblement, comme le montrent les explications dont l'auteur l'accompagne, que le moyen qu'il a de s'expliquer l'anomalie relevée de nos jours par une critique hostile, — dans le *Pour et le contre* de Voltaire, par exemple : — comment Dieu, qui a détruit la race des hommes à cause de sa corruption, laisse-t-il subsister une société humaine tout aussi perverse, après le déluge ? à quoi le déluge a-t-il servi ? Aussitôt après ce cataclysme, on passe, dans le même document, à l'ivresse de Noah sorti de l'arche et devenu vigneron, au crime de Ham et à la malédiction sur Kénaan, fils de Ham. Puis vient, au cours du chapitre sur la division ethnologique de l'humanité, l'insertion du trait légendaire de ce Nimrod, petit-fils de Ham, fort chasseur devant Jéhovah, roi de Babel et autres villes, « qui commença à être puissant sur la terre » ; et enfin l'entreprise impie de la tour de Babel et l'intervention de Jéhovah pour opérer la *confusion des langues,* et disperser sur la terre les audacieux unis pour cette œuvre. Il y a une notable divergence entre cette explication jéhoviste, par le miracle, de la division linguistique (mise en rapport avec la division ethnique) de l'humanité, et le tableau que fait de la dispersion des peuples après le déluge, comme d'un fait d'ordre naturel, le document ethnologique (*Gen.,* x), lequel est en majeure partie élohiste. Les documents des deux provenances ne laissent pas de s'inspirer du même esprit sur le point capital : la cause morale du déluge et le pacte fait par Elohim, ou par Jéhovah, avec Noah, sa race, et la terre, et tous les animaux qui la peuplent et auxquels il donne l'assurance que le déluge ne se reproduira jamais. Toutefois le jéhovisme se distingue toujours par la haine plus marquée des civilisations matérielles, et il donne à sa répugnance, en même temps que l'accent moral, le caractère légendaire d'une sorte de jalousie de Dieu vis-à-vis des entreprises des hommes.

La légende des villes maudites achève par ses circonstances accessoires, aussi bien que par le sentiment principal dont elle sort, de nous instruire de l'idéal de cette religion et de la condamnation qu'elle porte contre les grandes agglomérations d'hommes. Abram et Lot son neveu sont des pasteurs, propriétaires de grands troupeaux, se partageant de vastes territoires de dépaissance alentour de plusieurs villes florissantes, et intervenant, quand ils y sont forcés, dans les querelles des petits rois leurs voisins. Lot s'établit cependant à Sodome ; il y est étranger, le *seul juste* entre tous ses habitants, et le seul sauvé de la destruction, sans pouvoir même emmener avec sa famille les deux gendres qu'il s'est choisis. A sa demande, la ville de Tsour est seule épargnée comme n'étant qu'*un petit endroit,* et pour lui être un lieu de refuge. Encore n'y peut-il séjourner après la catastrophe, et il faut que sa postérité mâle lui vienne de son union avec ses filles. L'antagonisme entre la vie patriarcale et pastorale, réputée pure et sainte devant Jéhovah, et les établissements urbains, réceptacles de tous les vices, impureté et violence, ne saurait se marquer pour l'imagination en traits plus saisissants.

Quand nous considérons les idées morales qui se rattachent à la réprobation des grands établissements humains par Jéhovah, et que nous les rapprochons des légendes qui précèdent et suivent celle du déluge, d'un côté, de l'autre de la malédiction continuée par les prophètes contre les Ninive et les Babylone, et prolongée jusqu'à l'anathème des auteurs d'apocalypses contre l'empire romain, nous voyons tomber une lumière nouvelle sur un très important caractère de l'inspiration israélite, caractère antique et persistant, destiné à influer sur l'histoire entière de la nation juive. C'est un sujet que nous retrouverons à propos du socialisme de la loi mosaïque et des sentiments des premiers chrétiens.

Ne terminons pas sans introduire en guise de correctif, s'il est nécessaire, pour une opinion exprimée dans ce qui précède, la distinction à faire entre l'antique selon l'esprit et l'antique selon le temps. Le fond des légendes cosmogoniques et des traditions de l'âge patriarcal remonte, je le crois, à une époque beaucoup plus reculée que ne pensent aujourd'hui la plupart des critiques de la Bible, — à celle probablement où de grands chocs et des mélanges de races paraissent avoir eu lieu dans l'Asie moyenne et occidentale, vers les xxve et xxe siècles avant notre ère; — mais s'il en est autrement, et à quelque moment plus récent qu'on veuille se figurer l'état social représenté par ces légendes, et l'esprit de ceux qui les ont écrites, les vues que j'ai exposées n'en reçoivent aucune atteinte; car cet état et cet esprit sont certainement *antiques*. Je dis antiques, je ne dis pas *primitifs*, en ce qui concerne les cosmogonies et les idées sur l'entrée du mal dans le monde, parce que ce sont là des produits de la réflexion, et j'ai dû en placer l'étude dans cette partie de mon travail qui concerne le développement *secondaire* et dogmatique des religions.

CHAPITRE XV

La discipline étrusque.

Passons maintenant à des religions dont les développements, quoique sérieux en eux-mêmes, sont obscurs pour nous en bien des points, parce qu'elles ont été recouvertes par d'autres, sans avoir introduit, semble-t-il, aucun élément, au moins important et certain, dans les plus considérables des doctrines qui ont influé sur le cours de l'histoire. Elles ont cependant dépassé les mythologies primitives dont elles descendaient, formulé des dogmes et constitué des sacerdoces. C'est là qu'est leur intérêt.

Les peuples de l'antiquité établis dans l'Occident et aryens pour la plupart, d'où qu'ils vinssent, par le langage et par le caractère mythologique, ont été généralement peu portés à la spéculation, au moins dogmatique, et rebelles au gouvernement théocratique. Un seul a eu le génie de la libre recherche et de la construction rationnelle. Les races maintenant dominantes en Europe sont presque toutes restées jusqu'à la venue du christianisme dans l'état de religion que nous avons appelé primaire, avec des mythologies de même esprit et des directions d'idées et de croyances semblables, ou qui le devenaient à mesure de leurs communications mutuelles. A l'époque du syncrétisme gréco-romain, si on peut admettre qu'elles possédaient en commun une sorte de doctrine, ce n'était que des rudiments, portant sur la providence des dieux, les devoirs des hommes, la responsabilité de leurs âmes dans une vie future : idées insuffisantes, toujours affaiblies et comme annulées par une étrange discordance avec les mythes traditionnels, dont l'esprit ancien était perdu et dont aucune interprétation nouvelle n'avait d'autorité. Nul sacerdoce n'était là d'ailleurs, dont la mission et le pouvoir fussent de composer, et d'imposer une théologie systématique et de relier le culte à la morale. On peut dire que ces nations, demeurées dans un état religieux qui n'était plus *primaire* et n'était point passé au *secondaire* — suivant la terminologie de notre classification, — ont attendu qu'une religion organisée leur fût apportée sous la forme d'une *révélation*, et sont pour ainsi dire passées brusquement du premier stage au troisième, non pas même toujours de leur pleine volonté et sans contrainte; car plusieurs ont été arrachées à l' « idolatrie » par un christianisme devenu déjà le catholicisme. C'est par la *foi* aidée de l'action d'un sacerdoce, qu'elles sont arrivées au dogme sans avoir traversé la spéculation sur leurs croyances antiques.

Voyons quelles exceptions on peut opposer à ce fait dont la cause principale tient certainement au grand esprit de liberté des peuples. Considérons en premier lieu les Grecs. Ils se sont efforcés à une certaine époque d'appliquer à leurs traditions religieuses le même esprit de recherche et de système qu'ils portaient dans la philosophie. Il fallait satisfaire à ces conditions, que la philosophie n'exige pas : trouver un appui suffisamment justifié dans les croyances populaires et dans la poésie nationale ; fixer la doctrine et lui donner un degré de cohérence, d'unité et d'autorité, capable de prévenir ou au moins de dominer les sectes, c'est-à-dire, en termes grecs dont le dogmatisme a plus tard fixé le sens, les *hérésies*. Ce dernier point ne s'obtient jamais passablement que par l'institution d'un sacerdoce auquel on accorde des prérogatives civiles et politiques. Les Grecs ont obtenu, dans la poursuite de ce problème, insoluble pour eux : dogmatiser la religion, tout ce qui leur était possible sans toucher à la liberté de penser, quand ils ont institué leurs *mystères*. On sentait très bien, dans la sphère des hommes religieux et des penseurs *orientalisants*, que l'unité ne pouvait être réalisée que par un gouvernement spirituel, par des institutions théocratiques. La tendance à créer ces institutions se produisit, mais l'esprit grec y résista jusqu'aux jours de la décadence et du syncrétisme, assez longtemps en somme, pour que l'évolution religieuse vers le dogmatisme imposé par les prêtres ne fût plus réalisable au profit de la masse confuse des traditions helléniques, et dût nécessairement s'accomplir sous l'influence d'un centre différent et supérieur d'attraction morale. Nous verrons plus loin ce qu'étaient ces mystères de la Grèce, qui gardaient, dans leur insuffisance doctrinale, cet avantage unique, pourtant, que le mystère chrétien ne sut malheureusement pas conserver longtemps : la liberté de la foi.

Voyons Rome, à présent. Rome avait reçu, en partie de sources obscures et du génie de ses premiers rois, en partie de l'Étrurie sans doute, cette forte discipline, mélange étonnant de superstitions et de raison par laquelle elle se distingua des autres peuples et acquit tant de supériorité sur eux à la longue. L'ère des rois et les premiers temps de la République nous apparaissent sous l'aspect d'un établissement aristocratique et théocratique, mais d'une théocratie à bien des égards différente de ce que ce nom désigne pour nous. D'abord la mythologie, faite en grande partie de concepts psychologiques ou moraux, était d'intelligence facile pour le peuple, ne s'étant pas concentrée par un travail spéculatif en une de ces puissantes doctrines qui surmontent l'esprit et l'enchaînent en donnant au prêtre l'autorité de ce qui passe pour science. Ensuite, la religion proprement dite était avant tout un système de rites compliqués et de présages intéressant en mille manières les particuliers, les familles, les tribus, la cité, les lieux divers, les propriétés et les intérêts privés, tous les accidents de la vie humaine et l'accomplissement des fonctions publiques, avec adaptation des cérémonies au culte de divinités nombreuses à attributions distinctes, toutes de croyance antique, spontanée et populaire. Il est vrai que la connaissance des rites d'ordre public ou supérieur et la *science des choses divines* furent, lors des origines de la cité, le monopole d'une aristocratie très fermée, mais c'étaient les nobles, qui étaient les *pontifes*, et non point les prêtres qui primaient comme tels dans l'État (grande différence); en sorte que le plébéien, au cours de ses progrès politiques et de ses luttes contre les familles privilégiées n'eut à leur réclamer que le partage des fonctions de la religion de l'État, laquelle n'était l'objet d'un doute quelconque, ou de qui que ce fût.

Si l'on réfléchit à ces conditions du peuple romain, on doit comprendre qu'en se développant il garda sa religion des rites et des présages à l'état de tradition peu à peu obscurcie, affaiblie, de moins en moins en rapport avec sa vie intellectuellement plus développée; que, n'ayant pas l'esprit enchaîné à des dogmes formulés sévèrement, mais n'étant attaché qu'à des usages; professant, mais d'une manière tout à fait libre, la croyance générale à des dieux qui s'occupent des choses humaines et qui punissent les méchants, enfin possédant une mythologie très ouverte qui pouvait s'assimiler à celles des autres nations polythéistes en ses parties principales, il se soit laissé initier sans résistance aux arts et aux sciences de la Grèce, et n'ait pas plus qu'elle éprouvé de longtemps le besoin d'une doctrine sacerdotale. Rome se laissa donc aller, sans modifier en rien ses cultes nationaux, à identifier ses principaux dieux avec les dieux helléniques : Mars avec Arès, Minerve avec Athéna, Junon avec Héra, Vulcain avec Héphaistos, etc., avant tout Jupiter avec Zeus, dans la pensée réellement commune, exprimée dans les deux langues, de l'existence d'une volonté souveraine maîtresse *des dieux et des hommes* (*hominumque deumque*). Ainsi se forma cette universelle grécité de l'Occident où les uns apportèrent l'esprit et les autres l'empire. Rome avait fondé, par la guerre et le conseil, la grande administration et la centralisation politique, nullement l'établissement théocratique dont le germe infécond avait existé dans son berceau. Ce fut donc le monde gréco-romain, *laïque* au fond avec tous ses cultes qui ne soumettaient rien de l'État à un sacerdoce, et civilisé, c'est-à-dire organisé en des institutions civiles qui laissaient à la science et à l'art une pleine liberté, ce fut ce monde qui, à la suite des conquêtes de Rome, précédées de celles d'Alexandre de Macédoine, se trouva en face de l'Orient et d'un système tout différent de coutumes et de croyances dont l'invasion était fatale.

L'Étrurie s'approcha plus que Rome de donner à l'État la forme théocratique, ou du moins c'est la Rome à demi étrusque des rois qui se présente à nous avec ce caractère dont ses consuls et ses tribuns, son aristocratie et sa démocratie l'affranchirent. La puissance étrurienne s'étendait sur une grande partie de l'Italie. Il semblerait y avoir eu des chances pour que le régime théocratique s'établît dans cette contrée qui, passant ensuite de l'état fédéral à l'unité monarchique, pouvait devenir semblable à l'un des empires de l'Orient. L'Étrurie, telle qu'elle fut, est en somme une exception aux tendances libres et démocratiques de la plupart des races fixées en Europe. Plusieurs colonies de la Grande-Grèce et de la Sicile, au temps des Pythagore et des Empédocle, ont été aussi sur le penchant d'institutions dans lesquelles l'aristocratie et la théocratie se seraient combinées. C'est en s'affranchissant de l'autorité des Tarquin et des Porsenna que les Romains s'ouvrirent les voies d'un régime destiné à devenir de plus en plus démocratique et exempt politiquement de toute domination sacerdotale. Et cette évolution fut possible parce que le monopole de la science du divin et des rites, la dignité pontificale, n'étaient pas séparés de la qualité de chef de grande famille ni des autres fonctions héréditaires de la noblesse dans la cité. C'était, encore bien que sous la forme de ce que nous nommons en notre langue politique, une aristocratie, quelque chose qui n'avait pas cessé de rappeler la coutume patriarcale des tribus où le sacrificateur était le *pater familias*. Les Grecs eux-mêmes avaient ainsi commencé. En conséquence il devait arriver que tout progrès de nature à abattre les privilèges politiques eût aussi pour effet de subalterniser, en les renfermant dans le matériel du culte, des pontifes que ne soutenaient ni la puissance d'une caste proprement dite, ni le prestige d'une doctrine ou d'un genre de vie qui les rendît sacrés pour un peuple fanatisé.

On peut ajouter que la constitution du peuple étrusque étant fédérale, le pouvoir sacerdotal et le culte lui-même admettaient des divisions, et qu'un seul et même collège de prêtres n'étendait pas sa domination spirituelle sur une vaste région. La mythologie ou la théologie n'étaient pas d'ailleurs tellement fixées que les dieux de la Grèce, ses légendes, ses traditions propres et ses arts ne gagnassent incessamment du terrain sur la culture étrusque. On sait cela par les monuments. Le procédé d'identification mythologique qui s'appliqua de Rome à la Grèce ne fut pas étranger aux Étrusques, et l'issue en aurait été probablement la même si Rome n'avait hâté l'événement en mettant fin à l'Étrurie politique par les armes, et réduisant tout ce qui appartenait à l'Étrurie religieuse à un état tellement effacé ou transformé que l'histoire ne peut plus en restituer que de faibles parties. Une œuvre d'absorption semblable se serait produite grâce à l'action intellectuelle de la Grèce et sous n'importe quelle hégémonie que la conquête aurait pu établir au défaut de celle des Romains.

La dernière exception que nous avons à signaler à l'esprit général de liberté des races fixées en Europe nous est fournie par une nation celtique et par le corps sacerdotal des druides. Cette branche des Celtes avait constitué, à partir d'une époque impossible à déterminer, un ordre de personnes investies du privilège de la science religieuse et professant des dogmes formels dont il est malheureusement difficile d'apprécier l'étendue. Le druidisme, comme le pontificat étrusque, quoique bien plus tard et par un acte de violence, eut à disparaître devant la civilisation romaine dans les Gaules. Son existence ne put se prolonger jusqu'à la venue d'un autre sacerdoce qui devait s'appeler romain et qui vint le remplacer. Les autres peuples du nord et du centre de l'Europe, Celtes, Germains et Slaves, se tinrent à leurs mythologies toutes simples et plus ou moins barbares, jusqu'à l'arrivée des missionnaires de la foi, qui les soumirent au régime mi-partie épiscopal et monacal.

Nous n'avons pas à nous occuper d'un développement dogmatique et théologique que ne comporta point la religion de l'ancienne Rome. Avant de passer à l'étude de ce qu'essaya la réflexion chez les Grecs, dans l'ordre des croyances, nous voudrions nous rendre compte de ce qu'elle a tenté dans l'Étrurie et dans cette partie des établissements celtiques où régna le druidisme. Cette marche nous est indiquée par le caractère épisodique des deux religions eu égard au courant général des idées dans l'Occident. Ce n'est pas que certaines semences qu'elles ont dû laisser dans les esprits aient toujours entièrement péri peut-être, mais les grandes trajectoires morales ont passé par d'autres points.

La nation étrusque, dont l'ethnique et les origines sont mal éclaircis, se distinguait par sa langue et par ses institutions de tous les peuples, plus semblables entre eux, qui devaient entrer avec elle dans le faisceau romain. Son antiquité, considérable pour des contrées sur lesquelles nos connaissances historiques commencent si tard, remontait à trois siècles avant la fondation de Rome. Ce point est démontré par le rapprochement du très original système chronologique adopté pour les annales étrusques, et d'une date qui nous a été transmise à l'occasion d'un fait curieux de l'histoire romaine. L'an 708 de Rome (43 avant notre ère), la superstition populaire fut éveillée par l'apparition d'une comète. C'est celle qui passa pour avoir présagé la mort de César. Or l'aruspice Vulcatius annonça que le IXe siècle finissait à ce moment même et que le Xe commençait (1). Il s'agissait de siècles étrusques. Arrêtons-nous un peu pour expliquer cette singulière déclaration.

Avant l'usage de l'écriture on inscrivait, en Étrurie, les grands événements, les *prodiges*, et, d'une façon régulière, les années sur les murs des temples, à l'aide de clous plantés solennelle-

---

(1) Servius, *Ad Virgilium, Eglog.* IX, v. 47. — Le fait, selon ce commentateur, se trouvait rapporté dans l'*Autobiographie* d'Auguste. La légende suivant laquelle l'aruspice aurait dit qu'il mourrait, et serait mort en effet, pour avoir parlé *invitis diis*, n'infirme pas, ce semble, la valeur de ce qui est dit du nombre des siècles étrusques écoulés en l'an de Rome 708.

ment. C'est de là qu'il advint que le clou servit de symbole au fait accompli, au destin, et figura comme un attribut de la Fortune et de la Parque sur les monuments. Il était admis que les annales étrusques remontaient au premier jour de l'établissement national, ce qui implique l'acceptation de la donnée d'une origine étrangère et d'une colonie. Le premier siècle avait fini, disait-on, à la mort du dernier survivant des fondateurs. Le deuxième se mesurait de même à la durée de vie du plus longève d'entre les hommes nés le jour où il avait commencé. C'était la théorie, mais on avait soin de faire coïncider le terme de chacune de ces périodes inégales avec un avertissement céleste, un *prodige*. Les aruspices du siècle finissant, qui était le neuvième à leur compte, admettaient, pour leurs durées, des nombres qui s'élevaient en moyenne à cent onze ans. D'après cela c'est à 1050 ans ou environ avant notre ère que pouvait remonter l'établissement italien de la nation. Et ses prêtres, — fait singulier, bien opposé aux sentiments naturels d'un peuple, — ne lui accordaient plus qu'un siècle d'existence; c'eût été dix de ses siècles en tout, les dieux l'ayant ainsi prédéterminé. Mais déjà l'existence politique des villes étrusques était terminée au moment où l'aruspice donnait sa consultation sur la comète. La guerre sociale y avait mis fin.

L'origine asiatique, lydienne des Étrusques paraît probable; elle a pour elle l'autorité d'Hérodote, c'est-à-dire d'un auteur dont tant d'autres témoignages ont été positivement confirmés, souvent contre toute vraisemblance. Les légendes absurdes qui l'accompagnent n'en sauraient infirmer le fond. Les anciens en général l'admettaient, certains rattachaient plutôt cette race, sous le nom de Tyrrhéniens, à ces Pélasges, grands navigateurs et pirates qui, précédant les Hellènes, s'étaient répandus partout dans l'antiquité. Denys d'Halicarnasse s'est écarté des deux systèmes et a admis l'*autochtonie* des Étrusques : opinion soutenue par le patriotisme mal placé de quelques savants italiens, et la moins probable de toutes. Cet historien a parlé le premier d'un nom, *les Rasénas*, que se seraient donné eux-mêmes les Tyrrhéniens nommés Étrusques par les Romains, et ce nom, recueilli par les modernes, a été la source de travaux érudits de Fréret, puis de Niebuhr; on a cherché les Rasénas dans la Rhétie, dans certaines vallées des Alpes, d'où ils seraient descendus en Italie.

Entre les opinions éclectiques sorties du mélange des précédentes, celle du judicieux archéologue Otfried Müller semblerait des plus acceptables : une branche de la famille pélasgique aurait séjourné dans l'Asie antérieure et pris son nom de Tirra en Lydie. Chassés de ce lieu, ces Tyrrhéniens, peuple navigateur, auraient abordé en Italie, et se seraient alliés aux Rasènes, nation descendue de la Rhétie et à laquelle il faudrait rapporter l'origine de la *discipline étrusque*. Mais on ne possède aucune donnée historique sur l'existence d'un peuple alpin de cette sorte, et on se demande si ce mot *Rasena*, connu par le texte d'un seul des écrivains de l'antiquité, ne serait pas simplement une corruption du vocable réellement historique *Tarsena* (*Tarchon, Tarquin, Tarchinies*) (1). Quoi qu'il en soit de ces questions insolubles, il ressort des monuments un double fait : la part considérable d'éléments helléniques à y reconnaître, et un fond asiatique plus ancien, qui paraît avéré. Mais les premiers sont d'emprunt, le second ne permet pas un rapprochement précis et suffisant avec l'une des nations et des religions asiatiques ; certains traits seulement ; et il reste un faisceau d'idées *originales* auxquelles on cherche vainement une *origine*.

La langue de l'Étrurie n'offre pas moins de difficultés, faute de textes assez abondants et d'inscriptions bilingues. Il était admis par les meilleures autorités, jusqu'à ces derniers temps, que cette langue appartenait à la famille aryenne : on a même dit celtique, par ses affinités, plutôt que pélasgique. Dans cette hypothèse, la provenance septentrionale des anciens Toscans trouverait un appui ; on rapprocherait la discipline étrusque de la druidique, en ce sens que l'une et l'autre se rapporteraient à des races similaires. Le toscan et le gaulois étaient pour les Romains des langues également étrangères tandis qu'ils reconnaissaient la grande analogie de l'osque et du volsque avec le latin ; et le toscan n'a pu être assimilé ni au grec ni à une langue sémitique. Sur ce dernier point les opinions varient. L'introduction de l'alphabet en Italie et chez les Étrusques présente les mêmes incertitudes. L'ont-ils apporté de la Lydie ? à quelle époque ont-ils connu l'usage de l'écriture ? On voit seulement la probabilité que leur alphabet soit d'origine directement sémitique, le sens de l'écriture étant pour eux de droite à gauche et les consonnes quelquefois supprimées. On fait valoir enfin la similitude des carac-

---

(1) Voyez Noël des Vergers, *L'Étrurie et les Étrusques*, t. I, p. 99 sq., et les notes de Guigniaut sur la *Symbolique* de Creuzer, t. II, 3ᵉ partie.

tères étrusques avec les plus anciens types sémitiques des inscriptions assyriennes.

En beaucoup de choses, arts, mythologie et mœurs, l'Étrurie offre des traits mélangés : helléniques, italiotes, orientaux, ce qui convient bien à une colonie établie au milieu de populations nombreuses qui ont d'autres traditions et d'autres usages; mais son originalité ne ressort peut-être que mieux pour ce qu'elle a eu de propre, en Italie, et qu'elle a imposé à la civilisation et à la religion de Rome : à savoir, cette discipline, cette doctrine du divin, dont on croirait trouver la source si l'on découvrait celles de la race et de la langue. Mais alors pourquoi ne la trouverait-on pas en comparant directement la religion étrusque à quelqu'une de celles de l'Orient? On n'arrive qu'à des rapprochements très partiels. La recherche des origines, quoique naturelle, est mêlée d'illusion. On ne songe pas qu'il faut toujours qu'une certaine manière de penser et de croire, certaines institutions, établies fortement quelque part et tranchant sur celles des autres peuples, aient pris naissance au milieu d'un groupe limité et sous l'influence d'un petit nombre d'hommes, si ce n'est primitivement d'un seul. Poser toujours la question d'emprunt, c'est appliquer à l'histoire ce *regressus in infinitum* des philosophes déterministes qui ne permet de s'arrêter nulle part et ne résout rien. C'est pour formuler cette conclusion que nous avons rapporté avec un certain détail ce qui nous semble être encore aujourd'hui l'état de la question étrusque.

Le fond asiatique ancien que la critique en général reconnaît dans la civilisation étrusque se révèle surtout par l'art et les monuments. C'est le signe le moins trompeur. Si, parce qu'on trouve le dualisme dans la religion de l'Étrurie, on cherche à cette religion une origine mazdéenne, ou chaldéenne à cause de la démonologie, ou égyptienne, pour quelque autre ressemblance non moins vague, ou dans le mystère de Samothrace, ou encore ailleurs, on ne peut que tout confondre. Les rapports d'idées assez particuliers pour n'être point explicables par les lois de l'esprit qui ouvrent naturellement les mêmes voies à la spéculation en divers lieux, dans des circonstances différentes, sont les seuls qui fournissent des arguments valables. La méthode vicieuse des assimilations trop générales, dont le but est le plus souvent de ramener toutes les idées et toutes les croyances à une origine unique, — c'est ordinairement l'Inde qui passe pour la source universelle, — cette méthode est celle d'un livre célèbre, qui fut suranné avant d'être ancien, et qui eut le malheur d'être écrit à la veille des grandes découvertes historiques qui ont éclairci définitivement le problème de l'antiquité respective des religions (1). Encore aujourd'hui, en dépit de ces lumières nouvelles, combien de critiques ignorants persistent dans le point de vue qui enchaîne toutes les religions dans un ordre de succession et les prend toutes au même point de départ!

Il est vrai que l'origine lydienne des Étrusques, un certain dualisme des puissances célestes et infernales et le grand développement de la doctrine des présages sont des points qui semblent s'appuyer mutuellement, étant donnés les rapports de la Lydie avec l'Assyrie. Mais l'observation et la systématisation des phénomènes naturels comme signes de l'avenir, du destin et des volontés des dieux, bien que comparables, pour l'importance, dans la religion étrusque et dans les religions asiatiques où s'est étendue l'influence chaldéenne, ont revêtu dans l'Étrurie un caractère parfaitement distinct et qui procède d'une tournure d'imagination particulière. Si l'on considère la pente commune de l'esprit qui mène à ces sortes d'illusions, on peut la constater dans toutes les méthodes augurales usitées chez les anciens peuples de la Grèce et de l'Italie, sans aucun rapport spécial avec des origines asiatiques ; mais l'étude de la fulguration et de ses circonstances dans le *templum*, — c'était le nom du *contemplé* en ses *seize régions*, — dénote chez les Étrusques une remarquable originalité de conceptions superstitieuses. La démonologie tint aussi une place importante dans l'imagination étrusque, mais sans plus de rapports avec celle des Chaldéens que ne le comporte l'une des communes catégories de l'hypothèse en matière surnaturelle. Enfin le dualisme, la division des divinités en favorables et défavorables, est une idée qui n'a pas besoin d'être empruntée pour entrer dans l'esprit et s'y établir avec plus ou moins de généralisation et de système, avec un sens plus ou moins moral, ou dépravé ou puéril. Le concept dualiste du

(1) Les notes instructives et abondantes que Guigniaut et ses collaborateurs ont ajoutées à la traduction de la *Symbolique* de Creuzer (*Religions de l'antiquité*) ont placé, à côté de cet ouvrage, un ouvrage plus considérable. On peut dire aussi que ces savants ont pris à tâche de distinguer là où l'auteur avait confondu et qu'ils ont substitué l'analyse à des synthèses arbitraires. Mais Guigniaut n'a pas toujours assez réagi.

mazdéisme fut originairement indépendant et très différent de celui des Chaldéens avec lequel un jour il se rencontra. Si, après tout cela, on examine le personnel divin anthropomorphique de la mythologie étrusque, on le trouve ou original, ou composé de divinités analogues à celles de Rome — ou que Rome adopta, — et dont les principales trouvèrent des similaires dans la mythologie grecque et s'y identifièrent sans peine.

Les présages et les augures sont au même degré que les dieux eux-mêmes la matière de certaines religions antiques ; car ils se lient d'une façon étroite et continuelle aux actes publics et particuliers des hommes, auxquels ils font connaître en toutes circonstances ce qui est permis ou défendu, l'issue heureuse ou malheureuse que doit rencontrer l'exécution de leurs projets. C'est un vertige mental qui leur persuade l'existence réelle de certaines liaisons causales qu'ils imaginent, et qu'ils croient confirmée par l'observation, parce qu'ils constatent les cas de vérification accidentelle des pronostics et détournent leur attention des cas de démenti, ou pensent en découvrir la source. Remarquons aussi que tout *veto* déduit des règles de l'auguration, et auquel on obéit, est à l'abri du reproche, quoi qu'il arrive, puisqu'on ne peut savoir ce que sa violation aurait produit ; et, dans le fait, c'est ordinairement par des contre-indications et des défenses que les dieux sont censés faire connaître leur volonté. Ils ne garantissent pas toujours le succès, tout en donnant des signes favorables. Aux yeux des Étrusques, plus encore que des autres nations grecques ou italiotes, les accidents quelconques susceptibles de se produire diversement et tous les événements insolites étaient des signes divins, interprétés conformément à ce genre d'illusions. Le vol des oiseaux, de tels ou tels oiseaux, de tel ou tel côté, dans telle direction, l'état des entrailles des animaux sacrifiés, etc., étaient partout des présages connus ; mais pour l'Étrurie l'éclair et le tonnerre l'emportaient sur tous les autres signes. De ceux-là et des autres, il existait de nombreux traités, où sans doute on joignait à la théorie des formules d'invocation et d'imprécation : *Libri haruspicini, Libri rituales, Libri fulgurales, Libri Acheruntii, Libri Tagetis, Ostentaria*. Ce dernier contenait la mention des phénomènes extraordinaires. Les livres de Tagès, et sans doute aussi la plus grande partie des *connaissances* renfermées dans cette littérature sacrée dont Cicéron, augure lui-même, devait avoir encore la clé, se rapportaient, selon la légende, à la révélation d'un dieu semblable à un vieillard enfant qui jadis était sorti du sillon, dans un champ de la ville de Tarquinies, en présence du laboureur Tarchon, et s'était adressé dans un langage antique à la foule accourue du peuple. Tarchon avait rédigé les Livres et fondé la discipline religieuse. A quelle antiquité remontaient ces écrits qui furent adoptés par les augures romains et durèrent autant que la civilisation romaine, on ne le sait, mais il n'est pas invraisemblable que leur premier contenu se fût conservé plus ou moins longtemps à l'état oral. Un fait de ce genre est constant pour les plus anciens Védas, dont la composition est certainement antérieure à celle où l'écriture s'introduisit dans l'Inde. Cicéron nous apprend que la rédaction de l'aruspicine avait reçu des accroissements à mesure des besoins (*omnem orationem qua aruspicinæ disciplina continetur... crevisse rebus novis cognoscendis*), mais rien n'empêche d'en regarder les parties anciennes et les principes auxquels tout se rapportait (*ad eadem principia referendis*, dit encore Cicéron) comme analogues et pour l'âge et pour l'état mental qu'ils dénotent, à la littérature magique de la Chaldée, en quelque lieu que leurs auteurs les aient élaborés. Il n'y a malheureusement aucun espoir de les retrouver.

On peut aussi remarquer une curieuse analogie entre la légende de l'homme-poisson, Oannès, initiateur des arts au sein d'une nation riveraine de l'Océan, et celle de l'enfant du sillon, Tagès, qui révèle les secrets divins à un peuple agricole. Mais l'analogie, selon nous, éloigne plutôt qu'elle n'appelle l'idée d'un emprunt; car elle tient à la nature des choses et de l'esprit.

Si l'étude des phénomènes électriques avait pu être conduite aussi loin par la simple inspection des faits que l'a pu celle des révolutions astrales, il est probable qu'une branche de la physique, née le plus tardivement de toutes, serait anciennement sortie de la « science fulgurale » des lucumons, de même que l'astronomie a fait ses premiers progrès, grâce à l'imagination de l'influence des corps célestes sur les destinées humaines. Les distinctions faites par les Étrusques dans les modes d'apparition de l'éclair, et d'action de la foudre indiquent de leur part une observation plus loin poussée qu'elle ne l'a jamais été depuis, et jusqu'à la venue des théories. Attrait de superstition ou curiosité de savoir, il faut toujours qu'un intérêt sollicite l'homme à regarder attentivement ce qu'autrement il ne fait que voir. La science fulgurale attachait une signification à chaque bruit particulier du phénomène de la foudre ; il fallait donc que rien n'échappât à l'observation.

D'autres investigations augurales ont pu naître de la vie de plein air, du continuel contact avec la nature, mais celles-ci essentiellement. Aussi le *templum* des Étrusques était-il le ciel lui-même ; on ne doit pas le confondre avec le *fanum*, lieu consacré. L'aruspice, debout sur un monticule, le *lituus*, bâton augural, à la main, divise par le geste le temple céleste en quatre parties, et chacune d'elles en quatre autres. A chaque région correspondent ses dieux. La région d'où part l'éclair indique lequel des dieux lance la foudre. Tous les caractères de la flamme, couleur, longueur, direction, ont leur signification déterminée. Les régions de droite, ou occidentales, sont funestes ; celles de gauche favorables, principalement entre l'orient et le nord. La division du *templum* et le rite de l'aruspicine fulgurale étaient de rigueur pour la fondation d'une ville. Quand les signes se trouvaient favorables, on creusait une fosse carrée, le *mundus*, où l'on déposait les prémices des produits de l'agriculture ; la charrue traçait les limites de la cité, on réservait la place des portes dont le nombre était fixé et consacré, et on marquait d'avance les autres places d'importance religieuse.

Le nombre *quatre*, qui présidait à la division du ciel, appartenait à une de ces arithmétiques mystiques auxquelles les hommes sont enclins. On retrouve ce nombre dans la semaine étrusque de huit jours, différente, on le voit, de la semaine sémitique ; puis comme diviseur du groupe duodécimal des *dii consentes*, dont nous allons parler. Le nombre *neuf*, qui détermine les *nones*, s'y rattache en tant que venant le premier après la série des huit. L'année civile étrusque était lunaire et se composait de dix mois et de trente-huit semaines de huit jours, quoique la durée du mois n'ait aucun rapport avec la distribution des jours en ogdoades. Les prêtres de l'Étrurie avaient spéculé aussi sur l'existence d'une *grande année* du monde, et l'ogdoade avait encore là son rôle. Une durée de huit *grands jours* était accordée, suivant eux, à l'espèce humaine, un *grand jour* à chaque peuple. Le *grand jour* du peuple étrusque étant formé de dix siècles de cent onze ans chacun, comme on l'a vu plus haut, la *semaine du monde* devait être de 8,880 ans, en supposant les nations successives également partagées par le destin, et l'*année du monde*, formée de $8 \times 38 = 304$ *jours du monde*, devait enfin s'élever à 337,400 ans.

Les dieux, sans excepter les plus grands, avaient leur vie calculée et bornée, dans cette singulière théorie, comme dans certaines mythologies de tribus septentrionales. Une grande année donnait vraisemblablement la durée d'une vie divine, de même que le temps mesuré par la vie de l'homme le plus longève (111 ans) donnait la durée du siècle, et que l'existence d'un peuple occupait un jour du monde, enfin l'existence de toute l'humanité une grande semaine (1). Ce système n'a rien de commun avec la numération sexagésimale et les dynasties fabuleuses de Babylone.

Le nombre *quatre* se retrouve au fond de la classification étrusque des dieux, car il y en a *neuf* qui ont la qualité de fulguraux, la puissance de lancer la foudre, et, parmi ceux-là, celui qui répond à la conception supérieure céleste du Zeus grec et du Diespiter latin doit certainement se compter à part. Restent *huit* qui durent lui être unis dans ce privilège. Et à ces neuf dieux trois autres sont encore ajoutés qui terminent le nombre *douze* (3×4) affecté aux grands dieux appelés *consentes* ou *complices*.

Insistons sur cette religion de la fulguration qui eut un caractère prépondérant dans l'imagination étrusque, et peut se comparer aux autres grandes formes originales de superstition spéculative, à la magie chaldéenne, à l'astrologie sémitique. Les autres modes de consultation de la volonté des dieux, ou de la destinée, et le principal de tous pour l'antiquité classique, l'inspection des entrailles des victimes, se rattachaient au même principe d'erreur (vertige mental), et se réglaient par des usages dont les prêtres ou les magistrats avaient la tradition, souvent secrète, et le maniement, qu'on doit supposer n'avoir pas toujours été scrupuleux. On ne voit pas qu'il y ait eu là rien de semblable à un savoir organisé; mais l'interprétation des particularités de la foudre et de l'éclair s'érigea formellement en science, produisit une littérature nationale, se lia à la détermination des dieux et de leurs fonctions, et traversa les âges, dans la religion de Rome, nonobstant l'altération ou la décadence de la théologie avec la-

---

(1) Voyez Niebuhr, *Histoire romaine*, trad. de Golbéry, t. I, p. 196. — Le calcul des nombres ci-dessus est présenté par Niebuhr en partant de la valeur de cent dix ans pour le siècle étrusque, au lieu de celle de cent onze ans que nous avons adoptée. Le fond des renseignements provient de Varron et de Plutarque.

quelle elle avait pris naissance. Cette prépondérance du signe de la fulguration sur tous les autres signes a été remarquée par Sénèque, qui la prend pour l'un des thèmes de sa réfutation : « Tout ce que présage la foudre est fixe et arrêté. Les autres présages, si la foudre intervient, tombent; les siens sont invariables, quelques autres signes qui puissent survenir. Tout ce que les entrailles, tout ce que les oiseaux apportent de menaces, un coup de foudre favorable le supprime, et rien de ce que la foudre annonce n'est révoqué par les entrailles ou par les oiseaux contraires. » Or, à quoi ne s'étend pas la puissance divinatoire de ceux qui savent interpréter ce signe dominateur? Toutes sortes d'événements, favorables, indifférents, contraires, s'y rapportent, Il y a une foudre de *conseil*, relative aux projets avant l'exécution; de *décret*, qui déclare le bien ou le mal à advenir de l'acte prémédité; de *station*, par laquelle, ne songeant à rien, on reçoit une menace, une promesse, un avertissement. La foudre est *postulatoire*, quand elle commande des sacrifices; *monitoire*, quand elle désigne ce dont il faut se garder, etc. Parmi d'autres divisions inutiles à rapporter, remarquons celles qui ouvrent une voie facile au devin pour expliquer les événements qui ne confirment pas les présages : ce sont les foudres *déprécanées*, indiquant des apparences de danger, sans danger réel; *péremptales*, annulant les suites à attendre des autres; *fallacieuses*, c'est-à-dire nuisibles sous couleur de bien, apportant certains avantages avec une source de maux à venir. Est-ce habileté ou naïveté, ou les deux à la fois dans certains cas? on voit que le système est arrangé de manière à assurer, moyennant interprétation après l'événement, la vérification des règles par l'expérience. Toute doctrine augurale devait se munir de ressources de ce genre : elles étaient un complément indispensable de l'illusion psychologique. Il est vrai que l'attention du peuple se porte sur les phénomènes fortuitement conformes à son attente, et glisse sur les manques de rencontre; et, de cette façon, le défaut de l'événement se passe le plus souvent d'explication, comme le montrent bien les superstitions qui règnent encore sur des relations causales supposées sans ombre de vérification réelle, — mais ceux qui font profession d'interpréter les présages sont tout de même obligés de prévoir les objections, et tel cas grave pouvait se présenter pour l'aruspicine, qui les rendait inévitables (1).

(1) Voyez Sénèque, *Questions naturelles*, II, 34-50.

Ce ne sont pas seulement des intéressés, ou des hommes incultes et sans esprit, qui peuvent croire, et croire démontrées, des relations de cette sorte. Pline le naturaliste parle, « d'après les livres étrusques », de onze espèces de foudres dont deux seulement sont distinguées à Rome : les diurnes, de Jupiter; les nocturnes, de Summanus. Il mentionne les foudres ascendantes, ou inférieures, attribuées à Saturne, et les descendantes, qui frappent en zigzag. Il rapporte des présages relatifs à des durées de vie plus ou moins longues d'une famille ou d'un État, et il admet que « la science est parvenue (*eo profecit scientia*) à prédire l'arrivée à jour fixe de l'un de ces phénomènes, et d'annoncer si la foudre qui éclatera doit interrompre une destinée ou ouvrir la voie à de nouveaux destins jusque-là voilés »; et cela, dit-il, « est prouvé par des exemples innombrables, tant publics que privés ». Ce passage peut être regardé comme intéressant pour la psychologie et instructif pour l'histoire, si quelqu'un l'écrit jamais, des progrès de la logique et de l'esprit scientifique dans l'humanité civilisée.

Un autre passage de Pline sur le même sujet est d'un autre genre d'intérêt, et non moins extraordinaire. Il a donné lieu à des débats sur la question difficile de savoir si les prêtres étrusques ont connu quelque procédé pour provoquer des décharges d'électricité atmosphérique. « Les Annales rapportent que, par certains rites et certaines invocations, on force et on obtient la descente des foudres. C'est une vieille tradition, dans l'Étrurie, qu'on fit ainsi descendre la foudre sur un certain monstre appelé Volta, qui menaçait la ville de Volsinies, après avoir ravagé le territoire. Elle a été aussi évoquée par le roi étrusque Porsenna. Avant lui, cela avait été souvent pratiqué par Numa, d'après le premier livre des Annales de L. Pison, auteur grave ; ce fut en imitant cette pratique d'une manière peu conforme aux rites, que Tullus Hostilius fut frappé de la foudre. Pour cela nous avons des bois, des autels et des rites; et, parmi les Jupiter Stator, Tonnant, Férétrien, nous avons reçu un Jupiter Elicius (qui attire la foudre). Sur ce point l'opinion des hommes varie suivant les dispositions de chacun (1). »

Le nombre *neuf* des dieux foudroyants de l'Étrurie est appuyé sur le témoignage de Pline. Trois, dans ce nombre, avaient des autels dans toutes les cités de la confédération et une notoriété

---

(1) Pline, *Histoire naturelle*, trad. de Littré, II, 53.

plus grande, étendue aux peuples voisins. Le premier de tous est Tinia, le Jovis ou Diovis des Latins, qu'on croit retrouver dans le germanique Zio, dans le scandinave Tyr, et qui remonterait comme ceux-ci au Dyaus védique, le ciel, la région lumineuse. Jupiter (Jovis) est exactement le Diauspitar du *Rigvéda*. Sa signification de Ciel-Père et son rapport aux phénomènes atmosphériques se sont toujours conservés. Nous rappelerons que le radical de ce nom est *div*, briller, qui a fourni le *déva* sanscrit, le *dia* grec, le *deus* latin, et des formes analogues dans les idiomes de l'Europe pour désigner l'essence divine (1). La lettre *d* n'existant pas dans la langue étrusque, où dominent les consonnes dures, l'assimilation de *Tinia* aux mots ci-dessus de la famille des langues aryennes ne semble point douteuse. De tous les dieux qui manient le tonnerre, Tinia est celui qui en tire son principal attribut, ce qui achève l'assimilation. Il est armé de la foudre à trois pointes, ayant trois foudres à lancer comme le Jupiter virgilien. Sénèque avait étudié la *science* étrusque, afin de la réfuter au profit de la doctrine stoïcienne du destin, et de sa propre physique météorologique. Il nous apprend que la première des foudres de Jupiter part sur la simple initiative de ce dieu; elle est d'avertissement et bienveillante. La seconde exige une délibération de douze dieux : celle-ci est quelquefois utile, mais non pas sans nuire aussi. La troisième détruit, met fin à l'état de choses, ou publiques ou privées, qui existent dans le moment, et marque le commencement d'un autre. Mais Jupiter n'en dispose qu'après avoir réuni le conseil des plus grands dieux, y compris les *Involuti*, dieux supérieurs et mystérieux.

La seconde des divinités tonnantes était Thalna ou Cupra, c'est-à-dire une Junon étrusque qui n'est guère connue que par ses assimilées dans les mythologies grecque et latine, et par le caractère de domination royale et militaire que son culte lui prêtait à Véies et à Faléries : dans cette dernière ville, elle était figurée la lance à la main (Juno quiritis), avait son sanctuaire dans l'Arx, et réclamait en sacrifice des jeunes filles. La troisième en rang était encore une déesse et représentait éminemment l'intelligence et les arts : c'était Menerva, la Minerve des Romains dont le nom paraît se bien expliquer étymologiquement par le

---

(1) Voyez Michel Bréal, *Mélanges de mythologie et de linguistique*, dans l'étude sur *Hercule et Cacus*, p. 92.

radical *mens*, d'où *memento* et *menervo* qui est le même que *moneo*.

Les six autres dieux admis avec les précédents à lancer la foudre sont *Summanus* (*Summus manium*), divinité de l'Hadès étrusque, dont la place est symétrique, au lieu ténébreux, du Jupiter serein, *sublime candens* de l'espace céleste ; — *Vejovis*, autre personnification tartaréenne, aux influences mauvaises, ou peut-être une simple variante de la première, considérée comme un Antijupiter ; — *Sethlans*, un type analogue à Vulcain ; — *Saturnus* bien connu par la mythologie latine ; — *Maris* (Mars), dans le même cas ; — enfin l'Hercule italique, dieu champêtre, gardien de l'enclos (du radical *herceo*), protecteur de la propriété, qui fut identifié de bonne heure, et sur les monuments étrusques mêmes, où il est fréquemment représenté, avec l'Héraklès des Grecs. Saturnus présidait à la foudre ascendante Summanus, aux orages de nuit. D'autres caractères indiquaient d'autres dieux. De tous ceux-ci, Saturnus paraît avoir obtenu de la plus ancienne Rome, avant l'érection du temple de Jupiter Capitolin un culte de premier ordre.

Au reste, il règne un peu d'incertitude sur la détermination de ces neuf dieux de la foudre, comme aussi des douze dieux *consentes* dont ils faisaient partie ; et il n'est pas bien sûr qu'on ne cherche pas un problème sans solution en voulant fixer ce qui était variable, suspendu entre les prétentions de cultes rivaux et le désir de donner satisfaction à des nombres arrêtés d'avance, tels que les douze travaux d'Hercule ou les sept merveilles du monde. Les *Consentes*, quels qu'ils fussent, étaient probablement ceux qu'enchaînait les uns aux autres la durée de leur monde périssable, avec lequel ils avaient à vivre et à mourir. Mais au-dessus des dieux où Æsars (nom générique de la divinité en langue étrusque) de cette classe, la doctrine en admettait d'autres, les *Dii involuti* ou *opertanei*, qui formaient comme un arrière-fond de l'existence et des destins connaissables. On conçoit que cette pensée, si étrange qu'elle puisse paraître, se soit offerte à des théologiens qui plongeaient, pour ainsi dire, les puissances divines de leur système dans ce que la métaphysique a nommé, bien des siècles après, la *Natura naturata*, et les soumettait à la mort. Les dieux du fond ou de l'ultime se présentaient sous un aspect multiple, ainsi que ceux du monde périssable et des cultes institués. L'idée de l'unité suprême ne se joignait pas à l'obscure conception de la *Natura naturans*, si l'on y pensait, qui restait divisée en son obscurité.

Parmi les noms de place incertaine dans ces nomenclatures, il convient de mentionner le Janus *bifrons* ou *quadrifrons*, si connu dans la mythologie romaine, personnification des régions du ciel et symbole général de toutes les sortes de rapports de succession et de transition. Il présidait, par une extension très intéressante du concept de *devenir*, à mille choses diverses, aux sources, aux commencements et aux renouvellements dans la nature et dans la vie, à l'entrée de l'an et du jour, aux portes des villes et des maisons, aux semailles, enfin, dans sa plus haute portée, à la production du monde : *Janus consivius, Rerum sator*. Il se peut que l'étymologie donnée par Cicéron : *Janum ab eundo nomen datum*, soit imaginaire, et qu'il faille plutôt croire à l'identité primitive de Janus et de Jupiter, dieux du ciel l'un et l'autre, et dont les noms peuvent, à la rigueur, se tirer de la même racine ; mais l'idée inspiratrice de cette étymologie sert au moins à confirmer le sens général d'*aller* et de *devenir*, qui est, en tout cas, celui sur lequel se fonde le concept distinct de ce dieu. A quelque époque d'une race ou à quelque moment de l'esprit qu'appartienne le procédé mythologique capable de tirer un dieu de l'idée de *portier universel* (*janitor a Jano*), il n'est pas possible de trouver un plus frappant exemple de la forme d'imagination qui personnifie les concepts autant ou plus volontiers que les phénomènes naturels. C'est un caractère très remarquable de la mythologie italique (1). Nous le trouvons ici dans son application peut-être la plus saillante. Nous le verrions ressortir d'une multitude de cas, souvent bizarres ou plaisants, si nous entrions dans l'énumération de tant de petites idées et de petits rapports divinisés qui ont été pour les Pères de l'Église une matière facile de dérision du polythéisme incompris (2). Mais est-ce bien *divinisés* qu'il faut dire? A-t-on le droit d'employer ce mot pour désigner les créations réalistes d'une sorte de métaphysique auxquelles les idées d'adoration, de culte et même de respect sont très souvent étrangères.

Nommons encore quelques divinités étrusques d'un caractère assez particulier : *Vertumnus* et *Voltumna*, dieu et déesse des ré-

---

(1) Voyez l'*Introduction*, 2ᵉ partie, chap. xix.
(2) Alfred Maury en a donné le détail assez développé dans une de ses notes sobres et concises ajoutées à la *Symbolique* de Creuzer (t. II, 3ᵉ partie, p. 1236).

volutions périodiques, et par là des productions de la terre ; — *Nortia, Nevortia,* sort, destin, fortune ; — et d'autres enfin qui sont surtout connues par leurs assimilations : *Aptu* à Apollon, *Turms* à Mercure, etc., etc. Mais toute la mythologie grecque fut reçue peu à peu sous sa forme propre en Étrurie et figura dans les motifs de l'art.

Mantus et Mania, roi et reine des Mânes, ont pour nous plus d'intérêt à cause de leur signification eschatologique. Mantus devint, en se grécisant, Charon, le nocher infernal, représenté sur de nombreux monuments, et dont le costume traditionnel servit, à Rome, à distinguer l'esclave qui entrait dans l'arène pour enlever les corps des gladiateurs morts. Il est probable que ce personnage avait eu primitivement plus de rapport avec le respectable dieu des morts, l'Yama védique, qu'avec l'un de ces horribles *diables* qui étaient représentés dans les nécropoles étrusques, et qui ont traversé tout le paganisme romain pour être fidèlement recueillis et conservés par le sacerdoce catholique. « Des démons représentés sous des traits effrayants, armés d'épées ou de lourds marteaux, des furies, la torche à la main, poursuivent ou entraînent les âmes qui cherchent à leur échapper où à les attendrir par leurs prières. Quelquefois les mauvais esprits lèvent leur arme pour frapper, tandis que la victime les implore à genoux ; puis, souvent, ce sont des génies, l'un blanc, l'autre noir, représentant les deux principes du bien et du mal, qui luttent entre eux pour la possession de l'âme en détresse, ou, attelés au même char, l'entraînent vers la porte du monde souterrain gardée par l'esprit du mal armé de son maillet, pour qu'elle soit jugée sans doute par le souverain de l'enfer. » S'il y a un rapport entre ces images et celles que nous voyons encore sculptées aux portes ou sur les chapiteaux des colonnes de nos vieilles cathédrales, il y en a également un et fort étroit entre les doctrines qui de part et d'autre les expliquent, en ce sens que des rites à accomplir sur la terre et dont les ministres de la religion possèdent la doctrine et ont la disposition, sont supposés avoir la vertu de décider du sort de l'âme ainsi débattu.

« Au nombre des livres de Tagès on comptait les livres achérunciens. Ils contenaient la doctrine de l'expiation, celle de l'apothéose, les rites qui pouvaient retarder l'accomplissement de la destinée. On y apprenait encore que, par le sang de certaines victimes offerte à certains dieux, on assurait aux âmes l'immortalité et l'essence divine (1). » Ces sacrifices étaient parfois des sacrifices humains. Rome les rendit de plus en plus rares et finit par les abolir : ceux des prêtres étrusques en Italie comme ceux des druides dans la Gaule. Puis le rite suprême de l'expiation par le sang prit, dans le catholicisme romain, la forme, symbolique de fait, quoique réelle en sa prétention, du *sacrifice de la messe*. Les sacrifices humains auraient enfin disparu si les *auto-da-fe* ne les avaient pas continués d'une autre façon et si la déesse *Fides* n'avait pas réclamé pour ses bûchers, au moyen âge et jusqu'en notre siècle (2), les mêmes victimes que Mantus et Mania il y a trois mille ans. La barbarie change de forme dans le cours du temps et refuse de se reconnaître elle-même sous les vêtements nouveaux qu'elle s'est donnés.

Les livres achéruntiens avaient été traduits en latin sous ce titre : *De diis animalibus*, qui était comme un abrégé de la doctrine étrusque des âmes. Cette doctrine rappelle en divers points celles de plusieurs des antiques religions. Elle est plus développée qu'en aucune des autres de la Grèce ou de l'Italie. Les *dieux animaux* sont des âmes humaines purifiées, devenues lares ou pénates, pareils aux démons que peint Hésiode : « Bons, habitants de la terre, gardiens des mortels, surveillant la justice et les œuvres mauvaises. Vêtus d'air, ils vont et viennent et accordent les richesses. » Les Lares se divisent, en Étrurie comme à Rome, d'après leur résidence et leurs attributions, en *familiares*, *urbani*, *rurales*, *viales*, *compitales*. Les pénates, bons démons de l'intérieur domestique, proviennent aussi en partie de la race humaine. Mais toutes les âmes ne s'élèvent pas à cette destinée; il y en a qui, après avoir quitté leurs corps, entrent dans le séjour de ténèbres, d'où elles s'échappent à certains jours et font sur la terre des apparitions malfaisantes et terrifiantes. « L'ancienne langue latine, dit Apulée, à propos du *démon de Socrate*, donne le nom de *Lémures* à ceux des démons qui sont des âmes détachées. Un Lémure qui, chargé de veiller sur sa postérité, a soin de la maison comme divinité paisible et propice, est appelé Lare familier. Mais celui qui, à cause des démérites de sa vie, privé de tout heureux séjour, erre au hasard et comme puni par l'exil,

---

(1) Noël des Vergers, *L'Étrurie et les Étrusques*, t. I, p. 153 et 304. — Conf. Servius, *Ad. Æneid.*, I, 2; III, 168; VIII, 398 et Arnobe, *Adv. gent.*, II, 62.
(2) En Espagne, à la veille de l'entrée des soldats de Napoléon.

celui-là, vain effroi des bons, fléau des méchants, est ordinairement appelé Larve. Mais, s'il est incertain en quelle classe l'a mis le sort ou des Lares ou des Larves, on l'appelle dieu Mâne en ajoutant ce nom de dieu dans le doute et par respect. » Il y a, comme c'est naturel, deux points de vue, qui se concilient : celui des âmes errantes et celui d'un lieu spécial de tourments. Au premier se rapportent des superstitions qui n'ont apparemment fait faute à aucune nation ; au second, de nombreux sujets représentés dans les monuments funéraires, et l'idée étrusque du *mundus*, ouverture du lieu de ténèbres, que recouvre le *lapis manalis*, pierre des Mânes. De là sortent en foule, trois fois l'an, aux époques des *Vulcanaria*, les âmes qui y ont leur demeure. Ces époques sont automnales. L'une d'elles correspond au *jour des Morts* de l'Église catholique.

On a rapproché cet enfer étrusque de l'*Amenti* égyptien. Si *Mantus* et *Mania* doivent se rapprocher de ce dernier nom, on peut croire à une communication et à un emprunt, mais la rencontre peut n'être qu'accidentelle, et il faut songer que l'idée de l'enfer et de ses supplices a reçu un riche développement dans les régions aryennes : dans l'Inde brahmanique, dans le mazdéisme, qui a pris les dêvas de l'Arye primitive pour en faire des démons infernaux, et enfin dans les légendes grecques. C'est une marche commune des croyances, partout où la religion pose l'existence des âmes et une responsabilité juridique dans l'ordre du monde. Le dualisme des séjours des bons et des méchants, après la vie, une fois établi, l'imagination se porte assez naturellement à l'idée d'une lutte entre un bon et un mauvais génie, pour prendre possession de l'âme au sortir du corps. Les bons démons, gardiens des vivants, et les mauvais qui suggèrent le mal s'offrent à la pensée avec tout autant de facilité. Les emprunts demandent à être prouvés et ne doivent pas se supposer là où leur supposition est inutile.

Le concept des *génies*, dont il nous reste à parler, est distinct de celui des *démons* et se prête à un autre rapprochement. Il s'agit cette fois d'une espèce d'émanation de la personne, obtenue sans préjudice de son âme qui demeure. Le but est de créer des intermédiaires ou des messagers d'un être auprès d'autres êtres. Les dieux étrusques ont de ces projections hors d'eux, ou de ces *doubles*, qu'on appelle leurs génies : génies, ou principes de génération, d'après le sens du mot latin *genius*, et du mot étrusque perdu qui lui répondait. Et chaque homme aussi a son *genius*, qui préside à la génération spéciale de son âme et peut-être sort d'un dieu. Il est dit encore que quatre classes de Pénates émanent d'autant de sources différentes : de Jupiter, de Neptunus, des dieux telluriques et de la race humaine. Si l'on devait entendre ces noms divins dans leur signification physique, relative aux éléments, on pourrait penser qu'il s'agit là de ce que, dans un autre langage, on appelle esprits de l'Air, esprits de l'Eau, esprits de la Terre, esprits animateurs des hommes et cependant distincts de leurs âmes ; et ce spiritisme conduirait à un rapprochement avec les idées chaldéennes, avec celles de la possession par les mauvais esprits, et de la protection exercée intérieurement par les bons, que les dieux envoient. Tout cela est obscur. Saint Augustin qui rapporte en très peu de mots, d'après Varron, la doctrine du Genius, dieu générateur universel et âme raisonnable de chaque homme, est plus occupé de confondre son auteur par de gros arguments que de bien comprendre ce qu'il veut dire (1). Il semblerait que le rôle de toutes ces divinités protectrices est conçu dans un sens moins grossier et d'action plus mystique. Le *genius jovialis*, ou fils de Tinia, était protecteur de la couche nuptiale, peut-être comme père de la race humaine. Tagès, le révélateur sorti du sillon, était fils de ce *genius* et petit-fils de Tinia. En somme, c'est à une mythologie qu'on a affaire plutôt qu'à un système spiritiste.

Ne parlons pas de la civilisation matérielle de l'Étrurie, de ses arts et de son histoire. Occupons-nous de son sacerdoce et de sa théocratie. Ce dernier terme réclame tout d'abord une explication, car il s'en faut qu'il désigne un régime bien défini. La différence est grande, par exemple, entre la théocratie brahmanique, système de lois imposé par une caste de prêtres dans un pays conquis, et la théocratie israélite, régime d'un peuple animé d'un vif sentiment démocratique, et qui, tenant ses prêtres proprement dits dans une situation subalterne, oppose à ses gouverneurs civils des prophètes révolutionnaires et bien plus qu'un sacerdoce. Autre chose encore est l'autorité spirituelle d'une corporation de mages qui exercent le monopole de la science et ne possèdent pas le pouvoir politique mais sont souvent en lutte avec lui ; autre l'au-

---

(1) *Cité de Dieu*, livre VII, chap. XIII.

torité d'ordre universel de pontifes qui sont magistrats, généraux, chefs de cités, rois. La différence, quant au résultat, d'un sacerdoce où les fonctions religieuses sont héréditaires (c'est la *caste*), et d'un autre qui se forme par une sélection des membres du corps par le corps lui-même dans l'ensemble de la nation (c'est le *clergé*), importe moins que celle qui tient à la séparation ou à la confusion des pouvoirs. De quelque façon que la corporation se recrute, elle peut arriver à la même puissance d'organisation et de crédit, l'histoire nous l'atteste, et les peuples s'accoutument à une forme ou à l'autre et se pénètrent de l'enseignement qui leur est donné, tant que leur éducation ne vient pas à se modifier. Les brahmanes, les mages, les druides et le clergé du moyen âge ont été des sacerdoces fort semblables en autorité réelle. Les pouvoirs politiques ont pu se défendre contre eux, non sans de grandes concessions, et c'est tout. L'invasion étrangère, la prédication, quand elle ne peut être empêchée, d'une religion nouvelle, enfin le progrès lent de quelque ancienne tradition qui, mal éteinte, reprend des forces (une *renaissance*), sont les seuls événements capables de soustraire un peuple à l'empire moral d'un sacerdoce constitué qui pourtant n'a point part au gouvernement civil ni au commandement militaire. L'existence de ces pouvoirs matériels pose seulement des limites à la puissance spirituelle et permet en certains cas l'introduction d'éléments intellectuels nouveaux, étrangers à ce sacerdoce, et qui affaiblissent considérablement son crédit, s'ils ne peuvent amener sa ruine. La confusion des pouvoirs semble donc à la fois le pire mal qui se conçoive dans l'organisation d'une société, parce qu'il interdit tout progrès moral par la liberté, et le plus irrémédiable, parce qu'il ferme toutes les issues à la délivrance. Mais ce dernier point est une illusion. En réalité, ce gouvernement, le plus mauvais de tous, à le considérer en soi, est historiquement le moins solide et le moins durable, et n'a jamais pu être qu'un *moment* dans la marche des sociétés.

Il faut même dire que les historiens ou critiques qui condamnent le principe de la *confusion des pouvoirs* ne réfléchissent pas ordinairement que la formule opposée qu'ils acceptent : la *séparation des pouvoirs*, n'est pas moins vicieuse que celle qu'ils repoussent. En effet l'idée de la séparation implique l'existence de la chose séparée : dans l'espèce, le *pouvoir spirituel* ; or l'existence d'un tel pouvoir est en soi immorale, destructive de l'autonomie de l'esprit, conférant à certains hommes un droit exclusif à la possession de la vérité, et par suite toute l'autorité qu'un tel privilège entraîne. D'un autre côté, le *pouvoir temporel* séparé ne peut être qu'un corps sans âme. S'il ne parvenait pas, comme en Grèce, à Rome et chez les nations modernes, à se diriger sur des notions de droit et de devoir, sur des principes de justice qui lui valent une essence spirituelle, — les seuls pour lesquels un pouvoir soit légitimement revendicable, — il serait pour le moins permis de douter de l'avantage d'une séparation de laquelle résultent la brutalité pure dans le gouvernement des corps, et l'autorité sans contrepoids et sans garantie dans la direction des âmes. On sait qu'ordinairement celle-ci, laissée à elle-même, recherche moins la justice que des dogmes à inventer et des rites à imposer. Au contraire, quand l'État se développe en se conformant à des principes de raison qu'il estime lui bien appartenir à lui-même et n'être pas empruntés, le prétendu pouvoir spirituel est moins ce qu'on peut dire *séparé* que réduit ou exténué sur le terrain nécessaire de la vie et de l'ordre public. Le prêtre n'est plus admis à réclamer un pouvoir proprement dit, mais seulement un droit de parler à la conscience qui reste souverain juge du juste et du vrai chez chacun, les actes seuls tombant sous une juridiction qui n'est pas celle des ministres d'une religion, mais celle de l'État.

Nous disons que, des deux systèmes, là où existe un pouvoir religieux réel, celui de la confusion des pouvoirs est le moins durable, et que l'histoire y met toujours fin. C'est qu'à l'origine il est d'essence patriarcale et puis aristocratique. La théocratie n'est qu'une conséquence. C'est ainsi que nous le trouvons au commencement des sociétés grecques et italiques, tel qu'il s'est conservé en Étrurie jusqu'à une époque plus tardive. Les chefs des grandes familles ne sont investis des hautes fonctions sacerdotales que parce qu'ils le sont aussi de la suprême fonction de juges, et du droit de mener le peuple à la guerre. S'il y a des sacrificateurs et des devins en dehors d'eux, ils leur sont subordonnés. Or la lutte des familles communes contre les grandes familles, celle des aristocrates contre les rois, puis celle des plébéiens contre les patriciens, sont des phénomènes historiques constants et dont l'issue est connue. Les chances d'avènement d'un peuple à la liberté religieuse sont tout autrement favorables, en un tel cas, que lorsque ce peuple doit pour cela se soustraire au joug moral d'un sacerdoce fortement constitué qui n'a point part à la puissance politique. Quand le privilège des chefs de l'État s'étend, on n'a plus à considérer séparément celui qu'ils ont de connaître seuls les rites et de représenter seuls leur nation vis-à-vis des dieux comme en toute autre matière civile ou militaire : on leur dispute le tout ensemble. Quand le privilège est attaqué et ruiné progressivement, ainsi que cela se voit dans l'histoire des tyrannies et des républiques de la Grèce, et encore plus clairement dans l'histoire romaine, un vrai type de ce genre de progrès, l'émancipation religieuse, la conquête des droits religieux accompagne celle des autres libertés, et le pouvoir spirituel proprement dit décline et finalement tombe à rien. Il ne trouve à s'appliquer qu'à des rites dont la connaissance est dévoilée, ou dont le mystère porte sur des points dénués d'importance réelle, et se transmet avec les autres fonctions électives de la République. En fait, aucune autorité ne s'exerce en tant qu'appartenant à un ministre de la religion comme exclusivement tel. Si nous ajoutons à cela que la croyance aux dieux, ou à ce qu'on racontait des dieux, n'a jamais passé dans l'antiquité pour un *cas de conscience*, ou la *foi* pour un sujet d'*inquisition* chez les particuliers, nous conclurons que la théocratie n'a été pour les peuples dont nous nous occupons ici que le fait primitif de la réunion de tous les pouvoirs dans les mêmes mains au sein d'une société qui sortait de l'état patriarcal.

L'évolution politique de l'Étrurie ne suivit pas jusqu'au bout la marche si connue de l'émancipation du peuple romain. Le temps fit défaut à l'œuvre, l'action de la conquête se substitua aux effets d'un développement spontané, qui cependant n'avait pas laissé de commencer. La caste aristocratique et sacerdotale de l'Étrurie, les Lucumons, maîtres ou interprètes des choses divines, étaient menacés dans leurs privilèges par la même loi, par la même rivalité des familles patriciennes entre elles, par le même progrès intellectuel et matériel des autres familles, qui eurent pour conséquence, à Rome, l'abolition de la royauté d'abord, puis l'institution du tribunat, puis l'accession des plébéiens aux grandes charges de la République. De tous les moments de cette évolution, celui du remplacement des rois pontifes par des magistrats annuels et électifs eut lieu dans les citées confédérées de l'Étrurie. Il est probable qu'avec ce même point de départ, en des institutions pareilles, ces cités, si elles étaient demeurées plus longtemps indépendantes, auraient connu les mêmes luttes de patriciens et de plébéiens qui composent l'histoire des républiques de l'antiquité. La théocratie étrusque aurait eu en ce cas le sort de la théocratie romaine, — ou plutôt le sort qui a été effectivement le sien dans son établissement à Rome ; car il est impossible de distinguer entre les deux religions au point de vue de l'organisation sacerdotale et des rites.

CHAPITRE XVI

La religion des Gaulois.

L'établissement religieux célèbre qui exerça le « pouvoir spirituel » sur une partie mal définie encore des races celtiques présente un caractère très différent de ce qu'on entend par théocratie dans les antiques sociétés grecques et italiques. Les druides formaient un corps séparé du peuple, et dont l'autorité s'étendait directement ou indirectement à toutes ses affaires. Il faut citer ici le passage de César qui domine entièrement la connaissance du sujet et apporte en sa concision beaucoup de renseignements d'une grande portée. On y voit tout d'abord la servitude du peuple constatée, et la distinction établie entre les deux ordres dominateurs, « la noblesse et le clergé ». C'est donc un système entièrement différent de celui des cités grecques et italiques, au temps du régime patriarcal ou de celui qui s'ensuivit.

« Dans toute la Gaule il n'y a que deux classes d'hommes qui comptent et qui sont honorés ; car la plèbe est presque dans la condition des esclaves, n'ose rien par elle-même et n'entre dans aucun conseil. La plupart sont réduits par le poids de l'impôt ou par l'injustice des grands à se vouer au service des nobles, et les droits de ceux-ci sur eux sont ceux du maître sur l'esclave. De ces deux classes, l'une est celle des druides, l'autre celle des chevaliers.

« Les druides s'occupent des choses divines, offrent les sacrifices publics et privés, interprètent les doctrines religieuses. Un nombre considérable de jeunes gens s'assemble autour d'eux pour s'instruire, et les entoure d'un grand respect ; car ils connaissent de presque toutes les contestations publiques et privées, et, s'il s'est commis un crime, si un meurtre a eu lieu, s'il y a procès sur un héritage, sur un bornage, ce sont eux qui décident. Ils fixent les récompenses et les peines. Si un particulier ou un magistrat refuse de se soumettre à un de leurs arrêts, ils lui interdisent les sacrifices ; et cette peine est chez eux d'une extrême gravité. L'homme ainsi interdit est mis au rang des impies et des scélérats, chacun s'éloigne de lui, évite sa conversation et son approche, de peur d'avoir à souffrir de la contagion. S'il a une réclamation à faire, la justice lui est déniée, et il n'a accès à aucune charge. Tous les druides n'ont qu'un chef, qui jouit d'une autorité souveraine. A sa mort, le plus haut en dignité lui succède, ou, s'ils sont plusieurs de même rang, les suffrages des druides en décident, et quelquefois les armes. A une certaine époque de l'année, ils siègent en un lieu consacré, sur la frontière du pays des Carnutes, qu'on estime le point central de la Gaule. Tous les procès leur sont rapportés là ; ils jugent et décrètent. On se soumet. On croit que leur doctrine s'est d'abord établie dans la Bretagne, d'où elle est passée dans la Gaule, et maintenant ceux qui veulent s'en instruire plus à fond ont coutume de faire le voyage.

« Les druides ne vont pas à la guerre : ils sont dispensés de l'impôt, de la milice et de toutes les sortes de services. Attirés par de si grands privilèges, beaucoup de jeunes gens s'attachent à cette discipline, ou d'eux-mêmes, ou par la volonté des familles. On dit qu'ils apprennent là un grand nombre de vers, et que certains passent vingt années dans cet apprentissage ; ils ne se croient pas permis de les écrire, encore que, dans presque tout autre sujet, et pour les affaires des particuliers et du public, ils se servent des lettres grecques. Ils ont pour cela deux raisons, selon moi : l'une de ne pas livrer leur doctrine au vulgaire, l'autre d'éviter que leurs disciples se fiant à l'écriture négligent leur mémoire... » La suite est relative aux dogmes druidiques, à la croyance des Gaulois ; nous la retrouverons.

On a pu disputer sur un point ou sur un autre de chacune de ces brèves assertions, mais leur ensemble a de la clarté, de l'unité et porte les marques de l'exactitude. On est stupéfait en retrouvant tous les traits (1) d'une discipline tellement semblable

---

(1) Tous, excepté le célibat, qui reste douteux. Quelques auteurs modernes croient que les druides se mariaient. Roget de Belloguet (*Ethnogénie gauloise*) regarde, au contraire, leur vie cénobitique et, par suite, leur célibat comme un fait « à peu près certain ». Le silence des anciens à ce sujet est étonnant. Seul, Ammien Marcellin représente ces prêtres comme *sodalitiis adstricti consortiis*, et cet auteur paraît avoir consulté de bonnes sources. Malheureusement, il ajoute : *ut auctoritas Pythagoræ decrevit*. Or l'opinion qui a

à celle du sacerdoce catholique ou de ses prétentions, partout où il a pu les faire admettre, et si différente de presque tout ce qu'on voit ailleurs chez les anciens. Il n'est pas ici question de la doctrine théologique, bien entendu, mais des effets d'une disposition mentale qui fit que la Gaule druidique précéda la Gaule catholique et les peuples néo-latins dans la servitude religieuse, et, plus tard, rendit la France de toutes les nations la plus apte à se porter champion de l' « Église » dans le monde. Tel ne fut pas le cas des Germains : « Ils sont, dit César, à qui n'échappe pas cette importante remarque, bien différents des Gaulois en leurs coutumes ; ils n'ont point de druides pour présider aux choses divines, et ne s'appliquent pas aux sacrifices. »

Prenons bien le sens des formules de César. Les druides sacrifient non seulement pour la nation mais pour les particuliers ; c'est-à-dire que, contrairement à l'usage commun de l'antiquité, les Gaulois ne vaquent pas aux fonctions religieuses pour leur propre compte (un père de famille pour sa maison), mais qu'ils prennent les prêtres pour leurs intermédiaires indispensables auprès des dieux. Et les druides interprètent les doctrines ; c'est-à-dire qu'ils dictent à chacun ce qu'il doit penser ou croire, sans qu'il ait la peine ni le droit d'examiner lui-même.

Les druides sont maîtres de l'enseignement. Ils ont des dogmes, ils les transmettent, ils les imposent, les gardant immuables et mystérieux par la défense de les écrire, qui les soustrait au peuple, et par la longue et pénible communication de mémoire, la plus propre de toutes à assurer la soumission en même temps qu'exalter l'orgueil des disciples. Le même but a été visé par un clergé qui a beaucoup écrit mais dans une langue morte, et beaucoup dogmatisé et décrété, en langage métaphysique hors de la portée du vulgaire : décisions de conciles, sommes théologiques, et formules de catéchismes, elles-mêmes insusceptibles d'un sens naturel, où il est question de natures et de personnes, de génération, de procession et d'incarnation, de substances et de transsubstantiation, etc.

Les druides ont des séminaires dans lesquels l'esprit de la jeu-

donné Pythagore pour maître, — ou pour disciple, — aux druides est faite pour diminuer la valeur d'un témoignage auquel elle vient se mêler. On ne sait donc que penser. Comme il y avait plusieurs ordres de druides, il se pourrait que le célibat n'eût été imposé qu'à la partie maîtresse de l'institut, ayant sous elle des desservants disséminés ou des congrégations affiliées.

nesse est modelé avec autant d'efficacité pour le moins qu'il a pu l'être ailleurs dans les familles où le sacerdoce était héréditaire. C'est un *clergé* dont l'éducation et les privilèges n'ont rien à envier à ceux d'une *caste*. L'exemption de l'impôt, du service militaire et de toute charge onéreuse suffit amplement pour assurer à ce corps un recrutement facile. Aussi les familles regardent-elles la cléricature comme une excellente carrière : *Tantis excitati præmiis et sua sponte multi in disciplinam conveniunt, et a propinquis parentibusque mittuntur.*

Les druides sont arbitres et juges de toutes sortes de contestations publiques et privées. Ils étendent ainsi leur action plus loin que le clergé catholique ne l'a jamais fait directement. Ils disposent de la même extrême sanction pénale que ce dernier : à savoir de l'interdiction et de l'excommunication : *sacrificiis interdicunt*; et l'excommunication a les mêmes effets : *Ii numero impiorum ac sceleratorum habentur, iis omnes discedunt, aditum eorum sermonemque defugiunt, ne quid ex contagione incommodi accipiant* (1).

Enfin les druides avaient un chef suprême, et d'autres chefs de divers rangs, parmi lesquels se prenait son successeur. Ils cherchaient la source de leur doctrine à l'étranger. Il manque au tableau de cette organisation la mention d'une distribution territoriale du pouvoir ecclésiastique. Cette lacune, si réellement elle existait, était jusqu'à un certain point comblée par les grandes assises annuelles et par toutes les réunions et fêtes locales qui comportaient des rites religieux et des sacrifices. La Gaule, à cette époque, avait des routes, une bonne agriculture, du commerce, de l'argent; les communications d'un lieu à l'autre y étaient faciles. A ne considérer que cette organisation matérielle, la différence de l'état du pays, au temps des guerres de César, et de ce qu'il devint sous les rois mérovingiens n'est peut-être pas à l'avantage de ce dernier. La centralisation, détruite en grande partie, remettait les choses à l'ancien point, sauf que le pays

---

(1) On a fait valoir contre la thèse de la puissance politique des druides ce fait, que César, dans l'histoire de ses campagnes de Gaule, ne mentionne jamais l'intervention de ces prêtres et ne semble point avoir affaire à eux. Mais celui qui lirait, un jour à venir, le récit des guerres et des négociations de nos rois avant la Révolution française et ne verrait le prêtre ni dans les prises d'armes ni dans les traités aurait-il le droit de conclure qu'il n'est non plus entré pour rien dans les résolutions et que son influence dans les affaires a été sans importance ?

se trouvait appauvri par les exigences du fisc pendant les siècles de la décadence romaine, et que les guerres locales des tribus y étaient remplacées par les guerres des princes barbares se disputant l'héritage d'une puissance anéantie. La France féodale, à son tour, après l'œuvre manquée de la restauration impériale de Charlemagne, reproduisait avec un surcroît d'anarchie un ordre social analogue à celui que nous représentent les définitions des trois classes de César : les chevaliers, les druides et la plèbe, *quæ pene servorum habetur loco*. Nous disons analogue, et il faut ajouter abaissé ; car le régime du servage est commun des deux parts, mais il existait chez les anciens Gaulois des centres urbains qui permettaient dans certains cas une expansion de vie publique, des interventions populaires, enfin des institutions tendant à un régime plus démocratique. On s'est appuyé sur ces derniers faits, quand on a voulu contester la vérité de l'appréciation sommaire de César : *plebs... nulli adhibetur consilio*. Les Barbares et le régime féodal mirent fin sinon tout à fait aux institutions municipales qui s'étaient développés ou fortifiées pendant la domination de Rome, au moins à tout caractère politique de ces organes administratifs. Il faut descendre jusqu'au temps de l'affranchissement des communes pour voir reparaître en France les germes de démocratie que renfermait la Gaule un siècle environ avant notre ère.

Revenons aux druides. D'où sortaient-ils ? où et comment s'étaient-ils établis ? quelles étaient leurs doctrines ? Le problème ethnique est difficile et ne souffre que des inductions, sur lesquelles on varie. Heureusement quelques grands faits non contestés autorisent une vue philosophique qui est ici ce qui importe.

Selon l'école *dualiste*, dont Amédée Thierry, Henri Martin et notre grand artiste en histoire, Michelet, ont rendu l'opinion dominante en France, il existait dans l'antiquité deux rameaux celtiques : une race blonde, les Kymris, et une race brune, les Galls, qui, venus les premiers dans la contrée, furent ensuite expulsés et passèrent dans la Cisalpine au vi^e siècle avant notre ère, lors de l'invasion des Kymris. Ceux-ci seuls auraient institué le druidisme sur des fondements de religion d'ailleurs communs à tous les Celtes. Ils l'auraient imposé à la Gaule entière, et même en partie aux Ligures, le centre du sacerdoce se fixant dans l'Armorique et dans l'île de Bretagne.

Suivant Roget de Belloguet, la race brune de Gaule est toute ligurienne, quoique l'on n'ait pu jusqu'ici déterminer l'ethnique réel de ces Ligures qui ont occupé une vaste région avant l'arrivée des Celtes. Les Celtes, venus par des migrations successives, appartiennent tous à une race blonde qui se mêla à la première et lui imposa son langage. Le druidisme, ne se trouvant de fait ni dans la Cisalpine, ni en Espagne, ni dans l'Illyrie et la Thrace, ni chez les Galates de l'Asie Mineure, mais dans la Transalpine et la Bretagne seulement, ne doit appartenir qu'à une seule branche de Celtes. L'antiquité de cette religion et de ce sacerdoce ne pouvant être inférieure à celle de la plus ancienne philosophie grecque, vu la manière dont les anciens s'expriment quand ils en parlent, ne doit pas descendre au-dessous du VIe ou du Ve siècle avant notre ère. Mais, d'un autre côté, l'établissement ne doit pas en avoir précédé, *dans la Gaule*, l'époque où des hommes de la même race passèrent de ce pays en Espagne et dans l'Italie septentrionale. Cette double considération arrête la pensée sur le moment même où la Cisalpine fut envahie par les Transalpins; car celui du passage des Celtes dans la péninsule ibérique est plus ancien et complètement inconnu. On peut croire avec assez de probabilité que la première de ces invasions (dont l'époque coïncide avec celle de la fondation de Marseille et avec le règne de Tarquin l'Ancien à Rome), au commencement du VI$_e$ siècle, eut précisément pour cause l'arrivée des Celtes druidiques et la pression exercée par eux sur les occupants antérieurs. C'est d'eux que date le commencement de l'unité de religion, de langue et de mœurs sur le territoire gaulois, dans le système de Roget de Belloguet (1).

Le druidisme est l'agent principal de cette unité, car les Celtibères avaient porté jadis en Espagne une religion de forme assez indistincte, « un dieu sans nom »; et les Celtes cisalpins, en Italie, au temps que nous venons de marquer, des dieux dont les désignations laissent deviner le caractère aryen, mais sans aucun sacerdoce à organisation corporative. L'œuvre d'assimilation accomplie par le druidisme s'explique par ce fait que les druides ne formaient pas une caste (un sacerdoce héréditaire), que d'autres castes non plus n'eurent pas eu à se fonder, comme il arriva dans

---

(1) On a objecté le passage de César sur les Gaulois, qui dément cette unité : *Hi omnes lingua, institutis, legibus inter se differunt.* On peut remarquer, sans entrer dans la discussion, que les différences locales, dans un pays très découpé, sans lien fédéral, et souvent déchiré par des guerres intestines, produit facilement une impression générale qui fait méconnaître l'unité réelle.

l'Inde, pour défendre les conquérants contre la contagion des mœurs des vaincus, et qu'enfin la fusion se fit sans trop de peine au profit de la mieux organisée, de deux nations, mêlées par la conquête, dont l'une et la plus ancienne, disséminée en tribus très peu liées sur tout le territoire, était presque sans aucune religion ou culture qui pussent offrir de la résistance au culte et aux croyances importés. Les Ligures d'Armorique et de Bretagne, — puisque tous ces Bretons, race brune, s'appellent des Ligures, en ce système, — adoptèrent, aussi bien que ceux de la région méditerranéenne, des dialectes celtiques et le culte des derniers envahisseurs; et c'est même chez eux que les druides fondèrent leurs plus puissants établissements. Ainsi se forma ce peuple de sang mêlé dont le double caractère, toujours conservé, a suggéré naturellement, mais sans nécessité, la thèse du dualisme celtique.

Il est bon d'observer que ce que nous disons ici de l'absence de castes chez les Gaulois conserve son importance dans toutes les théories auxquelles peut donner lieu le problème ethnologique. Quelque opinion que l'on se fasse des tribus venues de l'Est, qui envahirent successivement les Gaules, et des races qu'elles y ont trouvées établies, il est toujours vrai que les Aryens celtes n'ont pas appliqué la méthode des castes à leurs conquêtes, à la conservation de leur caractère physiologique, au maintien de leur primauté, et que ceux d'entre eux qui ont fondé le sacerdoce druidique l'ont institué sur un tout autre principe. C'est un grand contraste qu'ils présentent avec les Aryens indiens. Ils se sont ainsi moins éloignés de la famille morale des races grecques et italiques.

La question de l'origine de la religion druidique peut en grande partie se séparer de celle des populations primitives ou immigrées des Gaules, et il est très probable que l'établissement social et les doctrines des druides ont eu dans d'autres contrées leur premier théâtre. Une telle œuvre exige du temps, de hautes traditions, d'anciennes coutumes de tribu. Il est difficile de ne pas remonter pour en trouver la source première jusqu'au berceau commun, où qu'en ait été le lieu, et au voisinage des races parentes dont l'une, la nation iranienne, a porté dans sa religion le même esprit à plusieurs égards. Sur ce point, il semble que les mêmes inductions doivent s'imposer à toutes les écoles.

L'opinion des anciens, rapportée par César, suivant laquelle la doctrine druidique aurait été originaire de Bretagne, s'explique par le fait que les collèges de prêtres établis fortement dans cette île y étaient soustraits à l'action de causes multiples qui, dans les Gaules, tendaient, avaient même en partie réussi à diminuer l'autorité du sacerdoce ou à altérer sa doctrine. C'est en Bretagne que les adeptes les plus fidèles allaient chercher cette dernière à l'état le plus pur (1). Or l'idée de pureté s'allie à l'idée de source et y conduit naturellement ; mais cette supposition, qui d'ailleurs ne se donne pas pour autre chose, — car César n'entend rapporter qu'une opinion (*existimatur*), — ne doit pas nous empêcher aujourd'hui de prendre l'origine probable d'une religion au lieu où nous prenons l'origine du peuple qui la professe.

D'après Roget de Belloguet, la migration qui porta le druidisme avec elle fut celle de certains *Cimmériens*, de race celtique, qu'il faut se garder de confondre avec les *Cimbres*, Germains selon lui. D'anciens témoignages établissent de nombreuses analogies entre ces Cimmériens, habitants des bords septentrionaux de la mer Noire, et les Gaulois. « Ils formèrent avec les Britanni à leur droite, et les Belges pour arrière-garde le troisième courant de nos migrations celtiques. Ce courant s'était arrêté pendant plusieurs siècles dans les régions du nord du Pont-Euxin, d'où quelques tribus se répandirent, dès le commencement des temps héroïques, dans l'Asie Mineure, en Grèce et jusqu'en Italie. Mais vers l'an 630 avant notre ère, d'après les données chronologiques d'Hérodote, il fut forcé par le déplacement des Scythes de prendre le chemin de l'Occident. Ses têtes de colonnes peuvent être arrivées dans les Gaules environ vers 600. Elles y déterminèrent suivant toute probabilité ce grand mouvement qui rejeta dans la Cisalpine une partie du courant qui les avait précédées (2). »

Les systèmes de ce genre atteignent difficilement jusqu'à la démonstration, parce qu'ils sont fondés sur des rapprochements et des interprétations de textes, chose toujours ouverte à la controverse. Mais la donnée générale qui domine celui-ci se laisse facilement dégager. Remontons à l'époque où vivaient, sur des territoires d'étendue et de situation encore indéterminées pour nous, les tribus d'origine commune mais de tendances morales déjà diverses qui devaient par des migrations successives essaimer en plusieurs directions, fonder dans l'Asie aryenne les religions et les États de l'Inde et de l'Iran, et se répandre en Europe sous tant de noms différents de nations. Celles de ces tribus qui

---

(1) Voyez Amédée Thierry, *Histoire des Gaulois*, IV, 1.
(2) *Ethnogénie gauloise*, 3º partie, p. 156.

se sont portées le plus loin vers l'Occident ont dû aussi occuper le plus grand nombre de stations intermédiaires, dans le cours de l'histoire. Elles-mêmes se sont quelquefois divisées, sans doute à mesure qu'elles croissaient en population, et ont pu varier de mœurs et de croyances, suivant leurs lieux d'établissement, tout en gardant de communs caractères. Parmi les tribus du rameau celtique, plusieurs ont montré les dispositions mythologiques qu'elles tenaient de leur berceau, sans y joindre les penchants dogmatiques et les inclinations sacerdotales de leurs congénères fixés en Asie. Une seule, en quelqu'une de ses stations, à une époque ignorée, a suivi les mêmes pentes que ces dernières. Le sacerdoce qu'elle a institué a différé à la fois de ceux des brahmanes et des mages, et de celui qui ne s'est point séparé de l'aristocratie et du pouvoir politique direct, comme dans l'Étrurie et à l'origine de plusieurs cités antiques. Et il a formulé des dogmes qui lui sont propres, mais que malheureusement il a tenu en partie secrets et que nous connaissons mal. C'est avec lui, avec la branche des Celtes qui lui obéissait que le druidisme s'est introduit dans les Gaules à un moment que Roget de Belloguet nous semble avoir déterminé avec quelque vraisemblance.

Cette théorie manque du degré de précision et de preuve qu'on recherche en histoire, mais elle est d'accord avec les principaux résultats des investigations modernes. L'esprit y trouve une satisfaction sérieuse en ce qui touche le principe de développement des religions. On y voit cette vérité confirmée, que, partant des mêmes origines de race et de langue, et pourvus des mêmes dons intellectuels, des peuples soumis aux épreuves de la vie et s'exerçant à penser, usant de leur liberté en plusieurs modes possibles, arrivent aux croyances et aux institutions les plus diverses.

Nous prendrons pour texte principal de l'étude de la doctrine druidique les déclarations de César. Elles sont nettes et l'emportent en autorité sur des textes d'auteurs qui ne s'expliquent pas plus que lui longuement, et dont on tire des inductions peu sûres. A part peut-être un passage fort intéressant du poète Lucain, un autre de Strabon, et les renseignements que Pline nous donne sur les superstitions gauloises, il y a peu à tirer de certain des écrivains postérieurs à César, et rien de sérieusement rectificatif. Il est vrai qu'on ne peut s'attendre à connaître par lui les dieux de la Gaule autrement qu'habillés à la romaine et suivant la coutume du syncrétisme établi à son époque. Mais on est prévenu d'avoir à rechercher les types originaux que peuvent désigner ces noms de mythologie courante. Sur la question de l'immortalité, selon les Gaulois, sujet difficile, l'écrivain militaire ne nous instruit pas non plus autant qu'on le voudrait. On ne sait pas bien quelle était la conception druidique d'une palingénésie dont la croyance chez eux ne fait d'ailleurs point de doute et nous est certifiée de toutes parts. En tous les autres sujets, les explications de César sont claires et n'ont pas été renversées par de suffisantes raisons.

« Ce qu'ils veulent avant tout nous persuader, dit-il, c'est que les âmes ne meurent pas, et que, *des uns, elles passent à d'autres* après la mort. Ils estiment que cette conviction est éminemment propre à exciter le courage en inspirant le mépris de la mort. Au reste, ils spéculent sur les astres et leurs mouvements, sur la grandeur du monde et des terres, sur la nature des choses, la force et l'influence des dieux immortels, et transmettent leur doctrine à la jeunesse.

« La nation entière des Gaulois est extrêmement adonnée aux religions. Aussi, ceux qui sont attaqués de maladies graves, ou qui vont à la guerre et courent des dangers, immolent des victimes humaines, ou font vœu d'en immoler. Les druides sont les ministres employés à ces sacrifices. On pense en effet que la vie d'un homme doit être donnée pour celle d'un autre, et qu'il n'y a que ce moyen de détourner la volonté des dieux immortels. Des cérémonies publiques sont instituées pour des sacrifices de cette sorte. Quelquefois on construit des simulacres d'une grandeur immense, aux membres tressés en osier, on les remplit d'hommes vivants, on y met le feu, et les hommes périssent étouffés dans les flammes. Les supplices de ceux qui sont pris en délit de vol ou de brigandage, ou coupables de quelque autre crime, passent pour les plus agréables aux dieux immortels; mais si on ne trouve pas le nombre voulu de criminels, on recourt au supplice des innocents.

« Leur culte principal s'adresse à *Mercure*, et ils ont de nombreuses représentations de ce dieu. Ils le tiennent pour l'inventeur de tous les arts, le guide sur les chemins, dans les voyages, le dieu dont la puissance s'étend principalement sur les gains et le commerce. Après lui, *Apollon, Mars, Jupiter* et *Minerve*; et ils se font de ces dieux à peu près les mêmes idées que les autres nations : *Apollon* chasse les maladies, *Minerve* est l'initiatrice des œuvres d'art et d'industrie, *Jupiter* a l'empire des choses célestes, *Mars* préside à la guerre. C'est à *Mars* que les Gaulois, quand ils ont décidé de combattre, vouent ordinairement le butin. De tout ce qui est pris à la guerre, les animaux lui sont immolés ; le reste s'accumule en certains lieux. On peut en voir des amas en beaucoup de villes, à des endroits consacrés, et il n'arrive pas souvent qu'en violation de la religion, quelqu'un ose en retirer un objet, non plus que se l'approprier secrètement quand il le prend sur l'ennemi. Il y a pour ce crime un supplice grave, avec des tortures.

« Les Gaulois se prétendent issus de *Dis pater*; c'est une tradition des druides. Voilà pourquoi ils mesurent le temps par le nombre des nuits, et non des jours. Les jours de nativité, les commencements des mois et des ans se prennent de telle sorte que la nuit commence et le jour suit...

« Les hommes mettent en communauté, avec ce qu'ils reçoivent de leurs femmes à titre de dot, une somme égale prise sur leurs biens, après estimation. Le capital ainsi constitué se compte à part, avec ses fruits, et passe au dernier survivant. Les hommes ont droit de vie et de mort sur leurs femmes et sur leurs enfants. Quand un père de famille de race illustre vient à mourir, ses proches s'assemblent et, s'il y a soupçon, les femmes sont soumises à la question comme des esclaves. En cas de conviction on les voue aux flammes et aux plus cruels tourments. Les funérailles sont magnifiques et somptueuses, eu égard aux moyens de ce peuple. Tout ce que l'on suppose avoir été cher au vivant est livré au feu, même les animaux, et on se souvient d'un temps, encore peu éloigné, où les esclaves et les clients qui passaient pour avoir été amis des défunts étaient brûlés en même temps, pour accomplir des funérailles convenables (1). »

Examinons les points ainsi relevés par César, et complétons-les autant que possible sans prêter aux Gaulois nos propres vues, comme se le permettent souvent les historiens de notre nation, et sans essayer de suppléer à ce que les anciens n'ont pas su, par des textes prétendus druidiques du moyen âge dans lesquels l'inspiration de certaines des hérésies du christianisme est ce qui se distingue le mieux. Tâchons de fonder plutôt nos inductions sur l'état d'esprit probable d'une nation à coutumes barbares bien

---

(1) *De bello Gallico*, lib. VI.

avérées, et incapable, à cette époque, de donner à ses croyances une tournure abstraite et raffinée.

Le général romain ne s'est pas trompé en donnant l'indestructibilité des âmes (*non interire animas*) comme l'objet capital de l'enseignement des druides. On comprendra d'autant mieux son jugement, qu'on se formera, sur ce cas particulier, de ce que la philosophie spiritualiste a nommé l'*immortalité de l'âme*, une idée plus matérielle, une idée semblable à celle du Walhalla des Scandinaves, ajoutons et de tant de tribus diverses qui ont imaginé une vie future telle à peu près que la présente, avec les mêmes occupations et les mêmes satisfactions, une vie d'homme et du même homme sur une autre terre. Il nous faut écarter l'idée pythagoricienne des métempsychoses ; car il serait absurde de donner pour inspiratrice du mépris de la mort une doctrine qui aurait laissé craindre la réviviscence en des corps d'animaux vils. L'expression de César : *animas ab aliis post mortem transire ad alios*, ne souffre pas grammaticalement le sous-entendu *corpora*, elle exige par conséquent *homines* pour la désignation des sujets où passent les âmes. Il est clair, au surplus, que la supposition d'hommes différents d'une vie à l'autre (*alios homines*) permet de penser à une mémoire conservée en ce passage, le renouvellement physique étant bien suffisant pour répondre à l'idée du changement et de la diversité. Nous ne savons seulement pas si nous devons prêter aux Gaulois l'idée d'une résurrection (en un corps rajeuni, on doit en ce cas le supposer), ou une palingénésie d'un genre plus radical. Et nous ignorons de même si la postexistence de l'âme a pour pendant sa préexistence.

Cette dernière doctrine nous paraît attribuée aux druides par Lucain de qui l'opinion est fort à compter : « Vous enseignez, leur dit le poète dans une apostrophe, que les ombres ne se rendent pas dans les demeures silencieuses de l'Érèbe, dans les sombres royaumes de Dis ; le même esprit conduit les membres dans un autre monde ; la mort, si ce que vous annoncez peut se savoir, est située au milieu d'une longue vie (*longæ... vitæ mors media est*). » Cette *longa vita* doit être l'expression d'une durée de vie indéfinie en arrière et en avant, car elle s'adapterait mal à une durée totale dont la première partie, c'est-à-dire la vie présente, si inégale d'une personne à l'autre, et peut-être très courte, devrait dans tous les cas en former la moitié (*mors media est*). Il est plus naturel de croire que Lucain a pensé vaguement à la mort comme à un passage *de la vie à la vie*, sans se préoccuper d'autres coupures possibles en dehors de celle que nous éprouvons en ce monde. Cette opinion de l'existence éternelle de l'âme est confirmée par les termes dont Strabon et Méla rendent compte aussi du dogme druidique : âmes impérissables, dit l'un (ἀφθάρτους); âmes éternelles, dit proprement l'autre (*æternas esse animas, vitamque alteram ad Manes*). La difficulté de cette hypothèse était, pour les druides, ce qu'elle a toujours été pour d'autres : expliquer l'anomalie de ces deux *moitiés* de l'existence indéfinie que la mort sépare, et dont la première ne nous a laissé aucun souvenir, tandis que nous espérons, dans la seconde, conserver notre conscience actuelle avec sa mémoire. Autrement, que cela pourrait-il nous faire de revivre? et serait-ce bien là revivre? Nous ne pouvons que raisonner par hypothèse sur ce que pensaient les druides et sur la raison qu'ils ont eu de garder leur doctrine secrète.

Les druides avaient composé à l'usage de leurs initiés un système sur la nature des choses et la puissance des dieux, comme parle César. Ce système, ainsi qu'il était arrivé dans l'Inde et ailleurs, les avait probablement rendus ce que nous appelons *panthéistes*; de sorte que la conservation de la personnalité des âmes, quoique impérissables (elles l'étaient bien aussi pour les brahmanes), se soutenait difficilement. Mais nous savons qu'ils faisaient mystère de leurs dogmes (*neque in vulgum disciplinam efferri velint*). Ils pouvaient donc entretenir le vulgaire dans l'idée la plus simple et la plus agréable sur la vie future, sans s'expliquer sur les vies antérieures, qui intéressent peu les hommes en général, ni même sur les destinées ultimes et le gouvernement de la nature. Cette opinion du vulgaire, on sait par de nombreux témoignages quelle elle était. Elle permettait, et c'est tout dire, aux Gaulois de croire qu'ils retrouveraient dans l'autre monde (*orbe alio*) leurs femmes, leurs esclaves, leurs clients, — qu'on brûlait sur leurs bûchers peu avant la venue de César; — que des objets inanimés, réduits de même en cendres, les suivraient, et qu'on pouvait leur confier des lettres missives à l'adresse de ceux qui les avaient précédés. On a dit aussi qu'il leur arrivait de contracter des dettes ou d'autres engagements dont le règlement était remis à l'autre vie. Tout cela n'est peut-être pas exagération d'écrivains et pure légende, puisque des coutumes certaines, qu'on observait dans les funérailles, s'y rapportaient, et que de semblables imaginations sont loin d'être rares chez d'autres anciens peuples.

Qu'est-ce maintenant que cet *autre monde* où doit s'opérer un retour à la vie sur le mode et les moyens duquel les Gaulois n'ont pas eu besoin d'en savoir plus long que tant de tribus qui ont entretenu les mêmes croyances qu'eux. La question de lieu peut seulement se poser. Mais observons que rien ne nous oblige à lui donner le sens qu'elle prend si aisément chez nous, sous l'influence de notre idée de la *pluralité des mondes habités*. Les mots *orbe alio* peuvent signifier simplement *autre part*, dans une autre contrée (1). Si nous consultons le sentiment le plus probable d'un peuple arrivé par des migrations successives à la limite des terres occidentales et placé en face des sombres mystères de l'Océan et du Septentrion ; si, de plus, nous nous rappelons les légendes qui ont eu cours dans l'antiquité sur la *Terre de Saturne*, l'île des Héros, le séjour des bienheureux, et qui se rapportaient aux régions hyperboréennes, — sans oublier que des superstitions modernes ont placé aux mêmes lieux le rendez-vous des âmes, la demeure des revenants, — nous inclinerons à penser que le théâtre de la survie humaine était envisagé en quelque île mystérieuse du Nord ou du Couchant.

Une autre opinion, qui s'est attirée beaucoup de crédit, place le séjour des âmes détachées, suivant les druides, dans l'espace interlunaire et dans la lune même, sur l'un de ses hémisphères ou sur l'autre selon qu'elles ont mérité ou démérité et qu'elles sont plus ou moins purifiées. Mais il y a bien des difficultés pour reconnaître une doctrine druidique dans cette rêverie qu'un ancien philosophe expose longuement et rapporte à « des prêtres saturniens d'une île voisine d'Ogygie, à l'ouest de la Grande-Bretagne (2) ». L'empreinte du platonisme y est fort accusée par la distinction qui y est faite entre plusieurs espèces d'âmes, ou parties de l'âme, et par le développement de l'idée de *purification*, qui ne peut qu'arbitrairement être prêtée aux druides. D'autres mélanges avec les idées grecques de l'*Élysée* et de l'*Hadès* inspirent le soupçon que toute cette théorie n'est qu'une adaptation de la *religion platonicienne*, si répandue au temps de Plutarque, aux vieilles traditions eschatologiques de la Grèce, et aux fables hyperboréennes, le tout lié, comme en un roman, à ce qu'on croyait savoir des collèges

---

(1) Pline (*Hist. nat.*, livre XIII, chap. XXVI) se sert de l'expression *in nostro orbe, dans notre monde*, c'est-à-dire dans le monde romain, en opposition avec d'autres contrées.

(2) Plutarque, *De la face dans l'orbe lunaire*, XXVI et suivants.

sacerdotaux de la Bretagne, encore bien que l'auteur ne mentionne nullement les druides. Les druides ont-ils envoyé les âmes se refaire des corps dans la lune, — ou dans le soleil, comme on l'a conjecturé aussi? — Cela se peut, mais nous l'ignorons, et il est naturel que ces hypothèses se soient offertes à un penseur platonisant qui ne pouvait guère prendre la terre pour séjour des âmes purifiées. Mais l'objection la plus grave consiste en ce que ce sont les âmes séparées que vise Plutarque, en son récit, et non point une reprise des corps sur un nouveau théâtre d'existence, ainsi que les Gaulois certainement l'entendaient.

Nous ne savons rien d'une doctrine des récompenses et des peines qui aurait été liée par les druides à celle de l'immortalité de l'âme. Ce n'est pas assez, pour nous en faire admettre l'existence, d'alléguer avec l'auteur de l'*Ethnogénie gauloise*, — ne nous occupons pas de ceux qu'un patriotisme mal entendu guide dans ces questions, — la convenance des idées de revivance et de rémunération, alors qu'on est forcé d'accorder que tous les traits connus de la superstition des Gaulois sont étrangers et même contraires à l'opinion que les destinées des individus, après la mort, seraient incertaines et différentes les unes des autres, et dépendraient d'un jugement, au lieu d'être pour tous une continuation des conditions actuelles. C'est encore un faible argument que celui qu'on tire des préceptes de morale attribués aux druides dans les *Vies* de Diogène de Laërce. Les préceptes sont vagues et dénués de sanction. Ces prêtres ont, comme d'autres, exercé sur terre de prétendues vengeances divines, accompli des expiations; mais rien n'indique qu'ils en aient annoncé dont la place aurait été dans l'autre monde.

Les critiques ou historiens qui se croient mieux instruits des dogmes druidiques s'appuient sur certain *mystère des Bardes de Bretagne*. Mentionnons, de ce néodruidisme qu'on dit avoir été le produit d'un *réveil* breton et s'être prolongé à travers le moyen âge, une théorie seulement : celle qui divise l'existence en *trois cercles*. Le premier est le cercle du vide ou de l'infini, purement divin. Le second est le cercle des transmigrations : dans celui-ci, les êtres, partant de l'abîme où sont les germes de toute vie, montent ou descendent selon leurs mérites. Le troisième est le cercle du bonheur : les hommes vertueux y trouvent le repos, avec la mémoire de leur vie passée. Avant qu'on puisse proposer cette doctrine ou d'autres du même genre, sérieusement, comme druidiques, il faudra démontrer l'authenticité des vers attribués aux Bardes, en fixer la date et établir leur rapport à une réelle tradition des druides. Aucune de ces trois conditions n'a pu être remplie. La doctrine, en elle-même, est toute brahmanique à l'exception du dernier trait ; car les âmes méritantes, dans le brahmanisme du Védanta, s'évanouissent au sein de Brahma. Des idées à peu près semblables ne sont pas sans se retrouver dans des hérésies dont le christianisme a eu longtemps à se défendre, et c'est à cette source que les Bardes bretons l'ont puisée, car elle était à leur portée, si tant est qu'ils les aient réellement mises en vers (1).

Si les théories mystiques des druides sont improbables (au moins celles qu'on a cru pénétrer), leurs cruelles pratiques d'expiation terrestre pour apaiser les dieux ne sont, au contraire, que trop certaines, de même que les superstitions de la plus basse espèce, qu'ils autorisaient et dont ils consentaient à être les instruments : sorcellerie, médecine imaginaire, etc., etc. Prenons d'abord le chapitre des expiations. On a vu ce qu'en dit César. Écoutons Strabon qui le confirme et qui, en même temps, nous fait connaître une distributions des fonctions dans le corps sacerdotal et quelques autres traits d'importance de la religion druidique.

« Chez tous les peuples gaulois, sans exception, se retrouvent trois classes d'hommes qui sont l'objet d'honneurs extraordinaires : les Bardes, c'est-à-dire les chantres sacrés ; les Vatès, ou devins, qui président aux sacrifices, et les Druides qui, indépendamment de la physiologie, ou philosophie naturelle, professent l'éthique, la philosophie morale. Ces derniers sont réputés les plus justes des hommes et, à ce titre, c'est à eux que l'on confie l'arbitrage des contestations, soit privées, soit publiques. Anciennement, les causes des guerres elles-mêmes étaient soumises à leur examen, et on les a vus quelquefois arrêter les parties belligérantes comme elles étaient sur le point d'en venir aux mains. Mais ce qui leur appartient spécialement, c'est le jugement des crimes de meurtre, et il est à noter que, quand se multiplient les condamnations pour ce genre de crimes, ils y voient un signe d'abondance et de fertilité pour le pays » ; — sans doute par cette raison qu'alors un

(1) Voyez Roget de Belloguet, *Ethnogénie gauloise*, 3ᵉ partie, p 160 et suivantes et 188-189.

plus grand nombre de victimes ont été offertes aux dieux pour la garantie de la vie du reste de la nation. L'idée de ces substitutions, comme s'il fallait aux dieux un nombre de vies arrêté d'avance, se témoigne, par exemple, dans l'usage où l'on était, en cas de maladie, d'acheter la vie d'un homme de bonne volonté, qui consentait à mourir pour obtenir le rétablissement de celui qui avait des raisons pour ajourner son départ (1).

« Les druides, qui ne sont pas les seuls, du reste, parmi les Barbares, proclament l'immortalité des âmes et celle du monde, ce qui n'empêche pas qu'ils croient aussi que le feu et l'eau prévaudront un jour sur tout le reste.

« A leur franchise, à leur fougue naturelle, les Gaulois joignent une grande légèreté et beaucoup de fanfaronnade, ainsi que la passion de la parure; car ils se couvrent de bijoux d'or, portent des colliers d'or autour du cou, des anneaux d'or autour des bras et des poignets, et leurs chefs s'habillent d'étoffes teintes de couleurs éclatantes et brochées d'or. Cette frivolité de caractère fait que la victoire rend les Gaulois insupportables d'orgueil, tandis que la défaite les consterne. Avec leurs habitudes de légèreté, ils ont cependant certaines coutumes qui dénotent quelque chose de féroce et de sauvage dans leur caractère, mais qui se retrouvent, il faut le dire, chez la plupart des nations du Nord. Celle-ci est du nombre : au sortir du combat, ils suspendent au cou de leurs chevaux les têtes des ennemis qu'ils ont tués, et les rapportent avec eux pour les clouer comme autant de trophées aux portes de leurs maisons (2). Posidonius dit avoir été souvent témoin de ce spectacle; il avait été long à s'y faire, toutefois l'habitude avait fini par l'y rendre insensible. Les tête des chefs ou personnages illustres étaient conservées dans de l'huile de cèdre, et ils les montraient avec orgueil aux étrangers, refusant de les vendre, même quand on voulait les leur racheter au poids de l'or. Les Romains réussirent pourtant à les faire renoncer à cette coutume barbare, ainsi qu'à maintes pratiques de leurs sacrificateurs et de leurs devins, qui répugnaient trop à nos mœurs. Il était d'usage,

---

(1) Ce trait est rapporté par Jean Reynaud (*Encyclopédie nouvelle*, article *Druidisme*) comme l'un de ceux dont on doit la connaissance au philosophe Posidonius, qui avait visité la Gaule antérieurement à la conquête romaine. Je n'en retrouve pas autrement la source.

(2) On peut voir encore sur l'arc de triomphe d'Orange des bas-reliefs où figurent des têtes coupées et des trophées de chevelures.

par exemple, que le malheureux désigné comme victime reçût un coup de sabre à l'endroit des fausses côtes, puis l'on prédisait l'avenir d'après la nature des convulsions, et cela en présence des druides, vu que jamais ils n'offraient des sacrifices sans que les druides y assistassent. On cite encore d'eux des formes de sacrifices humains : tantôt, par exemple, la victime était tuée à coups de flèches, tantôt ils la crucifiaient dans leurs temples, ou bien ils contruisaient un mannequin colossal avec du bois et du foin, y faisaient entrer des bestiaux et des animaux de toutes sortes avec des hommes, puis, y mettant le feu, consommaient l'holocauste (1). »

Nous donnons contre notre ordinaire une certaine étendue à nos citations. On trouvera sans doute qu'elles suffisent pour réfuter ceux des auteurs de notre temps qui ont cherché à atténuer la vérité sur les mœurs des Gaulois et leurs sacrifices. Nous n'admettons ni que l'assertion de César : *etiam ad innocentium supplicia descendunt*, puisse être combattue par des raisons vagues, ni que le sacrifice des criminels aux dieux, pour détourner les maux que ceux-ci pourraient verser sur des innocents, soit compatible avec le sentiment de la justice, ni enfin que le mépris de la vie et le jeu de donner ou de recevoir la mort soient excusés par une forte croyance à la survie des âmes, et dénote autre chose qu'une extrême barbarie. Que peut-on imaginer de plus barbare que ces banquets, décrits par Posidonius, dans lesquels il était admis qu'on se disputât le meilleur morceau l'épée à la main, et qui finissaient, dans l'ivrognerie, par des scènes de meurtre et de suicide : « Quelquefois les Celtes s'amusent de monomachies à leurs soupers. Ils se lèvent de table avec leurs armes, et s'escriment, en tâchant de se toucher seulement de l'extrémité de la main. Quelquefois ils en viennent jusqu'à se blesser : alors ils s'irritent; et si ceux qui s'y trouvent ne les arrêtaient, ils iraient jusqu'à se tuer. Anciennement, lorsqu'on servait des jambons, le plus fort de ces gens saisissait la cuisse, et, si quelqu'un la lui disputait, ils se levaient ensemble pour se battre à mort. D'autres allaient aussi se battre ainsi sur un théâtre pour de l'or ou de l'argent;

---

(1) *Géographie de Strabon*, traduction d'Amédée Tardieu, t. I, p. 326. Conf. Diodore, *Biblioth. hist.*, livre V. — Les malfaiteurs étaient gardés longtemps en prison. Il semblerait que les druides en trafiquaient. Les riches pouvaient leur acheter des victimes pour des sacrifices à offrir à leur *intention* particulière.

d'autres, pour certain nombre de barils de terre pleins de vin, se couchent sur leurs boucliers, après avoir pris les sûretés convenables pour que ce vin soit délivré à leurs parents, à qui ils en font présent après leur mort. Celui qui s'engage à 'payer ces barils se tient tout près, et de son épée il coupe la gorge à celui qui fait le transport (1). »

Les pratiques divinatoires des druides se liaient, on vient de le voir, aux sacrifices humains. C'est une différence, en faveur des usages romains, plus importante que toutes celles que Cicéron s'est amusé à relever entre le système augural de sa nation et celui que suivait Dejotarus, roi des Gaulois de l'Asie Mineure (2). Au reste, rien des procédés communs à tant de peuples : vol des oiseaux, projection de jetons ou de baguettes, excitation des sens pour acquérir l'esprit prophétique, n'était inconnu dans les Gaules. Des collèges de vierges bretonnes avaient acquis une grande célébrité chez les anciens pour ce dernier exercice qu'elles poussaient jusqu'à la folie meurtrière. Elles avaient, disait-on, le pouvoir de soulever les vents et les flots, guérissaient les maux incurables, etc.

Les druides, dans l'ordre commun, se réservaient les dons auguraux. Certaines plantes (*verbena supina, verbena officinalis*) aux branches nombreuses menues et anguleuses leur servaient à tirer les sorts (*utraque sortiuntur Galli et præcinunt responsa*) (3). L'emploi en était apparemment le même que celui des baguettes des mages, ou des branchilles des Germains, dont Tacite a fait mention. Il ne s'agit jamais que d'établir des rapports imaginaires, moyennant des règles d'interprétation convenues, mais suffisamment flexibles, entre les figures et dispositions que donne le hasard et les rencontre possibles d'événements futurs dont on est préoccupé. Ces différentes variétés de superstitions rentrent dans

---

(1) Athénée d'après Posidonius, dans le *Banquet des savants*, traduction de Lefebvre de Villebrune, t. II, p. 90. — Les combats de gladiateurs existaient, on le voit, dans la Gaule, avant les Romains, ainsi qu'en Étrurie. C'est de l'Étrurie que les Romains en prirent l'usage (V. Nicolas de Damas dans Athénée, *loc. cit.*, p. 89).

(2) Cicéron, *De divinatione*, II, 36.

(3) Pline, *Hist. nat.*, t. II. p. 183, édit. Littré. — Sur les prétentions prophétiques des druides et sur le fanatisme des femmes bretonnes, voyez Strabon, *Géogr.*, IV, 6 ; Cicéron, *De divin.*, I, 41 ; Tacite, *Hist.*, IV, 54, et *Annal.*, XIV, 30-32. — On apprend de ce dernier passage que la coutume : *hominum fibris consulere deos*, existait encore dans la Bretagne au temps des Césars.

une même espèce bien connue. La consutation des entrailles des victimes, la signification donnée à leurs mouvements, au moment du sacrifice, à leurs convulsions quand elles tombent, à l'état sain ou anormal des viscères, sont des traits ordinaires partout; mais que la victime vouée à ce genre d'observations soit un homme, c'est ce qui caractérise, semble-t-il, la divination druidique par le sacrifice. Aucun doute n'est possible. Nous citerons encore un auteur dont l'époque où il vécut rend également le témoignage considérable :

« Les Gaulois ont des devins qui sont en grande vénération. Ces devins prédisent l'avenir par le vol des oiseaux et par l'inspection des entrailles des victimes. Tout le peuple leur obéit. Lorsqu'ils consultent les sacrifices sur quelques grands événements, ils ont une coutume étrange et incroyable : ils immolent un homme en le frappant avec un couteau dans la région au-dessus du diaphragme; ils prédisent ensuite l'avenir d'après la chute de la victime, d'après les convulsions des membres et l'écoulement du sang; et, fidèles aux traditions antiques, ils ont foi dans ces sacrifices. C'est une coutume établie parmi eux que personne ne sacrifie sans l'assistance d'un philosophe (d'un théologien ou druide); car ils prétendent qu'on ne peut offrir des sacrifices agréables aux dieux que par l'intermédiaire de ces hommes qui connnaissent la nature divine et sont en quelque sorte en communication avec elle, et que c'est par ceux-là qu'il faut demander aux dieux les biens qu'on désire (1). » Ce passage a le mérite d'appuyer sur la prétention sacerdotale des druides comme ministres indispensables de tout rapport des hommes avec la divinité.

La médecine magique et les incantations sont un accompagnement naturel des procédés divinatoires. Cette remarque appelle notre attention sur les emplois qu'on rapporte et la signification la plus constante d'une plante célèbre dont le nom se lie au culte druidique. C'est de Pline, le naturaliste, que nous tenons tout ce qu'on sait du gui de chêne, dans ce culte; car il ne serait pas juste de dire que nous savons, comme venant des druides, les symboles qui se sont offerts à l'imagination des amis des antiquités gauloises. « Aux yeux des druides, — c'est ainsi que les Gaulois appellent leurs mages, — dit Pline, rien n'est plus sacré

---

(1) Diodore, *Bibliot. hist.*, traduction de F. Hœfer, t. I, p. 31.

que le gui et l'arbre qui le porte, si toutefois c'est un rouvre. Le rouvre est déjà par lui-même l'arbre dont ils font les bois sacrés; ils n'accomplissent aucune cérémonie religieuse sans le feuillage de cet arbre, à tel point qu'on peut supposer au nom de *druide* une étymologie grecque (δρῦς, chêne). Tout gui venant sur le rouvre est regardé comme envoyé du ciel. Ils pensent que c'est un signe de l'élection que le dieu même a faite de l'arbre. Le gui sur le rouvre est extrêmement rare et, quand on en trouve, on le cueille avec un très grand appareil religieux. Avant tout, il faut que ce soit le sixième jour de la lune, jour qui est le commencement de leur mois, de leurs années et de leurs siècles, qui durent trente ans; jour auquel l'astre, sans être au milieu de son cours est déjà dans toute sa force. Ils l'appellent d'un nom qui signifie *remède universel* (*omnia sanantem appellantes suo vocabulo*). Ayant préparé selon les rites, sous l'arbre, des sacrifices et un repas, ils font approcher deux taureaux de couleur blanche dont les cornes sont attachées alors pour la première fois. Un prêtre vêtu de blanc monte sur l'arbre et coupe le gui avec une serpe d'or; on le reçoit sur une soie blanche; puis on immole les victimes en priant que le dieu rende le don qu'il a fait propice à ceux auxquels il l'accorde. On croit que le gui pris en boisson donne la fécondité à tout animal stérile, et qu'il est un remède contre tous les poisons, tant d'ordinaire les peuples révèrent religieusement des objets frivoles (*in rebus frivolis plerumque religio est*) (1). »

Ainsi le gui, don divin en tant que parasite, par cas extraordinaire, de l'arbre révéré, passait pour être ce que les alchimistes ont demandé à leur art de leur découvrir comme « spécifique universel » contre les maux; et ce n'est peut-être pas calomnier les druides que de penser qu'ils trafiquaient des infusions de ce végétal, comme le font aujourd'hui d'autres prêtres des eaux de certaine source; mais rien n'autorise à penser qu'ils lui attribuaient une vertu eucharistique ou divinisante, à laquelle nul auteur ancien n'a fait allusion. Ceux des modernes qui leur ont prêté de hautes spéculations symboliques ont supposé qu'ils voyaient dans cette plante *à feuillage persistant*, parasite, *sans semence apparente*, d'un arbre, symbole lui-même de force et de pérennité, une image de la participation à la vie divine, une représentation du grand mystère de *l'individualité entée sur l'être*

---

(1) Pline, *Hist. nat.*, traduction de Littré, XVI, 95.

universel. Dans un pareil ordre d'idées, le remède universel pouvait prendre la forme d'un aliment d'immortalité, guérissant, par dessus tous les maux, du *mal de la mort*, quoique l'opinion des Gaulois sur la vie future leur rendît, semble-t-il, ce remède inutile. On n'a pas besoin de ces hypothèses gratuites pour s'expliquer le culte du chêne chez un peuple qui n'a eu de temples ni de simulacres des dieux que très tard, dont les sanctuaires étaient des clairières dans les forêts, et qui, dans ses longues migrations, jusqu'en Occident, a eu presque toujours des bois pour demeures. Ce culte a appartenu à bien d'autres nations, et se prête à des symboles plus simples et plus naturels que celui qu'on prétend tirer du chêne comme support d'un végétal implanté sur ses branches. Ce que ce végétal avait de particulier, Pline nous le dit : le dieu à qui l'arbre était consacré l'offrait comme un *don rare et précieux* à ses adorateurs.

Il est vrai que le gui de chêne, plante sacrée, fait penser légitimement au dieu *Soma* des anciens Aryens et à son succédané, le *Hom*, que lui substituèrent les prêtres mazdéens. L'origine aryenne des Celtes s'oppose à ce que nous tenions pour impossible qu'un culte de cette nature se soit transporté avec eux de leur antique demeure jusqu'au fond des Gaules ; mais ce fut alors en changeant d'objet et variant dans son esprit. De même que le mazdéisme modifia la signification religieuse de l'adoration du Soma en l'idéalisant, tandis que, de leur côté, les tribus germaniques en laissaient perdre entièrement la tradition, les Gaulois peuvent l'avoir gardée en ne retenant que les idées de provenance divine et de vertus bienfaisantes, qu'ils appliquèrent à un phénomène végétal curieux de leurs séjours européens. C'est à peine ce que la critique a le droit de conclure en l'absence de renseignements positifs.

Le rapport établi entre la cueillette du gui et le croissant de la lune est confirmé par les monuments ; mais il s'explique assez par le choix du jour, ce dernier étant déjà consacré pour les commencements de périodes, et tirant de là un caractère de solennité. L'état du croissant lunaire, qui en était le signe sensible, devenait celui de toute cérémonie placée au même jour. Que les druides au surplus eussent imaginé nous ne savons quelles autres relations entre des influences prêtées à la lune et les vertus supposées du gui, c'est bien probable, vu le nombre de superstitions qui se sont attachées de tout temps aux phases du satellite de la Terre. Celles de ces prêtres pouvaient se donner pour objet les actions mystérieuses exercées par la lune sur ce végétal en particulier, de même que celles de nos jardiniers, de nos marins et de certains de nos auteurs d'almanachs s'appliquent aux changements de temps, à la germination favorable ou défavorable des semences et à différents autres sujets. Ils y mêlaient seulement des idées de divinité et d'adoration que nous en avons exclues. Les propriétés médicinales du gui, même son emploi comme talisman ou amulette, se retrouvent encore, dit-on, dans quelques provinces de France, d'Angleterre et d'ailleurs.

Si les druides avaient possédé les grandes connaissances astronomiques et cosmographiques dont ils se vantaient sans doute et qu'on leur a libéralement accordées, les Romains n'auraient pas manqué de recueillir chez eux des notions utiles pour la réforme du calendrier; mais les brefs passages de César et de Pomponius Méla sur la science druidique n'établissent rien de positif et s'expliquent par le préjugé alors général de la supériorité de lumières des sacerdoces illustres : mages, brahmanes et druides sur de simples particuliers. Le texte de Pline concernant la cueillette du gui renferme à peu près tout ce qu'on sait de la mesure du temps usitée dans les Gaules. Nous ne connaissons ni les noms des mois celtiques, ni la manière dont se divisaient le jour et le mois, ni le mode d'intercalation adopté pour accorder l'intervalle d'une révolution solaire avec celui de douze mois lunaires. Si les druides n'ont pas ignoré certains cycles d'années pour le retour de quelques astres aux mêmes positions, c'est une science qu'ils pouvaient tenir de Marseille et des Grecs, et encore n'est-ce que par induction qu'on la leur attribue. Nous n'avons ni preuve ni indice qu'ils eussent découvert par eux-mêmes quelque chose, ou que leur enseignement eût un caractère scientifique. Entre tant de défauts et de vices que l'antiquité a reprochés aux Gaulois et dont plusieurs ont passé à l'état de chose jugée, il y a une qualité qu'on leur a unanimement reconnue : c'est, à côté de la férocité, de la légèreté et de l'orgueil, l'intelligence, le goût et la capacité de s'instruire; mais intelligence n'est pas science, n'est pas raison et méthode. L'esprit des sciences rationnelles est entré dans le monde par les Grecs, et sans les Grecs nous ne le posséderions probablement pas, tandis que nous aurions toujours des druides et des superstitions druidiques. Les Germains aussi étaient intelligents; ils n'en sont pas moins demeurés des Barbares jusqu'à ces moments tardifs où, les uns, de leur plein gré, par imitation, dans l'empire romain qu'ils envahirent, les autres chez eux et de vive force, ils reçurent communication de la culture romaine, issue de la grecque. Les druides ont dû sans doute favoriser le passage des tribus celtiques de l'état incohérent et presque sauvage à la vie civile, et du régime de la pure coutume à celui des institutions légales. Dans ce cas, le service est assez grand, il faut le reconnaître, tout en remarquant qu'une telle évolution ne pouvait s'accomplir qu'avec l'affaiblissement de la théocratie elle-même et l'émancipation politique des chevaliers, sinon de la plèbe. Ce point une fois accordé, nous demeurons sans aucune preuve que les Gaulois aient jamais tiré de leurs prêtres une supériorité en connaissances positives, non plus que spéculatives, sur les autres Barbares. Nous en avons de certaines, au contraire, pour nous convaincre de l'existence d'une culture scientifique, — en sciences d'observation, bien entendu, — chez les sacerdoces de l'Égypte et de l'Assyrie, c'est-à-dire en des lieux plus reculés et à des époques bien plus anciennes. Les Gaulois ont-ils dû à leurs prêtres au moins une supériorité morale? Il y aurait, à ce compte, plus que compensation à ce qu'ils n'ont pas appris d'eux dans l'ordre positif. Ce que nous avons rapporté de leurs sacrifices et ce qui nous reste à dire de leur théologie démontrent qu'il n'en est rien.

Le plus important des textes anciens sur les dieux de la Gaule, celui où les principaux d'entre eux sont nommés, de leurs noms gaulois (quoique sous une forme latinisée), et non point assimilés à des divinités plus ou moins analogues du panthéon romain, ce texte les caractérise par les cultes inhumains dont ils étaient l'objet. Lucain s'exprime ainsi, au commencement de son poème, dans une apostrophe aux peuples des Gaules : « Vous êtes heureux de voir la guerre s'éloigner... vous qui, par l'offrande d'un sang affreux, apaisez le cruel *Teutatès*, *Esus* terrible, aux féroces autels, et *Taranis*, aussi dur que la Diane scythique. Vous aussi, *Vatès*, qui célébrez pour la longue suite des âges les louanges des hommes forts, tombés dans les combats, vous reprenez vos chants. Et vous, druides, la paix vous rend à vos rites barbares, à la sinistre coutume de vos sacrifices. A vous seuls il fut donné de connaître les dieux et les puissances célestes, ou à vous seuls de les ignorer. Vous habitez les bois sacrés, dans les hautes forêts. Vous enseignez que les ombres ne descendent pas dans les demeures silencieuses de l'Érèbe... » La suite est le passage cité et discuté plus haut touchant la doctrine de l'immortalité. Ici, il s'agit des trois dieux sanguinaires dont le culte inspire au poète, à une époque où les sacrifices humains étaient abolis dans le monde romain, cette pensée un peu contournée dans la forme, mais bien intelligible : que, si les vrais dieux sont ceux dont on arrose de sang humain les autels, les druides sont seuls à les connaître ; que si, au contraire, une juste idée de la divinité condamne cette abomination, alors les druides seuls y demeurent étrangers : *Solis nosse deos et cœli numina vobis, aut solis nescire datum.* Des interprétations différentes de la nôtre ont été proposées de ce texte ; mais c'en est une absolument inadmissible, que celle qui suppose une allusion faite par Lucain au dogme de « l'unité de Dieu, opposée aux croyances mythologiques du vulgaire ». Ce poète aurait donc connu certain enseignement ésotérique des druides, et composé sur ce thème de leur monothéisme, ignoré des Gaulois eux-mêmes autant que des Romains, une espèce de *concetto*, énigme impénétrable pour le lecteur, et cela précisément à l'endroit où il désigne par leurs noms les trois horribles dieux du prétendu monothéisme (1) !

On n'a aucun bon texte à citer qui soit propre à éclaircir la nature de la doctrine secrète des druides. Si cette doctrine se rapportait à une *certaine unité* de Dieu, ce qui est possible, quoiqu'on n'en sache rien, toutes les analogies nous portent à croire qu'il s'agissait d'un *certain monothéisme* qui n'exclut pas le polythéisme, et qui n'est autre chose que le panthéisme descendu d'une commune source d'idées naturalistes, dans l'Inde et dans la Grèce, et partout où la réflexion s'est appliquée à ramener à l'unité les concepts de divinité produits de la méthode mythologique de l'esprit. Ce panthéisme, vu de loin et dans son opposition avec la multiplicité des cultes populaires, peut se confondre avec le monothéisme, mais il diffère toujours radicalement de la croyance à la personne morale d'un créateur du monde. Il a pu arriver à des auteurs de l'antiquité chrétienne d'admettre un rapprochement entre la religion des druides et celle des Juifs, d'autant plus qu'il existait de leurs temps une tendance générale à combattre l'ido-

---

(1) Cette interprétation a été adoptée par l'auteur de l'*Ethnogénie gauloise* (*Preuves intellectuelles*, p. 131) qui ne s'est pas toujours assez bien défendu des illusions de nos modernes amis des druides.

lâtrie des païens, au nom des anciens sages et prêtres de leurs propres traditions; mais c'était de la part de ces auteurs chrétiens une erreur capitale. L'unité d'un principe d'émanation du monde n'exclut point l'*idolâtrie*; cela se voit assez dans toutes les sectes brahmaniques, et ce panthéisme qui n'exclut point l'idolâtrie n'est rien de moralement supérieur à l'idolâtrie toute simple. Lorsque l'idée morale, en religion, a pris le dessus sur les idées physiques et sur les idées métaphysiques, elle a conduit au monothéisme hébreu, chez les Sémites, au dualisme de la création, chez les Iraniens. Dans les autres cas, c'est au panthéisme que l'esprit a été conduit par la réflexion. Or, que la morale n'ait point été le principe directeur de la spéculation druidique, quelle qu'elle ait pu être d'ailleurs, c'est ce qui résulte pour nous du fait que rien n'en a survécu sensiblement. Ni les fils de Rome, après la conquête des Gaules, ni les fils des Gaulois n'en ont connu les effets et montré les marques.

On fait valoir en faveur du monothéisme druidique l'hypothèse du « monothéisme primitif » des peuples, une étymologie du nom d'Esus qui semble se rapporter à l'idée générique de divinité (Asu Æsar, Esus), et le fait qu'une certaine tribu gauloise aurait adoré un dieu *sans nom*. Ce dieu inconnu, — on ne sait même s'il est spécialement druidique, — ne désigne pas de cela seul le dieu unique. L'apostrophe célèbre de saint Paul aux Athéniens, au sujet de leur dieu *agnoste* (*Act. apost.*, XVII, 22) n'a pu se prêter qu'à un effet oratoire et de surprise; ce n'est pas un argument. L'inconnu du nom ne signifie pas quelque chose de plus que l'inconnu tout court. Quant au nom d'Esus, en admettant son étymologie, on ne voit pas en quoi il prouverait le monothéisme antique des Gaulois, à meilleur titre que l'existence de ces noms communs : *deus* ou *numen*, ne démontre que les ancêtres des Romains n'étaient pas polythéistes. Enfin l'hypothèse du monothéisme primitif, dans la sphère de l'histoire et en ce qui concerne les origines aryennes, ne peut résister un seul instant à la lecture des hymnes védiques.

Au défaut de l'unité, la triade se présente. Les trois dieux que nomme Lucain en formaient-ils une? La tendance de beaucoup de critiques à hiérarchiser le personnel théologique des religions de l'antiquité et à le soumettre à des nombres consacrés, tels que *trois* et *douze*, n'est pas de leur invention; les anciens en cela les ont précédés, mais ce n'est pas une raison pour imaginer une *triade* systématique, quand on n'est informé d'aucun système d'attributs divins coordonnés entre eux pour la composer. Lucain nomme trois dieux, mais César en nomma cinq : un d'abord, dont il donne le culte comme le principal (*deum maxime Mercurium colunt*), puis quatre qu'il appelle également à la romaine, Apollon, Mars, Jupiter et Minerve. Ce Mercure, qu'il place en premier, n'est pas même l'Esus druidique auquel on prétend rattacher le monothéisme primitif. On ne peut l'assimiler qu'à Teutatès; car c'est bien Teutatès qui, comme le Mercure-Hermès de la mythologie latino-grecque, est la grande divinité des relations, l'intermédiaire universel, le dieu des chemins et des voyageurs, du commerce et des lettres, enfin le grand agent *psychopompe*, si du moins le druidisme a imaginé, lui aussi, cette fonction de conducteur des âmes d'un monde à l'autre. Esus a les attributs d'un dieu de la guerre, et c'est de là seulement qu'il tire son importance; il est donc le Mars de César. Taranis est son Jupiter, car c'est lui qui lance la foudre et règne sur l'atmosphère. Son nom ressemble fort à une onomatopée. Enfin l'Apollon et la Minerve de la liste de César répondent à deux autres dieux bien connus : Bélénus et Bélisama, des druides. Lucain n'avait pas à les nommer, parce qu'il ne voulait parler que de ceux des dieux des Gaulois auxquels on offrait des sacrifices humains, et qu'ils ne paraissent pas avoir été de ceux-là. Bélénus est un dieu solaire dont le nom a peut-être signifié *blond*, et Bélisama possédait sans doute des attributs multiples, pour la guerre et pour les arts, qui la rendaient propre aux mêmes fonctions que d'autres dieux, mais sous un aspect féminin, comme Pallas-Athéna. Nous ne possédons aucune donnée sur des rapports entre ces dieux qui nous mette sur la voie d'un système théologique que les druides auraient conçu. La lacune peut sembler étrange, alors que des renseignements nous ont été fournis par les anciens sur des doctrines orientales dont la connaissance leur était certainement moins accessible.

Oserons-nous conclure que non seulement la science vantée des druides, mais leur théologie spéculative, et même leurs vues panthéistiques que tout à l'heure l'induction nous offrait comme probables, sont des chimères, et qu'en réalité le sujet de leur enseignement s'est borné à cette eschatologie, d'un genre assez primitif, que nous avons discutée, aux rites des sacrifices, aux pratiques de divination et de médecine magique, à l'observation très élémentaire des astres et des temps, et à l'art de gouverner les hommes par leurs croyances?

Peut-être ce que nous apprend César, un peu après son énumération des dieux druidiques : que les Gaulois se prétendaient issus de Dispater (*ab dite patre prognatos*) est il ce que nous pouvons conjecturer chez eux de plus approfondi, parce qu'il en ressort une théorie de l'origine, pour pendant à l'eschatologie. Cette tradition druidique (*idque ab druidibus proditum dicunt*) st en effet susceptible d'un sens naturel et fournit une idée non pas théogonique, — ceci manquerait toujours, — mais anthropogonique, encore bien que bornée peut-être aux seuls Gaulois. Il n'est pas douteux que le Dispater de César (Hadès, Pluton) ne réponde aux Teutatès gaulois par certains attributs. On peut supposer que ce dieu, maître des vivants et des morts par l'ensemble de ces attributs, aurait, selon les druides, engendré ses enfants pour être, en premier lieu, les maîtres de cette région, où leur race avait formé son établissement, et habitants fortunés, après leur mort, d'une autre région (*orbe alio*) où il conduirait leurs âmes à l'issue de cette première vie, et leur rendrait des corps. La destinée humaine aurait été ainsi rapportée à deux séjours. Mais nous ne savons plus comment, dans cette vue, les druides ont pu rendre raison de la double demeure et de la nécessité de la naissance et de la mort, surtout alors que les idées du péché et des sanctions d'outre-tombe semblent leur être restées étrangères. Quoi qu'il en soit, et si la conjecture est fondée, il faut plus que jamais convenir que la religion des Gaulois s'est distinguée de toutes les autres, dans l'antiquité, par le caractère de détermination précise et de puissant réalisme qu'ils ont donné à leur croyance en la vie future. C'est évidemment une foi comparable à celle que les Indiens ont tous et sans hésitation ni opposition parmi eux, dans toutes les sectes, accordée à la survivance de l'âme, sous la forme des métensomatoses, et qui est également si caractéristique. La vaste imagination et la puissance généralisatrice du peuple indien a multiplié les lieux de séjour de l'âme et les mondes, de même que les formes possibles d'habitacles des âmes, et de même encore que les émanations et les résorptions d'où naissent et par où s'évanouissent les âmes et les mondes. Les Gaulois ont été singulièrement plus sobres, mais non pas moins absolus, sur l'unique point de l'immortalité naturelle *de l'âme,* ou pour mieux dire, *de l'homme,* quand c'est d'eux qu'il s'agit. Les Grecs et les Romains, avec leurs traditions religieuses plus mal établies sur le sort des âmes, furent très frappés de cette originalité gauloise. Il est manifeste qu'ils ne trouvèrent aucun sujet d'étonnement dans les concepts théologiques. Ils n'auraient pas pu davantage leur demeurer cachés s'ils avaient différé profondément des leurs.

C'est une question d'une obscurité irrémédiable que celle d'une antique importation de cultes sémitiques sur les côtes océaniques de la Gaule ou dans l'Irlande. Il est possible, et l'on trouve une autorité considérable, celle de Varron, à l'appui de cette opinion, que le culte sanglant du Saturne phénicien (Moloch ou Baal assimilé au Kronos grec) ait été introduit chez les populations du nord-ouest avec lesquelles trafiquaient les Phéniciens et les Carthaginois, et que les sacrifices humains s'en soient suivis, encore bien qu'on n'y ait pas vu paraître les sacrifices d'enfants, qui étaient caractéristiques de ce culte. Il est possible aussi que Teutatès ait été confondu avec Baal par des observateurs grossiers qui déjà confondaient Kronos avec le Saturne tellurique des Latins. L'identification est moins forcée. D'autres divinités, une sorte de Bacchus du type oriental, par exemple, ont pu être d'origine étrangère sans que l'ensemble de la religion des Gaulois en ait reçu un changement notable. On peut citer, sans parler encore du panthéon romain qu'ils acceptèrent d'emblée après la conquête, un Hercule, dit Ogmios, dont les attributs sont curieux. N'est-ce qu'une forme de Teutatès, ou bien est-ce une sorte d'adaptation druidique du Melcarth de Phénicie, dieu de la civilisation et des arts ? Ce dieu emblématique est en tout cas une personnification de la puissance sacerdotale. Si ce n'était que le personnage a été retrouvé sur des médailles, on croirait à une pure plaisanterie de l'auteur satirique qui nous le fait connaître : « Hercule, dit Lucien, se nomme Ogmios chez les Gaulois. C'est pour eux un vieillard qui n'a de cheveux qu'à la cime de la tête, et ils sont blancs. Sa peau est ridée et brûlée par le soleil, comme celle des vieux marins... Mais tel qu'il est, il a tous les attributs d'Hercule, la peau de lion, la massue dans la main droite, l'arc tendu dans la gauche, un carquois aux épaules... Cet Hercule vieillard attire à lui une multitude considérable qu'il tient par les oreilles. Les liens sont de petites chaînes d'or et d'ambre... Les captifs ne cherchent pas à fuir, quoiqu'ils le puissent aisément. Loin de résister, de raidir les pieds, de se rejeter en arrière, ils suivent avec joie celui qui les guide, et voudraient le devancer, mouvement qui leur fait relâcher la chaîne et donne à croire qu'ils seraient désolés d'en être détachés... L'artiste ne sachant où attacher le bout de la chaîne, vu que la main droite du héros tient une massue et la gauche un arc, a imaginé de lui percer la langue et de faire attirer par elle tous les hommes qui le suivent. Lui-même se retourne de leur côté avec un sourire (1). »

L'ingénieuse allégorie de l'Hercule prêtre n'était déjà plus une vérité pour la plus grande partie du monde celtique à l'époque où Lucien visita la Gaule (l'an 170 de notre ère). Les cultes sanglants étaient proscrits par édits des empereurs. Esus, Teutatès et Taranis étaient sans temples. Les plus fanatiques des druides et des druidesses cachaient leurs rites aux extrémités de l'Empire. Le panthéon gréco-romain était partout reçu avec facilité. Le culte des empereurs vivants et régnants prenait sans résistance. S'il était vrai que la doctrine théologique des druides eût différé profondément de la mythologie des autres peuples assimilés à la religion de Rome, et si ces prêtres en eussent communiqué la plus légère notion à leurs sujets spirituels, — ce qui paraît inévitable dans l'hypothèse, en admettant même un de ces enseignements « ésotériques » qui généralement ne cachent rien, — il serait incompréhensible et contraire à toute expérience de l'histoire que nulle opposition morale ne se fût déclarée entre les Gaulois et leurs vainqueurs, et que la fusion des dieux et des cultes eût été si aisée, avec l'interdiction des sacrifices humains pour toute réforme du culte gaulois. Il faut que ce qu'a dit César soit véritable : Les Gaulois se faisaient des dieux (Mercure, Mars, etc.) la même idée à peu près que les autres nations : *De his eamdem fere quam reliquæ gentes habent opinionem.* Nul concept proprement druidique du divin ne se trouva pour faire face aux importations ou aux altérations romaines. S'il en eût existé un, nous le saurions ; il est impossible qu'il ne nous en fût rien parvenu.

Il ne semble pas, sur ce que nous savons, que les druides eussent pensé à instituer des cérémonies ou sacrements populaires pour les naissances, les mariages et les funérailles, qui rendissent leur intervention indispensable, et auxquelles Rome eût eu à porter atteinte pour anéantir leur autorité. Le plus puissant des liens qui attachent un peuple à ses prêtres n'était donc point à

---

(1) Lucien, *Préface ou Hercule.*

briser. Les offrandes de victimes aux dieux, qui étaient la réelle caractéristique de leur ministère, tendaient à disparaître par le seul effet des communications avec un monde plus civilisé et pouvaient être interdits sans provoquer de révolte. Les temples et les statues des Romains faisaient honte aux sanctuaires ténébreux des bois et aux grossières images du culte des Gaules. La commune méthode mythologique et polythéiste favorisait la formation d'un syncrétisme gallo-romain, dernier complément de l'union où d'autres branches de religion aryenne, autrefois divergentes, étaient déjà parvenues « dans la paix romaine », grâce à l'affaiblissement des nationalités et à la communauté de vues des intelligences cultivées de toutes les nations.

Nous avons maintenant à reprendre de plus haut l'histoire de cette immense production mythologique dont la nature de notre sujet ne nous a pas permis de suivre une ligne de développement unique, et à l'envisager dans la principale des sources du polythéisme occidental jusqu'à sa rencontre avec le monothéisme des Hébreux.

CHAPITRE XVII

Polythéisme systématisé des Grecs.

Nous avons vu, dans une suite de chapitres, à quelle distance les races supérieures de l'Inde avaient été portées des sentiments naturels des antiques familles aryennes par l'effet de la spéculation des Brahmanes et des conditions morales et sociales dans lesquelles ces prêtres composèrent leurs théories de l'âme. Quelque admiration qu'on éprouve pour l'appareil des civilisations matérielles, pour les efforts moraux que coûte l'établissement d'une puissante discipline, et pour la capacité intellectuelle dont témoigne la construction de doctrines très générales et très absolues, on ne saurait contempler sans tristesse ces dogmes énervants, ces imaginations extravagantes, ces cultes délirants et forcenés, — il n'y a pas à craindre ici de forcer les épithètes, — dont l'étude a fait cependant de plus d'un orientaliste moderne, par je ne sais quel prestige du lointain, un ami des institutions théocratiques. Directement ou indirectement, c'est sous l'action de l'esprit brahmanique ou à son ombre qu'est née et qu'a grandi la folie de l'Inde.

Quoique nous n'ayons pas encore suivi les Grecs bien loin du berceau commun de la famille aryenne, nous avons pu reconnaître, à la direction propre de leurs anciennes fictions mythologiques, à la nature de leurs cultes, combien la liberté de l'esprit, la sérénité de l'imagination, le sentiment du beau, ces dons de la mesure et de l'équité de l'esprit qui rendent l'homme apte à la science et à l'art purs, avaient dû leur donner d'éloignement pour les religions exclusives, absorbantes, et pour les sacerdoces dominateurs. Une sorte d'anthropomorphisme toujours individualisé, qu'ils appliquaient aux phénomènes de la nature, de l'esprit et de la société, les préserva d'un autre anthropomorphisme, universel et centralisé en une substance unique, dont les Indiens ont tiré le panthéisme, l'émanation, la métaphysique de l'illusion et les croyances magiques.

Toutefois il est certain que l'hellénisme admit, auprès du courant normal de ses idées constitutives, un autre courant, assez semblable à celui qui entraîna tout dans l'Inde, parce que là il fut conduit par une caste sacerdotale et favorisé par la transformation des mœurs à la suite de la conquête du pays et de l'établissement des castes. Pendant que les aèdes chantaient dans les villes ioniennes les vers homériques, des aèdes aussi, on dirait déjà des écrivains, si l'écriture eût été dès lors en usage, composaient en Thessalie, en Béotie, des poèmes où régnait un esprit plutôt pessimiste, avec des vues pratiques et une tendance à dogmatiser pour réduire en système les traditions religieuses. Tel est du moins l'esprit d'Hésiode, dernier représentant, et le seul dont les vers nous soient parvenus, d'un cycle poétique qui aurait pu, en d'autres circonstances, aboutir à la formation d'un corps de *védas* grecs, conservé et progressivement accru par une caste de brahmanes hellènes. Mais ni les *Œuvres et les Jours*, composition d'un caractère personnel très sensible, et rapporté authentiquement à l'aède thébain, ni la *Théogonie*, ouvrage de la même époque si ce n'est du même auteur, ne nous rappellent en rien la métaphysique brahmanique. Les traits qui semblent s'éloigner le plus du genre de l'inspiration homérique ne laissent pas d'être bien empreints d'hellénisme. La sagesse à tournure individuelle, et volontiers sentencieuse ; la tendance à donner aux mythes un sens tout allégorique, à chercher le savoir pour la curiosité, sans souci de la construction d'un dogme, enfin quelque chose du physicien plutôt que du prêtre nous apprennent que nous avons marché vers l'Occident et que nous sommes déjà loin de l'Inde.

On a cru longtemps, et des amis d'une certaine histoire apriorique imaginent encore, dans la nuit du passé et le vide des documents, une Grèce dogmatique et théocratique dont la libre mythologie des Homère et des Hésiode n'aurait été qu'une forme émancipée et *critique*, c'est-à-dire, selon ces auteurs, négative. Il serait superflu aujourd'hui de réfuter cette opinion, mais la nature de l'erreur est à éclaircir. On a transporté dans la haute antiquité, le prenant en sens inverse de son développement réel, le phénomène historique de la Grèce orientalisante. Des écoles surtout philosophiques tentèrent, après Hésiode, de suppléer les dogmes qui manquaient à la tradition des Hellènes. Des prêtres participèrent à ce travail ou le mirent à profit. Le besoin de donner des ancêtres, un berceau sacré, à des croyances pour lesquelles une antique sanction semble toujours indispensable, fit reporter l'origine de doctrines nouvelles aux plus anciens aèdes dont on ne savait plus que les noms, et même à des personnages entièrement mythiques tels que cet Orpheus nommé pour la première fois dans les vers de Pindare. Cette prétention pouvait trouver une ombre de fondement dans le fait que la poésie des aèdes de l'Olympe et de l'Hélicon avait été plus théologique peut-être et moins libre que celle des chanteurs de l'Ionie; mais, si elle eût renfermé une doctrine cohérente et formulée, comme celle qu'on attribua plus tard à Orphée, la tradition positive et régulière s'en serait conservée, car une religion ne s'évanouit pas ainsi, et on n'aurait pas été obligé plus tard de la retrouver. Cette doctrine se réduit en somme à deux points : l'interprétation panthéistique des mythes, et, quant à théorie de l'âme, l'idée des transmigrations. Pour tous deux, l'origine *en Grèce* est facile à comprendre sans l'y supposer plus ancienne que l'époque où ils y apparurent, celle qui fait suite à l'expansion de la pensée philosophique au temps des Thalès et des Pythagore. On peut laisser dans son obscurité la question de savoir si ce dernier puisa son inspiration dans l'Égypte ou même dans l'Inde, en ce qui concerne la métempsychose. Il se forma une étroite alliance de l'orphisme supposé et du pythagorisme.

Chez Hésiode l'une des tendances est irrécusable, quoiqu'elle prenne une physionomie particulièrement hellénique et ne quitta point le domaine du mythe pour en dégager une interprétation rationnelle. L'autre est tout à fait absente. Hésiode pose comme premier principe d'existence *Chaos* (Χάος), — évitons les articles *le* ou *la* qui ont l'inconvénient de démarquer, pour ainsi dire, le personnalisme des noms grecs, — et ensuite (ἔπειτα), sans cause génératrice qu'il leur assigne : *Gaïa* (Terre), *Tartara*, dans les profondeurs de la terre, et *Éros*, le plus beau d'entre les immortels. De *Chaos* procèdent spontanément (ἐγένοντο) *Erebos* et *Nyx* la noire, qui forment le premier couple. Mais négligeons pour un moment l'union de ces deux principes; le texte nous donne encore deux ordres de productions spontanées : l'un qui procède de *Gaïa*, l'autre de *Nyx*. *Gaïa* engendre *Ouranos* (Ciel étoilé), qui est égal à elle et la couvre tout entière pour être une sûre demeure aux dieux bienheureux, puis les *Monts* élevés, séjours des Nymphes, et *Pontos*, la Mer infertile et furieuse. *Nyx* engendre de même, sans aucun accouplement, *Moros* et la noire *Ker*, personnifications du destin, et *Thanatos* (Mort), et *Hypnos* (Sommeil), et la troupe des *Songes*; enfin, *Honte*, *Douleur*, les *Parques*, *Némésis*, etc., toute une suite de maux physiques et moraux personnifiés.

Les caractères généraux de la théogonie ressortent pleinement de ce début. C'est d'abord l'effacement de la notion de causalité proprement nommée (c'est-à-dire exprimant une volonté), et toutefois une vague idée d'origine et de commencement, plutôt que d'éternelle préexistence; ensuite, quelque chose de cette idée réaliste de substance qui devait peser d'un grand poids sur toute philosophie et toute théologie. Car le Chaos, en dépit du sens premier et étymologique de *vide*, qu'on lui donne, et de son caractère de personne indéterminée, chez le poète, ne peut pas pour l'imagination ne pas tenir de *la Substance*, et ne pas suggérer l'idée de matière inqualifiée, en désordre, qui fut une commune interprétation de temps postérieurs. Remarquons après cela le dégagement des grands éléments et des formes physiques du monde : une terre, son dessous, un ciel qui s'en élève et la couvre, les monts, la mer ; d'une autre part les ténèbres et, pour s'y rattacher, une suite de personnifications mêlées, toutes de mauvais caractère, qui ne procèdent pas davantage de génération physiologique. Un principe différent de la terre et du ciel doit intervenir. C'est l'Amour, dont le poète a besoin pour l'explication mythologique des unions, d'où le monde ordonné va sortir. Nous croirions difficilement que ce principe a été interpolé par des mythographes de l'âge suivant, comme le pensent quelques critiques.

En général, l'explication philosophique de la théogonie, sans omettre aucun des éléments importants que mettent à notre disposition les textes reçus, nous offre trop de difficultés pour que nous croyions permis d'y supposer des interpolations ou des altérations graves. Quelques changements d'ordre des parties faciliteraient seulement l'intelligence de la suite des idées.

La notion de cause ne vient formellement qu'avec l'idée de génération sexuelle. L'Érèbe et la Nuit, formes mâle et femelle du même principe de ténèbres (divisées peut-être en infernales et supérieures), s'unissent d'amour et engendrent l'Éther (lumière céleste) et Hèméra (la lumière atmosphérique ou terrestre du jour). Ainsi, par l'Amour, la lumière sort des ténèbres, le jour de la nuit. Le supérieur naît de l'inférieur et le monde est une évolution progressive. Cette doctrine adoptée par toute l'école ancienne de l'exégèse grecque, met en opposition décidée et profonde la spéculation hellénique et celle des Orientaux. Elle suffit pour mettre un insurmontable obstacle à une doctrine de substance universelle à la fois personnelle et émanante, source et fin de toutes les âmes. Ce fait est du plus haut intérêt. Certes, les Grecs ont poussé l'anthropomorphisme à l'extrême limite ; mais, précisément, mettant l'homme partout, l'homme *réel* qui est l'homme *individuel*, il leur a répugné de le placer à l'origine première, dans une substance qui serait *tous les hommes*, toutes les âmes. Loin de là, sitôt qu'ils ont porté la réflexion dans les mythes, l'union sexuelle leur a paru le seul symbole capable de représenter la génération des choses. La substance matérielle, avec ses transformations enveloppées dans ce symbole diversement appliqué, a tenu dans leur esprit la place occupée ailleurs par la personnalité absolue des personnalités. Ne comparons pas sous d'autres rapports l'idée matérialiste, qui a ses absurdités, avec l'idée de l'émanation des âmes, d'une âme unique, qui a les siennes ; mais constatons que les Grecs ont ainsi évité l'écueil du panthéisme indien, et sont entrés dans le chemin de la recherche et de la science.

La vie et l'homme commencent pour Hésiode avec les Titans ; car les Titans sont les plus anciens des dieux, les premiers des êtres qui aient des traits vraiment humains, tout en restant symboliques, et ce sont eux qui ont engendré les humains réels. Ils naissent d'Ouranos et de Gaïa, du Ciel et de la Terre. Le premier d'entre eux se nomme Océan ; mais ce n'est plus ici la « mer infertile » ; c'est le fleuve Océan de la fable, le principe des eaux douces qui portent la vie. L'idée de l'origine de la vie dans l'humide se rencontre donc chez Hésiode, comme elle s'est rencontrée chez les Chaldéens, mais appliquée par ceux-ci à l'Océan réel, dont ils étaient les riverains, dont ils voyaient les produits, et comme elle se rencontrera chez l'initiateur de la philosophie ionienne, et cette fois en donnant au premier élément sa dénomination générale : l'Eau. Il n'y a là nul emprunt, mais seulement des formes variées du choix d'un même point de départ très naturel de l'*évolution*. Le philosophe fit sortir l'évolution de la phase mythologique des concepts ; il la fit entrer dans la phase physico-métaphysique où beaucoup de savants *évolutionistes* modernes se trouvent encore à leur insu.

Les fils d'Ouranos et de Gaïa, qui viennent après Océan, sont Cœos, Crios, Hypérion, Japétos, Théia, Rhéia, Thémis, Mnémosynè, Phœbé, Tèthys et le dernier de tous, « le terrible et subtil Kronos, qui hait son père ». Après ceux-là, le même couple engendre encore les trois cyclopes, Brontès, Stéropès et Argès, et les trois hécatonchires, Cottos, Briareus et Gyas. La Terre et la Mer, à leur tour, et, dans une génération suivante, Océan et Téthys donnent naissance à de nombreuses familles d'êtres où se personnifient les qualités, les mouvements et les productions des flots. Le mythe universellement connu de la mutilation d'Ouranos par son fils Kronos se présente dans le texte d'Hésiode, entremêlé dans la suite des générations divines, immédiatement après la naissance des Cyclopes et des Hécatonchires, qui est l'occasion du méfait. Le récit, qui est d'une mythologie complexe, appelle deux rapprochements importants : le premier avec la lutte d'Indra contre le Nuage dans le *Rigvéda*, — quoique l'analogie soit plus visible dans une autre lutte, qui vient plus tard, de Zeus contre Kronos et les Titans ; — le second, avec les mythes d'origine sémitique sur la guerre déclarée à Ciel par son fils El ou Kronos ; sur le sacrifice que celui-ci fait de son propre fils, et de la circoncision qu'il s'impose à lui-même et à ses compagnons, après qu'il a mutilé son père, et sur le sacrifice volontaire de Bel (encore Kronos) qui se tranche la tête et donne son sang fécond pour la production des êtres.

Selon la version d'Hésiode, Ouranos prend en haine les plus puissants de ses fils, les Cyclopes et les Hécatonchires dont le caractère n'est pas peint en traits favorables par le poète. A peine nés, il les ensevelit, les privant de la lumière, dans les profondeurs de la terre, tandis qu'il a respecté ses premiers enfants, Océan et les autres, dont Kronos était le dernier-né. Mais Gaïa, leur mère à tous, s'afflige du sort de ses enfants les moins intéressants, excite leurs frères à la vengeance et fournit une faulx pour arme à Kronos, qui seul embrasse sa cause. Celui-ci saisit le moment où Ouranos s'approche de son épouse ; il *moissonne* (de sa faulx) ses parties génitales et les jette derrière lui. Des gouttes de sang, recueillies par la terre naîtront, un jour, les robustes Érynnies,

---

(1) Voyez plus haut, *Les cosmogonies sémitiques*.

les Géants, et les Méliès, Nymphes des bois. Mais, des parties du membre déchiqueté par Kronos, et qui flottent longtemps sur la mer, naît et sort, sur l'écume des flots, la belle jeune fille, la déesse vénérable, Aphroditè, qui aborde à Cythère et à Cypre, et qu'Éros et Himéros (Amour et Passion) accompagnent dans l'assemblée des dieux.

Si de tous les traits de ce mythe on ne conservait que l'idée principale de quelque chose qui reste caché dans les entrailles de la terre par la mauvaise volonté d'Ouranos, — ce seraient, pour l'interprétation, les plantes et les fruits que l'eau du ciel engendre, — et, d'une lutte qui a lieu dans le ciel et en fait descendre le principe fécondant, — ce serait alors la pluie qui s'échappe des nuages déchirés, à la grande satisfaction de la terre qui a perdu sa parure, — et enfin de l'apparition de la grâce et de la beauté à la surface de la mer elle-même, rassérénée après l'orage, il serait possible de reconnaître dans le tout un souvenir lointain du mythe védique accommodé à des dieux nouveaux. Ouranos y serait identifié avec le nuage qui retient les eaux fertilisantes, et son fils, un fils de la terre aussi, prendrait le rôle du vengeur, au lieu de l'Indra, divinité céleste. Mais les traits relatifs à l'émasculation féroce, au sang versé, à la fécondité du sang ne sont ni védiques ni d'une inspiration grecque, autant qu'on en peut juger.

On a assez des relations des navigateurs phéniciens avec les Pélasges et les Hellènes de la haute antiquité, pour expliquer l'introduction d'éléments religieux sémitiques en Grèce, sans s'appuyer sur l'authenticité douteuse de la tradition relative à Cadmos et à la colonie thébaine. Si cette dernière était admise, elle donnerait seulement plus de précision à l'hypothèse déjà probable d'un emprunt, dont le lieu principal se trouverait être la patrie des aèdes, celle d'Hésiode, le plus ancien transmetteur du mythe. Mais ce qui, selon nous, dénote le mieux une origine étrangère à la Grèce, c'est que l'idée du sacrifice, idée religieusement inséparable des mythes sémitiques de la mutilation, a disparu de la légende grecque. Il n'y est resté que la fable simple et brute de l'attentat et du sang versé, laquelle s'est adaptée aux éléments conservés du mythe de l'orage.

Il y a plus, c'est que non seulement l'idée du sacrifice est absente de la légende d'Hésiode, mais elle y est remplacée par ce qui en est le contraire, dans l'espèce, et qui, cette fois, porte la marque de l'esprit moral de la Grèce. En un mot, le poète qualifie nettement de criminel l'acte de la mutilation d'Ouranos. Il se place, pour l'envisager, dans un ordre tout psychologique de passions humaines. Le grief de Gaïa contre son époux est juste en lui-même : « Mes chers enfants, fils d'un père coupable, dit-elle, si vous voulez obéir, nous tirerons vengeance de l'action injurieuse de votre père, *car, le premier il a médité un dessein cruel.* — Elle parla ainsi, et la crainte les envahit tous, et aucun d'eux ne parla. Enfin, ayant repris courage, le grand et subtil Kronos répondit ainsi à sa mère vénérable : « Mère, certes, je le promets, j'accomplirai cette vengeance. En effet, *je n'ai plus de respect pour notre père*, car, le premier, il a médité un dessein cruel. Il parla ainsi et la grande Gaïa se réjouit en son cœur. » Après la perpétration du crime, c'est dans la bouche d'Ouranos que le poète en met le jugement. Ouranos donne à ses fils coupables un nom qui paraît avoir désigné les mains portées à la violence : « Il les surnomma les Titans, lui, le Père, le grand Ouranos, maudissant les fils qu'il avait engendrés, disant *qu'ils avaient étendu la main pour commettre un grand crime dont il serait tiré vengeance dans l'avenir* (1). »

Il n'est pas douteux que, dans l'esprit du poète, le sort de Kronos détrôné par son fils ne représente la vengeance qui devait être tirée de lui pour son propre attentat sur son père. Hésiode donne à de nouveaux méfaits de Kronos un caractère odieux, qu'il emprunte aux vues politiques des ambitieux et des tyrans. Kronos a des enfants de Rhéia, sa sœur : ce sont les membres de la future famille olympienne, Hestia, Dèmèter, Hèra, Aïdès, Poseidaon, et Zeus qui sera « le père des dieux et des hommes ». Il les engloutit dès leur naissance. « Il faisait ainsi, afin que nul, parmi les illustres Ouranides, ne possédât jamais le pouvoir suprême entre les Immortels. Il avait appris en effet de Gaïa et d'Ouranos qu'il était destiné à être dompté par son propre fils, par les desseins du grand Zeus, malgré sa force. Et c'est pourquoi, non sans habileté, il méditait ses ruses et dévorait ses enfants. » On voit combien s'attache le poète à donner un sens anthropomorphique et psychologique aux mythes qu'il rapporte. Les idées morales et politiques lui sont plus familières que les symboles

(1) *La théogonie*, trad. de Leconte de Lisle, p. 8-10.

cosmiques. C'est la raison qui rend ceux-ci peu transparents dans son récit. L'enfant Zeus est soustrait par Rhéia à la voracité de son père et nourri en secret dans l'île de Crète (terre classique de l'anthropomorphisme grec). Il fait, au temps venu, rendre le jour à ses frères et dépossède Kronos du gouvernement tyrannique du monde qui pourra se développer désormais sous des lois équitables. Zeus délivre aussi de leurs liens ses oncles les Cyclopes et les Hécatonchires, jadis enchaînés par leur père Ouranos, et reçoit d'eux en retour la foudre et l'éclair que Gaïa cachait dans son sein. Cependant une dernière lutte éclate pour l'empire entre Zeus le Kronide, aidé de ceux des Titans qu'il a ramenés à la lumière, et les plus anciens Ouranides qui occupent ici la place des puissances perturbatrices. Après des combats longs et terribles qui menacent de replonger le monde dans le chaos, Zeus parvient à précipiter ses ennemis dans le Tartare, aussi loin, sous la surface de la terre, que la terre elle-même est loin du ciel, à une distance qu'une enclume d'airain qui tomberait mettrait neuf nuits et neuf jours à parcourir. C'est dans ce gouffre horrible et sans issue, fermé par des portes d'airain, que les Hécatonchires, sûrs gardiens de Zeus, retiennent les Titans vaincus. C'est de là que Nyx et Hèméra partent, entrant ou sortant tour à tour pour venir sur la terre ; et, tout au fond, sont les demeures du puissant Aïdès et de la terrible Perséphonéiè. Le caractère moral de cet enfer hellénique dont tant de poétiques traits matériels sont inutiles à rappeler, car ils sont connus de tous, est marqué entre autres par le curieux emploi qui est fait d'un produit de ce sombre séjour pour être la sanction de la vérité dans la société des dieux. Un dieu qui s'est parjuré parmi les immortels reste un an engourdi, muet, sans haleine, ne goûtant plus ni l'ambroisie ni le nectar, dit Hésiode, et, quand ce mal a cessé : « Pendant neuf ans il est relégué loin des dieux toujours vivants, et jamais il ne se mêle ni à leurs conseils ni à leurs repas, et la dixième année seulement, il prend part à l'assemblée des dieux. » Or une partie des eaux glacées qui coulent de la source du Styx est réservée pour être le « grand châtiment des dieux », quand ils mentent en faisant des libations de cette eau que Zeus envoie prendre par la divine messagère Iris. C'est le serment *par le Styx*.

Les mythes ont aisément plusieurs faces, et les interprétations diverses qu'en proposent les critiques ne sont pas nécessairement incompatibles entre elles, comme on le croit trop souvent. L'une des explications de la titanomachie se fonde sur l'opposition remarquable des caractères de deux groupes d'Ouranides : le premier dont les dénominations se rapportent en grande partie aux astres ou à leurs mouvements, — non toutefois sans mélange d'éléments moraux divinisés (Thémis et Mnémosyne); — le second, composé de représentants de la force et de la violence, bien qu'issus d'Ouranos également et par lui proscrits. Ceux-ci viennent en aide à Zeus qui les a délivrés et qui triomphe des autres. On a pensé que cette lutte pouvait être le symbole de la rivalité de deux cultes. La religion des dieux plus essentiellement anthropomorphiques de la famille de Zeus, l'aurait emporté, à une certaine époque, sur celle du Kronos sémitique et des divinités astrales que soutenait l'influence phénicienne. Certains dieux souterrains auraient fait cause commune avec les dieux de l'Olympe dans cette scission, et n'auraient pas moins continué de passer pour des habitants de la région infernale, après la victoire, avec la mission alors d'y garder les vaincus.

Cette hypothèse se concilie avec l'explication physique ; elle y trouve un complément. On suppose, en effet, que le spectacle des révolutions volcaniques du sol dut frapper les imaginations et favoriser la formation d'un mythe général qui avait pour sujet une grande lutte des éléments, préliminaire à l'établissement définitif de l'ordre du ciel et de la terre. La tradition aryenne, obscurcie de la victoire d'Indra sur le principe malfaisant, pouvait prendre différentes formes, se prêter en se modifiant à exprimer les idées variables que les nations prenaient du bien et du mal et de leurs dieux. C'est en somme un même concept fondamental qui a servi à représenter le combat de la lumière et des ténèbres dans le védisme antique et chez les Iraniens, qui lui donnent un sens moral, et puis, dans une obscure tradition du monde hébreu, la révolte des anges contre Dieu, et, dans les textes assyriens, la guerre des dieux d'en bas contre ceux d'en haut, et enfin, pour revenir aux Grecs, dans les légendes homériques, l'entreprise des géants qui tentent d'escalader le ciel, et la proscription des Titans, Japétos et Kronos, plongés dans le Tartare où Zeus a le pouvoir d'enchaîner les divinités rebelles. Ces rapports entre des religions d'une inspiration d'ailleurs si diverse peuvent provenir moins encore d'une ancienne source commune, que du travail de l'imagination sur des données dont l'analogie provient de l'idée universelle (naturaliste ou morale d'ailleurs) du dualisme des forces dans le monde.

Il est clair que des symboles partiels peuvent toujours s'introduire dans le tissu général du mythe. C'est, par exemple, une explication ancienne, — elle remonte aux Stoïciens, — et souvent reproduite, de l'acte de Kronos, engloutissant sa progéniture, que celle qui s'appuie sur une identification, légitime ou non, mais nullement inadmissible, de Κρόνος avec Χρόνος, et qui, partant de là, développe cette allégorie : le Temps dévore ses enfants. Cela veut dire que « la Durée *consomme* les espaces du temps et se remplit insatiablement des années écoulées ». En outre le cours du Temps est rectiligne et ne s'arrête jamais ; rien ne pourrait se parfaire et s'accomplir, en ce cours d'une progression sans fin et sans retour ; mais Zeus « a enchaîné le temps pour arrêter sa marche immodérée, et l'a soumis au cours des astres qui en sont les liens » (1). La victoire de Zeus sur les Titans symboliserait ainsi l'établissement de l'harmonie des sphères célestes, la substitution des mouvements orbitaires périodiques, à la libre expansion des forces que rien ne limite, et, moralement, de la loi à la violence.

La même idée, très belle, a été appliquée tout autrement, au moyen d'une autre étymologie de Κρόνος ou Χρόνος (de κραίνω, *j'accomplis*). C'est alors Kronos ou Chronos, et non plus Zeus qui obtient par son action, ou plutôt qui est lui-même « une mesure déterminée due à la révolution de Ciel » ; c'est de Ciel, avant cette révolution, que « découlaient tous les germes possibles des choses, et, de ces germes, tous les éléments du développement du monde » ; et c'est la fin de cette production indéfinie, fin symbolisée par l'émasculation de Ciel, et non plus la victoire de Zeus sur Kronos, qui répond à l'établissement des sphères célestes. La naissance d'Aphrodite serait le symbole du commencement des générations sexuelles qui remplacent la vertu germinative universelle de Ciel (2).

On voit que ce genre d'explication ne manquait pas de flexibilité. Elles appartiennent à l'esprit grec ; la critique moderne n'a fait que les reprendre et les continuer. Les réflexions d'Hésiode, dont l'antiquité est sans rivale, sont déjà remarquables par leur caractère moral, nous avons même dit *politique*, et ne s'attachent

---

(1) Cicéron, *De natura deorum*, II, 25.
(2) Macrobe, *Saturnalia*, I, 8.

pas au sens cosmique, qui pourtant ressortirait le plus naturellement de la matière même du mythe. Il est donc visible que de son temps, le génie de la Grèce avait dépassé le moment où peuvent se créer des symboles tels que la fable d'Ouranos mutilé par Kronos, et de Kronos dévorant ses enfants, et celui où les mythes racontés sont compris d'instinct par les auditeurs avec la signification que leur donnaient leurs premiers auteurs. En d'autres termes, l'origine grecque de ces mythes, du premier tout au moins, est très douteuse, tandis que nous pouvons si bien nous expliquer sa descente d'une source sémitique incomprise; et ce qui est bien réellement caractéristique de la Grèce, dès l'époque d'Hésiode, c'est l'effort pour donner aux mythes un sens rationnel ou moral, — œuvre le plus souvent impossible, — ou la tendance à s'attacher aux symboles les plus intelligibles. Au nombre de ces derniers, il faut citer l'idée qui fait donner pour épouses à Zeus, avant l'unique et irascible Héra, divinité de signification primitivement physique, la pensée en mouvement, *Mètis*; et ensuite *Thémis*, la stabilité, la loi, la justice, mère des *Heures*, c'est-à-dire des limites réglées du temps et du travail; et *Eurynome*, la large loi, la paix, mère des *Charites*, les Bienfaisantes, les Grâces, et *Mnémosyne*, la Mémoire, mère des Muses. C'est de Mètis que Zeus engendre, après une conception toute symbolique, Athèna, personnification de la sagesse.

Après l'établissement du règne des Olympiens, nous passons, en omettant le mythe de Typhon, qui paraît n'être qu'une autre forme de la titanomachie, à l'origine et aux premiers destins de la race humaine, avec l'histoire mythique des Japétides. Ce ne sont pas les Olympiens qui, dans la théogonie d'Hésiode, mettent les hommes au monde. Ceux-ci descendent des Ouranides, ancêtres eux-mêmes des dieux. On peut au moins le supposer, puisque leur existence est admise implicitement au cours du mythe de la querelle de Zeus et de Promètheus, qui lui-même est le bienfaiteur des mortels, et dont le frère, Épimètheus, épousant Pandore, femme factice, don fatal des dieux, devient le père d'une race misérable. L'anthropomorphisme radical, qui est au fond de tous ces mythes, a pour conséquence des relations passionnelles imaginées non seulement entre les dieux, mais encore entre eux et l'homme, et, par suite, une lutte, malgré l'inégalité des forces. De là **deux** éléments corrélatifs : d'une part, l'erreur et la faute chez l'homme, qui recourt à des moyens illégitimes pour améliorer sa condition dans le milieu imparfait où le renferment les dieux; de l'autre, chez le dieu, le droit et la puissance, et aussi la jalousie et la prépotence. Telles sont les notions morales. Il s'en dégage le sentiment très sensible d'une destinée humaine supérieure à conquérir par une lutte de l'art et de la science contre la primitive condition faite à l'homme sur la terre.

L'ouranide Japétos uni à Klyménè, fille de Téthys, engendre quatre fils dont le sort est cruel. Atlas, le premier, est assujetti au terrible labeur de porter Ouranos « sur sa tête et sur ses mains infatigables »; le second, Ménoitios, insulteur des dieux, est plongé dans l'Érèbe. Le troisième est Prométheus, le *Prévoyant*, qui recourt à la ruse et se flatte de tromper Zeus dans un partage. Mais Zeus reconnut la fraude : « Zeus attacha par des chaînes solides le subtil Prométheus; il l'attacha avec de durs liens autour d'une colonne, et il lui envoya un aigle aux ailes déployées qui mangeait son foie immortel. Et il en renaissait autant durant la nuit qu'en avait mangé tout le jour l'oiseau aux ailes déployées. » Ce châtiment d'un méfait, dans Hésiode, n'a rien de commun avec le vol du feu. Il se termine par le pardon que Zeus accorde à Prométheus en faveur d'Héraklès et dans l'intérêt de la gloire de celui-ci, qui a permission de tuer l'aigle. Mais la colère de Zeus ne s'était pas bornée à ordonner ce supplice. Elle s'était tournée contre les hommes. Hésiode présente, sans autrement expliquer le fait, les hommes comme solidaires de l'acte coupable de Prométheus : « Depuis ce temps, dit-il, se souvenant toujours de cette fraude, il refusa la force du feu inextinguible aux misérables hommes qui vivent sur la terre. » C'est là que se place le vol du feu :

« Mais le fils de l'excellent Japétos le trompa encore, lui ayant dérobé une portion splendide du feu inextinguible, qu'il cacha dans une férule creuse. Et il fut mordu au fond de son cœur, Zeus qui tonne dans les hauteurs; et la colère ébranla tout son cœur, dès qu'il eut vu, parmi les hommes, resplendir l'éclat du feu. Et à cause de ce feu, il les frappa d'une prompte calamité (1). »

La punition imaginée par le dieu irrité n'est autre que la fabrication plastique, avec l'aide d'Héphaistos et d'Athèna, de cette Pandore en qui les Immortels se sont plu à réunir les dons de la grâce et de la beauté, tous les attraits, avec les vices les plus per-

---

(1) Hésiode, *Théogonie*, trad. de Leconte de Lisle, p. 19-21.

nicieux. C'est au quatrième fils de Japétos, Épimètheus, celui qui s'instruit par l'expérience, que revient pour épouse, grâce à sa folie, cette vierge « imaginée par Zeus » d'où descend « la race des femmes femelles (γένος γυναικῶν θηλυτεραῶν), la plus pernicieuse race des femmes, le plus cruel fléau qui soit parmi les hommes mortels; car elles s'attachent non à la pauvreté mais à la richesse… Ainsi il donna ces femmes funestes aux hommes mortels, Zeus qui tonne dans les hauteurs, ces femmes qui ne font que le mal… » (1). La satire ne s'arrête pas là et le poète semble plein de son sujet. Nous sommes loin de la sérénité d'Homère, et loin des types féminins homériques. Ces citations sont surtout utiles ici pour nous faire mesurer la distance de Pramantha à Prométheus; du mythe du *bois frotté* (2) au symbole des soucis et des peines de l'humanité prévoyante, et de sa lutte contre la destinée, et puis aussi de sa corruption qui semble inséparable de ses progrès. Le mythe de la création d'une mère *artificielle* des hommes, en punition de ce qu'ils ont usurpé l'usage du feu, figure bien clairement l'introduction des arts dans la société humaine, le commencement du luxe et de ses séductions, qui est aussi celui du travail et de la peine. Épimètheus n'a pas écouté le conseil de son frère qui l'engageait, après le rapt, à se défier désormais des présents de Zeus. Il a accepté ce « beau mal », cette statue animée à laquelle Hermès a reçu l'ordre d'inspirer les mensonges, les flatteries et les perfidies. « Avant ce jour, les générations des hommes vivaient sur la terre, exemptes de maux, et du rude travail et des maladies cruelles… Et cette femme, levant le couvercle d'un grand vase qu'elle tenait dans ses mains, répandit les misères affreuses sur les hommes. Seule, l'Espérance resta dans le vase, et elle ne s'envola point, car Pandora avait refermé le couvercle, par l'ordre de Zeus… Et voici que d'innombrables maux sont répandus maintenant parmi les hommes, car la terre est pleine de maux, la mer en est pleine; nuit et jour, les maladies accablent les hommes, leur apportant en silence toutes les douleurs, car le sage Zeus leur a refusé la voix. Et ainsi nul ne peut éviter la volonté de Zeus » (3). Ces maladies spontanées (αὐτόματοι, dit le texte) et silencieuses sont ainsi nommées, apparemment, par allusion à l'impossibilité où est l'homme de connaître leur origine et

---

(1) Hésiode, *Théogonie*, trad. de Leconte de Lisle, p. 22.
(2) Voyez l'*Introduction* 2ᵉ partie, chap. xvi
(3) Hésiode, *Les travaux et les jours*, trad. de Leconte de Lisle, p. 60.

leurs noms, afin de les conjurer. Zeus a voulu qu'elles nous atteignissent enveloppées de mystère.

On a dans ce mythe de Pandore, qui suit celui de l'usurpation du feu, une sorte de théorie de *péché originel* selon l'esprit hellénique. Le caractère pessimiste en est incontestable, puisque la source des maux y est confondue avec la recherche du bien, avec la condition du progrès, et que le fait même des misères humaines est très loin d'être affaibli dans l'intention et les expressions du poète ; mais l'essence du péché, la faute, la violation d'une loi morale, c'est ce qui n'y paraît point, à moins qu'on ne veuille remonter à l'acte frauduleux de Promètheus dans l'étrange partage qu'il fait d'un bœuf avec Zeus (1). C'est cet acte qui, par une mystérieuse solidarité, a pour conséquence l'interdiction que ce dernier fait aux hommes de l'usage du feu (2). Mais le poète imagine une lutte de ruse entre le Titan, bienfaiteur des hommes, et le dieu jaloux ; et il déclare Promètheus innocent, exempt de tout mal (ἀκάκητα) quoique en butte à la colère de Zeus et portant, de nécessité, de lourdes chaînes, malgré toute sa science (3). Cette donnée fut adoptée par Eschyle, ainsi que nous le verrons plus loin.

Le mythe des âges successifs de l'humanité, avec le symbole des métaux qui les figurent, vient, dans le poème des *Travaux et des jours* d'Hésiode, à la suite du mythe de Pandore, qui avait déjà trouvé placé dans la *Théogonie* ; mais on ne saurait dire qu'il en soit le développement ; car l'origine des hommes y est reprise à nouveau, et ils y sont présentés comme *faits* par Zeus en plusieurs races qui se succèdent sans se produire les unes les autres ; en sorte qu'on n'a pas sous les yeux le tableau d'une marche continue, bien que la première soit la race d'or, et la dernière la race de fer, mais un assemblage de plusieurs états de la vie humaine dont chacun semble avoir été posé par le poète en rapport avec ce qu'une idée religieuse, l'expérience et la réflexion lui suggéraient comme probable en divers temps. On a voulu trouver dans cette théorie des *races* ou des *âges*, les traces de deux traditions opposées, l'une qui placerait l'homme dans un berceau divin de pureté, de bonheur et de paix, l'autre qui prendrait pied pour lui

---

(1) Hésiode, *Théogonie*, vers 535 et suivants.
(2) Id., *ibid.*, vers 562.
(3) Id. *ibid.*, vers 613 et suivants.

dans la sauvagerie. Mais cette hypothèse est arbitraire. La pensée de l'*âge d'or* domine le mythe et ne peut pas être écartée; elle est fondamentale; celle de la barbarie, car telle est la plus exacte qualification de l'*âge d'airain*, est précédée de celle d'un âge intermédiaire, l'*âge d'argent* qui ne vaut pas mieux, quoique différent; et ces deux âges sont suivis de deux autres, dont le dernier est le pire de tous, ce qui exclut l'idée de progrès, ordinairement liée, dans les systèmes, à l'hypothèse de l'origine placée dans l'état le plus bas. En réalité les cinq âges sont incohérents et représentent ce qu'on pourrait appeler les cinq catégories des races morales, suivant Hésiode : les *heureux*, les *stupides*, les *barbares*, les *héros* et les *méchants*. La religion lui fournit l'âge du bonheur et l'âge de l'héroïsme. L'observation lui suggère les trois autres.

Le début de la théorie offre une singularité où l'on ne sait s'il faut voir une naïve contradiction du poète, ou une altération du texte. Il commence par poser les dieux et les hommes mortels comme ayant eu même origine (ce qui fut au reste l'opinion générale de la Grèce), et il poursuit en rapportant que « les Immortels habitants de l'Olympe firent d'abord la race d'or des hommes qui parlent ». Mais la formule *firent* (ποίησαν) qui se répète pour les races successives, en s'appliquant aux dieux olympiens comme auteurs, pour les deux premières, à Zeus tout seul, pour les deux suivantes, cette formule n'est peut-être que l'expression religieuse voulue de la soumission universelle des êtres aux dieux. S'il s'agissait d'une création propre et directe, elle aurait l'inconvénient de faire attribuer aux Immortels la singulière fantaisie de ces productions variées dont la suite et la raison échappent. Le *destin*, ou, en langage moderne, l'inexplicable *fait*, devait paraître une réponse plus satisfaisante au problème de la diversité des races, à des penseurs étrangers aux idées pures de la création et de la liberté.

Cette *race d'or*, qui vint la première, vécut sous l'empire de Kronos, le maître en ce temps-là. Ses membres étaient mortels, mais ne connaissaient ni le travail, ni la douleur, ni la vieillesse et mouraient comme on s'endort. Ils jouissaient en commun, formant une société de bons êtres, des fruits abondants et spontanés de la terre. Après que la terre les eut recouverts, ils devinrent des *Daimons* par la volonté de Zeus, ces hommes excellents. « Vêtus d'air, ils vont par la terre, observant les actions bonnes et mauvaises, et accordant les richesses ; car telle est leur royale récompense. »

Voilà l'idéal humain de félicité pure qui n'a jamais été mieux exprimé, soit qu'on l'ait placé à l'origine de notre espèce, ainsi qu'on l'a fait presque toujours, soit qu'on le transporte dans l'avenir, en violation de l'expérience de six mille ans sur l'incorrigibilité de l'homme. La *race d'argent* que, suivant Hésiode, les immortels ont faite, est, dit-il, très inférieure à la précédente. On dirait que le poète a voulu opposer à l'innocence intelligente et bonne l'innocence stupide et brutale de l'irresponsabilité, et peut-être marquer les effets du sommeil de l'âme sur le corps lui-même. Les hommes de cette race mettaient cent ans à croître et passaient de l'ignorance enfantine à la stupidité en atteignant l'âge pubère. A dater de ce moment, ils vivaient peu, accablés de douleurs à cause de leur sottise, injustes les uns envers les autres et n'honorant point les dieux bienheureux, ne leur sacrifiant point comme cela se doit. Zeus irrité les engloutit. Cependant on les nomme des mortels heureux, souterrains, et, en ce deuxième rang, ils sont encore honorés.

Après cette déclaration, qui est assez énigmatique, venant à la suite d'un triste portrait, le poète amène les hommes de la *race d'airain*, que Zeus, cette fois, a faits. L'usage des armes d'airain, avant l'invention du fer, nous fait prendre pied dans la réalité pour cette troisième race : « Leurs armes étaient d'airain et leurs demeures d'airain, et ils travaillaient l'airain, car le fer noir n'était pas encore. » Ils avaient le cœur dur, ne connaissaient que l'injure et les combats, leur vie était sauvage. Ils s'entre-tuèrent, la mort les dompta, tout terribles qu'ils étaient, et ils descendirent sans honneurs dans la demeure glacée d'Aïdès.

C'est ici que le respect de la tradition religieuse de l'âge héroïque impose au poète une nouvelle race qui, dans l'ordre des réalités, offre avec la précédente les ressemblances et les différences qui rapprochent les héros des brigands, ou qui les en séparent. Après que la terre eut caché la génération des hommes d'airain, Zeus fit la race divine, plus juste et meilleure, des héros qui sont nommés demi-dieux sur la terre immense. Ils périrent tous par la guerre, à Troie ou sous les murs de Thèbes aux sept portes. Mais Zeus leur a donné la vie et une demeure, loin des Immortels, aux extrémités de la terre, où Kronos règne sur eux; et ils habitent paisiblement les îles des bienheureux, sur les bords de l'Océan, et, trois fois l'année, les champs fertiles produisent pour eux des fruits doux comme le miel.

Oh ! que n'ai-je pu vivre avant ou après le temps de la cinquième race des hommes ! Cette exclamation commence le tableau du dernier âge : « C'est maintenant la *race de fer*; les hommes, ne cesseront d'être accablés de travaux et de misères pendant le jour, ni d'être corrompus pendant la nuit, et les dieux leur prodigueront les amères inquiétudes. Cependant les biens se mêleront aux maux. Mais Zeus détruira aussi cette race d'hommes, après que leurs cheveux auront blanchi. » Il semblerait, puisque Hésiode regrette de n'avoir point dû naître ou plutôt, ou plus tard, qu'il n'excluait pas l'espérance d'un avenir meilleur; c'est cependant au futur qu'il met, en terminant, la peinture d'un âge où il n'y aura plus ni piété, ni bonté, ni justice sur la terre. Aidôs (le respect, la honte) et Némésis (la vindicte) s'envoleront auprès des Immortels, « et les douleurs resteront aux mortels; il n'y aura plus de remède à leurs maux. »

Si l'on veut apprécier avec justesse des mythes si remarquables, en tirer des conséquences pour l'intelligence de l'esprit hellénique, il faut se garder d'y introduire un système, qui n'y est pas, de *philosophie de l'histoire*; mais il faut y voir un tableau de la vie humaine dans les différentes phases et les différentes mœurs qu'on peut en imaginer ou y observer. Il faut y voir ensuite le jugement moral que porte le poète, ou qui résulte encore mieux de ses vues. Il tranche avec toutes les doctrines de l'antiquité orientale. L'absence même d'une théologie qu'on puisse dire profonde y tourne au bénéfice de la raison pratique et sert à préserver le penseur des dogmes absolutistes. Au lieu de la conception brahmanique d'une nature universellement émanante et absorbante, dont le caractère de personnalité ne peut s'affirmer sérieusement, faute du plus essentiel attribut de la personne, et dont les philosophies et les religions de l'Inde nous ont si bien montré les corollaires, on a chez les Grecs, en ce qui touche l'univers, l'idée moins dangereuse d'un développement qui part du *moins* pour aller au *plus*, l'idée de l'*évolution*. Le point d'origine reste indéterminé malgré les images confuses par lesquelles on cherche à le représenter. Les dieux et les hommes, quoique enveloppés dans le cours universel, ne le sont pas à titre égal; ils n'échangent pas leurs rôles dans un cercle sans fin de transmigrations d'âmes; mais les premiers sont par nature les Immortels; les mortels doivent obéir. Les fables, dont le sens primitif est perdu, qui ont cours sur leur nature et leurs relations n'empêchent pas que l'enseignement religieux ne porte que leurs commandements sont justes, et qu'il y a des sanctions pour la piété et l'impiété, pour l'observation et la violation des lois. Ce qu'il y a d'indéterminé dans cette théologie, qui, sans devenir dogmatique, s'est mise en désaccord avec ses origines de mythologie physique, a été favorable à un développement de la morale pure, séparée de la religion, tantôt utilitaire et un peu abaissée, tantôt déjà rationnelle et presque stoïque, telle qu'on l'aperçoit chez Hésiode et dans les fragments qui nous sont parvenus des poètes *gnomiques*, Solon, Théognis et quelques autres de l'âge suivant. Leur esprit souvent morose, à tendances pessimistes, ne se place que mieux au point de vue d'une morale naturelle où il entre de l'observation et de l'analyse, où le sentiment du libre arbitre et la notion du devoir sont sensibles. La poésie dramatique, dans l'époque qui suit, est manifestement plus fataliste, mais conserve toujours une grande liberté de jugement et des habitudes sentencieuses. Le seul fait du précepte célèbre : *Connais-toi*, inscrit au mur du temple le plus sacré de la Grèce, révèle un peuple psychologue absolument unique dans l'antiquité. Ce mot est sa devise.

Mais la croyance des penseurs à l'évolution favorisa les théories du genre *physiologique*, qui furent celles des premiers philosophes (école d'Ionie). Bientôt après, d'autres méthodes se firent jour, mais la spéculation, avec n'importe quelle méthode, et pour la même raison persistante, eût presque toujours pour issue le panthéisme. La religion populaire ne participait point de cet esprit, car il y a plus d'éloignement du polythéisme que du monothéisme au panthéisme. Le premier n'est arrivé au troisième, en théologie, qu'en passant par le second. Mais l'évolutionnisme régnait sur la philosophie, et, s'il avait le mérite d'échapper à la doctrine de l'absolu et de l'émanation, il excluait, d'une autre part, celle de la création et, par conséquent, de la personnalité divine comme *conscience et volonté* unique et première, et de l'entrée du mal dans le monde par l'acte de la volonté libre de l'être créé. Ce sont là les deux vérités dont la connaissance a manqué à l'hellénisme. On est obligé d'en faire abstraction pour rendre justice aux mérites du polythéisme formulés par celui de nos auteurs contemporains qui les a le mieux sentis et exprimés le plus éloquemment. Il faudrait, dans la comparaison que cet écrivain institue entre le polythéisme et le monothéisme, donner à ce dernier terme un sens qui n'est pas nécessaire, le sens de la théologie absolutiste, soumettant la concience et la raison à la volonté arbitraire du Créateur. Et il faudrait ôter au premier ce principe de l'évolution qui devait conduire la philosophie des Grecs, à la fin de son long développement, dans le néoplatonisme, à un état qui la rapprochait des spéculations brahmaniques.

« Dans le monothéisme, écrit Louis Ménard (1), la loi, c'est la soumission absolue à la toute-puissance divine. L'homme ne pourrait trouver sa route dans le sable sans bornes ; mais la colonne de feu le guide, et du milieu des éclairs la loi descend... Dans le polythéisme chaque être est une force indépendante qui a sa loi en lui-même, et c'est de l'action libre de ces forces et du concours de ces lois que résulte l'harmonie du monde. Les Dieux sont les gardiens de ces lois éternelles, mais ils ne pourraient ni les changer ni les détruire, car ces lois sont la nature et l'essence propre des choses, leur part spéciale, leur destinée. La morale, la loi de l'homme, est une des formes particulières de ces lois immuables. L'homme la connaît par une révélation spontanée de sa conscience, en même temps qu'il se connaît lui-même, car elle n'est pas distincte de lui : elle est sa condition normale, et consiste dans le libre et harmonieux développement de toutes ses énergies. C'est en vivant selon sa propre nature qu'il accomplit sa destinée et concourt pour sa part à l'harmonie universelle.

« Cette idée de l'harmonie universelle, du cosmos, comme l'appelèrent depuis les philosophes, idée républicaine qui est particulière à la religion des Grecs, a pour conséquence naturelle une morale essentiellement politique et sociale. Les Grecs ne supposent jamais l'homme en dehors de la société ; leurs traditions ne leur parlent pas d'un premier homme, parce qu'il ne semblait pas possible qu'à aucune époque l'homme eût pu vivre seul. L'éducation, qui est une introduction à la morale sociale et à la vie politique, fait de l'enfant un homme et de l'homme un citoyen. Elle assure la santé de l'âme par celle du corps. La gymnastique donne au corps la force et la beauté ; la robuste jeunesse prélude par les salutaires fatigues de la palestre, aux rudes travaux de la guerre et à la défense de la patrie, et, par cette gymnastique de l'esprit,

(1) Louis Ménard, *La morale avant les philosophes*, chap. III.

que les Grecs nommèrent la musique, à la pratique des vertus viriles et à l'exercice du droit qui est la liberté. Chacun de ces nobles exercices a quelque Dieu pour inventeur...

« Mais en même temps qu'une force libre, qui est sa volonté, l'homme sent en lui une règle, qui est sa conscience ; loi infaillible qui soumet la volonté, comme les Dieux domptent les Titans. Cette lumière intérieure lui montre dans chacun de ses semblables une force libre comme la sienne, un droit égal à son droit. De même que les lois éternelles maintiennent l'ordre du monde par l'équilibre des forces, ainsi la loi morale limite le droit de chacun, qui est la liberté, par le respect du droit d'autrui, qui est le devoir, au nom de l'égalité, qui est la justice. Dikè, dont le nom signifie proprement le partage égal, a pour attribut la balance. D'après la mythologie grecque, qui enveloppe toujours dans les mêmes symboles le monde humain et le monde extérieur à l'homme, les Heures, les Saisons qui partagent l'année, qui conduisent les chars célestes et raniment tour à tour les fleurs et les fruits, se nomment Dikè, Eunomia et Irènè, c'est-à-dire la justice égale, l'ordre et la paix. Elles sont filles de Thémis, aussi bien que les Moïres, les conditions propres, les causes finales des êtres. Thémis, c'est la règle immuable, la loi absolue ; c'est elle qui invoque dans l'Olympe l'assemblée des dieux : au ciel comme sur la terre, la loi n'est que l'accord des forces libres, l'union des volontés.

« Thémis est la loi des dieux, l'expression collective et générale des rapports dans la nature ; Dikè sa fille est la loi des hommes, la forme particulière des rapports entre des êtres égaux. La connaissance de cette loi est la Morale ; fruit spontané de la conscience humaine ; c'est elle, comme le dit Hésiode, qui distingue l'homme entre tous les animaux. Elle a pour principes le droit et le devoir... Droit et devoir sont des termes corrélatifs qui n'expriment que le double aspect d'une même idée. Les deux formes du droit, la liberté et l'égalité, ou, comme disent les Grecs, l'*autonomie* et l'*isonomie*, correspondent aux deux formes du devoir, le courage et la justice... Assise auprès de Zeus, Thémis l'entretient sans cesse : c'est l'intelligence qui consulte et médite la loi. Aux côtés de Zeus se tiennent la force et la puissance, auxiliaires de la justice : ainsi la force est sanctifiée en devenant la protectrice du droit. Arès, le courage guerrier, est appelé par Homère le soutien de la loi.

« Le polythéisme a pour principe l'indépendance des forces ; dans l'univers et dans les sociétés humaines, l'ordre est le concert des volontés libres ; le droit social a pour base le droit individuel ; l'autorité de la loi s'appuie sur le consentement de chacun. La cité, la république, πόλις, est une société volontaire qui a pour conditions normales l'autonomie et l'isonomie, c'est-à-dire l'ordre dans la liberté et dans l'égalité. La loi n'est pas imposée par une volonté plus forte à une volonté plus faible, pas même par la puissance divine à la faiblesse humaine ; c'est un accord libre et spontané entre égaux. L'expression, le signe extérieur de cet accord, de ce pacte volontaire, est le serment, mot redoutable qui inspire aux dieux comme aux hommes une religieuse terreur ; car, d'après Hésiode, les Dieux eux-mêmes, s'ils se parjuraient, seraient rejetés de la société de leurs égaux. Cette parole, qui sonne étrangement pour des oreilles modernes, s'explique par le double caractère des Dieux, qui sont à la fois des lois immuables et des forces libres. Sous ce dernier aspect, ils sont les gardiens des lois, et doivent s'y soumettre eux-mêmes. Les Grecs auraient craint d'ôter à la loi son caractère absolu en la confondant avec une volonté arbitraire, fût-ce une volonté divine... Or le serment est comme un résumé de la loi elle-même, puisque la loi est l'expression d'un rapport fixe, rapport qui, entre des êtres libres, prend la forme d'un pacte juré. Le serment qui garantit la durée des accords, qui relie même les morts aux vivants et l'avenir au passé, est sous la garde des graves Déesses, filles de la Nuit, des Euménides, bienveillantes au bon, terribles au méchant, qui punissent dans ce monde et dans l'autre le meurtre et le parjure, les plus grands de tous les crimes, car toute société repose sur le respect de la vie humaine et de la foi jurée. »

Toutes ces notions morales que les Grecs apprirent plus tard à définir par l'analyse de la conscience, ils les symbolisaient dans la poésie, identique alors avec la théologie, et ils les pratiquaient, dans le désordre de leurs discordes civiles et de leurs guerres sans fin, en ce sens au moins qu'ils les reconnaissaient comme éléments constitutifs des maximes autorisées de la bonne vie, et qu'ils en avaient fait des principes organisateurs de leurs institutions sociales. Ces institutions étaient le saint mariage, la propriété sacrée, le jugement fondé sur le serment, le commandement exercé sur des égaux consentants, et la loi jurée par tous qui commande également à tous. Les maximes étaient le respect en autrui de ce qu'on veut être respecté chez soi, la solidarité entre membres d'un même corps, la générosité, la pitié, le respect des suppliants. Cette dernière maxime s'appuyait sur un précepte de Zeus et donnait lieu à de nombreux mythes populaires; elle tempérait par un idéal de grâce divine la rigueur de la justice humaine, la loi du talion. On sait combien les poètes condamnent les haines implacables. Ajoutons encore le précepte du travail : du travail, dont Hésiode fait une grande vertu. Si la loi en eût été observée, si l'enivrement de la force et du danger, le goût des aventures n'eussent prévalu, l'esclavage ne serait pas devenu une institution des cités fondées sur le droit. Les civilisations libres de l'antiquité se seraient étendues sur la terre par la paix, non par la guerre, et elles n'auraient pas péri par la guerre, qui menace aujourd'hui d'un sort pareil les civilisations libres des modernes. Mais apparemment c'est trop demander aux hommes, de vouloir qu'ils séparent l'héroïsme du meurtre et du brigandage, ou parviennent par une autre voie que celle de l'héroïsme à l'exaltation de la personnalité, à la conquête des droits individuels et au sentiment de la vertu. La liberté a suscité la *race des héros* du sein des *races d'argent* et *d'airain*, pires peut-être que la *race de fer* qui a succédé à ces *demi-dieux*, et à laquelle nous aussi nous appartenons, « *entourés de quelques biens et de beaucoup de maux*, » comme le bon Hésiode.

En somme, ce n'est rien exagérer que de rapporter à l'hellénisme et à lui seul, comme l'a fait Louis Ménard, l'origine des notions morales pures et de tout ce que l'humanité a connu depuis en fait de *doctrine de la raison pratique*, indépendante de la religion; et il est également vrai que les Grecs ont lié ces notions à leurs anciens mythes, ou, pour mieux dire, qu'ils ont adapté à ces notions, qui sont leur œuvre et leur mérite, tout ce qu'il leur a été possible d'interpréter un sens moral de ces mythes primitivement physiques, devenus souvent répugnants depuis que la nature de leur symbolisme s'était obscurcie. Mais ils n'ont pas été capables, si l'on nous permet cet apparent jeu de mots, de *pratiquer cette raison pratique* qu'ils avaient découverte, et il est douteux qu'il soit jamais donné aux hommes d'en approcher que de très loin. L'histoire des Grecs, ainsi d'ailleurs que celle de leurs émules ou disciples, anciens et modernes, est un perpétuel démenti donné à leur idéal, et cela même dans les temps courts, suivis de chutes profondes, pendant lesquels ils en ont tenté la difficile ascension. Et ceux qui la tentent composent toujours une minorité infime du genre humain. La justice, l'union, la paix n'ont régné nulle part. Le Serment social, dont Louis Ménard parle admirablement, le plus souvent n'est pas juré Quand il est juré il est violé. Il faudrait pour que la doctrine hellénique pure, le symbolisme moral, la théorie des vertus, s'étendissent à l'explication à la fois religieuse et rationnelle du monde, que le monde fût cette harmonie réelle des forces dont parle Louis Ménard, au lieu qu'il est la guerre, par un grand côté, et que, de tous ses désordres, le désordre du cœur de l'homme est le pire. L'hellénisme ne pénètre pas le mystère de la création et n'a pas le sentiment de l'indignité de la créature.

CHAPITRE XVIII

Mythographes et philosophes. — Les mystères. — L'orphisme.

L'esprit mythologique ne peut se conserver longtemps dans sa pureté après que la réflexion est venue modifier ses conditions d'exercice. Chez les Indiens, assez vite passés, autant qu'on peut en juger, du polythéisme primitif à la doctrine des âmes, de leur émanation commune et de leurs transmigrations, les personnages de création mythique devinrent sans difficulté d'un côté, de véritables personnes, encore qu'imaginaires, peuplant les mondes, le paradis et les enfers, et, de l'autre, des abstractions à l'usage d'un dogmatisme métaphysique. Mais, chez les Grecs, pour qui la transformation panthéiste des croyances ne fut pas générale, mais le plus souvent tendantielle, avec des formes diverses, et sans arriver à l'absolu, la production des mythes en se perdant peu à peu devint incompréhensible aux héritiers de ses auteurs : ils ne surent bientôt plus ce que pouvait être en réalité que leurs dieux. Ce n'est pas que l'esprit mythologique lui-même se fût retiré d'eux ; car cet esprit est peut-être immortel. A vrai dire, il continue d'opérer partout sous nos yeux dans les classes de la société restées primitives même en devenant modernes. Il est facile de l'y observer en acte, quoiqu'il ne parvienne pas à donner à ses produits de la consistance et de la durée. Il a, tout en se transformant, gardé sa place même chez les classes cultivées, qui ne l'appliquent pas seulement à la production poétique, où il est dans son droit, et ne fait que se jouer, mais là où l'on s'attendrait le moins à le retrouver, à la philosophie ; car les systèmes métaphysiques sont presque toujours fondés sur une sorte de personnification des phénomènes, soit physiques, soit idéaux. L'esprit mythologique n'a pas laissé, dès l'antiquité grecque, de perdre la conscience de ses opérations et d'oublier le sens de ses premiers produits.

Les productions mythiques qui reçoivent des attributs divins sont des personnifications de deux genres de phénomènes opposés : les phénomènes naturels, et ceux de la pensée, les concepts. Les attributs intellectuels ou moraux, dans la poésie d'Homère, prenaient visiblement le pas sur les symboles de signification cosmique. Dès lors les histoires des dieux, chez lui, ressemblaient à des légendes humaines, et non plus à des mythes physiques, et ces légendes, qui avaient leur origine dans ces mythes, ne pouvaient être morales que par hasard, si elles l'étaient, variaient au gré du conteur, et ne comportaient pas habituellement une interprétation religieuse. Chez Hésiode, au contraire, le sens anthropomorphique tendait à s'effacer, mais ce n'est nullement un retour au mythe primitif en sa naïveté qui s'accusait ainsi; c'est, en grande partie, une mythologie systématique, ou un symbolisme artificiel, dirigé par la raison. Les dieux, éléments ou forces, et à la fois personnes, de l'ancienne mythologie spontanée, devenaient des êtres matériels, ou des concepts de lois du cosmos, pour lesquels le caractère humain n'était plus qu'un masque mal attaché. Même on croirait, pour certains, n'avoir affaire qu'à des abstractions qui n'auraient pas pu tromper le poète, mais qu auraient déjà été pour lui ce que les principes de la nature sont pour les métaphysiciens modernes. Lorsque Hésiode rapporte le mythe de la mutilation d'Ouranos, il répète une vieille tradition dont il ignore la provenance, et dont il a certainement perdu le sens; mais, quand il nomme la Terre, la Nuit ou l'Amour comme des sortes de dieux avant les dieux, et le Chaos encore avant tout, il s'essaie à composer une explication générale de l'univers, d'où l'anthropomorphisme réel et l'idée de dieu sont ensemble bannis en ce qui touche le premier principe. Ce Chaos, cette Nuit, et l'Amour, l'Air, l'Éther, Mètis, ou la Sagesse, et d'autres concepts de qualités élémentaires ou mentales, sont les sujets sur lesquels les mythographes après Hésiode s'exercent à l'envi pour arriver à concevoir l'origine des choses. La mythologie populaire, les dieux d'Homère et leurs aventures restent au contraire séparés de toute doctrine philosophique ou religieuse.

Ces dieux, plus sérieusement anthropomorphes, étaient les objets du culte pour les particuliers et pour les cités. Liés aux fondements des diverses nationalités helléniques par des légendes locales et des sacrifices institués, ils avaient leurs temples, leurs statues, leurs oracles, leurs fêtes, et formaient une sorte de fédération, analogue au lien moral de leurs peuples affidés, sous l'hégémonie de Zeus, divinité panhellénique admise à la primauté. Quoique les traits nobles de l'idéal divin ne manquent pas dans Homère, mêlés qu'ils sont à ceux d'une humanité vulgaire, il est certain que l'idée de la moralité comme unie à celle de la divinité se dessina avec plus d'exigence dans les âges suivants ; et c'est elle qui, jointe au besoin d'unité dans le concept d'un gouvernement du monde, devint le principe de l'esprit monothéiste dont s'inspirèrent souvent les poètes et les philosophes. Archiloque au commencement du VII° siècle) attribuait à Zeus Père la création de l'univers, l'empire du ciel, la surveillance, la justice et le châtiment pour les choses d'ici bas, et jusqu'à une action sur le cœur humain. Solon l'invoquait, à l'entrée de ses lois, comme on invoque aujourd'hui l'idée générale de Dieu et de Providence. Enfin, avec Pindare et Eschyle, on voit la notion de la divinité de Zeus s'exprimer par les termes de θέος, θεῖον, δαίμων, qui conviennent à tous les peuples et à toutes les religions. En même temps que se conservent, pieusement liés à cette notion, les attributs de protection, répression, législation et jugement, qui étaient ceux des anciens rois, avant les républiques grecques, il commence à s'y glisser, même chez les poètes, des traits métaphysiques d'essence première et absolue qui doivent plus tard détruire ou affaiblir le caractère anthropomorphique attaché à ces attributs, attaché, et même inséparable : φυτουργός, αὐτόχειρ sont des épithètes eschyliennes de Zeus qui indiquent la tendance à affranchir l'idée de ce dieu des conditions de l'existence relative.

Les principaux dieux subordonnés à Zeus virent aussi les idées qu'on se faisait d'eux s'agrandir ou s'épurer, grâce à un mouvement moral accompli dans la poésie grecque. Arès lui-même est invoqué dans un hymne homérique comme un dieu armé pour la justice et presque un pacificateur. Hermès étend de plus en plus sa sphère d'action ou son patronage aux relations supérieures de la société et de l'art, rivalise avec Apollon parmi les Olympiens et prend la place du sombre Aïdès dans le domaine chtonien ainsi que Dionysos. Les dieux du rang le plus élevé à l'origine se rapprochent de l'indépendance souveraine autant que le permet leur caractère spécial : Poseidon, comme maître des eaux ; Hèra, comme reine du ciel, type divin de l'épouse ; Dèmèter, par le symbolisme de la terre nourricière, sujet principal du mystère d'Éleusis; Athèna, en personnifiant l'énergie de la pensée, sortie de la tête du Père; Apollon grâce à sa vertu fécondante universelle, à la fois physique et morale, à ses attributs solaires et à son empire de la poésie et des arts : Héphaistos lui-même, dieu du travail et de l'outil, rapproché d'Athèna par le principe constructeur, qui leur est commun, et par la naissance de la déesse, dont, armé de la hache ou du marteau, il est l'instrument, selon la légende, Héphaistos n'est empêché de réaliser tout l'idéal de son concept que par des relations qui le lient trop à l'atelier terrestre, et par une infirmité que d'anciens mythes rendent ineffaçable, et qui, sans diminuer sa puissance technique, déverse sur sa personne un certain ridicule.

Chacun des dieux porte ainsi sa part inséparable de mythologie originelle qu'il ne peut ni fixer à quelque thème compréhensible ni rendre édifiant. Les religions de la Grèce portent dans leur sein, comme éléments de mort, leurs éléments natifs devenus étrangers aux organes nouveaux et dont l'excrétion est impossible. En vain le symbolisme s'exerce, animé d'un esprit nouveau; en vain l'art, un art accompli donne aux objets figurés du culte des formes humaines, avec toute l'expression divine que l'intelligence peut rendre ou comprendre; et les initiateurs mystiques, d'un côté, la libre poésie, de l'autre, ont beau dégager du chaos de la tradition, avec une faveur particulière, tout ce qui paraît contenir une instruction morale et porter à la piété, la mythologie continue à fournir aliment à la superstition ou à la dérision. Ainsi, pendant que la méthode des symboles tend à définir les dieux par des notions élevées, sans renoncer à l'anthropomorphisme nécessaire de toute adoration religieuse, un esprit de critique négative et d'ironie s'applique avec une audace croissante aux mêmes sujets; les dieux et les héros deviennent matière de rire, quand ce n'est plus de scandale, à raison de leurs *biographies* consacrées et inaliénables. Les philosophes, qui ont d'abord laissé les dieux en dehors de leurs doctrines physiques ou cosmogoniques, vont bientôt les représenter par des concepts d'où la personnalité sera logiquement absente, d'autres même s'attaquer directement à leur existence et opposer à la mythologie nationale des doctrines étrangères dont l'invasion préparera la ruine de l'hellénisme.

Le symbolisme lui-même allait au renversement de la religion positive, soit à cause de l'arbitraire multiplicité de ses applications dénuées de sanction, soit parce que les sujets qu'il divinisait étaient, les uns, par leur apparence physique, les autres, par le genre visiblement abstrait de leurs notions constitutives, trop éloignés de la personnalité. Ces derniers, s'ils visaient à la plus haute généralité, comme c'est le cas chez les philosophes, mettaient cette abstraction en évidence à leur manière, mais elle ne paraissait pas moins dans les petits cultes du genre moral, dans les autels élevés aux Qualités et aux Vertus, même à des institutions humaines, et jusqu'à des vices et à des accidents que la superstition croyait sans doute conjurer par des cérémonies expiatoires. L'application indéfinie de cet esprit qui voue un culte aux phénomènes grands ou petits de l'âme humaine et de l'ordre social doit à la longue effacer l'idée de la divinité ainsi dispersée au gré des superstitieux et des poètes et privée de son attribut capital. Entre les mains des philosophes, d'une autre part, la tentative de tout ramener à une seule notion produit différents systèmes, desquels cette idée ne se dégage pas pour obtenir le consentement de tous.

La représentation systématique par des symboles, sinon de la divinité sous le propre nom de *dieu*, au moins de ce que ce nom signifie par rapport au monde, fut, dès l'origine de la philosophie, l'œuvre des philosophes, appelés par état à mettre leurs méthodes en pleine lumière. Beaucoup d'entre eux, il est vrai, prêtèrent à des entités prises de l'ordre de la nature, plutôt que de l'ordre de l'entendement, la fonction génératrice ou ordonnatrice du monde ; et d'autres portèrent leurs emprunts des deux côtés à la fois ; mais tous, en réalité, usèrent de la méthode symbolique d'autant plus à découvert qu'ils entendaient bien ne pas personnifier leurs concepts, de quelque nature qu'ils fussent. Et toutefois ils les personnifiaient au fond puisqu'ils leur prêtaient des rôles qui n'appartiennent qu'à des agents doués d'intelligence, opérant en vue de certaines fins. Tout le changement consistait en ce que, pour les philosophes, c'étaient bien leurs concepts et non des phénomènes personnalisés traditionnels qui revêtaient ces attributs de personnes implicites.

Les mythographes venus après Hésiode sont les intermédiaires embarrassés et maladroits entre l'ancienne et la nouvelle méthode mythologique. Ils cherchent des principes physico-symboliques dans lesquels ils puissent envisager la naissance du cosmos. Épiménide, le *théosophe*, que sa renommée de savant en choses divines fit appeler à Athènes (vers l'an 600) pour des cérémonies d'expiation, paraît être le premier qui, suivant un dicton célèbre, ait *accusé les Crétois de mensonge*, c'est-à-dire qui se soit prononcé contre un anthropomorphisme formel. Dans sa théogonie, il introduisait l'œuf cosmique que nous retrouverons chez les orphiques : il en faisait le principe de l'intelligence, et l'œuf, selon lui, procédait de l'union de l'Air et de la Nuit dans le Tartare (dans les profondeurs du globe). La théogonie d'Acousilaos, avec un commencement analogue : l'Érèbe et la Nuit, sortis du Chaos, posait pour premiers produits, au lieu de l'œuf, l'Éther, Éros et Mètis, c'est-à-dire la Passion et l'Intelligence précédées de la matière subtile et lumineuse. La cosmogonie de Phérécide semblerait au premier abord admettre un principe de divinité démiurgique : « Zeus brodant sur un grand et beau voile, étendu sur un chêne, Γῆ et Ὠγήν (la Terre et l'Océan) et les demeures d'Ὠγήν ». Mais le caractère symbolique de l'expression est frappant ; et ce Zeus, chez le mythographe, est tiré étymologiquement de *Zoé*, la vie ; il est aussi le même que Éros ; et il opère par l'action du Temps sur Chtonia, terre primitive, pour produire Gè, la terre ordonnée. Enfin, cette terre et cet océan sont précédés des éléments igné, aérien et aqueux. L'Intelligence naît de la combinaison de ces éléments, et, avec elle, les races des dieux, au nombre de cinq. Ce système compliqué devait en faire désirer d'autres où tant de principes fussent réduits à l'unité et dont le symbolisme fût moins artificiel et moins visible. Ce sont eux qui vinrent avec la philosophie.

L'Eau de Thalès, l'Infini ou Indéterminé d'Anaximandre, l'Air d'Anaximène, le Feu d'Héraclite, principes demandés exclusivement à l'ordre naturel des phénomènes pour fournir une explication du monde qui, pour la première fois, voudra s'appeler science, ne sont pas cependant aussi peu *divins*, aux yeux de ces philosophes, que pour les physiciens modernes, ou que les historiens de la philosophie semblent le croire. L'archée sur laquelle chacun d'eux jette son dévolu est le caractère dominant, la forme principale de la substance apte à prendre à ses yeux toutes les autres formes matérielles et dans laquelle les choses enveloppées se produisent à leur tour et se développent. Le nom qu'on lui donne de préférence n'est guère que le signe ou symbole de tous les autres noms qui pourront lui convenir selon ses transformations, et c'est le concept de substance réalisé, le support commun des qualités qui est la vraie nouveauté, l'idée fondamentale de la mythologie physique, le prétendant philosophique à la divinité, à mesure que se découvre la tendance au panthéisme. Quand vient Empédocle, qui apporte quatre éléments au lieu d'un et qui demande deux principes : la Concorde et la Discorde, pour présider à leurs évolutions, ce n'est rien de plus que la substitution de quatre caractères sensibles à un seul pour signifier tous les possibles, et l'introduction de deux concepts qui s'ajoutent à l'idée de la quadruple substance pour symboliser les agents de ses transformations. La doctrine la plus instructive de ce temps, si l'on ne voulait que voir la plus haute expression d'un concept et d'un symbole pour définir tout d'un coup le commun objet de la philosophie et de la religion, c'est la doctrine de Xénophane, qui repousse à la fois avec une extrême énergie l'anthropomorphisme religieux et le transformisme philosophique, et déclare que la réalité unique est l'Un, qui est aussi le Tout, et qui est Dieu, et immuable, *de forme sphérique*. Son disciple Parménide, après avoir, à son exemple, nié la réalité du changement, a recours, pour expliquer les apparences, à des qualités sensibles, telles que le *chaud* ou le *froid*, le *clair* ou l'*obscur* qui, n'ayant rien de réel, ne peuvent être que des fictions servant de signes ou symboles à des représentations illusoires.

Une école plus heureuse de beaucoup, sinon plus remarquable, en son usage des symboles, est celle de Pythagore. En effet, ses découvertes d'ordre scientifique furent dues à un parti pris de représenter les rapports, et même, à ce qu'elle croyait, l'essence des choses par le *nombre* et par ses déterminations les plus simples. L'unité, la dualité, la tétrade et d'autres nombres encore parurent aux pythagoriciens aptes à représenter ce que le cosmos et les êtres qui le composent ont de plus caractéristique et de plus profond. Dieu, l'âme et les essences physiques ou morales durent recevoir des définitions, tantôt purement figuratives et symboliques, tantôt ouvrant des aperçus de science réelle, et qui se tiraient des nombres. Il n'est pas étonnant pour qui veut y réfléchir, et il est d'un haut intérêt d'en faire la remarque, que la forme la plus abstraite des spéculations visant l'explication du cosmos par des symboles se soit trouvée la plus scientifique et la plus féconde. C'est qu'il n'y a vraiment science que des abstractions.

Logiquement, il faut rattacher au symbolisme, dans le sens le plus étendu de ce mot, c'est-à-dire à la *réalisation* de purs concepts en vue d'obtenir la représentation des *réalités,* une philosophie qu'on a coutume d'envisager sous l'aspect contraire : la philosophie atomistique. Ce Leucippe, ou le premier, si ce n'est pas Démocrite lui-même, qui s'avisa de regarder le *vide* comme quelque chose de réel, et d'y placer et faire mouvoir l'*atome,* espèce d'étendue figurée, pleine et indivisible, que fit-il de plus que d'assembler des idées et de projeter au dehors les formes de sa représentation imagée, sans même être capable de les concilier entre elles ; car le plein et l'indivisible ne s'accordent pas ? Et Démocrite n'ajouta-t-il pas à ces fictions d'ordre matériel, des fictions de l'espèce représentative, les εἴδωλα, qualités sensibles qui se transportent d'un sujet à un autre ? Héraclite imagina, avec plus de hauteur de vues, un λόγος divin, universellement répandu, qui est comme une atmosphère dans laquelle respirent les êtres en communication avec l'Intelligence. Ces symboles, où les *idées* platoniciennes ont eu probablement leur source, ne sont, ainsi que les *nombres* de Pythagore, autre chose que l'idée des phénomènes, soit sensibles, soit intelligibles, en tant que, séparés des consciences particulières, et, chargés de produire ou d'expliquer la représentation réelle qui seule les contient et avec laquelle ils font ainsi double emploi. Et les *idées en soi* du platonisme sont dans le même cas, puisque Platon est obligé de recourir à une mystérieuse *participation* pour faire naître les *idées non en soi* qui se groupent sous la forme empirique d'une conscience donnée. Tout cela n'est donc qu'un symbolisme, à l'aide duquel on cherche à expliquer le rapport du particulier au général en *réalisant* le terme générique.

Enfin il n'est pas jusqu'au monothéisme, sous la forme qu'Anaxagore, le premier, lui donna en philosophie, qui ne relève du symbolisme. Ce philosophe, venu après beaucoup d'autres que l'on jugeait avoir échoué dans la tâche de définir le premier principe du cosmos, répudia tout à la fois les éléments vivants et générateurs, l'Un, les nombres et les atomes, se forma l'idée générale de la *Pensée* (νοῦς), qui lui parut plus apte à exprimer l'essence de ce que le monde a d'intelligible et d'ordonné, et la préposa à l'origine du mouvement et de l'arrangement des choses, auparavant en repos et confuses. Ce qui montre bien que c'est toujours de la réalisation d'un concept qu'il s'agit là, c'est qu'Anaxagore posa la *Pensée* comme un être impersonnel, dont la fonction est d'envelopper, mouvoir et déterminer les composés de la nature, en opérant sur des éléments spécifiques (*les homœoméries*). Il ne demandait rien pour cet effet aux causes finales et ne voyait partout que des actions mécaniques. On sait que Platon lui reprochait de s'être ainsi donné un principe intelligent, pour ne pas s'en servir. C'est avec Socrate et avec Platon, non pas toutefois avec la métaphysique de ce dernier, non plus qu'avec celle d'Aristote, que commença dans la Grèce le véritable monothéisme anthropomorphique.

Dans la situation que faisaient aux esprits, d'un côté, la mythologie et les légendes locales, de l'autre la philosophie avec ses symboles variés, on peut dire que la Grèce aurait manqué d'un élément considérable de ce que nous appelons aujourd'hui *religion*, si elle n'avait pas eu ses *mystères*. Les mystères ont ajouté à son culte public, mais librement, pour les initiés, une *révélation* et le dogmatisme. La grande majorité des hommes et presque tous ceux qui sont sans culture, en tant qu'ils éprouvent le besoin d'une religion, se contentent parfaitement de deux choses que l'hellénisme mettait à leur disposition : 1° un culte consacré par la coutume, auquel se joint un assemblage de croyances plus ou moins superstitieuses dont chacun peut prendre ou laisser librement; 2° l'affirmation en termes généraux de l'existence d'une divinité qui régit leur monde, punit ou récompense les hommes et dispose d'eux encore à la mort. Le mystère fut à destination d'âmes choisies, plus avides de savoir surnaturel, et il fut multiplié, varié, ne forçant personne d'entrer. Ce n'est certainement qu'en usant de la contrainte et de la menace des supplices, que l'Église catholique parvint plus tard à réaliser l'unité d'affirmation d'une doctrine religieuse étendue à des points de théologie et de métaphysique, mystérieux, obscurs, précis cependant et formulés impérieusement. Cette aberration fut la source de l'un des plus grands maux que les hommes se soient jamais infligés à eux mêmes. Les groupes formés de ceux qui recherchent une croyance religieuse exacte portée à un tel degré devraient, dans l'ordre naturel des choses, s'entendre sans trouver d'obstacles, et s'unir, formuler leur foi, ses rapports avec les communes traditions, se donner enfin des moyens particuliers de sanctification, c'est-à-dire des cultes à leur gré, en dehors de toutes relations civiles. C'est là ce que devrait être une religion dogmatique, si l'esprit ne recevait ni commandements ni interdictions de l'extérieur, et c'est ce que furent les mystères de la Grèce, à cela près qu'étant tenus secrets, ils ne purent constituer autour de leurs sanctuaires des églises *multitudinaires* de participants plus ou moins imparfaitement acquis à leurs croyances, comme le font nos églises protestantes modernes.

Le travail de détermination et d'unification des symboles, auquel les mythographes et les philosophes se livrèrent dans un esprit rationaliste, autant qu'ils le pouvaient, dut certainement se faire aussi dans un esprit religieux, au fond de certains sanctuaires. La tendance à moraliser et à sanctifier, chez les *prêtres*, est parallèle à celle de spéculer et d'expliquer, chez les *sages*, comme on appelait d'abord ceux que leurs divisions forcèrent ensuite d'appeler de simples *philosophes*. C'est pour éviter ce mal que les fondateurs des mystères recoururent au procédé de l'initiation et au secret. Il ne s'agissait point pour eux, d'ailleurs, de réformer la religion populaire, d'exclure certains mythes, certains dieux. Ni la tradition ni la liberté ne l'auraient souffert. Mais les variations mêmes des mythes et des cultes, de cité à cité, de temple à temple favorisaient l'épuration et le choix. Là où tel mythe s'était le mieux fixé, s'offrait avec un caractère plus instructif ou édifiant, se prêtait à une interprétation plus noble, la réputation d'un sanctuaire avait pu s'établir auprès de ceux des Hellènes qui désiraient une instruction religieuse plus étendue, dans le sens de la connaissance doctrinale, ou des rites plus sanctifiants que ceux que mettaient à leur disposition les religions des cités, avec leurs sacrifices coutumiers. La population du lieu de ce sanctuaire était d'ailleurs intéressée au succès qu'obtenait sa famille de sacrificateurs, en créant une initiation et des modes d'expiation particuliers, inspirant au loin le respect et attirant les étrangers qui cherchaient *les meilleurs dieux*. Ainsi se constituèrent sans dogmes ayant la prétention d'en détruire d'autres, sans guerres et mêmes sans querelles de religion, sans s'attaquer aux cultes publics et nationaux, mais à l'usage des gens soucieux d'approcher de plus près la face du divin et de la moralité, des sortes d'églises auxquelles il ne manquait que la publicité pour justifier ce nom, ἐκκλησία, appliqué plus tard à l'assemblée du peuple religieux. Mais cette dernière elle-même, au temps des premiers chrétiens, recevait, dans le langage de Paul, la révélation d'un mystère (1).

---

(1) Irᵉ *aux Corinthiens*, XV, 51 : ἰδοὺ μυστήριον ὑμῖν λέγω.

L'existence des mystères n'étant supposée ni par les poèmes d'Homère, — nous ne parlons pas des *Hymnes* appelés homériques, — ni par Hésiode, ils appartiennent à une époque postérieure; mais, soit qu'ils remontent à des temps encore obscurs, ou que certains d'entre eux, comme les *Orphiques,* soient nés durant la pleine vigueur de la civilisation grecque, tous également ont voulu se soustraire à la lumière de l'histoire, et se sont donné, au moyen de mythes ou de légendes, une antiquité antéhomérique. C'est de la nature de ce genre de fondations. Les mystères de Samothrace passèrent pour avoir été fondés par les dieux Kabires, dont ils étaient le culte; ceux d'Éleusis par Eumolpe, fils d'un dieu, ancêtre de la famille des desservants du culte de Dèmèter. Cette déesse elle-même et son élève Triptolème (nom mythique du premier qui broya le grain) reçurent des rôles de législateurs. Enfin Linus, Musée, Orphée, prototypes des anciens aèdes, furent les auteurs supposés des rites d'expiation et de purification qui occupaient dans ces mystères une grande place. En cette qualité, on leur attribua des vers apocryphes, œuvres assez récentes, quelquefois de faussaires bien intentionnés.

L'origine égyptienne des mystères ne peut plus se défendre. Le fait même des colonies égyptiennes en Grèce est plus que douteux, depuis que des mythes comme ceux de Danaos et des Danaïdes, de Persée et de Danaé ont reçu des explications satisfaisantes (1) et depuis surtout qu'on peut distinguer nettement les idées grecques des idées égyptiennes mieux connues. Des inductions qui semblent assez sûres placent en Macédoine et en Thessalie les points de départ de la plupart de ces religions relativement tardives que l'on rapporta aux disciples de la Muse et aux devins fameux de la tradition antéhomérique. Les divinités pour ainsi dire centrales des mystères sont les vieilles divinités pélasgiques, c'est-à-dire proto-grecques. Si une influence est admissible, c'est, nous l'avons vu, celle des Phéniciens; mais l'esprit grec transforma ce qu'il adopta. Les Kabires de Samothrace paraissent bien provenir de cette source, pourtant leurs noms sont helléniques ou hellénisés, dans la forme et pour le sens; leurs attributs sont sémitiques, mais pélasgiques aussi. Et la nature et le but moral ne diffèrent pas dans ce mystère de ce qu'ils sont dans les autres.

Deux hypothèses peuvent également se soutenir, en ce qui

(1) Voyez Alf. Maury, *Histoire des religions de la Grèce*, t. I, p. 234-235.

touche la communication des Sémites et des Pélasges avant l'histoire. Suivant l'une, un ordre d'idées qui n'appartient pas aux cultes aryens primitifs se serait développé dans la Grèce pélasgique sous l'influence des Phéniciens. Le culte de la génération, avec des mythes plus dominateurs, des symboles plus grossiers, s'y serait introduit, et en même temps une doctrine cruelle de l'expiation, et des rites appropriés. Ces éléments en apparence opposés se montrent partout unis dans le monde sémitique polythéiste. Ils composent une sorte de religion à la fois de plaisir et de sacrifices dont l'idée fondamentale est de payer aux dieux ce qu'on leur dérobe de vie et de jouissances, en regardant le sang comme l'essentielle monnaie avec laquelle on acquitte sa dette.

Selon l'autre hypothèse, la transformation des sentiments religieux innocents aurait été naturelle et spontanée dans les tribus pélasgiques, chez ces ancêtres communs des Grecs et des Latins, et il faudrait la regarder comme analogue à celle qui se produisit dans l'Inde, et d'où sortit le brahmanisme. De part et d'autre, en effet, les mêmes causes ont dû agir pour faire passer des vues relativement sereines sur la vie et sur la nature à des vues plus sombres, des hommes qui sortaient pour ainsi dire de l'enfance sociale et apprenaient à connaître le vol, le meurtre, l'esclavage et toutes les misères, sur une échelle très agrandie. L'épreuve du mal soumis à la réflexion, et le besoin spéculatif de définir les puissances divines en rapport avec cette fatale expérience firent succéder partout, en Grèce, en Italie, chez les Étrusques et chez les Celtes, comme chez les Indiens et comme chez les Égyptiens et les anciens Sémites, des cultes dictés par les sentiments de la terreur et de la pénitence à ceux qui procédaient auparavant de l'adoration naïve et des sacrifices de reconnaissance. La transformation dogmatique qui suivit ce changement moral consista à définir la divinité comme à la fois génératrice et destructive, à en étendre, d'une part, l'idée jusqu'au panthéisme, de l'autre, à conserver dans les symboles un élément anthropomorphique suffisant pour justifier l'expiation et le sacrifice, enfin à faire dépendre la bonne ou mauvaise fortune de l'homme et sa destinée après la mort de l'accomplissement de rites expiatoires. Il entra certainement quelque chose de tout cela dans les mystères, seulement avec un esprit de noble moralité rectrice qui fut l'apport de la Grèce dans une marche commune des croyances de l'ancien monde.

Mais, dès que cette marche est avérée, la critique n'est pas tenue de choisir entre deux hypothèses. La seconde est plus qu'une hypothèse, et la première est admissible pour expliquer des traits particuliers de ressemblance entre les cultes sémitiques et les mystères, s'il s'en trouve dont les causes générales ne fourniraient pas une explication suffisante.

J'ai rendu compte des causes générales qui expliquent en Grèce cette forme du *mystère* donnée à des institutions religieuses *particulières* dont les équivalents furent partout ailleurs des religions *communes*. Ce nom de *mystère* dérive du silence et du secret imposé aux initiés (de μύω, *mutisme* de la lèvre ou de l'œil). La raison principale du secret, en outre des motifs d'ordre politique ou de circonstance, dut être, on le conçoit, le besoin d'*écarter les profanes*, c'est-à-dire de soustraire la révélation faite aux âmes nobles d'une doctrine divine, au jugement indiscret des personnes légères qui entendent mal et défigurent des vérités dont le sentiment ne leur est pas encore accessible. Le *mysticisme* de certaines écoles philosophiques a quelquefois aussi affecté le *mystère* pour la même raison. Nous avons déjà fait allusion à l'adoption du terme de *mystère chrétien* dans quelques Églises, particulièrement en Orient. La figuration de la passion du Sauveur, à un certain endroit de la célébration du culte, rappelait des traits analogues de la mystagogie grecque, et les initiés en dérobaient la connaissance aux profanes, en dehors même du danger qu'il y avait, en plusieurs lieux et sous plusieurs règnes, à professer publiquement une hérésie juive qui ne trouvait point d'appui sur le principe de nationalité, que les anciens respectaient en pareille matière. La situation des mystagogues de la Grèce n'était pas sans rapports avec celle d'adhérents d'une religion nouvelle et singulière, ou de disciples d'une philosophie se contituant à l'état d'Église. Sans doute ils se réclamaient toujours d'une certaine tradition et de l'intérêt d'un culte national, admis en fondement, mais ils avaient aussi des sortes de recettes religieuses de famille et de secte; ils faisaient passer des nouveautés au premier rang de croyance, et ils adressaient surtout leur appel, non pas au vulgaire, non pas même aux plus pieux observateurs de la coutume des sacrifices, mais aux hommes désireux de savoir ou croire plus que les autres, et de s'assurer le salut par privilège d'exceptionnelle dévotion.

Le secret proprement dit s'attachait en partie à des points dénués au fond d'importance, à des mots, à des signes. La révélation principale portait sur la parenté ou l'identité de certains dieux, sur leurs attributs, sur des noms caractéristiques propres à les désigner. Hérodote et d'autres auteurs font allusion à ces noms secrets, dont quelques-uns ont été divulgués et peuvent faire juger du genre de signification qu'on voulait obtenir par ce moyen : ils servaient à l'initié à reconnaître la nature symbolique des dieux multiples et, par suite, le mettaient dans la voie du monothéisme ou du panthéisme. Un enseignement de forme plus décidément dogmatique et rationnelle n'aurait pu échapper longtemps à la divulgation. Un autre genre de secret, plus incommunicable, était l'émotion mêlée de terreur et de joie, la foi dans l'avenir de l'âme, l'enthousiasme du bien, excité, chez des hommes aussi sensibles que l'étaient les Grecs aux arts et aux spectacles, par des représentations scéniques destinées à toucher, unir et élever les cœurs. Ces choses-là ne se transmettent pas comme les leçons d'un catéchisme.

Le but à atteindre était la perfection de l'âme religieuse : τελετή, l'accomplissement. On y tendait par la double fonction active et passive de l'initié : les actes et les visions. Les actes étaient des sacrifices spéciaux et des rites de purification, puis des processions, des fêtes, et ces *orgies*, dans le sens grec du mot, qui, destinées à produire l'extase, une ivresse divine, prirent surtout de l'extension dans les mystères dionysiaques et ne purent manquer d'aboutir au désordre. Les visions, précédées par des épreuves émouvantes, avaient pour objet d'exalter l'âme et de la transporter de foi et d'espérance en la pénétrant par les sens de la réalité des promesses divines. L'idée principale de la divinité se tirait du *miracle de la vie communiquée*, des merveilles de la génération représentée par des symboles. L'idée de l'humanité s'épurait et s'agrandissait par l'enseignement de l'admission de l'âme immortelle dans la société des dieux. La conscience morale se fortifiait par le sentiment des fautes avouées, par le serment de bonne vie, fait devant les dieux ; elle trouvait une sanction dans la loi, qui lui était révélée, de la destinée des âmes purifiées. Le spectacle d'un drame divin vivifiait les symboles et donnait satisfaction au besoin religieux d'envisager des personnes vivantes, souffrantes et finalement triomphantes, au fond des phénomènes de la vie universelle.

Une partie de ces traits n'est peut-être applicable qu'au mystère d'Éleusis, le plus connu et probablement le plus développé de tous, qui devait son institution au peuple le plus intelligent de la Grèce. Cependant tous les mystères semblent bien être nés du même esprit et s'être formés d'éléments analogues avec différents symboles et différentes dénominations divines. L'île reculée de Samothrace, à une extrémité de l'Archipel, anciennement peuplée par les Pélasges, fut le siège de celui de ces établissements qu'on réputa le plus antique et qu'on entoura de vénération jusqu'à la fin, presque au même degré que les Éleusinies. Le culte des forces génératrices divines s'y accusait sinon par le titre de *Kabire,* donné à ses dieux spéciaux, — car ce mot, d'étymologie incertaine, pourrait se rapporter à des divinités du genre d'Héphaistos et de ses compagnons, et indiquer aussi la présence de certains éléments de provenance étrangère, — au moins par les noms donnés à ces Kabires eux-mêmes, par la nature des personnifications symboliques qu'ils indiquaient. Pour la religion populaire, ils ressemblaient à d'autres groupes de personnages mythologiques, tels que les Corybantes, les Dactyles, les Cyclopes, ou même les Dioscures, qui personnifiaient des forces solaires, atmosphériques, chtoniennes, souvent échangées les unes pour les autres au gré de l'imagination que guident des analogies diverses. A Samothrace, ils furent définis par des attributs relatifs à la sexualité noble, au mariage, et rendus par là assimilables à de grands dieux ou déesses également envisagés sous l'aspect de la vertu génératrice. A l'origine, ils n'ont peut-être été que deux : Axiokersos, Axiokersa, le noble jeune homme, la noble jeune fille, les deux termes vivants de l'amour humain divinisé, le premier dieu, la première déesse d'une sorte d'anthropomorphisme généralisé et presque abstrait. Le terme féminin s'identifia tantôt avec une Aphrodite, tantôt avec Kora, symbole de la production chtonienne. Le terme masculin prit la forme de Aïdès, ou Adamas, dieu premier-homme en qualité de premier mort et souverain du royaume des morts.

Un troisième Kabire vint sans doute se placer au-dessus des deux autres et marquer leur union sous le nom d'Axiéros ou digne amour. Ce symbole si visible explique assez que les interprètes se soient trouvés en peine de définir le sexe du troisième personnage. Plus tard, les orphistes firent de lui un Phaéton : lumière fécondante. Cependant, le couple divin demandait à se développer, et Axiéros n'était pas le *Fils*. Le rejeton divin qui compléta la triade porta le nom de Kadmilos. On a rapproché ce Kadmilos d'un certain Achmoun, qui était le dernier d'un groupe de huit Kabires phéniciens dont la mythologie de Samothrace aurait ainsi réduit le nombre à quatre. Cet Achmoun, ou huitième, car c'est cela même que son nom signifiait, était une personnification de la sphère des fixes. Or le nom de *Kadmos* exprime encore mieux l'idée de cette sphère, au delà du soleil, de la lune et des cinq planètes, comme désignant, en vertu de son radical sémitique, l'antériorité en général. Si l'ingénieuse hypothèse était fondée, il se pourrait que les attributions astrolatriques des Kabires phéniciens se fussent évanouies pour la spéculation grecque, et que le nombre de ceux-ci fût alors descendu à quatre pour laisser en évidence un concept de génération divine qui n'avait plus aucun rapport avec le nombre de sphères célestes. Quoi qu'il en soit de l'étymologie de Kadmilos, il est certain que ce nom se retrouve dans l'antiquité grecque et chez les Étrusques avec le sens de ministre ou interprète des dieux dans les fonctions sacrées, et s'applique à l'enfant, né de père et de mère vivants qui remplit un certain office dans des cérémonies religieuses (1). La fonction du quatrième Kabire fut en effet celle d'un représentant ou interprète (médiateur?) des deux générateurs auprès des hommes. Ainsi s'explique l'identification de Kadmilos ou Camillos avec Hermès, le dieu truchement universel. De là aussi l'importance qui lui revint et la popularité qu'il put atteindre sous la forme ithyphallique, symbole matériel de la puissance génératrice, auquel ne manquent pas de recourir ces sortes de mythologies, dans l'antiquité, en se divulguant, alors même qu'elles n'en auraient pas usé à l'origine. Et l'on ignore si elles l'ont fait. C'est une lacune très regrettable pour l'histoire des croyances helléniques, que celle de la théologie de Samothrace dans sa pureté, sous sa forme première.

Nous ne sommes guère mieux instruits des actes du mystère que de l'intimité de sa doctrine. Nous savons seulement que l'initiation comportait des rites de purification; que la confession des fautes y était obligatoire à l'entrée; que néanmoins les enfants étaient admis à certaines cérémonies et aux effets mystiques qu'on

---

(1) Voyez le Dictionnaire latin de Forcellini, v° *Camillus*. Vraie ou fausse, l'explication par l'origine phénicienne était assez curieuse pour être rapportée ici.

en attendait ; qu'il y en avait peut-être de relatives aux morts, que la réputation de sainteté du mystère s'étendait au loin ; enfin que la vie irréprochable des initiés était un fait généralement reconnu. L'objet le plus positif de l'initiation, tel qu'on le présentait, était d'obtenir la protection des dieux sauveurs, de *connaître leurs noms* pour les invoquer, de les voir apparaître dans les périls; après la mort, l'immortalité bienheureuse.

La religion populaire prêta aux dieux Kabires des attributions diverses selon le genre de vie des hommes qui les invoquaient. Ils pouvaient, comme dieux du feu et de ses usages, présider aux arts métallurgiques; le marin les voyait dans les flammes *de bon augure* qu'on aperçoit au haut des mâts; l'agriculteur les trouvait dans la puissance qui procède souterrainement au développement des germes, à la formation des fruits. Cette dernière attribution est celle qui dominait à Samothrace, malgré le caractère plus universel qui était révélé aux initiés, et le caractère stellaire des mêmes divinités hors de la Grèce. En général, les dieux des mystères furent chtoniens de préférence. Les dieux du ciel et de la lumière, dont l'action éclate dans la nature, eurent des temples et des cultes, à découvert comme eux, et ne donnèrent pas lieu à des spéculations de l'ordre mystique. L'astrologie fut une importation de l'Orient. Mais on chercha au sein de la Terre-Mère (Dèmèter) le mystérieux principe divin de germination d'où dépend la nourriture de l'humanité. La proximité, pour l'imagination, des dieux de la *région souterraine* et de ceux de la *région infernale* établissait un lien mythologique entre le règne de la production et le royaume de la mort. Il s'y joignit le fait *naturel et miraculeux* de la régénération de la vie et de sa semence, au moyen de la mort apparente de la semence elle-même, enfouie dans le sol. La renaissance de vivants semblables, avec des phases de destruction alternante, frappait l'esprit comme le symbole à la fois et l'analogie démonstrative de cette autre palingénésie qui devait rendre une existence ferme et solide à ces *Ombres* (σκιὰς) dont les anciens Grecs n'avaient admis ni le complet évanouissement, ni la perte de mémoire, et par conséquent aux personnes elles-mêmes. C'est ainsi que le culte et les mythes des dieux de la terre et de la mort se réunirent à la croyance et à la preuve symbolique de l'immortalité, dans le mystère d'Éleusis.

L'hymne à Dèmèter nous a transmis la partie librement divulguée du mythe éleusinien, pour une époque assez ancienne. Perséphonè, la jeune fille, cueille des fleurs dans les prés, avec ses compagnes. Mais elle coupe le narcisse (fleur narcotique), et le roi des morts, Aïdoneus, l'entraîne et l'épouse dans le Tartare, la ravissant ainsi à Dèmèter, sa mère, et aux autres immortels, non sans la permission de Zeus. Dèmèter, avec l'aide d'Hécatè, parcourt vainement la terre, à la lueur des flambeaux, pour retrouver sa fille. Élios, le Soleil, qui voit tout, lui dénonce le ravisseur. Errante et désespérée, elle arrive à Éleusis sous la forme d'une vieille femme en vêtements noirs, portant le nom de Déo. Admise à donner ses soins au fils du roi, elle eût fait de lui un immortel, si on ne l'eût surprise pendant qu'elle le couvrait la nuit avec le feu du foyer. Elle se fait alors reconnaître, permet aux habitants d'Éleusis d'instituer son culte et son mystère, afin qu'ils apaisent son âme en les célébrant. Elle prend domicile en leur acropole, malgré les instances de Zeus et des dieux qui voudraient la ramener dans le cercle olympien. Cependant, la terre a cessé de produire les semences que Dèmèter y tient enfouies, et la faim va détruire la race des hommes. Zeus envoie son messager dans le Tartare et demande que Perséphonè puisse revoir sa mère. Aïdoneus consent à rendre son épouse au jour, mais seulement après lui avoir fait goûter la grenade, ce fruit aux grains nombreux et sanglants qui est un symbole de la génération. Or la nourriture prise dans l'Hadès a cette vertu, Dèmèter le sait, d'obliger la jeune fille à passer un tiers de l'année dans la couche du roi des morts. Perséphonè en sortira, chaque printemps, pour demeurer huit mois dans la compagnie de sa mère et des immortels célestes : grande merveille aux yeux des hommes et des dieux. L'accord se fait sur cette loi ratifiée par Zeus. Hécatè reste l'amie et la compagne de Perséphonè qu'elle a aidé à tirer du Tartare. Dèmèter, réconciliée avec les dieux, rend sa vertu productive à la terre et enseigne aux rois qui siègent dans la justice les ὄργια vénérables, qu'il n'est permis de dire ni d'entendre. Heureux l'homme qui les a vues! mais celui qui n'est pas initié, qui n'atteint pas cette perfection des choses saintes, celui-là n'a point la même destinée, non pas même après la mort, dans les sombres demeures.

Dèmèter est la terre divine, nourricière des hommes, envisagée par son côté céleste où elle s'unit aux dieux de la lumière. Aïdoneus joint aux attributs des ténèbres et de la mort, ceux de conservateur des principes profonds d'une vie qui ne peut jamais être entièrement éteinte : Perséphonè, perdue pour la terre, est dans la couche de ce dieu ; elle est la semence, tantôt enfouie et comme morte, tantôt renaissante, dont le sort est d'habiter un tiers de l'année avec son époux et les deux autres tiers avec les immortels d'en haut. Cette semence elle-même est le symbole de la vie humaine perdue et retrouvée. Hécatè est l'astre associé des flambeaux, lampe naturelle des nuits, auquel on a de tout temps prêté des influences secrètes sur la végétation et même sur la reproduction animale. Le soleil, *qui voit tout*, n'a pas son action vivifiante bornée là où sa lumière ne pénètre pas ; il ne perd jamais de vue les morts. L'action de Déo sur le nourrisson est la vertu de la chaleur dont il faut qu'une divinité soit la dispensatrice. L'accord de Dèmèter, d'Aïdoneus et des dieux supérieurs est l'ordre du destin des mortels, le décret de Zeus portant que la mort, pour eux, ne sera point définitive, mais que l'enlèvement des vivants de ce monde lumineux ne sera jamais que l'alternative de la génération et d'une destruction, suivie de palingénésie. Mais c'est que la destruction n'est au fond que transformation.

Telle est l'interprétation fort claire de ce beau mythe, celui de tous où brille le mieux peut-être l'ingéniosité des Grecs. La fable s'en prêtait admirablement aux représentations scéniques, partie importante du mystère. La douleur et les pérégrinations de la mère éplorée, la course nocturne des déesses et l'apparition du soleil, les aventures de Dèmèter à Éleusis, sous un déguisement, l'arrivée du messager de Zeus, les lamentations du chœur des mortels en proie à la famine, le traité avec les dieux, tout pouvait y prendre de belles formes dramatiques. L'opération interrompue de la divinisation de l'enfant par le feu pouvait servir de thème et de symbole à l'œuvre d'un dieu qui purifie le composé mortel et tend à le rapprocher de sa propre essence inaltérable. Et c'était le symbole aussi, comment en douter? de l'immortalité que Dèmèter pouvait donner aux initiés de son mystère. La vie et puis le deuil de la nature et sa régénération au printemps, la passion et la résurrection de la vie, devaient être représentés par les jeux des compagnes de Perséphonè dans la prairie, l'enlèvement de la jeune déesse, le paysage dénudé de l'hiver, le retour de Perséphonè sous la conduite d'Aïdoneus, et le coup de théâtre de la retraite du sombre époux, l'illumination de la terre. Mais ce spectacle, que nous pouvons supposer, qui obtenait probablement

ques, et à des effets d'art plastique également simples, une intensité d'émotion que n'atteint pas notre réalisme scénique faux et compliqué, — car il semble que nous ignorions aujourd'hui, barbares raffinés que nous sommes, que l'imagination se refuse à intervenir en raison directe de ce qu'on prétend devoir à la sensation, — ce spectacle (τό δεικνυμενον) ne doit pas être confondu avec l'*acte* même du mystère, qui était une sorte de sacrement et de communion. L'initié s'unissait à Dèmèter en buvant le *kikéon*, breuvage féculent que la déesse avait accepté des mains de son hôtesse à Éleusis. Le symbole final était l'*épi de blé moissonné en silence* (1), gage de renaissance, promesse de moisson future. Là se plaçait sans doute une représentation scénique d'*apothéose* pour figurer la félicité d'une autre vie succédant aux misères de la vie présente.

« Heureux, dit Pindare, celui qui, après avoir vu ces choses, descend sous la terre! il connaît la fin de la vie, il connaît la loi divine. » Un autre ancien nous fait entrer dans la pensée de l'institution éleusinienne, quand il écrit : « Mourir, c'est être initié aux Grands Mystères, et le rapport existe entre les mots comme entre les choses (τελευτή, fin et mort ; τελετή, accomplissement, mystère). D'abord des circuits, des courses, des fatigues, et, dans les ténèbres, des marches incertaines et sans issue ; puis, en approchant du terme, le frisson et l'horreur, et la sueur, et l'épouvante. Mais après tout cela, une merveilleuse lumière, et, dans de fraîches prairies, la musique et les chœurs de danse, et les discours sacrés, et les visions saintes ; parfait maintenant et délivré, maître de lui-même et couronné de myrtes, l'initié célèbre les orgies en compagnie des saints et des purs, et il regarde d'en haut la foule non purifiée, non initiée des vivants, qui s'agite et se presse dans la fange et les brouillards, attachée à ses maux par la crainte de la mort et l'ignorance du bonheur qui est au delà (1). »

Le culte de Dèmèter ne se bornait pas à son mystère ; une partie importante des fêtes d'Éleusis regardait la déesse comme *thesmophore*, c'est-à-dire institutrice de la société et de ses lois, de la propriété et des cultures. Les *livres de la loi* étaient portés solennellement dans la procession des *thesmophories*, fête qui concernait spécialement les femmes, à cause du sexe supposé de la divi-

(1) Hippolyte, *Philosophumena*, edit. Cruice, p. 171.
(2) Plutarque, fragment conservé par Stobée et traduit par Louis Ménard.

nité à laquelle on rapportait ainsi l'établissement de l'ordre civilisé, tout entier, et parce que le saint mariage, aussi bien que le travail, lui devait son origine. Cette grande fête publique athénienne se célébrait en automne, c'étaient alors les *grandes éleusinies*, à l'époque où se plaçaient les cérémonies principales de l'initiation. Des fêtes également relatives à une déesse-mère, institutrice des lois, se rencontraient encore ailleurs qu'à Athènes, dans le monde hellénique, quoique cette pensée remarquable ait eu là son plus heureux développement. Les mythologues qui en ont recherché la source première l'ont trouvée assez anciennement répandue pour devoir la faire remonter jusqu'aux populations pélasgiques, et ils en ont remarqué l'analogie avec le culte d'une *bona dea* de l'antique Italie.

Cette religion de la civilisation, car on peut bien lui donner ce nom, perdit le caractère d'exclusion et de privilège qu'elle avait eu à l'origine. Les étrangers, les esclaves eux-mêmes furent admis à l'initiation ; tous les citoyens d'Athènes finirent par y être appelés; et elle resta toujours très honorée. Néanmoins elle n'eut jamais ni le genre de propagation ni l'esprit universaliste qui devinrent plus tard inhérents à toute secte ou hérésie religieuse. Elle ne se substitua en aucune manière à des cultes nationaux d'une autre nature. Il faut convenir aussi qu'elle devait trop peu répondre, en son symbolisme transparent, au besoin de personnification sérieuse de la divinité, non plus qu'à la tendance monothéiste favorisée par les doctrines des plus grands philosophes. Ce n'est pas tout; d'autres mystères, d'un esprit moins sévère et moins épuré, donnaient aux idées religieuses, en Grèce, une autre direction, et mêlaient leurs mythes au mythe de Dèmèter. L'un des principaux, le mystère de Dionysos, ou Iakchos, prit place, en donnant à ce dieu le nom spécial de Zagreus, dans les *petites éleusinies* (partie distincte de l'initiation, qui se célébrait au printemps). Le moyen s'en trouva dans certaines de ces identifications ou substitutions de personnages divins qui s'opéraient si facilement d'un lieu de culte à un autre. Mais le sens de l'altération qui s'ensuivit pour la doctrine et l'enseignement moral n'est pas douteux. Le culte de l'ivresse est le mot de toute religion de Dionysos.

La source védique du culte de la liqueur énivrante, — le *soma* ou *vinas* indien, devenu, en Occident, l'οἶνος et le *vinum*, avec transport de propriétés à un nouveau produit végétal — est démontrée par les rapprochements les plus clairs, mythiques et linguistiques, et par la commune présence des symboles tirés de la puissance du feu, de son extinction, de sa résurrection et des fonctions médiatrices attribuées à l'agent du délire, si singulièrement personnifié. Le culte de Bacchos est celui qui conduisit à sa signification la plus dégradée, pour la postérité, ce mot, *orgie*, qui pouvait s'appliquer à tous les genres d'ardeurs excitées et d'extases, depuis les plus mystiques jusqu'aux plus brutales, pourvu qu'elles affectassent un motif religieux. Ce culte, ancien dans la Grèce, était primitivement du genre de ceux de Pan et du vieux Priape, plutôt grossier et rustique que raffiné, délirant, voluptueux et cruel. Les fêtes orgiastiques de ce dernier caractère ne remontaient point assez haut pour que leur introduction en Thessalie et à Thèbes, les désordres dont elles furent accompagnées n'aient pas laissé un souvenir très positif, des impressions restées vivantes, énergiquement rendues dans un drame d'Euripide (les *Bacchantes*) qui nous a été conservé. Dionysos ne fut longtemps qu'un dieu subalterne, très effacé chez Homère, plus en vue dans les hymnes *homériques*, mais absent de l'hymne *à Dèmèter*, ce qui prouve la date relativement récente de son association au mystère d'Éleusis.

Le mystère dionysiaque fut l'une des formes de la tendance de l'esprit grec, à un certain moment, à se rallier à l'esprit oriental, en abandonnant ses propres créations, source première de la civilisation occidentale. C'étaient plutôt les interprétations mythologiques qui changeaient que les dieux eux-mêmes ou leurs noms, mais on cherchait à donner à ces dieux des origines lointaines ; non pas celles qui auraient été les plus antiques, et réelles, et qui étaient absolument oubliées, mais bien de toutes fictives, en rapport avec les idées élaborées par les Aryens détachés du tronc et restés en Asie. De là les fables qu'on imagina sur Dionysos comme héros conquérant, demi-dieu, qui aurait parcouru et soumis le monde avant Alexandre, et auquel on assimila ce dernier par adulation. Et de là des mythes et des rites analogues à ceux de ce monde asiatique, en partie empruntés peut-être, et qui ont fait croire à la provenance orientale, *historique*, du culte et du dieu. Ces remarques expliquent aussi l'étroite alliance qui se forma entre le dionysisme et l'orphisme, autre tentative pour *orientaliser* l'hellénisme, cette fois en lui forgeant à lui-même de fausses traditions. D'autres rapprochements se firent en leurs temps avec les cultes égyptiens, et le tout se fondit dans le syncrétisme où s'abîma la mythologie grecque.

L'orphisme et le mystère de Dionysos, considérés dans leur côté dogmatique, et non plus par rapport aux rites orgiastiques de ce mystère, ne représentent guère moins qu'une révolution religieuse de l'ancien monde occidental, autant que ce nom de révolution peut convenir à un long mouvement des esprits, qui ne trouva point par lui-même une issue directe dans les croyances, mais dont il serait difficile de s'exagérer la portée, tant comme œuvre de destruction d'une méthode mythologique plus ancienne, de tendance morale très différente, que comme œuvre de préparation pour de nouvelles manières de comprendre la nature de la divinité et le mode de son action sur le monde. Il n'est que juste de dire, en généralisant les idées et écartant où il faut des différences, que l'orphisme est sorti d'une inspiration analogue et a conduit à des applications mythologiques semblables à celles que la théologie spéculative a entées beaucoup plus tard sur la révélation chrétienne et a fait définitivement prévaloir sur la mythologie classique.

On est d'abord obligé de confesser que l'orphisme — qu'il faut distinguer de l'esprit, très réel en lui-même, dont il procéda, — eut son origine dans une œuvre de faussaires. Il est avéré pour la critique qu'il n'exista jamais telle chose que des traditions orphiques antiques, c'est-à-dire remontant aussi haut seulement qu'Homère ou Hésiode, dont les écrits n'en portent aucune trace. C'est au vi^e siècle seulement, c'est à l'époque même où se placent les essais de cosmogonie des philosophes, que commencèrent à se répandre les écrits attribués aux aèdes thraces. Un prêtre athénien, nommé Onomacrite, en fut le premier auteur, sous les Pisistratides. Dans les siècles suivants l'école orphique fut une officine de productions de cette sorte, dont l'inspiration se prenait de tous côtés, dans l'Asie occidentale et en Égypte. On les combinait avec les légendes grecques. La secte pythagoricienne, qui avait fait, sans falsification d'abord, quelques emprunts aux mêmes sources, subit à son tour ceux que lui firent les orphiques, et tel de ses adeptes se mit aussi à composer des *vers d'Orphée* (un nommé Cercops, au rapport d'Aristote). Des esprits dogmatiques, à tendances sacerdotales, s'appliquaient ainsi à réagir, non seulement contre les religions populaires, mais contre la liberté religieuse, qu'ils tentaient d'enchaîner par des traditions controuvées. Ils prenaient en pitié le désordre et la puérilité des communs mythes grecs, dont le sens était perdu; ils admiraient les savantes et édifiantes doctrines des Barbares. Ils auraient voulu, à l'exemple de leurs prétendus instituteurs sacrés, dicter une religion et organiser les croyances. « O Grecs, vous n'êtes que des enfants », se fait dire, dans son *Timée*, par un représentant de l'antique sagesse sacerdotale, le *divin Platon*, qu'on ne peut point accuser, lui du moins, d'avoir cherché à recommander ses mythes religieux par des autorités fictives, — car il en a, dans ce mélange qui n'appartient qu'à lui du sérieux profond et de la fine ironie, accusé sincèrement le libre caractère poétique, — mais qui ne laisse pas de s'être placé, comme les plus illustres de ses prédécesseurs et maîtres en philosophie, à un point de vue de réaction contre les idées et les libertés démocratiques. On peut dire qu'il a réclamé, de son temps, comme certains socialistes autoritaires du nôtre, une organisation de la religion et de l'État sous la direction des meilleurs et plus capables. Le genre de vérité ou de foi que Platon entendait revendiquer pour les *révélations* qui font suite aux *discussions,* dans ses plus beaux dialogues, c'est celui qui se traduirait ainsi : « La vérité n'est pas exactement ce que je vous dis là; il me serait impossible de deviner ainsi et de tomber juste; il y faudrait un *oracle divin*; mais la vérité est quelque chose comme cela ».

Cette attitude hautement philosophique ne pouvait convenir aux prêtres qui entrèrent avant Platon et avec infiniment moins de génie dans des spéculations analogues. N'ayant pas l'oracle, ils voulurent le fabriquer, et ce furent sans doute en très grande partie les lumières des premiers siècles de la philosophie et les divergences hardies en divers sens des philosophes, qui rendirent l'entreprise des orphistes vaine. Bien des siècles après eux, dans l'affaiblissement des recherches rationnelles et le discrédit des hypothèses des sectes, l'oracle vint réellement, et le monde se porta à lui donner sa foi. Alors il se trouva de nouveau des prêtres du caractère de ces anciens orphiques pour l'imposer à tous en le surchargeant de dogmes de leur façon. Car l'accompagnement constant des doctrines qui usurpent le titre de *révélées*, en vue d'organiser la société pour le plus grand bonheur des hommes, c'est la ferme volonté de les forcer de croire, afin de mieux assurer leur obéissance à leurs conducteurs.

La fausse révélation, *manquée* chez les Grecs, au vɪᵉ siècle, est analogue à la révélation non moins fictive, mais *réussie*, chez les Indiens, nation plus crédule qui se laissa imposer le joug des brahmanes. Ces prêtres rapportèrent à leurs Manous, à leur Brahma, l'origine de la parole infaillible et divine, comme les orphistes tentèrent d'investir les aèdes thraces de la haute antiquité du titre d'interprètes des dieux. Un dogme fondamental, ramenant au panthéisme l'anarchie polythéiste, une cosmogonie basée sur l'émanation, une théorie de l'âme et de ses métensomatoses en rapport avec ses mérites ou démérites, tels sont les matériaux de la construction brahmanique. Ceux de la doctrine orphique s'approchent du même caractère; il est donc clair que si l'entreprise des orphistes pour la recomposition artificielle des traditions patriarcales et religieuses de la Grèce avait été couronnée de succès, le monde aurait vu se constituer une religion dogmatique de plus, du genre oriental. Les Grecs, qui, dans ce cas, auraient suivi une marche parallèle à celle de leurs cousins de l'Inde, n'auraient point été les initiateurs de l'Occident dans les sciences, les arts libres et la politique républicaine. Bornons-nous pour le moment à cet aperçu d'une hypothèse très naturelle et à longue portée, plus profonde, plus intéressante pour la critique que celle qu'on a souvent envisagée : la défaite des Grecs à Marathon, la soumission de l'Europe orientale au Grand Roi, dans le vᵉ siècle.

La cosmogonie orphique offre des variantes, selon qu'on la demande à des documents de différentes provenances, mais elles n'ont rien de contradictoire en somme, et, si on les met en faisceau, on obtient une représentation assez probable de tous les éléments qui pouvaient s'y rencontrer à l'époque où elle était en formation. Ce sont des mythes du genre de ceux qui servaient de thème habituel aux spéculations de ce genre depuis Hésiode, et qui s'imposaient par tradition; puis des emprunts considérables à l'école pythagoricienne dont les idées se répandirent beaucoup en Grèce au moment de la dissolution du célèbre institut sémithéocratique de Crotone; et enfin une doctrine dont nous pensons pouvoir faire ressortir l'analogie avec le système de l'émanation brahmanique. Voyons d'abord les emprunts au pythagorisme et le point de divergence d'avec la philosophie pythagoricienne.

L'orphisme plaçait en première ligne des **principes** le *Temps*

(Χρόνος), ce qui signifie l'indéfinité de l'existence antécédente et exclut le commencement absolu. Du Temps il faisait *naître* le *Chaos* et l'*Éther*, c'est-à-dire la Matière, ou substance par elle-même passive, et un agent de transformation et d'évolution, la Force, comme on dit aujourd'hui. Ce qui montre que c'est bien ainsi qu'il faut l'entendre, c'est que la fonction attribuée à ce troisième principe consistait dans une activité ordonnatrice faisant sortir dans le cours du temps, de la masse confuse de l'un, les phénomènes déterminés et réglés de l'autre : en langage pythagorique, le fini de l'infini (ἄπειρον, — τὸ πέρας). Et l'Éther convenait pour symboliser cette fonction, parce que l'idée que les anciens attachaient à cet élément fictif était celle de quelque chose d'extrêmement subtil comme être matériel, et d'essentiellement lumineux comme qualité. L'opposition des deux principes, capitale dans le pythagorisme, et prise dans le même sens, avec des termes plus abstraits seulement, était suivie, dans cette philosophie, de l'hypothèse d'un développement progressif du Cosmos. Mais l'orphisme, au lieu de l'évolution naturelle due à l'introduction du Nombre dans l'Infini, suivait la méthode mythologique des accouplements, la tradition d'Hésiode.

Le mariage d'Éther et de Chaos se présentait de cette manière : Chaos, couvert d'un voile, sous l'obscure nuée, prend la forme ovoïde d'une matrice cosmique, et le produit de la fécondation de cet œuf par Éther est *Phanès*. Phanès, en langage moderne et conformément au sens radical du mot, est le phénomène, ce qui apparaît, mais généralisé et personnifié, comme le veut la méthode mythologique. L'effet de cette génération première est l'établissement de l'ordre des générations lui-même, cet ordre étant celui qui régit partout les phénomènes. Pour cet effet, l'Esprit ou souffle (πνεῦμα) qui s'était d'abord porté de la masse au lieu central, s'en dégage et se porte à la périphérie en se divisant, comme l'on voit une masse liquide se former en bulles qui montent à la surface. Cet esprit qui se divise, si nous le considérons dans son état d'union centrale sous l'action de l'Éther, nous représente, en sa personnification, quelque chose d'assez semblable à Brahma dans son sommeil, avant sa manifestation phénoménale; et si nous le considérons au moment où, quittant le centre, il se répand et donne naissance à des êtres capables d'engendrer à leur tour, il nous rappelle, avec des images plus matérielles, l'émanation brahmanique, par laquelle les âmes particulières se dégagent de l'âme universelle. Il est donc clair qu'il y avait dans l'orphisme une doctrine brahmanique en puissance. Mais l'hellénisme avait d'autres éléments à mettre en œuvre, impossibles à écarter, tant que le monopole de la spéculation et le pouvoir de disposer des traditions, de les faire et de les défaire, n'appartenaient pas à une caste sacerdotale.

L'orphisme, obligé de se rallier à des traditions religieuses existantes et d'arriver aux personnages de la théogonie commune, prit, pour synonymes de Phanès, *Mètis* et *Erikapaios*, c'est-à-dire la Réflexion et la Distinction (qui brise et sépare). Ce *Séparateur* intelligent est tout à la fois le père de la Lumière et de la Nuit, parce qu'elles s'impliquent mutuellement, et ensuite il s'unit lui-même à la Nuit, principe privatif, essentiel à la conception de l'être fini. Ces symboles suffisamment clairs, dont le dualisme rappelle de nouveau la doctrine pythagoricienne, permettaient à l'orphisme de rentrer dans les idées habituelles en faisant engendrer par Phanès, ainsi uni à la Nuit sa fille, Ouranos et Gè, et de là les autres dieux. On pouvait aussi donner Zeus comme issu directement de Phanès, avalant Métis, selon la version courante, et donnant naissance lui-même au ciel et à la terre. Mais cet arrangement ou d'autres semblables sont des œuvres éclectiques qui n'ont pas toujours dû se faire avec intelligence.

Le dualisme pythagoricien se prolongeait de la cosmogonie dans la pneumatologie orphique. L'esprit ou souffle échappé du chaos fécondé ou matière animée (ὕλη ἔμψυχος) restait en rapport avec ce corps infini. S'il était considéré en ce rapport et dans l'ensemble des phénomènes ordonnés, il était l'âme universelle, « commencement, milieu et fin », essence et cause initiale et finale des êtres. Enveloppé et retenu dans un corps fini, il était regardé comme « dans une prison et dans un tombeau ». L'idée de cet état appelait celle de souffrance méritée, et de là, pour l'âme, l'expiation et la purification, conditions nécessaires et véhicules pour atteindre un état meilleur. La doctrine orphique présentant ainsi l'incorporation de l'âme comme une peine, l'hypothèse des transmigrations, que les pythagoriciens aussi avaient embrassée, venait à point pour fournir une loi d'ascension ou de descente des âmes dans une suite d'existences liées à des enveloppes mortelles plus ou moins grossières. Nous retrouvons donc la conception brahmanique sur le rapport des âmes à Brahma, — sans aucun emprunt formel qu'il y ait lieu de supposer de ce côté ; — et le système des métempsychoses s'y joint, emprunté à l'Égypte, vraisemblablement. L'idée de soumettre les dieux, les âmes divines, comme les autres, à la loi de la transmigration ne se produisit pas chez les orphiques.

Les suites de la doctrine de l'expiation se trouvèrent fatales pour l'orphisme, en ce que ses prêtres, les *orphéotélètes* entreprirent d'exploiter la crédulité populaire, et tombèrent dans le mépris. Ils descendirent la pente commune des idées morales aux rites matériels, en fait de moyens de s'attirer les grâces divines, vendirent des pardons, et passèrent à la fin pour de vulgaires marchands de philtres et d'amulettes, ou diseurs de bonne aventure. Sans doute, dans les mystères où la doctrine orphique s'introduisit, avec le dionysisme son allié, il y eut quelque chose de plus sérieux que dans les pratiques suscitées par la cupidité, d'un côté, et la pure superstition de l'autre. Mais là aussi le secret rigoureusement imposé, le serment, les menaces de mort purent bien n'avoir pas toujours pour unique objet d'augmenter par l'obscurité le prestige et d'échapper aux interprétations vulgaires de symboles parfois dangereux. On voulut peut-être couvrir d'un voile sacré de réels désordres. Il est certain que ces mystères furent dégradés par l'emploi croissant du symbole ityphallique dans les cérémonies, et par les *orgies* du culte dionysiaque. Toutefois, on n'a pas la preuve que les abus aient été poussés jusqu'à l'extrême perversion dans la Grèce, ou même à Rome, avant une certaine époque, et il ne faut pas ajouter une foi implicite aux déclamations intéressées des apologistes chrétiens contre les cultes du paganisme. Nous serons plus probablement dans le vrai en nous bornant à signaler en général comme suspect et dangereux le principal caractère des cultes orgiaques, même aux plus belles époques de l'antiquité classique : c'est la recherche systématique d'un état d'exaltation de l'âme provoqué par des moyens physiques.

Puisque, à propos de l'orphisme, il a fallu prononcer les mots de falsification et de crédulité, ajoutons que les cultes, en dehors même de la partie suspecte des mystères, étaient loin d'offrir un spectacle satisfaisant aux hommes de sens et de raison qui voudraient ne voir partout que des religions épurées et des croyances exemptes de superstition, de puérilité et de duperie. Il suffit pour le moment de rappeler par une désignation rapide les idées et les usages des anciens concernant la divination, les oracles, les présages, les songes, les sorts de différentes espèces, l'interprétation du vol des oiseaux, ou de l'état des entrailles des victimes, et de divers autres phénomènes accidentels, les consultations médicales ou autres, dans les temples, et les pratiques usitées pour faire parler les dieux; puis la nécromancie, et, après les guerres médiques, la magie et l'astrologie, importations orientales. L'emploi des procédés artificiels pour amener l'inspiration, exciter les facultés divinatoires, était de toute antiquité; mais, par le fait même que la raison publique s'était développée en regard des anciennes superstitions, celles-ci, devenues moins sincères chez les personnes appelées professionnellement à en être les servants, s'étaient prêtées à une sorte d'organisation de la fraude, d'abord pieuse et peu à peu plus impudente. Imposture, à la fin, dans le sanctuaire, et crédulité exploitée chez la partie du peuple la plus soumise à la coutume, c'est le jour le plus fâcheux sous lequel on ait à envisager une civilisation intellectuelle qu'on voudrait irréprochable. Nous évitons de porter ici au compte de la partie répugnante des anciens cultes cette coutume des sacrifices qui ensanglantait les temples, et mêlait continuellement la mort et les palpitations des victimes aux cérémonies, aux fêtes et réjouissances du public et des familles. C'est que les cultes modernes, en bannissant les sacrifices, n'ont abouti qu'au changement de lieu des boucheries. On n'a fait que reléguer loin des temples ces meurtres d'animaux dont la pratique est devenue seulement moins esthétique depuis qu'ils ont perdu la sanction religieuse tout en restant religieusement autorisés.

Il y avait une compensation et un correctif de cette partie de superstition et de fraude des cultes antiques qui s'est prolongée dans les temps chrétiens par le culte des reliques et la croyance aux miracles, à la sorcellerie, aux exorcismes, et à laquelle le catholicisme n'a point renoncé; c'est que le personnel attaché aux temples et aux oracles, qui poursuivait, par le commerce des grâces divines, des buts d'intérêt privé ou corporatif, ne pouvait prétendre à exercer aucune autorité dans l'État, non plus qu'à dicter l'enseignement public. Il arrivait sans doute que telle résolution à prendre fût subordonnée à une consultation d'oracle, en matière d'intérêt commun, aussi bien que particulier. Le rôle de l'oracle de Delphes est bien connu : du monde entier, à l'horizon de la Grèce, on venait consulter l'Apollon delphique. Ses réponses, quand elles ne s'enveloppaient pas de trop d'obscurité et qu'elles portaient sur des points intéressant la morale, étaient généralement saines. Lorsqu'elles avaient une portée politique, il est certain que des hommes politiques les dictaient. La religion servait plutôt d'instrument à l'État, que l'État ne recevait des ministres de la religion une direction ou n'éprouvait de leur part des embarras, ne subissait des exigences. On peut regretter, chez les anciens, cet emploi politique des croyances populaires; on déplorera, pour aller au fond de ce mal, l'existence des superstitions qui l'entretenaient ; mais il faut songer que le monde moderne est affligé d'un pire fléau en bien des lieux : le gouvernement, au moins indirect, des donneurs d'oracles, distributeurs de sacrements et opérateurs de miracles. C'est leur prétention, trop suivie d'effets, de présider à l'éducation des citoyens, de dicter aux nations la morale, et par suite les lois dans tout ce qui touche la morale. Les républiques de l'antiquité n'ont connu rien de pareil. Là, ni révélation de dogmes primant la raison, ni représentants vivants d'une telle révélation rendue permanente, ni Écritures avec interprétation autorisée et infaillible, ni séminaires pour inculquer à une jeunesse choisie des sentiments différents de ceux des citoyens, et la mettre en mesure de décider du vrai et du bien avec des lumières spéciales et de diriger les consciences. L'instruction propre du prêtre, d'ailleurs citoyen comme un autre, ne concernait que les rites des sacrifices et la liturgie. L'hiérophante, dans les mystères, n'avait lui-même en plus que la propriété et la vertu présumée de son symbole. Sans aucun des privilèges qui constituent les grands sacerdoces, il n'avait nul moyen d'usurper l'autorité publique.

Cet état de choses, l'orphisme prenant la tête des mystères et les assemblant en forme de religion universelle et sacerdotale, aurait pu rapidement l'altérer, s'il avait eu affaire à une civilisation moins avancée, à un esprit moins fertile en conceptions variées, et aussi à des hommes moralement plus corrompus, et si enfin il ne s'était pas dégradé par la simonie de ses prêtres. Malgré tout, considéré par son côté dogmatique, en tant que mouvement de transformation des idées religieuses sous l'influence de l'esprit oriental, on doit voir dans l'orphisme combiné avec les nouveautés du mystère dionysiaque, un acheminement aux doctrines qui devaient plus tard dominer dans la religion, mais non pas sans avoir reçu des apports d'une autre nature qui en transformèrent la pensée fondamentale.

Dans le mystère d'Éleusis modifié par son alliance avec le dionysisme, et, du même coup, avec des mythes de provenance phrygienne et égyptienne, Perséphonè, ou Korè, épouse du dieu chtonien et symbole de la germination, s'élève à la dignité de fille unique ou première de Zeus. Elle devient, sans perdre ses anciens attributs, principe féminin du monde. On suppose que Zeus s'unit à Déo, c'est-à-dire à Dèmèter qu'on identifie avec Rhéia, la propre mère de Zeus. Perséphonè naît de ce commerce. De là une triade divine : Zeus, Déo, Corè, qui symbolise le concept métaphysique de l'identité de substance du premier générateur avec la matrice d'où lui-même est sorti. C'est le mythe égyptien du *Mari de sa mère*. Suivant l'habitude qu'on a de répéter le procédé pour engendrer de nouveaux dieux, et peut-être, en ce cas-ci, pour ne pas laisser toute la dignité de premier être engendré à une divinité du sexe féminin, on imagine que Zeus, après s'être uni à sa mère Dèmèter, s'unit à sa fille Corè. Nous omettons les traits accessoires du mythe. On obtient ainsi une nouvelle triade : Zeus, Coré, Zagreus, le nouveau dieu n'est autre que Dionysos, qui va s'élever à son tour au rang de générateur, ordonnateur suprême et monarque universel. Ce dieu revêt des attributs solaires; ceux de Coré deviennent lunaires, en sorte qu'on peut l'assimiler à toutes les grandes déesses que la mythologie a envisagées sous ce dernier aspect.

Quelque chose de cette idée du Fils éternel, qui devait prendre des formes diverses dans le néoplatonisme, le gnosticisme et le christianisme, apparaît, quoique sous une forme si grossière, dans ce symbole du dieu qui engendre en sa propre substance, et du premier être engendré (πρωτόγονος), souverain dieu lui-même *prémédité de son père en ses conseils*. Et l'analogie ne s'arrête pas là, dans cette marche mythologique de l'esprit, car ce dieu second subit une passion, et il est le sauveur des hommes. Nous n'entrerons pas dans les détails multipliés et confus de la légende de Zagreus. Elle remonte assez haut, dans la Grèce, pour se mêler à la tradition des faits orgiaques les plus barbares et de l'introduction du vin et de l'ivresse, se complique d'emprunts faits à l'Asie occidentale et à l'Égypte, absorbe, en se transformant, les légendes de ces diverses provenances, et finit par se noyer dans le syncrétisme de la grécité orientalisante, sans cesser de rappeler les plus anciennes imaginations védiques et le culte de Soma. Observons seulement la bizarre combinaison de panthéisme et de mythologie anthropomorphique que nous offre un dieu Père des êtres, à la fois *Phanès*, ou principe d'âme et de conscience, *Pan* aux mille formes, commencement, milieu et fin de toutes choses, roi de l'Hadès, et, à ce titre, époux de Perséphonè qui est sa mère, et agent de régénération des âmes dans la mort. Avec cela il reste fils de Sémélè. Trahi et tué par ses frères, son corps est déchiré, mis en pièces, comme dans le mythe égyptien d'Osiris, et rétabli en son intégrité par la piété des dieux olympiens. Grâce à cette passion de Dionysos, on imaginait que le sang divin répandu par les frères du *sacrifié*, — ou par les Titans, ou par les Kabires, suivant d'autres versions, — était le germe des êtres, un principe substantiel de la vie humaine. Les hommes devenaient la chair même ou les membres de Zagreus. La liqueur de tout temps liée au culte de Dionysos servait de symbole à cette passion et à cette communion. Mais la croyance à l'efficacité des sacrifices sanglants ne s'affaiblissait point, ne se laissait pas remplacer par de purs symboles. La souillure des âmes entraînées dans le cercle des transmigrations, sous leur forme actuellement humaine, demandait des expiations qui les préservassent d'un sort inférieur en une forme future. Le dieu du mystère était leur libérateur (λυαῖος), c'est lui qui les conduisait dans leurs phases de mort et de résurrection (ancienne fonction de l'Hermès psychopompe, auquel il s'assimilait sous ce rapport), et, comme souverain de l'Hadès, il avait droit aux sacrifices que la religion avait voués anciennement aux sombres divinités du Tartare. La nature de ces sacrifices, en principe au moins, la pratique n'en ayant jamais pu beaucoup se répandre, est éclairée par un fait authentique et singulier de l'histoire grecque : Thémistocle, à un moment de danger public, sacrifiant trois jeunes gens *à Dionysos carnassier* (ὠμηστής) (1). Des cérémonies dionysiaques qui portaient le nom d'*Omophagies* doivent s'interpréter dans le même sens, si ce n'est que les scènes cruelles des anciennes bacchanales, dont le déchirement d'Orphée par les Ménades est une image, furent nécessairement réprimées, et ne se continuèrent qu'en des représentations adoucies. Ajoutons que ce même culte orphique et bacchi-

---

(1) Voyez Plutarque dans les Vies de Thémistocle (XIII), de Pélopidas (XXI), d'Aristide (VIII), et le drame d'Euripide, *Les Bacchantes*.

que qui menait à de tels égarements arrivait par une autre voie, celle des purifications de l'âme conçues dans un esprit ascétique, à interdire la nourriture animale et le meurtre des animaux. Ces sortes de contradictions sont communes et pleines d'enseignements pour l'histoire comparée des religions et des mœurs. La cruauté des peuples bouddhistes modernes en est un cas que nous avons sous les yeux. Là, c'est la charité absolue qui est le principe, et c'est l'inhumanité qui est dans les cœurs. Chez les anciens la religion mystique descendait d'un ordre d'idées barbares qui avaient fait irruption, à un certain moment, dans la société grecque, en s'alliant au culte de l'ivresse des sens et de la génération physique, et elle tendait, sans pouvoir se laver de sa tache originelle, à substituer à l'orgie matérielle l'extase, aux expiations par le sang versé la pureté morale et la vie ascétique, et peut-être à un dieu générateur suprême, et à un dieu engendré, sauveur, si visiblement symboliques et plongeant dans l'inextricable confusion de tant de noms et de fonctions, un dieu mieux défini, une personne. Mais le panthéisme dominait tout, le panthéisme, aboutissement constant de la mythologie et du polythéisme, partout où l'esprit s'applique à les concilier avec l'unité de l'univers, et prétend trouver dans la nature la réalité objective de tant de phénomènes que son premier penchant a été de douer de personnalités spécifiques, désormais inadmissibles à la réflexion. C'est le panthéisme que le penseur ne manquait jamais de rencontrer quand il sortait des mythes orphiques et se mettait à philosopher pour en découvrir la plus haute signification. Un hymne de cette école, qu'un ancien compilateur nous a transmis sous le nom de Linos, poète apocryphe ainsi qu'Orphée ou Musée, nous montre les idées d'unité, de pluralité et de totalité maniées exactement comme elles ont pu l'être depuis par le plus habile sectateur de l'ἓν καὶ πᾶν.

« Toutes choses sont régies par le tout dans leurs divisions. — Toutes sortent du tout et le tout vient de toutes. — Toutes sont un, chacune est partie de l'un, et toutes sont dans l'un. — Car de l'un qui était le tout, toutes sont sorties; — et de toutes se formera l'un, de nouveau, par la condition du temps. — Un et multiple à la fois, tantôt il se présente sous un aspect, — et tantôt sous un autre; et il n'admet point de limites, — et il en reçoit incessamment : quelque détermination qui lui vienne, il est celle-là même. — Car l'immortelle mort enveloppe ainsi toutes choses : — immortelle et mortelle ; le corruptible meurt, mais l'existence, — par des apparences muables, par les figures qu'elle revêt, — change de face, de manière à se cacher elle-même à tous les yeux, — et demeure ainsi incorruptible à jamais (1). »

(1) Stobée, *Eclogæ*, édit. Heeren, t. I, p. 278-282.

CHAPITRE XIX

La magie, la sorcellerie et la démonologie.

Les croyances magiques sont l'un des fléaux transmis à tout l'Occident par la Grèce, elle-même infectée par la contagion de l'Égypte et de l'Asie, vers le vi^e siècle et dans l'âge suivant. Nous voudrions récapituler ici les faits principaux relatifs à ce sujet et en présenter l'exégèse philosophique.

L'idée générale de l'existence des pouvoirs magiques est proprement le contraire de la notion des lois naturelles; car la constance et l'uniformité des phénomènes sont une partie essentielle de la notion, et la croyance à la magie leur donne un démenti. Les lois de la nature se font connaître aux plus ignorants et aux moins capables de réflexion, quand elles portent sur des liaisons ou séquences de faits dont l'habitude leur fait attendre la confirmation là où des circonstances claires et connues se trouvent réunies. Les actions les plus communes de la pesanteur, celles de l'eau ou du feu, se prêtent difficilement à des suppositions imaginaires sur ce qui peut suivre l'ébranlement d'un rocher, l'approche d'une flamme, etc., etc. Ce n'est que rarement, et seulement parce que d'autres cas ont rendu les illusions plus faciles qu'on a pu croire à des faits de magie dans cet ordre de choses, à la possibilité pour un homme de marcher sur l'eau sans enfoncer, par exemple; mais l'irrégularité de beaucoup de phénomènes dépendants de conditions complexes, tels que les accidents météorologiques ou ceux de la santé et de la maladie, permet à l'imagination, tantôt de supposer arbitrairement une cause cachée pour expliquer un événement observé, tantôt de faire agir une cause prétendue en vue de produire un effet qui en soi paraît possible. S'il se fait que le cours de la nature amène réellement ce dernier, qu'on a attendu, la croyance à l'action de cette cause semble confirmée et vérifiée. Si, au contraire, le cas réel est défavorable à l'hypothèse, on en est quitte pour imaginer des motifs d'exception, ou simplement pour laisser se distraire de ce cas défavorable l'attention qui se porte activement sur ceux où l'attente est satisfaite. C'est ainsi qu'on voit encore aujourd'hui les hommes qui par état observent assidûment *le temps* demeurer convaincus de certains rapports injustifiés de causalité météorologique. Il n'est pas question pour eux de magie, mais leurs observations mal ordonnées leur semblent confirmatives de leurs présomptions. Nous voyons à tous moments se formuler dans les classes ignorantes, et encore ailleurs quelquefois, des adages de menue superstition, portant que, *si telle chose se rencontre, telle autre doit arriver*, quoiqu'il s'agisse de liaisons autant ou plus souvent démenties que vérifiées par les faits qui n'y ont réellement nul rapport. Les accords fortuits suffisent pour maintenir l'habitude des rapprochements les plus ridicules. Bien plus, il est facile de s'assurer par le calcul des chances que telle superstition (celle des *treize à table*, par exemple) aurait, *dans certains cas*, plus de chances d'être vérifiée que démentie par l'événement, si l'événement pouvait jamais être admis à titre de vérification. Toutes ces sortes de superstitions qui pourraient et devraient être combattues, même dans les écoles primaires, par des raisonnements assez simples, dépendent du même principe que les plus pernicieuses inventions de la magie et de la sorcellerie, ou que ces suppositions d'influence secrètes d'où dérive le fétichisme.

Voilà donc une première source d'illusions en matière de causation des phénomènes naturels. Elle consiste à appliquer arbitrairement à tels de ces phénomènes une liaison qui s'est établie dans l'imagination, ou, en d'autres termes, à changer une association d'idées en une connexion de faits externes, puis à diriger l'observation incorrecte des événements de façon à se persuader qu'ils apportent la vérification des attentes. Quant aux pratiques superstitieuses auxquelles on attribue une vertu purement préservatrice, il est clair que leur efficacité passe pour constatée tant que l'événement redouté ne se produit pas. Même s'il se produit, l'esprit prévenu trouve à se l'expliquer en recourant à quelque autre cause non moins imaginaire que la première, car il n'envisageait pas celle-ci (une amulette, un talisman) comme unique et invincible. Ainsi se maintient le fétichisme, un fétiche n'étant jamais que l'objet dont on fait le siège d'une influence supposée. Le caractère variable et souvent bizarre de cet objet a son explication dans la théorie générale du *vertige intellectuel* (1).

De ce qu'on suppose aux phénomènes des causes cachées dont l'action est en dehors des cas de séquence invariable, il suit naturellement qu'on envisage ces causes dans celui des pouvoirs connus qui est essentiellement en possession de produire des faits que n'enchaîne pas un ordre de la nature, en d'autres termes à une volonté mue par des passions variables. De là une seconde source d'illusions. On ne rapproche pas seulement un phénomène d'un autre phénomène quelconque, pris pour sa cause. On l'attribue arbitrairement à un agent volontaire et et direct. Et il ne s'agit pas seulement, pour le point que nous étudions, de poser des dieux, des esprits, des génies, comme auteurs libres et capricieux d'accidents qui touchent les intérêts humains, et des biens et des maux qui atteignent les personnes; puis d'imaginer que ces êtres supérieurs peuvent être modifiés en leurs volontés par des prières, des offrandes, des sacrifices. Il faut quelque chose de plus, il faut en venir à faire de l'homme lui-même un agent efficace, ou tout au moins un voyant par anticipation de phénomènes qui sont hors de sa puissance selon l'expérience commune; et ceci paraît plus difficile. On y parvient cependant, et de plusieurs manières, qui sont également propres à constituer des sorciers ou à expliquer leurs pouvoirs spéciaux. On peut imaginer que l'homme sert d'habitacle ou donne un accès temporaire à un dieu, à un esprit, et qu'à l'aide de certaines manœuvres troublantes pour les sens, il peut entrer dans un état tel que cet esprit parle par sa bouche; ou encore on peut se figurer des moyens praticables d'engager, de forcer des esprits extérieurs aux opérations qui sont de leur ressort. Les oracles dépendent du premier point de vue. Au second se rattache la puissance d'appeler ou de calmer la tempête, de *jeter des sorts*, etc., On feint, — sincèrement même, et c'est la partie la plus intéressante de ce phénomène psychique, l'imposture n'y venant qu'après, — on feint des paroles sacramentelles, des grimoires, des mélanges d'ingrédients bizarres, honteux ou cruels, des rites étranges, qui auraient la vertu d'agir sur les esprits, ou de conjurer leurs influences, ou de les obliger à s'exercer de quelque manière. Si les esprits sont confondus avec les éléments, ou s'ils

---

(1) *Essais de critique générale, Deuxième essai*, p. 388 sq., t. I, et 12 sq.; t. II (2e édit.). Conf. *Critique philosophique*, VII, 332 sq., 361 sq; VIII, 75 sq.; 181, 187; XVII. 146, 213.

n'en sont distingués qu'obscurément, le pouvoir qu'on se suppose sur eux est un pouvoir sur les éléments. Ceux qu'on croit être dans le corps humain peuvent entrer ou sortir, lutter les uns contre les autres; il y en a de bons et de mauvais et le sorcier ou magicien les met en mouvement. L'efficacité des rites magiques quand il s'agit de remèdes ou de philtres, est corroborée par l'action des breuvages dont le sorcier possède la recette et qui, utiles ou nuisibles qu'ils puissent être, doivent aussi des vertus apparentes à l'effet de l'imagination des patients. Cet effet, d'ailleurs, ce résultat est interprété par les intéressés conformément aux illusions dont nous avons rendu compte.

L'idée de la puissance magique nous est apparue, quand nous traitions des religions de l'Inde, comme l'attribution, faite à l'âme humaine avancée en perfection, d'un pouvoir de produire à volonté toutes sortes de formes et d'apparences naturelles. Ainsi envisagée chez ce peuple aux grandes aptitudes intellectuelles, dont la religion commença par le naturalisme anthropomorphique du Rig-véda et se développa dans le panthéisme de l'émanation brahmanique, la magie exprime un mode important des transformations de l'univers émané, de la succession des apparences qui le constituent, de la puissance des dieux depuis les moindres jusqu'aux plus grands, et de celle des hommes que la vertu du renoncement et du sacrifice rend capables de revêtir comme eux le corps qu'il leur plaît et d'imiter les prestiges de la nature. La magie et la sorcellerie que nous définissions tout à l'heure sont d'une espèce plus infime, non pas plus immorale et plus exclusive des notions scientifiques de l'ordre du monde, mais intellectuellement plus basse et plus rapprochée du fétichisme. C'est celle dont nous avons exposé les premiers éléments à propos de quelques religions de tribus et des sentiments religieux dans l'ordre moral le plus bas.

Nous avons signalé les tribus boréales parmi celles où les superstitions magiques ont encore aujourd'hui beaucoup d'importance. Mais nulle part elles n'ont eu plus d'extension, ou n'ont pu être mieux étudiées que chez les Finnois, voisins de ces tribus, grâce à ce qu'elles se développent là dans une assez riche mythologie, bien qu'enfantine, et qui se prête mal à des interprétations transcendantes. Énumérons brièvement une suite de traits dans lesquels on peut observer avec la magie chaldéenne une similitude, qui ne suffirait pas pour établir, mais qui sert à confirmer l'origine touranienne attribuée aujourd'hui aux antiques populations riveraines du golfe Persique.

Un premier point à remarquer est l'universalité du point de vue démonologique de la nature. Les éléments, tout phénomène qu'on peut distinguer des autres, les plantes, les animaux, les hommes, les fonctions et les phases d'un développement vital, les actions humaines en tant qu'inspirées ou provoquées, puis les lieux, les rivières, les étangs, les montagnes, les maisons sont affectés à autant d'esprits qu'il est permis à l'imagination de se représenter d'influences spéciales, les unes concourantes, les autres mutuellement antagonistes, favorables ou défavorables à chaque fin proposée. Ces agents cachés sont des personnalités, ont des traits de physionomie particuliers, des rapports entre eux, des histoires où le merveilleux se donne carrière. Il y en a dont les attributions se généralisent jusqu'à équivaloir à celles des dieux de la mythologie aryenne : le Vieux du ciel, le Seigneur des eaux, Père de la vie, ou le Forgeron immortel, maître des trésors souterrains, grand constructeur, roi des mines. L'analogie est visible entre cet esprit régnant sur la région aquatique et le grand dieu Éa des Chaldéens, car il est, comme celui-ci, principe générateur, inventeur des arts et le premier des êtres pour la science des charmes et des enchantements. L'extrême différence des milieux et des habitudes n'a pu manquer d'ailleurs d'amener de considérables divergences de mythologie entre des peuples qui, partis de berceaux voisins, se trouvent si éloignés l'un de l'autre dans l'espace, et que notre connaissance n'atteint que séparés également dans le temps.

Sur le chapitre de la sorcellerie, moins de latitude étant laissée aux écarts, la ressemblance est aussi plus exacte. Pour les Finnois, les esprits se divisent en bons et mauvais, et ce dualisme s'étend à la nature entière, selon que les actions qui s'y produisent favorisent ou contrarient les fins des individus ou de la communauté. Les charmes, les exorcismes, la médecine, l'action sur les éléments et sur les météores dépendent de la possession et de l'usage des recettes au moyen desquelles on peut agir sur les esprits bienfaisants pour s'assurer leurs pouvoirs, ou sur les malfaisants pour combattre leur action. De même que les esprits, les enchanteurs se divisent en deux classes: les uns qui s'emploient pour le bien et qu'on pourrait appeler des prêtres :

ceux-là se mettent en rapport avec les bons esprits, savent les mots magiques par lesquels on obtient leur intervention, leur protection, l'éloignement des agents funestes. L'extase, une sorte d'ivresse artificielle, est leur moyen de communication avec ce monde latent. Les autres sont de simples sorciers, très redoutés, qui se plaisent aux œuvres néfastes et fréquentent les rendez-vous des bas démons, dans les solitudes glacées où se trament les noirs complots contre les hommes. Ils ont aussi leurs ivresses, car cet état, provoqué chez tous par des moyens physiques semblables, est susceptible, au moral, de deux formes, selon le caractère et les intentions de ceux qui le recherchent. C'est tantôt une rage de destruction, tantôt une sorte d'exaltation imitant les meilleurs dons supposés d'une nature divine. Dans les deux cas, l'extase identifie en quelque manière le magicien avec l'esprit qu'il croit être en lui. Pour les Finnois comme pour les Chaldéens, tout homme est naturellement uni à un esprit, et il peut se rendre cette union plus sensible, en tirer des effets qui augmentent sa connaissance et son pouvoir sur les choses, en se détachant des liens de la vie commune et des sensations ordinaires.

Pour comprendre la nature de cette démonologie, il faut comparer l'état de l'esprit qui y correspond chez un peuple ignorant avec celui d'une nation dont les générations successives sont élevées sous la suprématie d'une classe dont les membres subissent l'empire des méthodes scientifiques. Ne confondons pas l'action de ces méthodes avec l'acquis scientifique lui-même, qui peut n'être pas bien considérable; mais l'intelligence est défendue contre l'accès des imaginations sans nombre qu'on peut se former en prêtant aux choses des rapports de causalité fictive, et la recherche des relations vraies est confiée, jusqu'à un certain point du moins, à l'observation correcte et à la réflexion. Alors un grand nombre d'hommes sont exercés à distinguer un fait extérieur d'avec un fait mental, l'expérience d'avec la croyance, ou la croyance elle-même d'avec une affirmation sans fondements, encore que souvent passée en habitude. Et les ignorants et les incapables, enserrés dans un milieu intellectuel où l'essor de l'imagination créatrice est arrêté de tous côtés, se contentent généralement de ce qui leur est communiqué de connaissance des lois de la nature, en sus de l'expérience personnelle la plus simple. Matérialistes, pour ainsi dire, et purs empiristes quant à l'ordre physique, des religions relativement sobres en matière de magie *actuelle* les préservent, d'autre part, de la tentation d'attribuer les phénomènes et les accidents à des causes secrètes et surnaturelles. Il n'y a guère plus parmi eux que des égarés qui s'abandonnent avec trop de confiance et d'une façon dangereuse aux hypothèses du genre magique et démonologique sur la provenance des maladies, des intempéries, sur la vertu des amulettes, etc.

En pressant cette comparaison, on est presque autorisé à regarder l'ensemble des croyances de démonologie et de magie, quand elles ont pris entièrement possession d'un peuple, comme une *manie générale*, sous le règne de laquelle les plus fous, en leur fonction de sorciers, sont les suggesteurs et les guides de la folie des autres : les plus fous, sauf les cas de charlatanisme et d'imposture, car il y a cette importante catégorie à considérer. Mais, assurément, les fous proprement dits, au point de vue médical, les malades, ou beaucoup d'entre eux, ont dû se distinguer difficilement des extatiques vertigineux, au milieu d'une population toute livrée en ses modes de croyance aux accès de cette aliénation du genre moral. Leur état de démence, seulement plus fixe, et qui n'exige pas l'emploi des moyens artificiels pour être provoqué, ne pouvait que causer la même impression sur les spectateurs. Les fous méchants et dangereux sont alors ceux que l'on craint, dont on s'écarte, ou qui fuient eux-mêmes la société des hommes. Les fous inoffensifs, mieux *hantés* que les autres, sont des objets de respect. Au fait, c'est bien ainsi que les aliénés ont été considérés, et eux-mêmes se sont bien cru *obsédés* ou *possédés* par des esprits, et ont pu aussi s'attribuer des pouvoirs de sorcellerie, chez les peuples dont les religions ont fait à la démonologie une place plus ou moins grande. Les auteurs des Évangiles ont partagé cette croyance, à la suite des Juifs qui la tenaient des nations de Chaldée et de Perse. Elle a régné durant tout notre moyen âge, où, d'une part, la magie et la sorcellerie se conservaient par la double tradition juive et païenne, où, d'autre part, la théologie reçue appuyait la commune superstition en donnant un rôle capital à l'*Esprit de ténèbres* dans l'histoire de l'homme, dans l'origine du mal, dans la destination d'outre-tombe des pécheurs, dans les actes délictueux de leur vie journalière. Un christianisme infesté par les croyances démonologiques et possédé, pour employer son propre style au figuré, du démon de la persécution, a travaillé pour sa part à réaliser l'enfer en cette vie, afin d'en diminuer, croyait-on, le règne dans l'autre. Les mêmes faits se reverraient encore, si l'Église catholique devait reprendre la direction des idées générales, présider à l'éducation des hommes et exercer la police des sciences. Car on sait très bien qu'elle n'a point abandonné sur ce point sa doctrine.

La démonologie, dans l'antiquité gréco-romaine, chez les Juifs, les judéo-chrétiens et dans le moyen âge, a dû procéder surtout des Chaldéens, en origine première. On sait, en effet, que, s'il existait dans la Grèce ancienne, comme partout ailleurs, des éléments de cette superstition, c'est cependant à partir de l'envahissement de l'Occident par les idées orientales que certaines pratiques de divination, d'incantation et de sortilège, ou se répandirent ou prirent des formes qu'on ne leur connaissait pas à l'époque homérique. Le nom de *magie*, qui nous vient des Grecs, est significatif en ce point, puisqu'ils le tirèrent du nom persan grécisé des prêtres mazdéens; que ceux-ci furent habituellement confondus avec les prêtres chaldéens de Babylone, et qu'enfin la démonologie chaldéenne avait aussi pénétré dans le mazdéisme par l'effet d'une grave altération des croyances et des rites de cette dernière religion. Quant aux Juifs, leurs relations de voisinage les mettaient à même de recevoir par l'une ou l'autre voie la contagion d'idées qui descendaient de l'antique Chaldée. En tout cas, et quelque part qu'on laisse au développement spontané de l'imagination démonologique et des pratiques de sorcellerie chez les différents peuples, la magie des Chaldéens regagne, en qualité de type achevé de cette espèce des aberrations humaines, tout l'intérêt qu'on hésiterait à lui prêter sous le rapport des origines.

On a vu ailleurs (1) ce que sont les esprits, les *Zi*, partout invoqués dans les *hymnes* si justement appelées *magiques* de la Chaldée : des agents dont la présence dans tous les phénomènes possibles, où ils ne cessent de combattre, les uns pour nous, les autres contre nous et de lutter d'influence, est la cause de tout bien et de tout mal pour les hommes. Nous pouvons les invoquer ou les conjurer par des rites et des paroles sacramentelles, concourir à à l'œuvre des mauvais, à l'aide d'une magie condamnable, ou ser-

(1) *Introduction*, 2º partie, chap. XXIX.

vir et appeler les bons, moyennant des rites propitiatoires dont l'emploi appartient aux magiciens autorisés, aux prêtres, nos organes auprès d'eux. Comme au surplus il y a pour les esprits une échelle de pouvoirs, et que les plus forts ne peuvent être mis en action qu'au moyen de formules dont la connaissance est un privilège, le prêtre a naturellement une grande supériorité sur le sorcier plus ou moins libre des tribus, qui n'ont qu'un sacerdoce mal organisé avec une science de rencontre. Il est appelé pour pratiquer les exorcismes, dont la médecine est la branche la plus importante. La maladie étant, par exemple, attribuée à l'effet d'une imprécation qui aurait été lancée contre le patient, le prêtre la force de sortir du corps malade, en la personne de l'esprit qui y est entré et qui, semblable à une bête cruelle, le blesse et l'égorge. Pour cela, il invoque Silik-moulou-khi, le médiateur, qui se rend à la demeure de son père Éa pour obtenir de lui la révélation du *nombre* correspondant à l'esprit mauvais, et dont la connaissance permettra d'écarter le maléfice. « Mon fils, dit Éa dans l'un des *hymnes*, tu ne connais pas le nombre; que je te dispose le nombre. Ce que je sais, tu le sais. Viens, mon fils Silik-moulou-khi. Élevé, présente-lui (au malade) une main secourable. » Le passage suivant nous représente sans doute l'œuvre du prêtre à qui le dieu médiateur est censé communiquer le nombre secret, point capital de la formule magique : « Mal, sors de son corps. Que tu sois une imprécation de son père, une imprécade sa mère, une imprécation de son frère aîné, une imprécation d'un homme inconnu! C'est le destin prononcé par les lèvres de Éa. Comme la soif, qu'elle soit repoussée; comme l'iniquité, qu'elle soit anéantie; comme le péché, qu'elle soit dispersée! De ce destin, esprit du ciel, souviens-t'en! Esprit de la terre, souviens-t'en! » Dans un hymne analogue, le mot *remède* a le même emploi que le mot *nombre* dans celui-ci.

L'imprécation est naturellement appelée à jouer un rôle important dans les actions magiques. Cet acte, parmi ceux que l'imagination destine à nuire, a sa place marquée dans bien d'autres religions. Les malédictions des Juifs, non plus que celles des Indiens, par exemple, ne laissent rien à désirer pour l'énergie des paroles et pour l'atrocité des vœux et des menaces. Mais la magie leur attache la signification la plus positive : celle de l'action funeste des esprits que les mauvaises paroles appellent à torturer le maudit. Les imprécations chaldéennes s'employaient légalement dans un but d'intimidation pour prévenir des délits, protéger le bornage d'un champ, etc. On invoquait successivement tous les dieux en énumérant les maux dont ils frapperaient le coupable dans son corps, dans sa famille ou dans ses propriétés.

Revenons à la médecine magique. Elle a aussi son point de vue moral, c'est ce qui résulte de certains des termes employés dans les *hymnes*. On peut, à cet égard, la définir une forme imaginaire de justice divine appliquée à des méfaits également imaginaires, une réparation, par une juste action magique, des maux de la nature humaine attribués à l'action également magique des volontés malfaisantes. Ces volontés ne sont pas seulement celles des hommes, ou des sorciers empruntant le service des esprits; les esprits agissent aussi de leur propre mouvement et s'introduisent dans les différents organes pour les torturer :

« Le dieu mauvais, le démon mauvais, le démon du désert, le démon de la montagne, le démon de la mer, le démon du marais, le génie mauvais, le Uruku énorme... le démon qui s'empare de l'homme, le Gigim qui fait le mal..., le Mal mauvais, le Alal mauvais, le Télal mauvais, le Maskim mauvais, le fantôme, le spectre, le vampire, l'incube, le succube, le servant, le sortilège mauvais, le philtre, le poison qui coule, ce qui est douloureux, ce qui agit, ce qui est mauvais, leur tête sur sa tête, leur pied sur son pied, jamais ils ne le saisiront, jamais ils ne reviendront... Que le démon mauvais sorte! L'un l'autre, qu'ils se saisissent. Le démon favorable, le colosse favorable, qu'ils pénètrent dans son corps! Esprit du ciel, souviens-t'en! Esprit de la terre, souviens-t'en!

« La peste et la fièvre qui déracinent le pays, la maladie qui dévaste le pays, mauvaises pour le corps... l'homme malfaisant, l'œil malfaisant, la bouche malfaisante, la langue malfaisante de l'homme fils de son dieu, qu'ils sortent de son corps. De mon corps jamais ils n'entreront en possession, devant moi jamais ils ne feront de mal, à ma suite jamais ils ne marcheront, dans ma maison jamais ils n'entreront. Esprit du ciel, etc.

« Les sept dieux du vaste ciel, les sept dieux de la vaste terre, les sept dieux des sphères ignées, les sept dieux malfaisants... Les sept, les sept, au plus profond de l'abîme, les sept... ni mâles ni femelles... n'ayant pas d'épouses, ne produisant pas d'enfants, ne connaissant ni l'ordre ni le bien, n'écoutant pas la prière, vermine qui se cache dans la montagne, ennemis du dieu Éa, ravageurs des dieux, fauteurs de troubles, prépotents par la violence, les agents d'inimitié. Esprit du ciel, etc.

« Ils assaillent pays après pays. Ils font élever l'esclave au-dessus de sa place. Ils font sortir la femme libre de la maison où elle a enfanté. Ils font sortir le fils de la maison de son père... Ils font fuir le bœuf, ils font fuir l'agneau, les démons mauvais, qui tendent des embûches.

« L'Idpa exécrable agit sur la tête de l'homme; le Namtar malfaisant, sur la vie de l'homme; le Alal malfaisant, sur la poitrine de l'homme; le Outouq malfaisant, sur le front de l'homme; le Gigim malfaisant, sur les viscères de l'homme; le Télal malfaisant, sur la main de l'homme...

« La maladie du front est sortie des enfers, de la demeure du Seigneur de l'abîme elle est sortie... Il s'est purifié, et il n'a pas dompté le taureau; il s'est purifié, et il n'a pas mis le buffle sous le joug. Silik-moulou-khi l'a secouru; vers son père Éa, dans la demeure, il est entré, et il l'a appelé : « Mon père, la maladie de la « tête est sortie des enfers. » Au sujet du mal, il lui a dit ainsi: « Fais le remède, cet homme ne le sait pas »... Éa à son fils Silik-moulou-khi a répondu : « Mon fils, tu ne connais pas le remède; « que je t'enseigne le remède... Prends un seau, puise de l'eau « à la surface du fleuve. Sur ces eaux, pose ta lèvre sublime; par « ton souffle sublime, fais-les briller de pureté... secours l'homme « fils de son dieu;... enveloppe sa tête... Que la maladie de sa « tête se dissipe comme une rosée nocturne. » Que le précepte de Éa le guérisse! Que Davkina le guérisse! Que Silik-moulou-khi le guérisse! Que Silik-moulou-khi forme l'image secourable (1)! »

On voit par ces citations que l'action des esprits s'étend à d'autres sujets encore que les maladies, et à quelques-uns du genre moral. On voit aussi jusqu'où est poussé le dualisme des influences bonnes ou mauvaises. Mais il est juste de remarquer que l'invocation des esprits supérieurs du ciel et de la terre suit habituellement toutes ces énumérations d'esprits malfaisants. Ces derniers vont pêle-mêle avec les noms communs des maux dont ils sont les agents : fait mythologique analogue à celui qui, chez les Aryens, fait figurer l'objet de la pensée indifféremment tantôt comme une *personne* et tantôt comme un phénomène. Des dieux de la classe élevée se joignent parfois aussi aux grands esprits qu'on invoque : ce sont Moul-gé, Davkina, Nindar, Pakou, etc., noms chaldéens qui s'identifièrent avec ceux de la mythologie babylonienne, qui nous sont plus familiers : Bel, Bélit, Adar, Nabou, etc. La formule : *Souviens-t'en*, par laquelle on réclame l'intervention divine s'applique encore alors à ces différents personnages mais le plus souvent les deux esprits à titre universel sont les seuls que les *Hymnes* opposent ainsi aux innombrables légions des mauvais. L'un d'eux, Zi-Kia, le même que Éa, personnifie le principe terraqué et se lie étroitement au dieu ichtyomorphe Oan, révélateur des arts et des sciences. L'autre, Zi-Anna, dont le signe idéographique est une étoile, se rapporte à l'idée la plus élevée de la divinité, sous le symbole du ciel. C'est auprès du premier que se rend, pour obtenir la communication des recettes les plus cachées, le médiateur Silik-moulou-khi.

Auprès de ce médiateur lui-même, on voit, dans un autre hymne, le Feu paraître comme sous-médiateur, pour l'engager à se rendre à la demeure de Éa, et à solliciter de ce dieu la révélation des lieux qu'habitent les *Sept*, et du moyen de les vaincre. D'autres dieux encore interviennent dans cette lutte contre les Maskim (les *sept*) ; là c'est un certain arbre, un conifère, qui figure comme remède, et, avant tout, *un nom* à découvrir, un nom qui n'est connu que de Éa, et auquel rien ne peut résister. Le nom n'est pas écrit dans le texte et ne devait certainement point se prononcer dans les incantations. Le prêtre lui-même ne prétendait pas le connaître. C'était au dieu lui-même invoqué à le prononcer mystérieusement (1).

Le culte du feu est un point sur lequel l'Arye antique et la Chaldée ont dû se rencontrer spontanément. Il est naturel que la méthode mythologique de divinisation directe des éléments, et la démonologie qui les imagine habités se rapprochent par leur commun procédé de personnalisation des phénomènes, et soient conduits à des résultats pareils. C'est pour cela qu'un certain nombre de traits des *Hymnes magiques* rappellent les invocations à Agni des hymnes du *Rig-véda*. Les vents, les eaux, les fleuves sont invoqués en leurs esprits informants, et, tout à côté, se trouve l'emploi de noms génériques qui sont aussi des noms divins : Im, le Vent, Bin, l'Atmosphère, sans préjudice des descriptions de caractères qui leur conviennent comme objets sensibles.

(1) F. Lenormant, *La magie chez les Chaldéens*, pp. 26-27, 94, 98.

Nous avons remarqué plus haut que les maladies sont tantôt considérées dans leurs symptômes et tantôt dans les esprits, *leurs auteurs*. C'est que la personne se tient derrière le phénomène; elle en donne la raison comme *cause*, tandis que les caractères se présentent comme qualités, grâce au concept de *substance*. Les deux concepts s'échangent l'un pour l'autre.

Le *Rig-véda*, malgré ce que nous sommes tentés d'appeler poésie du langage, pour diminuer notre étonnement, — sans songer que cette poésie est elle-même un fait psychologique étonnant, — le *Rig-véda* pose au lecteur le même problème que la démonologie chaldéenne, quand on se demande si tel phénomène qui y est désigné par un nom propre est pensé comme chose ou comme personne. Mais la possibilité de ce dilemme ne touche pas l'auteur de la confusion qui nous arrête. Qu'il s'agisse d'un concept ou d'un phénomène dénommé par un terme universel, aussi bien que dans le cas où des esprits sont supposés comme agents sous les phénomènes, *la personnification a lieu toutes les fois qu'elle est possible*; et elle est toujours possible quand le concept ou le phénomène sont envisagés comme agents, sous le point de vue de l'action ou de l'influence et de ce qui en est la suite. *Tout sujet d'un verbe actif* est une personne. Mais la personnification s'arrête dès que la perception ou l'idée portent sur des effets produits et sur des qualités qui se développent passivement en un sujet donné. Autrement le concept de matière n'aurait jamais pu se constituer.

La méthode démonologique est manifestement inférieure à celle de la haute mythologie aryenne. Il est remarquable qu'en même temps que cette méthode favorise directement la personnification, puisque les esprits supposés pour expliquer l'action des phénomènes se prêtent mieux que les phénomènes eux-mêmes à l'anthropomorphisme, elle conduit non moins directement à l'idée de matière puisqu'il faut à ces esprits des corps sur lesquels ils agissent. La mythologie phénoméniste est plus idéaliste. On l'a bien vu par les doctrines philosophiques qui sont nées respectivement chez les peuples attachés à ces deux formes de spéculation. La démonologie se montre inférieure aussi, le plus souvent, par la qualité des êtres fictifs qu'elle met pour ainsi dire en circulation dans le monde. Les plus basses des créations de la superstition populaire viennent surtout d'elle, et, par suite, les croyances et les pratiques magiques, talismans, philtres, envoûtement, etc., toute la série des moyens prétendus de nuire à autrui ou de se protéger soi-même en prenant les puissances du mal à son service.

Nulle part, on le conçoit, les attributs anthropomorphiques et les qualités physiques n'ont dû plus facilement alterner dans le langage, tout en s'appliquant à un seul et même sujet, que là où il s'agit du feu. C'est que le feu et la flamme ne pouvaient n'être pas décrits en leurs apparences sensibles, où il n'entre rien des attributs de la personne, et que, d'une autre part, les *actions* et les bienfaits de tout genre, tant réels qu'imaginaires, associés à l'idée de ce phénomène, entraînaient l'esprit à le personnifier et diviniser. Les *Hymnes magiques* s'expriment donc sur le feu en termes analogues à ceux de la mythologie védique :

« Feu, seigneur qui rassemble, s'élevant haut dans le pays, Héros fils de l'Océan, Feu, éclairant avec ta flamme sublime, dans la demeure des ténèbres tu établis la lumière; Prophète de toute renommée, tu établis le destin. Le cuivre et l'étain, c'est toi qui les mêles; l'or et l'argent, c'est toi qui les purifies. L'émanation de la déesse Nin-ka-si (la dame à la face cornue), c'est toi. Celui qui fait trembler les méchants dans la nuit, c'est toi.

« Je suis la flamme d'or, la grande, la flamme qui s'élève des roseaux, l'insigne élevé des dieux, la flamme de cuivre, protectrice, qui élève ses langues ardentes; je suis le messager de Silik-moulou-khi.

« Que le dieu de la maison s'installe dans la maison ! Que le démon favorable, le dieu favorable entrent dans la maison... Esprit du ciel, souviens-t'en ! Esprit de la terre souviens-t'en (1) ! »

C'est à peine si le principe démonologique se fait sentir dans ces morceaux, et cependant nous avons vu que le Feu était considéré comme un député qu'on envoyait à Silik-moulou-khi pour implorer son intervention dans un sens qui n'avait rien de figuré. C'est évidemment l'esprit du feu qui recevait cette mission. Sa présence

---

(1) F. Lenormant, *La magie chez les Chaldéens*, p. 170. — En terminant ici les citations des *Hymnes magiques* traduits par François Lenormant, il n'est peut-être pas inutile de remarquer que les erreurs du traducteur, s'il en a commises, et les corrections que pourrait exiger une étude plus avancée des textes cunéiformes n'infirmeraient probablement en rien les observations philosophiques, toujours très générales, dont ces pièces curieuses sont pour nous l'objet.

sur l'autel donnait au messager une forme visible, symbole du mouvement de l'esprit ; mais ce n'est que cet esprit lui-même qu'on pouvait, *à un point de vue démonologique*, appeler, comme on faisait, « Pontife suprême sur la terre ». L'analogie avec le concept védique d'Agni (*ignis*) se soutient pourtant jusque-là, car Agni est un pontife, lui aussi ; mais les œuvres magiques prenaient probablement place dans les rites Chaldéens, à l'effet de faire monter et descendre l'esprit du feu, principe animateur du feu matériel ; et là commençait la différence, de là partait la théurgie. On sait que les anciens ont constamment attribué aux mages la prétention de faire *descendre le feu du ciel sur le pyrée* par la vertu d'une opération magique. L'esprit évoqué suscitait le phénomène sensible. Mais les premiers sacrificateurs aryens faisaient naître Agni ostensiblement par la friction d'une matière ligneuse ; pratique que chacun pouvait répéter.

L'ordinaire confusion des mages avec les prêtres mazdéens a fait passer ces derniers, éminemment, pour *adorateurs du feu*, et cette opinion n'a pu être que corroborée par le fait que le culte des premiers s'est réellement introduit dans le mazdéisme à une certaine époque, et qu'il a conservé son importance chez les Guèbres auxquels pour cette raison tout l'Orient musulman a adressé le reproche d'idolâtrie et voué une haine atroce. Cependant les anciens documents zoroastriens témoignent d'idées religieuses fort éloignées de l'adoration des éléments, et, à vrai dire, contraires. Le culte d'Agni paraît être du nombre des points de la tradition védique rejetés et condamnés par la scission religieuse des Iraniens, alors que, d'un autre côté, nous voyons le culte du Feu remonter à la haute antiquité chez les Chaldéens. Il est donc probable que le trait devenu caractéristique du magisme appartint originairement aux mages de Chaldée, c'est-à-dire à celle des religions babyloniennes dont la source n'était ni sémitique ni aryenne, mais touranienne, et ne se trouva un jour applicable aux mages de l'Iran que par suite d'une corruption du mazdéisme. Au reste, il faut songer que cette dernière religion se propagea parmi des peuples qui avaient un fond de croyances plus anciennes. La Médie notamment était peuplée en partie des descendants des mêmes tribus touraniennes qui dominaient dans la Chaldée. Non seulement l'altération progressive des croyances mazdéennes est démontrée par l'étude des livres que l'on peut classer chronologiquement, au moins jusqu'à un certain point, mais encore il est très permis de douter que ces livres aient toujours représenté les plus communes opinions du temps et des milieux où vivaient leurs auteurs, et non point leurs propres idées, plus élevées, plus épurées. Il est, d'après cela, fort possible que certains cultes s'offrent comme relativement récents, quand on en juge par la littérature, et soient cependant aussi anciens, comme superstitions populaires, que la religion principale qui, après les avoir désavoués en quelque sorte officiellement, finit par s'en laisser envahir. Au nombre de ces cultes anciens, il faut peut-être compter, dans le mazdéisme, celui des esprits particuliers attachés à toutes les créatures, aux hommes en particulier, et qui leur constituent des sortes de *doubles* : d'un côté, le type et peut-être l'essentiel agent ; de l'autre, l'individu déterminé et maîtrisé.

La croyance au démonisme universel semble être ainsi représentée, dans la doctrine mazdéenne, par la fiction des *Fravachis*, sortes d'anges recteurs ou gardiens attachés à tous les êtres matériels, tant célestes que terrestres, et même, curieuse logique, aux êtres spirituels et divins ; si bien que nulle conscience n'est simple et ne s'appartient tout à fait. On sait que les anges gardiens du christianisme descendent de cette source. Les anges moteurs des planètes, ont, eux aussi, une destinée qui a traversé les âges, s'est prolongée au delà même du seuil de l'astronomie moderne, et a gardé dans certains esprits une existence latente. Or cette fiction rappelle exactement celle qui règne dans les *Hymnes magiques,* où l'on voit toute chose avoir son esprit ; tout homme porter en lui l'esprit de son dieu dont il se dit le fils ; entre les mains duquel il se regarde comme placé ; enfin tout dieu s'invoquer en la personne de l'esprit distinct de lui-même qui lui est surajouté. C'est ainsi et sous cette forme démonologique que se présentent, dans ces hymnes, les dieux planétaires de la religion chaldéo-babylonienne, qui ne sont pas d'origine chaldéenne, mais probablement sémitique.

En admettant l'origine première chaldéenne du démonisme, et, d'une manière générale, les influences de l'esprit chaldéen sur le primitif mazdéisme, — influences rendues probables par la partie géographique des légendes relatives à Zoroastre, et par le dualisme du bien et du mal, commun aux deux religions, quoique interprété si différemment (1), — on reste libre d'accepter l'hy-

(1) Voyez ci-dessus, chap. II.

pothèse si attrayante à laquelle nous avons été conduit, sur le sens à donner à l'idée des Fravachis dans la religion de Zoroastre. Sans pouvoir déterminer l'époque, ancienne cependant, à laquelle appartiendrait une conception tellement idéale de la création et des êtres faits primitivement conformes à des prototypes existants dans la pensée du créateur de tout bien (Ahoura Mazda), on a le choix entre deux suppositions. L'interprétation idéaliste du démonisme peut remonter à l'origine même du sentiment iranien : on dirait, en ce cas, que la transformation du démonisme réaliste de la Chaldée a accompagné une autre transformation : celle du dualisme matériel en un dualisme moral du bien et du mal, et que ce mouvement d'esprit de l'Iran, qui se rapportait à la partie chaldéenne de ses origines, a été parallèle à sa réaction contre le culte des *dévas*, contre le brahmanisme naissant du peuple avec lequel il avait sa principale attache et de sang et de langue. Mais il se peut aussi que les textes qui favorisent la signification idéale des Fravachis en tant que types des êtres, soit matériels soit personnels, n'expriment guère que la pensée de leurs auteurs, — quoique anciens, puisque les textes le sont, — et qu'on ne doive pas se figurer qu'une doctrine de cette élévation et de cette pureté ait été populaire à aucune époque chez les sectateurs de Zoroastre. Mais, en toute hypothèse, il est certain que la démonologie réaliste est celle qui a fini par régner sans rivale, et qui s'est ouverte à la croyance de toutes les sortes d'esprits bons ou mauvais que l'imagination pouvait enfanter, et prêtée, par suite, à l'odieux développement des superstitions et des rites magiques.

Ce fléau des religions sur lesquelles s'est étendu par tradition le vieil esprit chaldéen n'a jamais été qu'imparfaitement mitigé par les doctrines sur la supériorité du bien, et par les préceptes qui commandent l'union avec les bons esprits, défendent de pactiser avec les mauvais. Et d'abord, il y a immoralité à se représenter la volonté de l'homme ou ses passions comme dépendantes, ne fût-ce qu'en partie, de l'influence secrète d'agents fictifs d'une nature analogue à la sienne, et sa conscience comme actionnée par d'autres mobiles externes que ceux qui lui viennent de la société humaine et des générations antérieures. Que le monde, en dehors de nous, soit ou non peuplé de ces êtres, moralement nos semblables, *nous devons n'en rien savoir*, tant qu'en effet nous n'en savons rien par des relations positives. Le principe démonologique une fois posé en vertu d'une croyance à laquelle on prête autant de poids qu'à l'expérience, il est vain d'espérer qu'il n'en sera point fait d'applications arbitraires et dangereuses. Arbitraires, c'est leur principe lui-même qui les rend telles. Dès qu'on admet la réalité d'influences qu'on imagine exercées par des *esprits* sur les déterminations mentales des hommes, on peut aussi bien en admettre de secrètes sur les phénomènes naturels, et l'on ouvre la porte à mille suppositions d'actions latentes, et à toutes les superstitions qui n'ont ni plus ni moins de fondement que celle-là. Dangereuses, les applications de la croyance démonologique le sont toujours, puisqu'elles dépendent d'un abandon au *vertige* mental, par l'effet duquel on passe de l'idée de la possibilité d'un fait à celle de sa réalité, dont l'unique garant est la vivacité de la représentation qu'on s'en donne. Elles peuvent enfin devenir criminelles, l'histoire ne le prouve que trop, par la tentation qui s'offre de se mettre en relation avec les agents imaginaires, et, quand on a cru en trouver les moyens, de faire servir leur puissance à de mauvais desseins. C'est donc un instrument de plus, quoique imaginaire, prêté au mal, et qui en produit un réel.

Remarquons encore qu'une manière d'envisager la volonté humaine et la nature, qui les livre l'une et l'autre au caprice et à la malfaisance des êtres occultes, agrandit la sphère déjà bien assez grande du mal connu et détourne l'imagination de son véritable objet, soit interne, soit externe, que pose exclusivement l'expérience. Les responsabilités morales se trouvent au fond déplacées alors que les responsabilités matérielles demeurent, que les craintes et les haines s'accroissent, et que l'établissement d'un ordre de criminalité illusoire ajoute une terreur et des horreurs de plus à celles que la méchanceté humaine toute simple est déjà en état de produire. L'histoire de la sorcellerie nous montre un enfer chimérique apporté par la religion sur la terre, comme si les douleurs et les crimes réels des hommes ne suffisaient pas pour constituer un théâtre d'expiation, un enfer très suffisant sans intervention de démons. La fiction des anges gardiens, contrepartie de ces démons, sorte de possession céleste opposée à la possession infernale, ne diminue pas le vice radical du démonisme; il le confirme plutôt en achevant d'exténuer la fonction de la personne morale, et de fausser le théâtre de la liberté par la substitution de deux genres de suggestions étrangères et contraires entre elles aux passions naturelles et aux motifs moraux, au jugement direct de la conscience sur le juste et l'injuste. La personne morale est ainsi vidée de son contenu propre et de tout ce que les impressions antécédentes y ont déposé, pour ouvrir un lieu de combat à deux puissances antagonistes.

Nous avons rapproché le sujet historique de la magie et de la sorcellerie de celui de la démonologie ; et ces sujets sont fort liés, en effet. Ils le sont d'abord par le caractère d'un même genre de croyances, destructeur de toute méthode de science, et qui consiste, d'un côté, à ajouter aux causes déterminables des phénomènes, des actions et des influences occultes et insaisissables, et, de l'autre, à se forger d'innombrables agents invisibles par le monde que l'on charge d'exercer toute cette masse de causalité imaginaire. Et ils le sont encore par ce fait, que la fausse supposition de ces agents *surnaturels*, — entendons simplement par là *surajoutés* à la nature sensible et commune, et doués de pouvoirs supérieurs, — conduit à chercher et à feindre des moyens de mettre à profit leur puissance pour le bien ou pour le mal. Ainsi la démonologie mène à la magie, tout comme l'imagination des influences mystérieuses et surnaturelles mène à l'hypothèse démonologique pour les expliquer. Le nombre et les qualités de ces êtres occultes, en quelque sorte surérogatoires aux phénomènes réels, peuvent beaucoup varier ; ils peuvent se multiplier indéfiniment, comme dans la Chaldée et dans les religions de l'Asie qui ont reçu les traditions chaldéennes ; — ou se borner, comme dans l'Inde, à de nombreuses catégories de dieux, habitants de différents *ciels*, et de génies de plusieurs sortes, et de démons qui ont des *enfers* pour sièges spéciaux, sans oublier les âmes humaines qui atteignent, par la vertu des macérations, à la même condition, aux mêmes prérogatives, aux mêmes pouvoirs miraculeux que ces dieux ou que ces génies ; — ou, comme en Égypte, se traduire par les formes diverses, les incarnations et les métamorphoses de tout le règne animal et divin, sans aucune loi de transmigrations régulières ; — ou se réduire, comme dans le polythéisme des Grecs et des Romains, et dans d'importantes doctrines philosophiques anciennes, à des classes de démons divins, intermédiaires entre l'homme et la divinité, et à des classes de démons méchants qui tourmentent les hommes ; — ou, dans le monothéisme des Juifs d'une certaine époque, à des anges, organes et messagers de dieu, à des démons qui entrent dans les corps des hommes, à différents diables et à Satan leur chef; — ou enfin, dans le christianisme, à ces mêmes anges et à ce même Satan, et à ses satellites, et aux âmes des pervers, changées par la damnation éternelle en autant de diables; — partout et toujours ces croyances ont produit la théurgie, la magie, les sacrements et les miracles, funeste bagage que les sacerdoces, serviteurs intéressés des superstitions qui leur confèrent des pouvoirs, ont fait passer pour une partie essentielle de la foi religieuse et du culte. Et lorsque aux religions dogmatiques et sacerdotales sont venues se substituer des révélations individuelles de doctrine et de foi, ce que les peuples ont demandé au révélateur comme *signes* de son inspiration divine ou de sa mission, ce n'est pas la vérité sensible au cœur et à la raison, le commandement moral qui s'impose à la conscience; ce sont *des miracles*. Et n'en ayant pas obtenu, ils en ont supposé.

CHAPITRE XX

La divination et l'astrologie.

Le sujet des arts divinatoires ne diffère de celui des arts magiques qu'en ce que l'imagination projette ses fictions dans le temps, et les définit comme faits ou événements à venir, indépendants de la volonté; ou actuels, mais alors inconnus et inaccessibles aux moyens d'investigation ordinaires, au lieu de les répandre dans l'espace en qualité de causes pour produire les effets désirés. Ils se rattachent l'un comme l'autre à la démonologie, le devin, ou prophète, ayant cela de commun avec le magicien, ou sorcier, qu'il se dit l'organe ou le truchement d'un dieu ou démon quelconque pour révéler ce que l'homme ordinaire ne peut savoir, de même que l'autre prétend avoir la communication du pouvoir mystérieux, pour accomplir des œuvres qui surpassent l'ordinaire puissance humaine. D'autres fois, et plus souvent, le devin s'attribue seulement le don de reconnaître ou de découvrir en observant certains signes naturels, ou donnant lieu lui-même à leur production, les rapports que le dieu ou le démon établit entre ces signes et les événements futurs, qui se trouvent annoncés de cette manière. Le premier mode de divination, celui des sibylles et des voyants, est de beaucoup plus relevé. Le second se rapproche sensiblement du fétichisme par la nature arbitraire des relations qu'il institue et la part presque inévitable qu'y prennent, à côté de l'illusion, la fraude et la mauvaise foi.

L'un des plus anciens procédés divinatoires de cette seconde espèce est celui que les *mages* pratiquaient, au témoignage des anciens, confirmé par des monuments, et qu'ils tenaient des Chaldéens. Il est commun au fond, quoique avec des formes variées, à des hommes de races et de religions très diverses, qui suivent des pentes d'imagination semblable en cédant au *vertige intellectuel* dans la représentation des *rapports possibles* entre des phénomènes qui n'en ont aucun de réel. Le terme de divination *par les sorts*, qui désigne ce procédé dans sa généralité, indique précisément l'absence de relation entre le *signe* prétendu et la chose à prédire, dont il serait le signe, puisque le mot *sort*, dans l'usage commun, implique l'idée de *hasard*, qui est celle de l'idée absence même. Mais ce mot *sort* n'implique pas moins, dans l'usage commun, une autre idée, qui paraît toute contraire, l'idée du *destin* attaché à chaque chose, laquelle est fondée sur l'idée de la nécessité ou lien universel de tous les faits ou événements quelconques dans la suite du temps. Ce rapprochement, loin de mettre une contradiction en évidence, est ce qui explique la possibilité de l'illusion que nous tâchons d'analyser. C'est la croyance au destin qui fournit le vrai terrain psychique sur lequel elle se produit. La croyance au hasard en serait le renversement, si elle était sincère ou profonde. Mais, dans l'opinion implicite où l'on est que *tout se tient*, il est naturel de penser qu'un fait quelconque ou que l'on observe, ou auquel on donne volontairement lieu soi-même, soutient un rapport avec un tout autre fait quelconque et par conséquent avec celui auquel on pense et qu'on a intérêt à savoir. Il ne reste plus qu'à imaginer que l'examen du premier d'après certaines règles, ou suivant certaine inspiration secrète, peut porter la lumière sur le second, qui est encore à venir. Et c'est de là que part l'illusion. *Jeter les sorts, consulter les sorts*, c'est donner lieu à ce premier fait dans lequel il restera à démêler le signe du second. Lorsque tel ou tel de ces signes imaginé d'avance, qui, par sa nature, est à la disposition de qui veut le produire, est supposé en rapport avec un certain mal à advenir à quelqu'un, une autre expression pareille à celle de *jeter les sorts*, mais d'un sens différent, paraît et s'explique. Il ne s'agit plus alors de divination mais de sorcellerie. *Jeter un sort* est l'acte du sorcier qui réalise ce signe du dommage prémédité, quelle que soit d'ailleurs cette pratique à laquelle il attribue le rapport secret, l'influence nuisible. En dehors de l'idée du sortilège proprement dit, les superstitions relatives à l'effet des malédictions, ou des paroles de mauvais augure, ou de mauvais œil s'expliquent de la même manière.

Nous pouvons prendre pour un type du procédé des *sorts jetés* celui dont l'instrument figure comme l'un des insignes portés par les mages dans les sculptures babyloniennes : le faisceau des baguettes. L'usage de ce moyen de divination nous est indiqué par un passage d'Hérodote, qui le rapporte comme une coutume des Scythes : « Parmi cette nation », — nous empruntons le langage d'un vieux traducteur, — « se trouvent devins en grand nombre, qui font leur divination avec sions de saule en cette manière. Ils assemblent en un lieu grosses jarbes (gerbes) desdits sions, lesquelles posées par terre, ils délient, et, mettant chacun sion à part, il devinent en barbotant quelques paroles; après ils les rassemblent comme ils étaient auparavant, puis derechef les remettent à part. Et telle est la divination du pays (1). » Dans le silence de l'historien sur la nature des signes qui instruisent l'opérateur, il ne faut pas croire qu'il s'agisse d'un simple jeu de la main pendant que l'avenir se déroule dans sa pensée; encore moins d'une vertu divinatoire qui lui serait transmise par les bâtonnets, à mesure qu'il les manie. Les signes résident certainement dans l'ordre et la disposition, dans les figures que forment ces bâtonnets déliés ou projetés à terre. Le devin le reprend et les jette de nouveau selon qu'il a besoin d'éclaircir les premières par de nouvelles indications ou de pousser plus loin la recherche et l'exploration des sorts. L'antiquité italique, loin de l'horizon de la Scythie, nous offre un instrument analogue des sorts : c'est une espèce de chapelet formé de morceaux de bois enfilés et que l'on jetait pour observer les figures qu'il prenait en tombant. Ces procédés, pour ne paraître pas absolument livrés en pratique à la fantaisie de l'opérateur, ce qui aurait nui à leur crédit, supposaient des règles d'interprétation, que celui-ci devait connaître par tradition, et qui étaient censées avoir été vérifiées ou constamment ou très souvent par l'événement; c'est-à-dire qu'on regardait au fond comme les effets du destin (nous dirions d'une loi) les rapports arbitraires qu'on avait imaginés. Le comble de cette illusion, portée à l'état de système élaboré et compliqué, se trouve dans la mode antique de divination des Chinois, *par l'écaille de tortue*. C'est de la consultation des fissures de l'écaille chauffée par le feu qu'il s'agit, et, par conséquent, des figures, comme dans la consultation des baguettes.

« La contexture sacrée de l'écaille de tortue, dit un ancien livre chinois, présente cent vingt configurations de fissures, et douze

---

(1) Hérodote, IV, 67, trad. de Pierre Saliat. — Nous préférons cette traduction comme la plus naïve. Celles de Larcher et de Miot ne sont pas plus claires, le texte grec se taisant sur une circonstance essentielle : la disposition que les bâtonnets prennent en se déliant.

cents réponses... Pour toutes, il y a huit lignes symboliques sacrées et soixante-quatre combinaisons de ces lignes (1). » On sait que le livre réputé le plus ancien de ceux de cette nation avait formulé une suite de symboles fondés sur des combinaisons de petites lignes droites, disposition fort analogue à celle que donne la chute des baguettes, et ramenée seulement à quelques types. Il ne s'agissait plus, pour la divination par l'écaille, que d'interpréter conformément au symbolisme reçu les configurations plus ou moins confuses des fissures. D'une manière générale, les effets produits accidentellement sur une matière soumise à certaines actions physiques, — en observant d'ailleurs des rites prescrits, — se prêtent à une interprétion de ce genre. La divination *par la plante chi*, autre mode chinois, rentrait apparemment dans cette catégorie. Ce que nous devons y remarquer, et non sans étonnement, comme particulier à la Chine, c'est non seulement l'emploi d'un symbolisme qui paraît avoir été formellement arrêté, mais encore le caractère *a priori* de ce symbolisme, au lieu des règles d'interprétation qui partout ailleurs se présentaient comme n'étant connues et vérifiées qu'empiriquement. Cicéron, qui, dans le premier livre de son traité *De la divination*, met dans la bouche de son frère Quintus un résumé de tout ce qui se savait ou se disait de son temps sur l'histoire de cette superstition et pour la justifier, Cicéron a soin de faire plaider l'avocat assez longuement en réponse à l'argument de ceux qui objectaient l'absence de toute raison qu'on pût assigner pour l'existence d'un rapport quelconque entre les signes prétendus des événements, selon les augures, et ces événements eux-mêmes. L'apologiste convenait qu'on ne voyait effectivement nul rapport, mais il soutenait : 1° que le destin ou les dieux pouvaient tout de même en avoir mis un ; 2° que l'événement en établissait la réalité, *au moins très fréquemment*, au jugement de toutes les nations et de tous les philosophes, *à l'exception de Xénophane et d'Épicure* (2)! Il est positif que les anciens penseurs, en grande majorité, n'étaient pas plus éclairés ou mieux avisés, en matière de jugement et de constatation d'un rapport réel de causalité, que le sont aujourd'hui les personnes nombreuses qui se fient à la *chiromancie*, ou à la divi-

---

(1) Le *Tchéou-li*, trad. par Édouard Biot, livre XXIV. — Le texte et les notes du traducteur contiennent de nombreux et curieux détails sur ce sujet.
(1) *De divinatione*, I, 14, et 39.

nation *par le marc de café*, ou à telles autres dispositions de lignes ou de matières en mouvement, qui rappellent la *plante chi* et *l'écaille de tortue*. La *pyromancie*, la *pégomancie*, la *lécanomancie* et bien d'autres ont été des noms de supertitions de ce même genre. La doctrine du symbolisme chinois était l'illusion d'un système; les règles empiriques bien plus flottantes des procédés les plus communs sont des illusions de l'expérience, des applications du sophisme qui consiste à supposer entre des faits un rapport de signe à chose signifiée, qui n'existe pas, et une vérification de ce rapport que l'expérience consultée correctement démentirait.

Ces différents procédés de divination ont cela de commun que leur matière est établie par l'opérateur. Il en est de même du *sort des dés* qu'on employait dans certains sanctuaires de la Grèce, la projection des dés étant analogue à la dispersion des bâtonnets. Des tableaux écrits d'avance fixaient le sens à donner au sort, c'est-à-dire les rapports des différents coups avec tels événements à attendre, avec la bonne ou mauvaise issue de quelque affaire préméditée, etc. Mais, dans la divination par les modes les plus généralement usités et liés aux religions d'État, — inspection des entrailles des victimes, observation du vol des oiseaux, de l'éclair et du tonnerre, des *prodiges* naturels ou phénomènes insolites et surprenants, des cas de génération tératologique, etc., etc., — la nature fournissait d'elle-même, sans provocation, pour ainsi parler, les signes à interpréter, qui pouvaient prendre un sens d'avertissement ou de menace, de la part des dieux ; et il existait également des règles d'interprétation convenues dont nul ne pouvait dire l'origine. A l'époque de Rome où Caton disait, — c'est Cicéron qui le rapporte, — ne pas concevoir que deux aruspices pussent se regarder sans rire, tous les hommes qui avaient exercé les hautes fonctions publiques avaient fait métier d'aruspice à l'occasion, et savaient à quoi s'en tenir sur la valeur de ces règles qu'ils voyaient varier de lieu en lieu, sans fondement d'expérience aucun, et servir de moyens de gouvernement. Cependant ce même philosophe qui s'en moquait, mais en petit comité seulement, était d'avis que la superstition augurale devait être respectée, et qu'il fallait « maintenir, à raison de l'opinion vulgaire et dans l'intérêt supérieur de la République, la coutume, la religion, la discipline, le droit des augures, l'autorité du collège » (1). Cicéron appartenait à l'école académique, alors à peu près sceptique, si bien que son opinion lui commandait de dire à demi plaisamment, qu'il ne pouvait rien affirmer contre la divination *avec certitude*, *à moins de deviner*, lui qui niait la divination (2). Cette opinion ne laissait pas de représenter tout ce qu'il y avait alors au monde de philosophie critique. Elle-même ne devait pas y durer bien longtemps. Ni la plupart des philosophes, ni tous les aruspices, quoi qu'en pensât Caton, ne la partageaient, et elle avait contre elle la « croyance du genre humain ». La décadence des oracles montra plutôt un changement de direction dans les superstitions régnantes qu'elle ne témoigna en faveur de ce qu'on appelle aujourd'hui le progrès de la raison publique.

Pour se placer au vrai point de vue de l'analyse philosophique de ces croyances, il faut écarter l'idée de la fraude, au moins préméditée et entière, chez l'augure ou le donneur d'oracles; il faut se le peindre vis-à-vis de *son art* dans une disposition d'esprit jusqu'à un certain point semblable à celle de l'homme qui, pour sortir d'irrésolution dans un cas donné, dans un trouble d'esprit, recourt à un genre d'oracle pour lequel il n'a besoin de l'aide de personne, ni de la connaissance d'aucune règle d'interprétation : nous voulons parler de la consultation des *sorts virgiliens*, ou des *sorts homériques*, procédé bien connu que les modernes ont souvent transporté à la Bible. On se fait donner un texte *par le sort*, exactement comme le jet des dés donne de certains nombres, le déliement des bâtonnets certaines figures, la nature certains phénomènes accidentels, de ceux qui ont reçu le plus ordinairement la qualité de présages; mais, au lieu d'avoir des règles d'application fixes, comme dans ces divers cas, on improvise des rapports imaginaires entre le texte fourni par le hasard et la situation à laquelle on veut trouver une issue, apporter un jugement, un remède. Ce rapport se choisit de telle façon qu'il suggère, grâce à l'impression que produit le rapprochement, le parti à prendre, la faute à éviter, enfin quelque inspiration favorable dans la circonstance. Or, c'est là précisément ce qui se pratique avec inconscience, dans les cas soumis à des règles fixes d'interprétation, parce que ces règles ne sont fixes qu'en apparence et laissent de grandes latitudes dans leur appli-

---

(1) Cicéron, *De divinatione*, II, 24, 33.
(2) Id., *ibid.*, II, 3.

cation à des questions posées. Celles qui étaient nettes et absolues étaient toujours prohibitives, et, par conséquent, ne pouvaient jamais entraîner que des délais pour l'intéressé qui avait la ressource de recommencer les épreuves. C'était un cas de gêne assez fréquent, mais aussi un moyen très utile pour la raison d'État. Celles qui étaient censées donner réponse à des questions formelles étaient vagues ou équivoques, obscures comme par exemple, les oracles fameux de la Sibylle. Considérons celui des procédés où le sens des différents coups de dés était inscrit sur un tableau ; ce sens, vu la nature du mode employé, ne pouvait pas être rapporté avec précision à la demande. Le consultant, dans sa préoccupation, dans ses passions d'espérance et de crainte, savait s'arranger pour que la réponse lui parût avoir un sens déterminé adaptable à son état mental. Il en devait être de même, quoique avec plus de sang-froid, de l'interprète professionnel, servant ou prêtre du temple, suivant le degré de foi qu'il avait en son métier et la connaissance qu'il pouvait s'être procurée de la condition et des affaires du consultant. Il faut toujour penser à la latitude laissée au devin par état, ainsi qu'à celui qui s'applique à lui-même les sorts pour bien comprendre son jeu d'imagination. S'il s'agit d'interpréter des figures, comme dans plusieurs des cas rapportés ci-dessus, les marbrures d'une pierre polie, les effets de la flamme dans un foyer ardent se prêtent, on le sait, à toutes sortes d'imagination ; à plus forte raison est-il facile de ramener par la ressemblance à tels ou tels d'entre des types de configuration qu'on a classés les dispositions fournies par le hasard. Le reste, c'est-à-dire la relation de la figure à la question, se fait, comme nous venons de l'indiquer, et avec la plus grande facilité possible, quand on fait entrer en ligne de compte la possiblilité de porter des jugements variés sur la figure donnée et de reprendre au besoin l'opération.

Considérons maintenant la nature de la question posée à l'oracle. Il y en a deux espèces principales. La question peut revenir à un dilemme : la pluie ou le beau temps, l'échec ou le succès d'une entreprise, le moment favorable ou défavorable, etc. Ou bien il s'agit de trouver le rapport des signes à des événements futurs ou inconnus, qui seront ainsi devinés sans qu'il y ait à répondre formellement *oui ou non* à une demande précise. C'est le cas de la *bonne aventure*, des objets cachés à découvrir, etc.

Dans le cas du dilemme, si le devin manque d'informations, il applique sa règle après avoir tiré les sorts selon sa méthode. Nous avons vu comment les événements quels qu'ils soient laissent intacte la crédulité. Les démentis que donne l'expérience se justifient de manière ou d'autre; ils sont même prévus comme possibles, tous les opérateurs ne passent pas pour également sûrs ou habiles, et le consultant peut aller de l'un à l'autre jusqu'à ce qu'on lui dise ce qu'il est bien aise d'entendre. Mais si le devin possède des informations, s'il a des raisons à lui de juger du cas proposé avec plus ou moins de probabilité, il se sert, — nous le supposons toujours de bonne foi, — de ce qu'il y a d'imparfaitement déterminé dans l'application de sa règle à l'interprétation du sort, pour découvrir dans les signes qu'il lui fournit, un sens accommodable à sa pensée. Il peut sentir quelque gêne à cela faire, si sa méthode est d'un genre trop strict, mais il trouve en général des biais ou des échappatoires, au besoin des vices de forme pour reprendre les opérations. Plus ordinairement, il dispose d'assez d'éléments indéterminés pour faire pencher l'observation du côté qui a ses préférences. Le charlatanisme n'est que la dernière ressource, la plus simple de toutes, à laquelle l'illusion dispense ainsi de recourir. L'illusion est la plus grande possible quand l'intéressé consulte lui-même et pour lui le sort. Nous voyons encore aujourd'hui les personnes qui « se tirent les cartes », se montrer parfois habiles à user des règles reçues dans cette matière, pour se faire annoncer ce qu'elles attendent, ou désirent, ou craignent. Et les spirites crédules, — il n'en manque pas, — s'entendent, d'une manière très curieuse, pour le psychologue, à dicter aux esprits qu'ils évoquent et interrogent des réponses de leur invention, qu'ils font exécuter eux-mêmes inconsciemment par les moyens dont ils s'attendent à ce que ces agents se servent pour se manifester (*esprits frappeurs*, *tables trébuchantes*, etc.).

La divination appliquée à la recherche de l'inconnu ou à la prédiction de l'avenir par la consultation du sort de n'importe quelle espèce donne lieu aux mêmes remarques générales. Pour s'exercer avec un peu de prestige, elle suppose chez le devin une connaissance plus ou moins étendue des personnes, des conditions et des intérêts : connaissance des particuliers, s'il se peut, mais au moins des sentiments, des préoccupations, des usages communs à la plupart des hommes ou à ceux de différentes classes ou professions, et le discernement de ces dernières. Cela posé, le problème consiste à lier avec le sens attaché d'habitude aux signes qu'apporte le sort les idées suscitées par la question, et par ce qu'on voit ou entend de la personne et ce qu'on suppose à son sujet. Les règles du *jeu* ne sont pas assez strictes pour rendre impossible ce travail d'association d'idées, et d'induction, et de mise en rapport avec des signes donnés qu'on interprète. Ce sont au reste les cas où la simulation et la supercherie se font la plus grande place. Quand il y a bonne foi, ce qui est le seul cas intéressant, c'est la théorie du vertige mental qui peut seule expliquer l'illusion chez les rares devins professionnels susceptibles d'y céder tout à fait, mais surtout chez ceux d'entre eux qui se trouvent, *sans feinte*, dans l'état hypnotique ou de somnambulisme artificiel. Pour plusieurs, qui n'ont ni l'imagination ni la passion nécessaires pour leur suggérer des révélations illusoires, et qui sont d'ailleurs dans la condition normale, on peut admettre cet état de la volonté qui n'est ni la bonne ni la mauvaise foi, ni la croyance ni l'incroyance, et qui, bien qu'impossible à comprendre pour les hommes de solide raison, est constaté par la fine observation de la nature humaine. La mesure d'illusion de ceux-là se réduit à ne pas rejeter formellement en eux-mêmes l'existence des signes prétendus que leur métier est d'exploiter, tout en y mettant autant qu'il faut du leur. Car pourquoi les supposer plus raisonnables que leurs dupes? Les plus intelligents sont les plus menteurs.

Nous venons de faire allusion à l'hypnotisme, et l'étude de la superstition divinatoire chez les anciens nous a conduit à prendre des exemples et des applications tout près de nous, puisque malheureusement ils y abondent. Mais, en passant de la divination *par les sorts*, dont nous venons surtout de traiter, à celle qui se fait par une opération toute mentale, sans se donner des *signes* extérieurs accidentels, ou pris dans la nature, ou provoqués par quelque procédé qui met en jeu le hasard, c'est un écart considérable que nous avons à remarquer entre l'antiquité et notre époque; et la différence n'est pas en faveur de cette dernière. La distinction que nous avons posée en commençant entre ces deux grands moyens supposés de la divination (1), correspond à celle que les anciens reconnaissaient comme essentielle. Mais il est remarquable qu'ils appelaient *naturelle* celle qui est toute mentale et dont l'art n'a à fournir ni à interpréter les signes, et *artificielle* celle qui opère sur des signes donnés ou pro-

---

(1) Voyez ci-dessus, p. 354.

voqués (1). C'était, en effet, un état naturel, dans leur opinion, — tous cas de feinte mis à part, ainsi que les moyens matériels, parfois mis en œuvre pour le produire, — que cet état d'extase ou de convulsion que les croyants qualifiaient de *fureur divine*, et dans lequel l'avenir se dévoilait aux yeux du patient. Cet état doit donc se juger d'après la théorie du vertige mental et n'appelle pas d'autres observations que celles qui précèdent sur la divination en général. Chez les modernes, où la croyance à la possession divine n'existe plus, il a cessé d'être *naturel*, les illusions qui lui donnaient lieu ne pouvant plus, à moins de folie, se produire ; il est alors devenu *artificiel* à sa manière ; il est provoqué exclusivement par des actions exercées sur les organes ou sur l'imagination des sujets qui n'ont plus ni volonté, ni croyance, ni sentiments moraux propres à relever leur condition. Ils n'ont même plus de spontanéité, car on attribue à des *suggestions*, et au tempérament plus ou moins anormal et vicié qui les rend capables de les subir, les phénomènes extraordinaires qu'ils peuvent présenter comme *voyants*. Ces phénomènes sont eux-mêmes en grande partie fort discutables. La superstition et la crédulité ne perdent rien à se transporter du terrain de la démonologie antique à celui du spiritisme de notre siècle ou à celui des influences physiques inventées par des matérialistes mystiques et exploitées par des charlatans. On peut même trouver qu'il y a un certain abaissement du point de vue. Le fond d'irrationalité est invariable.

Auprès de la divination, dont elle n'est d'ailleurs qu'une branche importante et très caractéristique, l'astrologie doit être citée comme une des aberrations capitales de l'esprit humain et des plus opposées à la considération rationnelle et scientifique des phénomènes. Cette superstition n'a eu toutefois ni l'étendue, ni l'influence populaire et les applications de toutes sortes des croyances démonologiques et de la magie. Il est même vrai de dire que ses torts envers l'esprit de la science ont été singulièrement atténués par un service rendu. Non seulement l'astrologie comme la chimie, la fiction de l'influence des astres sur le destin des hommes, comme a spéculation sur les essences cachées et les vertus occultes des métaux, a encouragé l'observation des faits et l'étude

---

(1) Cicéron, *De divinatione*, I, 6 et *passim*.

des lois naturelles, jusqu'à une époque dont nous ne sommes encore éloignés que de bien peu de siècles; mais encore un fait intéressant d'origine des connaissances, et d'observation réellement scientifique bien que de haute antiquité, est à prendre en considération. Il a été d'une importance extrême, que des notions positives d'astronomie eussent déjà un passé lointain au moment où les explications et les théories commencèrent à se produire ; or il est certain que les prêtres babyloniens n'auraient pas observé les mouvements célestes avec tant d'assiduité et un degré d'exactitude que les instruments sans précision dont ils pouvaient se servir rendent merveilleux, s'ils n'y eussent été engagés que par un intérêt de curiosité, et non par des motifs de religion et par la passion de connaître ces stations et cette marche des dieux de lumière auxquelles ils croyaient les événements d'ici-bas rigoureusement subordonnés. Ceci concédé, il reste que la construction des rapports astrologiques ne peut tout entière passer que pour un vaste cas de *vertige mental collectif*, quelque chose comme la fantaisie et l'illusion pure d'un individu, devenue on ne sait comment l'entente de plusieurs, — ensuite de tous, une fois l'autorité acquise, — pour reconnaître ces rapports prétendus qui n'ont aucun semblant d'existence, et présenter ces chimères pour des faits souverains dont l'ignorance des hommes et l'imperfection de leurs observations empêchent seules la vérification infaillible et constante.

L'astrologie appartient aux *mages* à partir d'une certaine époque. Il ne paraît pas pourtant qu'on puisse en rapporter l'origine aux prêtres de l'ancien mazdéisme, ou religion de Zoroastre, ni à l'antiquité chaldéenne, quoique les astrologues tireurs d'horoscopes fussent appelés couramment des *Chaldéens* dans le monde grec et romain. Ses premiers auteurs sont à chercher dans une autre branche des religions babyloniennes, dans les populations de race sémitique ou kouschite, si tant est que cette dernière dénomination soit clairement applicable à d'autres qu'à des Sémites méridionaux, situés au contact des races noires. Les tours à sept étages, qui sont caractéristiques du culte des dieux-planètes, existaient, il est vrai, dans la Médie, comme dans la Babylonie, mais la Médie a été le théâtre de révolutions religieuses dès les temps les plus anciens ,et des conquérants y ont introduit leurs religions.

Ce n'est peut-être pas sans fondement qu'on avait coutume autrefois de désigner sous le nom de *sabéisme* un culte dont l'adoration des astres était le trait principal. Il existait parmi les populations arabes deux tribus, portant les noms de Saba et de Chaba, l'une kouschite, l'autre sémite suivant les généalogies hébraïques (1), et qui habitaient le sud-ouest de la péninsule. Cet ancien pays de Saba, qu'on appelle aujourd'hui himyarite, était la partie riche et commerçante de l'Arabie, en relation avec ses voisins du nord et du sud et fort distincte des régions parcourues par les nomades. Son climat le rendait très propre aux observations astronomiques, et elles ont pu s'y organiser, grâce à un véritable établissement national centralisé, avec des rois et très probablement des familles fort semblables à des castes, et un sacerdoce. Or il est constant que la langue de l'Yémen était sémitique, et il l'est aussi que sa religion avait des cultes pour le soleil, pour la lune, pour les planètes, adorées plus spécialement les unes ou les autres selon les lieux, et toutes ensemble dans certains sanctuaires, enfin pour des étoiles, telles que Sirius et la Pléiade. Ajoutons que les bétyles, ces pierres qu'on a souvent prises pour de grossiers fétiches, étaient, quelque singulier que ce fait nous paraisse, des représentations symboliques de puissances sidérales. Il en était de même, sans doute, des idoles de la Mecque; la plus fameuse de toutes, la pierre noire de la Kaaba ayant été consacrée à la planète Saturne, et certaines autres, au nombre de sept, aux *sept planètes*. Le nom de sabéisme paraît donc assez justifié pour le culte des astres, quoique d'autres cultes aient pu se joindre à celui-là dans l'Yémen, aussi bien qu'à Babylone, et sans même qu'une certaine vue monothéiste, dont les noms de El ou de Allah sont les signes, ait été inconciliable avec cette idolâtrie. On sait enfin que les éléments de cette religion des astres se sont conservés en Arabie jusqu'au temps de Mahomet. Le Coran nous montre le Prophète attaché à combattre, au nom du seul vrai Dieu créateur, l'adoration des faux dieux qui *brillent*, mais *qui se lèvent et qui se couchent* (2). Si nous rapprochons ces faits, qui déjà nous inclinent à une origine méridionale des spéculations astrologiques, — puisque l'astrologie et l'astrolâtrie sont naturellement parentes, — si nous les rappro-

(1) Caussin de Perceval, *Essai sur l'histoire des Arabes*, t. I, p. 42.
(2) Voir, par exemple, la légende d'Abraham, dans les versets du Coran, VI, 76 et suiv.

chons de cette circonstance, que le sacerdoce égyptien donna au culte des dieux célestes une direction entièrement différente il sera naturel de conclure que le berceau d'une doctrine si particulière fut sinon dans l'Arabie même, au moins chez une nation sémitique, dont il faut laisser le siège indéterminé, et dont le culte, se propageant, atteignit la Chaldée et la Babylonie, où il parvint à son entier développement dogmatique.

La région de l'Asie, intermédiaire entre l'Égypte et les lieux où s'élevèrent un jour les grands empires de Babylonie et d'Assyrie, était en partie peuplée, là même où l'invasion touranienne s'était répandue, par des Sémites (ou des Kouschites) dont les religions se rapportaient aux astres, avec différentes applications selon les localités. Il est certain que tantôt le soleil, tantôt la lune, tantôt l'une des planètes était l'objet principal du culte en chaque ville dont nous savons quelque chose. Il ne l'est pas moins que, de tout temps, dans cette région, la guerre faisait et défaisait des dominations d'étendue et de durée variables au profit de tel ou tel centre, auquel les autres villes devenaient assujetties. Dès qu'une œuvre de centralisation violente avait réussi, un double intérêt se manifestait, en ce qui concerne la religion, outre une tendance d'elle-même assez naturelle : l'intérêt du prince à donner satisfaction aux peuples conquis en agréant leurs cultes, sauf à les subordonner au sien; l'intérêt qu'avaient les prêtres à s'entendre pour former un système unique et imposant où trouvaient place des éléments analogues entre eux, de provenances diverses. L'esprit général du polythéisme favorisait, ne l'oublions pas, ces sortes de fusions. La spéculation en tirait parti pour former des concepts plus généraux et s'élever à des vues plus approchantes d'une certaine unité divine, vues qui n'étaient pas non plus sans appui dans la tradition. On peut ainsi comprendre que le groupement des dieux du ciel, et les tours à étages, qui en étaient les symboles, et puis le système astrologique, si bien fait pour servir la domination sacerdotale en organisant pour ainsi dire les superstitions, que tout cela ait été la conséquence d'un état de choses commun à toute la région, sans qu'il soit possible de préciser le lieu où l'astrologie passa à l'état de doctrine.

Il dut s'écouler un temps assez long avant que fussent définitivement établies les bases d'une spéculation en partie sérieuse et savante qui mettait en rapport les dieux planétaires avec la division hebdomadaire des jours, avec celle du jour en vingt-quatre heures et avec celle de l'année en douze mois définis par autant de constellations zodiacales, chacune de trois décans ou intervalles de dix degrés de la révolution solaire. Toutefois, la haute antiquité de la semaine permet de croire que la consécration des sept jours au sept divinités remonte également très haut. On ne voit point à la faveur de quel autre principe que celui du nombre des planètes (Soleil et Lune compris, suivant l'ancien point de vue) aurait pu s'établir et se conserver une division septénaire qui ne convenait pas à la numération sexagésimale, suivie en toute autre matière, et qui, ne se rapportant ni à quelque division de l'année en jours ni à celle d'une révolution lunaire, même grossièrement observée, se trouvait réfractaire à tout accommodement avec les autres divisions adoptées.

L'ordre de distribution des planètes était celui-ci, que tous les documents confirment : — Saturne, Jupiter, Mars, Soleil, Vénus, Mercure et Lune, — dans lequel le Soleil occupe le milieu, et se trouve précédé des trois planètes supérieures, et suivi des trois inférieures. On arriva à déterminer l'ordre des jours de la semaine qu'on voulait leur consacrer respectivement, en consacrant d'abord à chacune d'elles chaque heure du jour, de la première à la septième, puis, en recommençant, de la huitième à la quatorzième, et ainsi de suite. En continuant selon cette loi, nous tombons pour la vingt-cinquième heure, première du second jour, sur la planète qui, d'après l'ordre adopté, est séparée par deux autres de celle dont nous sommes partis. Partis de Saturne, par exemple, nous arrivons au Soleil; du Soleil, à la Lune; de la Lune à Mars, etc. : c'est l'ordre des jours de la semaine : samedi, dimanche, lundi, etc. Il suffisait donc de consacrer chaque jour à la divinité à laquelle était consacrée la première heure de ce jour, pour obtenir la suite des dieux planétaires des jours successifs dans l'ordre où leurs noms latinisés se rapportent encore à la semaine actuelle. Cette loi est représentée graphiquement par un heptagone *étoilé* dont les sommets qui représentent les sept planètes dans l'ordre indiqué sont joints de trois en trois par des diagonales. En raffinant sur l'explication de cet ingénieux procédé, on a remarqué que la détermination des dieux successifs de la semaine avait ainsi lieu par des intervalles semblables à des accords musicaux *de quarte en quarte*, c'est-à-dire d'après

« une harmonie regardée comme fondamentale en musique (1) ».

Cette explication est indépendante du système astrologique dont l'antiquité peut, par conséquent être moindre que celle de l'institution de la semaine. Examinons le système lui-même. Il part de la division duodécimale du zodiaque, c'est-à-dire de cette zone de la sphère céleste qui s'étend de quelques degrés de part et d'autre du cercle de l'écliptique et dans laquelle on voyait renfermées « les routes des planètes dans le ciel. » Ces douze divisions ou *signes* se distinguaient par certaines constellations que les sept astres mobiles, les seuls de ce genre qui fussent alors connus, traversaient dans le cours de l'année. Chaque signe se divisait lui-même en trois parties. Il y avait donc trente-six affectations divines à faire à autant de parties du zodiaque, répondant chacune à un *décan* ou durée de dix jours de révolution, et des rapports à établir entre les puissances supposées appartenir à ces divisions et les sept dieux planétaires dont la considération était dominante. Dans un arrangement qui nous a été transmis, on voit les planètes se distribuer trois par trois dans la suite des douze signes : dans le *Bélier*, Mars, Soleil, Vénus; dans le *Taureau*, Mercure, Lune, Saturne; dans les *Gémeaux*, Jupiter, Mars, Soleil, et ainsi de suite. C'est donc le même ordre de succession des planètes, que nous avions ci-dessus, et quand on forme une suite de celles qui se présentent en premier dans chaque signe : Mars, Mercure, Jupiter, etc., on tombe sur le même enchaînement des jours de la semaine auquel on avait été conduit par le compte basé sur la consécration des heures.

Ces *maisons* ou *domiciles* des dieux, — modes de distribution des planètes entre les signes du zodiaque, — ne pouvaient être fixes, parce que ces astres ont des durées de révolution différentes les unes des autres. Les périodes observées de leurs retours à une

---

(1) Voyez Dion Cassius, *Histoire romaine*, XXXVII, 18-19. C'est avec raison que Letronne a regardé cette dernière vue, inspirée visiblement par des idées pythagoriciennes, comme invraisemblable, quand il s'agit d'expliquer l'ordre des jours consacrés aux planètes. Mais ce savant et éminent critique a trouvé également improbable l'explication tirée de la consécration des heures du jour (*Observations sur l'objet des représentations zodiacales*, p. 99). Il n'y a cependant rien que de naturel à cela, dans les idées de l'antiquité. D'ailleurs, l'origine plus décidément astrologique à laquelle Letronne donne la préférence, et que nous rapportons ci-après, n'est pas incompatible avec celle qui se déduit de la consécration des heures. Elle conduit à la même conséquence, en ce que, comme l'autre, elle fait prendre les planètes de trois en trois. Ce sont deux lois dont l'application conduit à un résultat unique.

position initiale (trente ans pour Saturne, douze pour Jupiter, etc. servaient de motifs pour des prédictions relatives à la constitution atmosphérique, aux récoltes favorables, aux disettes, aux maladies. On imaginait que les *grandes années*, c'est-à-dire les cycles dans lesquels un certain nombre de planètes reviennent aux mêmes positions relatives de la sphère, devaient amener, avec le renouvellement d'un même ordre de causes supposées, le retour des mêmes phénomènes successifs. Ainsi l'idée, en elle-même rationnelle, de loi et de période, mais arbitrairement appliquée grâce à une supposition de causalité imaginaire, devenait le fondement de prédictions chimériques. Nous connaissons parfaitement, à notre époque même, des manières de faire analogues, les illusions de faiseurs de pronostics météorologiques, et celles du public qui accueille les prédictions, y veut croire en dépit des continuels démentis, et s'y plaît même encore quand il n'y croit pas. Elles ne diffèrent des prédictions des sorciers qu'en ce qu'elles se prétendent fondées sur des observations de périodes, ou sur d'autres rapports d'espèce positive, quoique vains.

Les thèmes de nativité, qui ont été de tout temps l'objet le plus important des astrologues, parce que c'est là essentiellement ce que la crédulité demandait d'eux, s'établissaient principalement d'après les positions des planètes dans le zodiaque, au moment des naissances des individus. Les observations, vu le faible degré de précision qu'elles comportaient dans l'antiquité, devaient laisser une assez grande latitude à l'application des règles qu'on s'était faites. Diverses combinaisons accessoires auxquelles ils recouraient pour tirer les horoscopes laissaient aux astrologues beaucoup de liberté pour suivre leurs inclinations ou leur intérêt. Il n'est pas à présumer que les prêtres chaldéens fussent plus gênés dans la direction à donner à l'interprétation des situations astrales que l'ont été les astrologues du xvi° siècle. Ceux-ci, au témoignage de Scaliger, pouvaient aisément, sur les mêmes données et sans s'écarter de leurs règles, exécuter différentes constructions généthliaques.

Le mot *horoscope* ne s'est appliqué à la détermination de la destinée d'une personne, d'après la situation des astres à l'instant de sa naissance, qu'après avoir désigné une certaine étoile, — non pas une planète, — qui paraissait à l'horizon à ce même instant, et passait pour exercer une influence toute particulière. Les étoiles appelées à jour ce rôle étaient celles qui montent sur l'horizon en même temps que chacune des divisions du zodiaque, signes et décans. Il y avait ainsi trente-six étoiles, nommées les *dieux conseillers*, qui avaient pour maîtres douze dieux supérieurs, ceux qui présidaient aux signes. Ces conseillers étaient, disait-on, chargés d'observer, les uns, c'est-à-dire la moitié d'entre eux, les points de l'espace au-dessus de l'horizon, les autres au-dessous ; et comme, de dix en dix jours, un tiers de signe, un décan, s'élève le soir, tandis qu'un autre s'abaisse, on pensait qu'à chacun de ces intervalles, un dieu conseiller était envoyé de la partie supérieure à la partie inférieure, comme messager, tandis qu'un autre quittait sa station d'en bas pour remonter : déplacement périodique ainsi réglé pour toute la suite des temps. La sphère était complétée, au surplus, en dehors du zodiaque, par deux parties, l'une boréale, l'autre australe, renfermant douze constellations chacune. Les étoiles visibles regardaient les vivants, les invisibles les morts, et celles-ci étaient dites les *juges de toutes choses*. Ainsi l'astrologie se fondait en partie sur la méthode astronomique des paranatellons, c'est-à-dire sur l'observation des levers simultanés des étoiles et des signes du zodiaque ou de leurs subdivisions.

C'est un fait intéressant pour le philosophe, et qui vaut bien ici quelques développements, que ce mélange intime d'une science d'observation si bien fondée, si bien entendue, et d'hypothèses d'ordre religieux, qui en font une matière de superstition, à la faveur desquelles s'en prolonge la culture. L'origine chaldéenne du zodiaque, — *chaldéenne*, pour employer le mot reçu qui demande peut-être à être rectifié comme nous l'avons vu plus haut, — est un fait bien établi, qu'il faut distinguer d'une question restée plus douteuse : celle des noms et des figures traditionnelles des constellations. C'est de l'astronomie chaldéo-babylonienne que la connaissance scientifique du zodiaque est passée en Égypte, en Grèce et dans l'Inde.

Ce trait de la doctrine astrologique : le *jugement de toutes choses* attribué aux étoiles invisibles de l'hémisphère inférieur, rappelle la religion égyptienne d'Osiris, *soleil nocturne*, et juge universel aussi. Cette analogie qui ne peut être l'indice d'un emprunt, tant les différences sont d'ailleurs considérables, nous semble marquer dans le premier système, quoique à un plus faible degré que dans le second, la supposition d'une certaine survie des morts et d'une souveraineté exercée sur eux avec un attribut de jugement. Mais revenons à la superstition des influences astrales et aux planètes *interprètes des destinées*.

La plus importante des planètes était Saturne, qui, malgré son faible éclat dans le ciel, reçut le nom de la plus abondante en manifestations (en grec : ὁ φαίνον et ἐπιφανέστατος) à cause de sa richesse en pronostics. Il est plus étrange qu'on l'ait nommée Soleil et Astre solaire, ce qui est avéré pourtant, chez les Babyloniens et après eux chez les Grecs. Peut-être en faut-il chercher l'explication dans le fait d'une confusion d'attributs entre deux planètes remarquables à deux titres si différents, mais impliquant chacun la primauté à sa manière : l'une, la plus éclatante, l'autre, la plus reculée, qu'on supposait la plus antique dans l'ordre de génération du monde. Pour les Grecs, en particulier, El, nom sémitique de Saturne a pu quelquefois être rapproché du nom grec du soleil (Ἥλιος). Mais quoi qu'il en soit, la prééminence de Saturne est un fait constant pour d'autres lieux encore de cultes astrolatriques, malgré l'attrait que l'adoration solaire a le plus ordinairement exercé sur les anciens peuples.

Une autre singularité, c'est qu'une planète à laquelle se joignait une telle idée de primauté ait été considérée par les astrologues comme une puissance aux influences essentiellement malfaisantes. Est-ce un effet de l'opinion de l'antériorité du mal au bien, dans la contrée originaire de la doctrine de l'évolution ? La planète Saturne reçut des astrologues le nom de *Grande infortune*, Mars fut la *Petite infortune*, et Vénus la *Petite fortune*, Jupiter la *Grande fortune*. Mercure, Lune et Soleil passèrent pour équivoques en eux-mêmes, mais toutes les influences étaient affectées de coefficients nombreux et compliqués, à raison des aspects des planètes, de leurs relations avec les signes zodiacaux et les paranatellons, et sans doute aussi des rencontres entre ces circonstances astrales des nativités et les dieux des jours et des heures des observations. On dirait la caricature d'une vaste hypothèse scientifique appelée à satisfaire à un grand nombre de rapports divers que l'expérience aurait d'ailleurs constatés !

Après Saturne, grand révélateur *apotélesmatique*, venait en rang d'importance Jupiter, le Mardouk de Babylone, le Bel, aussi, remarquable par la série des attributions qu'il traversa. Dieu primitivement solaire, au moins sous l'une de ses dénominations ;

dieu protecteur de Babylone, et fondateur, dont on montrait le « lieu de repos » dans la « maison qui dresse la tête », dans le « temple des sept lumières », c'est-à-dire dans la vieille tour à étages de Borsippa, il fut diversement identifié avec les dieux chaldéens, avec Moul-gé, le grand dieu de l'abîme, avec Silik-moulou-khi, le médiateur secourable, et reçut, comme c'est d'ailleurs la coutume pour bien d'autres divinités, les titres de Souverain du ciel et de la terre, Maître de la vie et de la mort, dieu « sans égal ». En tant que puissance planétaire classée, il fut l' « Étoile du Roi », l'astre du bonheur, le prophète de toute gloire. C'est apparemment sa qualité de ministre des destins favorables qui fit représenter Mardouk, ainsi qu'Istar, la *Petite fortune,* avec le faisceau de baguettes à la main. Le symbole de la divination *par les sorts* se liait, vu leur objet commun, aux révélations astrologiques du destin.

Nabou, dieu de la planète Mercure, portait essentiellement les titres d'interprète et révélateur, soit comme annonçant le lever du soleil, dont il est toujours voisin, soit pour sa qualité d'ordre intellectuel : régulateur des mouvements, scribe de l'univers, *prophète,* ainsi que son nom le déclare. Les analogies le rattachent à Nouah, et, par suite, au dieu chaldéen Éa, qui est le père de toute connaissance, en possession des secrets de la nature. Il est, de même que Mardouk, et bien que son influence ne soit pas toujours favorable, un protecteur des rois, honoré lui-même des attributs royaux, représenté comme ce dieu sous une figure humaine, portant le sceptre et la tiare.

Nergal, dieu de la chasse et de la guerre, symbolisé par le lion, sur les monuments, adoré dans plusieurs lieux de la Babylonie, et l'un de ceux qui prirent place dans la hiérarchie de la tour aux sept étages, était affecté à la planète de Mars, probablement à cause de la couleur rouge de l'astre, et on lui prêtait une action malfaisante. Nous ne nous arrêterons pas plus longtemps à ces dieux planétaires, dont nous avons rapporté plus haut la classification et les principaux attributs. Ils ne sont pas les seuls auxquels il fut fait place dans le système céleste, sinon proprement astrologique. Outre les jours de la semaine, auxquels ceux-là se rapportaient, les mois, division duodécimale de l'année, offraient des places disponibles pour d'autres grands dieux, et leur étaient consacrés. Certains mois recevaient aussi des consécrations multiples, sans parler du dédoublement de chaque divinité auquel donnaient lieu les attributions sexuelles. Le nombre de *douze dieux* paraît avoir été sacramentel en cette mythologie que ses origines multiples et complexes rendaient pourtant rebelle à toute classification rigoureuse et définitive. Le système hebdomadaire est une exception antique et remarquable à ce désordre général. Le dieu éponyme de l'Assyrie, Assour, qui n'était pas à portée de réclamer une place à côté de Bel, dans ce système, à l'époque originaire des tours à sept étages, eut la fortune de trouver un temps libre à occuper dans l'année, et qui pût encore lui être consacré : les Assyriens lui attribuèrent les jours complémentaires de la fin de l'an, institués pour passer de l'année systématique de douze mois de trente jours à une année plus approximative, déduite de l'observation plus exacte de la révolution solaire.

Remarquons, en terminant, le sort singulier de l'astrologie qui, après avoir été pour ses inventeurs une branche de théologie et de culte, en même temps qu'une superstition, s'introduisit dans l'Occident à l'état de superstition pure, après les guerres médiques. Les actions d'*ordre divin* attribuées *à des dieux*, ce qui pouvait au moins se comprendre, furent alors et de plus en plus regardées comme des vertus occultes ayant leur siège en des masses de matière entraînées par des mouvements invariables. On ne peut nier que ce n'ait été un progrès dans l'absurde.

Toute cette matière de la divination : démonologie chaldéenne, magie, astrologie, a été très liée dans l'ancien Orient à l'organisation sacerdotale. Il est hors de doute qu'elle a été l'instrument principal du sacerdoce pour le gouvernement des âmes, c'est-à-dire pour ce que les prêtres obtenaient d'empire sur le peuple et sur les princes, puisqu'ils ne possédaient ni une théologie hors de laquelle on n'admît *point de salut*, et qui se fût mal accordée avec le principe du polythéisme, ni, semble-t-il, le privilège d'une direction morale et d'un enseignement supérieurs à la pratique du monde, comme elle était de leur temps. Malgré l'infirmité relative d'un établissement théocratique aussi imparfait, les Grecs, qui souffraient de l'anarchie intellectuelle, suite inévitable de la décadence de leurs cultes et de la division des sectes philosophiques, étaient touchés, jugeant à distance, des mérites de cette organisation apparente de la pensée humaine. Il est intéressant de connaître, à ce sujet, l'appréciation du régime *chaldéen*, par un ancien historien qui oppose l'unité dogmatique de l'Orient à la liberté des opinions et des systèmes des Grecs, qui n'est bonne qu'à conduire au scepticisme par les contradictions des penseurs.

« Les Chaldéens, écrit Diodore de Sicile, passent toute leur vie à méditer les questions philosophiques et se sont acquis une grande réputation dans l'astrologie. Ils se livrent surtout à la science divinatoire; ils essaient de détourner le mal et de procurer le bien, soit par des purifications, soit par des sacrifices, ou par des enchantements. Ils expliquent les songes et les prodiges. Mais toutes ces connaissances ne sont pas enseignées de la même manière que chez les Grecs. La philosophie des Chaldéens est une tradition de famille. Le fils, qui en hérite de son père, est exempté de toute charge publique. Ayant pour précepteurs leurs parents, ils ont le double avantage d'apprendre toutes ces connaissances sans réserve et d'ajouter plus de foi à la parole de leurs maîtres. Habitués à l'étude dès leur enfance, ils font de grands progrès dans l'astrologie, soit à cause de la facilité avec laquelle on apprend à cet âge, soit parce que leur instruction dure plus longtemps. Chez les Grecs, au contraire, on entre dans cette carrière sans connaissances préliminaires; on aborde très tard l'étude de la philosophie, et, après avoir travaillé pendant quelque temps, on l'abandonne pour chercher dans une autre occupation les moyens de subsistance. Quant au petit nombre de ceux qui s'absorbent dans l'étude de la philosophie, et qui, pour gagner leur vie, persévèrent dans l'enseignement, *ils essaient toujours de faire de nouveaux systèmes*, et ne suivent pas les doctrines de leurs prédécesseurs. Les Chaldéens *demeurent toujours au même point de la science*, reçoivent leurs traditions sans altération, tandis que les Grecs ne songent qu'au gain, *créent de nouvelles sectes*, se contredisent entre eux sur les doctrines les plus importantes, et jettent le trouble dans l'âme de leurs disciples, qui, ballottés dans une incertitude continuelle, *finissent par ne plus croire à rien* (1). »

Il serait curieux de comparer ce jugement, si c'était le lieu de s'y arrêter, à ceux des penseurs de notre siècle qui ont soutenu l'avantage que trouverait l'humanité à assurer l'immutabilité de la philosophie et de la religion. Une déclamation vigoureuse de J. de Maistre contre les Grecs et contre l'esprit de secte et d'hérésie, dans lequel ils ont été nos maîtres à tous (2), serait à

(1) Diodore de Sicile, II, 29-31 (trad. de Hoefer).
(2) Joseph de Maistre, *Du pape*, IV, 7-9.

rapprocher des observations paisibles de Diodore. On ne saurait au surplus relever mieux que le fait cet ancien qui se croit naïvement un sage les différences caractéristiques de deux suites de termes : — la caste, sa tradition, sa fonction exclusive, ou les familles ouvertes et les fonctions libres ; — l'éducation privilégiée, ou l'éducation publique et accessible à tous ; — la maxime *Jurare in verba magistri*, ou la méthode d'examen ; — toutes les manières de penser inculquées à l'enfant et consolidées par l'habitude, ou l'homme fait, appelé à donner ou refuser son adhésion aux doctrines, à penser par lui-même et à devenir l'auteur responsable de son propre être moral ; — enfin, les fausses sciences et le mensonge organisé, ou la recherche personnelle, l'investigation rigoureuse et la vérité exposée au doute et à la négation, dépendante de la liberté, comme le veut la nature des choses. Les partisans de la théocratie donnent la préférence au mensonge convenu sur la vérité cherchée ; c'est même ainsi que leur sentiment peut être défini en ce qu'il a d'essentiel, en ajoutant qu'ils prennent ce parti pour assurer la stabilité des croyances, qui leur paraît le bien le plus grand. Ils ne réfléchissent pas que les doctrines et les institutions que ne soutiennent pas l'esprit critique et d'initiative auquel elles ont dû leur naissance, — puisqu'elles ont commencé, — se corrompent inévitablement ; et que leur corruption dément leur stabilité prétendue par une suite de changements qui aboutissent à leur ruine. Si l'historien Diodore avait mieux connu ce sacerdoce qu'il vantait comme unique et absolu, il l'aurait vu divisé en trois branches, partant de trois origines : l'une qu'en son langage il aurait probablement appelée *scythique*, une seconde *arabique*, une dernière *persane*. Il lui aurait trouvé trois doctrines, mélangées, altérées, unies par le commun intérêt de l'exploitation de la crédulité populaire, et pour l'exercice de cette divination dans laquelle il a l'air de faire consister toute la science religieuse des prêtres. Et il aurait compris au besoin comment il put être donné à la petite Grèce *anarchique* des citoyens et des philosophes de résister au choc de cet empire pourvu d'un sacerdoce *immuable*, et bientôt après, à ses généraux de le conquérir.

Le régime des castes, en ce qui concerne ces anciens États asiatiques, appelle quelques remarques. Dans l'Assyrie, il ne paraît pas en avoir existé de proprement dites, en dehors du sacerdoce ; c'était plutôt un de ces empires autocratiques où la volonté du maître élève ou abaisse qui il lui plaît, comme il lui plaît. Mais, à Babylone, une population de langues et de cultes divers, des hiérarchies nées de la superposition historique de races nombreuses, et les habitudes traditionnelles des différentes couches sociales avaient engendré des sortes de castes, non pas fermées en vertu d'une loi religieuse, comme dans l'Inde, mais formant, comme en Égypte, une distribution héréditaire des professions, qui se maintenait sans être d'obligation entière. Seul, le sacerdoce était rigoureusement réservé aux familles qui gardaient la tradition dont parle Diodore, quelle que fût celle des nations avec laquelle ils étaient entrés dans le droit religieux du pays. La *science* des Kasdim et des Gazrim, Chaldéens, astrologues, devins, et des Khartumim, des Hakamim, des Asaphim, exorcistes, enchanteurs, médecins, théologiens, se transmettait héréditairement. On peut voir dans les légendes du roi Nabuchodonosor, recueillies par l'auteur du *Livre de Daniel*, quelles étaient les idées populaires sur l'emploi des interprètes attitrés des songes, et à combien de classes de prêtres on pouvait recourir pour obtenir la révélation des choses cachées. Les villes de la Babylonie, telles que Sippara, Larancha, Érech, Borsippa, depuis enclavée dans Babylone, et où s'élevait la célèbre tour de Bel, avaient autrefois fourni ces familles en possession des fonctions sacerdotales. Plusieurs localités conservèrent très tard leurs écoles distinctes de prêtres, avec leurs sanctuaires.

La caste sacerdotale exerçait naturellement dans l'État l'influence qui appartient à des hommes unissant à la connaissance des rites sacrés et de l'histoire des dieux, celle des remèdes et des charmes, et l'art de pénétrer l'avenir. Des prêtres pouvaient d'ailleurs être appelés aux hautes fonctions publiques, et même au commandement des armées. L'un d'eux, le premier de l'Empire après le roi, attaché à tous ses pas comme souverain augure, était appelé à gouverner dans les interrègnes. Les rois n'étaient pas divinisés, comme en Égypte, même sous la forme d'apothéoses après leur mort, mais regardés seulement comme des représentants et des ministres des dieux. Les prières et les invocations adressées aux dieux en leur nom renfermaient les formules de l'adoration et de l'humilité. Le sentiment dominant des peuples, dans ces grandes civilisations matérielles dont la force était presque l'unique lien de centralisation, est celui qu'on peut regarder comme un caractère du monde sémitique tout entier : l'admiration et la terreur causées par la puisssance. La grandeur des rois tenait toute à ce qu'ils étaient forts. Les dieux étaient évidemment plus forts que les rois, puisqu'ils étaient les auteurs d'un ordre irrésistible enveloppant l'univers, qu'ils déléguaient aux rois une partie de leur gloire et de leur autorité, et puis la retiraient, et les terrassaient quand il leur plaisait. Le pouvoir des prêtres, à son tour, venait de ce qu'ils étaient, au moins par la vue anticipée, par la parole, par la prophétie, des ministres de ce destin, et qu'en outre ils disposaient par tradition de certains secrets de la santé et de la maladie, et de certains moyens d'action sur les Esprits, dont dépend l'échec ou le succès d'une entreprise. Il est aisé de voir en quoi le sacerdoce d'une civilisation d'ordre plus moral en principe a, plus tard, en d'autres régions, fondé son autorité en opérant des prestiges analogues, et en quoi aussi il a élevé avec lui les peuples à un idéal incomparablement supérieur.

CHAPITRE XXI

Le syncrétisme, l'évhémérisme, les apothéoses.
Deux formes du panthéisme.

Nous avons conduit successivement plusieurs parties de notre étude des religions jusqu'à un point commun d'aboutissement qui est, pour le monde gréco-romain, le *syncrétisme* des croyances générales. Nous avons défini les caractères de cet état de l'esprit, chez les anciens, à l'époque où la décadence des cultes nationaux, la perte définitive du sens des mythes descendus des différentes traditions locales, et le sentiment de l'existence d'une méthode commune qui les avait produits tous, faisaient naître le besoin d'expliquer la mythologie prise dans son ensemble. Pour ceux qui n'entendaient pas refuser toute vérité religieuse à cet embarrassant héritage, le problème était d'en découvrir l'unité et d'y trouver matière à suffisante satisfaction pour l'intelligence, ou même à édification : c'est à cela que s'attachèrent les stoïciens et les néoplatoniciens, sans succès, car la mythologie était plutôt gênante qu'utile pour la doctrine panthéiste, qu'au fond ils embrassaient et qui avait un caractère trop rationaliste pour qu'on y pût tirer bon parti des allégories et des symboles. Pour ceux, au contraire, qui se plaçaient au point de vue négatif, il fallait une exégèse qui renversât l'esprit et les croyances mythologiques, et toutefois en fournît l'explication. L'évhémérisme est ce système, non de critique religieuse, comme nous l'entendons aujourd'hui, mais de négation : la suppression pure et simple du sujet, sa réduction à des faits historiques d'ordre commun.

L'évhémérisme a eu cela de particulier, que, né en Grèce au sein d'une école philosophique qui se proposait de ruiner les religions populaires en démontrant que les dieux des nations n'étaient que des hommes divinisés par la reconnaissance ou la terreur, sa propagation se trouvait favorisée de deux côtés : premièrement parce qu'il avait pour lui certaines tendances anthropomorphiques ou, pour parler plus exactement, *divinisantes* des Grecs qui avaient coutume d'envisager, à l'origine de leurs cités et de leurs races, des types ethniques personnifiés, des héros assez proches voisins ou même fils des dieux ; en second lieu, parce qu'il ne s'accordait pas moins avec l'esprit de plusieurs légendes sémitiques, semblables à celles qui se mêlent aux légendes ou aux mythes grecs, dans la compilation de Sanchoniathon. A cela se joignit, chez les monothéistes juifs et chez les premiers chrétiens qui se mêlèrent de critique, l'intérêt qu'ils avaient à avilir les religions païennes dans leurs sources. Ils s'employèrent à donner cours à l'hypothèse évhémériste. Nous avons signalé, en traitant des cosmogonies, le motif polémique qui engagea Eusèbe de Césarée à reproduire des fragments de la composition phénicienne de Sanchoniathon, ou de son traducteur grec, l'épicurien Philon de Byblos. Et malheureusement la dégradation politique des temps de la décadence grecque et romaine avait donné de la vraisemblance à ce système, en laissant s'établir en Occident l'odieuse coutume d'adoration des vainqueurs et des souverains. C'était là, pour les évhéméristes, comme une démonstration vivante de l'essence tout humaine suivant eux, des Saturne et des Jupiter, des Thoth et des Osiris. La secte épicurienne croyait sincèrement rendre service à l'humanité en faisant accepter cette explication des religions, qui tendait à en éloigner tout principe de terreur en démontrant l'origine historique des faux dieux et la paisible indifférence des véritables :

> *Omnis enim per se divum natura necesse est*
> *Immortali ævo summa cum pace fruatur,*
> *Semota ab nostris rebus sejunctaque longe ;*
> *Nam privata dolore omni, privata periclis,*
> *Ipsa suis pollens opibus, nihil indiga nostri,*
> *Nec bene promeritis capitur nec tangitur ira* (1).

Mais cette secte était sans influence sur le peuple et n'était pas plus capable de lui persuader l'indifférence des dieux, ou l'origine humaine de ceux qu'on adore, que de le détourner d'en accepter actuellement de cette dernière espèce. La passion de s'en créer était si grande qu'un empereur stoïcien pouvait se croire

---

(1) Lucrèce, *De natura deorum*, l. I, v. 56. — Lucrèce n'est pourtant pas évhémériste. Il explique la croyance aux dieux par les visions des songes, l. V, v. 1160 sq.

obligé d'y céder au profit de sa famille (1). La méthode des apothéoses qu'Évhémère avait prétendu transporter à l'origine des sociétés est, au contraire, celle qui florissait dans les siècles de la décomposition sociale; et il n'y avait à cela aucun remède possible que la venue d'un idéal nouveau de la nature humaine élevée à la divinité.

L'autre issue de la mythologie ou de son exégèse, le syncrétisme, convenait également et à la marche des esprits dans le monde gréco-romain, et aux tendances des penseurs attachés aux traditions sémitiques. Elle était la décadence et la corruption de leurs concepts de divinité poussés au panthéisme. Les Juifs, il est vrai, ne pouvaient que repousser des interprétations qui auraient mis leur religion au même rang de fiction que celles des autres peuples; mais ils ne laissaient pas de se prêter à l'identification des personnages de la Bible avec les héros ou les dieux des étrangers, à condition que les premiers passassent pour authentiques et que les autres ne fussent admis que comme des figures de ceux-là, empruntées et altérées. Pour montrer à quel degré d'extravagance on allait dans ce système, il suffit de citer un fragment de l'*Apologie de Méliton* adressée, pour les chrétiens, à Marc Aurèle. Rien ne serait plus aisé que de multiplier les citations d'auteurs imbus de cette méthode à la fois syncrétiste et évhémériste, au temps des apologistes; et elle datait déjà de loin quand ils l'adoptèrent, de même aussi qu'elle était destinée à traverser les siècles jusqu'à la naissance de la critique moderne; mais on en produirait difficilement un échantillon plus instructif que ce morceau de Méliton, où l'on peut voir Bacchus changé en roi d'Athènes, et le patriarche Joseph en dieu Sérapis; le mythe homérique de Vénus et du filet de Vulcain, mêlé au mythe d'Adonis et présenté comme une anecdote scandaleuse de la cour d'un roi du Liban; Minerve, fille d'un roi crétois, surprise en adultère avec le forgeron Vulcain, époux de Baalthis, reine de Chypre; Nébo, l'un des grands dieux de Syrie et d'Assyrie, transformé en Orphée; enfin les « deux mages » Orphée et Zoroastre associés pour un exorcisme et chassant certain mauvais esprit d'un puits de la ville d'Hiérapolis, à l'aide de la magie! L'autorité de la Sibylle est invoquée par l'auteur à l'appui de cette brillante exégèse. Rien n'est plus propre, dit avec raison le traducteur de ce fragment, en le rap-

---

(1) Autel élevé par ordre du sénat à Faustine, épouse de l'empereur Marc-Aurèle, et à ce dernier, de son vivant (Dion Cassius, *Hist. rom.*, LXXI, 31).

prochant de ceux de Sanchoniathon, à montrer combien l'intelligence du paganisme était perdue dans les premiers siècles de notre ère, et quelle énorme confusion d'idées régnait en Syrie et en Asie Mineure à la même époque (1).

Cette confusion d'idées n'était, en grande partie, que la suite et l'exagération de celle qui se montrait par tant de différents côtés : — chez les orphistes et dans les mystères, où les doctrines qu'on visait à établir se fondaient sur des assimilations mythologiques arbitraires et des fictions historiques ; — chez les anciens historiens, chez Hérodote le premier, qui se montraient toujours prêts à identifier ceux des dieux de différentes nations dont les attributs leur paraissaient semblables ; — chez les philosophes, souvent disposés à calomnier les mythes helléniques incompris, mais pour leur substituer la « sagesse orientale », qu'ils vantaient de confiance et en bloc, sans en être mieux informés ; — chez les critiques bien intentionnés, que l'intérêt doctrinal de supposer l'unité réelle de tradition et de croyance portait à retrouver partout les mêmes idées sur dieu à l'origine ; — enfin chez le vulgaire des pratiquants de cultes polythéistes, qui admettait bien que les peuples eussent leurs dieux nationaux et des rites particuliers, mais qui voyait ces dieux former réellement des séries et se retrouver partout les mêmes ou à peu près. De tout cela ressortait un grand esprit de tolérance étendu à l'Empire romain tout entier, mais qui ne lui constituait une sorte d'unité morale que grâce à l'absence de toute réelle doctrine théologique, si ce n'est chez les penseurs qui voyaient clairement le dernier mot de ce polythéisme, à savoir : les dieux, des symboles ; le dieu unique, la *Nature*. Ce mot, un philosophe du IIe siècle se le faisait donner par *cette déesse* elle-même, qu'il invoquait, et qu'il supposait, avec plus de poésie que de logique, capable de répondre à son appel :

« J'ai entendu tes prières, moi, la Nature, mère des choses, maîtresse de tous les éléments, née au commencement des siècles, la somme de tous les dieux, la reine des Mânes, la première des vertus célestes, la face uniforme des dieux et des déesses. J'équilibre par mes mouvements les hauteurs lumineuses du ciel, les souffles salutaires de la mer, le silence lugubre des enfers ; divinité unique qu'adore l'univers entier sous des aspects multiples, par des rites variés, sous des noms divers. Les Phrygiens, premiers-

(1) E. Renan, *Mémoires de l'Académie des inscriptions*, t. XXIII, 2e partie, p. 320.

nés, m'appellent la mère de Pessinunte ; les autochtones de l'Attique, Athènè cécropienne ; les Kipriotes entourés par les flots, Aphroditè de Paphos ; les Crétois armés de flèches, Artémis dictynne ; les Siciliens aux trois langages, Perséphoné stygienne ; les Éleusiniens, la nourrice Dèmèter. Les uns me nomment Hèrè, les autres Ényo, ceux-ci Hèkatè, ceux-là Rhamnusia. Mais chez les Éthiopiens qu'éclairent les premiers rayons du dieu Soleil, chez les Aryas, chez les Égyptiens instruits des sciences antiques, on m'honore par les rites qui me sont propres, et on me donne mon vrai nom, la déesse Isis (1). »

Dans un autre style, un siècle auparavant, Pline écrivait, appelant Monde le tout qu'Apulée nomme la Nature, et lui donnant aussi le souverain titre divin : « Le monde, ou ce que l'on est convenu d'appeler d'un autre nom, le ciel, qui embrasse tout dans ses replis, doit être considéré comme une divinité (*numen esse credi par est*) éternelle, immense, sans commencement et sans fin. Rechercher ce qui est en dehors est sans intérêt pour les hommes et au-dessus des conjectures de leur esprit. Le monde est sacré (*sacer est*), éternel, immense, tout dans tout, et, à bien dire, il est lui-même le tout... Possédant la certitude de toutes choses, il semble livré à l'incertitude... Il est à la fois l'œuvre de la nature et la nature elle-même... C'est folie, pure folie, de vouloir sortir du monde et d'en scruter l'extérieur, comme si l'intérieur en était déjà tellement connu ! Et d'ailleurs comment un être qui ne connaît pas sa propre mesure pourrait-il mesurer quoi que ce soit ? ou l'esprit de l'homme voir des choses que le monde lui-même ne renferme pas (2) ? » Il est curieux d'observer en passant que ce *positiviste* romain, enfermé, du moins il le voudrait, comme ceux de notre siècle, dans l'empirisme des sciences naturelles, tombe, comme eux dans un panthéisme effectif, sans en apercevoir le caractère, non moins hypothétique que celui des doctrines théistes, et qu'il ne se refuse pas à donner à sa con-

---

(1) Apulée, morceau traduit par Louis Ménard (*Du polythéisme hellénique*, p. 307). Il est à propos de remarquer, puisqu'il s'agit ici de syncrétisme, que le texte d'Apulée (*Métamorphoses*, l. XI) donne aux divinités leur noms d'équivalence latins : Minerve, Vénus, Junon, etc., au lieu d'Athènè, Aphroditè, Artémis, Hèrè, etc., que L. Ménard a rétablis dans sa traduction.

(2) Pline, *Histoire naturelle*, II, 1, trad. de Littré. — L'un des brefs passages que j'omets porte, dans la traduction, ces mots : *infini, il semble être fini*, et, dans le texte, en regard : *finitus et infinito similis*. — Point d'observation en note du traducteur. Je ne crois pas le texte fautif.

ception de l'univers une forme quasi-religieuse. Ce dernier trait se rencontre aussi quelque-fois de notre temps.

L'évhémérisme, ainsi que nous l'avons dit, envisageait comme un fait de l'esprit dans la haute antiquité la divinisation de la nature humaine en la personne de quelques hommes choisis, que la reconnaissance, l'admiration ou la crainte désignaient pour des rôles de dieux. Les auteurs de cette théorie prenaient le change sur l'application de la méthode anthropomorphique ; méthode réellement naturelle à l'esprit, mais qu'ils supposaient avoir eu primitivement les mêmes effets qu'ils lui voyaient à leur époque. Il n'en est pas moins vrai que c'est elle-même qui, bien ou mal conçue ou appliquée, dans ses erreurs et dans son exigence légitime, régnait toujours, après avoir traversé plusieurs phases ; et qui, maîtresse de l'immense majorité des intelligences, s'opposait aux conclusions panthéistes données par la logique des écoles au syncrétisme polythéiste et à l'antique mythologie, et devait à la fin en triompher.

Récapitulons ces phases de l'anthropomorphisme, considéré dans l'esprit hellénique. Il s'applique d'abord spontanément aux phénomènes naturels et aux phénomènes moraux personnifiés et divinisés. Ensuite il s'emploie à représenter les dieux comme des puissances anthropomorphes, maîtresses et rectrices de ces phénomènes. Mais la difficulté se présente de donner un sens moral à l'histoire mythique des dieux. D'un côté, les fondateurs des mystères interprètent la mythologie à l'aide d'allégories et de symboles qu'ils cherchent à faire accorder avec le caractère humain des concepts de divinité ; de l'autre, se produisent, en théorie l'évhémérisme, et, dans la pratique des peuples, cette manie des apothéoses qui se régularisa à Rome et aboutit à placer les Césars sur le pied des monarques osiriens de l'Égypte. Mais c'est de la Grèce même, c'est de l'orgueil d'Alexandre, c'est de la bassesse des Athéniens offrant un culte divin à Démétrius polyorcète, qu'était parti ce mouvement. Les épicuriens eux-mêmes, en leur admiration pour le fondateur de leur secte, ne faisaient-ils pas une sorte de dieu de cet homme, le premier de ceux de race grecque qui eût osé affronter le ciel et ses foudres, supérieur aux mortels par son génie, Soleil de l'Éther, dont le lever éclipse les étoiles, etc. (1). ?

(1) *De natura deorum*, I, v. 67, et III, v. 1056.

La philosophie, par l'organe des Pythagore et des Xénophane, plus tard de Platon, qui voulait bannir les poètes de sa République, — et il faut savoir que par poètes, il entendait les conteurs de mythes, — la philosophie combattait la mythologie et devait arriver, en sa recherche de l'unité, au moins quand elle évitait l'unité panthéiste, à la conception du dieu-homme comme principe des choses, c'est-à-dire des choses comme créées, représentées d'abord dans une intelligence, ensuite réalisées par une volonté. Platon, dans son *Timée*, envisageait nettement cet anthropomorphisme et préparait la forme monothéiste du dieu-homme. Il n'y a point abus à qualifier d'anthropomorphique la doctrine du *Démiurge* ; car cet ouvrier divin conçoit, veut et opère pour une fin, et *parce qu'il est bon*. Il ne reste en litige après cela que la question essentiellement métaphysique de l'existence d'une matière passive antécédente, éternelle, et de sa possibilité.

Au reste, l'idée essentielle qui a rendu les apothéoses possibles, il faut la faire remonter aussi haut, dans l'esprit humain, que celle qui a produit l'humanisation des dieux ; non pas jusqu'à l'époque des mythes naturalistes, où ni le dieu ni l'homme n'étaient assez distincts dans le phénomène, mais jusqu'à celle des dieux de forme olympienne, et d'un polythéisme à l'état réfléchi, dans l'obscurcissement des mythes. Alors, en effet, l'identité des qualités divines avec les qualités humaines portées à la plus haute expression ; les caractères communs de force et de beauté de l'immortel idéal, et du mortel qui laissait après lui, dans sa légende, un souvenir pareil à cet idéal ; le culte d'honneur voué aux premiers pères des races, aux fondateurs des cités ; la confusion qui dût se faire entre la nature d'un dieu qui avait eu une naissance, une vie, et les épreuves d'un homme, au dire du mythe, et la nature d'un homme qui avait rempli sur la terre le rôle d'un dieu, à en croire la tradition, tout cela favorisa nécessairement le passage du concept de l'humain parfait au divin, passage inverse de celui qui avait eu lieu du divin mythique à l'humain légendaire. De là donc des apothéoses spontanées qui partaient d'un sentiment noble, longtemps avant que la bassesse des peuples en imaginât d'intéressées et de feintes. La distinction des cultes de latrie et de doulie, qui aurait pu conserver plus grande la distance des deux concepts, paraît n'avoir jamais été bien nette, au sein de l'hellénisme. Les *héros*, c'est-à-dire les hommes illustres et puissants dont les grands tombeaux (Ἡρῷα) s'élevaient de tous côtés dans la Grèce recevaient proprement les *honneurs divins*.

L'idée de force est celle qui caractérise avant tout le héros antique. Le radical qui s'y rapporte est le même qu'on retrouve dans le latin *herus*, dans l'allemand *herr*, dans le grec *Hèrè*, nom de l'épouse de Zeus, et probablement aussi dans deux vocables par lesquels est désignée la force, selon qu'on l'envisage dans l'âme (ἀρετή), ou dans la main (χείρ), organe et symbole de toute œuvre matérielle. A mesure que le sentiment public subordonna la matière à l'esprit, dans une société devenue moins grossière, la notion caractéristique du héros progressa du sens physique au sens éthique. L'*arétè* des Grecs et la *virtus* des Latins prirent graduellement une acception morale. Nul exemple ne peut montrer mieux cette marche de la pensée que l'histoire de la légende d'Héraklès. On y voit aussi comment l'idée du divin s'applique en diverses manières à une seule et même figure sur laquelle s'exerce l'imagination créatrice des mythes et des légendes.

L'origine aryenne d'Héraklès, dont le nom, suivant son étymologie grecque, signifie *Gloire de l'air*, paraît être un mythe de l'air serein et lumineux opposé aux phénomènes de l'atmosphère troublée. Là serait la source première des attributs d'Héraklès comme *sauveur*; et les principaux travaux d'Hercule peuvent en effet tirer une interprétation des mythes météorologiques du *Rigvéda*. Le rôle qu'Hésiode donne à Héraklès dans l'acte de délivrance de Prometheus enchaîné, la médiation entre les Titans et Zeus, qu'il lui attribue, rappellent également des mythes védiques, qui furent développés dans la tradition brahmanique et dans la religion de Vichnou. Franchissant plusieurs siècles, nous retrouvons un Hercule solaire, identifié par le syncrétisme avec d'autres dieux de signification semblable de l'Égypte, de la Phénicie, de l'Assyrie; un Hercule dont on réduit le nombre des travaux à *douze*, pour les mesurer sur la division duodécimale du cours du soleil *à travers les signes* du zodiaque; un Hercule, finalement, qui se prête à une vue panthéiste de l'univers et peut remplir la fonction d'être universel aussi bien que Phanès ou Dionysos. Mais ces phases de l'histoire du dieu ne font pas obstacle à la légende pleinement anthropomorphique du héros dorien, à celle de l'Héraklès thébain, né de Zeus et d'Alcmène, une mortelle, et que la jalousie de Hèrè soumet à de nombreuses épreuves. Il les subit et triomphe de toutes par sa *vertu*, avec l'aide de sa divinité protectrice, Athènè. Sa vie et sa mort figurent une *passion* dont l'apothéose est la récompense. Hèraklès, reçu auprès de son père Zeus, goûte, dans la société des Immortels, une indéfectible félicité. Enfin, il faut placer en regard de la légende religieuse une allégorie philosophique, d'une part, de l'autre, des fables populaires auxquelles se prête un personnage exposé à toutes les misères humaines. La philosophie, en effet, dans une composition restée célèbre, a pris Hèraclès pour le type de l'homme inspiré par la Vertu active, échappant au piège du Plaisir, tandis que les poètes comiques amusaient un public jovial avec les balourdises et le puissant appétit du prince des athlètes. Mais il faut savoir que les mêmes qui riaient de l'Hercule des tréteaux pouvaient parfaitement sacrifier à l'Hercule divin. L'ironie appartient à l'humanité se considérant elle-même. On rit de l'homme en paraissant rire du dieu, et l'idéal ressort dans la pensée par le contraste. Les personnages des saints ont de même été des objets de bouffonnerie dans le pauvre théâtre du moyen âge.

L'opposition constante que l'esprit anthropomorphique, en la suite de ses formes, depuis l'origine, avait maintenue contre le panthéisme, quoique cette dernière doctrine fût, comme on l'a vu, la suite naturelle de la mythologie, du syncrétisme et de l'assimilation consciente des dieux à de purs symboles, cette opposition n'était pas impossible à lever. On peut en effet abandonner entièrement la croyance en la personnalité divine, renoncer aux applications polythéistes de cette croyance, et les reprendre en sens inverse pour constituer des êtres immortels, qui partent d'en bas, des âmes humaines, ou même qui sont des esprits analogues par leur nature à ces âmes, et qui peuplent l'univers sans participer proprement à la puissance divine. Celle-ci, par contre, dans la même hypothèse, peut être élevée à l'absolu. L'immortalité de l'âme et la démonologie fournissent ainsi la solution du problème de l'accord de l'esprit anthropomorphique avec un panthéisme d'émanation.

Toute la démonologie se rattache originairement à la doctrine des Mânes. Il faut, en ce sens-là, la bien distinguer de la croyance aux esprits élémentaires, animateurs de toutes choses, dont nous avons vu ailleurs le grand développement, bien qu'elle arrive à s'y confondre en un point, quand elle affecte de bons ou de mauvais démons à l'inspiration et à la conduite des âmes. Mais ici c'est aux âmes elle-mêmes que nous avons affaire, aux âmes considérées comme *démoniques,* ou divines. Les Mânes, c'est-à-dire les êtres *bons* (1) de la religion latine, ses Pénates, ou Dieux de l'intérieur, ses Lares ou Seigneurs de la maison, ses Génies, ou générateurs et ancêtres; les démons ou dieux domestiques ou protecteurs (ἐρκεῖοι κτήσιοι δαίμονες) de la religion hellénique, les héros, les bienheureux, enfin les fondateurs des cités, comme Thésée ou Romulus répondent à une seule et même croyance, qui est celle de tout le monde aryen, qui est partout la plus antique et la plus durable, avec le culte du foyer et des morts, tant que dure le paganisme, et qui ne peut être au fond que celle de la survivance des âmes. Cette croyance est restée longtemps indéveloppée, on dirait presque inconsciente de ce qu'elle enfermait de suppositions possibles touchant des formes d'existences successives de ces êtres qu'on n'imaginait point anéantis. Nous savons la triste condition dans laquelle Homère représente les *ombres* des morts, et pourtant la vie et la force peuvent rentrer dans ces corps exsangues, au moyen de certains rites, ou si les dieux le veulent. On s'est fondé sur une coutume qui semble universelle et de toute antiquité, qui, par conséquent, aurait plus d'autorité que les fictions des poètes, et qui consistait à déposer des aliments sur les tombeaux, — on ajoute et de bien s'assurer que les morts sont à même de s'en saisir, et qu'ils ne peuvent profiter aux vivants, — pour attribuer aux hommes de ces anciens temps l'idée que les âmes des morts séjournent sous la terre, enchaînées à leurs cadavres, et qu'en cet état, les morts mangent réellement ce que la piété des vivants met à leur disposition. Mais c'est dépasser la mesure de stupidité croyable des survivants, que de se figurer que l'expérience ne leur apprenait pas que les aliments déposés demeuraient intacts! Et qu'est-ce donc, quand il faut ajouter qu'ils regardaient ces mêmes morts, si misérables, comme leurs protecteurs, les défenseurs de leurs vies et de leurs maisons, et les désignaient par un même nom générique que les dieux (2)!

(1) On s'accorde, en effet, à rapporter ce nom de Mânes à un radical latin *manis* qui, perdu de bonne heure, n'aurait survécu que dans la forme négative, *immanis,* qui signifie le contraire du pur, du bon et de tout ce qu'exigent l'ordre et la règle. Si ce radical n'est pas différent de celui du sanscrit *manas* et du latin *humanus* qui tous deux se rapportent à l'idée de la nature humaine, on remarquerait avec intérêt le sens moral des mots *humanitas, humanité,* comme les produits du même rapprochement avec l'idée de bonté.

(2) Fustel de Coulanges, *La cité antique,* l. I, chap. I-III et l. V, chap. I. — L'auteur ne s'arrête pas à expliquer une contradiction si étonnante.

La vérité est que cet usage pieux était un acte symbolique, et c'est ce qu'il est encore chez les tribus qui font des sacrifices aux morts, quelles que soient leurs idées sur la survivance, ou même s'ils n'en ont aucunes d'arrêtées.

A mesure que l'idée de l'immortalité de l'âme prit chez les anciens des formes plus précises, qu'elle se lia plus décidément à celle des récompenses et des peines, il s'opéra un rapprochement entre la nature des âmes, des âmes bonnes au moins, et celle de ces êtres, *hommes excellents de la race d'or*, qui, *après que la terre les eut recouverts*, étaient devenus, dit Hésiode, des *démons vêtus d'air, observant les actions bonnes et mauvaises*. Puis la transition se fit, pour les philosophes, des corps aériens aux âmes incorporelles de l'école platonicienne. En même temps vinrent les doctrines de la préexistence et des métensomatoses, et la voie resta d'ailleurs ouverte à la supposition de différents ordres de *démons*, autres que les âmes humaines, et parcourant le monde comme ceux d'Hésiode. A ce moment, la condition générale de l'esprit religieux en Occident n'aurait pas différé beaucoup de ce qu'elle dut être pour les Aryens de l'Inde quand les brahmanes commencèrent à formuler le système de l'émanation et des transmigrations des âmes, si l'Occident avait possédé un corps de brahmanes et des castes, si les sectes de la philosophie grecque avaient été moins variées et moins libres, et si le monothéisme juif, si même, jusqu'à un certain point, la croyance dont témoignait le titre de Zeus, *Père des hommes et des dieux*, n'avaient pas assuré à la doctrine de la personnalité divine une grande force de résistance au panthéisme, à l'époque de la décadence et de la confusion des anciennes religions nationales. Malgré des différences si importantes entre les deux moments du génie religieux aryen, que nous comparons, et dont le second seul est pour nous dans la pleine lumière de l'histoire, il est certain qu'une sorte de brahmanisme, du genre philosophique, il est vrai, mais affectant la forme d'une religion dogmatique et se rattachant de son mieux aux traditions polythéistes, se constitua, grâce à l'école néoplatonicienne, dans les premiers siècles de l'ère chrétienne. Cette école fut le centre et le foyer de l'opposition à la religion nouvelle, venue de Judée, qui gagna peu à peu le monde romain.

Ce panthéisme alexandrin ou néoplatonicien différait beaucoup d'un autre panthéisme, qui, procédant de l'idée du monde éternel, ou suite sans commencement et sans fin de génération des êtres, déifiait ce tout des phénomènes incessamment produits et détruits. La *Nature*, c'est-à-dire, selon le sens radical du mot, *Ce qui engendre*, et qu'on ne sépare pas de *Ce qui est engendré*, est le nom de la cause première, quoique le nom de *Cause* ne lui convienne point, en ce système dont l'idée de création est bannie et dont l'infini est le dernier mot. Il n'était pas d'origine religieuse, quoiqu'il usurpât le nom de divinité pour désigner le Tout des choses, comme nous l'avons vu par la formule de Pline : *Numen immensum, rerum naturæ opus et rerum ipsa natura ;* exactement : *une seule Nature, naturée et naturante.* Il provenait de la considération physique de l'univers et de l'esprit naturaliste qui, dans l'état si imparfait de culture des sciences empiriques, n'avait pas laissé de s'établir spéculativement dans les principales écoles de la philosophie post-socratique : dans l'aristotélisme, par l'abandon de la partie transcendante de la doctrine du maître (ainsi chez Straton) ; dans le stoïcisme, par la définition matérielle de l'être universel, effet autant que cause de la providence ou destin qui mène et recommence incessamment une invariable évolution des choses ; et dans l'épicurisme, même pour un grand public qui raillait volontiers les atomes, mais que la notoriété de l'explication mécanique du monde par Démocrite et Épicure disposait à penser qu'un dieu recteur doué de personnalité n'était peut-être pas indispensable pour comprendre l'ordonnance des phénomènes. Cette forme de panthéisme, étrangère à l'esprit religieux, qu'elle affectait cependant quelquefois, ne pouvait devenir populaire, ni, par conséquent, apporter la solution du problème de la religion, dans le monde romain. Elle ne donnait point satisfaction à l'esprit anthropomorphique, dont nous venons de rappeler l'origine, les phases successives et la persistance. Les stoïciens eux-mêmes, tout en faisant de grandes concessions aux opinions populaires, en conservant les principaux dieux de la mythologie, sauf interprétation, et prenant la défense de la divination contre les douteurs de la Nouvelle Académie, les stoïciens, conservateurs de la religion de l'État, étaient une école aristocratique.

Le cas n'est pas le même pour le panthéisme alexandrin. Celui-ci tenait de l'école de Platon la doctrine de l'immortalité de l'âme, absente partout ailleurs, et les spéculations sur la destinée des âmes ; elle possédait une démonologie, qui n'excluait pas les anciennes dénominations divines et les adorations. Sa théorie des hypostases, tout en reléguant le dieu premier dans l'Un inintelligible, rattachait l'univers à lui, et ménageait au-dessous une place pour le démiurge. Son syncrétisme unissait les initiateurs religieux supposés de toutes les nations : Orphée, Zoroastre, Hermès, dans la compagnie desquels on eût admis volontiers Abraham, Moïse et Jésus, si les Juifs et les chrétiens se fussent accommodés de cette concession, et Bouddha, si sa renommée se fût assez étendue en Occident. Dans une autre sphère, ce panthéisme prétendait concilier Platon et Aristote, les deux grandes lumières de l'intelligence, suivant l'opinion commune. Il conservait le culte, les sacrifices d'animaux, la divination, les rites antiques, et s'assurait, vis-à-vis du peuple, le prestige des œuvres théurgiques, tandis que, par sa théorie de l'extase, il pouvait plaire à des âmes plus noblement mystiques. Par cet ensemble de traits de croyance positive, à la fois traditionnelle et exégétique, le néoplatonisme donnait une ample satisfaction à l'esprit anthropomorphique, excepté sur le point capital ; mais la négation du vrai monothéisme, c'est-à-dire de la personnalité divine et de la création, y était couverte et dissimulée sous l'abondance des principes divins et des dieux dépendants d'un émanateur suprême. Telle était le réel aboutissement des religions de l'ancien monde, en Occident, au moment où la propagation du christianisme venait arrêter le mouvement et mettre obstacle à la constitution définitive d'un dogme analogue et parallèle à celui qu'avaient établi les Aryens de la branche indienne.

Avant de passer maintenant à l'étude des religions d'un autre caractère, appuyées sur des révélations, nous avons à nous rendre compte du commencement et des progrès de la culture rationnelle et scientifique, et des résultats que l'esprit humain avait atteints, dans cette direction, au temps de la décadence romaine.

LIVRE II

LA SCIENCE, LA MÉTAPHYSIQUE ET LA MORALE DANS L'ANTIQUITÉ

CHAPITRE PREMIER

Le commencement des sciences.

On ne conteste plus guère que la Grèce ne soit, pour user de la vieille métaphore, la mère des sciences ; et parmi les sciences, il faut compter la morale, la politique et la métaphysique, autant qu'on peut accorder à la métaphysique la qualité de science. Ce n'est pas que d'autres nations aient ignoré ces études, mais, dans la Grèce seulement, les notions constitutives de leurs différents ordres ont été formées en distinction parfaite, en claire conscience, et élaborées suivant des méthodes rationnelles, avec la plus grande indépendance d'esprit qu'il soit donné probablement à l'homme d'atteindre. On peut donc presque dire que là commence l'association de la raison et de la liberté. En morale, les concepts rationnels de la justice et du bonheur sont recherchés, et la science de la morale est cette investigation même. En politique, la recherche des conditions de la cité forte et juste, et le travail du législateur dans une société dont les membres ont le sentiment du droit, est bien tout ce qui a pu jamais se dégager de la morale en tant que science politique, et les Grecs les premiers ont essayé d'en construire des théories. Seuls aussi, ils ont envisagé dans l'art le beau pur, comme, dans les sciences, le vrai désintéressé. Partout, grâce à eux, s'introduisit dans le monde un esprit de réflexion et d'activité libre dont les caractères essentiels sont la poursuite de la vérité, et, peu à peu, de plus en plus, l'homme devenant le sujet essentiel d'étude pour l'homme.

Il est remarquable que l'apparition au grand jour de l'histoire, — non les origines mêmes, qui sont à chercher bien plus haut — de la civilisation grecque se place à l'ouverture d'une période de peu de siècles, offrant à l'historien un assemblage unique d'événements de plusieurs genres appelés à exercer une action profonde et prolongée sur la vie humaine et la marche de l'humanité en Asie et en Europe. On trouve, en effet, dans cette période qu'on peut faire commencer, pour prendre un point fixe dans une ère connue, à la première olympiade, 776 ans avant notre ère, et finir au début de l'expédition d'Alexandre, en 334, une suite de faits dont le rapprochement est singulièrement intéressant (1).

Première année de l'ère des Olympiades. C'est le siècle qu'on peut regarder comme celui du travail philosophique dans la société brahmanique (Eugène Burnouf) et qui doit aboutir à la prédication de Bouddha. En Europe, c'est le siècle de l'introduction de l'alphabet phénicien en Occident 1

Les prophètes en Israël depuis le VIIIe siècle avant notre ère jusqu'à la transportation des Juifs à Babylone 1-200

    Fondation de Rome. Législation de Numa 25-100
    Limitation du pouvoir des rois à Sparte. Les éphores 25
    Limitation de la durée de l'archontat à Athènes . . 25
    Colonies grecques en Sicile 40-120
    Premières communications des Grecs avec l'Égypte . 130
    Réforme de Josias en Judée (le *Deutéronome*) . . . 150
    Transportation des Juifs. 170-200
    Fondation de Marseille 180
    Législation de Solon 180
    Thalès, Solon, Anaximandre, Pythagore 180-240
    Prédication de Çakia (le Bouddha) dans l'Inde . . 200
    Confucius. Les *lettrés* de la Chine. 230
    L'institut pythagorique en Italie 260
    Xénophane, Parménide, Héraclite, Démocrite, Empédocle, Anaxagore 250-320
    Établissement du consulat à Rome 270
    Eschyle, Sophocle, Euripide, Aristophane, Hérodote, Thucydide, Pindare, Phidias 280-360

(1) Les chiffres de ce tableau sont arrondis, pour plus de commodité. L'approximation suffit au but qu'on se propose.

Institution du tribunat à Rome. — Premiers débats
sur les lois agraires 280-290
   Les guerres médiques. 280-300
   Retour d'une colonie de Juifs à Jérusalem 320
   Gouvernement de Périclès 340
   Mort de Socrate. 380
   Aristote à Athènes, dans l'école de Platon 410
   Expédition d'Alexandre 443

Il suffit de passer la revue si sommaire des noms et des faits qui appartiennent à cette durée de quatre ou cinq siècles pour juger de la part que réclame l'initiative de l'esprit grec sur tous les points où l'avancement de la civilisation est intéressé. Toutefois ce n'est pas aux Grecs que revient le mérite du fait capital qui se place probablement au début même de cette période. L'introduction de l'alphabet sémitique en Occident est due aux navigateurs phéniciens. Il règne encore beaucoup d'obscurité sur l'invention première de ce système d'écriture dont l'influence sur les progrès de l'esprit humain a été si considérable. Des analyses de formes et de noms de lettres permettent de défendre chacune des deux opinions anciennes qui attribuent, l'une à l'Égypte, et l'autre à quelqu'un des peuples sémitiques, la première idée d'employer les signes à représenter les sons et non plus les objets ou les idées. L'opinion de l'origine sémitique a longtemps dominé, et il y avait dès lors de la vraisemblance à rapporter la découverte aux auteurs de la vieille civilisation babylonienne qui créèrent l'astronomie et un système de numération et de mesures très élaboré. Les Phéniciens auraient été les courtiers de l'invention dans le monde où les répandait l'intérêt du commerce. Ce dernier point est demeuré acquis, mais le premier est renversé doublement, pour ainsi dire, car c'est de l'Égypte que l'écriture phonétique est passée en Phénicie, et, par les Phéniciens dans tout l'Occident ; et ce ne sont pas des Sémites qui l'ont donnée à l'empire babylonien, mais bien les Chaldéens de race touranienne inventeurs des caractères *cunéiformes* qui servirent à écrire les différentes langues parlées à Babylone. Mais un mérite considérable paraît rester ou revenir aux Sémites, en la personne de ceux de leur race qui occupèrent la Basse-Égypte sous la domination des « rois Pasteurs » : ils substituèrent, au système d'écriture syllabique, employé par les Égyptiens, l'alphabet dit *phénicien* de vingt-deux lettres, qui, avec peu de modifications, devint celui de la Grèce et de toutes les nations occidentales. En un mot, ils eurent l'idée de créer des signes spéciaux pour noter les principales *articulations* de leur langue, indépendamment des signes de la *voix*, et ils empruntèrent à cet effet certains des caractères de l'écriture cursive égyptienne, qui ne s'était pas affranchie des notations syllabiques mêlées d'un reste d'idéogrammes.

En Chaldée, comme en Égypte, les signes syllabiques étaient nés des signes des objets et des idées, par le procédé naturel qui consiste à retrouver, à penser sous ces derniers, à prononcer mentalement les sons qui leur sont constamment unis dans la langue parlée. C'est donc une méthode suggérée par l'habitude seule, bien que devenue systématique par l'usage de l'écriture qui en est sortie; et elle a gardé de son origine de nombreuses équivoques provenant de ce que le même signe écrit ne répond pas toujours au même son. De ce vice fondamental, et de l'absence des liaisons grammaticales formelles dont la simple juxtaposition des mots donne à deviner la nature, résultent aujourd'hui les difficultés de la traduction des cunéiformes. Cette écriture imparfaite et de beaucoup inférieure à celle du monosyllabisme chinois, a servi à écrire les dialectes sémitiques de la Babylonie et de l'Assyrie, après s'être appliquée d'origine au langage touranien de la Chaldée; elle a pénétré dans la Susiane et la Médie, et a même enfin été adoptée avec des simplifications par les conquérants iraniens (dans les inscriptions des rois Achéménides) sans jamais se dépouiller entièrement du caractère syllabique et de tout idéogramme.

La découverte proprement dite, si l'on réserve ce nom à une invention née de l'analyse, est celle des Kananéens, premiers auteurs de l'alphabet déduit d'une étude du langage articulé, et d'un choix de signes (parmi ceux que l'écriture nouvelle employait déjà autour d'eux) pour en noter les principaux traits. Les Grecs, des différents dialectes, puis les Étrusques et les autres peuples de l'Italie l'adoptèrent en parfaite connaissance du problème dont il était la solution, et dès lors lui apportèrent les légères modifications réclamées par leurs langages, sans toutefois qu'on se soit avisé sérieusement, en aucun pays, de composer un alphabet systématique et complet des sons et des articulations connus, en suivant des règles strictes de classification et de désignation. Tant la puissance de l'habitude est celle qui domine, là même où l'on se flatte d'avoir accordé à la logique tous ses droits, dans les choses de son ressort !

La même remarque est applicable à la numération, en ce qui concerne l'adoption de la *base* d'un système ou art de compter, c'est-à-dire le choix de l'*unité multiple*, ou nombre, qui, multiplié ou divisé, sert le mieux les opérations de mesure. Le système décimal, que nous tenons des Latins (1) et qui était aussi celui des Grecs, est reconnu très défectueux pour cet emploi, et cependant, au moment même où l'on imposait au public, en France, une réforme générale des mesures, afin de les ramener à l'unité, on n'a pas jugé possible d'exiger aussi de la coutume le sacrifice du calcul décimal. Nous avons vu que la civilisation chaldéo-babylonienne avait été singulièrement favorisée à cet égard, que ce fût par les circonstances ou par le genre d'esprit de ses premiers auteurs. Mais son avantage s'est borné là. Le système de numération écrite fondé sur une loi de position des caractères, qui est l'essence de notre arithmétique théorique, a été inconnu à toutes les nations de l'antiquité ; ou, si le principe en a été posé dans l'école pythagoricienne, à une époque qui reste incertaine, il n'a jamais été d'usage commun chez les Grecs, et ne s'est divulgué à Rome que dans les derniers temps de l'Empire.

La numération décimale écrite des Grecs observait bien une loi de position, en ce sens que les nombres composant un nombre plus grand s'écrivaient (comme ils s'énonçaient aussi) successivement et par ordre de grandeur, mais chaque caractère, individuellement, n'avait pas sa valeur multipliée ou divisée suivant une raison constante par rapport au caractère placé immédiatement à sa droite ou à sa gauche. Les nombres de dizaines, les nombres de centaines, les nombres de milliers se notaient par des caractères (c'étaient les lettres successives de l'alphabet grec) différents de ceux qui étaient déjà affectés aux nombres d'unités simples. Puis venaient, par nouvelles tranches de quatre, les myriades, les myriades de myriades, et ainsi de suite, marquées par des M, ou simplement séparées par des points, et avec des intervalles vides,

---

(1) On a quelquefois pensé en observant le système des notations de la numération écrite des Romains qui roule autour du *cinq*, ainsi qu'autour du *dix*, tantôt ajoutant et tantôt retranchant, à droite et à gauche : I, II, III, IV V, VI, VII, VIII, IX, X, XI, etc., que le système romain primitif était quinaire.

s'il en fallait. Ce système permettait d'écrire des nombres fort grands. Quand Archimède voulut en écrire d'une grandeur tout à fait inaccoutumée, il lui suffit de prendre des tranches de huit au lieu de quatre, et de leur donner des noms : *premiers nombres*, *deuxièmes nombres*, etc. (Traité de l'*Arénaire*.) Mais Archimède prouvait par là même ou qu'il ne connaissait pas la manière de réduire cette loi de position à une forme simple et radicale, ou qu'il ne se souciait pas de s'en servir. Son objet direct en ce traité n'était pas l'arithmétique.

Il y avait deux conditions à remplir pour arriver à cette forme simple et radicale de la loi de position des caractères, destinée à modifier régulièrement leurs valeurs numériques relatives. La première consistait à n'employer jamais que les *neuf* mêmes caractères (c'est du système décimal qu'il s'agit) pour exprimer les nombres, soit que les nombres fussent formés d'unités simples, ou de dizaines, ou de centaines, etc., etc. ; la seconde à employer un signe spécial pour occuper les places de ceux de ces nombres de différents ordres qui pouvaient manquer dans le nombre composé total écrit selon cette méthode. Or il y avait un moyen de satisfaire à ces deux conditions à la fois : c'était de se servir d'un *abaque*, ou tableau divisé en colonnes marquant les places où doivent s'écrire de gauche à droite et dans cet ordre, les unités simples, les dizaines, les centaines, etc., etc. Grâce à cette disposition, en effet, les mêmes caractères peuvent servir pour désigner les nombres des différents ordres d'unité, quand ces nombres sont les mêmes, puisque les colonnes portent l'indication de ces ordres ; et les vides laissés dans celles des colonnes qui ne reçoivent aucun caractère, dans l'écriture d'un nombre donné, tiennent lieu d'un signe spécial, pour marquer l'absence des unités d'un certain ordre dans le nombre écrit. Nous pouvons ajouter immédiatement que le passage de l'emploi d'un abaque ainsi conçu à un mode de numération écrite, tel que celui qui est actuellement usité, est une pure simplification matérielle, encore bien que ç'ait été quelque chose d'important de s'en aviser. En effet, écrire les chiffres comme nous le faisons, avec la pensée de leur loi de position, c'est précisément imaginer les colonnes de l'abaque et leur signification, en les gardant à l'état mental au lieu de les tracer ; et marquer par le *zéro* les places inoccupées, c'est comme de placer une parenthèse ( ) à l'endroit vide, afin de rappeler la colonne où il n'y a rien, et puis d'arriver par l'habitude à réunir les branches de cette parenthèse, qui devient ainsi un signe spécial 0. On se demande si ce n'est pas de cette manière que s'est constitué le zéro comme signe écrit.

On a cru longtemps que le système de numération écrite de neuf chiffres, dits *arabes*, avec valeur de position et emploi du zéro, était venu des Arabes par l'intermédiaire de Gerbert à la fin du x° siècle. On savait cependant que les Arabes eux-mêmes ne s'en attribuaient pas l'invention et disaient le tenir des Indiens. Il est prouvé aujourd'hui que Gerbert n'a rien emprunté aux Arabes, et que ce qui concerne la numération à valeurs de position, dans ses ouvrages, se rapporte à l'abaque que nous venons de décrire; que cet abaque était connu des Latins depuis le philosophe Boèce (fin du v° siècle) qui en donne la théorie, dans sa *Géométrie*, ouvrage authentique; que des auteurs du x° au xii° s'en sont occupés, comme Gerbert, en suivant Boèce; enfin que le perfectionnement de ce système, sous l'influence des Arabes, cette fois, d'où le système actuel est sorti, s'est produit depuis le xii° siècle.

Jusque-là c'est donc à Boèce que nous remontons pour trouver l'origine de la pensée mère de l'arithmétique de position. Mais Boèce qualifie l'abaque qu'il décrit de *pythagorique* (*abacus pythagoricus*). Il lui a été, dit-il, communiqué par un pythagoricien latin nommé Architas (rencontre de nom singulière), et les pythagoriciens qui l'ont imaginé en rapportent le mérite à leur maître (*magistro præmonstrante*). Ces pythagoriciens dont parle Boèce sont des néopythagoriciens des derniers temps, mille ans après Pythagore. La marque de ces temps est d'ailleurs empreinte sur les noms et les figures des signes ou chiffres (*apices*) que des éditions de Boèce reproduisent comme les caractères adoptés pour les neuf premiers nombres, tels qu'ils devaient s'inscrire dans les colonnes (1). Ces noms et ces figures constatent le mélange d'idées pythagoriciennes avec des symboles égyptiens et gnostiques, et des mots grecs avec des mots hébraïques. Mais ceci prouve que la combinaison de ces éléments hétérogènes était accomplie à l'époque où vivaient les auteurs que Boèce avait consultés, et non pas que l'abaque pythagorique ne remontait pas par tradition jusqu'à l'ancienne école.

(1) On trouve plus de ressemblance à plusieurs de nos chiffres *arabes* avec ces *apices* des vieilles éditions de la *Géométrie* de Boèce qu'avec les réels chiffres arabes des manuscrits arabes anciens. Ils viennent donc probablement de ces *apices*, et, par eux, de certaines lettres égyptiennes.

Une remarque qui ne doit pas être omise en traitant ce sujet, c'est qu'en toute hypothèse le tableau qui a reçu des Latins le nom de *table de Pythagore* est l'abaque décrit par Boèce, et n'a rien de commun avec la table des premiers multiples des nombres. Une confusion faite par un copiste est la seule cause de cette erreur dans les noms, qui semble attribuer à Pythagore, comme l'une de ses belles inventions, une disposition assez facile à imaginer des produits et des diviseurs des nombres.

L'objection sérieuse qu'on peut faire à l'antiquité de l'abaque dans l'école pythagoricienne, c'est l'abandon où les Grecs auraient laissé cette invention, si tant est qu'ils l'eussent jamais connue, et il n'y paraît point. Mais la difficulté est loin d'être insurmontable. Les Grecs s'étaient fait un système de numération qui suffisait à leurs besoins spéculatifs, en l'état de leur culture mathématique qui est restée, pendant sept ou huit siècles après Pythagore, toute de forme *géométrique*. Ils avaient pour les besoins du calcul pratique des *bouliers*, comme nous en connaissons, et comme d'autres peuples en ont eu, qui facilitaient les opérations usuelles en déterminant les valeurs des boules selon les places où on les met. Et pour ce qui est d'apprécier le mérite de l'abaque pythagorique, considéré sous son aspect systématique, en tant que donnant une solution rationnelle du problème d'exprimer les puissances de dix par la simple position, il est à croire que les géomètres n'y voyaient qu'un mécanisme sans utilité pour eux. Ceux d'entre eux qui pythagorisaient se livraient, en fait d'arithmétique, à des spéculations d'un genre fort différent.

L'origine pythagoricienne de l'abaque des Latins, devenu, sous l'influence des Arabes, notre système de numération écrite, est le point qui nous intéresse ici, puisqu'il s'agit pour nous de prendre une idée de l'œuvre scientifique des anciens. Nous devons dire un mot cependant de l'origine indienne attribuée par les Arabes à ce système sous sa forme achevée. La question est obscure, parce qu'il est encore impossible de s'assurer de l'époque où les livres de l'Inde ont commencé à faire mention de la géométrie de position. On est donc réduit à des hypothèses, parmi lesquelles la plus vraisemblable nous paraît être celle de l'introduction de l'abaque pythagorique dans l'Inde par les Grecs, qui leur ont apporté bien d'autres connaissances postérieurement à l'expédition d'Alexandre. Les mathématiciens indiens, qui ont eu le goût de l'abstraction mathématique particulièrement développée, auraient pénétré l'esprit du système et séparé l'idée de la numération de son instrument traditionnel (1).

Ce qu'on entendait par l'Arithmétique dans l'école de Pythagore de tous les temps était quelque chose de bien plus relevé, aux yeux des philosophes, que l'art de la numération et que les calculs par où l'on prend des sommes et des différences, par où l'on reconnaît quels sont les multiples et les diviseurs de nombres donnés. On ne trouvait pas à cela grande difficulté, et l'on ne s'inquiétait nullement, hormis pour des buts d'approximation pratique, et qu'il n'était pas besoin de pousser bien loin, de considérer des *rapports* entre des nombres quels qu'ils fussent, n'eussent-ils point de facteurs communs, ou de supposer des racines à des nombres qui ne sont pas des puissances exactes. L'incommensurabilité, pour les incommensurables, restait le dernier mot, en ce qui touche la théorie. Les propriétés des nombres qui semblaient intéressantes au plus haut degré étaient celles qu'on leur supposait comme représentant symboliquement certaines idées, et puis celles qui correspondaient à des changements réglés, observables dans les phénomènes naturels. Ce sont deux cas profondément différents : l'un, chimérique, ou qui ne donne lieu qu'à des analogies plus ou moins vagues et ne menant à rien de sérieux ; l'autre qui est la source des plus belles découvertes en mathématiques appliquées. La généralité de la conception a été au prix de la confusion des deux points de vue touchant la soumission de l'esprit et de la nature au nombre. C'est cependant par cette généralité même qu'il faut juger de l'importance et de la grandeur de la conception. C'est dans l'école pythagoricienne qu'est née la pensée du cosmos en tant que sujet à des lois de nombres, et toutes les sciences modernes relèvent de là pour autant qu'elles comportent la considération de la quantité et reçoivent l'application de la mesure.

Même parmi ceux des nombres pythagoriques qui ont un caractère symbolique, il y a une distinction à faire. Quelques-uns ne peuvent plus que nous paraître des puérilités. Appeler *mariage* le

---

(1) Voyez dans la *Revue archéologique*, XIIIe année, un beau travail de Théodore-Henri Martin où se trouvent cités les savants qui ont contribué avant lui à élucider cette importante question d'histoire des sciences. L'auteur croit que l'abaque pythagorique est une invention des néopythagoriciens du temps de Proclus.

nombre *cinq*, parce qu'il se forme de l'union de *deux*, le premier pair ou *femelle*, et de *trois*, le premier impair ou *mâle*; ou encore *nuptial* le nombre *six*, qui a pour facteurs ces mêmes nombres *deux* et *trois*; ou *justice* le nombre *quatre*, par la raison que, divisé en parts égales, il se prête une seconde fois au même partage, c'est se complaire à des rapprochements sans intérêt. L'allégorie devient à peine plus significative quand on dit que l'*un* représente l'*intelligence*, dont les jugements sont fermes, et *deux* l'*opinion*, qui se divise toujours. Mais d'autres applications de ce jeu des nombres ont une signification métaphysique et tirent de là un intérêt qui autrement leur manquerait. L'opposition de la dyade à l'unité, quand on la prend pour le symbole de l'opposition du multiple en général à l'un, et qu'on prend cette opposition, à son tour, pour représenter celle de l'*infini* au *fini*, de l'indéfini au nombre et à la limite, devient la formule d'une philosophie profonde, trop méconnue par les modernes. Le sens en est que le fini, la limite et le nombre sont des caractères et des conditions de tout ce qu'il y a d'intelligible au monde; et l'infini, le nom de ce qui est rebelle au nombre, de ce qui reste toujours imparfait et inachevé, inaccessible à l'esprit, qui le poursuit en vain. En ce sens, une quantité géométrique, lorsqu'on ne la considérait pas comme un diviseur ou un multiple, relativement à d'autres quantités de la même espèce, était, aux yeux du pythagoricien, un véritable symbole de l'infini, parce que sa divisibilité intérieure n'a point de bornes. Et cette manière d'en juger est parfaitement juste. L'imagination d'un espace à une, à deux ou à trois dimensions, si rien ne la limite, ne saurait différer de la vague intuition spatiale de ces dimensions, avec des limites indéterminées, confuses, et toutefois insupprimibles tant que l'intuition elle-même ne s'évanouit pas. Or des limites ne peuvent jamais être apportées à une quantité que par ses relations numériques définies avec d'autres de la même espèce, plus grandes ou plus petites qu'elle.

Certaines autres spéculations sur les nombres ont beaucoup occupé les pythagoriciens et, à leur suite, Platon, qui nous paraissent sans importance comme sans difficulté. C'est cependant en s'y appliquant qu'on a pu découvrir des lois plus intéressantes. Que le nombre *dix* soit la somme des quatre premiers nombres, et qualifié de *parfait* pour cette raison; que *trois* soit *le plus beau des nombres*, parce qu'il est égal à $1 + 2$, ou bien que le nombre 216, cube de 6, le *nombre nuptial*, soit dit *commander* géométriquément les facteurs de ce nombre nuptial, et leurs carrés et leurs cubes, parce qu'il est divisible par 2, 3, 4, 9, 8, 27 ; ces remarques et d'autres semblables, avec les rapprochements numériques qui s'y joignent, et leurs symboles, ne sont pas même un faible commencement des propriétés dont le vaste domaine compose la *théorie des nombres* des mathématiciens modernes. Mais c'est en s'y livrant qu'on a pu découvrir la loi sérieuse de la formation des carrés de la suite des nombres par la sommation des nombres impairs successifs. L'étude des rapports des côtés du triangle rectangle, domaine favori de l'arithmétique pythagoricienne, et les premières observations importantes sur les incommensurables géométriques ont été étroitement liées à tout ce symbolisme. On peut voir dans les élucubrations de Platon au sujet d'un certain nombre nuptial d'ordre composé, auquel il trouvait de remarquables propriétés *sociales* symboliques (c'est le nombre 864, somme des côtés d'un triangle rectangle dont le plus petit côté est 216, et qui est semblable à celui qui a pour côtés les nombres 3, 4, et 5), comment ce philosophe tire parti de la *tache d'irrationalité* des triangles rectangles isoscèles, c'est-à-dire de l'incommensurabilité de leurs hypoténuses avec leurs côtés, pour trouver à ce beau nombre 864 lui-même une légère imperfection qui s'explique en ce *qu'il préside aux choses humaines, toujours imparfaites par quelque côté* (**1**).

Nous entrons dans ce détail pour montrer comment la généralité des concepts des anciens en matière d'arithmétique s'est trouvée empêchée, le point de vue algébrique des notations et le calcul *in abstracto* sur des nombres *a priori quelconques*, rendu impossible, par l'espèce de terreur que leur causait l'abord des incommensurables. Ils partaient en cela d'un bon principe, et se tenaient dans la logique absolue. Les mathématiciens modernes ne font que trop ressortir, par les contradictions qu'ils n'ont pas évitées en leurs théories des *infinitésimales* et des *limites,* la supériorité de rigueur des créateurs de la science (**2**). Mais cette rigueur même a été pour ceux-ci un obstacle à l'entière généralisation des concepts, que les modernes ont atteinte. Les savants modernes se sont,

---

(1) Platon, *République*, l. VIII, et commentaire d'un passage énigmatique de ce livre, dans T.-H. Martin: *Le nombre nuptial et le nombre parfait de Platon* (*Revue archéologique*, XIII⁰ année).

(2) Voyez dans l'*Année philosophique* de M. F. Pillon (année 1891) mon article : *La philosophie de la règle et du compas*, §§ VIII-IX.

d'une autre part, affranchis des rêveries pythagoriques sur les nombres, mais ces rêveries sont restées l'un des pièges où sont tombés les philosophes d'une certaine humeur et quelquefois d'un grand mérite. Il n'est pas douteux qu'elles n'aient été utiles aux premiers qui, dans l'antiquité, ont porté l'investigation sur les relations d'ordre numérique des phénomènes, en géométrie, en astronomie, dans la musique, parce qu'elles les ont servis dans l'idée qu'ils avaient à se faire du rôle universel de cette catégorie dans le cosmos. On dit qu'elles n'ont pas été sans encourager dans la recherche des grandes lois qui portent son nom, Képler, le dernier des savants illustres qui ont *pythagorisé*.

CHAPITRE II

La géométrie et les sciences exactes.

La géométrie est la grande création de ces anciens philosophes grecs et de leurs disciples les Euclide, les Apollonius, les Archimède, dont les travaux ont pris une direction spéciale et accompli la séparation de la mathématique d'avec la philosophie. La critique historique s'est souvent posé la question de savoir si l'origine première de la géométrie ne devait pas se prendre en Égypte, où Thalès et Pythagore dans leurs voyages en auraient reçu la connaissance des arpenteurs de ce pays. Ce doute témoigne de peu de réflexion sur l'esprit de la science telle que les Grecs l'ont constituée. La démonstration y est inséparable de l'énoncé, dans la proposition qui se nomme *théorème*; l'un ne compte pour rien sans l'autre; or, rien n'indique, ni que les anciens Égyptiens se soient occupés de théorie, ni qu'il y ait eu en Grèce un moment où les géomètres, qui jusque-là n'auraient connu que des propriétés de fait du triangle ou du cercle, se seraient avisés de les vouloir *démontrer*. D'ailleurs qu'aurait signifié la remarque de Thalès, par exemple, observant que l'angle inscrit dans le demi-cercle est un angle droit, sans l'étude des autres rapports enveloppés dans la figure, et qui rendent celui-là démontrable? Et pense-t-on que, pour découvrir la propriété de l'hypoténuse du triangle rectangle, Pythagore ait essayé de porter sur les trois carrés un tout petit carré pour mesurer leur contenu, ou peut-être de les sculpter en bois d'une même épaisseur, et puis de les peser comparativement pour tirer conclusion du poids aux surfaces? Nous devons bien comprendre que les auteurs qui ont attribué ces *découvertes* à ces deux grands initiateurs en géométrie n'ont fait, en les énonçant comme telles, que donner la brève indication des sujets sur lesquels ont porté les premières analyses de la figure abstraite. Une œuvre capitale dans la science revient donc à ces hommes et à leur nation; car les moins disposés des critiques à renfermer l'esprit humain dans l'esprit géométrique, à le croire fait pour mener à toute vérité, ou pour tenir lieu de toutes les vérités relevant d'une autre méthode, doivent cependant reconnaître que, directement et indirectement, par elle-même, par son application, par l'exercice des dons intellectuels qu'elle exige, la géométrie a tenu et tient dans la civilisation la place d'un agent indispensable.

C'est à Pythagore personnellement que la tradition rapporte la découverte de la propriété du triangle rectangle qui a été d'une si grande importance dans tous les travaux ultérieurs ; mais, d'une manière générale, c'est à l'école pythagoricienne en son ensemble, et avant Platon, qu'on peut attribuer avec sécurité les grands progrès accomplis dans la géométrie et dans l'étude du nombre *considéré géométriquement*. Les sujets principaux qui occupèrent les géomètres pendant cette période sont la construction des triangles rectangles à côtés rationnels, en nombres entiers, sous certaines données ; les recherches sur les cas d'incommensurabilité de l'hypoténuse ; les propriétés fondamentales du cercle et de la sphère, celles des polygones, des polygones réguliers, des cinq polyèdres réguliers, le problème de la duplication du cube. Euxode de Cnide trouva peu à près la mesure de la pyramide et du cône. Il y eut avant Euclide des traités de géométrie, et même assez nombreux, comprenant l'histoire de la science, qui plus tard se perdirent, et dans lesquels les problèmes se posaient entre géomètres et trouvaient leurs solutions. Platon doit être cité ici comme auteur de la formule d'une méthode, instinctivement suivie, sans aucun doute, par ses prédécesseurs, mais dont le dégagement appelle l'intervention de ce génie investigateur des procédés, si différent de leur application même la plus habile. Il s'agit de la méthode analytique à l'aide de laquelle, *supposant le problème résolu*, et la construction faite qui en donnerait la solution, on examine les relations de dépendance que cette construction établit entre les éléments de figure, — entre des lignes sur un plan, par exemple, leurs grandeurs et leurs positions, — afin de découvrir celles des conditions qu'on est le maître de réaliser *en vertu de ce qui est déjà accordé*, et dont la réalisation fournirait le résultat demandé. On peut dès lors passer à la construction réelle. C'est bien ainsi que procède l'esprit d'analyse en toutes choses, pour mettre en rapport une fin cherchée avec des moyens accessibles ; seulement la géométrie opère sur des données exactement définies de quantité et de position ou figure.

La géométrie est entièrement et rigoureusement fondée au moment où Euclide écrit en forme de synthèse, partant de principes absolus, formellement énoncés, et se développant en théorèmes d'où sort progressivement la solution des problèmes, le célèbre traité qui est demeuré la base de l'enseignement de cette science jusqu'à nos jours. Ce livre vraiment admirable qui date de la première moitié du IIIe siècle avant notre ère, et qu'on n'aurait jamais cherché à refaire, — il n'y a pas très longtemps de cela, — si l'on n'avait eu le prétexte d'une lacune qu'il offre pour l'étude des rapports dans les cas d'incommensurabilité, ce livre ne sera dépassé et remplacé que le jour où les géomètres seront parvenus à se donner des idées claires, exemptes de toute contradiction, sur les questions de l'infini de quantité, de la mesure dans son rapport avec le nombre, et où ils auront reconnu la dépendance des principes de la géométrie par rapport à la théorie logique du jugement, théorie indispensable à l'établissement des définitions et des axiomes. Nous ne pouvons entrer ici dans les détails nécessaires à l'éclaircissement de ce sujet difficile (1). Observons seulement les trois points principaux qui importent à l'étude des progrès des sciences et de l'esprit scientifique dans l'antiquité. Une première remarque, c'est qu'il n'y a pas, dans le traité d'Euclide, un seul mot qui touche à des considérations philosophiques, c'est-à-dire d'un ordre de généralité supérieur au sujet géométrique ; la science est donc régulièrement fondée et séparée ; et cependant il est indubitable qu'elle repose sur le principe des *idées* : Euclide se rattache à la doctrine de Platon, non point à sa doctrine métaphysique, mais à sa doctrine logique dont l'auteur est Socrate. En un mot il prend pour principes de la géométrie les *idées géométriques* pures, ou en tant que *concepts* : le point-limite, sans étendue, la ligne sans largeur, etc.

La seconde remarque concerne la mesure de la quantité géométrique. Euclide et, comme lui, ses successeurs comparèrent les unes aux autres les grandeurs considérées géométriquement ; ils raisonnèrent sur leurs rapports *mutuels* de contenance, autant qu'ils purent en découvrir, mais jamais sur leurs mesures estimées à l'aide d'une unité commune ou, en d'autres termes, sur leurs valeurs arithmétiques, sur leurs quantités *comme nombres* ainsi que nous le faisons habituellement. Si la pensée de procéder

(1) Voyez l'article, déjà cité ci-dessus, de l'*Année philosophique* (année 1891) sur la méthode géométrique et la théorie logique du jugement.

de cette dernière manière s'est présentée à l'un d'entre eux, il l'a certainement rejetée au premier examen, par cette simple raison que la plupart des grandeurs sur lesquelles porte l'étude du géomètre se trouveraient incommensurables avec l'unité quelconque, de la même espèce, qu'on pourrait choisir pour les mesurer toutes; que dès lors les mesures ne seraient en général qu'approximatives, que les raisonnements seraient sans rigueur, et les résultats des vérités par à peu près. Cette objection étant irréfragable, ou du moins nous ne sachions pas que les mathématiciens modernes se soient fixés à une manière invinciblement logique de s'y soustraire, il en résulte, en faveur des anciens, un préjugé légitime de rigueur d'esprit chez eux, et de correction scientifique, dont on s'est éloigné peu à peu. En revanche ils ont laissé à créer aux modernes, comme nous le montrerons tout à l'heure, l'algèbre qui, comprise dans le sens étendu et complet de ce mot, est la *mathématique pure*, et cette invention est une seconde merveille de l'esprit humain. une sorte de *surgéométrie*, dont l'importance et le mérite sont indépendants de l'exégèse philosophique à laquelle les savants semblent encore éloignés de parvenir.

La troisième remarque concernera le célèbre « postulat des parallèles ». Euclide a conçu le plan d'une science dont toutes les propositions seraient démontrées rigoureusement en se fondant sur des définitions, qui sont les idées géométriques, sur quelques *notions communes*, et sur le plus petit nombre possible de *postulats*. On ne saurait dire qu'il ait éclairci philosophiquement la question de la nature des postulats, de leur raison d'être et de leur nombre (pourquoi ceux-là précisément, et à quel titre les choisir et les limiter?); mais on ne saurait dire non plus que les géomètres modernes aient répondu à cette question. Quoi qu'il en soit, Euclide, en affectant à la doctrine géométrique du parallélisme et des figures semblables, un postulat, a montré son génie. Car cette doctrine, traversant les siècles, est restée au point où il l'a laissée, à cela près qu'on s'est avisé récemment de mettre en doute la vérité du postulat; et ce n'a pu être alors qu'en reniant du même coup, par hypothèse au moins, le corps tout entier d'une géométrie sur laquelle la philosophie et la science ont toujours tablé, et qu'on nomme *euclidienne*.

Nous ne pouvons entrer dans l'exposition du matériel des découvertes, si sommairement que ce soit. Il faut cependant signaler certains sujets qui ont été de grande conséquence pour tout le développement ultérieur des sciences exactes. Un des premiers est la théorie des sections coniques, qui était appelée à prendre une si grande place dans l'étude géométrique du système du monde. Elle avait déjà reçu de Ménechme, contemporain de Platon, et, plus tard, d'Euclide, un sérieux avancement. Apollonius de Perge (IIIe siècle avant notre ère) en écrivit un traité considérable et resté célèbre auquel se sont rattachées toutes les investigations ultérieures, presque sans bornes. Nous ne pouvons que signaler ensuite les incomparables travaux d'Archimède, la plus forte tête géométrique qui ait paru dans le monde. Sa *mesure du cercle*, sujet qui n'avait pas été abordé par Euclide, nous ramène à ce que nous avons dit plus haut du parti pris des anciens de tenir les incommensurables en dehors du calcul. Archimède ne dit point que *le cercle a pour mesure la moitié du produit de la mesure de sa circonférence par la mesure de son rayon* ; il ne dit point : *La surface de la sphère a pour mesure le produit des mesures d'un grand cercle et du diamètre* ; car ce serait supposer que la circonférence et le rayon ont une commune mesure linéaire ; et de même le grand cercle de la sphère et son diamètre. Il dit : Un cercle est égal au triangle qui aurait sa circonférence pour base, et son rayon pour hauteur ; et la sphère a une surface égale à celle d'un cylindre qui aurait un grand cercle pour base et un diamètre pour hauteur (1). On pouvait, il est vrai, lui demander sur quels principes il s'appuyait pour assimiler une circonférence au côté d'un triangle, ou pour égaler entre elles deux surfaces, l'une sphérique et l'autre cylindrique, impossibles à superposer. Il ne s'inquiétait point de cela, dès qu'il n'était pas question de commune mesure, quoiqu'il eût fallu montrer peut-être comment il était possible d'écarter du sujet de la proposition cette idée *fausse* de mesure. L'idée de l'approximation indéfinie ne pouvait lui venir non plus *logiquement*, car on ne saurait approcher que de ce qui existe, et l'unité de mesure, en pareil cas, n'existe pas. Aussi, quand Archimède cherche ce que nous appelons aujourd'hui la *mesure de la circonférence,* il a soin de formuler non pas *un rapport* qui réellement existerait entre la circonférence et son diamètre, et dont il obtiendrait la détermination approximative ; mais une grandeur composée du triple du diamètre et d'une

---

(1) Archimède, *De la mesure du cercle*, proposition III.

certaine fraction du diamètre, *qui est moindre que le septième et plus grande que les dix soixante-onzièmes de ce même diamètre.* Cette grandeur est celle de la circonférence. Ce géomètre pouvait aisément, par la méthode même qu'il expose, pousser l'approximation plus loin, aussi loin qu'il le voudrait ; il n'en a cure, car il croit sans doute ne pouvoir pas atteindre un résultat définitif, en quoi il ne se trompe pas ; mais on ne laisse pas d'être en droit de lui demander si vraiment il y a là une grandeur égale à ce qu'il dit, égale, et laquelle il soit, par suite, ou possible ou du moins logique d'imaginer achevée en sa construction, par l'addition ou la sousraction de n'importe quelles petites fractions du diamètre.

Archimède a le premier, sans qu'il l'ait voulu, ouvert en géométrie l'ère de la recherche des rapports que l'on a nommés numériques ainsi que ceux qui le sont, quoiqu'ils ne le soient pas, ne pouvant être exprimés par aucuns nombres. La méthode d'Archimède a été nommée *méthode d'exhaustion,* comme si son inventeur s'était réellement proposé *d'épuiser l'inépuisable,* en la série indéfinie des polygones réguliers de sa construction, afin d'arriver à celui dont le périmètre s'identifie avec la circonférence. Il n'y pensait point, mais il ouvrait la voie à cette illusion. Pratiquement, c'est-à-dire dans la géométrie appliquée, les approximations dont il créait la méthode trouvèrent aussitôt leur emploi. En théorie, la question resta dans l'obscurité jusqu'à Leibniz, et, après lui, y retomba malgré l'immense développement des nouveaux calculs.

Nous ne rappellerons ici la gloire d'Archimède, comme auteur de découvertes géométriques sur les hélices, la sphère et le cylindre, etc., dont le mérite n'a point été égalé, que pour nous poser le problème auquel son génie a donné lieu, quand on a considéré l'insuffisance du système des signes dont il s'est servi pour ses raisonnements. « Ceux qui sont en état de comprendre Archimède, disait Leibniz, admirent moins les découvertes des plus grands hommes modernes. » Ce jugement est rappelé et ratifié par le dernier historien français des sciences mathématiques, qui s'en exprime quoique très habile mathématicien lui-même, en termes d'une humilité caractéristique (1). Ce savant, et d'autres comme lui, ont supposé qu'Archimède avait dû faire usage d'une « sorte d'algèbre » intransmissible, ou qu'il ne voulait point communiquer, sans laquelle il lui aurait été, suivant eux, trop

---

(1) Maximilien Marie, *Histoire des sciences mathématiques et physiques,* t. I, p. 107.

difficile d'enchaîner des raisonnement très complexes et de ne se pas perdre au milieu des relations enchevêtrées qu'il n'aurait pas su exprimer par des signes abréviatifs. Cependant ce don *extraordinaire* de mémoire et de raisonnement n'est pas en soi plus *incroyable* que celui de la mémoire et de l'imagination machinales dont on a de temps à autre des exemples chez les joueurs d'échecs et chez les grands calculateurs ignorants Il est seulement *admirable* à meilleur droit, et il ne *confond* nos modernes algébristes que parce que l'usage qu'ils ont d'un système de signes très développé, très complet — si avantageux d'ailleurs pour l'enseignement et la diffusion de la science — les dispense de s'habituer à l'énoncé des propositions et des raisonnements un peu longs, en langage commun. La traduction qui peut se faire en équations de la suite des raisonnements d'Archimède ne prouve rien quant au mode de ses propres liaisons d'idées. Ce qu'il faut seulement admettre de plus chez lui que l'instrument géométrique et que la méthode d'Euclide, c'est ce que l'on a quelquefois appelé la *divination du génie*, un art secret de se guider dans le choix des principes ou des hypothèses qui peuvent conduire à la découverte d'une vérité et de sa preuve, qui, à leur tour, les vérifie.

L'impression la plus générale laissée dans l'esprit des modernes par la science astronomique des anciens se rapporte au système des sphères emboîtées les unes dans les autres, avec un mouvement commun et des mouvements propres, et tournant toutes autour de la terre en portant les étoiles, les planètes, le soleil et la lune. Ce système, progressivement élaboré, très savant dans les développements qu'il reçut d'Hipparque et de Ptolémée, mérite notre admiration, et ne devrait pas avoir à souffrir de la comparaison qu'on en fait avec le système de Copernic que nous avons des raisons positives de regarder comme le seul vrai. Il la mérite, à un point de vue strictement scientifique, en ce qu'il offre le premier grand exemple d'une hypothèse construite pour rendre compte des faits (car les apparences optiques sont des faits jusqu'au moment où leur correction s'impose à la raison), ensuite complétée ou rectifiée à mesure que de nouveaux faits viennent à être observés, dont elle ne rend pas compte. Et il la mérite encore, comme une tentative de trouver dans l'ordre du monde, dans les mouvements célestes, une application de celles des lois de la figure et du mouvement qui paraissent les plus simples et les plus belles. Ce n'est que la complication croissante des hypothèses accessoires auxquelles il fallait recourir pour étayer l'hypothèse principale, qui, en détruisant la beauté, la vraisemblance et l'originaire simplicité mathématique du système, a donné pour ainsi dire le courage aux astronomes de la Renaissance d'y substituer l'hypothèse du mouvement de la terre, en faveur de laquelle on n'avait pas encore au temps de Copernic des démonstrations proprement dites. On sait que Képler, en sa recherche des lois mécaniques nouvelles qu'on pût mettre à la place des mouvements uniformes et circulaires des corps célestes, était animé du désir de découvrir *une harmonie*, et non point un système de faits seulement. Et après tout, un savant peut-il proposer une hypothèse, surtout si elle a de l'ampleur, sans être conduit par la supposition *a priori* de l'existence *d'une loi* dans l'espèce; et cette supposition, cette conviction ne sont-elles pas, au fond de la même nature, que la poursuite du beau, dans le sentiment de Képler et des anciens?

Mais l'hypothèse du mouvement de la terre n'avait pas échappé au génie hellénique, et ce sont des astronomes grecs qui les premiers se placèrent au-dessus des apparences pour juger des mouvements relatifs, et servirent d'exemple à Copernic, lecteur de Cicéron et de Plutarque où il trouva leurs opinions consignées. Hicétas de Syracuse, pythagoricien (première moitié du ve siècle) pensait, au rapport de Cicéron, « que le ciel, le soleil, la lune, les étoiles, tout ce qui est au-dessus de la terre, enfin, est immobile; que rien au monde, excepté la terre, ne se meut; que la terre, emportée et tournant autour de son axe avec une extrême vitesse, donne lieu à toutes les mêmes apparences que si, la terre restant immobile, le ciel tournait tout entier autour d'elle ». Il est difficile que le philosophe qui formulait ainsi le mouvement diurne ne se fût pas fait une opinion sur le mouvement annuel ou du soleil ou de la terre. Cicéron n'en dit rien; mais Philolaus, autre pythagoricien, postérieur d'environ un demi-siècle à Hicétas, exposa un système complet du monde, dans lequel, outre la révolution de la terre sur elle-même, il soutenait sa révolution annuelle (en trois cent soixante-quatre jours et demi) et les révolutions des planètes autour du même centre. Seulement, ce système, qu'Aristote rapporte à l'école pythagoricienne ou *italique* tout entière, se signalait par une étrange particularité, une vraie fantaisie, dont l'inspiration était due à la doctrine *a priori* des nombres constitutifs de l'harmonie du cosmos. Ce n'est pas autour du soleil que les planètes avaient à faire leurs révolutions, dans ce système, mais autour du *Feu central* de l'univers. Le soleil lui-même devait tourner autour de ce feu et n'en être que le reflet, pour nous le répercuter; et, comme il fallait que le nombre des sphères en circulation formât *une décade*, on ajoutait à la sphère des fixes, au soleil, à la lune, à la terre et aux cinq planètes un dixième corps céleste, invisible, qu'on nommait *antichtôn*, parce qu'on l'imaginait placé entre le Feu et la terre et constamment opposé à celle-ci en son mouvement. On expliquait les éclipses par différentes combinaisons; on pouvait même s'en procurer plus que l'observation n'en fournissait. Les phénomènes célestes étaient déjà trop bien observés à cette époque pour que l'hypothèse pythagoricienne ainsi compliquée pût se soutenir.

Aristote nous apprend que beaucoup de philosophes de son temps, outre les pythagoriciens, *pouvaient répugner* à la doctrine de la position centrale de la terre, et qu'on se fondait en ce cas *sur des raisonnements dans lesquels on forçait d'entrer les phénomènes* (1). On sait par d'autres sources (2) que Platon dans sa vieillesse regrettait d'avoir embrassé cette doctrine en son *Timée*. Il est clair que les opinions étaient alors très partagées et que la question se posait, dans le champ philosophique, entre des raisons *a priori* et l'argument tiré des apparences. Aristote, qui faisait valoir cet argument, avait, lui aussi, ses raisons *a priori*, différentes seulement de celles des autres. En somme, l'esprit, tant scientifique que spéculatif, était assez avancé pour que l'argument des apparences fût peu compté, dans une question où l'on voyait que les apparences étaient, des deux côtés, également expliquées et satisfaites. Mais on conçoit quel discrédit dut jeter, sur l'hypothèse du mouvement et de la situation excentrique de la terre, une cosmographie factice et arbitraire comme celle des pythagoriciens, à laquelle l'observation des phénomènes apportait tous les jours des démentis. Les mathématiciens et astronomes spéciaux, en dehors de la philosophie, construisirent en général leurs théories sur l'hypothèse de la situation centrale de la terre. Eudoxe de Cnide fut l'auteur principal, en cette voie; c'est son système qui fut embrassé et perfectionné par les savants d'Alexan-

---

(1) Aristote, *De cælo*, t. I, p. 466 A, édit. Du Val.
(2) Théophraste dans Plutarque, *Questions platoniques*, quest. VIII.

drie. En philosophie Platon et Aristote arrangèrent leurs doctrines pour la même hypothèse, qui se trouva doublement assurée dès lors de traverser les siècles pendant lesquels la science cessa d'être progressive, et presque d'être conservée.

Cependant l'hypothèse du mouvement annuel de la terre ne fut pas bornée, dans l'antiquité, à l'école pythagoricienne, qui la compromit. Elle obtint sa formule rigoureusement scientifique, grâce à Aristarque de Samos (première moitié du IIIe siècle). D'autres mathématiciens, dont les noms seuls sont connus, partagèrent la même opinion sans pouvoir la faire prévaloir. Archimède, malheureusement, ne l'adopta pas. C'est cependant par lui que nous connaissons les termes dans lesquels Aristarque la présentait. Ils offrent de plus cet intérêt, que la question de la grandeur de l'univers y est abordée, et qu'il y est fait usage de la géométrie des *indivisibles* pour marquer la petitesse relative de l'orbite terrestre et la distance *infinie* des fixes.

« Tu sais, écrit Archimède à Gélon, roi de Syracuse, que le monde est appelé par *la plupart des astronomes* une sphère dont le centre est le même que celui de la terre et dont le rayon est égal à la droite placée entre le centre de la terre et celui du soleil. Aristarque de Samos rapporte ces choses en les réfutant, dans les propositions qu'il a publiées *contre les astronomes*. D'après ce qui est dit par Aristarque de Samos, le monde est beaucoup plus grand que nous venons de le dire ; car il suppose *que les étoiles et le soleil sont immobiles* ; *que la terre tourne autour du soleil comme centre* ; et que la grandeur de la sphère des étoiles fixes, dont le centre est celui du soleil, est telle que la circonférence du cercle qu'il suppose décrite par la terre est à la distance des étoiles fixes comme le centre de la sphère est à la surface (1) ». Archimède se refuse à une proportion de cette espèce où un point géométrique est mis en rapport avec une surface. Il est clair qu'Aristarque a voulu dire que la distance des fixes est *incomparablement* plus grande que l'orbite terrestre. Au reste, le but d'Archimède, dans le traité d'où ceci est pris, n'est pas de traiter la question astronomique, mais de montrer comment le système de numération des Grecs peut s'étendre de manière à permettre d'exprimer des nombres plus grands que le nombre des grains de sable que pourrait contenir une sphère aussi grande que la sphère des étoiles

---

(3) Archimède, *L'Arénaire*, trad. de Peyrard, t. II, pp. 232 et 422 des *Œuvres*, 2e édition in-8°.

fixes supposée par Aristarque. C'est le sujet du traité dit de l'*Arénaire*.

Aristarque admettait aussi, puisqu'il supposait les étoiles immobiles, le mouvement diurne de la terre, dont Archimède n'était pas obligé de faire mention. La perte de son ouvrage est très regrettable pour l'histoire des idées cosmologiques des anciens. Mais on a le traité d'Aristarque sur *les grandeurs et les distances du soleil et de la lune,* qui nous montre l'observation et le calcul à la fois en œuvre pour déterminer les rapports de certains éléments du système solaire par des méthodes entièrement analogues à celles dont l'astronomie moderne a fait usage. On peut dire qu'au point de vue de la théorie, un savant a résolu les problèmes qu'il s'est proposés, quand il a posé la question avec justesse, choisi les conditions les plus favorables à l'observation, employé les instruments qu'elle requiert, et que les résultats qu'il a obtenus ont été exacts dans la mesure où l'imperfection de ces instruments permettait qu'ils le fussent. En fait, les angles qu'Aristarque avait à mesurer sont beaucoup plus petits qu'ils ne lui ont paru l'être, avec la règle et le cercle divisé dont il a pu se servir. Les rapports qu'il a obtenus sont donc très fautifs, mais la méthode est irréprochable. De plus, il y a lieu de remarquer qu'une observation scientifique, appliquée avec le choix des circonstances qui se prêtent à l'équation du problème, comme nous dirions aujourd'hui, ressemble fort à une expérience. Les anciens ne firent point d'expériences en physique : c'est la grande infirmité de la science dans l'antiquité. Mais, en astronomie, ils manièrent l'observation d'une façon qui n'est pas bien éloignée de la méthode expérimentale. Ératosthène, mesurant approximativement, vers le même temps, la longueur du méridien terrestre et l'obliquité de l'écliptique, construisant des instruments perfectionnés, rectifiant les mesures de ses prédécesseurs ; Posidonius, s'occupant à son tour des distances et des diamètres des planètes, et du rayon de la terre, quoique sans beaucoup plus de succès, matériellement parlant ; Hipparque, révisant tous les travaux antérieurs, utilisant les anciens catalogues d'étoiles, les corrigeant et les complétant, parvenant, dans les observations, à des résultats d'une exactitude jusque-là inconnue, maginant des instruments nouveaux, découvrant par l'expérience traditionnelle et incessamment continuée de l'état du ciel une grande loi absolument imprévue, réformant enfin les hypothèses, les théories reçues, pour les accorder avec de nouveaux faits ; cette succession d'études et de recherches en une même direction, s'appuyant les unes sur les autres, avec acceptation d'une méthode et de principes communs, avec un progrès ininterrompu à la fois dans l'observation et dans le calcul, c'est parfaitement la science telle que les modernes, disciples des anciens, l'ont fondée et la pratiquent, partout où l'accord des esprits en une catégorie distincte de recherches leur a permis l'établissement spontané d'un *atelier spécial* de travaux. L'esprit hellénique a donc entrepris et achevé une telle fondation, sur un champ spécial et d'importance tout à fait supérieure, pour la première fois dans le monde, et l'unique dans le monde ancien.

Si nous considérons, au lieu de la méthode, le résultat, pourvu que ce soit encore au point de vue scientifique, qui est celui de la recherche de la vérité, non celui de la vérité définitive et inébranlable, notre conclusion ne sera pas moins favorable à l'esprit de l'antiquité. Le grand homme en qui se résuma (fin du IIe siècle avant notre ère) toute la culture antérieure en astronomie mathématique et d'observation, — car Ptolémée, près de trois siècles plus tard, quel qu'ait été son mérite, n'a prétendu en grande partie que systématiser une œuvre accomplie, ou la développer sur des points particuliers, — Hipparque a fait usage d'instruments qui lui permettaient de suivre et de mesurer les mouvements de la sphère céleste ; il a établi des systèmes de coordonnées équatoriales et écliptiques pour la définition de la position des astres ; il a appliqué des formules trigonométriques à la solution des problèmes astronomiques de la sphère ; il a formé des tables du soleil et de la lune, et travaillé à la correction des observations et des calculs de tous les astronomes qui l'avaient précédé. Sa découverte de la précession des équinoxes est une des plus admirables comme des plus importantes que la science ait pu atteindre. Enfin, en ce qui touche la théorie générale des mouvements, si nous tenons compte du parti pris de l'école astronomique de n'admettre dans le ciel que des mouvements circulaires et uniformes, — le système d'Aristarque n'ayant pu se faire accepter, — on ne pouvait demander à Hipparque rien de plus que d'introduire dans l'hypothèse généralement acceptée les modifications les plus simples possibles qui pussent expliquer les *inégalités* qu'il constatait dans les mouvements du soleil et de la lune. En conséquence il imagina que les orbes décrits par ces deux astres autour de la terre étaient, quoique circulaires, *excentriques*, c'est-à-dire avaient leurs centres en dehors du centre de la terre. Ce procédé était d'un genre parfaitement scientifique. Malheureusement, il se trouva que les mouvements des planètes avaient aussi leurs inégalités et que ces inégalités ne pouvaient s'expliquer par de simples déplacements du centre. Elles ne le pouvaient non plus en supposant que ces astres se meuvent sur des *épicycles*, c'est-à-dire sur de petites orbites dont les centres sont portés sur de plus grandes ayant pour centres le centre de la terre. Mais on avait la ressource d'user des deux corrections à la fois, c'est ce que fit Ptolémée, et ce que firent après lui les astronomes jusqu'à Copernic. Un épicycle avec un excentrique ne suffisant pas pour rendre compte des inégalités que l'observation allait multipliant, Ptolémée fut conduit à supposer, pour certains cas, la mobilité du centre lui-même de l'excentrique et un balancement de l'épicycle. Chaque nouvelle inégalité qui se découvrait exigeait l'imagination d'un nouvel expédient. Jamais le caractère mathématique artificiel d'une hypothèse destinée à expliquer des phénomènes naturels ne fut plus manifeste. Il nous paraît hors de doute que si la question s'était présentée en ces termes à Hipparque, qui laissa la théorie des planètes inachevée, si la fécondité du génie grec n'avait pas été épuisée après le siècle de Ptolémée, les astronomes auraient reconnu l'impossibilité de soutenir plus longtemps l'espèce de gageure de la terre centrale et des mouvements circulaires uniformes. Ils seraient revenus à l'hypothèse d'Aristarque, peut-être en passant par celle que Tycho Brahé proposa 1400 ans plus tard, et qui n'est pas si éloignée qu'on la croirait à première vue de celle de Ptolémée (1). L'histoire de l'astronomie n'aurait éprouvé aucun discontinuité. Mais « les travaux de Ptolémée terminent les progrès de l'astronomie dans l'école d'Alexandrie » et par conséquent dans le monde ancien. « Cette école subsista pendant cinq siècles encore; mais les successeurs de Ptolémée se bornèrent à commenter ses ouvrages sans rien ajouter à ses théories; et les phénomènes que le ciel offrit dans un intervalle de plus de six cents ans manquèrent presque tous d'observateurs... Le flambeau des sciences, éteint par les irruptions des barbares ne se ralluma que chez les Arabes » (2). Mais ce flambeau éclairait peu et mal, quand les barbares l'étei-

---

(1) Ce rapprochement intéressant appartient à Laplace, *Exposition du système du monde*, t. II, p. 402-404 (6ᵉ édit.).

(2) Laplace, *Exposition*, etc., p. 412.

gnirent, et les observateurs arabes non seulement ne furent pas théoriciens mais ne découvrirent même, selon Laplace, aucune inégalité nouvelle dans les mouvements des astres.

La mécanique est une science aussi étroitement liée que l'astronomie aux mathématiques. Mais elle était, en sa généralité abstraite, inaccessible aux anciens qui n'avaient aucun moyen d'introduire dans le calcul, le temps, élément essentiel au même degré que l'espace, dans l'étude des lois du mouvement. Les considérations statiques étaient seules à leur portée, autant que les rapports entre des lignes se prêtaient à la représentation directe de phénomènes mécaniques. Ce n'est cependant pas à la statique, à l'étude des forces dans l'état d'équilibre, qu'appartient une très ancienne découverte, qui fait infiniment honneur à l'école pythagoricienne, à Pythagore lui-même, si la tradition est vraie. Pythagore reconnut en dirigeant par des vues spéculatives l'observation des cordes vibrantes, — et après d'autres recherches sur les conditions de la hauteur des sons, qui ne sont pas bien éclaircies par ses historiens, — la relation des longueurs de ces cordes, quand elles sont également tendues, aux sons principaux admis comme consonnants dans la musique des Grecs. Sans dépasser les nombres de la tétrade : 1, 2, 3, 4, il put s'assurer que certains rapports simples de ces sons les uns aux autres étaient les rapports mêmes des longueurs des cordes qui donnaient les consonnances de l'octave et de la double octave, de la quarte, de la quinte et de l'octave de la quinte. Il ne pouvait pas encore être question des vibrations elles-mêmes et de leurs nombres relatifs. Il paraît que les pythagoriciens se refusaient à admettre d'autres notes de la gamme reçue des musiciens de leur temps, ne trouvant pas qu'elles correspondissent à des rapports numériques assez simples. C'est l'ordinaire effet des vues *a priori*. Ce sont cependant ces vues mêmes qui, en pareil cas, engendrent la découverte, et la découverte leur donne raison dans une grande et admirable mesure ; car ces nombres musicaux si simples, tout comme les nombres chimiques, également simples, qui, vingt-trois siècles après Pythagore, se sont offerts à l'expérience pour exprimer les rapports de volume ou de poids entre certains éléments physiques, dans les plus importantes de leurs combinaisons, ces nombres posent une grande et étonnante loi de la nature. Les premiers qui l'aperçurent sur un point, assurément des plus frappants et qui en imaginèrent toute la portée, furent éblouis : plus philosophes en cela que tant de savants venus après eux, qui s'abaissent inconsciemment au niveau du vulgaire le plus lourd, ayant laissé s'atrophier en eux par l'habitude de voir la faculté d'admirer. Les pythagoriciens, au contraire, tout à l'enthousiasme que leur causait la contemplation du cosmos réglé par la loi du nombre, s'empressèrent de jeter un pont imaginaire entre la musique et l'astronomie, entre ces deux sciences dépendantes de la géométrie et, par la géométrie, du nombre. Ils essayèrent de mettre en correspondance les distances des astres, et leurs vitesses dans leurs orbites, avec les rapports numériques des sons consonnants, ce qui les conduisait à l'idée poétique de l'*harmonie des sphères*, harmonie insensible à nos oreilles ou par l'effet de l'accoutumance ou parce qu'il est trop grave. Ils pouvaient enfin, vu l'union des arts de la musique et de la danse, et le caractère sérieux du second comme du premier de ces arts chez les anciens, imaginer que les planètes formaient, en leurs mouvements réglés, les *schèmes*, ou, comme nous disons, les *figures* de danse de ces grands corps de l'univers. C'eût été sans doute une cause de découragement pour la science de ces temps, que le pressentiment, s'il eût été possible, de l'extrême complexité des véritables lois mathématiques de ces phénomènes dont l'harmonie leur paraissait si simple.

C'est encore un pythagoricien (contemporain de Platon), un disciple de Philolaüs, Archytas de Tarente, philosophe et géomètre, qu'on cite le premier, comme ayant « enseigné à traiter la mécanique par des principes géométriques », ce qui signifie apparemment qu'il appliqua le premier les grandeurs géométriques à la représentation proportionnelle des poids. Il semble, d'après quelques termes obscurs de son biographe, qu'il aurait aussi introduit la considération du mouvement dans certains problèmes de géométrie, — dans celui de la duplication du cube, dont on lui attribue la première solution. — On le donne aussi pour l'inventeur de la vis et de la poulie. Est-ce comme auteur de l'explication géométrique de ces machines et non de l'invention même ? Il est en tout cas le véritable prédécesseur d'Archimède, qui par lui se rattache ainsi à l'école pythagoricienne, initiatrice de toutes les applications de la mathématique à la nature et, à vrai dire, de la conception même de la loi dans les phénomènes. Ce nom de loi n'est pas employé, mais l'idée en est envisagée clairement, sans aucun doute. La philosophie d'Archytas en fait foi, le mot λόγος s'y présente avec la double signification de *raison* et de *cause*. L'*intelligible* et le *sensible* sont le double aspect du cosmos, selon cette philosophie, conformément au dualisme pythagoricien. Le sensible, qui correspond à l'aspect de l'infini ou de l'indéterminé, toujours variable et mobile, des éléments de la nature, est un sujet d'opinion ; mais l'intelligible se juge par l'ordre du monde. Le λόγος est cet ordre, il se révèle à l'intelligence, et se poursuit, se découvre jusque dans le règne de la sensation, par les figures, les nombres et les rapports, quoique au sein de la matière et du changement qui peuvent nous induire en erreur (1).

Archimède est le continuateur d'Archytas dont il est séparé par un intervalle d'un siècle et demi pendant lequel il ne paraît pas que la mécanique ait assez attiré l'attention des géomètres pour qu'on ait seulement conservé le moindre trait de sa théorie. Archimède lui-même fut plus admiré de son temps comme ingénieur militaire que comme créateur de la statique et de l'hydrostatique, ou même comme inventeur de la vis, ou hélice, qui porte son nom et dont l'utilité comme machine n'est pas inférieure au mérite scientifique. La théorie géométrique de l'équilibre des corps fondée sur le principe du levier, la démonstration de ce principe, la recherche des centres de gravité et la conception générale des forces de la pesanteur, que cette recherche implique, la découverte de la loi des forces qui sollicitent les corps flottants ou plongés dans un liquide, tant d'admirables travaux ne furent pas assez comptés dans la gloire du grand géomètre pour exciter l'émulation des mathématiciens et fonder une école de physique mathématique, qui, forcément, serait devenue expérimentale aussi jusqu'à un certain point. Ils ont formé une sorte de grande île de science négligée et puis oubliée pendant dix-huit cents ans, jusqu'au jour de l'observation du pendule et de l'expérience du plan incliné. Les seules découvertes notables, dans la physique, qui se soient ajoutées à celles d'Archimède concernent l'optique élémentaire et furent dues aux astronomes d'Alexandrie. Encore n'y étaient-ils conduits que pour le service de leurs observations. La loi du rayonnement rectiligne et celle de la réflexion de la lumière étaient anciennement connues. L'étude de la réfraction n'alla pas loin au delà des exigences pratiques de l'observation en astronomie, et les idées qu'on se formait de la lumière et de la vision n'avaient rien de scientifique.

(1) **Archytas** dans Stobée, *Eclog. phys.*, t. I, p. 710, 722 et 784, édit. Heeren.

De toutes les sciences, la mathématique pure est celle qui a le moins besoin de l'appui et des encouragements du milieu et qui se suffit à elle-même, ou avec un très petit nombre de fidèles que soutient une particulière passion intellectuelle, tant que le flambeau de la tradition n'est pas entièrement éteint. C'est pour cette raison que la géométrie et l'arithmétique seules furent cultivées jusqu'aux derniers moments de la civilisation hellénique. Il faut distinguer deux sortes d'ouvrages : d'une part, les traités qui appartiennent à l'école pythagoricienne dégénérée, dans lesquels règne le mélange des propositions scientifiques acquises avec les raisonnements puérils sur les vertus des nombres géométriques, astronomiques, musicaux : telle est, par exemple, l'*Arithmétique* de Théon de Smyrne (IIe siècle); de l'autre, des travaux originaux et importants, comme ceux de Pappus et de Diophante. Pappus (fin du IVe), géomètre éminent, mena la science jusqu'au point où Descartes la devait prendre avec une méthode nouvelle (1) pour porter plus loin ses conquêtes et élever ses lois au plus haut degré de généralité. Diophante, mathématicien du même siècle, est l'initiateur de cette branche de l'analyse qui devait s'étendre jusqu'à embrasser tous les problèmes. Il est juste et naturel de nommer à la suite de ces inventeurs les commentateurs tels que Proclus, Boèce et la célèbre Hypatie qui travaillaient en des temps de plus en plus mauvais, sous le coup de persécutions cruelles, à conserver la tradition de l'esprit scientifique.

Mais Diophante est-il réellement le créateur de l'algèbre, et la méthode algébrique a-t-elle été connue des anciens? Il faut répondre affirmativement, si l'on borne cette méthode à un art de poser des équations entre des nombres qui ne sont pas tous donnés, et d'opérer, dans ces équations, certaines simplifications dirigées de telle manière qu'on arrive à voir comment un nombre inconnu se dégage et se calcule à l'aide de ceux qui sont connus. Mais si l'on entend que cette méthode soit facilitée et complétée par ces trois desiderata : 1° désigner tous les nombres, tant donnés que cherchés, par des signes généraux, des lettres, par exemple, qui les représentent *comme nombres,* mais sans aucune détermination particulière; 2° indiquer, noter par des signes généraux les relations supposées entre ces nombres, les opérations qui doivent être

---

(1) C'est ainsi que Descartes lui-même expose l'état de la tradition arrêtée à Pappus douze cents ans avant lui (*Géométrie*, p. 304 sq. de l'édit. originale).

effectuées, en recourant le moins qu'il se puisse au langage commun, toujours trop long et plein de répétitions inévitables ; 3° user de ce double procédé d'abstraction pour éviter de se préoccuper de la possibilité de satisfaire en nombres particulièrement déterminés aux relations qu'on envisage, les tenir donc *a priori* pour toutes possibles, tant qu'on ne passe point à des applications pour lesquelles il faut réellement substituer des nombres à leurs signes dans les formules et exécuter sur eux les opérations indiquées, — si l'on entend tout cela, ni Diophante ni aucun ancien n'a connu l'algèbre, science qui n'est arrivée que lentement et progressivement, chez les modernes, à un degré d'abstraction et de généralité, que l'on peut presque dire excessif, quand le calcul littéral en vient à ne plus même concevoir *le nombre* sous *le symbole* qui prend sa place.

Un exemple va nous montrer ce qui manque à la méthode de Diophante, dans un problème très simple : Partager un nombre donné, soit 100, en deux autres dont la différence soit un second nombre donné, soit 40 (nous employons les chiffres arabes). On voit déjà que les nombres donnés ne sont pas notés par des signes généraux. Voici le raisonnement : Soit le plus petit des nombres cherchés, N *pris une fois* ; le plus grand sera donc N *pris une fois* et 40 unités en sus ; les deux ensemble feront donc N *pris deux fois* et 40 unités en sus, et le tout doit être égal à 100. La notation littérale consiste à appeler N le nombre cherché, U les unités (ce qui était inutile), à faire suivre ces lettres de leurs coefficients : ainsi N1, N2, U40, U100 ; puis à indiquer l'addition par une simple juxtaposition : ainsi N1U40, N2U40 (comme nous faisons aujourd'hui pour la multiplication avec un incomparable avantage). Le mot *égale* énonce l'équation, sans signe spécial. Celle-ci une fois posée : N2U40 égale U100, Diophante dit : Je retranche les semblables des semblables, à savoir de N2U40 les U40 et les U100, de l'autre côté, pareillement U40 ; et il reste N2 égal à U60, et, par conséquent, N, le plus petit nombre demandé, égal à U30, à trente unités (1).

Ce n'est là que la première question du premier des douze livres

---

(1) Ce ne sont pas les lettres du texte grec, mais des équivalents latins. Diophante nomme le nombre cherché στι, l'unité μ (monade), et désigne les carrés et les cubes par les initiales de ces mots. Les quantités défaillantes (négatives) sont marquées d'un ψ renversé. Il donne les règles du calcul en ce qui les concerne, et celles des opérations sur les fractions.

des *Arithmetica* de Diophante, dont six sont perdus. Les problèmes, qui deviennent de plus en plus difficiles en avançant, causent à ceux qui les étudient l'admiration que l'esprit mathématique puisse aller si loin avec un instrument si défectueux de logique spéciale. Le défaut est le même que nous avons essayé de définir à propos de la *Géométrie* d'Euclide en ses parties qui concernent la mesure : une tournure d'imagination presque toute plastique, pour ainsi parler, la tendance à prendre partout l'idée de ligne, surface ou volume pour symbole de la grandeur, non le nombre, et la répugnance à adopter une de ces idées, déterminée en chaque espèce, pour mesurer comme unité toutes les autres et *les exprimer en nombres*, parce que ce serait là *supposer une commensurabilité universelle, qui n'existe pas*. C'est un obstacle auquel on ne croyait pas alors pouvoir passer outre. La même raison qui a fait de beaucoup de théorèmes d'Euclide ce qu'on a appelé très justement, au point de vue moderne, une *géométrie appliquée à l'algèbre* (nous voulons parler des propositions du genre de $(a+b)(a-b) = a^2 - b^2$, démontrées comme des propriétés de surfaces), cette raison est celle qui s'est opposée à ce que la pensée vînt à aucun mathématicien de l'antiquité d'exprimer des relations, des *fonctions de nombres* auxquels ils auraient supposé des valeurs quelconques, comme s'il était possible que des valeurs numériques déterminées fussent toujours possibles pour satisfaire à des relations posées d'avance ! C'est cependant cela qui est essentiellement l'algèbre, et c'est parce que l'algèbre est cela que cette science a besoin de signes qui représentent les nombres sans les déterminer et d'autres signes qui indiquent entre eux toutes les sortes de relations, et sur eux toutes les opérations dont ils ne sont pourtant pas tous susceptibles. La rectitude de l'esprit du savant a fait l'infirmité de la science.

Ce n'est donc pas qu'on puisse dire, comme on en serait d'abord tenté, que la faculté d'abstraction a manqué aux anciens, au moins au degré où elle leur eût été ici nécessaire. Ils ont, au contraire, déployé cette faculté dans la géométrie même, très éminemment, par la définition des idées géométriques : le point sans dimensions, la ligne pure, etc. Ils n'ont pas généralisé la conception de ces idées *comme nombres*, parce qu'une telle généralisation leur a paru fausse. L'abstraction au plus haut degré, ils s'en sont encore montrés capables dans la métaphysique, et dans la physique même, en imaginant, là, des doctrines comme l'*Un pur* des éléates ou la *Pensée de la pensée* d'Aristote, ici, des systèmes tels que l'atomisme qui prétend tirer la nature tout entière du jeu des corpuscules insensibles, en mouvement dans l'espace infini.

Mais puisqu'il s'agit de science et d'algèbre, c'est le moment de remarquer que l'esprit hellénique, en la personne d'Aristote, a été le créateur de la logique formelle, c'est-à-dire d'une science qui est pour la règle du commun discours, pour l'énoncé et la conduite du jugement et du raisonnement, en matière de pensée commune, le pendant très exact de l'algèbre comme système d'expression et d'enchaînement des rapports concernant la quantité et le nombre. L'algèbre est une sorte de logique spéciale des relations quantitatives, et une application de la logique générale à cet ordre d'idées susceptibles de définitions *sui generis*. Or, en logique générale ou formelle, il n'y a point de scrupule analogue à celui qui a retenu les géomètres grecs et les a frustrés de la réelle découverte de l'algèbre. Rien ne s'oppose à la désignation du genre et de l'espèce par des signes généraux, des lettres, et à l'emploi de termes toujours les mêmes pour exprimer tous les cas, toutes les combinaisons possibles de deux jugements d'une certaine forme, donnant lieu par leur rapprochement à un troisième jugement nécessaire. Aristote a fait cette analyse avec une généralité parfaitement scientifique, en employant des lettres pour représenter les termes du jugement, tout en s'étayant d'exemples, et sa théorie du raisonnement défie la critique en ses points fondamentaux, quelque amélioration qu'on puisse apporter à sa terminologie.

On a grand tort de vouloir discréditer, comme on le fait quelquefois, l'analyse syllogistique et de la traiter d'inutile ou même de vicieuse. La logique formelle est une de ces créations de l'esprit qui lui sont intimes, qui le caractérisent, et qui ne pourraient être retranchées de son œuvre accomplie sur lui-même sans qu'il en éprouvât un déchet. Cette analyse est l'une des principales explorations qu'il ait pu réussir et mener à fin sur ses procédés spontanés. Ce n'est ni sans une raison profonde ni sans une immense utilité que la gloire d'Aristote comme *inventeur* de la méthode rationnelle a été croissant à mesure que la culture rationnelle elle-même s'affaiblissait, tendait à s'annuler; qu'elle a traversé tout le moyen âge, et que l'étude et les commentaires de l'*Organum* ont régné au cœur de la barbarie. Le grand instrument de la déduction se conservait ainsi, et avec lui l'usage conscient et réfléchi du raisonnement, contre lequel il n'y avait pas de principe d'autorité qui put prévaloir et s'imposer ouvertement, à moins de supprimer tout à fait l'exercice de l'entendement. La conservation de la langue latine par l'Église et celle de la logique d'Aristote par tout ce qu'il y avait d'hommes gardant des goûts intellectuels ont formé l'essentiel lien de la civilisation moderne avec la civilisation antique, dont elle a été une dépendance.

Il faut arriver maintenant au côté faible de cette civilisation intellectuelle de l'antiquité, à ce point unique mais d'extrême importance sur lequel le monde moderne s'est montré créateur depuis trois siècles, — il n'y a pas plus, — dans l'ordre de la raison, tandis que, sur tous les autres, il a reçu la tradition de la logique, de la philosophie et des sciences, et continué pendant le Moyen Age même, et plus consciemment, plus librement, depuis la Renaissance, l'œuvre des anciens. Ce nouveau domaine de la raison peut se définir brièvement l'application de la raison à l'observation et à l'expérience : entendons l'application systématique. Il y en a deux degrés : le premier, le goût et l'habitude d'observer avec précision, la critique des faits de la nature et des faits de l'histoire ; le second, la production volontaire des phénomènes naturels qu'il dépend de nous de susciter, d'une manière, et dans des circonstances et avec des précautions telles, qu'il soit possible de juger des conditions nécessaires et suffisantes de leur production, — ce qui s'appelle en découvrir les *causes*, — et de décrire les modes de cette production séparés de tout ce qu'on en peut distraire, — ce qui s'appelle en formuler les lois. — C'est, en un mot, l'expérience systématique, et c'est, pour la guider, l'usage de l'hypothèse *vérifiable*, que l'expérience est appelée à confirmer ou à démentir.

Les anciens n'ont pas connu cette méthode. L'observation chez eux n'a guère dépassé les premiers rudiments de la description et de la classification en histoire naturelle. L'expérience systématique leur manquant, ils n'ont point eu cette physique expérimentale qui est la source pour nous d'une connaissance approfondie des lois naturelles, un moyen d'étendre, d'agrandir et d'éclaircir nos doctrines philosophiques en ce qui touche l'ordre mécanique du monde, une source d'inventions sans terme pour l'exploitation du globe et les commodités de la vie (surtout si nous savions n'en pas détourner l'usage pour des fins de destruction et de mort) et enfin un moyen considérable d'éducation de l'esprit pour le discernement du vrai et du faux, pour la critique des faits. Cette critique, les anciens ne l'ont pas connue davantage en matière de croyances, de religion et d'histoire. L'étude de leurs propres antiquités, le contrôle des traditions et des témoignages ont été refusés à leur genre d'esprit.

Les exceptions ont assez d'importance et sont presque assez nombreuses pour qu'on trouve de la difficulté à donner la raison de cette lacune du progrès intellectuel dans le monde ancien. Si nous suivons ce progrès dans le monde moderne, depuis Galilée jusqu'à Newton, ensuite depuis Newton jusqu'aux physiciens et chimistes de la fin du XVIIIe siècle, et aux habiles expérimentateurs du XIXe, nous voyons ce progrès lent et difficile, promu d'abord par un très petit nombre de génies, longtemps contrarié par la passion des synthèses improvisées, ne se rendant que tardivement compte de sa propre méthode chez la plupart des savants, et ne s'organisant enfin tout à fait, semble-t-il, dans toute l'Europe, que sous l'influence d'un peuple spécialement doué, le peuple anglais. Les génies initiateurs n'ont pas manqué entièrement à l'hellénisme, même dans cet ordre, mais, chez ceux-là aussi, le goût spéculatif a dominé le besoin d'observer et d'expérimenter, et surtout ils n'ont pas été suivis en ce dernier point par leurs disciples. Il régnait un esprit général contraire. Il est évident que Pythagore, pour remonter au plus haut, n'a pas dû trouver des rapports de longueur des cordes vibrantes, des rapports entre les poids qui servent à les tendre, non seulement sans observer avec précision, mais même sans expérimenter. Ses successeurs, en son école, ont mieux aimé s'enchanter de la contemplation des nombres mystiques que de continuer l'exploration des lois de l'acoustique. En astronomie, étant sur la voie du vrai système des mouvements célestes, ils ont tout perdu par la supposition d'un corps fictif, que leurs *nombres* exigeaient, et dont les observateurs démentaient l'existence. En dehors d'eux, l'observation pure semblait être la méthode des astronomes : il n'en était rien : car ils savaient parfaitement que les apparences ne se concilient pas moins bien avec l'hypothèse du mouvement qu'avec celle de la situation centrale et de l'immobilité de la terre; mais celle-ci leur convenait *a priori*. D'Eudoxe à Ptolémée et au delà, tous ou presque tous ont accumulé les cercles fictifs les plus invraisemblables, pour éviter de se rendre au système vrai. Les œuvres de Démocrite renfermaient plus d'observations que ne jugèrent à propos d'en faire pendant trois cents Épicure et toute son école ; on les négligea et elles finirent par se perdre. Aristote se montra un observateur admirablement exact en son histoire des animaux ; ses ouvrages divers portent des traces d'observation personnelle de phénomènes naturels, et même d'expériences volontaires. Ses livres de politique et de morale sont ceux d'un observateur profond des États et de la nature humaine, étranger à l'utopie. On ne trouve rien de pareil chez ses successeurs ; ils abandonnent l'histoire naturelle après Théophraste, et se jettent dans une physique matérialiste avec des principes synthétiques. Si l'on veut mesurer la décadence de l'esprit scientifique dans les âges suivants, en laissant de côté la branche mathématique, et sans descendre plus bas que le 1er siècle de la Rome impériale, il suffit de comparer l'œuvre de ce génie encyclopédique, Aristote, avec l'encyclopédie que composa quatre siècles plus tard, en s'aidant de tous les documents disponibles à son époque, un homme d'un grand mérite d'ailleurs, Pline le naturaliste. L'absence de critique de cet ouvrage, en matière de faits et de témoignages, étonne le lecteur moderne. On a souvent remarqué aussi qu'Hippocrate est observateur plus sûr et plus exact, avec moins de connaissances positives acquises, et penseur plus judicieux que Galien dont les livres abondent en hypothèses sans fondement et en explications sans valeur. Enfin la Grèce et Rome ont eu de grands historiens, mais aucun n'a approché de la profondeur de psychologie politique de Thucydide.

Dans la branche mathématique, l'astronomie n'a jamais pu être séparée de l'observation ; mais l'observation des phénomènes célestes offre cette particularité et cet avantage qu'elle exige de l'habileté, non de la critique ; des instruments, non l'art, ou du moins que très peu, d'écarter les phénomènes qui troublent ou compliquent ceux qu'on veut seuls étudier. Il ne saurait être question d'expérimenter, dans un ordre de faits que nous ne pouvons ni produire ni modifier pour observer les effets de notre intervention. Il est arrivé ainsi que les astronomes, à Alexandrie notamment, ont perfectionné l'observation du ciel et ses instruments, et fait quelques incursions dans l'optique, parce qu'ils y avaient intérêt. Ils ne se sont pas occupés d'ailleurs de physique expérimentale. Les phénomènes en dehors de l'astronomie ne les ont évidemment pas intéressés.

Archimède, géomètre d'un grand génie, a possédé le génie aussi de l'invention mécanique et a dû faire de véritables expériences. On en a estimé l'utilité, là où elle était manifeste : ç'a été tout, elles n'ont pas eu de suite, elles n'ont pas fait école. Les a-t-il lui-même estimées beaucoup? On peut en douter, on peut soupçonner que les questions de physique qu'il a traitées, dont il a fait des théories que nous admirons, ont été essentiellement pour lui de belles applications mathématiques. Les correspondants, auxquels il adressait les solutions de ses problèmes, pensaient, sur ce sujet, comme lui ; il ne se forma point à son époque, ou un peu plus tard, à ce centre de culture générale qui fut l'école d'Alexandrie, la première de ce nom, l'école critique et scientifique, un noyau d'hommes qui, en dehors des sciences alors constituées : géométrie, astronomie, géographie, anatomie, ou commencées : mécanique, optique, acoustique, fussent animés de ce genre de curiosité savante qui se répand de tous côtés, explorant des phénomènes, humbles d'abord et en apparence petits, et tenant à savoir au juste comment ils se produisent. On peut comparer ce moment d'organisation des méthodes, et de règne d'un esprit de *positivité* relatif, quoique bien faible encore en ce qui touche les sciences historiques, à la période de la culture européenne renaissante pendant laquelle se sont posés les commencements spontanés de nos académies, qui plus tard s'organisèrent et devinrent des institutions d'État. Mais les académies d'Alexandrie ne conquirent pas la durée : au lieu même où il semblait qu'on eût pu leur promettre l'avenir, et regarder le progrès des sciences comme lancé pour ne plus s'arrêter, les superstitions *venues d'Orient* établirent leur siège principal et submergèrent tout (1). Si l'esprit alexandrin de l'ère des Ptolémées était devenu et resté celui du monde grec et romain, doit-on penser que l'expérience systématique se serait ajoutée aux méthodes de l'antiquité dans les sciences, et que l'origine de la physique expérimentale et de la chimie, remplaçant l'alchimie, aurait été avancée de quinze cents ans. Poser la question, c'est demander si les qualités et les aptitudes mentales des anciens, celles qui ont constitué l'hellénisme ou qui en sont provenues, auraient subi une modification dans la suite des temps, ce qui n'a rien d'invraisemblable.

En effet, les réflexions qui précèdent nous amènent à penser

---

(1) *Critique philosophique*, 4ᵉ année, nᵒ 7 (1ʳᵉ série), article sur *le Progrès dans les sciences*.

que l'explication la plus satisfaisante de la lacune constatée dans l'esprit scientifique des Grecs doit se tirer de la prédominance, excessive chez eux, du pouvoir généralisateur, et de l'emploi presque constant de la méthode déductive, dont le goût exclusif empêche celui qui en est possédé de se montrer sévère soit dans l'examen des principes, soit pour l'acceptation des faits à première vue ou sur simple témoignage (1). C'est la raison pour laquelle ils ont été de si grands géomètres (les principes ni les faits ne pouvant les égarer en cette matière), et des philosophes à doctrines si variées, qui ont presque épuisé le champ des vues universelles *a priori*. Il faut probablement ajouter à cette cause psychologique un certain vice moral, le mépris, au point de vue de la science au moins, des phénomènes de l'ordre infime et familier qui sont le sujet immédiat des premières observations physiques, et dont l'investigation expérimentale ressemble trop à ce que les Grecs tenaient pour occupation servile. Leur génie spéculatif regardait les motifs d'utilité, dans la poursuite des connaissances phénoménales, comme dérogeant à la dignité du savoir.

Si ces considérations sont exactes, il est aisé de concevoir que les génies nés au sein de l'hellénisme avec l'aptitude à la science expérimentale ont été impuissants, dans leur milieu, tel qu'il était, à transmettre leurs penchants intellectuels à leurs disciples, ou empêchés eux-mêmes en grande partie de s'y abandonner. Au point où le génie scientifique de l'antiquité s'est trouvé arrêté dans son développement, il n'a donc pu laisser à ses héritiers tardifs des temps modernes, en fait de rationalité scientifique et de sciences réellement fondées, que les sciences déductives, ou celles qui ne requièrent que l'observation immédiate et simple. Avec cela, la logique formelle à peu près parfaite. Mais il faut ajouter maintenant la métaphysique et la morale, et savoir à quels résultats les anciens étaient parvenus dans la haute spéculation.

(1) Cette éminente qualité, — et le défaut qui s'y joint, — du génie hellénique ont été clairement exposés dans un écrit plein de vues intéressantes, que nous ne partageons pas toutes, mais qui toutes donnent à penser : *Science ancienne et science moderne*, par Victor Egger, 1890.

CHAPITRE III

La métaphysique depuis Anaximandre jusqu'aux sophistes.

Quand on oppose la méthode déductive, partant de principes *a priori*, à la méthode suivie dans les sciences expérimentales, on qualifie souvent cette dernière de méthode inductive, et on croit pouvoir regarder l'induction comme l'instrument logique, fécond et sûr, de la découverte. Mais cette manière de présenter la question du rapport des deux procédés du raisonnement couvre une grande équivoque, qu'il importe de dissiper, aujourd'hui surtout que nous voyons de vastes doctrines, lesquelles impliquent des principes indémontrables dont *aucune science* en particulier ne peut s'attribuer l'examen, se donner pour des *inductions de la science*, et réclamer à ce titre la légitimité ou le genre de certitude qu'on accorde aux faits avérés de l'expérience elle-même. Observons qu'il n'y a d'autres inductions logiquement légitimes, en toute rigueur, que celles qui rentrent dans la méthode déductive (*per enumerationem simplicem*), et celles-là ne sauraient jamais embrasser que des phénomènes connus, actuellement observés et vérifiés. Les autres supposent nécessairement quelque principe antérieurement admis, ou sans démonstration (hypothèse, apriorisme), ou démonstrativement, et alors par voie déductive encore, mais en s'appuyant sur des prémisses indémontrées (ce qui ramène l'apriorisme ou l'hypothèse). Ces inductions sont la monnaie courante des sciences expérimentales : au fond, de vraies hypothèses proposées, essayées, puis vérifiées ou démenties, et, dans ce dernier cas, remplacées par d'autres. Si elles sont du genre vérifiable dans l'ordre de recherches dont il s'agit, elles sont scientifiquement admissibles et peuvent passer pour plus ou moins probables, selon l'étendue de l'investigation et des analyses qui sont comme le terrain sur lequel elles s'élèvent. Mais si elles ne sont point susceptibles de vérification sur ce terrain, *en elles-mêmes et dans tout ce qu'elles impliquent*, elles n'ont plus logiquement aucun avantage sur les propositions avancées *a priori* ; car celles-là, les philosophes ne manquent pas non plus de les prétendre appelées à faire leurs preuves ; ils les appuient de raisons, en les présentant, et leurs raisons peuvent souvent aussi se dire prises de l'expérience. Les penseurs ioniens, tels que Thalès, Anaximène, Héraclite croyaient parfaitement s'appuyer sur des faits, lorsque, dans la nature, ils choisissaient, l'un l'*eau*, l'autre l'*air*, le troisième le *feu* pour répondre en qualité d'agent universel, évolutif et transformable en toutes les sortes d'apparences sensibles, à l'idée qu'ils avaient et qu'on a plus tard rendue par ces termes abstraits : *la substance* ou *la force*.

Celui de ces anciens philosophes qui s'est le plus approché de cette idée générale et du réalisme substantialiste, Anaximandre ouvre, avec son compatriote et contemporain Thalès, l'âge qui succède immédiatement aux mythographes et auteurs de cosmogonies à demi physiques, à demi symboliques, dont Hésiode avait fourni dans la Grèce le premier modèle que nous connaissions. Tandis que Thalès, par le choix de l'eau comme élément primordial, nous rappelle encore les antiques cosmogonies, Anaximandre, lui, évite toute détermination qualitative, et conçoit le tout de l'univers, en son fond, comme la chose sans qualités qui produit toutes les qualités. Il l'appelle l'*Infini*, d'un mot, ἄπειρον, qui signifie à la fois l'*illimité* et l'*indéterminé*. Toutes les choses particulières en proviennent et toutes y retournent. Les contraires sortent, en se séparant, de l'Un, multiple et tout, qui les renferme. L'infini est le divin (τὸ θεῖον), puisqu'il est immortel et indestructible (cette dernière formule nous est transmise par Aristote); de lui s'engendrent *des mondes infinis*, et en lui ils se redissolvent, et cette génération ne défaille jamais; car il est l'infini. On doit reconnaître, chez ce philosophe, l'initiateur de plusieurs idées liées entre elles, qui ont fait une grande fortune dans le monde : l'idée que la multitude des choses sort d'une seule qui n'a ni commencement ni fin, et que cette chose est le corps, considéré universellement; l'idée que les contraires sortent de cette source de qualités, qui en soi est une; l'idée que ce qui s'en détache est sans nombre et sans limites, mais que nul de ces produits ne peut se perpétuer, et qu'ils retombent tous dans la masse; enfin l'idée que c'est le tout des mondes, qu'on doit appeler Dieu éminemment. Un ancien ne répugnait pas à admettre, après ce premier principe, des *dieux engendrés*, qu'ils fussent astres, mondes ou personnes ; ou plutôt c'était cela même, la théologie reçue, et la sauvegarde du philosophe, qui ne la niait point.

Anaximandre, au rapport d'Aristote, donnait pour raison de la stabilité de la terre, au point central du monde, cette raison remarquable : qu'il faudrait, pour que son équilibre fût rompu, qu'elle se portât à la fois dans différents sens, ce qui est impossible, ou dans un certain sens de préférence à d'autres, et qu'il n'y a pour cela point de motifs. Nous ne savons pas s'il imaginait d'autres corps célestes ainsi suspendus dans leurs milieux, sans aucun support spécial ; ni ce qu'il appelait au juste des mondes.

D'autres philosophes ioniens, après Anaximandre, retournèrent à l'idée de Thalès et essayèrent de qualifier particulièrement le principe, choisissant pour cela parmi les quatre principales apparences sensibles qui devaient être adoptées plus tard comme les *quatre éléments* de la matière, celui de ces éléments qui leur paraissait le plus apte à fournir leur substance aux trois autres, moyennant les transformations qu'il pouvait subir, et notamment par condensation ou raréfaction. C'est l'origine du *transformisme* de la qualité, devenu de nos jours seulement le *transformisme* de la force. L'idée en commence à Thalès, se continue par Anaximène, qui substitue l'air à l'eau et par Héraclite qui substitue le feu à l'air, comme qualité latente de toutes les qualités, d'où toutes procèdent, à laquelle toutes reviennent ; et les stoïciens empruntent ce principe pour leur physique, quand ils définissent Dieu un *feu artiste* (πῦρ τεχνικόν) qui procède à la génération du monde, enveloppant à cet effet toutes les *raisons productives*, ou semences conformes à la raison (σπερματικοὺς λόγους), desquelles naissent nécessairement les choses particulières. Ce feu n'est pas autre chose qu'un nom concret donné à la substance qu'une philosophie de notre temps appelle *matière* et unit indissolublement à la *force*, la force n'étant à son tour qu'un nom abstrait donné à la puissance du feu artiste capable de tirer de soi par une nécessité d'évolution tous les phénomènes successifs qu'il embrasse et dont les rapports se prêtent à une explication rationnelle.

La loi de ce processus des phénomènes est renfermée entre deux limites de temps. Tout a été feu autrefois, disait Héraclite, et ce feu éternel, qu'il appelait aussi la vie, quand il le considérait en son développement, ce feu dont la forme lui paraissait une opposition des contraires, une lutte, et en même temps un écoulement incessant et sans retour, il le ramenait à la fin à son essence première. Le monde devait finir par combustion. Les stoïciens suivirent Héraclite en ce système, qu'on appelle maintenant l'*évolution*. Ils regardèrent l'évolution, ainsi qu'on le fait aujourd'hui, comme formée d'un enchaînement indissoluble et prédéterminé de causes et d'effets, et ils furent logiques en pensant que le monde détruit doit recommencer, en vertu des mêmes raisons qui l'ont fait être une première fois, et que, partant du même état où il est revenu, il doit retraverser identiquement les mêmes phases et présenter en un même cours les mêmes phénomènes.

Mais le transformisme ne fut pas une doctrine commune à tous les Ioniens, et nous allons, avec certains d'entre eux, nous placer à un autre point de vue. Il est improbable qu'Anaximandre ait été transformiste; car, l'infini lui étant une mine inépuisable de qualités, il n'avait nul besoin d'imaginer les qualités se transformant les unes dans les autres, comme ceux qui définissaient la substance, ou matière radicale, par une de ces formes sensibles, déterminée entre toutes, et avaient à en tirer les autres. Mais, quoi qu'il en soit, le transformisme fut nettement rejeté par le dernier et le plus célèbre des philosophes de l'école ionienne, Anaxagore, et remplacé par l'hypothèse d'une multiplicité infinie en nombre et en grandeur de ces éléments irréductibles les uns aux autres, multiplicité aussi étendue qu'il la faut, sous le rapport de la qualité, pour répondre à toutes les parties d'apparence sensible diverse dont se composent les corps. C'est ainsi que, dans le corps organisé, vivant, les os seraient formés de menues parties d'os similaires, la chair de parties de chair, etc., etc. Il restait à savoir comment ces éléments, qu'on appelait des *homœoméries*, et qui, dans le fond primitif de la nature, avaient dû se trouver à l'état chaotique, puisqu'on les supposait indépendants les uns des autres, étaient parvenus à se débrouiller et à s'organiser.

Tout indique que l'Infini divin d'Anaximandre possédait, en son être éternel, selon ce philosophe, une propriété organisatrice interne et spontanée, inséparable de la propriété génératrice des mondes infinis, et en action de toute éternité. Ce don de développement immanent n'était plus conciliable avec la conception d'un chaos d'éléments, imaginé comme un état réel qui aurait été donné à un réel moment primitif des choses. Le second trait original d'Anaxagore, — le premier ayant consisté à poser un acte de commencement premier de l'organisation universelle, — consista à admettre l'existence d'un principe intelligent, dont la fonction était de séparer et d'ordonner ces éléments, incapables par eux-mêmes de construire le monde dont ils n'étaient que les matériaux : « Toutes choses étant mêlées et en repos depuis le temps infini, l'Intelligence leur donna le mouvement et les sépara. »

Tous les philosophes de cette période admettaient, et leurs successeurs continuèrent longtemps après d'admettre l'éternité de la substance matérielle, suivant ce raisonnement sur lequel s'accordent, dit Aristote (1), *tous ceux qui ont traité de la nature* : « que tout ce qui naît (πᾶν τὸ γινόμενον), il est nécessaire qu'il naisse ou des choses qui sont, ou de celles qui ne sont pas ; et qu'il est impossible que ce soit de ces dernières ». Anaxagore est le premier qui, partant de ce principe reçu, ait ajouté à la matière un agent constructeur intellectif : doctrine dite du *démiurge*, avec cette réserve seulement que ce philosophe ne fît pas usage, en sa physique, d'autres attributs divins que celui d'ordonnateur, et poursuivit l'explication des phénomènes par un mécanisme autant que possible, sans recourir, comme le fit Platon, aux idées de finalité et de providence. Les choses, une fois disposées dans l'ordre conçu par l'Intelligence, entraient dans un cours de développement progressif et continu, non point périodique comme celui d'Héraclite, mais indéfini, et qu'Anaxagore ne voulait expliquer ni par la nécessité ni par le hasard, comme ses devanciers : ce qui veut dire apparemment qu'il entendait rendre raison de tout.

Le système des homœoméries ne pouvait être qu'un accident passager dans la recherche de tous les principes possibles d'explication de la matière, c'est-à-dire de sa composition, de la nature et du jeu de ses éléments. La physique d'Anaxagore était du genre mécanique, au fond, puisque, prenant son point de départ dans une infinité d'éléments de toutes qualités à l'état chaotique, elle n'avait plus, pour tout problème de construction du monde, qu'à donner la raison de leurs séparations et de leurs assemblages ordonnés. Mais donner, *pour la raison, la Raison,* — l'Intelligence, —

---

(1) Aristote, *Physique*, édit. Du Val, t. I, p. 319. — C'est le principe *Ex nihilo nihil* des épicuriens, des stoïciens et de bien d'autres, à l'usage même du déisme, en remplaçant l'idée de génération ou naissance par la notion abstraite de causalité : *Tout phénomène a nécessairement une cause et le néant ne peut être cause de rien,* « axiome » dont David Hume le premier a démontré le caractère sophistique en son *Traité de la nature humaine* (trad. Renouvier et Pillon, p. 107-112).

ce n'est pas d'un pur physicien. Démocrite, venu après Anaxagore, et qui le combattit, composa la théorie d'un concept entièrement original, pour la Grèce au moins, et du plus grand avenir (1). Au lieu d'attribuer aux parties des corps tant de distinctions spécifiques, ne leur en reconnaître aucune; les regarder comme *d'un seul genre*, dont les différences ne sont toutes que *d'idée et de figure* (termes exacts de la définition des atomes de Démocrite dans Aristote), et faire résulter les diverses propriétés des corps de leur composition atomique, tel est le résumé du système. Les atomes sont ces parties infinies par le nombre et la forme. L'emploi du mot *idée* (ἰδέα) étant mal éclairci par les auteurs qui en font mention, on peut supposer qu'il désignait, chez Démocrite, des *espèces* dans le sens logique du mot, mais alors des espèces distinguées par la figure exclusivement, et non plus par la qualité; peut-être aussi des *apparences*, eu égard à ce fait, que des figures différentes répondent pour la perception à différentes formes sensibles?

Le nombre des notions qui, de la théorie de Démocrite sont descendues, les unes dans la science moderne, où elles règnent plus ou moins transformées, les autres dans la philosophie, quelques-unes de ces dernières pour y occuper une grande place difficilement disputable, les autres pour y demeurer matière de litige, est grandement digne de remarque :

En premier lieu, les notions corrélatives de l'atome et du vide. Le vide était posé par Démocrite comme quelque chose de réel en soi ; *l'être*, disait-il, *comprend l'être et le non-être*: formule paradoxale qui, pour nous, pose une question dont Démocrite n'était peut-être pas si loin qu'on croit, celle de la réduction de l'être à l'idée. Quoi qu'il en soit, il tenait l'existence du vide pour une condition de possibilité du mouvement : en quoi Descartes malheureusement ne le suivit point. Il supposait les atomes *infinis quant au nombre et à la grandeur*. Si cette infinité quant à la grandeur eût signifié la division indéfinie d'une matière sans parties fixes, le système de Démocrite n'eût pas différé de celui qu'inventa Descartes ;

(1) Nous laissons à l'arrière-plan Leucippe. On ne sait quelle est la participation exacte de ce Leucippe à la théorie dont les anciens le nomment toujours comme l'initiateur. La philosophie de l'Inde a parmi ses doctrines un système atomistique sous un nom d'auteur, le nom de Kanada, et d'autre part Démocrite avait beaucoup voyagé. Mais l'âge de Kanada est flottant, et surtout sa théorie est dépourvue du caractère vraiment scientifique de celle de Démocrite.

mais en ce cas le plein de cette matière divisible à l'infini se serait imposé. Démocrite admettait donc des insécables comme le nom d'*atome* le dit bien. Sa conception était en cela celle des physiciens modernes depuis Newton, et sujette à la même difficulté pour l'accord des idées opposées d'indivisibilité et de volume. On sait que l'abandon de l'idée de volume réel est la tendance de l'atomisme moderne, indispensable à la physique et qu'il faut concilier avec la logique des sciences mathématiques.

En second lieu, un principe dont l'importance n'est pas moindre pour les sciences physiques que pour la philosophie remonte formellement à Démocrite : c'est celui qui a la physique de Descartes pour origine, chez les modernes, et par lequel nous affirmons que les qualités sensibles n'existent pas en soi dans le monde extérieur à la conscience ; qu'elles sont, comme on dit aujourd'hui, des phénomènes psychiques, ou représentatifs. Selon le langage de Démocrite, il y a distinction et opposition entre ce qui est ou existe ἐτεῇ, c'est-à-dire dans la vérité des choses, réellement, extérieurement : cela comprend les atomes et le vide, rien de plus ; et ce qui existe seulement νόμῳ : c'est un terme à expliquer. On ne se tromperait peut-être pas beaucoup en donnant au mot *loi*, dans cette acception, le sens de *mode établi*, *mode accoutumé* de la sensation, *mode réglé* de correspondance existant entre la réalité atomique et sa forme sensible. Démocrite disait donc : « Selon la loi, le doux ; selon la loi, l'amer ; et de même le chaud et le froid ; de même la couleur ; mais, selon la vérité, les atomes et le vide. » En cette opposition de la *vérité* et de la *loi*, Démocrite poussait le réalisme matérialiste jusqu'à se servir de la dure formule, que *les sensibles n'existent pas, n'étant rien de plus que nos affections* (comme si nos affections n'existaient pas !). D'une autre part il s'exprimait en intellectualiste, et se faisait comparer à Platon par certains critiques, en remarquant, comme conséquence de la scission absolue entre le sensible et le réel, que le *vrai est purement intelligible*. Mais ceci n'est pas la conclusion dernière. Un témoignage de premier ordre nous rapporte que Démocrite disait : « Ou rien n'est vrai ou la vérité ne nous est pas évidente (οὐδέν ἀληθές ἤ ἡμῖν ἄδηλον). » Et en effet les sens ne nous présentent pas ce qui est réellement, et le jugement de ce qui est réellement n'est pas une évidence (1).

---

(1) Sextus Empiricus, *Aversus logicos*, 1, 135-136 ; II, 6, 56, 184, 355, et Aristote, *Physique*, t. I, p. 316, et *Métaphysique*, t. II, p. 878 (Du Val).

En troisième lieu, Démocrite est l'auteur de la conception radicale de la physique mécanique : « Tout, dans le monde, a lieu de nécessité et par le tourbillon (κατ' ἀνάγκην ὑπὸ δίνης). » La nécessité, c'est celle des impulsions et des chocs. Les atomes ou corps premiers se meuvent « dans le vide et dans l'infini »; ils y forment des tourbillons par lesquels se font et se défont les composés, sans qu'il existe aucuns mouvements naturels autres que ceux qui sont ainsi communiqués. Nous tenons ce point important d'Aristote, qui s'attache à le réfuter (1). On sait que l'atomistique moderne admet le plus souvent l'existence de forces attractives et répulsives, selon les distances, entre les atomes, pour expliquer leurs mouvements. Rien de tel dans l'hypothèse de Démocrite. Tout y est soumis rigoureusement au mécanisme. Aussi n'admettait-il pas la pesanteur des atomes. Les poids résultent seulement de l'excès des atomes agissant par leurs masses ou volumes dans le sens où ils se trouvent portés. En d'autres termes, ils sont des forces semblables à toutes les autres forces, des résultantes de mouvements donnés (2).

En quatrième lieu, — ici nous passons aux idées métaphysiques, — l'éclaircissement de l'idée de l'éternité par rapport à l'hypothèse de la nécessité, ou déterminisme absolu, appartient à Démocrite. La plupart des ioniens, Anaxagore en dernier, et les partisans de l'évolution périodique du monde admettaient un commencement du monde. Ils admettaient l'éternité de la matière à l'état de repos, soit qu'elle eût été toujours en cet état, ou qu'elle y fût revenue, et l'origine du mouvement. Démocrite formula la doctrine du *procès à l'infini* des phénomènes et de leur enchaînement nécessaire. Les choses, disait-il, ont été en tout temps comme elles sont, et on ne doit pas chercher le principe de ce qui est toujours (τοῦ ἀεὶ ἀρχὴν ζητεῖν) (3).

En cinquième lieu, une idée qui est entrée, avec la fondation de l'atomistique, dans l'arsenal des hypothèses disponibles est celle de la *vertu des combinaisons* pour donner en résultat des propriétés que les composants ne renferment point et ne font pas attendre. Les atomistes, les premiers, ont été amenés à croire que les sensations et la pensée étaient les effets de la composition atomique, c'est-à-dire que des atomes pouvaient, en leurs assembla-

---

(1) Aristote, *Du ciel*, l. III, chap. II, IV.
(2) Id., *De la génération et de la corruption*, l. I, chap. VIII.
(3) Id., *Physique*, l. VIII, chap. I.

ges, devenir quelque chose qui n'a rien de commun avec ce que leur définition leur accorde exclusivement quand on les prend en particulier : grandeur, figure et motilité. Cette idée qui semble absurde a été favorisée chez des philosophes modernes par le fait empirique de la vertu des combinaisons chimiques. On devrait se dire cependant que la dissimilitude des qualités d'un composé et des qualités d'un composant n'est nullement une preuve de la *vertu* créatrice de la combinaison, comme telle, mais nous pose simplement un fait à expliquer, lequel ne s'éclaircira que le jour où nous saurons mieux ce que sont les corps atomiques dans les plus intimes de leurs propriétés, et comment ils se modifient, et ces propriétés avec eux, quand ils se combinent entre eux. Nous ne voyons actuellement que des résultats.

Une spéculation curieuse a également son origine dans la considération des combinaisons des éléments, à cause de l'immense variété des arrangements qu'on peut en imaginer et en calculer à mesure qu'on les multiplie par la pensée. Seulement il ne faudrait pas appliquer de tels calculs au delà du domaine de la quantité, et c'est ce que les atomistes ont fait, lorsque portant le nombre des atomes à l'infini, et à l'infinie grandeur l'espace où ils se meuvent, et encore à l'infini le nombre des mondes constitués par leurs concours, et à l'infini enfin le temps pendant lequel ils se font et se défont, ils ont raisonné sur le principe de la *vertu des combinaisons* pour démontrer que tout ce qui était viable a dû se produire : toutes les choses et tous les ordres de choses imaginables. Ils pouvaient démontrer aussi facilement, s'ils eussent connu la mathématique infinitésimale et le calcul des chances, qu'elles ont dû exister et qu'elles existent encore probablement toutes, *tirées à un nombre infini d'exemplaires* (1). C'est ordinairement sur l'idée du *hasard* qu'on établit ces calculs dont le type familier est la recherche de la probabilité qu'il y a d'obtenir la composition de l'*Iliade* en tirant pendant un temps indéfini les lettres de l'alphabet grec d'une urne qui les renferme toutes intarissablement. L'hypothèse de la *nécessité* de Démocrite se prête aussi bien que celle du *hasard* d'Épicure à ce raisonnement sur les possibles à l'infini (2), en observant que les futurs nécessaires

(1) Voyez Auguste Blanqui, *L'immortalité dans les astres*.

(2) L'argument a été bien connu des anciens, quoique leurs philosophes n'eussent pas le moyen de le rendre mathématiquement exact. Il aurait fallu que l'auteur de l'*Arénaire* s'y appliquât. Cicéron en fait mention quelque part.

sont, eu égard à notre ignorance de l'avenir, au même rang que les fortuits.

Mais Démocrite s'est-il contenté de cette vue, philosophiquement si peu satisfaisante, du rapport des combinaisons atomiques, en tant que telles, au pouvoir de sentir et de penser, comme l'un de leurs effets possibles? Cela n'est nullement probable. La théorie de l'âme de ce philosophe ne nous a pas été transmise avec des éclaircissements suffisants. Cependant nous voyons Aristote lui attribuer très formellement l'opinion de l'identité de l'intelligence et de l'âme (νοῦς et ψυχή); la négation de l'existence de l'intelligence en tant que faculté générale (ou raison) jugeant du vrai indépendamment de l'individu et des atomes particuliers dont il se forme; l'affirmation que *le phénomène est ce qui vraiment est*; puis cette autre opinion : que la chose qui est à la fois l'intelligence et l'âme *provient des corps premiers et indivisibles* (τοῦτο δὲ ἐκ τῶν πρώτων καὶ ἀδιαιρέτων σωμάτων), — il ne dit pas *de leurs combinaisons*, — enfin qu'elle réside dans des atomes sphériques, perpétuellement mus, qui meuvent les corps en se mouvant eux-mêmes avec agilité. Il est difficile d'après tout cela de ne pas conclure que les atomes de Démocrite étaient quelque chose de plus que ce que leur définition mécanique les disait être : à savoir des sièges élémentaires d'apparences sensibles et de formes intellectives. On tomberait peut-être juste en comparant les atomes de Démocrite, envisagés sous cet aspect, aux corpuscules idéaux de l'hypothèse du *mind's Stuff* d'un philosophe de notre temps (1).

Il y a un point de la spéculation où le sensationisme radical aboutit, consciemment ou inconsciemment, à l'idéalisme. Démocrite ne pouvait pas, sans toucher à ce point, penser que les qualités sensibles n'ont rien de réel, que le vide et les atomes composent toute la réalité, et que le phénomène est la vérité pour chacun, suivant l'âme qu'il a et qui est aussi son intelligence, son jugement. La distinction du réel et du vrai (la faisait-il?) n'y suffirait même pas; il faut, pour concilier les deux assertions, réunir les phénomènes sensibles aux idées et aux jugements tels que ceux qui posent le vide et les atomes, et regarder ceux-ci comme des phénomènes *sui generis*. Il faut les tenir tous pour également vrais, mais seulement pour l'individu qu'ils affectent, tous, tant les intelligibles que les sensibles, et par conséquent

---

(1) Aristote, *Psychologie*, l. 1, chap. ii, iii et v ; conf. *De la sensation*, chap. iv, et *De la respiration*, chap. iv.

comme variables et incertains. Protagoras, auteur de la formule : *L'homme est la mesure de toutes choses*, fut un disciple de Démocrite. D'autres *sophistes*, tels que Diagoras et Métrodore, et Anaxarque d'Abdère, maître lui-même de Pyrrhon, se rattachent à son enseignement.

La théorie de la perception, chez Démocrite, n'est facilement explicable que dans l'hypothèse de l'intelligence des atomes : intelligence et à la fois intelligibilité ; car les images ou idées objectives (εἴδωλα) qui forment la perception ont le double caractère d'être perçues et percevantes, ou, plus exactement, *imagées* et *imaginantes*; elles émanent des corps, elles en portent la représentation, et là où elles tombent — par exemple, dans l'humeur aqueuse, si c'est l'œil, — elles la constituent. « La vue c'est la représentation. » Des explications analogues, nécessairement peu claires, se rapportaient à d'autres organes. De là l'idée que « l'intelligence vient du dehors » et que tous les sens sont des variétés du toucher : *tout sensible, tangible*; et on s'explique les témoignages assez nombreux des auteurs anciens, quoique éloignés de son époque, qui prêtaient à Démocrite la croyance à une sorte d'existence propre, et à des propriétés vitales, et même à la divinité de certains de ces fantômes qui abordent nos sens, et à la malfaisance de certains autres. Puisse-t-il nous en écheoir de bons! disait-il (1). Épicure, qui se montra plus résolu que Démocrite à exclure de l'atome toute propriété intellective, et qui cependant conserva les images émanées et flottant dans le vide, ne put, lui, que laisser sans explication réelle les facultés sensitives de ceux des composés atomiques qu'il distinguait sous les noms d'esprit et âme (*animus* et *anima* de Lucrèce). Épicure dérogea au mécanisme, au contraire, sur un sujet plus obligatoire, comme concernant proprement la physique. Il supposa aux atomes la qualité naturelle de la pesanteur, c'est-à-dire une tendance inintelligible à se précipiter tous dans l'espace, et tous suivant la même direction comme dans un abîme sans fond. Il manqua donc au principe fondamental du mécanisme. Il montra la même inaptitude philosophique en se dérobant par un parti pris que toutes les écoles, hors la sienne, trouvèrent ridicule, à la difficulté capitale du système de Démocrite : concilier la vérité des phénomènes sensibles avec l'unique réalité donnée en soi, laquelle n'est

(1) Sextus Empiricus, *Adv. physic.*, I, 19 ; Cicéron, *Tuscul.*, I, 18 ; *De divin.*, I, 2 ; *De nat. deor.*, I ; Augustin, *Epist. ad Diosc.*, 118.

que vide ou atomes, deux choses également insensibles. Il voulut que le jugement se fondât exclusivement sur le sensible et l'apparent. Il fut assez étranger aux sciences depuis longtemps constituées à son époque, géométrie et astronomie, pour prétendre que les astres n'ont que la grandeur *qu'ils paraissent avoir*. Épicure enfin fut dépourvu d'esprit scientifique au point de remplacer le principe du *déterminisme* (la *nécessité* de Démocrite) par le principe du *hasard*, dans un système dont le mécanisme était le fond même. Ce contre-sens fut motivé chez lui par le rétablissement de la pesanteur comme propriété naturelle de l'atome, parce qu'il eut besoin de supposer en plus à l'atome une puissance arbitraire et aveugle de se détourner de la voie unique et commune à tous, afin qu'il leur fût possible de se rencontrer et de former des composés. Cette inconcevable déclinaison (ἔκκλισις, *clinamen*), transportée on ne sait comment au sujet complexe de l'esprit, fit entrer le libre-arbitre dans la morale épicurienne. Cette morale est la seule partie de l'épicuréisme à laquelle on puisse reconnaître de la valeur à un point de vue. Elle est, en tout cas, d'un sérieux intérêt. Mais la science et l'esprit scientifique en philosophie éprouvèrent dans l'école d'Épicure et, par suite, dans une classe très considérable et très importante du monde ancien, qui en recevait l'influence, une chute profonde.

La même décadence, ainsi que nous l'avons vu dans le chapitre relatif à la science dans l'antiquité, se produisit dans l'école pythagoricienne après Philolaüs, Archytas de Tarente, Eudoxe de Cnide. Elle se continua, après l'âge de Platon, en ce même temps où la partie scientifique des écrits de Démocrite était négligée, bientôt oubliée. C'était là une conséquence fâcheuse de la constitution des sciences exactes et de la séparation des philosophes d'avec les savants voués à des études spéciales. Les disciples de Platon, plus tard ceux mêmes d'Aristote, les stoïciens en grande partie, les épicuriens, les sceptiques, toutes les écoles philosophiques se détachèrent de la culture scientifique. Le pythagorisme, grand initiateur en mathématiques pures et en astronomie, tomba presque tout entier et se consuma pendant mille ans dans la contemplation stérile des nombres mystiques. L'ancienne philosophie de cette école n'obtint une influence réelle et durable que par l'intermédiaire des éléates qui, sur ses traces, ouvrirent la discussion du problème de l'unité et de la pluralité dans le monde; de

Platon, de qui la doctrine des idées peut passer pour une extension et une généralisation de la doctrine des nombres; enfin de Démocrite lui-même. Il paraît bien que les atomes sont une sorte de concrétion ou solidification des nombres pythagoriques; et l'opposition de l'être et du non-être (corps indivisibles et figurés, d'une part, et vide, de l'autre) est une forme nouvelle du dualisme pythagorique de l'*un* et du *multiple*, du *fini* et de l'*infini*. Ces philosophes, dit Aristote, parlant de Leucippe et de Démocrite, et rappelant que, d'après eux, tout naît du concours et de l'entrelacement des indivisibles grandeurs premières, — pas plus de l'unité que de la multiplicité, par conséquent : — « Ces philosophes *font toutes choses nombres ou par les nombres*; et s'ils ne le disent pas en propres termes, c'est bien certainement leur idée (1). »

Les autres idées capitales du pythagorisme sont le dégagement progressif du fini au sein de l'infini, et le développement du cosmos par un passage continu de l'inférieur au supérieur, du désordonné à l'harmonique, sous l'action d'une puissance divine; puis la doctrine des démons ou génies, commune dans l'antiquité, mais à laquelle donnait un caractère particulier une doctrine de l'âme qui permettait d'assimiler à ces démons les âmes humaines. Nous voulons parler de la transmigration. Empédocle, plutôt le disciple d'Héraclite en d'autres points, fut celui des pythagoriciens en ce qui concerne les croyances démonologiques et la métempsychose. Sa grande célébrité chez les anciens paraît tenir à ce côté mystique de sa doctrine, à son génie poétique, dont Lucrèce a écrit un magnifique éloge; aux explications naturalistes qu'il donnait des phénomènes, en son poème, desquelles pourtant il n'est rien resté de vraiment scientifique, et enfin d'une sorte de conciliation et de synthèse qu'il opéra des principes physiques des ioniens, tout en laissant la suprématie au principe d'Héraclite. Empédocle est le premier auteur de la théorie des *quatre éléments*, qui a si longtemps régné et servi, — avec un complément mal déterminé que les alchimistes y ajoutèrent, — à classer grossièrement les états principaux que revêtent les corps, et un certain nombre de leurs propriétés. Trois de ces éléments, l'eau, l'air, le feu, avaient déjà occupé la place dominante, respectivement, dans trois systèmes de philosophes ioniens. Empédocle conserva cette place au feu d'Héraclite à cause de son mouvement incessant, qui lui parut propre à carac-

(1) Aristote, *Du ciel*, l. III, ch. IV.

tériser l'agent de la division d'où procédait, selon lui, la vie, et il l'opposa aux trois autres comme plutôt froids et tendant à se réunir entre eux, les semblables avec leurs semblables. C'était donc moins la substance proprement dite des phénomènes que la force qui les produit et qui gouverne l'évolution. L'évolution d'Empédocle n'était point celle des pythagoriciens, qui semble avoir été continue, sans périodes, mais bien celle d'Héraclite avec ses accès de production et de destruction du monde. Le monde à l'état d'unité et de repos, le σφαῖρος, dans lequel les éléments ne sont point séparés, se présentait à ce philosophe sous l'aspect du bien : c'est le règne de l'Amour (φιλία) ; mais la Haine survient (νεῖκος), qui est l'origine réelle du monde vivant, du monde livré à la discorde, à la guerre. Dans cette doctrine, de forme mythologique, eu égard aux noms des deux agents souverains, et physique par le rôle que les éléments y prennent et par les idées d'attraction et de répulsion qui s'attachent à l'action de l'Amour et de la Haine sur la matière, on se rend difficilement compte de la fonction du Feu dans le moment à la fois final et initial de l'embrasement universel. Est-il avec l'Amour? il le paraît, puisque le retour final du monde à l'unité se fait sous son action ; et cependant il est l'auteur de la vie, par laquelle se rompt cette unité. Aristote loue Empédocle d'avoir, le premier — c'est-à-dire avant Anaxagore, — assigné *une cause* pour l'origine de mouvement, et il lui reproche de l'avoir assignée double et d'avoir prétendu tirer le monde de deux principes opposés. Il lui objecte aussi que, dans son système, on voit souvent la Haine être un agent d'union et l'Amour de désunion. C'est une conséquence naturelle du dualisme. Une critique, d'Aristote encore, est dirigée contre l'évolution périodique, en ce que l'auteur de la théorie ne donne aucune raison de cette alternance éternelle et, qu'il dit nécessaire et *garantie par la foi d'un antique serment*. On peut adresser sur le même sujet une question indiscrète à certain évolutionisme moderne, non moins affirmatif que celui du poète grec. Pour les âges suivants et pour l'initiation du monde moderne à la philosophie cette doctrine a été d'un faible intérêt. Nous devons la regarder surtout comme l'une des tentatives qui se firent au sein du monde grec, dans la direction qui pouvait conduire l'Occident à une théologie du genre brahmanique (1).

(1) Aristote, *Métaphysique*, l. I, chap. III et IV et l. III, chap. IV. — *Fragm. philos. græc.* (Didot), t. I, p. 159.

Le jugement pessimiste sur les conditions générales de la vie humaine et sur le mérite de l'existence a été beaucoup plus commun, si même il n'a dominé, chez les poètes et les philosophes grecs, principalement avant Aristote, qu'il n'a convenu de le reconnaître et de s'en rendre compte aux modernes philosophes de l'histoire qui ont remarqué et exagéré la sérénité du génie hellénique. Le caractère serein de l'art plastique des Grecs, la pureté et la sobriété d'expression de leurs écrivains sont un idéal poétique de dignité et de force, très éloigné de l'étalage des sentiments tourmentés et des impressions personnelles dont nous avons de nos jours le spectacle fatigant, mais qui ne devrait pas nous fermer les yeux sur les misères de la civilisation antique, sur les maux nés de la guerre et de l'esclavage, de la dureté de cœur des hommes et de l'insécurité de la vie, que ses penseurs ont certainement ressentis sans en témoigner par des grimaces. Pour nous en tenir ici aux philosophes, l'optimisme ne se rencontre guère que chez les pythagoriciens, autant qu'on en peut juger, et leur école fut détruite et persécutée; chez Socrate, et il but la ciguë; chez Aristote, qui ne laissa pas d'embrasser un idéal de vie contemplative et de réduire la souveraine satisfaction à l'exercice de l'intelligence; et chez les stoïciens qui firent la gageure de nier le mal sans contester qu'ils en souffrissent. Mais Héraclite et Empédocle sont pessimistes, pessimistes Platon et toute son école, qui le prouvent bien en élevant la mesure de la félicité, dans l'univers, à proportion de la décroissance de la sensibilité et de la vie, jusqu'au point suprême où s'arrêtent la multiplicité et le changement; pessimistes les cyniques, exprimant leur mépris pour tous les biens prétendus dont la poursuite occupe et trompe les hommes; pessimistes à l'extrémité opposée des méthodes suivies pour la spéculation, les philosophes qui ne reconnaissent de vérité que dans la sensation et de bien que dans le plaisir, et qui concluent au suicide en observant que le plaisir est surpassé par la douleur; et pessimistes malgré eux, les épicuriens sérieux dont la doctrine de tempérance et de prudence, trop bien motivée, est triste, et dont l'amer désenchantement, dissimulé en théorie, se trahit dans les sentiments propres qu'exprime en des vers sublimes le grand poète penseur de l'antiquité : Lucrèce.

La forme essentielle de la spéculation métaphysique qui, prise au point de vue du sentiment qu'elle suppose et qui peut-être l'inspire, correspond à un jugement pessimiste sur la vie, c'est celle qui pose l'idéal, — on ne sait plus s'il faut dire de l'existence, — au-dessus de la vie, en dehors de ses conditions inséparables qui sont la multiplicité, le temps et le changement. Ces conditions sont aussi celles de la pensée : il faut donc que cette métaphysique envisage son sujet premier, son sujet réel unique, si elle est radicale, dans *quelque chose* à quoi la distinction du sujet et de l'objet ne soit point applicable; car il n'y a que la pensée qui fasse cette distinction. Toutes les choses autres que celle-là, et qui dépendent de celle-là quant à l'apparence qui nous en est donnée, en un mot les phénomènes doivent en conséquence être regardés comme des illusions.

Cette métaphysique, aussi radicale et absolue qu'on la puisse concevoir, est la doctrine des philosophes d'Élée, le plus ancien desquels, Xénophane, était ionien de naissance, presque aussi ancien que Thalès ou Anaximandre et contemporain de Pythagore. Il est donc certain que la spéculation opposée à l'empirisme est non seulement avec Pythagore, mais plus absolument encore avec le premier maître des éléates, une création de la haute antiquité philosophique. En général, on peut dire que toutes les grandes voies furent tentées dans l'ère de la pensée antérieure à la réforme socratique de la méthode, et le furent avec ardeur et génie, ce qui donne un intérêt de premier ordre aux systèmes composés pendant cette période. Celui des éléates est demeuré, tant en sa partie critique et dialectique, admirable et profonde, que par son dogme absolu qui n'a cessé et ne cesse point d'avoir des imitateurs plus ou moins résolus, une des œuvres capitales de l'esprit spéculatif. Le même jugement s'applique, on l'a vu, à Pythagore, à cause de la conception du monde soumis à la loi du nombre; à Démocrite, pour la création de la physique mécanique; à Héraclite pour l'idée du devenir universel et de ses retours périodiques; à Anaximandre et à Anaxagore pour les théories de l'infini et de l'évolution; et à ce dernier pour la première initiation de la doctrine du moteur intelligent et démiurge. Le système éclectique d'Empédocle, avec le dualisme qui en est la pensée fondamentale, n'eut qu'une importance passagère.

La hardiesse de Xénophane se montra d'abord par l'opposition la plus nette et la plus vigoureuse à tout l'antique polythéisme. Il combattit l'anthropomorphisme d'Homère et d'Hésiode par cet argument si répété depuis que si les chevaux étaient artistes ils représenteraient leurs dieux avec des traits chevalins ; il railla Pythagore et ses métempsychoses, et les croyances, les traditions et les mœurs des Grecs : les légendes, les mythes, la divination, le serment, l'éducation athlétique. Ce grand démolisseur ne niait pas formellement l'existence des dieux, mais seulement la possibilité de les définir et de savoir le fond de l'univers. On serait tenté de le nommer le plus ancien des sceptiques ; car nul homme, disait-il, dans un des courts fragments qu'on a de son poème philosophique, « nul homme n'a su ni ne saura jamais rien des dieux et de tout ce dont je parle ; ou s'il arrivait à quelqu'un de rencontrer la vérité, il n'en serait toujours pas sûr, et l'opinion règne sur toutes choses (δόκος δ' ἐπὶ πᾶσι τέτυκται) ». Mais ceci ne doit s'appliquer qu'au domaine phénoménal, sur lequel au surplus ce philosophe, ainsi que Parménide, son disciple, ne dédaignait pas de se faire une opinion : il croyait devoir ajouter la terre à l'eau de Thalès comme élément primordial aussi de la nature. Toute incertitude cessait dès qu'on sortait de l'ordre empirique des choses et qu'il s'agissait de raisonner *sur Dieu*, non *sur les dieux*. Xénophane opérait alors librement sur de purs concepts et donnait, aurait-on pu lui dire, à la divinité des traits empruntés à l'esprit humain le plus abstrait, de même que les animaux, s'ils avaient su peindre, auraient, suivant lui, pris modèle sur leurs figures. Il démontrait que l'être, c'est-à-dire Dieu, ne peut avoir été fait ; qu'il est donc éternel, l'être ne pouvant venir du non-être ; qu'il est tout-puissant, entièrement un, et doué de tous les sens, capable de toute perception et de toute action, le plus grand des dieux et des hommes, dissemblable des mortels par le corps et par la pensée, mais partout semblable à lui-même, et par conséquent *sphérique*. Ce *sphairos*, — c'est le nom qui passa de Xénophane à ses successeurs pour désigner la perfection de l'être invariable, — ne pouvait être, argumentait-il, ni fini ni infini puisque étant l'Un, il n'est point limité par d'autres êtres, et que l'infini n'est que l'indéterminé pur, c'est-à-dire le non-être ; et on ne pouvait non plus le regarder ni comme en repos ni comme en mouvement, parce que l'un et l'autre cas supposent l'existence d'êtres multiples, mobiles les uns par rapport aux autres (1).

 Cette théorie dans laquelle le plus naïf symbolisme s'unit à une abstraction puissante et à une confiance sans réserve dans

---

(1) Aristote, *Métaphysique*, l. I, chap. III et V; Sextus Empiricus, *Adv. log.*, VII, et le traité aristotélique *Sur Mélissos, Xénophane et Gorgias*.

le raisonnement, sans se préoccuper de mettre d'accord les principes dont l'esprit est frappé, c'est l'entrée dans la théologie d'une contradiction qui devait traverser les siècles et les religions et dont l'esprit religieux moderne est encore obstrué. Dieu, selon Xénophane, est tout vision, tout pensée, tout ouïe (οὖλος ὁρᾷ, οὖλος δὲ νοεῖ, οὖλος δὲ τ'ἀκούει), mais il meut toutes choses par la force de l'esprit (φρενὶ) sans aucun travail de la pensée (ἀλλ' ἀπάνευθε πόνοιο νόου, φρενὶ πάντα κραδαίνει), c'est-à-dire que, selon les termes consacrés quinze cents plus tard dans l'École, Dieu n'a pas l'intelligence *discursive*. Dans cet effort pour exclure de l'idée qu'on se fait de Dieu toute possibilité de changement, et même du changement inséparable d'une conscience qui n'est pas bornée à une indéfinissable intuition constante, sans connaissance d'aucun multiple ou variable quelconque, on ne s'aperçoit pas que, de deux choses l'une, ou l'on se condamne à voir Dieu sous des aspects contradictoires, ce qui en détruit toute notion réelle, ou bien la notion que l'on s'en forme est une abstraction étrangère à tout sentiment et à tout intérêt humain, et ne convient pas même au panthéisme, dont, on ne sait bien pourquoi, on a coutume de prononcer le nom en pareil cas. Dans ce dilemme, c'est la contradiction et non ce qu'on est fort tenté d'appeler l'athéisme, qui caractérise l'attitude mentale de l'initiateur de l'éléatisme; car il donne à son dieu des attributs de vie et d'action, et lui refuse les conditions de l'intelligence en réclamant pour lui l'unité, l'immutabilité absolues.

La pensée éléatique dans toute sa rigueur appartient au disciple, à Parménide. Le raisonnement de ce dernier est un perfectionnement de celui du maître. Le principe fondamental est que *l'Être est* et *le non-être n'est pas*; ou qu'il n'entre pas de non-être dans les choses, en tant que réelles; il n'existe donc en soi que l'Être, et il est un, sans parties, sans commencement ni fin, sans changement, fini, immobile et nécessaire. Xénophane disait : *Ni fini ni infini, ni immobile ni en mouvement* ; Parménide change le sens des mots plus que la pensée, en voulant qu'on déclare l'être *fini*, c'est-à-dire accompli et déterminé, exempt de toute indétermination, et *immobile*, c'est-à-dire sans variation de quelque genre que ce soit. Mais où l'Un des éléates atteint sa plus claire et sa définitive formule, c'est quand Parménide dit qu'il n'y a point dans l'Être de distinction d'objet et de sujet. C'est bien le sens de cette assertion : « Le penser et l'être ne sont qu'un », complétée, dans un autre passage, par celle-ci : « Penser et ce à cause de quoi est le penser ne sont qu'un (τωὐτὸν δ' ἐστὶ νοεῖν τε καὶ οὕνεκεν ἐστι νόημα) »; car ce qui est cause de la pensée, c'est proprement son objet. Il n'y a plus alors d'intelligence dans l'Être et le mot *penser* perd lui-même toute signification. Telle est l'origine de l'*Un supérieur à l'Être*, ainsi qu'on s'exprima dans l'école platonicienne, quand on s'aperçut de l'abus qu'il y avait à appeler Être une idée dont on retranchait systématiquement tout ce qui fait qu'on dit des choses qu'elles sont. Platon lui-même donna l'ouverture à mettre cet Un à la tête du monde, si l'on peut ainsi parler, et cette abstraction devint le point de départ de la doctrine de l'émanation dans le néoplatonisme alexandrin.

La rigueur de son système obligeait Parménide de joindre à la théorie du réel une théorie de l'illusoire. La faiblesse des mortels qui croient à l'être du non-être exigeait ce sacrifice. Se plaçant donc au point de vue de la multiplicité apparente et des sens, il distingua le Feu et la Terre, ou le Chaud et le Froid comme principes élémentaires des phénomènes, et les mit en correspondance, l'un avec l'Être, l'autre avec le non-être. Tout devait résulter de leurs alliances. Il ajouta même à cette physique naturaliste une mythologie dans laquelle figurait comme le premier des dieux l'Amour, fils d'une déesse qui préside à tous les mélanges (1).

La dissidence de Parménide à l'égard de Xénophane, — le maître prétendant que l'Être un ne peut être dit *ni fini ni infini*, et le disciple aimant mieux dire qu'il est *fini*, — est le signe d'un embarras naissant de l'idée de l'infini dans cette école. Le cas devient d'autant plus curieux que le troisième des éléates, Mélissos, soutient que l'Être un est *infini* tout en maintenant la même doctrine sur son indivisibilité et sa perfection. Il ne manquait à l'énumération logique des opinions possibles sur ce sujet que la quatrième proposition : l'Être un est à la fois *fini* et *infini*; et c'est certainement l'une des formes que le quatrième éléate, Zénon, aura pu donner à la question dans sa célèbre analyse critique de l'impossibilité du mouvement, laquelle revient à montrer que le fini est infini, ou l'épuisé inépuisable. Mélissos était surtout conduit à la thèse de l'infinité par la considération du temps. Démontrant comme ses prédécesseurs que l'Être est éternel et ne peut ni augmenter ni diminuer, parce qu'il ne peut provenir du non-

---

(1) *Fragmenta phil. græc.* (Didot), t. I, p. 114; Aristote, *Métaphysique*, l. I, chap. IV et V, et III, chap. IV ; *De la production*, I, III et II, III.

être, qui n'est pas, il déduisait de là l'absence de limite ou de *fin* tant en arrière qu'en avant, ce qui s'appelle proprement être infini. Il appliquait un raisonnement analogue à l'être dans l'espace, car il faisait marcher de front les deux aspects, avec tout ce qui peut entrer d'ailleurs dans l'idée la plus générale de l'existence, et concluait comme Parménide à l'unité absolue, à l'invariabilité, à l'entière et constante similitude à soi et en soi de l'être, et au caractère illusoire des phénomènes qui paraissent naître, changer et périr (1).

L'intérêt, qui est grand, de l'éléatisme pour l'histoire critique de la philosophie, et pour la philosophie elle-même, par conséquent, ne réside pas seulement en ce fait que la doctrine de l'Un pur a pris et gardé une place au sommet des spéculations platoniciennes et de la théologie du christianisme, et que ses plus dures formules ne sont pas sans trouver encore à présent des imitateurs; mais les éléates, ou du moins Zénon, avec le plus grand éclat, ont accompagné leur thèse abstruse et paradoxale d'une critique de l'idée du continu divisible (dans l'espace et le temps) et du mouvement, qui est restée une œuvre capitale d'analyse des idées philosophiques. En tout temps cette analyse a été reproduite, discutée, réfutée et communément incomprise. Les philosophes et les mathématiciens, à l'envi, ont traité de *sophismes* des thèses qui avaient le tort d'affecter une forme étrange et spirituelle, mais qui sont irréfutables quand on suppose que les continus, l'espace et le temps, existent en soi et se composent de parties également en soi dont le nombre est *infini, inépuisable, c'est-à-dire n'est pas un nombre*, et doit néanmoins *se compter et s'épuiser*, s'il est vrai qu'elles existent et que le mouvement, réel comme elles, a à les traverser pour s'opérer dans l'intervalle quelconque, qu'on appelle *fini*, de deux points dans l'étendue, de deux instants dans la durée (2). *L'infinité du fini*, — c'est le vrai nom des thèses connues sous le titre de preuves de *l'impossibilité du mouvement*, — n'est réfutable que moyennant l'abandon du réalisme matérialiste, la réduction de l'espace et du temps à des formes représentatives, et de la divisibilité infinie à des représentations simplement *possibles*.

(1) Traité aristotélique *Sur Mélissos, Xénophane et Gorgias*. Je prends la liberté de renvoyer, pour quelques traits que j'omets ici, à mon *Esquisse d'une classification*, t. I, p. 40.

(2) Je me dispense ici de l'exposition et de la critique détaillée des arguments de Zénon d'Élée, que j'ai plus d'une fois étudiés dans mes ouvrages et que j'ai résumés encore dans le dernier : *Esquisse, etc.*, p. 34-39.

CHAPITRE IV

La métaphysique, des sophistes aux stoïciens.

Aristote, en proposant contre Zénon, — *contre* à ce qu'il croyait, — sa distinction célèbre de l'*acte* et de la *puissance* ou possibilité, ne fit qu'entrevoir la solution de la difficulté soulevée par la critique éléatique, puisqu'il ne conclut pas formellement à l'idéalisme, ainsi qu'il l'aurait dû, mais qu'il se flatta plutôt de le réfuter. C'est qu'il régnait alors, comme il règne encore et toujours dans les esprits, même des philosophes, ou de la plupart d'entre eux, un malentendu sur ce qui constitue la réalité. En un sens, il était juste de traiter les éléates de sophistes; mais le sophisme, chez eux, était de qualifier d'illusion le monde phénoménal, et non point de montrer que les phénomènes dans l'espace, le temps et le mouvement ne peuvent correspondre aux modifications d'un sujet matériel; et l'erreur d'Aristote, réfutant les éléates, fut d'imaginer qu'il rétablissait ce qu'ils avaient nié, alors qu'il aurait dû leur reprocher seulement d'avoir confondu, en leur négation, l'*acte matériel* des continus et de leur division à l'infini, qui, en effet, est contradictoire, avec la *puissance de représentation* de ces mêmes continus en leur division qui n'admet point de terme. Cette puissance et l'objet intuitif auquel l'esprit la rapporte et l'applique, sont la réalité même que l'éléatisme méconnaissait et regardait comme une illusion, tandis que la véritable illusion est celle que se faisaient les philosophes de cette école en prenant pour la réalité le concept de l'être dont l'existence ne se témoigne par aucun phénomène, et dont ils auraient pu tout aussi bien dire ce qu'ils disaient du non-être : à savoir *qu'il n'est pas*. Et, au fait, n'avons nous pas vu dans notre siècle une philosophie fameuse prendre pour point de départ logique de l'univers *l'être qui ne diffère pas du non-être*? L'être sans phénomène est l'être indéterminé, et l'être indéterminé n'est rien.

La philosophie dite des sophistes, contemporains de Socrate, est née en très grande partie de l'impuissance de l'idéalisme à se rendre compte de lui-même, de sa légitimité et de sa dignité. L'éléatisme apportant sa critique, à la suite des contradictions des systèmes antérieurs, en est peut-être le facteur principal. Quand l'évêque de Cloyne publia sa théorie des faits sensibles comme pures apparences communiquées aux esprits par un esprit, et *quorum esse est percipi*, disait-il ; ou quand le professeur de Kœnigsberg enseigna que les phénomènes ne sont dans l'espace qu'autant que l'espace est dans la représentation, et pas ailleurs, ces penseurs ne se virent pas appelés sophistes : ceux qui n'admettaient pas leur manière de voir se contentèrent de les « accucuser d'ouvrir la voie au scepticisme ». David Hume lui-même ne passa que pour sceptique, ce que d'ailleurs il voulait bien être en soutenant que rien ne lui assurait que quelque chose ne pût pas arriver sans cause. C'est que ces hommes étaient sérieux autant que profonds, en leurs investigations sur le fond des phénomènes. L'outrage n'atteignit les sophistes grecs, que parce qu'on n'avait pas, et que les plus forts d'entre eux n'avaient pas assez le sentiment de la vérité et de la moralité de leurs vues, la bonne conscience attachée à toute conviction, et même au scepticisme, qui en est une, quand il est sincère. Le scepticisme proprement dit, ou systématique, celui de l'ἐποχή ne se produisit qu'avec Pyrrhon, contemporain d'Aristote et qui lui survécut trente ans ; les sophistes les plus fameux, du temps de Socrate, étaient de soixante ans plus anciens. Ils se vantaient d'avoir des arguments pour soutenir toutes les thèses, et d'en tirer profit, attitude essentiellement anti-sceptique. Néanmoins si nous laissons de côté l'enseignement immoral de certains de ces hommes, — sujet qui nous reviendra plus loin, — nous devons dire que leur intelligence et les services qu'ils rendirent à la critique de l'esprit n'ont pas été généralement appréciés. Ce n'est pas tout à fait sans raison que l'opinion publique d'Athènes regardait Socrate comme l'un d'eux, ainsi que cela résulte de la comédie des *Nuées*. Il y avait un point de similitude réelle entre tous ceux qui combattaient ce qu'on regardait communément comme certain, soit en vertu de la coutume et de la tradition, soit en se fiant à telle ou telle des doctrines discordantes des philosophes.

La réforme de la méthode philosophique, tentée et en partie opérée par Socrate, ayant consisté à ramener le penseur des spéculations sur le monde externe, inconnaissable, suivant lui, à l'analyse de ses propres phénomènes, ceux de la pensée, dont l'étude lui est ouverte, — c'est-à-dire de la *physique*, comprenant ce qu'on en distingua plus tard sous le nom de *métaphysique*, à la *psychologie*, — ce n'étaient plus des thèses d'un faible intérêt que celles des sophistes comme Protagoras ou Gorgias. Ce dernier, usant des arguments de la plus violemment dogmatique de toutes les écoles, la poussait au nihilisme et écrivait un livre intitulé : *Du non-être, ou de la nature*. Si, disait-il, en jouant, exactement comme le faisaient les éléates, du procédé de réalisation des concepts, et des plus universels et des plus abstraits : « Si le non-être est le non-être, il est donc : il est le non-être, comme l'être est l'être ; et alors il n'est pas plus vrai que les choses sont qu'il n'est vrai qu'elles ne sont pas » : en d'autres termes, le non-être étant, rien n'est ; l'être étant, quelque chose est, et l'un n'est pas plus vrai que l'autre. « Mais être et non-être ne peuvent pas être des opposés coexistants » ; c'est le principe de contradiction invoqué, encore bien qu'il n'y eût point, du temps de Gorgias, un corps de logique formulé et reçu. « Si donc le non-être est, il faut que l'être ne soit pas, et, dans ce cas, rien n'est, si ce n'est pas la même chose d'être et de ne pas être ; et, si c'est la même chose, encore alors rien n'est, puisque le non-être est ce qui n'est pas, et que l'être est la même chose que le non-être (1). » Par des raisonnements de cette sorte, Gorgias prétendait démontrer « que rien n'existe réellement, ou que, si quelque chose existe, elle ne peut être connue, ou que, si elle peut être connue, elle ne peut être exprimée. »

A l'extrémité opposée des arguments dont la méthode était un réalisme rationaliste absolu, s'offraient, dans les livres de Protagoras *Sur l'Être* et *sur la Vérité*, d'autres sophismes qui, loin de réaliser l'universel positif ou négatif, ne tablaient que sur les phénomènes particuliers et sensibles, considérés exclusivement dans l'individu où ils ont leur siège. Des contradictions qu'il relevait dans les phénomènes pris sous ce point de vue, le philosophe concluait que toute connaissance est subordonnée au sentiment de celui qui pense connaître ; qu'elle est donc relative, variable, incertaine par rapport au jugement d'autrui ; qu'il n'y a donc

---

(1) Traité aristotélique *Sur Mél., Xén. et Gorg.*, ch. v. — C'est le sens autant qu'on peut comprendre un texte douteux. Il n'est sophistique qu'autant que l'on nie *l'être du non-être* ou qu'on se refuse au réalisme des concepts.

rien d'assuré d'une manière générale, mais seulement pour la perception ou l'imagination actuelle de chacun. Tout cela se résumait dans la formule : « L'homme est la mesure de tout (πάντων μέτρον ἄνθρωπος). » La généralisation n'institue rien de réel et les phénomènes n'ont pas plus de titres les uns que les autres à la vérité, mais seulement au caractère désirable ou nuisible qu'ils ont pour celui qui en est affecté.

Il est clair que l'attitude de Socrate pouvait être rapprochée de celle de Gorgias, et en général des sophistes négateurs, quand il disait *ne rien savoir excepté qu'il ne savait rien*, et que, repoussant indistinctement toutes les théories de *La Nature*, il passait son temps à Athènes à prouver aux plus savants qu'ils ne savaient eux-mêmes rien, et aux citoyens qu'ils n'avaient pas la moindre science des choses d'État, dont ils disputaient et prétendaient connaître et décider. Et sa méthode de discussion pouvait aussi très justement se comparer à celle des sophistes analystes, grammairiens, dialecticiens, déjà psychologues, incessamment occupés à manier les idées pour les unir ou les opposer entre elles de manière à établir ou à combattre des thèses données. Quelle différence y avait-il donc entre Socrate et les uns ou les autres de ces sophistes? Il y avait, de son côté, la confiance dans la possibilité d'une science de l'esprit et de ses phénomènes propres, de laquelle, une fois faite, on déduirait aussi la science de ce qui concerne l'homme et intéresse sa vie et sa conduite. Il y avait la ferme croyance aux principes recteurs de l'esprit en matière de moralité, aux notions du bien et du mal, du juste et de l'injuste, du beau et du laid, etc., et à l'existence d'un enchaînement de ces notions, et de toutes celles qui s'y rapportent, tel qu'on pût découvrir les fondements et les définitions de toutes les vertus, et les enseigner. Il y avait, enfin, une théologie d'un nouveau genre, qui, renonçant à l'investigation des principes divins dans la nature, s'élevait à Dieu par une induction tirée de l'ordre moral, c'est-à-dire de la conscience, et suivait les traces d'une providence divine dans tout ce que l'univers renferme de visibles causes finales et de phénomènes organisés pour la conservation et les jouissances des hommes. C'est là le plan d'une réforme philosophique foncièrement criticiste, comme nous parlons aujourd'hui, seulement trop naïve, venant de si bonne heure, et destinée, en fait, à faire apparaître de nouvelles contradictions entre les esprits, sans les résoudre. L'admirable auteur de la nouvelle méthode accordait trop à la science, dans la fondation pratique, qu'il méditait, de la morale et de la politique ; et il croyait la science impuissante ou bornée, beaucoup plus qu'elle ne l'est réellement, pour la découverte des phénomènes de l'univers ou de leurs lois ; car il ne ménageait pas les géomètres purs et les astronomes dans ses critiques.

Aristote n'attribue à Socrate rien de moins que l'invention de la méthode d'analyse des idées, c'est-à-dire l'usage systématique de l'induction et de la déduction : « raisonner par induction et définir d'une manière générale » (τους τ' ἐπακτικοὺς λόγους καὶ τὸ ὁρίζεσθαι καθόλου) (1). On lui reprochait d'éviter toujours de conclure, dans les controverses où il maniait avec une extrême habileté les idées, montant et descendant en leur ordre d'enveloppement et de développement. C'est qu'il n'avait pas construit cette définitive théorie des principes dont il n'y aurait plus eu qu'à déduire les conséquences. Il en savait assez pour confondre l'adversaire. Ensuite il se réfugiait dans l'inscience dont il faisait profession. Mais il était si convaincu de la nature scientifique et démonstrative des connaissances, dans la morale, qui était l'unique sujet de ses recherches, qu'il regardait la pratique comme la conséquence certaine et nécessaire de la théorie, si la théorie était une fois acquise et possédée. Tel est en effet le sens de la thèse socratique de l'identité de la science et de la vertu, qui fut admise par Platon et réfutée par Aristote. C'était même chose, selon Socrate, de connaître ce qui est juste et de le faire ; et la raison qu'il en donnait implique la négation du libre arbitre ; car, disait-il, « il serait absurde que, *la science* étant donnée, quelque chose survînt qui maîtrisât *le sage*. Si l'on sait (de deux choses) laquelle est *la meilleure*, on la fait, si on ne la fait pas, c'est qu'on l'ignore » (2). Ces traits de doctrine sont d'une parfaite authenticité, rapportés qu'ils sont par Xénophon, comme par Aristote. On doit donc voir dans Socrate le premier moraliste qui ait confondu *science* et *sagesse*, — en quoi d'ailleurs il ne s'éloignait pas du double sens ancien de la σοφία, — et l'inventeur de l'argument du déterminisme psychologique : l'homme agit toujours en vue de ce qui lui semble le plus grand bien. En ce dernier point, Socrate a ouvert une intarissable carrière de controverses, et cela par une proposition qui porte sur le terrain le plus délicat et le plus difficile à éclaircir une question sur laquelle les

---

(1) Aristote, *Métaphysique*, l. I, chap. vi et l. XIII, chap. iv.
(2) Id., *Éthique à Nicomaque*, l. VII, chap. iii.

philosophes ne semblent pas encore près de s'entendre. C'était un grand progrès, de transporter la vieille idole de l'ἀνάγκη, du mécanisme des éléments, ou de la dynamique vitaliste, selon les écoles, à la nécessité des actes en tant qu'intérieurement motivés. On pouvait dire la psychologie réellement fondée, quoique la méthode en dût rester confuse. Quant à l'illusion que se faisait le fondateur, de conduire les hommes à la vertu, et probablement à l'institution de la cité juste et heureuse, en leur apprenant par définitions l'essence de la vertu et de ses parties, c'était le résultat de l'éblouissement causé par la découverte de la morale analytique et spéculative, non de cette confiance puérile, aujourd'hui si commune, dans les effets de l'instruction machinale pour remplacer l'éducation qui manque et corriger les penchants vicieux.

Platon, génie très complexe, mathématicien et poète, apte aux analyses psychologiques et ouvert à la spéculation la plus hardie, en même temps que maître en l'art suprême de laisser une ombre de sage incertitude se projeter sur les hautes régions du savoir que Socrate avait déclarées inaccessibles, Platon a marqué de la forte empreinte de ses idées une grande partie de la philosophie et de la religion des âges suivants. Rendons-nous d'abord compte des points sur lesquels il a été le continuateur de la méthode socratique : continuateur, mais poussant bien au delà, certainement, de ce que le maître eût jamais osé l'application confiante des principes induits de ses analyses morales. Si nous prenons plusieurs de ses dialogues, et non des moindres, nous y voyons ces principes offerts au lecteur à l'état d'élaboration, sans conclusions nettes : c'est l'image de la science qui se cherche et ne s'est pas encore trouvée, si ce n'est pourtant que la dialectique s'y montre victorieuse des thèses négatives et immorales que l'auteur formule en les prêtant aux *sophistes*, adversaires de Socrate. Au reste l'identité de la vertu comme science et de la vertu pratique est admise par Platon comme elle l'était par Socrate, et c'est là qu'est le germe d'une doctrine politique *a priori*. Dans le dialogue de la *République*, nous trouvons, en effet, le philosophe parfaitement édifié sur les définitions et sur l'harmonie des vertus, sur la *justice* dans l'État et dans l'homme, plein de confiance dans les applications des principes absolus à la politique, demandant pour celui qui en possède la science, — c'est le philosophe lui-même, —

l'autorité nécessaire pour les appliquer et fonder la cité juste. Platon est donc le père du socialisme autoritaire fondé sur la raison (non sur la religion), lequel a reparu à toutes les époques où, l'esprit humain s'élevant à la conception d'un ordre social supérieur à la coutume, des penseurs ont cru à la possibilité de soumettre les hommes à l'empire de l'idéal moral, tels qu'ils le concevaient eux-mêmes.

Dans le milieu où Platon vivait, il n'a pas cru possible un avenir qui a pu paraître moins invraisemblable à de lointains successeurs, après que le monde avait vu la *paix romaine*, quoique passagère, et reçu l'enseignement de la *charité chrétienne*, quoique infructueux. Il n'a donc pas conçu sa cité comme pacifique, il l'a organisée militairement et pour la défense contre l'étranger, non comme une institution qui dût s'étendre à l'universalité des hommes. Il a été infiniment loin de supposer les hommes naturellement portés au bien et aptes à entrer spontanément dans l'organisme social, même le plus parfait; il a entendu qu'ils fussent formés et conduits par l'éducation aux places et aux fonctions pour lesquelles les désignent leurs différents caractères natifs; il a reconnu leur solidarité, non leur égalité; il a prétendu les classer dans une hiérarchie ayant pour chefs, directeurs et éducateurs les philosophes, et dans laquelle aucune distinction ne serait faite entre les attributions des deux sexes, parce qu'il n'y en a aucune entre leurs aptitudes sociales, mais seulement entre les degrés, le sexe faible étant partout inférieur; il a enfin supprimé résolument la famille, antagoniste de l'État, et admis la communauté des femmes et des enfants, avec des règlements sévères et minutieux imposés aux relations sexuelles, afin de placer la génération sous de bonnes conditions et de mettre obstacle à la connaissance des liens familiaux. Platon ne s'est nullement dissimulé la difficulté de persuader à ses lecteurs que le système de la communauté fût *le meilleur*, ou qu'il fût seulement *possible* (1). Moins utopiste

---

(1) Voyez au début du V⁰ livre de la *République* (trad. V. Cousin) : « Ce que j'ai à dire trouvera encore moins de créance dans les esprits que ce que nous avons dit jusqu'à présent. On ne croira pas que la chose (la communauté) soit possible, et, la possibilité démontrée, on ne croira pas qu'elle valût grand'chose. J'hésite donc à dire ma pensée : je crains, cher ami, qu'on ne la prenne pour un vain souhait... Lorsqu'on parle comme je le fais, avec doute et en cherchant encore, il est dangereux et on doit craindre, non de faire rire (cette crainte serait puérile), mais de s'écarter du vrai et d'entraîner avec soi ses

que manieur de grandes idées n'a-t-il voulu que donner la théorie de ce qui ne serait réalisable qu'à la condition de refaire la nature humaine à l'aide d'un système d'éducation qui aurait lui-même le moyen de partir d'une *tabula rasa* des sentiments et des coutumes ? chose impossible. Il est permis de le croire. On n'en a pas moins là son idéal de société, qui dépend de son idéal de la nature humaine envisagée dans l'unité. Platon donne en toutes choses la préférence à l'universel sur l'individuel.

Aussi sa morale est-elle plutôt de dévouement que de justice. Son analyse de la justice n'est pas celle de la vertu qu'on entend le plus ordinairement sous ce nom et qui, en admettant l'existence d'un principe d'obligation entre les hommes, d'une part, et, de l'autre, celle des droits des uns qui correspondent aux devoirs des autres, consiste à rendre à chacun ce qui lui est dû : *suum cuique tribuit,* comme le dit si bien la formule latine du jurisconsulte. Platon cherche le principe de la justice dans l'État, non dans la personne et dans les rapports des personnes ; et, dans l'État même, il la voit dans la bonne organisation qui met chacun à sa place selon son talent, de telle sorte qu'il soit pourvu au bien de la chose publique en ses trois besoins principaux, auxquels il est donné satisfaction par les trois vertus dites *prudence, courage, tempérance.* Ces trois vertus mêmes, c'est donc relativement à sa République que Platon les comprend et les définit. La justice est une résultante produite par leur réunion et qui forme l'harmonie de l'État. Envisagée dans l'individu, elle ne peut plus alors consister pour lui qu'à remplir les fonctions qui lui sont propres, dans l'emploi qui lui est confié, et dans celui des ordres de citoyens où les magistrats l'ont classé. Il ne peut être question d'autres droits pour aucune personne que du droit de faire son devoir, comme nous disons quelquefois dérisoirement.

amis dans l'erreur sur des choses où l'erreur est funeste. » Et à la fin du livre VII : « Ils (les philosophes qui entreprendront la réforme de l'État) relègueront à la campagne tous les citoyens qui seront au-dessus de dix ans, et ayant soustrait de cette manière les enfants de ces citoyens à l'influence des mœurs actuelles, qui sont aussi celles des parents, ils les élèveront conformément à leurs propres mœurs et à leurs propres principes... — Sans contredit, je crois, Socrate (c'est l'interlocuteur de Socrate dans le dialogue, qui prend la parole), que tu as heureusement trouvé la manière dont notre projet s'exécutera, s'il s'exécute un jour. » On sait que Platon écrivit le dialogue des *Lois,* après celui de la *République,* dans la pensée de se rapprocher un peu du possible en ses institutions idéales.

Cette morale de dévouement arrive progressivement dans certains des *Dialogues* à prendre une forme religieuse, surtout quand Platon considère l'homme en un milieu pervers et victime de l'injustice régnante, et non plus comme citoyen de sa république *a priori* qui est faite exprès pour que tous les hommes y soient forcément justes. Le bonheur réel de l'homme bon ou juste, et le malheur réel du méchant, même quand ce dernier obtient tous les succès qu'il souhaite dans la vie, et que l'autre subit toutes les afflictions, jusqu'au dernier supplice, sont représentés avec des traits de la plus haute éloquence, dans la *République*, et dans le *Gorgias*, qui est certainement un des plus beaux et rares ouvrages des littératures de tous les temps et de tous les peuples. Il est incontestable que le philosophe, en écrivant la partie psychologique et dialectique de ces dialogues, relative à l'opposition apparente de la justice et du bonheur pour les fins de l'homme, obtient par un appel aux plus nobles sentiments du cœur, en même temps qu'à l'instinct profond de l'ordre moral du monde et des exigences de cet ordre, une démonstration au moins esthétique de sa thèse. Il sait bien néanmoins que la théorie a besoin d'être appuyée sur le postulat d'un rétablissement futur de l'harmonie, là où elle est troublée, entre ces deux choses, la vertu et le bonheur, qui, après tout, ont leurs réclamations indépendantes l'une de l'autre, et toutes deux impossibles à méconnaître. De là les mythes qui donnent à l'argumentation un complément tiré des croyances religieuses. Platon les emprunte à la doctrine de l'immortalité, du jugement des âmes après la mort, des peines et des récompenses qui les attendent, et enfin de leurs retours à la vie après de longs intervalles sous des formes animales variées.

On a le droit de se poser la question, sinon de la sincérité, au moins de la conviction propre de Platon en ce qui touche les métensomatoses, qui peuvent n'avoir été pour lui que des hypothèses d'ordre courant chez les pythagoriciens et dans les mystères, et dont il se serait servi pour signifier quelque chose de ce qui *pourrait être*, plutôt que pour définir ce qui *est réellement*. Il importe, en effet, de noter ici que le philosophe qui bannit, comme on sait, de sa République, *les poètes*, c'est-à-dire les conteurs de mythes, — car c'est ce qu'il entend, — ne reproche aux mythes que de donner au peuple des idées fausses et dangereuses *des dieux*, de les présenter comme auteurs d'actions condamnables, et comme susceptibles de revêtir des formes diverses, tandis que *Dieu est parfait* et doit être regardé comme *auteur de tout bien* sans mélange d'aucun mal. Mais la pensée de Platon n'est nullement d'interdire les mythes moraux, les mensonges utiles sur des matières édifiantes. Il admet que le sage politique trompe le peuple pour son bien. Ceci est une conséquence naturelle de sa méconnaissance du vrai caractère de la justice.

Laissons, pour le retrouver dans un autre chapitre, le sujet de l'éthique platonicienne, dont nous ne parlons ici que pour sa liaison avec la doctrine théologique de Platon, qu'on est obligé de distinguer de sa métaphysique et de rapporter, si le mot n'est pas trop fort, à sa politique. Là où, précurseur du monothéisme dans le monde hellénique, il combat les mythes polythéistes par des arguments assez semblables à ceux dont les Pères de l'Église useront cinq ou six siècles après lui, et d'ailleurs sans se faire plus qu'ils ne se feront la moindre idée du sens et de l'origine de la mythologie, il est parfaitement pénétré de la justesse de sa critique. La force et la franchise de ses accusations contre un système de croyances encore puissant, et qui avait servi de prétexte au procès de Socrate, est un sujet d'étonnement pour nous. Nous devons évidemment lui reconnaître la même sincérité, quand il proclame l'unité et la sainteté de l'idée divine, parce que l'essence de Dieu, pour tout philosophe théiste, comporte réellement ces attributs avec une signification qui reste vague et par conséquent inattaquable, tant que les questions de la personnalité et de la création ne sont pas formellement posées, et que la solution qu'on leur donne ne vient jeter aucun doute sur le véritable sens de l'affirmation monothéiste. Or il s'agit de savoir si Platon exprime une seule et même croyance philosophique, lorsque, dans sa *République*, il traite de la vérité suprême à connaître, qui est le but dernier de l'éducation qu'il imagine pour former le philosophe accompli, digne de gouverner la cité parfaite, ou lorsque, dans son *Timée*, se fiant, comme il le dit, à la pure vraisemblance, il raconte la fabrique du monde par Dieu, unique auteur de cet « animal un, qui renferme en lui-même tous les animaux, tant les mortels que les immortels », et puis la fabrique des mortels par les immortels, à qui Dieu leur père a confié le soin de cette formation. Dans la *République*, Platon présente comme les seuls et véritables sujets de l'existence réelle les Idées : les Idées, c'est-à-dire les types éternels, universels, abstraits des choses, puisqu'il compare très expressément leurs essences à celles des *nombres* dans l'arithmétique, ou des *lignes* dans la géométrie, et qu'il pose l'étude de ces deux sciences comme la plus importante étude pour initier l'apprenti philosophe à la connaissance de ce qui est *en soi*. A la source de ces essences, les Idées, il pose quelque chose d'où tous les êtres intelligibles tirent leur intelligibilité, leur être, et leur essence, et qui est pourtant « très au-dessus de l'essence en dignité et en puissance ». En d'autres termes, le principe de l'intelligible est inintelligible, indéfinissable, et c'est cela que Platon, par un étrange paradoxe, appelle *le Bien*, dont la justice et les autres vertus tirent leur origine et tous leurs avantages (1). L'opinion qu'on doit se former de la nature des choses sensibles, ou phénomènes, dans cette doctrine, est exprimée par la comparaison célèbre de la « caverne » de Platon. Les hommes sont dans une situation semblable à celle de prisonniers enchaînés dans une caverne, le dos tourné à la lumière, et ne voyant rien que des ombres projetées sur un mur auquel ils font face. Ces ombres portées sont celles de certaines figures qui passent derrière eux et qui sont éclairées par un feu situé à quelque distance. Si ces figures qui représentent des êtres humains ou des animaux émettent une voix, les prisonniers en entendent l'écho au fond de la caverne. Or le feu lointain est le Bien, soleil du monde intelligible; les figures sont les Idées; les ombres sont les phénomènes, que les hommes prennent pour des choses réelles ; et si on faisait ceux-ci se retourner, ils seraient éblouis et prendraient pour des apparitions chimériques le peu qu'il leur serait donné d'apercevoir des Idées en sortant de l'obscure contemplation de leurs ombres. Tel est l'effet des révélations de la philosophie sur ceux qui n'y sont pas progressivement initiés (2).

Les Idées de Platon ne sont nullement des formes de l'intellect divin, ainsi que les monothéistes des âges postérieurs se sont plu à les comprendre, mais bien, premièrement, des essences ou êtres *en soi*, non en autrui, et, secondement, qui relèvent, en cause première, non point d'une intelligence, mais du Bien, supérieur à toute intelligence. Quant au rapport des choses sensibles, aux

---

(1) Platon, *La République*, l. VI.
(2) Id., *ibid*, l. VII.

Idées, si les phénomènes ne sont pas de simples illusions, — le symbole lui-même leur accordant le genre de réalité que peuvent réclamer des apparences, comme telles, — il reste à savoir de quel genre est le lien qui les rattache aux essences. Le terme qui représente ordinairement la relation demandée, c'est la *participation*; mais qu'est-ce, au juste, pour un objet changeant et périssable, que de participer à quelque chose d'invariable et éternel? C'est un problème qui subsiste et que rendent insoluble le caractère fictif de la conception, l'espèce de dédoublement des choses entre leur principe de réalité et leur principe d'apparence.

La théorie platonicienne des Idées est la source de la philosophie *réaliste* qui par elle-même ou par ses polémiques avec les doctrines rivales, conceptualisme et nominalisme, a rempli le moyen âge. La détermination du rapport des *universaux*, essences *réelles*, avec les êtres particuliers que l'on tient généralement aussi pour des êtres réels, cette *croix* des docteurs réalistes était le même problème : découvrir ce que signifie la *participation* de l'individu à l'universel. Au fond, en dépit de la répugnance des théologiens, ou de leurs croyances professionnelles, c'est un panthéisme déguisé qui s'offrait pour solution. Le monde se concevait mieux comme une dépendance nécessaire de l'essence universelle, ou une émanation, que comme le produit d'un acte créateur. Or, il y a bien plus loin de la théorie des Idées de Platon dans la *République* et ailleurs, au *démiurgisme* exposé dans le *Timée*, que du réalisme scolastique à la doctrine de la personnalité divine et de la création *e nihilo*, parce que cette doctrine prend pour le lieu des Idées l'intelligence de Dieu, qu'elle met sous l'empire de sa volonté, au lieu de les poser *en soi* et de mettre Dieu lui-même dans leur dépendance pour faire passer la matière de l'état de chaos à l'état de monde. Ce Dieu, ce démiurge qui vient se placer entre cette matière préexistante, et ces Idées également préexistantes et capables d'ordonner par elles-mêmes l'univers, c'est le véritable θεὸς ἀπὸ μηχανῆς de la tragédie antique.

Ainsi tout porte à penser que la partie du *Timée* qui concerne l'intervention *de Dieu*, et celle *des dieux*, qui lui fait suite, dans la production de l'univers, est avec la théorie des Idées dans un rapport analogue à celui que les *Lois* soutiennent avec la *République*, c'est une accommodation avec ce que Platon pensait que la religion commune de l'hellénisme, non plus les mœurs, comme tout à l'heure, mais les croyances exigeaient, ou ne pouvaient abandonner de l'ancienne tradition. Remarquons, pour prévenir la seule objection sérieuse qui nous paraisse pouvoir être faite à notre interprétation, que toutes les théories du *Timée*, d'origine pythagoricienne, qui regardent la nature des corps, la fabrique matérielle du cosmos et des corps mortels, la distinction des âmes matérielles d'avec l'âme immortelle, enfin tout ce qui est d'ordre physique et se conçoit sans l'action immédiate d'un Dieu, peut être laissé à Platon comme spéculation libre, indépendante de la fiction des démiurges. Comment admettre que de ces derniers il y en eût un de sérieux à ses yeux, quand parmi ceux auxquels il donnait des rôles démiurgiques en sous-ordre, il comprenait, à la suite des corps célestes, ces mêmes divinités mythologiques qu'il avait ailleurs tant maltraitées? Mais les termes dans lesquels il en parle trahissent de la façon la plus claire le caractère d'une concession qu'il croit devoir faire à l'opinion, pour l'objet qu'il se propose. Ces termes sont ironiques, de cette fine ironie qu'un auteur veut bien qui soit sensible aux lecteurs les plus intelligents, mais voilée pour les autres :

« Quant à l'origine des autres divinités » — de celles qui ne sont pas des astres — « il est au-dessus de nous de la dire et de la connaître; mais il faut en croire ceux qui en ont parlé autrefois, qui étaient, disaient-ils, des descendants des dieux, et qui sans doute connaissaient bien leurs ancêtres : on ne peut donc refuser d'ajouter foi aux enfants des dieux, quoique leur récit ne s'appuie pas sur des preuves convaincantes; mais puisqu'ils disent que c'est l'histoire de leur famille, nous devons les en croire suivant l'usage. Voici la généalogie de ces dieux, d'après leur témoignage, auquel nous nous conformons : La Terre et le Ciel engendrèrent l'Océan et Téthis; de ceux-ci naquirent Phorcys, Saturne, Rhée et leurs frères; de Saturne et de Rhée, Jupiter et Junon, et tous les frères qu'on leur donne, et que nous connaissons tous, ainsi que les descendants qu'ils eurent encore (1). »

Enfin les procédés par lesquels les démiurges secondaires exécutent la mission de leur père le dieu des dieux (θεός θεῶν) (2)

---

(1) *Le Timée*, trad. de Th.-H. Martin dans ses *Études sur le Timée de Platon*, t. I, p. 111.

(2) L'expression, dans le texte, est θεοὶ θεῶν, vocatif à l'adresse des dieux inférieurs, parce qu'entre ceux-ci et le Père commun qui leur parle, il y a des dieux intermédiaires.

sont si visiblement symboliques qu'on s'étonne que les historiens de la philosophie, — généralement peu philosophes, il est vrai, — n'aient pas vu que l'œuvre démiurgique tout entière n'est qu'un symbole, depuis l'opération du dieu suprême jusqu'à celle de ses délégués. L'intérêt de cette conception de Platon, pour l'histoire des dogmes, n'est par là nullement diminuée. Le dieu suprême, opérant sur une matière préexistante, à l'état chaotique, et prenant pour modèles, en son institution de l'ordre, les Idées, types éternels existant en eux-mêmes, forme les grands corps de l'univers, dieux nés, mais impérissables. Cette œuvre première est entièrement bonne. Ensuite Dieu confie aux dieux subalternes, c'est-à-dire aux astres animés, y compris l'Ame de la Terre et (ironiquement) aux fils de Kronos et de Zeus, l'œuvre seconde indigne de lui, mélangée de bien et de mal, dont l'espèce humaine fait partie. Telle est la conception. A dater de ce moment, si nous jetons un regard prolongé au loin sur la marche des doctrines, nous voyons, d'un côté, les néoplatoniciens, disciples réels de Platon, selon nous, quoique sans génie, développer la théorie des Idées par celle de l'émanation, et ne garder *le* ou *les* démiurges que comme des fictions religieuses, selon l'esprit du maître ; et nous voyons, de l'autre, le dieu démiurge suprême, préparer dans le monde hellénique l'adhésion au dieu créateur, dieu plus sérieux et réellement un, qui devait lui venir d'une autre source. Celui-ci devait même répondre mieux que le premier à l'une des grandes pensées exprimées dans le *Timée* ; car c'est au Créateur, dans le sens le plus fort de ce mot, et non à l'arrangeur des éléments, à l'auteur des étranges mixtures métaphysiques dont se forment des âmes, qu'appartient logiquement la production du temps. Le chaos éternel et éternellement mu suppose le temps, puisque sans le temps nul changement ne se peut penser, et Platon, en attribuant au démiurge la production du temps, pose sans y penser le commencement absolu des phénomènes. Le passage est des plus intéressants. Le démiurge a été mu par la bonté en son dessein de produire l'univers (ἀγαθὸς ἦν) et « il a voulu que tout y devînt autant que possible semblable à lui-même.....

« Quand le mouvement et la vie de cette image produite des dieux éternels » (les dieux astraux) « parut aux yeux du père qui l'avait engendré, il admira son œuvre et, plein de joie, il conçut le dessein de la rendre encore plus semblable à son modèle. Ce modèle étant donc un animal éternel, il s'efforça de rendre tel le monde lui-même, autant qu'il était possible. Or, cette nature éternelle de l'animal intelligible, il n'était pas possible de la donner complètement à ce qui a commencé. Mais Dieu invente une image mobile de l'éternité, et en même temps qu'il met l'ordre dans le ciel, il forme, sur le modèle de l'éternité immuable dans l'unité, l'image de l'éternité marchant suivant le nombre, et c'est là ce que nous avons nommé le temps... Le temps est donc né avec le ciel, afin que, produits ensemble, ils périssent ensemble, s'ils doivent périr un jour, et il a été fait sur le modèle de la nature éternelle, afin qu'il lui ressemble autant qu'il est possible. Car de toute éternité le modèle est existant, et de tout temps, jusqu'à la fin, l'image est ayant été, étant et devant être (1). »

Cette théorie de la création du temps, — car cette fois c'est bien une création, ou, pour mieux dire, c'est *la création*, — est accompagnée dans le *Timée* d'une explication formelle sur le caractère de cette éternité, dont parle Platon, de laquelle on ne peut dire ni qu'elle *a été*, ni qu'*elle sera*, mais seulement qu'*elle est*, tous les termes qui énoncent l'avant ou l'après, ou quelque chose de relatif à ce qui change et tombe sous les sens, manquant d'exactitude en ce qui la concerne. Il est parfaitement clair qu'une telle idée de Dieu comme éternel ne peut sans contradiction s'appliquer au démiurge qui, débrouillant le chaos, doit se trouver par rapport à lui-même et non pas seulement par rapport à son œuvre, le cosmos, dans une situation d'*avant* et *après*, avant la mise en ordre et après la mise en ordre des choses. On ne modifie pas ce qui change sans le changer, et on ne le change pas sans changer soi-même, sans avoir des idées et des perceptions relatives à ce qu'on fait. C'est pourtant la pensée de Platon, semblerait-il, mais c'est plutôt une preuve nouvelle que le démiurge est un être fictif, et ses opérations un symbole de la génération du monde. Cette génération qui, envisagée sous le jour de la théorie des Idées, nous paraissait tout à l'heure devoir être du genre de ce qu'on appelle *émanation*, se présenterait plutôt maintenant comme l'acte de l'innommable Éternel donnant un commencement aux choses du temps. Ici donc Platon, en son *Timée*, au lieu d'introduire dans la philosophie, après Anaxagore et d'une façon mieux entendue, à ce qu'il croyait, cette doctrine du démiurge qui, par le

---

(1) *Le Timée*, trad. de Th.-H. Martin, *Études, etc.*, t. I, p. 86 et 101.

fait, ne put jamais y prendre racine, se trouverait avoir été le premier auteur philosophe d'une doctrine de la création, destinée, quelques siècles plus tard, à tout conquérir avec l'appui d'une religion. Et cette doctrine, c'est avec la contradiction radicale dont les théologiens absolutistes l'ont chargée, qu'il l'a lui-même proposée. Nous ne disons pas *conçue*; car peut-être aurait-il reculé devant l'idée d'un être pour qui le temps n'existe pas, et qui fait le temps et le connaît, d'un être qui ne pense pas l'*avant* et l'*après*, et dont l'existence est pourtant coupée en deux par la création, et qui suit avec intérêt les destinées de ses créatures dans le cours de ce temps qu'il ignore, si, au fond, il n'avait pas cru, comme le firent ses futurs disciples d'Alexandrie, que la création était, comme la démiurgie, un acte symbolique, et que l'Être absolu, ou Un pur, ne connaissait pas l'Intelligence émanée de lui, ne devait pas la connaître, parce que cela l'abaisserait.

En leur besoin intellectuel de se trouver des autorités de l'ordre rationnel, hors de l'Église, et qui pourtant leur vinssent en confirmation de l'enseignement de l'Église, on sait que les docteurs chrétiens attribuèrent souvent la doctrine de la création à Aristote, qui en avait été fort éloigné. Ils ne se trompaient guère moins, au fond, en l'attribuant à Platon, mais au moins avaient-ils à se prévaloir de la formule du *Timée* sur la production du temps par l'Être éternel, et ils détournaient les yeux de l'opération du démiurge sur une matière préexistante, et du sens réel des Idées, préexistantes aussi, et indépendantes de Dieu et lui servant de modèles. Les alexandrins, de leur côté, cherchaient la conciliation de ces deux grandes autorités : Platon et Aristote, et ce n'est plus alors en faveur de la création qu'ils imaginaient l'accord, mais de l'émanation, à la pensée de laquelle Aristote avait été résolument hostile. L'opposition fondamentale de ces deux génies, qui dominent en métaphysique l'œuvre entière de l'antiquité, du moyen âge et même, ou peu s'en faut, de notre époque, — en mettant seulement à part l'évolutionnisme matérialiste, troisième forme dont l'équivalent antique est le stoïcisme, — cette opposition ne peut être définitivement éclaircie, et placée sous son vrai jour que grâce aux travaux d'une critique à la fois historique et définitive dont les anciens n'avaient aucune idée. La formuler aussi clairement que possible, ce sera définir de la doctrine aristotélique tout ce qui intéresse notre sujet.

Et d'abord Aristote s'est attaché très spécialement à réfuter la théorie des Idées ; il avait écrit un livre exprès, qui est perdu, mais nous avons dans les livres qui nous restent sa pensée suffisamment expliquée. Il constate, pour commencer, que Socrate, inventeur de la méthode dialectique, n'a jamais considéré les choses autrement que dans leur nature, qu'il a fait des inductions et cherché des définitions générales, mais sans jamais attribuer la réalité aux termes généraux séparés des choses. Et en effet Platon a fait par son réalisme reculer la méthode, et les conséquences ont été de grande portée et très graves, pour la théologie et pour la morale, de la prééminence accordée à l'universel abstrait sur le réel vivant. Les principaux arguments d'Aristote contre l'existence des Idées sont les suivants. Le partisan des Idées, dit-il, fait comme celui qui multiplierait les êtres afin de les mieux compter ; on ne se reconnaît plus dans cette multiplication arbitraire, chaque chose, chaque attribut d'une chose, sensible ou non, réclamant l'inutile supplément de son homonyme, et les choses relatives, les choses négatives, celles qui n'existent plus, élevant, qu'on le veuille ou non, la même prétention. A quoi servent les Idées ? Elles ne sont pas principes de changement ; elles le seraient d'immobilité, plutôt. Parler d'exemplaires et de modèles des choses, c'est pur langage poétique. Définir le rapport de la chose à l'Idée comme une *participation*, on ne sait ce que c'est que participer. Faute de comprendre un lien entre l'homme individuel et son Idée, il y en a qui imaginent un *troisième homme*, qui tient des deux pour les unir ! Enfin, il ne suffit pas de dire que les Idées sont les causes de l'être et du devenir, comme le fait Platon en son *Phédon* (ὡς καὶ τοῦ εἶναι καὶ τοῦ γίγνεσθαι αἰτία τὰ εἴδη ἐστί), si, outre les Idées, il n'y a pas *le moteur* (ἂν μὴ ᾖ τὸ κινῆσον). Au fond, les partisans des Idées négligent la recherche des causes, *qui est le propre de la philosophie*. Ils ne posent ni le principe actif du changement, ni celui de la finalité d'où dépend toute intelligence de la nature (1).

Ce dernier argument montre bien à lui seul la position prise par rapport à la doctrine de Platon. Platon, dans le passage cité du *Phédon*, a beau parler de cause, il n'en existe à proprement parler aucune dans les Idées, ou bien il faudrait réduire le mot *cause* au sens de condition universelle et première, d'où l'activité est

---

(1) Aristote, *Métaphysique*, I, vii et XIII, iv.

exclue. C'est pour cela que les Idées, en leur descente du Bien et les unes des autres, ont dû s'expliquer à la fin par une émanation. La cause opérante n'est représentée que par le démiurge, fiction dont Aristote ne juge pas à propos de parler, et la cause finale, qui l'est également par cet être, concédé aux croyances populaires, ne peut entrer dans l'abstraction du Bien, de l'Être et de l'Un, dont l'intelligence procède, mais qui n'est pas l'intelligence. Quel est maintenant le système qu'Aristote a construit pour remplacer celui de Platon et satisfaire à la causalité, principe qui domine tout quand il s'agit d'expliquer le monde?

Aristote appelle causes quatre principes différents, dont deux seulement se rapportent d'une manière directe au changement : la cause *efficiente* et la cause *finale*. Contentons-nous de désigner sommairement les deux autres, qui ont fourni longtemps d'utiles généralisations des lois des phénomènes, mais dont la fondation des sciences naturelles et physiques a retiré tout intérêt pour la philosophie moderne. Ce sont la cause *matérielle* et la cause *formelle* : la première représentait le concept de substance, mais avec une sorte d'abstraction, comme ce qui est virtuellement propre à revêtir toutes les formes, mais, de soi, n'en affecte aucune ; tandis que la seconde, soutenant avec l'autre un rapport pareil à celui que l'*acte* soutient avec la *puissance*, réunissait sous un commun concept toutes les formes ou qualités que la matière peut prendre en ses changements.

Partant de sa critique de la théorie platonicienne des Idées et de la théorie pythagoricienne des nombres, très florissante dans l'école de Platon et à laquelle il reprochait un semblable abus des abstractions réalisées, Aristote prenait les réalités dans le monde de l'expérience et chez les individus, êtres véritables, dont les Idées n'expriment que des propriétés plus ou moins générales, des genres à différents degrés, mais inséparables, sans existence propre, ou des relations qui ne sauraient non plus exister sans leurs sujets. Les causes efficientes devant être considérées, comme les individus eux-mêmes, dans la nature où elles se produisent, le philosophe remontait de causes en causes, comme de parents à parents, et de même, dans les autres phénomènes, de mouvements à mouvements, selon qu'on en observe les effets, et ne voyait pas de terme à cette régression. Il posait donc le monde éternel, ainsi que Démocrite, mais ici on doit faire une distinction importante sur la manière d'entendre ce procès à l'infini des phénomènes. Seule elle jette un jour très nécessaire sur la doctrine originale d'Aristote relativement à la cause suprême.

Les philosophes qui admettent le procès à l'infini dans la régression sont presque toujours ceux qui entendent par là non-seulement rejeter toute idée d'un commencement absolu des phénomènes, mais aussi d'une cause première de laquelle ils dépendraient tous. C'est le cas des purs atomistes et des auteurs de systèmes dits *de la Nature*. Mais Aristote qui imite ces derniers en admettant l'éternité du changement, — et qui tombe par là, sans s'en apercevoir, dans la contradiction du nombre infini réalisé : à savoir le nombre des phénomènes actuellement écoulés, — Aristote veut qu'en même temps qu'ils se produisent éternellement, les phénomènes soient éternellement rattachés à une cause suprême immuable, indéfectible. Il n'admet pas le procès à l'infini qui supprime cette cause. C'est celui-là qu'il combat.

De là viennent les principes théistes par lesquels il s'oppose aussi énergiquement que Platon lui-même, et plus sûrement, parce qu'il n'admet point d'antique chaos qu'un dieu fictif ait eu à débrouiller, aux systèmes évolutionistes qui font procéder le monde du moins au plus, de l'inférieur au supérieur. Il affirme que *le meilleur est le premier*, que l'acte précède la puissance, et que l'être accompli est antérieur à sa semence. Toutefois cette doctrine n'empêche point Aristote d'admettre un progrès de la nature. Il personnifie la nature, en un sens, non comme douée de volonté, mais comme mue par le désir, vers une fin qui est *le meilleur*. Elle réalise cette fin *autant qu'elle est possible*, ou qu'il n'existe pas de *nécessité* contraire, c'est-à-dire de manière inévitable d'être ou de devenir des choses ; et non point sans *accident* non plus, *car la nature, ainsi que l'art, manque parfois son but,* mais de mieux en mieux, pour réaliser un ordre croissant, selon des règles fixes, ou remédier aux déchets et aux déviations. C'est, on le voit, la conception d'un monde régi par des lois, mais dans lequel le philosophe admet, selon ce que l'expérience lui impose, des éléments d'imperfection et de désordre. Il est remarquable que, ne donnant pas à l'être suprême la fonction de cause efficiente, il soit par là dispensé de chercher dans le monde la perfection que son *auteur*, s'il en avait un, aurait dû y mettre ; le dur problème de la théodicée lui est épargné ; il peut trouver naturel que les êtres qui ne sont mus que par des attraits ne rencontrent pas toujours les moyens les mieux appropriés à leurs fins. La marche ascendante ou réparatrice est tout ce que peut obtenir la loi universelle.

Et, en effet, le Dieu d'Aristote n'est ni un créateur, ni un démiurge, ni une providence, quoiqu'il soit un principe recteur. Considéré par rapport aux êtres de la nature, il n'est que cause finale, ce qui lui permet, en ce sens, d'être *cause de mouvement*, sans être lui-même ni mu ni moteur. Au sommet du monde est ce *moteur immobile* qui ne fait pas partie du monde changeant, et sans l'éternelle permanence duquel ce dernier ne pourrait avoir l'éternelle périodicité qui caractérise ses mouvements principaux. Le *premier mobile*, ou première sphère céleste, est mu circulairement d'un mouvement uniforme qui entraîne toutes les autres sphères. Comment le premier mouvement est-il communiqué? Il ne l'est pas au sens propre; *le désirable et l'intelligible meuvent sans être mus* (τὸ νοητὸν καὶ τὸ ὀρεκτὸν κινεῖ οὐ κινούμενον). Telle est la fondamentale application de ces principes d'intelligibilité et de désir (νόησις, ὄρεξις), auxquels Aristote suspend l'univers des êtres qui ont ainsi pour objet dernier Dieu, considéré ici comme cause finale des mouvements astronomiques. L'intelligibilité et la finalité se conçoivent comme lois de la nature, quoique on puisse toujours bien demander comment ces lois peuvent s'être trouvées régir *a priori* les phénomènes, si elles ne leur ont pas été imposées par un être antérieur *se donnant* lui-même une fin hors de lui-même, et possédant déjà en lui les intuitions et les concepts de l'intelligence, sans lesquelles il est clair que l'intelligibilité est comme si elle n'existait pas. Mais supposons cette difficulté écartée, comment appliquer l'idée du désir, servant de moteur, au rapport qu'on imagine d'une sphère qui tourne, avec un être qu'on définit; — comme on va le voir, — par l'intelligence pure unie à la pure intelligibilité? Qu'y a-t-il de commun entre cette abstraction et la révolution de la sphère étoilée? Le seul éclaircissement qu'Aristote nous donne sur ce principe du mouvement, — ne disons pas sur son origine, puisqu'il est éternel, — c'est que *ce qui est essentiellement appété par la volonté, c'est le beau, et que nous le désirons parce qu'il nous paraît désirable, non qu'il nous paraisse désirable seulement parce que nous le désirons*. On voit par là que, suivant le philosophe, cette révolution éternelle, uniforme et rigoureusement circulaire est le plus beau spectacle imaginable, mais on ne voit pas comment le premier mobile est incité par la pensée et le désir qu'il a du moteur immobile à s'imprimer ce mouvement parfait à lui-même, encore bien qu'il ne s'agisse pas ici d'un pur mécanisme. Les sphères ont des âmes qui sont des dieux.

Sachons maintenant plus exactement ce qu'est ce dieu des dieux, le moteur immobile. Il est la perfection et la nécessité d'être, mais c'est pourtant à la vie imparfaite et mortelle qu'Aristote demande l'idéal qui lui servira à se peindre cet absolu comme éternellement *vivant* et *heureux*. Veiller, sentir, penser, c'est pour l'homme le bonheur, dit-il, et la contemplation est ce que la pensée humaine a de plus ravissant et de plus haut. La pensée pure, ou en elle-même, doit donc avoir pour objet le meilleur, et cet objet du penser parfait, comme *pensant*, ne peut-être que le penser parfait, comme *pensé*. Ainsi le pensant et le pensé se confondent, *la pensée est la pensée de la pensée*. Tel est Dieu, ou la vie dans l'acte pur de la pensée pure, et l'être uniquement et éternellement heureux (1).

Aristote partant de l'expérience et procédant par induction, à ce qu'il croit, arrive au résultat qu'atteignent d'emblée les plus grands aprioristes, il supprime les conditions de ses raisonnements et de ses idées. Il associe la vie et le bonheur à un abstractissime concept duquel il a retiré jusqu'à la distinction du sujet et de l'objet. La différence est nulle entre ce dieu et l'Un pur des éléates, et le Bien pur de Platon. C'est seulement son rapport aux phénomènes qui diffère. Il ne les connaît pas, il est vrai, et c'est en cela que les alexandrins, en leur doctrine de l'émanation, ont suivi la doctrine d'Aristote, la doctrine cachée de Platon, celle des éléates; mais les phénomènes, eux, le connaissent et ne sont pas des illusions, comme le disait Parménide. Ils ne descendent pas de lui comme les Idées platoniciennes descendent du Bien, Père des Idées, essence supérieure à toute idée; ils y remontent de degré en degré, s'élevant, sans en être descendus. C'est l'émanation renversée. Mais les deux conceptions, celle d'Aristote et celle de Platon (le démiurge ôté) ont ceci de commun, dont la théologie dite chrétienne a hérité, qu'elles cherchent dans la plus parfaite abstraction, unité absolue, immutabilité, intemporéité, la défini-

---

(1) Aristote, *Métaphysique*, l, XII, chap. VII

tion de l'*en soi*, ou être parfait réel auquel elles doivent et ne peuvent plus alors rattacher les phénomènes de pensée et de vie, qui n'ont nul rapport à cette définition, et dont se compose le monde. Les éléates n'avaient pas tort de penser que l'un des deux termes devait être réel, et l'autre non. Mais ils auraient pu diriger leur choix autrement.

On a coutume de tenir l'exposition de la théologie d'Aristote à part de sa doctrine des sphères et des âmes astrales, qui ont des vies divines, qui sont des dieux. Ce sont pourtant là des sujets étroitement liés chez lui par l'*astrologie*, science qu'il appelle « la plus propre et la plus intime philosophie des sciences mathématiques (οἰκειοτάτης φιλοσοφίας τῶν ματηματικῶν ἐπιστημῶν); car elle fait la théorie de l'être à la fois sensible et éternel (οὐσίας αἰσθητῆς μὲν, ἀϊδίου δὲ), tandis que les autres de ces études ne s'occupent point des êtres mais seulement de la géométrie ou des nombres ». En écartant cette doctrine on ne saurait se faire une idée complète et juste de l'état réel d'esprit religieux et de croyance de cet ancien. C'est avec intention que nous venons de traduire ἀστρολογία par astrologie, non par astronomie, car s'il n'est pas question d'horoscopes, il s'agit au moins des astres comme dieux, sujet étranger à l'*astronomie*. Voici donc comment Aristote concevait le système du monde divin. Les planètes participent à différents mouvements relatifs, puisque, en outre de la révolution générale apparente du ciel, elles éprouvent à nos yeux plusieurs déplacements qui ne peuvent s'expliquer que par d'autres révolutions (qu'on supposait toujours circulaires, uniformes et concentriques) et par plus d'une pour chacune d'elles. Aristote s'en remettait, sauf amendement, aux observateurs de son temps pour décider du nombre des sphères nécessaires pour rendre compte de cette manière de tous les phénomènes. Ce nombre des sphères emboîtées pouvait alors aller jusqu'à *cinquante-six*. Quelques-unes n'étaient introduites qu'afin d'annuler, par des mouvements exactement contraires, des mouvements de sphères supérieures qui ne devaient pas se faire sentir dans le déplacement des planètes portées sur des sphères inférieures. Malgré ce qu'a de visiblement fictif un tel arrangement, Aristote voulait qu'il y eût dans le ciel autant d'êtres ou d'essences (οὐσίαι), *principes immobiles et sensibles*, qu'il y a de ces sphères mouvantes dont les mouvements composent les mouvements des astres; car à chaque révolution particulière, et non pas seulement à chaque planète, il faisait correspondre un moteur, lui-même immobile et éternel, sans étendue, le tout, d'ailleurs, ne laissant pas de dépendre du premier moteur, afin que le ciel fût un. La philosophie confirmait ainsi, selon lui, la tradition de la divinité du monde et des corps célestes.

« Une tradition venue de l'antiquité la plus reculée et transmise à la postérité sous le voile de la fable nous apprend que les astres sont des dieux et que la divinité embrasse toute la nature ; tout le reste n'est qu'un récit fabuleux imaginé pour persuader le vulgaire et pour servir les lois et les intérêts communs. Ainsi on donne aux dieux la forme humaine, on les représente sous la figure de certains animaux ; et mille inventions du même genre qui se rattachent à ces fables. Si l'on sépare du récit le principe lui-même, et qu'on ne considère que cette idée, que toutes les essences premières sont des dieux, alors on verra que c'est là une tradition vraiment divine. Une explication qui n'est pas sans vraisemblance, c'est que les arts divers et la philosophie furent découverts plusieurs fois et plusieurs fois perdus, comme cela est très possible, et que ces croyances sont pour ainsi dire des débris de la sagesse antique, conservés jusqu'à notre temps. Telles sont les réserves sous lesquelles nous acceptons les opinions de nos pères et la tradition des premiers âges (1). »

La théologie pour ainsi dire de premier plan d'Aristote rejoint ainsi celle de Platon, et de toute l'antiquité, plus ou moins, comme il le dit lui-même, dans la divinisation des astres. Il n'est peut-être aucun point sur lequel le progrès des sciences, venant après les anathèmes du monothéisme juif, chrétien et musulman, nous ait plus définitivement éloignés du sentiment des anciens. L'astronomie physique, aidée de la théorie mécanique de la chaleur, achève cette révolution des idées en nous peignant comme les sièges des phénomènes, subversifs les plus terribles et les plus vastes ces apparences de points lumineux dont l'éclat si pur et les mouvements si réguliers suggéraient à un Aristote l'idée de la perfection d'une vie divine. Regardant ce ciel, son ordonnance et ses révolutions comme quelque chose d'éternel et d'éternellement stable, il croyait les parties inférieures du monde, la région sublunaire, imparfaitement régies par ces lois immuables dont l'action était de la nature des attraits et non des forces impulsives.

(1) Aristote, *Métaphysique*, l. XII, chap. VIII, traduction de Pierron et Zévort, t. II, p. 232.

A mesure que les sphères s'éloignaient du premier mobile, la part de l'accident et du désordre devenait plus grande. On voit que l'idée de la situation centrale du globe terrestre ne se liait nullement, quoiqu'on l'ait voulu croire depuis que cette idée est abandonnée, à l'opinion que tout dans le monde fût fait pour la terre et pour l'homme. Pour Aristote, les phénomènes ne cessaient pas d'être éternels, et ils restaient toujours du même genre, sur notre globe comme ailleurs, mais exposés à plus de vicissitudes, sans aucun progrès général et constant, ainsi que cela résulte du curieux passage sur les arts et la philosophie perdus et retrouvés. Un optimisme serein se liait à cette manière d'envisager l'ensemble des choses, parce que la perfection de l'univers paraissait d'autant plus grande au philosophe qu'il élevait sa pensée au-dessus des phénomènes incertains et variables. Rappelons-nous qu'il faisait consister le bonheur dans la recherche et la contemplation de l'intelligible, en dehors de toute jouissance sensible. Les misères mortelles ne pouvaient le toucher bien vivement, si la beauté du ciel et les révolutions immuables des dieux heureux, encore bien qu'un peu mécaniques, étaient un spectacle capable de remplir son âme.

Les théories d'Aristote sur la liberté et l'immortalité sont en rapport avec sa manière de comprendre la divinité et l'ordre du monde. Quant à la liberté, d'abord, il n'éprouve pas le scrupule né de l'idée fausse de l'absolu scientifique, puisqu'il admet l'existence de l'accident ou événement fortuit dans la marche des choses sublunaires. La nécessité, c'est-à-dire l'être de ce qui est toujours, n'appartient pas à ces choses. Il ne s'explique pas sur l'origine et le genre de l'accident, en matière de choses indépendantes de toute volonté, au moins apparente. Sur la question prise au point de vue psychologique, il nie la thèse socratique de l'empire absolu de la science morale, un fois acquise, sur les résolutions et les actions; il admet que l'acte délibéré a lieu en vue d'un certain bien comme fin, mais non pas toujours du meilleur; il constate pratiquement l'existence de l'ἀκράτεια (l'*incontinence* de la vieille terminologie), impuissance de se commander à soi-même. Mais où sa théorie prend une netteté sans égale, c'est quand, regardant la question du point de vue positif, ou dans le monde externe, il déclare l'existence des futurs ambigus (l'ambiguïté étant le sens donné à la contingence, *avant l'événement*) sous cette forme logique d'où toute équivoque est exclue : Le dilemme : *A sera ou ne sera pas*, n'est point toujours vrai comme le dilemme : *A est ou n'est pas*. Le principe de contradiction ne s'applique pas à deux faits logiquement incompatibles mais qui sont encore envisagés dans l'avenir. On ne peut dire ni de l'un ni de l'autre, indistinctement, que l'un, quel que soit d'ailleurs cet un qu'on ignore, *sera*, et que l'autre, quel que soit cet autre, *ne sera pas*. Cette analyse demande de l'attention et est sujette à des amphibologies dans l'expression, mais dans l'expression seulement. Elle est la vraie pierre de touche des professions de foi dans le libre arbitre. Sur le côté moral de la question on trouve dans les livres éthiques d'Aristote les formules principales qui ont été si souvent reproduites. L'équivalent ne s'en trouve nulle part dans les ouvrages de Platon, qui admet le principe socratique de l'empire de la science du bien sur l'âme. Là où cette science n'existe pas, ce sont les passions qui commandent, en sorte que la destinée des âmes, telle qu'elle est présentée dans les mythes inspirés à Platon par la doctrine des métempsychoses, les appelle à recevoir des récompenses, ou les condamne à subir des peines pour leurs actes bons ou mauvais, suite nécessaire d'une science, ou d'une ignorance, ou de désirs naturels qu'il n'a point dépendu d'elles d'avoir ou de n'avoir pas. Platon, comme après lui les stoïciens, et comme la plupart des déterministes modernes, attribue les actions à la volonté des agents et en rend ceux-ci responsables, tout en les regardant comme dépendants, toutes choses égales d'ailleurs, de leur nature et de leurs qualités natives, qu'ils ne se sont pas données. Les métempsychoses ne peuvent que reculer le problème.

Il faut cependant reconnaître que le sujet est très agrandi par la doctrine platonicienne de l'immortalité. Là du moins le problème du mal, quoique expliqué faiblement par la mystérieuse chute des âmes, est posé d'une manière sérieuse, sur son vrai théâtre. L'optimisme d'Aristote le supprime, en fait même évanouir la principale matière ; car si les phénomènes de la personne humaine n'ont aucune réalité durable, si l'intelligible pur est seul à posséder la permanence et la dignité, il n'y a pas à faire grand état des misères des êtres passagers, si imparfaits, dont on a presque le droit de classer l'existence dans le domaine de l'accident. Le philosophe détournera sa vue de ces éphémères. Son salut propre est assuré par la contemplation de l'intelligible en laquelle est sa meilleure et véritable vie, celle qui ne lui sera pas retirée par la mort. Les sensations, les passions, la mémoire, les jugements et les raisonnements sur ce qui existe dans le temps, tout cela qui forme l' « intelligence passive » périt avec le corps et avec l'âme sensitive. Seule, l' « intelligence active » survit séparée, parce qu'elle est impassible, non pas tant immortelle qu'éternelle et divine (1). Cette sorte d'identification de l'esprit pur du philosophe avec Dieu, considéré lui-même sous un aspect d'intelligence pure, est restée, depuis Aristote, la forme préférée de l'immortalité pour les penseurs détachés des phénomènes de la vie sensible et passionnelle. Mais la doctrine de Platon, malgré l'insuffisance logique des preuves de l'existence et de l'immortalité de l'âme, et le caractère d'argutie sophistique de quelques-unes, est restée la principale source des spéculations philosophiques, touchant la conservation d'un sujet constant de la mémoire à travers les phénomènes d'organisation et de désorganisation du corps.

(1) Aristote, *Psychologie*, l. I, chap. iv; l. III, chap. v; *De la génération des animaux*, l. II, chap. iii.

CHAPITRE V

Épicuriens et stoïciens.

La décadence rapide des écoles de l'Académie et du Lycée, après la mort de leurs fondateurs, la reprise active et de plus en plus prononcée des doctrines d'Aristote et de Platon, au bout de cinq cents ans pendant lesquels on avait vu les ouvrages d'Aristote tomber dans un désordre inexprimable et manquer de se perdre, et la Nouvelle Académie se confondre ou à bien peu près avec la secte de Pyrrhon, ce phénomène singulier de l'histoire de la philosophie, dont aucune révolution politique ou religieuse n'est là pour donner la raison, a besoin d'être expliqué dans ses deux phases : celle de l'oubli, celle du retour. Voici ce qui nous en semble. Deux sectes ont presque exclusivement attiré l'attention du grand public intelligent dans le monde grec et romain, durant une longue période ; ce sont celles d'Épicure et de Zénon, fondées à Athènes un peu moins d'un quart de siècle après la mort d'Aristote ; non que les autres eussent alors disparu, mais celles-là représentaient deux systèmes de morale d'un intérêt commun et supérieur, en dehors des pures questions d'école, logiques ou physiques. Or, l'épicurisme et le stoïcisme se rattachaient par l'intermédiaire des cyniques et des cyrénaïques à Socrate, qui le premier « avait fait descendre la philosophie du ciel sur la terre » et fondé la morale. La postérité philosophique la plus directe de Socrate n'est certainement à chercher ni chez Platon ni chez Aristote, deux grands génies originaux qui, venus aussitôt après cet homme extraordinaire, lui ont dû l'initiation à la méthode analytique et à la psychologie, et lui ont été infidèles sur le point capital de la spéculation. La réforme socratique, pour autant qu'elle a pu réussir, a passé par dessus leurs têtes. Aristippe et Antisthène en ont transmis l'esprit, chacun comme il l'a compris, c'est-à-dire en sens opposés, à Épicure et à Zénon, qui, infidèles à leur tour, ont éprouvé le besoin de se procurer une *physique* pour servir d'explication et de support à leur morale. L'éthique n'a pas laissé d'être leur principale affaire. C'est à elle qu'ils ont dû la notoriété immense et le succès de leurs enseignements entre lesquels se partagèrent les esprits enclins aux deux directions contraires les plus communes parmi les hommes cultivés. Il est hors de doute que les atomes, d'un côté, avec leurs déclinaisons, le vivant Éther, de l'autre, et sa science immanente, n'ont point été les grands sujets d'attraction pour les Romains qui s'attachèrent à l'une ou à l'autre des deux sectes. Mais l'extrême affaiblissement des croyances surnaturelles pendant les derniers siècles de l'ère ancienne explique assez que les doctrines théologiques de Platon ou d'Aristote n'aient pas survécu à cette époque pour lutter de crédit avec les hypothèses matérialistes dont s'accompagnaient l'épicurisme et le stoïcisme. Celles-ci étaient mieux accommodées, somme toute, à l'incrédulité générale touchant l'existence des dieux, quoiqu'elles parussent en admettre à leur manière. Plus tard, quand l'influence orientale et le syncrétisme, aidés de la critique, quoique si peu éclairée, des mythologies, eurent engagé les philosophes à chercher un principe d'ordonnance universelle, de dignité plus haute que le Feu providentiel par lui-même, ou que l'atome apte à tout produire par la vertu des combinaisons fortuites; mais surtout quand le monothéisme des Juifs d'Alexandrie et de Rome, suivi du monothéisme chrétien, vint s'opposer à la fois aux superstitions populaires et au froid dogmatisme des sectes, les vues théologiques transcendantes de Platon et d'Aristote furent relevées par ceux des penseurs qui étaient à la recherche d'une doctrine philosophique capable de donner satisfaction aux nouvelles tendances religieuses.

Épicure est l'auteur de la réaction de l'esprit vulgaire contre la philosophie et contre les sciences, au moment du déclin de la philosophie spéculative qui s'était entée sur la méthode socratique. Mais la séparation que Socrate avait voulu établir entre la psychologie morale, dont il était le fondateur, et les « vaines » spéculations sur la nature de l'univers n'ayant pu aller plus loin que quelques-uns de ses premiers disciples, la réaction contre la philosophie eut elle-même besoin des apparences d'une philosophie intégrale. Épicure étranger aux sciences rationnelles de son temps, mathématiques et astronomie, entièrement dénué d'esprit scientifique, ignorant en logique et en dialectique, mais en possession d'une idée simple et bien arrêtée sur ce qui constitue le *souverain bien* de l'homme, dut chercher parmi les doctrines qui avaient gardé grande réputation en physique après Aristote et contre son école, celle qui pouvait le mieux favoriser sa manière de voir en morale. Il était profondément incapable de toucher à la conception du monde mécanique de Démocrite sans la défigurer par des contresens, mais ce n'était pas ce qui pouvait arrêter beaucoup ses disciples. Cette conception, entre toutes les autres, avait pour lui le mérite, non sans doute d'offrir des principes d'où se déduirait une morale, mais d'écarter un grand obstacle aux applications de la sienne. Son idée maîtresse était la vie sans agitation et sans trouble de l'âme, le plaisir comme but, mais plutôt celui qui naît de l'absence de douleur que celui qui procure la satisfaction des passions. Mais la vie ainsi comprise rencontre une difficulté. S'il existait des dieux s'occupant de nos affaires et qui nous imposassent des devoirs, — ce qui était une croyance après tout fort répandue dans la société, et soutenue par les pouvoirs publics, — si l'on croyait cela, il pourrait arriver que la vie égoïste et oisive fût troublée par la crainte de ces êtres, par les menaces que les prêtres font en leur nom, et dont on imagine l'accomplissement après la mort. Les religions sont, au moins en partie, ce que dit la très remarquable définition étymologique d'un ancien grammairien : *Religio, id est metus, ab eo quod mentem religet dicta religio* (1). Épicure reçut, pour avoir mis sous ses pieds la religion et la crainte des dieux (*relligio pedibus subjecta... obteritur*), des louanges presque divines de ses disciples et du grand poète qui donna lui-même ce but à son ouvrage : *Relligionum animos nodis exvolvere pergo* (2). Le système des mondes de Démocrite était incontestablement le plus avantageux qu'Épicure pût trouver pour éviter l'intervention des dieux et de tout dieu dans l'établissement et dans la marche des choses, et pour démontrer que la mort est un phénomène en tout semblable à la rupture d'une machine faite d'un million de pièces qui se séparent et s'éparpillent.

On a vu plus haut comment Épicure affaiblit la valeur de la

(1) Servius, *Commentaire de l'Énéide*, VIII, 1319 et II, 653.
(2) Lucrèce, *De natura rerum*, I, v. 230.

conception de Démocrite en tant qu'hypothèse scientifique, et dérogea au principe du mécanisme qui en faisait tout le mérite, en rendant aux atomes l'inexplicable qualité d'un poids sans but qui les emporterait tous en droite ligne, parallèlement, dans l'espace sans fin; et puis, idée bizarre, contradictoire de l'autre, en imaginant qu'ils sont sujets à de petites déviations sans cause qui leur permettent de s'accrocher. Il était animé de la bonne intention de briser par ce moyen les « chaînes de la nécessité », de donner une ouverture aux machines animales pour échapper à l'étreinte du pur mécanisme, fuir la douleur qu'amèneraient des rencontres fatales, et même conserver la liberté interne des déterminations à agir :

Ne mens ipsa necessum
Intestinum habeat cunctis in rebus agendis (1).

Malheureusement, la stricte nécessité est la condition *sine qua non* de toute action mécanique, là où c'est bien d'action mécanique qu'il s'agirait; et la théorie des déclinaisons atomiques ne pouvait faire entrevoir comment le νοῦς d'Épicure, *ipsa mens*, composé atomique lui-même, serait capable de s'entendre avec ses atomes et d'obtenir de tous et de chacun qu'ils dévient de façon convenable pour « arracher la volonté aux destins et diriger l'individu où son plaisir le conduit » (2). C'est d'ailleurs une anomalie du système, et qui n'était pas dans le plan de Démocrite, d'ôter de la thèse de l'éternité des phénomènes et de leur procès à l'infini, tout en la conservant, le principe de l'enchaînement invariable des causes (*ex infinito ne causam causa sequatur*) qui en était et qui en est resté le nerf.

Le sentiment de Démocrite sur Dieu et les dieux n'est point éclairci par ce qu'on a des témoignages des anciens sur ses opinions, mais il est clair qu'il n'était pas guidé en sa doctrine par

---

(1) Id., *ibid.*, II, v. 289.
(2) Id., *ibid.*, II, v. 251 :
    Denique si semper motus connectitur omnis,
    Et vetere exoritur semper novus ordine certo,
    Nec declinando faciunt primordia motûs
    Principium quoddam quod fati fœdera rumpat
    Ex infinito ne causam causa sequatur;
    Libera per terras unde hæc animantibus exstat,
    Unde est hæc, inquam, *fatis avolsa voluntas*
    Per quam progredimur quo ducit quemque voluptas?
    Declinamus item motus, nec tempore certo,
    Nec ratione loci certa, *sed ubi ipsa tulit mens.*
Le passage est d'une netteté d'expression singulière, et valait bien de n'être pas abrégé dans la citation.

l'hostilité contre les religions ; et on l'oppose à Épicure, sous ce rapport. Ce dernier, afin de débarrasser des dieux le monde, prit l'étrange parti, — sincère? pourquoi pas, puisque la théorie atomistique ne le défend point? — de supposer qu'il en existe réellement, et qu'ils sont constitués par des combinaisons indéfiniment durables d'atomes, lesquelles ont leur siége dans les *intermondes* où nulle cause de dissolution ne les peut atteindre : d'ailleurs parfaitement heureux, étrangers et indifférents aux affaires des mortels, qui ne pourraient que leur troubler l'esprit ; et, éternels, comme on le dit des dieux des religions, rien n'empêche de le croire ; car on ne voit pas pourquoi la dissolution des mondes actuels et la formation des mondes futurs intéresseraient les régions que ces êtres habitent, et que le hasard a favorisées en y faisant rencontrer des combinaisons d'une entière stabilité, à l'abri des perturbations de provenance externe.

Il est remarquable, et on pourrait voir là une confirmation de la sincérité de l'imagination d'Épicure, que la vie divine, passée selon lui dans l'éternelle inaction et la *souveraine paix* (1), est conforme à son idéal de l'homme sage, qui ne doit point avoir d'affaires, autant que possible, et qui doit fuir les passions, éviter même les plaisirs trop vifs, dans l'intérêt de la *volupté*, plaisir imperturbable. La perfection de cet état est entière pour les dieux qui se savent éternels ; comment faire maintenant pour que les hommes en approchent, eux dont les plaisirs sont à tout instant troublés par la pensée de la mort? C'est le second problème à résoudre : après avoir ôté la crainte des dieux, l'épicurisme doit ôter la crainte de la mort. Épicure s'est servi à cet effet de sophismes demeurés célèbres, qu'il avait empruntés selon toute apparence à des philosophes athées de l'école cyrénaïque qui enseignaient le suicide ; de cet argument, entre autres : que la mort n'est rien et ne nous concerne en rien, attendu que, vivants, elle ne nous touche pas, et, morts, pas davantage, puisque nous ne sommes plus. Lucrèce n'a pas craint d'en développer le sens (2), qui ne porte pas, non plus que cette froide considération : que l'état du mort ne diffère point, selon la doctrine épicurienne, de

---

(1) Id., *ibid*., I, v. 57 ;
   Omnis enim per se divum natura necesse est
   Immortali ævo *summa cum pace* fruatur
   Semota ab nostris rebus sejunctaque longe...

(2) Id., *ibid*., III, V. 874 sq.

l'état où il se trouvait pendant les innombrables siècles qui ont précédé sa naissance, lesquels n'avaient pour lui rien de douloureux. Ces raisonnements sont impuissants contre la crainte de la mort, passion nécessairement associée à l'idée de ce que nous possédons et que nous aimons, lorsque nous y joignons l'idée de le perdre. Le poète est tout autrement éloquent dans la peinture des misères de la vie humaine, quand il reproche au malheureux tout tremblant sa bassesse de cœur, son inutilité sur la terre, son attachement à des biens qu'il a épuisés, et l'injustice de ses plaintes en présence du sort commun auquel la nature a soumis avant lui tant d'hommes puissants et de héros, de poètes et de sages (1). Mais il ne songe pas que ses invectives portent surtout contre les hommes qui vivent selon les maximes d'Épicure!

Zénon de Cittium prit en tout le contrepied d'Épicure. Son idéal du sage est l'homme à l'esprit toujours tendu, autant du moins que le souffre la nature, et indifférent à tout ce qui n'est pas la conduite de son âme; son idéal divin, une Providence immanente à un corps universel, et incessamment occupée à conduire le monde. Instruit à l'école des cyniques, ainsi qu'Épicure à celle des cyrénaïques, il sentit comme celui-ci le besoin d'agrandir leur enseignement et de joindre à la philosophie de l'homme une philosophie de l'univers, pour lutter d'influence avec les physiciens idéalistes de l'Académie, qui maniaient la matière prestigieuse des *nombres* pythagoriques appliqués à la construction du monde, et avec les naturalistes du Lycée qui avaient abandonné les causes finales de leur maître. Ceux-ci, non moins éloignés des thèses platoniciennes, qu'on jugeait sans doute exotériques, sur la cause efficiente et providentielle et sur l'œuvre d'un démiurge, s'efforçaient, dans une direction toujours séduisante pour les chercheurs scientifiques, de dégager des phénomènes de la matière sensible un principe capable de les contenir et de les expliquer. De même qu'Épicure revenait à la philosophie antésocratique (2), avec le mécanisme de Démocrite, Zénon y revint avec l'évolutionisme de l'école ionienne et de son dernier représentant Héraclite : système oublié depuis qu'Anaxagore avait introduit la conception démiur-

---

(1) Id., *ibid.*, V. 944 sq., 1027 sq.
(2) Antésocratique, *par l'idée*, non pas tout à fait quant à l'époque. Démocrite et Socrate étaient contemporains ; Héraclite, plus ancien de deux générations environ.

gique, système cependant très bien fait pour donner satisfaction, à sa manière, à la croyance d'un plan du monde. Épicure recula, quant à la logique, à la psychologie et à la métaphysique, sur tout ce qui s'était fait depuis Socrate, et sur la philosophie de Démocrite lui-même, à la fois quant à la conception mathématique du mécanisme et quant à l'explication des sensations et des idées, autant qu'on peut en juger ; Zénon recula, non sur le vieil Héraclite, bien au contraire, mais sur tout le socratisme, par son attitude pleinement dogmatique, par son affirmation d'une matière universelle du monde à laquelle un esprit recteur est immanent. Platon avait rattaché toute la connaissance aux Idées ; Aristote, niant la séparabilité des Idées d'avec les formes individuelles, avait rendu aux individus et aux phénomènes la réalité méconnue par Platon ; il avait réduit à la notion de puissance la matière des ioniens, à des concepts intellectuels les Idées platoniciennes, et par là combattu le réalisme sous sa double face ; Zénon retourna à la doctrine de la réalité matérielle et de la prééminence de l'universel, sous l'espèce de *force-matière*, pour nous servir des termes usités aujourd'hui. Ils sont applicables ; car la doctrine stoïcienne ne sépare pas, dans les corps, la cause d'avec la qualité, non plus que la qualité d'avec le corps lui-même, et elle regarde les corps comme tous liés par une cause et qualité commune qui ne souffre l'indépendance d'aucun d'eux et les enchaîne dans le temps indissolublement. Cette cause inséparable de la matière et qui en fait naître les semences et les développe suivant une loi rationnelle qui lui est inhérente, reçoit sous cet aspect le nom de raison seminale : λόγος σπερματικός. Toutes les modifications phénoménales doivent lui être rapportées comme principe actif. La qualité attachée à ce principe, à cette cause, c'est celle qu'on observe dans le plus subtil des éléments, le Feu. Ce feu artiste emprunté par les stoïciens à Héraclite est pour eux, comme pour ce philosophe, la forme essentielle de l'agent universel, — celle que l'évolutionisme moderne a remplacée par une abstraction : la force mécanique, ou la Force tout court ; — et les autres *formes* de la matière ne sont que des *transformations* de celle-là. Les *quatre éléments* d'Empédocle et d'Aristote, en cette physique expérimentale encore si rudimentaire, prennent, menant avec eux les *quatre qualités*, le *chaud*, le *froid*, l'*humide* et le *sec*, des rôles analogues à ceux que le transformisme moderne a donné à des actions physiques mieux étudiées. Ils se changent les uns dans les autres. Le feu devient l'air, qui est encore doué d'une assez grande activité; l'air s'épaissit et devient l'eau, et l'eau la terre. Ces deux derniers éléments sont relativement passifs. Ils représentent des états de relâchement de l'agent universel, dont la nature, à son plus haut degré, est la tension, l'effort, l'énergie : τόνος, ἐπίτασις. Cette énergie du feu pur, ou éther, est pleine d'art et de mesure, elle est essentiellement ordonnatrice et constructive. Toutefois, si elle n'est modérée par son propre relâchement, d'où naissent ses états transformés, elle consume tout. La constitution du monde n'a son point de départ qu'au moment où il est dans l'état d'une mer immense, enveloppée dans une sphère de feu, la sphère céleste. Cette hypothèse, qui remonte à Héraclite, était chez lui, sans doute, un écho des cosmogonies qui, comme celle de la Chaldée, plaçaient dans les profondeurs de l'élément humide les premières générations animales.

Ici se place la théorie des évolutions périodiques, répétées identiquement pendant l'éternité, et c'est encore la conception d'Héraclite. Les stoïciens imaginaient qu'après que l'éther s'était tourné en air, et puis en eau, dans son lieu central, et que cette eau elle-même, sous l'influence de la chaleur, avait en partie reproduit de l'air, en partie déposé de la terre, et qu'enfin les plantes, les animaux et les hommes s'étaient formés dans ce mélange et sous la même influence, une série de phénomènes en retour s'opérait et que le feu périphérique du ciel se réassimilait progressivement tout ce que lui-même avait formé et développé au centre du monde. De là l'embrasement final, ἐκπύρωσις, que les compilateurs anciens auxquels nous devons ces renseignements sur la plus ancienne école opposent à l'état diluvien, κατακλύσμος, par lequel auraient commencé les phénomènes du globe terraqué. Mais cette opposition est évidemment mal entendue : elle a le défaut de masquer l'identité des deux états, initial et final, identité nécessaire dans une théorie où c'est le même agent, en son unité, en qui se termine l'évolution, qui l'a commencée. Le diluvium ne peut en représenter qu'un moment : celui où se forment les semences de vie. Quant aux idées de très grossière physique dont différents stoïciens ont pu forger et varier le détail pour expliquer comment la période de calorification, qui doit finir par l'incendie universel, peut faire suite, à un certain moment, à la période de refroidissement qui a permis au monde de naître, et cela sous l'action d'un agent unique qui est le feu lui-même, il est bien clair qu'en leur supposant même une valeur qu'elles ne pouvaient avoir, ces idées étaient toujours dominées par la conception métaphysique de cet agent dont c'était la vie éternelle, que cette ascension et cette descente (ἄνοδος, κάτοδος), et dont c'était l'œuvre de la Providence (πρόνοια), que la formation, par accès de développement et d'enveloppement, d'un monde dont il était l'âme. Nous touchons ainsi, d'un côté, au brahmanisme, interprété par l'école indienne du *Védanta*, de l'autre, à la théorie moderne de l'évolution. Les partisans de cette théorie n'admettent pas en général la question de cause pour l'évolution considérée dans ses retours sans fin ; quelques-uns, cependant, mais qui semblent ne s'occuper que d'une seule, lui donnent un dieu pour directeur, et quelquefois pour substance aussi, comme faisaient les stoïciens. L'intérêt de l'histoire de la philosophie est dans ces rapprochements, non dans les détails, de physique surtout, qui en dissimulent le sérieux et la profondeur, et en eux-mêmes ne méritent pas une grande attention.

Le panthéisme des stoïciens est peut-être le plus curieux à étudier de tous ceux qui ont jamais été formulés en philosophie, parce que les deux idées dont la réunion fournit la meilleure définition du substantialisme s'y trouvent exposées dans la plus parfaite clarté, et que d'ailleurs les termes exprimant le *tout en Dieu* ne sont pas ménagés dans les discours de ces philosophes. Et toutefois ils s'expriment en même temps comme si le Dieu-Tout était une personne distincte du Tout, et comme si l'homme, prédéterminé en tous ses actes possibles, était un agent libre. Or il est facile de voir que c'est leur substantialisme, très complet, très radical, qui rend ces dernières prétentions entièrement fictives, ainsi qu'on a bien toujours senti qu'elles l'étaient. Les deux idées dont nous parlons sont l'idée de l'*immanence*, ou constitution interne d'un sujet qui contient *a priori* tout ce qu'il peut être ou devenir, et l'idée du *déterminisme*, ou développement du contenu dans un ordre prédéterminé, invariable. Ce sujet, considéré comme unique, est le feu des stoïciens, qui est Dieu. En effet, l'immanence, telle que nous venons de la définir, est accompagnée, pour l'imagination du philosophe, de la vertu capable de produire le développement, et c'est alors l'immanence dans le sens plus ordinaire du mot ; la cause inséparable de la qualité, ne la précédant jamais dans ses changements, l'esprit *dans* le corps, le dieu *dans* la matière, c'est-à-dire l'invariable substance et cause unique, toujours et tout entière présente et identique en tous ses modes et effets continuellement divers et variables. Cette métaphysique des contradictoires se cache mais est bien réellement renfermée dans les formules célèbres des poètes, qui cependant n'y voient pas si loin et chantent de confiance :

> *Principio cœlum ac terras, titaniaque astra...*
> *Spiritus intus alit, totamque infusa per artus*
> *Mens agitat molem, et magno se corpore miscet.*

ou encore :

> *Jupiter est quodcumque vides, quocumque moveris.*

L'autre idée, qui complète celle de l'immanence et qui précise celle du développement, est l'εἱμαρμένη des stoïciens, le déterminisme des modernes. Ce dernier terme peut paraître assez exact : il est cependant insuffisant ; il énonce l'hypothèse de l'invariabilité du lien causal entre les antécédents et les conséquents de tous les ordres de phénomènes ; il n'exprime pas, ce qui est pourtant impliqué dans cette hypothèse, le procès régressif à l'infini, de cause en cause, duquel résulte l'antériorité logique de l'enchaînement total, considéré en lui-même, à tous les moments et modes d'être successifs dont il se compose. En un mot, le *déterminisme* suppose un éternel *prédéterminisme*, et cette remarque, qu'on ne fait pas assez, établit entre les prédéterministes théologiens, entre leurs doctrines de la prédestination et de la prescience des futurs contingents, qui n'en font qu'une, quoi qu'ils disent, — et les psychologues et naturalistes arguant du « principe de causalité », une similitude d'opinions que ces derniers n'aiment pas à reconnaître. Leur commun point de vue et l'idée complète de leur hypothèse sont rigoureusement formulés par la définition stoïcienne de l'εἱμαρμένη telle que la donnait Chrysippe, le dialecticien renommé du Portique : « l'ordre physique de toutes choses, s'accompagnant et se suivant les unes les autres, éternellement, en une connexion invariable et intransgressable (1). » Le terme de *nécessité universelle*, qu'on semble éviter volontiers aujourd'hui, résumait autrefois pour les philosophes la même idée, et Spinoza, dans son *Éthique*, l'avait parfaitement expliqué.

Nous reviendrons sur l'idée de nécessité, et sur celle de liberté, que les stoïciens voulaient, comme Spinoza et bien d'autres mo-

---

Aulus Gellius, *Noctes atticæ*, VI, 2. — L'auteur donne le texte grec tiré du Περὶ προνοίας de Chrysippe. Il cite pourtant de mémoire, dit-il.

dernes, n'en être pas la contradictoire. Suivons maintenant l'idée de la divinité. Le mot πρόνοια qui fut adopté par les théologiens du christianisme pour désigner « la Providence » exprime fort justement, on le voit d'après ce qui précède, une doctrine réellement commune à ces théologiens et aux philosophes du Portique, en ce qui touche et la prescience de tous les futurs, *a priori* certains, puisque *pré-vus*, et la prédestination des humains en tous leurs actes. La différence porte sur deux points capitaux : la personnalité de Dieu, en place de l'immanence divine dans la matière ; l'évolution au lieu de la création.

Les stoïciens se rapprochaient beaucoup par le discours, dans l'expression de leurs sentiments pieux, des antiques adorateurs d'une divinité capable d'entendre les vœux des mortels. La célèbre prière de Cléanthe (1), disciple de Zénon, donne à Zeus le nom de Père, et mêle à une profession de foi panthéiste des termes de dévotion anthropomorphique. C'est une habitude qui se conserva chez la plupart des stoïciens et s'accrût jusqu'à dicter à des philosophes tels qu'Épictète ou Marc-Aurèle un langage tout semblable à celui de leurs contemporains chrétiens sur la soumission à la Providence et sur la volonté du Père céleste. Cependant le Feu artiste ne pouvait, selon leur doctrine, dire *Moi*, distinguer de sa Nature immuable sa volonté, ou percevoir les prières de ses serviteurs autrement qu'en se les adressant lui-même à lui-même, ou par l'une de ses parties à son tout, lequel ne peut varier que comme il varie effectivement selon l'immuable et l'éternel décret. Mais, si les stoïciens arrivaient ainsi, par des contradictions dogmatiques internes, à s'exprimer comme devaient le faire les docteurs de l'Église, les docteurs de l'Église, à leur tour, se rendirent inintelligible la personnalité de Dieu, et impossible la liberté de l'homme, en se refusant à borner la puissance et la connaissance en Dieu par un pouvoir réel dans l'homme, et par une ambiguïté réelle dans les futurs. Il n'y eut donc que la contradiction qui les préserva de regarder Dieu comme immanent au monde, aussi bien que les stoïciens eux-mêmes.

Entre l'évolution et la création l'incompatibilité est plus complète, parce qu'il ne se peut plus faire aucun rapprochement à la faveur de l'obscurité des définitions de la nature divine, mais qu'il s'agit de deux sentiments profondément différents sur le monde lui-

---

(1) Conservée par Stobée, *Eclogæ*, 1, 12.

même et sur la destinée. Le stoïcisme tient par Héraclite aux vieilles conceptions cosmogoniques dont les auteurs racontaient les générations divines, et identifiaient les dieux avec les éléments ; il conserve en son évolution, quoique devenue plus métaphysique, les divinités du paganisme : Zeus comme âme du monde, Athènè, Héphaistos, Hèrè, Poseidon, Dèmèter, comme ce même principe suprême envisagé dans l'Éther, dans le Feu, dans l'Air, dans l'Eau dans la Terre. Il s'arrange ainsi de la religion populaire. Il ne lui refuse pas non plus les *daimons*, protecteurs particuliers des lieux ou des personnes, et il lui accorde la divination comme fort congruente, d'une part, au prédéterminisme, de l'autre, à l'existence des dieux ; car que serait, dit un stoïcien, la science divine si elle ne pouvait s'étendre aux faits à venir, qui sont tous parfaitement assurés d'avance ? Mais le plus grave n'est pas encore dans cette accommodation de la doctrine stoïcienne aux superstitions. Cherchons-le dans le concept le plus pur et le plus scientifique du monde de l'évolution périodique : offrir pour toute destinée à la personne, au lieu de l'immortalité platonicienne de l'âme, la perspective d'un retour à la vie, avec le même corps, le même caractère, les mêmes sentiments, le même rôle et les mêmes aventures, après la destruction et lors du renouvellement du monde (1), et cela éternellement, de période en période. C'est ôter tout but à l'existence individuelle, en faire un jeu sans moralité. La vie entière du monde, à son tour, devient quelque chose d'inutile. Où peut en être l'intérêt ? L'optimisme stoïcien, si les hommes étaient plus conséquents qu'ils ne sont d'ordinaire à leurs doctrines, aurait dû être fait d'indifférence et non d'admiration. La doctrine de la création a eu ses difficultés et ses épreuves, qui ne sont pas finies. Le problème du mal s'est posé pour elle très cruel, il a donné lieu à d'indignes aberrations, mais au moins le drame de la destinée, grâce à elle, nous est apparu avec un commencement, une péripétie et une fin, selon ce qu'exige l'esthétique, aussi bien que la morale.

(1) **Exemple** typique, souvent cité : la même conversation entre Socrate et Alcibiade, la même année des Olympiades, le même jour, à la même heure, en des circonstances identiques, d'âge en âge du monde.

CHAPITRE VI

Le pyrrhonisme et la critique du savoir.

Pendant que se déroulait avec Platon et Aristote, puis avec Épicure et Zénon, le dogmatisme à quatre faces diverses, singulièrement issu de la déclaration d'inscience socratique, cette inscience elle-même se conservait, suivant son cours en plusieurs classes d'esprits, et se terminait dans le scepticisme systématique, qui n'a cessé depuis lors de faire opposition à toutes les doctrines qui se sont données pour rationnellement démonstratives. La négation de la certitude philosophique avait une triple origine : la plus ancienne et la moins digne, chez les purs sophistes, qui, dans le désarroi des écoles antésocratiques, s'étaient fait un jeu de démontrer le pour et le contre et un profit de l'enseignement d'une dialectique sans principes; la suivante, d'un caractère moral, chez certains des disciples de Socrate, d'une humeur d'ailleurs bien différente les uns des autres; et une troisième, qui remonte à Démocrite et qui est la plus particulière pour le scepticisme proprement dit.

Trois écoles fondées par des disciples immédiats de Socrate ont nié non seulement la certitude, mais même le principe de toute science. Les cyniques, les philosophes de Cyrène, ceux de Mégare, ont pu être assimilés aux sophistes, dont ils reproduisaient les arguments, à tort seulement en ceci, que, tout en niant la science et même la logique, ils préconisaient des systèmes de morale très absolus. Antisthène attaquait jusqu'à la notion d'attribution et au jugement catégorique, point de départ du raisonnement, ne voulant rien admettre entre la notion de l'identité et celle de la différence, Diogène et les autres cyniques affectèrent le mépris du savoir, et de tout ce qui ne se rapportait pas à leur propre sentiment de la vie. Aristippe et les autres cyrénaïques, avec un sentiment opposé touchant la pratique, nièrent de leur côté la valeur de tout jugement de théorie et la réalité de toute connaissance externe ou portant sur autre chose que l'apparence sensible, pour chacun comme telle, et les émotions actuelles de plaisir et de peine, selon qu'on les éprouve, Euclide, Stilpon, Diodore reprirent par le côté sophistique ou négatif les arguments des éléates contre la possibilité du mouvement, contre toute contingence. Euclide soutenait comme Antisthène qu'il n'existe point de prédicat, que chaque chose est elle-même et non pas une autre, et qu'ainsi tout raisonnement est erroné.

Mais l'école la plus intéressante ici est celle de Démocrite, qui nous offre un développement parallèle aux trois précédentes, avec une idée maîtresse où paraît clairement la source, indirecte, il est vrai, mais réelle du scepticisme formel. Nous voulons parler de l'adoption du système atomistique pour la définition de toute réalité externe. Aujourd'hui que l'hypothèse d'une substance spirituelle ayant ses attributs et modes propres, et que le maniement des idées prises en elles-même ou comme concepts, sont devenues choses familières en philosophie, nous ne pouvons plus imaginer qu'avec peine l'effet produit par cette découverte : que tout ce que nous sentons, le mou, le dur, le chaud, le froid, le doux, l'amer, etc., n'ont point affaire à cela seul qui est véritablement hors de nous, c'est-à-dire le vide, et les atomes, non moins insensibles que le vide. C'était tout simplement l'abolition de la perception. Joignons-y la remarque que les sensations sont variables avec les individus qui les éprouvent, et avec les circonstances, en sorte qu'elles n'offrent pas elles-mêmes un fondement de connaissance assuré ; et joignons-y encore le fait que l'hypothèse atomistique est pour ainsi dire *en l'air*, puisque les existences qu'il pose sont insensibles et invérifiables : les conséquences à tirer ne sont-elles pas bien naturelles ? C'est un disciple de Démocrite, Protagoras, qui enseigne la relativité des phénomènes sensibles et conteste toute vérité d'ordre général, en niant la portée du jugement au delà de l'individu qui le porte et à qui *cela paraît ainsi*. C'est un autre disciple de Démocrite, Métrodore de Chio, qui prend en apparence le contre-pied du précédent et, au lieu de dire que tout est vrai, dit qu'il ignore si quelque chose est vrai ou ne l'est pas, ou même si quelque chose existe, entendant par là certainement que l'existence sans rien de fixe n'est pas une véritable existence. Ce dernier admettait les atomes, mais seulement comme quelque chose qu'on peut croire sans en être sûr.

C'est enfin son disciple Anaxarque qui a trouvé la formule ancienne d'une thèse qu'un philosophe notre contemporain a énoncée en ces termes : *Les perceptions sont des hallucinations vraies.* Seulement, Anaxarque ne dit pas qu'elles sont vraies ; il les assimile, — ou plutôt il assimile les choses elles-mêmes (τὰ ὄντα) à des représentations sur la scène (σκηνογραφία) (1), comme il nous en vient dans le sommeil ou dans la folie. Or Anaxarque est le maître de Pyrrhon.

Pyrrhon nous paraît être parti très précisément de cette idée et de cette formule, mais il a dû remarquer que les représentations de théâtre sont vraies dans ce qu'elles sont, ou indéniables en tant que représentations. L'adoption d'un critère unique, *le phénomène*, l'affirmation du phénomène, jusqu'où il va, pas plus loin qu'il ne va ; la suspension du jugement (ἐποχή) au delà de ce qui paraît soit aux sens, soit à l'entendement ; mais toutefois l'affirmation du *paraître de ce qui paraît*, et la direction de la conduite en conséquence, rien n'est plus souvent incompris et altéré, par les historiens de la philosophie que ces principes du pyrrhonisme. Il n'en est pas pourtant qui soient expliqués par des textes plus clairs ou dont l'origine remonte plus sûrement à Pyrrhon lui-même. *Pas plus une chose qu'une autre*, οὐδὲν μᾶλλον, est une formule de la secte, et voici comment elle s'explique : « Ces mots, quoiqu'ils aient la forme d'une affirmation ou d'une négation, n'en ont pas pour nous le sens ; ils marquent seulement l'indifférence, ou l'interrogation, ou l'ignorance par rapport à celle de deux choses qu'il faut affirmer ou qu'il faut nier. Nous sommes en demeure de déclarer ce qui nous paraît (τὸ φαινόμενον ἡμῖν). Les mots qui servent à cette déclaration, nous les prenons indifféremment. Il faut qu'on sache bien que nous n'affirmons pas, en disant : οὐδὲν μᾶλλον, quelque chose de vrai et d'indubitable, mais nous énonçons, par ces termes ce qui nous paraît (τὸ φαινόμενον ἡμῖν), *le phénomène...* Décider, ce n'est pas simplement dire quelque chose, mais la déclarer avec assentiment. On remarquera donc que le sceptique ne décide rien, pas même cela : *je ne décide rien* (οὐδὲν ὁρίζω) ; car ce n'est pas là une opinion dogmatique, l'assentiment donné à une chose incertaine ; ce sont des mots qui énoncent notre *affection* (φωνὴ

---

(1) Sextus, *Adv. logic.* I, 88. Voir la note de Fabricius, en son édition de Sextus, sur le sens de ce mot : σκηνογραφία.

πάθους ἡμετέρου δηλωτική)... Le sceptique dit ce qui lui paraît sur un sujet proposé, pour exprimer non sa persuasion, mais la manière dont il est affecté (αλλ' ὃ πάσχει διηγούμενος) » (1).

Ils ont donc montré peu d'intelligence, les critiques qui ont accusé le scepticisme de contradiction et voulu faire du sceptique une sorte de dogmatique malgré lui. Le sceptique demande à n'être considéré que dans le moment présent et dans l'impression présente, dans le jugement présent porté sur cette impression. Il est l'homme du phénomène actuel. S'il énonce son état de suspension en le généralisant, il le peut, puisque son état se prolonge, et que son attitude en se conservant est encore une acqualité qu'il lui est permis d'énoncer ; mais ce n'en est pas moins une attitude. Et c'est un acte continuel, tout autant qu'un état; car le sceptique se donne aussi le nom de *zététique*, ou qui cherche toujours ; et le nom même de *sceptique*, auquel on a pris l'habitude d'attacher l'idée du doute, exprime proprement celle de l'examen. Seulement, c'est un examen qui n'a pas de fin, par ce motif, que, suivant une autre formule de l'école : *A toute raison une raison contraire est opposée* (παντὶ λόγῳ λόγος ἀντίκειται). *Antilogie, isosthénie, arrepsie*, raisons contraires, de force égale, en équilibre, ces termes consacrés de la secte font connaître la direction des recherches et le parti pris de ne jamais trouver, qu'on reproche au chercheur. Mais plaçons-nous alternativement aux deux points de vue auxquels on peut envisager la détermination des jugements humains : l'appréciation de l'attitude sceptique se prête également aux deux. Voulons-nous que les jugements humains soient constamment et exclusivement déterminés par les antécédents et les circonstances ? alors le sceptique est tenu nécessairement en son état d'indétermination intellectuelle, parce qu'aucune impression ni aucun argument ne font réellement pencher à ses yeux la balance, de l'un ou de l'autre côté des arguments qui lui sont connus sur des sujets donnés. Il est, comme il le dit lui même, *en suspens*. Est-ce une doctrine ? non, c'est un *état*, et un état, même quand il se connaît et se définit lui-même en se prolongeant, n'est pas une doctrine. Voulons-nous, au contraire, que le choix du philosophe entre l'affirmation et la négation de telle proposition, soit un acte libre, un acte, motivé sans doute, mais non point de telle manière que l'auteur du

---

(1) **Sextus Empiricus** *Adv. logic.*, I, 191 et 197.

choix cède à une pression interne irrésistible, alors son abstention en présence de motifs qui d'aucun côté ne lui sembleront suffisante sera un acte aussi; et un acte encore, le même parti pris d'abstention qu'il pourra étendre à toute une série de propositions débattues entre les penseurs. Le scepticisme ainsi envisagé est donc un acte voulu et soutenu. Mais un acte n'est pas une doctrine.

La conclusion à tirer de cette analyse, c'est que le contraire du scepticisme n'est point le dogmatisme, mais bien la croyance. Si c'était le dogmatisme, en effet, il faudrait que ce fût une doctrine particulière; or il ne nie pas plus qu'il n'affirme aucune doctrine. Les doctrines s'opposent les unes aux autres, ce qui est pour le sceptique une raison à opposer à chacune d'elles; et comment pourraient-elles se réunir pour sommer, en prenant le nom commun de *dogmatisme*, le sceptique de choisir entre elles, d'en trouver une à sa convenance? Elles ne le peuvent qu'en le sommant de croire, de *se faire une croyance*; car si l'une d'elle s'avance et essaie d'arguer de son *évidence*, de sa *certitude*, qui la distingue de ses rivales, il lui objecte précisément l'existence de ces dernières, qui émettent des prétentions semblables aux siennes et nient ce qu'elle affirme, affirment ce qu'elle nie. Le vrai caractère du philosophe sceptique est donc l'*incroyance* et non l'anti-dogmatisme.

Dans une étude historique telle que celle-ci, qui néglige le détail, nous pouvons nous épargner le compte rendu, même très sommaire, des motifs sceptiques de la suspension du jugement, motifs tirés, au fond, moins de la considération des sujets de la spéculation pris en eux-mêmes, que des différentes manières dont ces sujets étaient traités dans les écoles. Nous avons vu quelle matière immense de contradiction avait été soulevée par les philosophes. Pyrrhon durant sa longue vie (384 à 288) put voir défiler, si ce mot nous est permis, Platon et ses condisciples socratiques de toutes opinions, puis Aristote, Épicure, Zénon, Diogène, Stilpon; et il n'avait pas attendu le spectacle de leurs contradictions pour conclure au doute; celles des antésocratiques lui avaient suffi, aidées apparemment par la conclusion qu'Anaxarque tirait de l'hypothèse de Démocrite : *Les choses sont semblables à des représentations données sur un théâtre*. Démocrite lui-même, quoique son opinion sur la nature des εἴδωλα soit restée obscure pour nous, tirait certainement de son système cette conclusion, qu'il existe un écart immense, un abîme, entre les choses en soi et les représentations que nous en offrent les sens. La condition de l'homme livré au sort des images incertaines et changeantes devait lui sembler misérable. Nous ne pouvons nous expliquer autrement ce *dire* de lui, resté célèbre dans toute l'antiquité, qu'on a traduit familièrement par *la vérité au fond d'un puits* (ἐν βυθῷ γὰρ ἡ ἀλήθεια).

Mais pour Démocrite, pour Anaxarque, qui avait suivi l'expédition d'Alexandre et connu les gymnosophistes indiens, ces représentations étaient essentiellement celles que donnent les sens, ou l'imagination dans les songes. Ces philosophes ne comprenaient pas, sous l'idée générale de *ce qui nous paraît*, ou du *phénomène*, toutes les apparences psychiques, c'est-à-dire les concepts et les jugements, aussi bien que *ce qui nous apparaît*. Cette extension de la notion est probablement l'apport de Pyrrhon en philosophie. C'est en tout cas celui de l'école sceptique en son ensemble, puisque cette école a discuté la première et n'a cessé de discuter les opinions, les affirmations, les principes mis en avant dans les différentes doctrines, non seulement en eux-mêmes, ainsi qu'on l'avait fait auparavant, mais comme des apparences intellectuelles susceptibles de varier avec les individus, et que les sceptiques eux-mêmes ne disconvenaient pas de connaître, et qu'enfin ils opposaient les unes aux autres, et trouvaient inconciliables.

Mais cette manière de prendre les questions n'est rien de moins que l'introduction d'une méthode philosophique consistant à considérer les phénomènes à part de leurs causes externes, réelles ou supposées, à leur attribuer une réalité qui domine logiquement celle des objets des sens, à les étudier comme des états propres ou des actes de l'esprit. C'est donc un renversement de l'idée première qu'on avait du phénomène comme de quelque chose d'apporté du dehors à l'intelligence passive ; c'est le commencement d'une interrogation qui viendra plus tard : le vide et les atomes de Démocrite, loin d'être des *choses en soi*, d'être les réalités vraies qui n'ont aucun rapport avec les εἴδολα, avec nos représentations, et qui, par conséquent, ne laisseraient à ces dernières qu'un mode d'être illusoire, le vide et les atomes ne seraient-ils pas certaines autres formes de la représentation d'un monde extérieur tout aussi dépourvu d'existence ? C'est en un mot la fondation de la méthode idéaliste. C'est le phénoménisme aussi, mais le phénoménisme avant l'étude et la découverte des lois des phénomènes, avant la formation de l'idée générale de *loi naturelle* applicable à tous les ordres de connaissances, y compris les phénomènes intellectuels comme soumis à des principes et à des modes de développement uniformes. Le progrès des sciences dans le monde moderne a pu seul conduire les philosophes à cette vue supérieure du monde et à l'étude consciente et systématique des conditions et des procédés de l'intelligence.

C'est encore à la secte sceptique, après les sophistes, après les mégariques, mais d'une façon nouvelle et plus sérieuse, qu'appartient ce qui a été fait dans l'antiquité en matière de critique de la connaissance. La plus grande partie des analyses d'idées, et des polémiques, nous l'avons dit, roulait sur des thèses dogmatiques connues, qu'il s'agissait de combattre les unes par les autres, et dépendait par conséquent de la manière dont ces thèses étaient habituellement présentées. Un concept n'était guère envisagé par le sceptique comme un fait intellectuel dont il eût à se rendre compte indépendamment de ce qu'un adversaire dogmatiste en avait pensé. De plus, les procédés cavillatoires ne manquaient pas dans les controverses de ce temps. Cependant, il y a telle question où la critique proprement dite se dégage bien des querelles des sectes. Nous pouvons en citer deux très importantes : l'une portant sur la validité de l'idée de cause, l'autre sur celle du raisonnement. Parmi les arguments célèbres d'Ænésidème (commencement du 1er siècle de notre ère) touchant la notion de causalité, on trouve, en écartant ce qui a l'aspect sophistique, ou demanderait à être mis au point pour le lecteur moderne, toute la substance, et fort claire, des objections qui depuis Descartes et Leibniz, depuis la doctrine de l'*occasionalisme* et celle de l'*harmonie préétablie*, depuis le *Traité de la nature humaine* de Hume et la *Critique de la raison pure de Kant*, font de l'existence en soi des *causes transitives* la plus désespérée peut-être des thèses de la métaphysique. Ænésidème observe que nous n'avons aucune idée d'une cause indépendamment de son effet, que cause et effet sont des termes corrélatifs; que la cause séparée, ou toute seule, est impossible à définir; qu'en la supposant donnée à part, on ne peut dire comment elle agit, comment elle produit, en quelque autre chose, cet effet sans la donnée duquel nous ne pouvons dire ce qu'elle serait elle-même; que les conditions de l'action ne sont pas moins nécessaires à la production de l'effet que ce qu'on regarde comme l'action elle-même; que nous ne comprenons ni le corporel cause de l'incoporel, ni l'incorporel cause du corporel, ni la relation de succession plus aisément que celle de simultanéité, entre ce qui agit et ce qui subit; enfin, que, prenant en particulier la communication du mouvement, nous ne savons ni ce que c'est que le contact, et s'il existe, ou comment les parties des corps sont liées les unes aux autres et peuvent se transmettre une impulsion, soit qu'elles se touchent ou qu'elles ne se touchent pas (1).

On remarquera qu'Ænésidème ne nie point l'idée de causalité. Il n'a pas à la nier. La *notion* de cette relation est un phénomène dont sa méthode de sceptique l'obligeait, au contraire, à constater l'existence, n'eût-ce été que comme inhérente au sentiment intérieur de la volonté. C'est donc proprement la *transitivité* de la cause qu'il déclarait inintelligible, ainsi que le genre d'existence séparée qui permettrait de comprendre son passage du sujet actif au sujet passif.

Le second exemple remarquable de la pénétration des sceptiques sur un point qui est encore controversé entre nos écoles aprioristes et nos écoles empiristes, concerne la théorie du raisonnement. On trouve dans un ouvrage de Sextus, philosophe sceptique postérieur de deux siècles à Ænésidème, l'objection contre la validité du syllogisme, tirée de ce qu'on ne peut être assuré de la vérité de la majeure à moins de l'être déjà de celle de la conclusion, qui en est un cas particulier : car comment savoir que *tous* les hommes sont mortels si l'on ignore ce qu'il en est de *Socrate*, qui est *un homme*. Le critique considère ainsi la déduction comme fondée sur l'induction. Ensuite il s'attaque à l'induction elle-même. Car, dit-il, de deux choses l'une, ou l'on induit une proposition générale de l'examen confirmatif de *tous* les cas particuliers, ou de quelques-uns seulement; mais, dans cette seconde supposition, l'affirmation inductive est illégitime. Elle est impossible, dans la première, parce qu'il n'y a pas de borne à l'existence des cas particuliers (2).

Ces arguments contre la logique ne partent point, remarquons-le bien, d'un parti pris dogmatique sur la méthode, tel que celui

---

(1) Sextus Empiricus *Adv. physic.*, I, 207 et suivants.
(2) Sextus Empiricus, *Hypotyposes pyrrhoniennes*, l. II, chap. 14 et 15.

de plusieurs logiciens de notre temps qui ont soutenu que la conclusion d'un raisonnement est toujours tirée du particulier au particulier. Rien ne serait plus opposé au point de vue du sceptique ; il n'en veut qu'à l'*évidence* et à la démonstrativité prétendue des dogmatiques. Il ne *nie* pas l'existence et l'usage des propositions générales, des principes, mais seulement leur certitude ; encore n'est-ce que sous la réserve à laquelle sont soumises, nous l'avons vu, ses négations comme ses affirmations.

L'un des derniers sceptiques de l'antiquité dont on ait conservé la mémoire, et qui nous est connu par les citations de Sextus (1), Agrippa avait résumé toute l'argumentation de son école en *cinq tropes* ou modes de raisonnements, qu'il voulait apparemment substituer à *dix tropes*, moins généraux et plus confus, qui remontaient aux premiers disciples de Pyrrhon et qu'il nous a paru inutile de rapporter. Or cet abrégé porte précisément sur la question de la certitude, sur le raisonnement et sur la possibilité de lui trouver des principes indubitables. Il a conservé toute sa valeur et la conservera tant que le dogmatisme n'aura pas trouvé un procédé pour rendre les opinions humaines nécessaires, constantes, uniformes et invariables.

Le premier moyen d'Agrippa était pris du fait de la contrariété des sentiments des hommes ; il était le point de départ de tous les autres ; et si on ne passait point par-dessus, la conclusion naturelle eu égard à cet état général des choses, abstraction faite du témoin, ne pouvait être que l'ἐποχή.

Le second moyen est la constatation de la relativité de nos jugements. Si le témoin des contradictions humaines voulait se fier à son jugement personnel, et rejeter purement et simplement les jugements des autres, on lui objecterait que le sien est, ainsi que tout autre, relatif à ce qui lui paraît, relatif par conséquent à toutes les circonstances susceptibles de modifier cette apparence. Si donc il ne trouve pas une manière de rendre absolu son jugement, qui est relatif, il devra s'en tenir comme tout à l'heure à l'ἐποχή.

---

(1) Id., *ibid.*, l. I, ch. 15. — Sextus lui-même paraît n'avoir rien ajouté d'important aux travaux des philosophes de son école. Il les rapporte et les analyse avec intelligence, et ses ouvrages contiennent en outre les plus précieux renseignements sur toute la philosophie de l'antiquité.

Le troisième moyen (1) suppose que le dogmatique a recours à la démonstration. Quoi que ce soit qu'il essaye de démontrer, il a besoin d'un principe; on lui demande alors de démontrer ce principe lui-même, et puis le principe réclamé pour la nouvelle démonstration, et ainsi de suite. C'est un procès interminable ; il faut s'en tenir à l'ἐποχή.

Le quatrième moyen concerne le cas où le dogmatique, voulant s'arrêter quelque part dans l'ascension des preuves à donner, prend le parti de demander qu'on lui accorde une proposition sans démonstration. Il est donc réduit à l'*hypothèse*. En ce cas, le sceptique n'aura qu'à lui objecter de nouveau l'existence des contradictions, le manque d'une *évidence* qui ne soit point relative à la personne qui s'en réclame et aux circonstances de son jugement. Nous revenons à la διαφωνία et au πρός τι : discordance et relativité ; d'où l'ἐποχή.

Le cinquième et dernier moyen s'applique au cas où le dogmatique évite le procès à l'infini de la démonstration, en démontrant un principe à l'aide d'un autre, qu'à son tour il démontre à l'aide du premier. C'est le procédé du *diallèle*, comme le nommaient les anciens, ou cercle vicieux, comme nous le nommons. Le sceptique objecte que les deux principes sont incertains l'un comme l'autre, pour les raisons susdites, et ne peuvent par conséquent se prêter mutuellement un appui. C'est définitivement à l'ἐποχή que se voit ramené le penseur en quête de la certitude.

Ces cinq moyens se résument encore de la façon suivante et les sceptiques de l'école d'Ænésidème en avaient fait la remarque : la conviction d'une vérité ne peut s'obtenir que de deux manières : immédiatement, en envisageant en elle-même la proposition qui la formule, ou par l'intermédiaire d'une autre vérité, d'une autre proposition. Mais cette dernière méthode échoue ou par le procès à l'infini ou par le cercle vicieux, qu'elle ne peut éviter, comme on vient de le voir, et la première ne peut conduire à un résultat certain, à cause de la relativité du jugement et de la contrariété des jugements, comme on l'a vu aussi.

Il faut convenir, que, si les sceptiques ont été les adversaires acharnés de la certitude, ils en ont été les poursuivants aussi les plus animés, et ceux de tous les philosophes qui s'en sont formé

---

(1) Nous échangeons l'une pour l'autre les places que Sextus attribue au second et au troisième des cinq tropes d'Agrippa, afin de mettre mieux en relief l'enchaînement des moyens du sceptique contre le dogmatique.

l'idée la plus absolue. Ils n'ont jamais *affirmé* qu'elle fût impossible à atteindre, et la pensée ne leur est pas venue de tirer de leurs arguments cette conclusion pratique : qu'il n'y a pas de vérité dont l'acceptation par un homme ne renferme des éléments de croyance ; et, de leur conscience, ce sentiment : qu'il est peut-être juste et naturel de croire, en des choses où il n'y a rien de mieux à faire, ni rien que cela de possible. C'est au moins la conséquence que devrait tirer aujourd'hui de leurs arguments quiconque est assez pourvu d'intelligence et de bonne foi pour avouer qu'ils sont irréfutables. S'ils ne l'ont pas fait eux-mêmes, c'est que, semblables à bien d'autres philosophes de tous les temps, ils ont souffert de la passion de la certitude absolue, différents d'eux en ceci seulement, qu'ils ne croyaient pas l'avoir atteinte, ni qu'elle eût été atteinte par aucun autre.

CHAPITRE VII

Le probabilisme. Le criticisme chez les anciens.

Le scepticisme, né avec Pyrrhon, avait eu d'abord son cours mêlé à celui des premières écoles socratiques qui continuaient l'inscience du maître, appliquée à toute spéculation dépassant la recherche du bien moral, et dont les fondateurs devaient, par leur méthode éristique et la partie négative de leur enseignement, se confondre, pour des yeux mal exercés, avec les sophistes anciens et nouveaux habiles dans l'art de se servir de la logique pour tout affirmer et nier sans en excepter cette logique, leur propre instrument. Puis toutes ces petites sectes, et le scepticisme avec elles, furent submergées par le flot des grandes écoles qui dominèrent en se le partageant tout l'enseignement libéral pendant trois siècles. Le scepticisme, relevé par Ænésidème, eut ensuite des représentants pendant trois autres siècles, jusqu'à Sextus et un peu au delà, c'est-à-dire jusqu'au moment où le syncrétisme alexandrin et les croyances mystiques eurent gagné tous les esprits. Des trois écoles dominantes à l'époque de la plus grande activité philosophique, ou du moins de la plus large extension de cette culture : Académie, stoïcisme, épicurisme, — car l'aristotélisme était alors un peu éclipsé, — une seule, la première, avait conservé la tradition du doute socratique et de l'ironie de Platon. Chacun ne prenait guère chez Platon que ce qui lui convenait. Il n'y avait point là de dogmatisme comparable à ceux de Zénon ou d'Épicure. Plusieurs pensaient que Platon n'avait voulut être qu'à demi-sérieux dans quelques-uns de ses ouvrages. Ils faisaient observer que ses *Dialogues* débattaient beaucoup de questions et manquaient en général d'une conclusion ferme (1). Il est certain

---

(1) Voir ce que dit en ce sens Cicéron dans les *Académiques*, I, 13. Le même ouvrage (I, 4) met dans la bouche d'un interlocuteur — qui est Varron — l'opinion contraire, destinée plus tard à se répandre à savoir : que Platon et Aristote étaient deux dogmatiques enseignant une seule et même doctrine

que toute autre école que celle d'un homme de ce génie et de cette humeur n'aurait pu, sans perdre son nom, devenir ce que fut la *Deuxième Académie*, fondée par Arcésilas, accusée par ses adversaires d'être plus avancée dans la négation que n'était le pyrrhonisme lui-même. Le principal intérêt de cette phase du platonisme consiste pour nous dans le caractère, on peut presque dire criticiste, qu'elle dut à son attitude offensive à l'égard de toute opinion à prétentions dogmatiques, jointe au désir de ménager la possibilité des croyances philosophiques.

On n'a souvent aperçu que des nuances, ou même moins que cela, de stériles disputes de mots, entre le scepticisme formel et les négations de la Nouvelle Académie; et l'on pouvait alors trouver les sceptiques moins déraisonnables et les académiciens plus sceptiques, plus outrés à tout nier radicalement. Mais c'est là une grave erreur. La dissidence entre les deux écoles est sérieuse et profonde. Il est vrai que, pour bien la définir, il faut avoir de l'esprit criticiste une idée plus complète et plus claire que celle qu'il fut donné à l'antiquité d'atteindre. Arcésilas se servait contre l'existence de la certitude, dont il se formait d'ailleurs, comme les sceptiques, une idée absolue, pour la combattre, des plus dures formules. Ôtées les tournures paradoxales, qu'eux-mêmes ou d'autres ont pu leur donner, ces formules ont ce sens qu'un ancien (1) a fort bien dégagé : « Les académiciens comprennent en quelque sorte qu'on ne peut rien comprendre, et décident en quelque sorte qu'on ne peut rien décider; les pyrrhoniens nient que cela même paraisse vrai en aucune manière, car rien ne paraît vrai ». Cela signifie, comme l'indiquent ces mots : *en quelque sorte* (*quasi*, dans le texte) que les académiciens se fient à des arguments par lesquels ils se convainquent de la non existence de la certitude absolue en quelque matière que ce soit, tandis que les pyrrhoniens n'admettent aucune persuasion de cette espèce, et regardent du même œil la négation que l'affirmation, même de leur nescience, — en exceptant bien entendu les phénomènes comme tels. Il est vrai que d'autres auteurs (2) prêtent à Arcésilas cette autre formule : « que cela même que Socrate s'était réservé ne pouvait être *su* », c'est-à-dire cela qu'on ne *sait* rien. Mais

---

(1) Aulus Gellius, *Noctes atticœ*, XI, 5. — Ce texte est souvent mal rendu par les traducteurs.

(2) Cicéron, *Académiques*, I, 13, et ceux qui ont suivi Cicéron en le répétant.

cette formule cessera de paraître contradictoire à la précédente, si nous observons qu'il faut y prendre les mots *su* et *sait* dans le sens d'un savoir absolu, d'une certitude absolue. Or cette distinctinction qui paraît un peu subtile parce que nous avons affaire à des philosophes ergoteurs, et dont nous ne connaissons rien que de seconde-main, devient fort clair et plus que probable, si nous réfléchissons qu'ils admettaient un autre mode que celui de la certitude pour acquérir la connaissance, un critère de la vie pratique, après avoir rejeté tout critère quant à la pure théorie. Ce dernier s'appelait *le critère* tout court, dans l'usage de ce temps.

« Arcésilas n'établissait point de critère (οὐδὲν ὥρισαν κριτήριον), nous dit de ses adhérents le plus entendu des écrivains anciens sur cette matière. Il paraissait seulement en avoir un pour l'opposer aux stoïciens. » C'est ce qui arrive dans les discussions où l'on semble soutenir ce dont on ne se sert que comme admis par l'adversaire et en vue de le réfuter. Nous résumons ce qui suit :

Arcésilas combat les stoïciens et leur conteste qu'il y ait aucune sorte d'apparence (φαντασία) qui ne puisse être fausse aussi bien que vraie, et qui doive absolument faire foi, comme ils le prétendent. Il s'agit de la φαντασία καταληπτική, ou simplement κατάληψις, qui était le critère des stoïciens. Mais comme il faut en venir aux choses de la vie, c'est-à-dire à décider de ce qu'on doit rechercher ou éviter, et en un mot à prendre un parti sur ce qu'on doit faire, le philosophe *règle ses actions sur le raisonnable* (κανονιεῖ τὰς αἱρέσεις καὶ φυγὰς καὶ κοινῶς τὰς πράξεις τῷ εὐλόγῳ). En suivant *ce critère* il se conduit avec droiture, et concilie le bonheur εὐδαιμονία) avec la sagesse (φρόνησις). Arcésilas entend par cette sagesse celle qui s'applique aux droites actions (τοῖς κατορθώμασι, et il définit ces dernières celles qui admettent une justification raisonnable (εὔλογον τὴν ἀπολογίαν).

Le caractère moral du fondement de cette philosophie ressort encore mieux d'un autre passage du même auteur. Sextus rappelle d'abord que les nouveaux académiciens prétendent que *tout est incompréhensible* (ἀκατάληπτα πάντα) : c'est la négation de tout critère de certitude pure, comme on l'a vu plus haut. Les sceptiques, ajoute-t-il, n'assurent pas qu'on ne puisse un jour savoir quelque chose. Nous avons remarqué que la négation des académiciens, laquelle ne concernait que la théorie, devait, comme tout autre de leurs jugements, se tirer du point de vue pratique. Il est trop clair qu'ils n'auraient pu sans contradiction flagrante justifier la négation théorique en raisonnant sur un principe et d'après un critère théoriques. Ils n'en admettaient aucun.

Sextus continue : Mais leur plus grande dissidence d'avec les sceptiques, c'est qu'ils admettent *du bien et du mal*, non comme nous qui suivons le cours commun de la vie sans opiner, et ne faisant rien que pour n'être pas sans rien faire, mais comme des gens persuadés qu'*il est croyable que ce qu'ils appellent bon est bon en effet, plutôt que le contraire* (μετὰ τοῦ πεπεῖσθαι ὅτι πιθανὸν ἐστιν μᾶλλον ὃ λέγουσιν εἶναι ἀγαθὸν ὑπάρχειν ἢ τὸ ἐναντίον). Et pour le mal pareillement. Nous, les sceptiques, nous disons que les apparences qui nous frappent, sont égales devant la raison pour ce qui est de croire ou de ne pas croire (τὰς τε φαντασίας ἡμεῖς ἴσας κατὰ πίστιν ἢ ἀπιστίαν ὅσον ἐπὶ τῷ λόγῳ), mais eux disent *que les unes sont croyables et les autres non* (τὰς μὲν πιθανὰς εἶναί φασι, τὰς δὲ ἀπιθάνους). Et, entre celles-ci, ils distinguent de celles qui sont simplement croyables celles qui sont en outre bien examinées et étudiées. Ces dernières forment deux classes de crédibilité exprimées par des termes sans intérêt philosophique et marquant seulement l'idée d'un examen fidèle et complet du sujet et de ses circonstances. Cette division paraît être de Carnéade, dont les thèses, au surplus, ne se distinguent point de celles d'Arcésilas, quand une fois on a reconnu la double attitude qu'ils prenaient l'un et l'autre : négateurs rigoureux sur le terrain de la certitude où prétendaient être les stoïciens, et dogmatistes apparents en matière d'affirmations pratiques.

Carnéade fut l'antagoniste du dialecticien du Portique, Chrysippe, comme Arcésilas l'avait été du fondateur, Zénon. Lui aussi soutenait « la non existence *du critère* » (ἀνυπαρξίαν τοῦ κριτηρίου). Mais quand on lui demandait de faire connaître *un critère de la conduite et du bonheur* » (τί κριτήριον πρός τε τὴν τοῦ βίου διεξαγωγὴν καὶ πρὸς τὴν τῆς εὐδαιμονίας περίκτησιν), il répondait par l'*apparence croyable*, comme ci-dessus, πιθανὴν φαντασίαν. Il employait aussi les termes de *crédibilité* et de *démonstration* (du genre pratique) πιθανότης, ἔμφασις (1).

---

(1) Sextus empiricus *Adv. logic.*, I, 150-166, et *Hypotyp.*, I, 226 sq. On rend le plus souvent par *probable* et *vraisemblable* les termes que nous avons traduits par *croyable* et *raisonnable* (moralement raisonnable). Ces derniers nous semblent justifiés par les familles de mots auxquels ils appartiennent (πείθω, λογίζομαι); ils ont trait plus directement aux motifs de détermination de l'agent qui *réfléchit* et est *persuadé*.

Le caractère criticiste de cette philosophie est donc bien avéré en ce qui touche la négation de tout dogmatisme, soit empirique, soit rationnel pur, et la reconnaissance d'un fondement pratique des affirmations. On ne voit pas si bien ce que l'Académie enseignait en s'appuyant sur le critère de la *crédibilité*. Les renseignements nous manquent. Nous pouvons cependant conclure d'un trait satirique qui nous est parvenu sur Arcésilas : « Platon par devant, Pyrrhon par derrière et Diodore au milieu, » que ce philosophe enseignait certaines doctrines fermes, et il n'avait point de peine à en trouver chez le maître, que le maître lui-même n'avait recommandées que comme bonnes à croire. On disait aussi qu'il platonisait avec ceux de ses élèves qui avaient le plus de moyens (τοῖς εὐφυέσι τῶν ἑταίρων), et doutait avec les moins intelligents. Quant à la comparaison de son attitude moyenne à celle de Diodore, elle a trait sans doute au talent dialectique qu'Arcésilas possédait éminemment, et qu'il exerçait contre le dogmatique Zénon (1). Après lui l'enseignement platonicien déclina, et quelques-uns de ses successeurs firent de grandes concessions au stoïcisme. Il n'y a pas de haute philosophie dans les œuvres philosophiques de Cicéron. Les discussions qu'il nous rapporte, entre les stoïciens et les académiciens de son temps, ont assurément leur intérêt, mais manquent de profondeur. Lui-même, quoique donnant en général la préférence à ces derniers, a plutôt profité des travaux des stoïciens pour sa morale (dans le *De officiis*); et ceci nous prouve que la Nouvelle Académie était loin d'avoir, en matière d'éthique, la supériorité qu'aurait dû lui assurer, ce semble, le caractère pratique de sa méthode.

C'est qu'il manquait à cette méthode les traits principaux qui, outre la reconnaissance de la « non existence *du critère* », comme parlaient les sceptiques et les nouveaux académiciens, devaient entrer dans la constitution de l'idéalisme et du criticisme modernes. Quant à l'idéalisme, les anciens ne connaissaient que le doute sophistique, pyrrhonien ou académique, avec sa forte empreinte de paradoxe, quand ils mettaient en doute la réalité des apparences des sens et ne songeaient pas à leur reconnaître dans l'esprit lui-même, dans les représentations uniformes que l'esprit a des objets externes, une réalité supérieure à celle qu'il faut abandonner en reconnaissant que les qualités sensibles n'existent pas

(1) Sextus, *Hypotyposes*, I, 232.

en elles-mêmes. En un mot, ces philosophes restaient sous l'obsession des images dont ils se flattaient de s'affranchir, mais en dehors desquelles ils ne savaient comment imaginer un monde matériel. L'atomisme restait enfermé dans l'école épicurienne et ne donnait pas satisfaction au besoin d'expliquer les images, qui ne sont point des atomes. L'idolologie de Démocrite n'avait pu s'éclaircir, ni celle d'Épicure se faire prendre au sérieux.

Quant au criticisme, il a manqué à la Nouvelle Académie, pour faire mieux que d'en donner une anticipation vague et qui devait rester sans fruit, les deux points essentiels : 1° une analyse du genre de celle qui, depuis Kant, a pris le nom de critique de la connaissance ; 2° un principe moral qui permit de restituer pour la croyance humaine les objets souverains que la critique aurait reconnus comme inaccessibles aux efforts de la « raison théorique pure », et mis au-dessus des débats des dogmatistes. Les controverses rapportées dans les livres de Cicéron et de Sextus, sur des points qui répondent souvent à nos idées de *perception*, *conception* et *concepts*, nous font voir l'esprit des philosophes entièrement dominé par les formes objectives sensibles, et étranger à l'idée de chercher dans la représentation et dans ses formes propres et générales (espace, temps, qualité, quantité, causalité) ce qu'ils s'efforçaient vainement de trouver de rationnellement concevable et constant dans les objets eux-mêmes. On avait beaucoup reculé sur les *Idées* de Platon, dans ces écoles des deux derniers siècles de l'ère ancienne. En morale, le stoïcisme avait sa force et sa grandeur, dont nous aurons à nous rendre compte dans un autre chapitre. Les académiciens leur étaient fort inférieurs à cet égard ; ils semblent s'être contentés de notions imparfaitement analysées sur l'accord de l'eudémonisme avec une direction rationnelle de la conduite. On ne voit pas qu'aucun d'eux ait songé à introduire des motifs d'ordre proprement moral dans la détermination d'un *critère pratique* applicable à l'affirmation de certaines hautes vérités philosophiques, et non pas seulement à l'action dans la vie.

Il n'est qu'un sujet, de première importance, il est vrai, sur lequel la Nouvelle Académie se soit fortement distinguée et de l'Ancienne et du stoïcisme, suivant l'esprit qui convenait à une véritable philosophie critique. Nous voulons parler de la question du *destin* et de la *liberté de la volonté*. Carnéade, du moins, combattit les vues de Chrysippe et des stoïciens, leur doctrine du *fa-*

tum. Cette polémique est la plus ancienne que nous ayons sur cette question toujours vivante, et ce fut la première fois depuis Aristote qu'elle vint à être posée nettement sur le point de la préexistence des futurs contingents, ou de la vérité du dilemme *sera ou ne sera pas*, appliqué à *tout* événement envisagé dans l'avenir. Nous avons vu plus haut la thèse de Chrysippe touchant l'enchaînement rigoureux des causes, et l'universelle dépendance des faits à l'égard de leurs antécédents (1). Carnéade tenait, selon Cicéron, ce langage, sujet, il est vrai, à une forte objection, mais nous ignorons si la faute n'en est pas imputable à ce dernier : « Les épicuriens pourraient, disait-il, se défendre contre Chrysippe en admettant un certain mouvement volontaire de l'âme, et sans recourir à leur déclinaison, d'autant plus qu'ils ne sauraient lui trouver une cause. Ils accorderaient qu'il n'y a pas de mouvement sans cause, mais non pas que tout ce qui est fait est fait par des causes antécédentes. Car notre volonté n'a pas des causes externes et antécédentes... Quand nous disons que notre esprit est mû sans cause, nous entendons sans cause antécédente et externe... Le mouvement volontaire est en soi de telle nature, qu'il est en notre pouvoir et nous obéit. Et ce n'est pas sans cause, car la cause de cet effet, *c'est la nature même* (Nec id sine caussa. Ejus enim rei caussa, *ipsa natura est*) » (2). Il est manifeste que l'analyse psychologique, qui nous est aujourd'hui si familière, qui fait porter sur les phénomènes *internes*, actes et motifs, la même question que Carnéade n'envisageait que dans les causes externes et dans leur enchaînement, fait défaut à ce philosophe. Socrate avait vu plus loin que cela, en concluant d'ailleurs au déterminisme, à raison de l'existence des motifs, sans s'occuper de la série des causes antécédentes (3). Carnéade, lui, ne songe ni aux motifs, ni aux antécédents internes. Son intention de nier la détermination à raison des antécédents quelconques n'en est pas moins fort claire. Il s'arrête, par une curieuse formule, à *la nature*, comme à quelque chose au-dessus de quoi on n'a point à remonter pour reconnaître l'acte d'une volonté.

La polémique de Carnéade contre la thèse de la futurition certaine, au sujet de la démonstration prétendue de cette thèse à l'aide du principe de contradiction, est plus nette et a conservé toute sa

---

(1) Voyez ci-dessus, p. 483.
(2) Cicéron, *De fato*, XI.
(3) Voyez ci-dessus, p. 452.

valeur. « Chrysippe, c'est Cicéron qui parle ici, fait les plus grands efforts pour prouver que toute proposition est vraie ou fausse..... Il craint, s'il n'établit que tout ce qu'on énonce est vrai ou faux, qu'on ne lui conteste que tout ait lieu fatalement en vertu des causes éternelles des choses futures (omnia fato fieri et ex caussis æternis rerum futurarum) ». Et en effet, si, par exemple, on admet que de ces deux propositions contradictoires, que nous supposerons avoir été mises en regard l'une de l'autre, du vivant d'Épicure : — Épicure mourra âgé de soixante-douze ans sous l'archonte Pitharate ; — Épicure ne mourra pas âgé de soixante-douze ans sous l'archonte Pitharate, — l'une était déjà vraie à ce moment, et l'autre déjà fausse, ainsi qu'il faudrait l'affirmer indubitablement s'il s'agissait d'un fait accompli, il est clair que l'événement futur, soit positif, soit négatif, serait certain d'avance. En ce cas Chrysippe aurait le droit de soutenir l'existence des causes antécédentes et de leur éternel enchaînement. Mais si on lui niait que de deux telles propositions, portant sur le futur, il y en eût toujours une de vraie, quand elles se contredisent, sa chaîne des causes se trouvait rompue là où pouvait se produire un fait qui n'aurait point été vrai, et qui par conséquent n'aurait pas eu ses causes déterminantes avant de se produire. En quoi consistaient ces grands efforts (contendit omnes nervos ut persuadeat) de Chrysippe pour prouver sa thèse, nous l'ignorons. On ne voit pas bien non plus, dans un texte malheureusement corrompu et plein de lacunes, si Carnéade se laissait embarrasser par la fausse extension du principe de contradiction, cherchant seulement à en esquiver la conséquence, ou s'il y résistait formellement. Il est clair pourtant, à des passages comme celui-ci, qu'il n'admettait pas une *futurition vraie* de tout ce qui arrive, mais seulement de ce qui a *des causes pour être futur*, et qu'il ne reconnaissait pas de ces causes-là pour tout ce qui arrive. Les événements qui en ont de telles, ceux-là pensait-il, ceux-là seuls quand ils arrivent sont prédéterminés : « *Cum evenerint fato evenerint* » (1).

Le débat sur l'argument paresseux, ἀργὸς λόγος, mettait aux prises les mêmes adversaires. Il ne semble pas que Carnéade se soit rendu à l'argument de Chrysippe à ce sujet, ni qu'il ait tenté de le réfuter directement. En ce cas, c'est qu'il n'aurait pas voulu,

---

(1) Futura vera non possunt esse ea quæ caussas cur futura sint non habent. Habeant igitur caussas necesse est, ea quæ vera sunt : ita cum evenerint fato evenerint (*De fato*, X et XI).

— et c'est encore ce qui se voit parmi nous à tout instant chez les défenseurs du libre arbitre, — se priver d'une raison spécieuse, quoique fausse, à faire valoir contre la nécessité : A quoi bon appeler le médecin, quand on est malade, s'il est certain d'avance qu'on mourra ou qu'on guérira? C'est l'exemple-type de l'argument. On sait que certain prédéterministe musulman, appelant le médecin, rétorquait l'objection de l'avenir certain, qui lui était faite sous la formule consacrée : *C'est écrit*, par l'application de la formule même, et répondait : *Il est écrit aussi que j'appellerai le médecin*. Chrysippe faisait au fond la même réponse, en remarquant que tout ce que nous faisons, les peines que nous prenons pour amener en résultat certains événements, ne font pas moins partie de la chaîne fatale des choses que ces événements eux-mêmes. Il appelait *confatales* les résolutions et leurs suites envisagées sous cet aspect; et il avait raison; c'est la logique du déterminisme, contre laquelle il faut chercher d'autres arguments (1).

Les arguments en faveur du libre arbitre, tirés des idées morales, et de la croyance générale dont témoignent les jugements des hommes qui louent, blâment et conseillent sans cesse, et supposent ainsi l'existence de futurs indéterminés, devaient être en circulation parmi les philosophes, depuis Aristote qui les avait fait valoir dans ses livres de morale. Ils sont résumés de la manière suivante à l'encontre de la thèse fataliste de Chrysippe (2) : « Si tout a lieu par des causes antécédentes, si les causes de nos désirs, nos désirs eux-mêmes, par conséquent, et les actes qui en procèdent, et nos assentiments et nos actions, si toutes ces choses ne sont pas *en nous, en notre pouvoir*, alors il n'y aura nulle justice ni dans les louanges, ni dans les reproches, ni dans les honneurs ni dans les peines. Comme cette conséquence est immorale (*cum quod vitiosum sit*) ils (les nouveaux académiciens) regardent comme probable cette conclusion (*probabiliter concludi putant*), que tout ce qui arrive n'est pas fatal ».

Cette fois l'adversaire du déterminisme stoïcien s'appuie sur son critère pratique de la probabilité morale. Malheureusement, les termes qu'il emploie pour caractériser les effets qui se produiraient chez l'agent en vertu d'une série fatale de causes antécédentes, quand il dit que ces effets ne seraient pas *en nous, en notre pou-*

---

(1) Cicéron *De fato*, XII-XIV.
(2) Id., *ibid.*, XVII.

voir (*sita in nobis*... *in nostra potestate*), ces termes sont équivoques. Ils le sont restés, ou leurs analogues, dans les controverses des modernes sur le même sujet, et tel philosophe déterministe de notre temps en a tiré parti pour introduire une distinction entre deux sortes de nécessité; exactement comme Chrysippe, et probablement sans connaître l'argumentation de ce dernier contre Carnéade. Il s'agit de soutenir que nos actes, quoique déterminés par leurs antécédents sont bien *nôtres*, sont bien *en nous, en notre pouvoir*. Il est d'un réel intérêt de voir la question maintenue au même point, et débattue par des arguments semblables, à notre époque, et à l'époque où les anciens étaient parvenus, il y a plus de deux mille ans, à un degré de développement philosophique et de critique, qu'ils ne dépassèrent pas.

Voyons d'abord la distinction, dans les termes où Stuart Mill l'a formulée. C'est entre l'opinion d'un philosophe *nécessitaire*, et celle d'un *fataliste*, qu'il la posait. Il admettait la *nécessité*, quoique ce terme lui parût impropre, et repoussait le *fatalisme*. « Un nécessitaire, disait-il, qui croit que nos actions sont la conséquence de notre caractère, et que notre caractère est la conséquence de notre organisation, de notre éducation et de toutes les circonstances de notre existence, peut facilement, et plus ou moins sciemment, devenir fataliste à l'égard de ses propres actes, et croire que sa nature est telle, ou que l'éducation et les autres circonstances ont façonné son caractère de telle sorte que rien, ou tout au moins rien de son fait, ne puisse l'empêcher de sentir et d'agir de telle ou telle manière ». Stuart Mill réclamait contre ce jugement, et montrait que le nécessitaire est parfaitement admis, au contraire, à se regarder lui-même comme l'auteur de ses actes et le modificateur, *pourvu seulement qu'il le veuille*, de son caractère. « Ce sentiment, ajoutait-il, de la faculté que nous avons de modifier, *si nous le voulons*, notre propre caractère est celui même de la liberté morale dont nous avons conscience. Un homme se sent moralement libre, quand il sent qu'il n'est pas l'esclave, mais au contraire le maître de ses habitudes et de ses tentations; que même en leur cédant il sait qu'il pourrait leur résister; que *s'il désirait les repousser tout à fait*, il ne lui faudrait pas pour cela de désir plus énergique *qu'il ne se sent capable d'en éprouver* ». Stuart Mill concluait de là, que le terme de *nécessité*, non plus seulement de *fatalisme*, s'applique improprement à la « doctrine de la causalité », —

c'est le nom qu'il aimait à donner (1) à la thèse de l'enchaînement invariable des phénomènes, ou prédéterminisme universel ; — que ce terme est sujet à l'abus de l'interprétation fataliste, et qu'enfin la doctrine du libre arbitre a de ce côté un avantage : « La doctrine du libre arbitre, mettant en évidence précisément cette portion de la vérité que le mot nécessité fait perdre de vue, c'est-à-dire la faculté que l'homme possède de coopérer à la formation de son caractère, a donné à son partisan, un sentiment pratique beaucoup plus approchant de la vérité que ne l'a été généralement, je crois, celui des nécessitaires. Ces derniers peuvent avoir plus fortement senti ce que les hommes peuvent faire pour se former mutuellement leur caractère ; mais la doctrine du libre arbitre a, je pense, entretenu chez ses défenseurs un sentiment plus vif de l'éducation et de la culture personnelles » (2).

On voit que Stuart Mill disposait des mots avec une singulière licence pour trouver mal appliqué le nom de *nécessité*, et suffisamment bien appliqué celui de *liberté morale*, à la condition d'un homme qui aurait sans doute la conscience d'être le véritable auteur et propriétaire indiscutable de ce qu'il fait et de ce qu'il est, à tous les moments de sa vie, mais dont on saurait de science certaine que toutes les modifications possibles, esprit et corps, depuis sa plus tendre enfance et encore auparavant, ont été complètement et rigoureusement déterminées par son organisation et son caractère natifs et puis successivement les unes par les autres et par des coefficients externes. La similitude des doctrines, une commune revendication de ce qu'on tient à appeler *liberté*, dans ces doctrines qui nient le libre arbitre, doivent nous servir d'excuse pour avoir fait intervenir ici un philosophe moderne. Chrysippe qui admettait sans difficulté le terme consacré de son temps, εἱμαρμένη, le *fatum* des Latins, pour qualifier sa thèse de l'enchaînement universel, Chrysippe tenait comme Stuart Mill à éviter l'application du terme de *nécessité* à son système : « Rejetant la nécessité, dit Cicéron, et ne voulant pas que rien puisse arriver sans causes préalablement données (*sine præpositis caussis*), il distingue deux genres de causes afin d'éviter la *nécessité* et de

(1) Il y a un contre-sens, au fond, à vouloir mettre sous la protection de l'idée de *cause* la doctrine de l'enchaînement invariable, qui en supprime la réalité, ainsi qu'on peut si bien s'en rendre compte en étudiant Spinoza la plus logique des nécessitaires.
(2) Stuart Mill, *Système de logique*, l. VI, chap. II (traduction de Louis Peisse).

garder le *fatum* (*ut et necessitatem effugiat, et retineat fatum*) ».
L'opposition de ces mots nous indique ici que l'idée attachée au *destin* (εἱμαρμένη, *fatum*) était celle de la futurition certaine, tandis que le sens ordinaire de la nécessité (ἀνάγκη, *necessitas*) aurait sans doute éveillé une idée de contrainte, que la futurition certaine n'implique point. C'est cette nécessité de contrainte que Chrysippe voulait exclure de sa théorie, et il en avait le droit, comme aussi de se servir des termes équivoques : *en nous, en notre pouvoir*, et de soutenir que des actes futurs, de futurition certaine, ne laissent pas d'être au pouvoir de l'agent qui les fait, d'être son œuvre spontanée, exempte de tout sentiment de coaction. Le droit qu'il n'avait pas, et que devait lui contester la Nouvelle Académie, comme le contestent aux déterministes modernes les défenseurs du libre arbitre, c'est de regarder le sentiment du libre arbitre comme satisfait, si on accorde à l'agent l'exemption de contrainte, c'est-à-dire si on lui donne l'assurance de *vouloir ce qu'il veut* et non *ce qu'il ne veut pas*. Chrysippe arrivait à ce résultat en séparant sommairement, chez l'homme, ce qu'il est d'avec ce qu'il fait. Il distinguait pour cela, parmi les causes antécédentes, les causes éloignées et générales, desquelles l'agent tient sa nature et son impulsion première, et les causes prochaines dont il lui reconnaissait la propriété : tel un *cylindre*, disait-il, qui roule sur la pente d'une montagne en vertu de sa forme et de la force qui est en lui, quoiqu'il ait bien fallu que cette forme lui fût donnée, et que, ce mouvement lui fût imprimé (1). La psychologie déterministe moderne, plus fine, ne peut rien changer au point principal, ainsi présenté, même en nous faisant voir que l'agent a la puissance de changer *ce qu'il est*, son caractère, *sa nature*, et non pas seulement de faire ce qu'il fait, de lui-même, sans y être forcé. En effet, pour cette psychologie, l'homme est bien toujours le cylindre qui roule. Car on peut considérer chez lui deux personnes, à chacun de ses moments d'agir : la personne antécédente et la personne conséquente. La seconde dépend entièrement de la première et des circonstances : c'est notre hypothèse, celle de l'enchaînement ou *séquence invariable*, et de la futurition certaine, qui ne s'en sépare pas. Mais cette personne antécédente est dans le même rapport avec une personne antécédente antérieure et

---

(1) Cicéron, *De fato*, XVIII et XIX. Conf., Aulu Gelle, *Noctes atticæ*, VI, 2, où l'exposition est plus claire que dans le *De fato*.

des circonstances antérieures, et cette régression des causes ne s'arrête que quand on parvient, en remontant, à un état de la personne donnée à elle-même, incapable d'agir sur elle-même. Il est donc clair qu'on ne peut assigner aucun moment où il y ait ambiguïté dans les causes et dans les futurs, leurs effets, ni la moindre place, si ce n'est illusoire, pour l'opinion commune de l'égale possibilité de certains événements contraires. La doctrine déterministe ancienne et moderne, quoique les modernes évitent volontiers de l'envisager sous ce jour de l'*éternel prédéterminisme* : — le *C'était écrit* des musulmans — cette doctrine a pour vrai nom *la futurition certaine*.

Les stoïciens sont les incontestables auteurs du prédéterminisme théologique qui a régné sur toute la philosophie du moyen âge, et qui est inséparable de la prescience divine absolue, laquelle ne manque pas encore de croyants. La Nouvelle Académie a combattu ce dernier dogme chez les stoïciens, et s'est servie pour cela d'arguments qu'on a continué d'y opposer partout où l'on n'a pas admis au fond la nécessité. C'est à propos de la divination que le problème se posait chez les anciens, comme il est naturel, car la divination, rapportée en principe à la connaissance de l'avenir par les dieux, tenait chez eux la place de la prescience divine universelle des docteurs du christianisme. Or l'adversaire de la divination, dans le dialogue de Cicéron sur ce sujet, formule cette objection, qui n'a rien perdu de sa force : « Rien n'est si contraire à la raison et à la constance (dans les événements) que la fortune; tellement qu'il ne me paraît point appartenir même à un dieu (*ne in deum cadere*) de savoir ce qui doit arriver par hasard, fortuitement. S'il le sait, en effet, certes cela arrivera : mais si cela doit arriver certainement, ce n'est plus la fortune. Mais on dit : C'est la fortune, alors donc il n'y a nulle prescience des choses fortuites (*rerum igitur fortuitarum nulla praesensio est*) » (1). « Carnéade disait qu'Apollon lui-même ne pourrait annoncer comme futures que les choses dont la nature renferme les causes de telle manière qu'il soit nécessaire qu'elles se produisent... Celles-là mêmes qui sont passées, mais dont il n'existe plus ni signes ni vestiges, il ne pensait pas qu'elles fussent connues d'Apollon. A combien plus forte raison les futurs! Car ce n'est que par des causes efficientes connues,

---

(1) Cicéron, *De divinatione*, II, 7.

touchant n'importe quoi, qu'il est possible de savoir ce qui est à venir. Apollon n'a donc pu prédire, si les causes n'en étaient pas données antérieurement dans la nature des choses (*nullis in rerum natura caussis præpositis*), qu'Œdipe tuerait son père, ni rien de semblable » (1)

Cette argumentation très solide s'est opposée d'avance à la conception d'un absolu divin dont la contradiction même ne pose point de bornes. Il a fallu, pour paraître y répondre, recourir au sophisme de la distinction entre un *futur certain* (qui ne peut donc pas ne point arriver) et un *futur nécessaire* (qui arrivera nécessairement). Il est vrai que les docteurs de la prescience divine universelle, usèrent d'un autre argument, avant eux inconnu, et qui s'installa dans l'École pour un règne de mille ans. Saint Augustin, faisant allusion à la doctrine qu'il trouvait dans Cicéron sur l'*imprévisibilité* des événements dont les causes ne préexistent pas dit que l'auteur de cette doctrine pour nous faire libres nous fait sacrilèges (2) !

(1) Id., *De fato*, XIV.
(2) Augustin, *De civitate dei*, l. V, chap. viii et ix.

CHAPITRE VIII

Origines du néoplatonisme alexandrin.

Le platonisme criticiste dut prendre fin vers l'époque où finit aussi l'esprit critique et scientifique, au moins relatif, dont avaient été animés les philosophes et les érudits de ce Musée d'Alexandrie auquel succéda, sans avoir avec lui ni filiation ni analogie, une autre école dite d'Alexandrie, et connue également sous le nom de néoplatonisme. Toutefois la doctrine de cette école est loin d'être, et surtout d'être restée bornée à des Alexandrins, et, d'autre part, on pourrait la qualifier, pour son vrai contenu, de néoaristotélisme, de néostoïcisme et même de néoéléatisme, et, en partie, de néopythagorisme, aussi justement que de néoplatonisme. Son vrai nom est le syncrétisme philosophique, et son caractère dominant est un panthéisme d'émanation, corrigé autant qu'il se peut, en haut, par l'idée d'un Dieu absolu sans contact avec le monde, en bas, par un mysticisme qui essaie de franchir ce monde pour s'élever à Dieu.

Pendant les deux premiers siècles de notre ère, la tradition platonicienne réelle essayait parfois encore de se maintenir contre l'envahissement de la théologie physique des stoïciens, lequel datait déjà d'assez loin, et contre celle de l'aristotélisme, d'un esprit tout différent, qui, sorti de l'oubli, tendait à prendre beaucoup d'empire. Le platonicien pur, Atticus, montrait l'opposition d'Aristote à Platon sur tous les points essentiels : métaphysique, physique et morale. Mais, le courant général des esprits ne portait ni à des interprétations exactes, ni à une philosophie sévère et à la recherche des méthodes scientifiques en aucun genre. Le stoïcisme lui-même n'avait évité la décadence qu'en se livrant à peu près exclusivement à la culture morale, avec un réel génie, il est vrai. Quelques-uns de cette école avaient mérité d'être exilés, sous les mauvais empereurs. Des platoniciens comme Plutarque et Apulée avaient été moins des philosophes que de grands amateurs de philosophie, portés aux superstitions, qui de plus en plus gagnaient le monde romain. Un soi-disant pythagoricien, Apollonius de Tyanes avait parcouru le monde, faisant des œuvres de théurgie, avec une vogue immense. La philosophie qu'il enseignait était un panthéisme mal élaboré, une théorie de descente et de retour des êtres au sein d'un être universel, indistinct, sujet de toutes les métamorphoses, et auquel les individus devraient désirer et non pas craindre d'être réunis. Ces platitudes ne sont pas de la philosophie, mais elles indiquent bien le trait commun de panthéisme, qui se rencontrait, plus ou moins diversifié dans la forme, en toutes les doctrines sorties de la grécité, et qu'on pouvait s'attendre à trouver aussi dans celle qui les remplacerait en leur prenant quelque chose à toutes. Nulle conception originale ne se produisant plus, c'est une synthèse de cette sorte qui était à l'état de préparation dans les esprits.

On ne sait presque rien d'un certain Potamon d'Alexandrie, qui le premier eut l'idée de composer une philosophie *éclectique* (ἐκλεκτική τις αἵρεσις). Il eut le tort, même au point de vue du succès, soit naïveté, soit impuissance, de présenter son œuvre comme « un choix de ce qui lui agréait le mieux dans les différentes sectes ». Une philosophie ne se fait pas ainsi. Il faut un fondu, une synthèse au moins apparente, qu'un principe domine. Des platoniciens, Alcinoüs, Numenius allèrent mieux au but en proposant des interprétations nouvelles et dogmatiques de la pensée de Platon, et se rapprochant sur certains points d'Aristote et même de Zénon. Alcinoüs paraît être le premier auteur de cette interprétation de la doctrine des *Idées* qui a conservé tant d'importance dans le cours ultérieur de la philosophie. « L'idée, disait-il, est la pensée même de Dieu (πρὸς Θεὸν νόησις αὐτοῦ), telle qu'est, pour l'homme, l'intelligible premier ; pour la matière, la mesure ; pour le monde sensible, les modèles ». Dieu est l'intelligence première (ὁ πρῶτος νοῦς) cause suprême sous l'action de laquelle ce philosophe place une intelligence en acte comme directrice de l'Ame du monde qui n'a, elle, que l'intelligence en puissance. La seconde de ces fictions théologiques est là pour donner satisfaction au premier moteur d'Aristote ; la troisième répond au sujet divin de l'évolution universelle des stoïciens. Mais le Dieu premier garde le caractère de cause. Nous n'avons pas encore là l'idée d'émanation qui viendra avec le néoplatonisme constitué, et nous n'avons pas non plus la création, même démiurgique ; car Alcinoüs prête à Platon la doctrine aristotélique de l'éternité du monde, il suppose qu'en appelant le monde engendré Platon a voulu parler d'un état de génération perpétuelle (διότι ἀεὶ ἐν γενέσει ἐστί) et non d'un acte divin singulier de production des choses, comme si le monde avait pu jamais ne pas exister.

Chez Numenius, pythagoricien et platonicien, la doctrine de l'émanation et celle de l'inconcevabilité du premier dieu se dessinent clairement. Le *dieu premier* garde encore la qualification d'intelligence (νοῦς), mais on le déclare étranger à toute action, simple et un en soi, immuable, éternel, dans le sens d'extériorité au temps et aux choses du temps, à tout ce qui peut se dire passé ou futur ; c'est l'Être tout intellectuel, incapable de sortir de son uniformité, même par sa volonté. A ces traits le Dieu d'Aristote serait assez reconnaissable, mais Numenius ne laisse pas de l'appeler le Père du démiurge. Il l'appelle aussi le Bien, comme Platon. Après avoir ainsi composé un dualisme hiérarchique avec ce Bien, Père des Idées, de Platon, qu'il définit dans le sens du νοῦς aristotélique ; et avec le démiurge du *Timée*, — deux dieux dont Platon avait fait usage pour des objets différents, en des théories différentes, sans avoir pu réussir à les unir (1), — il restait à expliquer leur rapport, qui se trouvait d'avance impossible à définir puisque le dieu premier était, par sa définition même, impropre à toute œuvre, voué, suivant une image orientale, au repos absolu d'un Roi. On ne pouvait pas, pour opérer la jonction, recourir à l'idée aristotélique de la finalité ; car alors le symbole de la paternité serait devenu plus visiblement inapplicable au rapport cherché ; et puis on n'aurait pas imaginé sans contre-sens que le dieu second pour faire une œuvre de démiurge se rattachât au premier par un lien d'appétence. Aristote, en effet, n'avait point de démiurge dans sa théorie, et c'est dans l'ordre du mouvement d'un monde éternel, chose plus concevable, qu'il envisageait le rapport de finalité de son *premier mobile* à son *moteur immobile*. Il n'y avait donc plus que l'idée d'émanation qui pût servir à un auteur d'hypostases, en sa recherche du genre de filiation des deux premiers dieux.

Numenius y arrive assez clairement, quoique les fragments que

---

(1) Voyez ci-dessus, p. 457 et suivantes.

nous avons de ses ouvrages nous le montrent se laissant encore aller à des figures qui impliquent dans le dieu premier une vertu génératrice, mais il y arrive par son insistance sur l'inapplicabilité à ce dieu de toute idée de changement, et sur la transmission qui se fait de lui au dieu second sans qu'il puisse en résulter aucune perte ou altération quelconque pour l'essence du premier. Le démiurge est, au contraire très mêlé au monde dont il est l'auteur. Considéré en lui-même, il est un, sans doute, dit Numenius, « mais quand il s'applique à la matière dont le dualisme est le propre » — ceci est un principe pythagoricien, — « elle le divise, tandis qu'il l'unit... Comme appartenant à l'Intelligence, il voudrait demeurer en soi, mais en s'occupant de la matière, en entrant en communication avec ce non-être et avec les choses sensibles, il en contracte les qualités. » Il est *bon*, mais il n'est que *l'imitateur du Bien;* c'est par son intermédiaire que le bel univers (καλὸς κόσμος) en est à son tour l'imitation et l'image (εἰκὼν καὶ μίμημα). Enfin le monde lui-même est un troisième dieu, quoique n'ayant pas le rang de principe et ne recevant l'âme et la vie qu'autant que le démiurge, son organisateur, son gouverneur et son pilote, au lieu de se renfermer en soi, lui verse les rayons de l'Intelligence en s'éclairant par la contemplation du dieu suprême (1).

Ces sortes de spéculations aboutissent toujours comme ici à l'établissement d'une trinité. Celle de Numenius, comme celle que nous allons trouver chez Plotin et dans le néoplatonisme en général, diffère de la trinité élaborée par les docteurs du christianisme, en un caractère essentiel, qui tient à l'influence de l'idée de l'émanation. La contemplation divine ne s'y fixe pas principalement sur une hypostase rapprochée du concept de la nature humaine parfaite, mais sur le principe premier, c'est-à-dire sur le plus abstrait et le plus indéfinissable; et il advient de là que la morale se résout dans l'extase, et que la doctrine se termine à l'identification du penseur avec le dieu le plus lointain, inaccessible, et tout près du bouddhisme, au moins si elle était poussée à ses dernières conséquences. Mais la doctrine chrétienne du Verbe est inséparable de l'idée du Verbe fait homme, ce qui change tout dans la théologie et dans la morale; car l'adoration

---

(1) Numenius dans Eusèbe, *Préparation évangélique*, l. XI, chap. 10, 18 et 22.

s'éloigne, quoi qu'on veuille dire, du Père, et se porte sur le Fils, qui est très réellement, en dépit des termes convenus, Celui que les chrétiens appellent notre Père céleste. Nous n'avons, dans cette revue des conceptions métaphysiques de l'antiquité, à nous occuper que des idées dont l'origine est de grécité pure. C'est dire que Philon et ses sources bibliques, le gnosticisme et les Pères de l'Église, sont pour le moment en dehors de notre étude.

Le but poursuivi et manqué par Potamon d'Alexandrie, c'est-à-dire la synthèse et non pas seulement la juxtaposition éclectique des principales doctrines de l'hellénisme, était déjà bien défini dans les points essentiels du livre de Numenius *sur le Bien*. Il l'était par la réduction de la théologie de Platon à l'unité, grâce à la fiction d'un Dieu hypostatique et émanant; — par la réunion de cette théologie à celle d'Aristote, au moyen de la définition du dieu premier comme intelligence pure et non créateur; — par la satisfaction donnée au principe éléatique (satisfaction toutefois encore incomplète, eu égard à ce qui viendra plus tard), dans l'idée de ce dieu premier rendu inconcevable en dépit de la qualité de pensée qu'on lui conserve; — par une conception du démiurge, qui le rend plus semblable à la Providence des stoïciens qu'au dieu constructeur de Platon; — par l'usage des idées pythagoriciennes (très anciennement incorporées au platonisme dogmatique) dans l'explication de l'ordre du cosmos, ou lois de la nature, et dans l'idée dualiste de l'essence de la matière et de son opposition à l'Un et au Bien, comme essentiellement multiple et changeante et principe du mal; — enfin dans la répudiation de tout ce qui descendait de Démocrite et de l'épicurisme, ainsi que de la partie physique du stoïcisme et de ses sources ioniennes : Héraclite et l'évolution périodique du monde. L'évolution ne devait plus être celle d'une matière enveloppant et développant spontanément ses propres forces organisatrices, mais bien celle des êtres descendus d'un principe supérieur à l'Être et appelés à remonter ce cours de la vie en s'affranchissant des liens de la matière.

Le fondateur définitif du néoplatonisme est Ammonius Saccas, qui se livra systématiquement à la tâche de composer l'harmonie de Platon et d'Aristote, et qui fonda une école proprement dite, laissant au lieu d'ouvrages, car il n'écrivit pas, des disciples, dont l'un eut le génie de la métaphysique : c'est Plotin. Ammonius, quoique surnommé *Théodidacte*, eut certainement des prédécesseurs et l'esprit de sa doctrine ne fut pas différent de celui qu'on vient de voir chez Numenius, mais peut-être son enseignement réussit-il à fixer le rang et les définitions des hypostases, qui, de son temps, et comme l'indique assez l'imperfection visible de la théorie de Numenius, devaient être une matière très controversée dans le monde platonicien. On peut croire qu'il découvrit le moyen de laisser le dieu d'Aristote intact, et de le séparer non seulement du démiurge, mais encore de l'Un et du Bien de Platon, *supérieur à l'essence, et d'où l'intelligible procède*, en le faisant descendre au rang de seconde hypostase. C'est, en tout cas, ce que fit Plotin, et nous n'avons point de renseignements sur une théologie propre d'Ammonius Saccas.

CHAPITRE IX

Plotin. La doctrine de l'émanation.

La construction des hypostases de Plotin est peut-être l'exemple le plus intéressant, dans toute l'histoire des doctrines philosophiques, du procédé réaliste de l'esprit dans la recherche des principes de l'univers par la voie de l'abstraction. Au moment où le philosophe semble conduit par sa méthode à envisager le premier principe dans un concept qu'il a dépouillé de toute qualité de l'être, au moment où, selon nous, c'est une sorte de non-être qu'il est parvenu à définir, il croit s'apercevoir que celui-là même n'est pas encore le premier principe, et qu'il y a quelque chose, au-dessus de lui, de plus dépouillé, de plus complètement dénué de tout ce qui peut constituer l'existence. Voyons d'abord la première phase ; elle doit nous conduire au dieu d'Aristote, lequel n'est pas le terme de la spéculation, comme Aristote le croyait, puisqu'il le définissait par un attribut, l'intelligence, la pensée, qui suppose une distinction.

C'est néanmoins de la pensée qu'il faut partir, et de la pensée en nous, comme inévitable donnée qui reste, quand on a rejeté toute information sur la réalité qui puisse nous être fournie par la vue des choses sensibles. Et c'est bien dans cette pensée en nous qu'est en effet la réalité. Seulement, pour l'y découvrir, il faut, selon Plotin, écarter tout emploi que nous puissions en faire, tel qu'imaginer, juger, raisonner ; il faut bannir l'idée propre de l'*en nous* et de ce qui se rapporte à nous. C'est alors la pensée à l'état nu que nous contemplerons, sans aucune détermination particulière ; nous serons élevé au-dessus de nous-même ; c'est un dieu que nous contemplerons, et par l'aide d'un dieu ; car la nature humaine ne peut par ses propres forces obtenir cette connaissance intuitive. Chez nous, le principe intelligent suppose la donnée intelligible, qui en est inséparable. Le sujet et l'objet ne sauraient s'identifier. Mais, en dieu, l'objet n'est que le sujet lui-même, *le penser auquel s'applique le penser*. Et ce dieu n'est pourtant pas encore le dieu premier.

Il est à peine besoin de remarquer, avant d'aller plus loin, qu'il n'y a rien d'extraordinaire ni de difficile à penser que l'on pense, et même à former l'idée générale et abstraite de la *pensée de la pensée*. Ce qu'entend Plotin, c'est que cette idée répond à un être réel et en soi, à une hypostase. Mais ce n'est pas par une intuition, une connaissance immédiate, qu'il peut arriver à une pareille conviction; car la nature humaine n'a point d'organe pour cela. Sa méthode, qui nous est parfaitement claire et à laquelle il n'épargne pas les explications, consiste en une suite de raisonnements fondés sur des principes dont il n'éprouve pas le besoin de se rendre compte. Si son réalisme pouvait être justifié, on n'aurait qu'à admirer la puissance de sa construction. Elle dépend tout entière de cette illusion du pouvoir généralisateur de l'esprit : que plus on retranche des caractères réels qui distinguent les fonctions de phénomènes, c'est-à-dire les êtres dont elles nous sont la représentation, plus on s'éloigne de ce qui n'est qu'apparence, plus on s'avance vers la réalité. Plotin suppose d'abord l'existence d'un sujet en soi, qu'il prend parmi les idées générales, d'un certain degré de généralité, c'est-à-dire auxquelles nous joignons certains attributs qui, pour notre connaissance, la qualifient en la déterminant. Il faut bien partir de quelque chose de connu. Il suppose que les opérations mentales qu'il fera sur cette idée seront en conformité avec ce qui convient en réalité au sujet qui lui correspond. Il suppose alors qu'à mesure qu'il fera abstraction des qualités déterminatives de ce sujet, il s'approchera davantage de le concevoir comme réel, et qu'il atteindra enfin la conception de la réalité suprême en parvenant à supprimer toutes les distinctions.

Or, dans cette hypostase qui est la pensée, il entre une distinction encore. Sans doute, c'est le sujet qui est objet à lui-même, sans avoir besoin de déterminer cet objet intelligible, ainsi que le fait une âme tombée dans le monde sensible. Mais encore se dédouble-t-il, et c'est trop, par la division de lui-même en intelligent et intelligible. Supprimons la division et nous concevrons la première hypostase, que nous pourrons appeler l'Un, parce qu'elle est exempte de toute dualité. L'Un peut aussi recevoir les noms de *Premier*, à cause de son rang de dignité (sans aucune idée de numération); et d'*Absolu*, c'est-à-dire indépendant et libre, mais en un sens tel que ces mots n'impliquent pas même l'idée d'une relation possible de lui à autre chose ou à lui-même; et de *Bien* parce qu'il est la fin universelle. Toutefois il ne faut pas dire qu'il fait le bien : il ne le fait pas, il l'est. Et, de même, il n'agit pas, il est l'acte; sa volonté est identique à sa nature nécessaire. Il n'est ni désir, ni vie, ni conscience, ni être, pas plus que bonté ou beauté; tout cela se rapporte à lui, mais lui ne se rapporte à rien de cela. Enfin, il n'est aucune chose, et nous ne pouvons, pour le définir, que dire ce qu'il n'est pas. L'être lui-même est quelque chose de composé; si l'Un possédait l'être, il serait multiple; si seulement il se pensait lui-même, il ne serait pas souverainement simple; et, s'il ne se pense pas, comment pourrions-nous le penser? Ce serait lui attribuer des qualités que lui-même ne se connaît pas, et ne se peut connaître.

« Comment donc en parlons-nous, puisque nous ne le saisissons pas? — C'est que, s'il échappe à notre connaissance, il ne nous échappe pas complètement. Nous l'embrassons assez pour énoncer quelque chose de lui sans l'énoncer lui-même, pour dire ce qu'il n'est pas, sans dire ce qu'il est ; voilà pourquoi nous employons en parlant de lui des termes qui ne sont propres à désigner que des choses inférieures. Nous pouvons d'ailleurs l'embrasser (ἔχειν) sans être capables de l'énoncer, semblables aux hommes qui, possédés d'un enthousiasme divin, sentent qu'ils ont en eux quelque chose de supérieur sans pouvoir s'en rendre compte. Ils parlent de ce qui les agite, et ils ont ainsi quelque sentiment de celui qui les émeut, quoiqu'ils en diffèrent. Telle est à peu près notre relation avec Lui : quand nous nous élevons à lui en faisant usage de l'intelligence pure, nous sentons qu'il est le fond de l'intelligence, le principe qui donne l'essence et les autres choses de cet ordre; nous sentons qu'il est meilleur, plus grand et plus relevé que l'être, parce qu'il est supérieur à la raison, à l'intelligence et aux sens; qu'il donne ces choses sans être ce qu'elles sont (1). »

Il est aisé, par des abstractions, de retirer progressivement d'un sujet supposé tout ce qui fait de lui un *sujet pour la connaissance*, et de réduire ainsi l'idée qu'on en a à l'idée de *ce qui n'est rien*. Il ne

---

(1) Plotin, *Ennéades*, V, III, 14 (trad. de N. Bouillet). — Le traducteur aurait peut-être mieux rendu ἔχειν par *posséder* que par *embrasser*, eu égard au sens mystique de la pensée dans ce passage.

serait pas plus difficile, l'opération ayant lieu dans l'esprit du philosophe, de suivre une marche inverse et de restituer ce qu'on a ôté. Mais si l'opération, pour ce second cas, doit nous être représentée *in se*, comme l'œuvre du sujet en soi, il n'est plus possible de trouver dans ce qu'on a vidé de tout contenu, ce qu'on a besoin d'y supposer pour expliquer que le monde y ait son origine. Plotin ne se dissimule pas la difficulté de comprendre que l'Un *donne les choses sans être ce qu'elles sont.*

« Comment les donne-t-il? Est-ce parce qu'il les possède ou parce qu'il ne les possède pas? Si c'est parce qu'il ne les possède pas, comment donne-t-il ce qu'il n'a pas? Si c'est parce qu'il les possède, il n'est plus simple. S'il donne ce qu'il n'a pas comment de lui naît le *multiple*? Il semble qu'une seule chose puisse procéder de lui, l'*un*; encore se demandera-t-on comment de ce qui est absolument un peut naître quelque chose ». L'abstraction a servi à Plotin pour constituer l'Un; maintenant la métaphore va lui servir pour tirer de l'Un, l'Intelligence qui n'y est pas : « C'est répondrons nous, de la même manière que d'une lumière rayonne une sphère lumineuse (περίλαμψις) ». Et il explique comment l'*un-plusieurs* (ἓν πολλά) et l'*un-toutes choses* (ἓν παντά) émanent de l'Un pur comme étant ce qui en est le plus voisin, et toutefois inférieur (1). Mais l'explication manque de clarté. On ne voit pas plus le multiple sortant de l'Un pour constituer l'Être, ou les êtres, qu'on ne voit la lumière à l'état de point mathématique avant qu'elle rayonne. Et on ne se rend pas compte de la place qu'occupe l'Être dans l'ordre de l'émanation. Il n'a pas rang d'hypostase. Seulement tous les êtres sont embrassés d'une certaine manière par l'Intelligence, quoiqu'elle n'ait en sa pureté qu'elle-même pour objet; en elle l'individuel se perd dans l'universel; les idées multiples qui composent l'intelligible, s'y unissent et ne forment qu'une harmonie. Elles sont distinctes sans être séparées. Il y en a cependant autant qu'il y a d'individus dans le monde sensible, car chacun d'eux a son type éternel, et elles sont toutes parfaites, quoique les unes inférieures et les autres supérieures. Plotin excepte seulement les objets factices des arts et des sciences de cette idéalisation universelle, parce que, n'étant que des imitations, ils ont pour idées les idées mêmes des objets naturels dont ils sont imités. L'existence éternelle des types des

---

(1) Plotin, *Ennéades*, V, III, 15.

individus simplifie beaucoup le problème de l'individuation, mais ne nous rend que plus difficile à comprendre un monde intelligible, dans lequel tous les degrés de toutes les qualités spécifiques possibles doivent avoir leurs représentants immuables, à côté des individus idéaux qui en sont composés en toutes sortes d'inimaginables synthèses. On sait la peine que les docteurs réalistes du moyen âge se sont donnée pour expliquer la manière dont les individus peuvent être *informés* par les universaux. Avec le système de Plotin il suffit de supposer chaque individu sensible habité passagèrement par son type intelligible immortel. Mais ce type, lui, comment se compose-t-il? Le fin mot de tout cela, c'est le prédéterminisme universel du monde idéalement réalisé pour la suprême intelligence, avant d'avoir sa misérable copie dans le monde de la matière : *avant*, ou plutôt *pendant*, car il n'y a ni passé ni futur pour l'Intelligence; toutes choses lui sont dans un éternel présent.

La question de beauté ne peut manquer de se poser à propos des idées représentatives de tant de laideurs au moins apparentes du monde sensible; il suffit à Plotin de les imputer à la matière, où toute « raison séminale » inévitablement se corrompt, quoiqu'elle y conserve encore les reflets de l'ordre et de la beauté qui lui appartenaient seuls et sans mélange dans le monde intelligible. Là tout est lumière et bonheur, tout demeure immuablement, les êtres y ayant leurs fins en eux-mêmes, accomplis qu'ils sont en ce qu'ils sont et n'éprouvant nul besoin de changer. Qu'est-ce donc que cette matière à laquelle Plotin donne souvent le rôle d'un principe du mal, et dont il parle comme s'il s'agissait d'un agent corrupteur, ou d'un ingrédient qui se mêle aux bonnes choses pour les gâter? Par définition ce n'est rien de cela; c'est, au contraire, une abstraction; c'est l'infini ou indéterminé, le sujet, le réceptacle des formes, sans qualité, sans quantité, impassible autant qu'inactif, une puissance toutefois de recevoir les formes, depuis les plus hautes jusqu'aux plus basses, tellement qu'il y a une matière sensible, mais aussi une matière intelligible, une matière divine, pour répondre au concept universel de sujet, ou substance (ὑποκείμενον). Comment se fait-il que ce non-être prenne la fonction du mal dans une philosophie qui en donne cette définition? C'est ce que peut nous expliquer ce nom même de *non-être* dont le philosophe ne refuse pas de se servir. Le mal n'est pas pour lui quelque chose de positif, mais seulement l'imperfection croissante des *formes* à mesure qu'elles vont s'abaissant dans le sujet, lui-même *informe*, qui en est le réceptacle. Ce sujet qui demeure devient pour l'imagination poétique, symbolique, du philosophe l'εἴδωλον du déchet progressif de toutes les qualités bonnes et belles qu'il semble avoir englouties quand il les a perdues. On peut voir dans le curieux passage suivant, comment Plotin comprend que la matière soit encore le mal quand le sujet revêt de bonnes formes ; la méthode symbolique y est en évidence.

« La matière continue-t-elle à être le mal quand elle vient à participer du bien? Oui, parce qu'antérieurement elle était privée du bien, qu'elle ne le possédait point... Ce qui ne possède rien, ce qui est dans l'indigence, ou plutôt ce qui est l'indigence même (πενία) est nécessairement le mal : car ce n'est pas l'indigence des richesses, ni de la force, mais l'indigence de la sagesse, de la vertu, de la beauté, de la vigueur, de la figure, de la forme, de la qualité. *Comment, en effet, cette chose ne serait-elle pas difforme, absolument laide, absolument mauvaise?* »(1). Il faut se rappeler que la chose dont on parle ainsi n'est *autre chose* que la notion de l'indéterminé pur ou non-être, le négatif universel abstrait, qu'on réalise et dont on fait le personnage du mal.

Passons maintenant à la troisième hypostase. L'Ame, intermédiaire entre l'Intelligence pure et le monde sensible, est engendrée par l'Intelligence, comme l'Intelligence est engendrée par l'Un en dehors du temps et du mouvement, sans que le principe générateur soit modifié. C'est une sorte d'acte sans agir, pour lequel Plotin ramène sa comparaison habituelle du rayonnement sans perte de force ou de substance, ainsi qu'on pouvait alors se figurer le pouvoir d'un foyer lumineux. L'Ame ainsi produite tire, dit-il, sa vertu de la contemplation de l'intelligible. Elle contient, en qualité de *raisons séminales*, qu'elle répand dans le monde sensible, les principes que l'Intelligence contient en forme d'Idées. Mais elle est immatérielle. C'est par là qu'elle diffère de l'Ame du monde des stoïciens ; ce qui n'empêche pas que les mêmes images servent à expliquer sa nature et son activité. Elle *pénètre* et *vivifie* le monde ; elle est une, quoique infinie par la diffusion de son

---

(1) Plotin, *Ennéades*, II, IV, 16 (trad. de N. Bouillet).

essence; elle contient toutes les âmes individuelles, quoique chacune de celles-ci soit une et distincte, et immatérielle aussi. Chaque âme renferme à sa manière les trois hypostases, l'Ame, l'Intelligence et l'Un : en examinant sa propre nature, elle trouve Dieu en elle et éprouve l'action de Dieu sur elle. Il règne dans cette doctrine une contradiction continuelle entre la thèse théorique de l'immutabilité et de l'inaction des principes supérieurs à l'égard des principes inférieurs, et les expressions d'ordre pratique et religieux qui semblent supposer un influx d'en haut, une action causale des premiers sur les âmes. On peut se demander comment la théologie d'Aristote n'a pas paru aux néoplatoniciens plus conforme à leur manière de voir en n'accordant qu'à la cause finale la vertu motrice. Puisqu'ils admettaient, comme Aristote, l'éternité du mouvement, rien ne les obligeait à rendre compte de l'existence du monde, et à lui supposer, outre les fins qui le conduisent, une cause efficiente première. Mais l'idée de *génération*, tradition des anciennes théogonies, s'imposait aux esprits. Le christianisme lui-même l'a certainement empruntée à la même source; et le judaïsme, pour ce qu'il en a fait d'usage dans les derniers livres de son canon des Écritures. Il est bien inutile d'entrer dans le débat qui a trop longtemps occupé la critique sur l'origine de l'idée du Verbe divin. La mythologie suffit pour en rendre raison.

C'est surtout dans le passage de la seconde à la troisième hypostase que trouve sa place, chez Plotin, cette théogonie raffinée qui s'applique à des abstractions personnifiées du genre intellectuel, comme autrefois au réalisme des éléments ou des forces naturelles. Ce n'est pas que l'idée de *génération* ne s'applique également au rapport de la première à la seconde hypostase, — avec cette réserve qu'on ne veut point parler de cette génération qui est dans le temps (γένεσις ἡ ἐν χρόνῳ), mais qu'il s'agit des choses qui sont toujours (περὶ ὧν ἀεὶ ὄντων), et qu'on entend seulement marquer entre elles un rapport *de cause et d'ordre* (αἰτίας καὶ τάξεως); — mais il suffit bien qu'on parle de *cause* (1), et il n'est pas facile de voir comment l'Un pur peut être

---

(1) L'idée de *l'action causale* du *Premier* est employée en termes exprès à certains endroits. Plotin parle de la fécondité exubérante de l'Un qui engendre l'Être, tous les êtres. L'Un, dit-il, est la puissance de toutes choses (δύναμις πάντων) non dans le sens où les choses sont en puissance dans la matière, *qui reçoit, qui pâtit*, mais dans le sens opposé pour signifier que

cause de quelque chose, tandis que la seconde hypostase, dans laquelle on a déjà introduit, malgré la simplicité qu'on lui atttribuait, le monde intelligible tout entier, semble se prêter mieux à la fiction d'une transmission générative. Le passage à effectuer est alors celui de la pensée une et immuable à la raison discursive; du *logos,* tel qu'il est dans l'intelligence divine, au *logos* de l'âme divine lequel sera transmis par celle-ci aux âmes humaines. Mais il n'y a point *consubtantialité,* comme entre la première et la seconde personne de la trinité chrétienne : l'Ame est inférieure en *dignité* à l'Intelligence.

« L'Ame n'est que l'image (εἰκών) de l'Intelligence. Ce que le *logos* proféré (ὁ ἐν προφορᾷ) est au *logos* de l'âme, l'âme elle-même l'est au *logos* de l'Intelligence. Elle est son acte, la vie qui s'en échappe pour former une autre hypostase, de même que dans le feu, la chaleur qui est en lui (ἡ συνοῦσα θερμότης) diffère de celle qu'il communique... Procédant de l'Intelligence, l'âme est intellective et son intelligence consiste en réflexion et raisonnement (ἐν λογισμοῖς)... Elle est le *logos* en acte dans la contemplation de l'Intelligence, et c'est alors qu'elle possède en propre les actes intellectuels purs et les produit comme vraiment siens. Ceux qui sont mauvais lui viennent d'ailleurs. Ce sont ses passions (1). »

Il convient de compléter cette théorie des hypostases par la doctrine de pur panthéisme qui la domine et la ramène à l'unité. Nous verrons ensuite ce qui concerne l'évolution des âmes, leur descente et leur retour. Prenons d'abord les êtres qui existent au-dessous de l'Un, dans le monde intelligible; Plotin les compare à une multitude de centres qui se confondent avec un centre mathématique unique, et se distinguent seulement par les rayons différents qui en émanent. « Ces rayons peuvent servir à nous donner par analogie l'idée de la multiplicité et de l'ubiquité apparentes de la nature intelligible, qu'ils montrent mais qu'ils ne produisent pas. » Il faut prendre à la lettre cette identité réelle des essences dans une apparente dispersion. Le Tout agit dans les

---

l'Un est un ager , un créateur (τῷ ποιεῖν). Cette déclaration est suivie et précédée d'explications confuses destinées à montrer que le *Premier* agit sans agir, ne pense pas, ignore ce qu'il fait. L'idée de création s'affirme et se nie continuellement, là (*Ennéades*, V, III, 15) et dans bien d'autres passages. C'était une des manières d'accorder Platon et Aristote

(1) Plotin, *Ennéades*, V, 1, 3.

parties, comme par les parties, mais c'est toujours le Tout, et il y a unité d'être et d'action descendant de l'Un aux idées et des idées à leurs images du monde sensible. « L'homme matériel (ὁ ἄνθρωπος ἐν τῇ ὕλῃ) procédant de l'homme idéal (ὁ ἄνθρωπος κατὰ τὴν ἰδέαν) qui est unique, a produit une multitude d'hommes qui sont les mêmes parce qu'une seule et même chose a imprimé son sceau à une multitude. Ainsi l'homme en soi, chaque intelligible en soi, enfin l'Être universel tout entier n'est pas dans la multitude, mais la multitude est dans l'Être universel, ou se rapporte à lui... Si nous pensons les intelligibles, c'est que nous sommes les intelligibles mêmes. Puisque nous participons à la véritable science nous sommes les intelligibles, non parce que nous les recevons en nous, mais parce que nous sommes en eux... Tous ensemble nous formons une seule unité. Quand nous portons nos regards hors de Celui dont nous dépendons, nous ne reconnaissons plus que nous sommes une unité : nous ressemblons alors à une pluralité de visages qui formeraient une pluralité, vus de l'extérieur, *mais qui ne formeraient à l'intérieur qu'une seule tête.* Si un de ces visages pouvait se retourner, il verrait qu'il est luimême dieu, qu'il est l'être universel ; sans doute, il ne se verrait pas d'abord comme étant universel, mais ne pouvant ensuite trouver un point d'arrêt pour fixer ses propres limites, et déterminer jusqu'où il est lui, il renoncerait alors à se distinguer de l'Être universel, *il arriverait à l'Être universel sans changer de place, en demeurant là même où est édifié l'Être universel* (1). »

La doctrine de l'universelle nécessité ne peut manquer de se joindre à celle de l'unité et identité de l'Être. Le point de départ est dans l'identification de la volonté divine avec la nature divine, ou, en d'autres termes, de la liberté d'agir avec la nécessité d'être. « Puisque avant tous les temps il était ce qu'il est, dit Plotin, parlant du dieu de la première hypostase, — de laquelle la seconde et la troisième ne se distinguent que logiquement, — il faut, lorsqu'on dit qu'il s'est fait lui-même, entendre par là qu'*avoir fait* et *lui-même* sont inséparables ; car son *être* est identique à son *acte créateur* (τῇ ποιήσει) et, si je puis m'exprimer ainsi, à sa génération éternelle γεννήσει ἀϊδίῳ ». Mais Plotin n'entend pas pour cela renoncer à attribuer à Dieu une volonté ; il le considère comme se commandant et s'obéissant éternellement à lui-même, quoique sa volonté *n'ait*

---

(1) Plotin, *Ennéades*, VI, v, 6-7 (trad. de N. Bouillet).

rien engendré qu'il ne fût déjà, et il l'appelle « véritablement libre parce qu'il n'est point même dans la dépendance de lui même » ; « il est comme il a voulu être », et cependant « sa volonté était déjà dans son essence », et « il ne pouvait pas se faire autre qu'il ne s'est fait » ; mais, c'est qu' « en Dieu, la puissance ne consiste pas à pouvoir les contraires ; c'est une puissance constante et immuable, dont la perfection consiste précisément à ne point s'écarter de qui est un : car pouvoir les contraires est le caractère propre de l'être incapable de se tenir toujours au meilleur » (1). Ces contradictions amenées par le désir de dire de Dieu qu'*il s'est fait lui-même,* tandis qu'au fond c'est à un sujet éternel sans cause que l'on pense, paraîtront peu de chose encore, si l'on songe que Plotin nous a dit de ce sujet, de cet Un, qu'il n'entrait en lui aucune distinction, qu'il n'était pas un objet pour lui-même.

De même que la volonté divine n'est que la nature divine, selon cette doctrine, la liberté humaine ne peut être que le consentement donné par l'homme à l'action une et universelle de la providence inhérente à l'Ame du monde. Il faut cependant un peu d'attention pour dégager des explications de Plotin cette thèse éminemment stoïcienne, parce que, les contradictions, n'étant pas pour le troubler, il combat l'enchaînement indissoluble des causes, le *fatum* stoïcien, et défend ou semble défendre le libre choix des décisions de l'âme (Chrysippe aussi prétendait bien le maintenir); mais Plotin ne laisse pas de rapporter à Dieu tout *acte bon*, tout *acte réel,* par conséquent, le mal n'étant jamais que le défaut d'être, comme nous l'avons vu, un produit de la matière, qui elle-même n'est rien (2). Il faut commencer par écarter de la question toute la part des choses humaines que Plotin reconnaîtra être soumises au *destin*, et ce n'est pas moins que tout le domaine de l'imagination et des sens : l'homme n'est libre qu'en tant qu'il exerce la raison et l'intelligence. Il reste à savoir s'il est libre d'exercer la raison et l'intelligence. Il l'est, selon Plotin, mais cette affirmation que le philosophe fait du point de vue de l'homme, et qui ne manque pas de netteté, il la retire implicitement, du point de vue de la Providence, si l'on n'aime mieux dire qu'il se complaît dans la contradiction dont la théologie tout entière à pris le parti à sa suite. Quand il réfute l'enchaînement causal des stoïciens, sous la forme

---

(1) Plotin, *Ennéades*, VI, viii, 20-21.
(2) Plotin, *Ennéades*, III, i, 4.

déterministe de l'εἱμαρμένη, ce n'est pas pour refuser de faire remonter tous les faits jusqu'à la cause suprême, en ce qu'ils ont d'intelligible et de réel; c'est, au contraire pour les y rapporter directement. Ce qu'il ne veut pas c'est la transmission de l'action par un procès à l'infini. Et c'est en attribuant à la cause immanente du monde éternel, — abstraction faite des imperfections et des vices qu'il impute à la matière — l'opération immédiate des actes produits en son cours, c'est précisément ainsi, qu'il lui est le plus aisé de confondre l'agent avec l'âme universelle en laquelle il est, par laquelle il agit, et de dire que « chacun vit, pense, agit d'une vie, d'une pensée, d'une action qui lui sont propres »; qu'il a la responsabilité de ses actions bonnes ou mauvaises; qu'elles ne sont pas imputables à la cause universelle ». Les stoïciens le prétendaient aussi, tout en ne remontant à la cause universelle qu'a travers les degrés de l'évolution du monde.

L'évolution néoplatonicienne est d'un autre genre. Elle n'est point périodique. Les idées de descente et de retour, d'émanation et d'absorption y concernent les âmes et non le monde, qui reste éternellement construit et régi par l'immuable essence des hypostases. La chute des âmes n'est pas elle-même un événement survenu à l'origine de la création, un événement qui mette en cause la conduite providentielle de l'univers, et la volonté ou seulement la prévision de dieu par rapport aux choses. Il n'existe rien de tel qu'une Providence de ce genre, selon Plotin : « Si nous pensions que le monde eût commencé d'être, qu'il n'eût pas existé de tout temps, nous reconnaîtrions une *Providence particulière* (πρόνοια ἐπὶ τοῖς κατὰ μέρος), c'est-à-dire nous reconnaîtrions en Dieu une espèce de prévision et de raisonnement, et nous supposerions que cette prévision et ce raisonnement étaient nécessaires pour déterminer comment l'univers pouvait être fait et à quelles conditions il devait être le meilleur possible. Mais comme nous disons que le monde n'a pas commencé d'être, et qu'il existe de tout temps, nous pouvons affirmer d'accord avec la raison et avec notre croyance que la Providence universelle (πρόνοια τοῦ παντός) consiste en ce que l'univers est conforme à l'Intelligence et que l'Intelligence est antérieure à l'univers, non dans le temps, mais parce que l'Intelligence précède par sa nature le monde qui procède d'elle, dont elle est la cause, l'archétype et le paradygme, et qu'elle fait toujours subsister de la même manière (**1**). »

(1) Plotin. *Ennéades*, III, ɪɪ, 1.

Il n'y a donc pas pour Plotin de prédéterminisme théologique ; c'est sa réponse à ceux qui disent : « Il n'y a pas de Providence », et à ceux qui disent : « Le Démiurge est mauvais. » Il n'en éprouve pas moins le besoin de justifier le plan du monde en tant que produit, et quoique produit indélibéré, de l'Intelligence. Il reconnaît qu'il y a bien toujours un prédéterminisme, encore qu'irresponsable, en son système, et cela l'amène à parler de cette cause aveugle pour laquelle il est plein de respect, comme si elle était clairvoyante. Après avoir expliqué comment la Matière et la Nécessité, — personnages métaphoriques très utiles en pareille occasion, — concourent à l'œuvre de l'Ame universelle, corrompent les raisons séminales, donnent lieu à la production de toutes sortes d'espèces et de caractères bons ou mauvais dans les choses, dans les êtres animés *dont chacun vit bien ou mal, selon sa nature, sans cesser de faire partie de l'Être universel* : « Ce n'est pas par l'effet de circonstances accidentelles qu'on vit bien ou mal, ajoute-t-il; *celles-ci elles-mêmes découlent naturellement de principes supérieurs et résultent de l'enchaînement de toutes choses*. Or, cet enchaînement est établi par la puissance qui a le commandement dans l'univers et chaque être y concourt selon sa nature : c'est ainsi que, dans une armée, le général commande, et les soldats exécutent ses ordres d'un commun accord. La Providence, en effet, a tout réglé dans l'univers, comme un général qui considère tout, les actions et les passions, les vivres et les besoins, les armes et les machines, et qui embrasse tous les détails, en sorte que chaque chose ait une place convenable : rien n'arrive ainsi qui n'entre dans le plan de ce général, quoique ce que font les ennemis reste en dehors de son action et qu'il ne puisse commander à leur armée. S'il était le grand chef auquel l'univers est soumis, qu'y aurait-il qui pût déranger son plan et qui ne dût pas s'y rattacher étroitement (1) ? »

On citerait peu d'exemples, chez les philosophes, de contradictions aussi grossières que celles où Plotin est si souvent conduit par son double point de vue des hypostases comme causes intelligentes et actives, et des mêmes comme sujets de pure émanation à qui leurs produits restent étrangers. Mais ce n'est pas pour relever les défauts de la plus illogique des doctrines de l'antiquité

---

(1) Plotin, *Ennéades*, III, III, 2.

que nous donnons un développement qui peut paraître ici disproportionné, à la théorie des hypostases et à celle de la Providence, de la liberté et de la chute ; c'est uniquement à cause du rapport de ces théories avec celles qui se sont introduites dans la théologie des docteurs du christianisme, et de l'importance des points dans lesquels elles leur ressemblent et de celui par lequel elles en diffèrent.

L'optimisme de Plotin est d'ailleurs, en ses principaux traits, tout semblable à celui qui n'a cessé de se montrer depuis dans bien des systèmes, les uns à intention religieuse, les autres non, mais qui ont eu pour but commun de faire accepter le mal à titre de bien, par cette raison qu'il serait une condition nécessaire, ou un ingrédient nécessaire du bien, et que le tout dès lors serait irréprochable. C'est ainsi qu'on trouve développées, chez Plotin, les propositions suivantes : — d'une manière générale, l'imperfection est inhérente aux choses produites, car l'être ne peut pas s'arrêter à la perfection, qui est une et immuable, et il est nécessaire qu'il y ait des degrés inférieurs d'existence ; — le monde est un mélange d'être et de non être, et le mal, provenant de négations, ne fait ainsi qu'établir des degrés dans le bien ; — les variétés et les inégalités entrent dans l'harmonie des choses et sont des éléments de beauté, et on ne peut juger correctement des parties qu'en les rapportant à leur tout ; — la douleur est une suite de l'imperfection, et d'ailleurs elle a son utilité comme moyen de conservation et comme stimulant ; — la justice règne sur le monde, parce que les bonnes actions sont récompensées, et les mauvaises toujours punies, en vertu des lois naturelles qui président à la destinée des âmes ; — la liberté, qui fait partie du plan de l'univers, donne à ces lois naturelles le caractère d'une justice distributive ; — enfin la guerre que se font les animaux est une chose nécessaire parce qu'ils ne sont pas nés éternels et qu'ils se remplacent ainsi les uns les autres, si même ce ne sont pas toujours les mêmes qui reviennent. En résumé, il y a du mal, il y en aura toujours, le mal est nécessaire, il se réduit essentiellement au défaut du bien (ἔλλειψις τοῦ ἀγαθοῦ) et la Providence le fait partout servir au bien.

L'origine du mal moral ne semblerait pas devoir être un sujet d'explications dans une philosophie qui admet l'éternité du monde. Aristote, avec un système franchement tout finaliste, sans aucun établissement primitif du bien par un démiurge dans les choses temporelles, n'avait pas à se poser la question, et ne se la posait pas. Mais Plotin qui, bien que sans démiurgie, prêtait à ses dieux hypostatiques les mêmes conceptions et les mêmes attributs moraux que s'ils eussent été les organisateurs du monde émané de leurs essences, Plotin reconnaissant l'univers comme peuplé en tout temps d'âmes bonnes et mauvaises, se sentait sollicité par cette difficulté : pourquoi les âmes mauvaises, et comment peut-il convenir à la Providence que l'institution du monde en comporte éternellement de cette espèce? Il se la dissimulait même si peu qu'il la posait sur le terrain pratique du déterminisme et du libre arbitre, en demandant compte à la Providence du caractère qu'elle a donné à chaque homme, et qui a dû faire partie de son plan :

« Quoique je sois maître de prendre une détermination ou une autre, cependant *ma détermination entre dans le plan de l'univers*, parce que ma nature n'a pas été introduite après coup dans ce plan, et que je m'y trouve compris avec mon caractère. Mais d'où vient mon caractère? » :

La question est d'une parfaite netteté. Mais Plotin n'y répondait que par une sorte de fin de non recevoir, et par là se rangeait inévitablement parmi ceux des partisans de l'éternité du monde qui n'admettaient pas de cause efficiente divine; il aurait dû en ce cas renoncer à son langage providentialiste; ou bien c'est qu'il reconnaissait l'existence du mal moral comme une partie du plan providentiel, et la bonté du monde est inconciliable avec cette opinion, bien plus évidemment que quand c'est du mal physique qu'il s'agit. Voici sa réponse :

« Il y a ici deux points à considérer : faut-il chercher la cause du caractère de chaque homme dans celui qui l'a formé, ou dans cet homme même? *ou bien faut-il renoncer à en chercher la cause? Oui sans doute, il y faut renoncer* : on ne demande pas, en effet, pourquoi les plantes ne sentent pas, pourquoi les animaux ne sont pas des hommes; ce serait demander pourquoi les hommes ne sont pas des dieux. Si pour les plantes et les animaux, on a raison de n'accuser ni ces êtres mêmes, ni la puissance qui les a faits, comment aurait-on le droit de se plaindre de ce que les hommes n'ont pas une nature plus parfaite? Si l'on dit qu'ils pouvait être meilleurs, ou bien on veut parler des qualités que chacun d'eux est capable d'acquérir par lui-même et, alors il ne faut blâmer que celui qui ne les a pas acquises, ou l'on parle de celles qu'il devait tenir du créateur, et alors il est aussi absurde de réclamer pour l'homme plus de qualités qu'il n'en a reçu qu'il le serait de le faire pour les plantes et les animaux » (1).

Des commentateurs de Plotin ont cru que l'esprit de ce passage était de rejeter la responsabilité de l'existence des mauvaises natures sur le libre arbitre de l'agent, qui n'aurait qu'à s'en prendre à lui-même de son caractère aussi bien que de ses actes. C'était ne pas comprendre la question. Elle porte sur le caractère donné, antérieur aux déterminations libres, et considéré comme déjà bon ou mauvais, porté au bien ou au mal. Autrement, où serait la difficulté? Et quant à la réponse, elle consiste à appliquer aux vices moraux l'explication qui sert pour les défauts naturels, comme s'ils étaient du genre des simples imperfections et ne marquaient que des degrés entre des natures nécessairement inégales. Une raison plus topique que Plotin aurait pu alléguer, dans sa doctrine à la fois de libre arbitre et d'éternité du monde, c'est que le mal commis n'ayant pas eu de commencement, non plus que les âmes qui s'en sont rendues coupables et dont les caractères acquis et les destinées dans l'univers (les métensomatoses) ont toujours dépendu de leurs mérites ou de leurs démérites, on a le droit, en dernière analyse, d'assigner éternellement et partout pour causes du mal des actes libres. Mais pour rendre cet argument valable, il aurait fallut embrasser franchement la thèse du procès à l'infini des actes des âmes, sans vouloir que tout acte dans le monde fût au fond l'œuvre de Dieu et une partie inséparable du plan de sa providence. Nous sommes ramenés à la contradiction qui nous a déjà frappé entre la doctrine de l'émanation et le point de vue moral et religieux, que Plotin tient à conserver, d'une doctrine démiurgique ou de création.

Mais l'émanation, non la création, est vraiment dans la logique de son système, et son système est dès lors semblable à la philosophie brahmanique, à cela près que l'émanation des êtres, au lieu de se produire par accès périodiques, suivis de résorption, à de longs intervalles, est un acte permanent, confondu avec leur administration dont l'Ame du monde a la charge. Néanmoins l'image inséparable de cette conception émanative exige que les âmes, au lieu d'être considérées comme entraînées dans un cours sans commencement de vies successives et diverses, soient repré-

(1) Plotin, *Ennéades*, III, III, 3.

sentées sous la forme mythologique d'une entrée dans le monde et d'un abaissement vers la matière, comme si la nécessité d'y descendre n'avait pas toujours existé pour elles. De là le mythe de la « chute des âmes ». Ce mythe ne saurait partir de l'hypothèse d'un commencement semblable à celui d'un *réveil* de Brahma, puisqu'il n'y a rien de tel dans le système, non plus que d'un commencement absolu de la vie mortelle de chaque âme ou de toutes, ce qui établirait une rupture dans la fonction éternelle de l'Ame du monde, qui comprend toutes les âmes; il ne reste plus qu'à imaginer les âmes tantôt existant dans le monde intelligible pur, tantôt vivant dans le monde sensible, et pouvant opérer, de l'un à l'autre de ces mondes, une suite de descentes et d'ascensions. La chute se présente ainsi avec un caractère beaucoup moins moral que métaphysique, et tient plus d'une fonction naturelle que d'un péché commis contre un ordre premièrement institué.

Quand les âmes demeurent dans le monde intelligible, elles contemplent les hypostases et partagent avec l'Ame universelle le gouvernement du monde. Quand l'ennui les prend, au sein de la félicité, et que, se tournant vers leurs existences propres et les objets particuliers, elles sont prises du désir de développer leurs puissances pour la vie sensible, elles *perdent leurs ailes et s'enchaînent dans les liens du corps.* « Cette descente n'est ni tout à fait volontaire ni tout à fait involontaire. En effet, ce n'est jamais volontairement qu'un être déchoit; mais, comme c'est par son mouvement propre qu'il s'abaisse aux choses inférieures et qu'il arrive à une condition moins heureuse, *on dit qu'il porte la peine de sa conduite.* D'ailleurs comme c'est par une loi éternelle de la nature que cet être agit et pâtit de cette manière, on peut sans se contredire ni s'éloigner de la vérité, avancer que l'être qui descend de son rang pour assister une chose inférieure est envoyé par Dieu ». Selon Plotin, que toute son école ne suivit pas en cela, la chute de l'âme n'est que partielle. Sa meilleure partie reste dans le monde intelligible, où l'on ne comprend pas bien qu'elle attende le retour de ses parties inférieures. La faute de cette séparation est suffisamment expiée par l'état même où elle conduit l'âme, mais celle-ci, l'âme sensible unie au corps, commet de nouvelles fautes, relatives à sa situation, et, selon leur gravité, passe en différents corps, « *en vertu de ce qu'on appelle un jugement pour marquer que c'est la conséquence d'une loi divine. Mais, si la perversité de l'âme est sans mesure, elle subit, sous la garde des démons préposés à son châtiment, les peines sévères qu'elle a encourues* ». La descente en elle-même, il semble que Plotin ne sache bien s'il doit la regarder comme un mal ou comme un bien. Un mal et une faute, on vient de voir en quel sens ; mais, d'une autre part, l'âme « descend par une inclination volontaire, *dans le but de développer sa puissance et d'orner ce qui est au-dessous d'elle* » et peut-être n'aura-t-elle pas à regretter, si tout a une bonne fin pour elle, d'avoir pris connaissance des choses d'ici-bas, « ni d'avoir eu l'occasion de manifester ses facultés et de faire voir ses actes et ses œuvres ». Et d'ailleurs à quoi les puissances serviraient-elles ? Il faut qu'à partir de l'Un jusqu'aux natures inférieures et *jusqu'aux dernières limites du possible,* elles se développent par une procession continue (πρόοδος, — χωρεῖν ἀει) (1). »

Les carrières de vie animale des âmes sont constamment désignées par Plotin sous le nom de *métensomatoses*, terme mieux approprié, d'après l'étymologie, à ces passages de corps en corps qu'on appelle ailleurs *métempsychoses*. « Chaque âme, dit-il, entre dans le corps qui est préparé pour la recevoir, et qui est tel ou tel selon la nature à laquelle l'âme est devenue semblable par sa disposition (καθ' ὁμοίωσιν τῆς διαθέσεως) : car, selon que l'âme est devenue semblable à la nature d'un homme ou à celle d'une brute, elle entre dans tel ou tel corps ». Les incorporations s'opèrent automatiquement (οἷον αὐτομάτως) : « Chaque âme entre où il faut, à son heure ». Il n'est pas douteux que Plotin n'assigne pour habitation à des âmes humaines des corps de bêtes, et qu'il ne conserve en outre les enfers de la religion populaire ; mais on ne trouve pas chez lui l'explication de la suite et des rapports des transmigrations successives. On voit seulement qu'il admet des périodes cosmiques, — ce sont les *grandes années*, dont la notion était familière aux astronomes et aux philosophes de l'antiquité, — après lesquelles l'Ame du monde rappelle à soi les âmes individuelles et les fait toutes revenir à l'état potentiel, pour de nouveau leur ouvrir des cours d'existences « déterminées conformément aux Idées ». Il parle aussi d'une harmonie entre les phénomènes périodiques du ciel et cet *ordre qu'un logos unique régit pour l'ascension et pour la descente des ames.* « C'est ainsi, dit-il,

---

(1) Plotin, *Ennéades*, IV, VIII, 3-6.

que les actions, les fortunes, les destinées trouvent toujours leurs signes dans les figures formées par les astres... Or il n'en pourrait être ainsi si toutes les actions et toutes les passions de l'univers n'étaient réglées par des raisons qui déterminent ses périodes, les rangs des âmes, leurs existences, les carrières qu'elles parcourent dans le monde intelligible, ou dans le ciel ou sur la terre » (1).

La théorie des descentes périodiques des âmes dans le monde sensible et de leurs résorptions dans l'Ame du monde s'étendait probablement au monde sensible lui-même et à tout son contenu qui rentrait dans l'état purement intelligible ou idéal. La matière n'étant par soi qu'un non être, ne devait point laisser de résidu, lors de la retraite des êtres unis à des corps dont les idées regagnaient le ciel avec eux. Cette théorie rappelle donc le système de l'évolution brahmanique et celui que les stoïciens avaient emprunté d'Héraclite, mais seulement sur le simple fait de la donnée des périodes. Sa différence à l'égard de tous deux est très considérable, en ce qu'à chaque fin de période, ils mettent complètement fin au monde lui-même, tandis qu'elle conserve le monde intelligible avec toutes les existences idéales et tous les rapports contenus dans l'Ame du monde, y compris les âmes individuelles rendues à leur principe et à la félicité contemplative. La conception néoplatonicienne diffère en outre de celle du stoïcisme par son caractère idéaliste. Il n'y reste pas trace de la matière vivante et du transformisme des éléments, ni de la combustion finale qui ne laissait pour tout avenir aux âmes éteintes dans le cours de l'évolution que leur réapparition attendue et indéfiniment répétée à des intervalles incalculables, en des conditions perpétuellement identiques : sorte d'éternité de chaque âme et de ses phénomènes particuliers, avec des temps d'éclipse occupant presque toute l'immensité de la durée !

Les âmes sont éternelles en un sens plus réel, pour le néoplatonisme, et immortelles, comme ne laissant des corps que pour en revêtir d'autres, selon leurs mérites, ou pour s'affranchir de toute matière et reprendre leurs places dans le monde intelligible d'où elles sont descendues, sans attendre l'expiration de la grande période qui doit les ramener toutes. Ces âmes privilégiées sont celles qui se sont purifiées ici-bas, c'est-à-dire qui n'ont quitté leurs corps qu'après s'être affranchies des passions. Les autres

---

(1) Plotin, *Ennéades*, IV, III, 12.

se portent spontanément dans les demeures où les attirent leurs dispositions et la justice qui règne sur les êtres, et même vers des lieux de tourments, sans subir aucune contrainte, mais ne pouvant dans leur agitation, s'arrêter ailleurs. Mais les âmes pures n'entraînant avec elles rien de corporel, ne peuvent non plus s'unir à rien de cette sorte ; elles se rendent donc où résident les essences, c'est-à-dire en Dieu. Livrées à la contemplation des purs intelligibles, elles ne conservent qu'en puissance les facultés de la vie végétative et de la vie sensitive. Elles perdent la mémoire, qui les abaisserait, des choses terrestres ; d'ailleurs rien de changeant ne les occupe, et la mémoire leur serait inutile ; même la conscience de soi, telle qu'elles 'la possèdent, est intuitive et se confond pour elles avec la connaissance des autres intelligibles. En un mot cette condition de l'âme affranchie est un état de repos, d'immutabilité et de parfaite béatitude, qui se peut assimiler à l'acte pur de la pensée pure. Ainsi unie à l'Intelligence, l'âme s'absorbe avec elle dans la contemplation de l'Un, du Bien et du Beau, objet dernier de l'aspiration de tous les êtres (1).

La différence entre cette conception de la béatitude et celle qui s'est formulée dans le *nirvana* bouddhique consiste en ce que l'auteur de cette dernière, retranchant tout objet de méditation à l'âme, décrit le progrès de cette évacuation jusqu'à son plein accomplissement, et, quand il croit l'avoir atteint, reconnaît qu'*il n'y a plus pour lui d'objet*, en effet, et que le sujet lui-même arrive en même temps à l'extinction. Le néoplatonicien se livre à une opération semblable, mais seulement jusqu'au degré où l'âme conserve encore pour objet quelques idées souveraines d'une suprême abstraction, et, parvenu à ce point, il déclare que son objet est la plus haute ou même l'unique réalité, et que le sujet qui contemple cette réalité la partage. On peut se poser une question : dans le cas où le néoplatonisme aurait poursuivi librement sa carrière dans le monde romain, après la chute de l'Empire, sans être retenu sur certaines pentes ou poussé sur d'autres, par la rivalité du christianisme, la doctrine de l'anéantissement serait-elle sortie de lui, comme elle était née du Brahmanisme dans l'Inde? La théorie de la descente des âmes et de leur retour à l'Un avait des rapports sérieux avec le système philosophique et d'éxégèse des *Védas*, appelé le *Védanta*, et, de même qu'à côté de ce système

---

(1) Plotin, *Ennéades*, IV, iii, 24 sq. ; vii, 10 ; I, vi, 7.

s'étaient produites des sectes hétérodoxes et athées qui conservaient le thème général des transmigrations, et desquelles naquit le bouddhisme(1), de même et par l'œuvre d'agents semblables, les grands ascètes, un bouddhisme occidental aurait pu naître. Mais le néoplatonisme conserva, tant qu'il put y avoir une philosophie libre en Occident, les traditions esthétiques de la Grèce, qui le préservaient de l'écart définitif dans la direction de l'ascétisme et de l'extase; Platon, Aristote restèrent les maîtres vénérés du syncrétisme philosophique que les penseurs travaillaient à faire de leurs idées avec le panthéisme stoïcien et avec les doctrines prétendues des « sages » plus anciens ; et, d'un autre côté, ce fut le christianisme non l'hellénisme, qui fournit aux anachorètes et aux cénobites leurs croyances et leur suprême idéal.

(1) V. ci-dessous, l. III.

CHAPITRE X

Le néoplatonisme. Les successeurs de Plotin.

L'école platonicienne, devenue une manière de religion, ne retrouva plus le génie de l'invention philosophique ; elle participa à la commune décadence de l'esprit logique et scientifique, qui alla sans arrêt du IIIe siècle à la fermeture des écoles. D'abord elle fut envahie par une double superstition contradictoire : celle du maniement des abstractions vides, au lieu de l'étude des réalités, et celle du démonisme et des œuvres théurgiques ; ensuite, elle céda à la tentation malheureuse de remettre en honneur, afin d'enrayer les progrès du christianisme, les anciens cultes, dont le sens était depuis longtemps perdu, et de restaurer, on le croyait, une doctrine théologique qui n'avait jamais existé dans le polythéisme, et ne pouvait être que la froide invention de symboles arbitraires sans racines dans l'esprit des nations.

La méthode des hypostases de Plotin était un réalisme modéré auprès de celui où ses disciples se donnèrent carrière, et qui arriva chez Proclus à un développement extravagant. Il n'y avait pas danger qu'on abandonnât le procédé des triades dans la composition des hiérarchies de principes. Le nombre *trois* s'imposait à tous ; mais un terme d'une triade pouvait donner lieu à une triade nouvelle, et cela indéfiniment, à l'aide des idées toujours réalisables ; et c'était matière d'exercice et de polémiques pour les adeptes. Nous avons vu que l'idée de l'*Être* était restée d'un emploi mal déterminé dans les hypostases de Plotin ; et de même l'idée de la *Vie*. Cependant, prenant les trois termes : l'*Un*, l'*Intelligence*, l'*Ame du monde*, on pouvait se servir du second et le décomposer en trois autres : l'*Être*, l'*Intelligence*, la *Vie* (la vie en soi (αὐτόζωον). C'est ce qui firent des disciples, dont Porphyre peut-être. A son tour, l'Ame, considérée comme démiurge, quoique le principe de la création démiurgique ne s'accordât point avec celui de l'émanation — mais on croyait suivre Platon, — l'Ame se prêtait à la même division et fournissait trois âmes d'une universalité graduée. La triade devenait ennéade. Jamblique alla plus loin et décomposa la seconde hypostase en six triades dont trois *intellectuelles* et trois *intelligibles*, ce qui formait deux neuvaines de dieux, objets et sujets de pensée les uns pour les autres. La triade démiurgique eut aussi son supplément de démiurges inférieurs. A ces subtilités faciles et sans fondement, Jamblique ajouta des spéculations dans le mode néopythagoricien. L'Intelligence fut la Dyade émanée de la Monade primitive; le démiurge eut pour lui la Triade; l'harmonie universelle, la Tétrade; d'autres abstractions suivaient pour l'Odgoade et pour l'Ennéade. La Décade réunissait en elle tous les principes émanés de l'Un.

Au surplus, le réalisme du nombre se joignit au réalisme de l'idée pendant tout le cours de l'école néoplatonicienne, et la tradition en remontait à Platon lui-même et à ses premiers disciples. Plotin classait les nombres en avant de toutes les essences; Jamblique les divinisait. La raison logique de l'antériorité des nombres est assez claire, puisque le système que composent les idées implique celui que composent les nombres, et que la réciproque n'est pas vraie; et dès lors qu'on fait les idées réelles et divines, il faut bien accepter les *idées des nombres*, comme nous les appelons aujourd'hui, pour des êtres réels aussi, et pour des dieux, et ces dieux sont antérieurs aux autres dieux. C'est ce que fit Proclus : il les regarda comme des essences supra-intelligibles, divinités siégeant en nombre infini entre l'Un et l'Être, qui est multiple. Il y a là toute une théorie de l'unité et des unités qui ne conserve pas pour nous d'autre intérêt que celui du principe réaliste dont elle découle, et qui conduit au polythéisme étrange dont les dieux sont des nombres abstraits. Au reste, tout ce sujet spéculatif non seulement des *supra-intelligibles* mais des *intelligibles* eux-mêmes est devenu pour nous une matière difficilement intelligible; car si nous avons conservé l'habitude inconsciente, que favorise le langage, de réaliser bien des abstractions, nous avons perdu la foi, ou tout au moins nous reculerions devant la logique du réalisme.

La conception de l'Un, ou dieu premier, est, chez, Proclus, la même que chez Plotin, mais il y parvient par une sorte de démonstration, de forme inductive, fondée sur ce principe, que de proche en proche, il faut remonter des choses données dans le monde à des choses en soi dont elles participent ou dont elles descendent. Après avoir déduit de l'Un absolu, qu'il obtient par cette méthode, les nombres purs qui lui fournissent le personnel d'un infini polythéisme supérieur à l'Être, il passe à la génération de l'Être, par une méthode curieuse empruntée au pythagorisme. Le *Fini* et l'*Infini* (αὐτοπέρας, ἀπειρία) forment la Dyade qui sort de l'Un pour produire l'Être. Le Fini participe de l'Un par son unité et sa détermination; l'Infini en est la puissance et la fécondité. L'*Être en soi* naît du premier mélange de ces deux principes. Il imite l'Un, étant comme lui simple, éternel, immuable. De l'Être part une seconde triade, car l'*Être* est *Vie* et *Intelligence*; ou plutôt c'est une trinité dans le sens de *trina unitas* : chacun de ces principes embrasse les deux autres, quoique chacun d'eux existe en soi. Après cela, Proclus imagine que le Fini et l'Infini composent avec chacun de ces trois termes trois nouvelles trinités; et il est loin de s'arrêter là, sans parler encore de l'Ame et des Démiurges. Nous ne suivrons pas plus loin ces constructions qu'on prendrait souvent pour une caricature de la méthode qui les a inspirées. Et pourtant Proclus était un philosophe d'un incontestable talent, muni de toute la science de son temps, et un noble génie qu'il ne faudrait pas comparer aux Jamblique et aux auteurs d'ouvrages tels que les *livres hermétiques* ou sur les *mystères des Égyptiens*. En général l'école d'Athènes, bien que florissant un siècle plus tard que l'école d'Alexandrie, et attachée aux mêmes principes, d'où découlaient des superstitions et des puérilités, s'est maintenue dans une plus grande élévation.

En tout ce qui conserve de l'intérêt, et si nous faisons abstraction de l'appareil logique des développements et des preuves, la philosophie éminemment systématique de Proclus reproduit les thèses exposées dans les écrits ou leçons de Plotin que Porphyre leur éditeur, distribua mais ne coordonna point en *six ennéades* de parties. Ce sont les trois mêmes hypostases fondamentales, le même néant d'existence pris pour dieu premier, Dieu absolument parlant; la même immutabilité ou, indifférence et indétermination des principes émanants par rapport aux principes émanés, la même impuissance, ou plus avouée, à définir la nature de l'émanation, et le même parti pris d'user du langage causaliste et providentialiste qui ne convient qu'à une doctrine de création. Puis c'est l'intelligence démiurgique qui produit éternellement de cela seul qu'elle existe, veut sans vouloir, conçoit sans concevoir, son *logos* étant son acte et sa production même, rayonne les Idées de son sein dans le monde, grâce à la contemplation du *Paradigme* universel, et produit les êtres inférieurs avec le concours de la nécessité et de la matière. Elle met l'intelligence dans l'âme, les âmes dans les corps, les fait entrer dans la génération, les soumet à des conditions tout à la fois de fatalité et de justice. Nous trouvons enfin une idée semblable de la matière, indétermination pure, indéfinissable parce qu'il n'en existe point d'*idée*, et toutefois sujet des phénomènes (ὑποκείμενον) et capable de recevoir toutes les formes, quoiqu'elle-même sans forme, un mensonge vrai (ἡ ὕλη τὸ ἀληθινὸν ἐστι ψεῦδος καὶ τὸ ὄντως μὴ ὄν). Ces assemblages de termes contradictoires ont pour le réalisme un grand aspect de profondeur.

La doctrine des métensomatoses, déjà un peu effacée chez Plotin, qui semble parfois hésiter, en courant sur ce sujet, se montre encore moins chez Proclus, quoique l'éternité des âmes y suive l'éternité du monde, et qu'il y soit question des vies antérieures *humaines*, du retour des âmes dans les corps, des peines et des récompenses, et même d'un «Tartare», sans y insister beaucoup. Il imaginait, comme l'idée en était venue aussi à certains philosophes indiens, une espèce de véhicule inhérent à l'âme, forme éternelle, intermédiaire entre sa pure essence et les corps, et servant à la transporter des uns aux autres, mais il ne prétendait pas expliquer son entrée dans un de ceux-ci, au moment de sa « chute dans la génération ». La nature au-dessous de l'homme, la vaste création animale et ses mystères semblent l'avoir médiocrement préoccupé, comme au surplus toute la philosophie chrétienne. Même dans les choses mortelles, il n'était intéressé que par ceux des phénomènes qu'il pouvait envisager *sub specie æternitatis*, quoique les autres, et les plus infimes, fussent éternels, eux aussi, dans sa doctrine. Ce philosophe défendait avec ardeur, contre les docteurs du christianisme, cette éternité des phénomènes qui était le point essentiel de dissidence avec eux, dans l'emploi commun qu'on faisait des deux côtés des idées de Dieu un et incompréhensible, de *Logos* et de Providence universelle. Mais son esprit s'appliquait plus volontiers à l'ascension de l'âme vers Dieu par le détachement du corps, par les degrés de la prière contemplative et avec l'aide des dieux et des démons, qu'à la descente du monde des intelligibles dans le monde de la génération et aux destinées variées des âmes plongées dans la matière. En général, on doit dire que la croyance aux transmigrations n'étant pas dans le monde romain, et tant s'en faut, un grand fait de l'âme populaire, comme dans l'Inde, le brahmanisme occidental, — ce nom convient à bien des égards au néoplatonisme, — n'eut pas à sa disposition ce dogme capital, ne s'y trouva pas assez porté dans la personne de ses auteurs et de ses adeptes, pour construire un système simple et complet de l'univers, rendant bien compte de toutes les formes naturelles, depuis les dieux inférieurs jusqu'aux bêtes. Il advint de là que la démonologie des néoplatoniciens resta vague, comparativement à celle du brahmanisme, et d'ailleurs, mal accommodée aux autres parties de leur doctrine, et rattachée aux traditions propres de l'hellénisme sur les démons et les héros, auxquels ils ajoutèrent seulement les anges et les archanges. Les superstitions liées à cette branche du polythéisme furent moins graves et moins nuisibles de beaucoup que celles qui étaient nées ailleurs de l'emploi des métempsychoses indiennes pour peupler la nature et les différents cieux et enfers de la mythologie naturaliste.

L'optimisme, caractère essentiel de la philosophie de Plotin, de Proclus et de leurs disciples, la théorie du monde éternel rapporté dans son ensemble au Bien comme sa cause et sa fin, et beau tout entier comme conforme au plan d'une Providence à laquelle rien n'échappe, ces traits d'hellénisme fidèlement conservés en opposition avec les idées orientales presque partout ailleurs envahissantes, se seraient conciliés difficilement avec la vue franche et nette de la loi des transmigrations proportionnées aux mérites, comme expliquant et régissant seule l'univers des âmes émanées de l'Être universel. On dirait que la croyance aux métensomatoses est restée constamment, depuis Pythagore jusqu'aux écoles d'Alexandrie et d'Athènes, à l'horizon et à la limite des doctrines idéalistes de la Grèce, toujours acceptée ou plutôt non rejetée, jamais développée avec le sentiment de son importance et de la place à lui faire dès qu'on lui permet d'entrer dans la générale conception *physiologique*. Cette unique loi des rémunérations est toute une justice céleste et dispense d'une autre providence. Elle fait le monde triste et laid, et quoique rendant la vie peu aimable, — le bouddhisme indien qui en est sorti l'a bien prouvé, — elle ne pose point le problème de la théodicée. Ce problème, au contraire, s'est posé aux néoplatoniciens dans les mêmes termes qu'aux théologiens chrétiens. Ils le tenaient de Platon, mais surtout des stoïciens, qui, avant eux, avaient tenu à justifier Dieu, bien qu'inconscient, du mal qui règne en ce monde dans lequel il évolue et développe ses puissances.

La théorie du mal, de la nécessité et de la liberté reste chez Proclus ce quelle était chez Plotin : nous y retrouvons la froide définition du mal comme non être en soi, et la contradiction, commune depuis les vieux stoïciens, du prédéterminisme des actes libres. Le mal est dit-on une pure déficience de bien qui ne pourrait pas se rencontrer chez l'inférieur, nécessairement *descendu* du supérieur; et comme il ne s'applique qu'au particulier, il est un bien pour l'universel, en tant qu'élément d'un ensemble parfait. Tout acte humain est une partie inséparable de ce tout. Il n'est pas moins vrai que l'homme est « une force qui s'appartient »; c'est bien lui-même qui agit, sans contrainte aucune, en la partie de son âme qui est séparable du corps et qui a son essence dans le *logos* : il se possède, il se commande à lui même (αὐτεξουσία) et, selon son choix, se met au service de la fatalité qui régit la connexion des lois et des causes des choses externes, ou se sépare des choses, surmonte la fatalité, et se place sous le gouvernement de la seule Providence, c'est-à-dire du Bien. Si l'acte de l'homme est vraiment sien (αὐτενέργητον), il y a des choses contingentes dans la nature; mais elles ne laissent pas d'être éternellement données dans l'intelligence divine. Toutes ces expressions qui mettent l'accent sur ce fait, que nous sommes bien, nous qui sommes là, les auteurs de nos actes et de *ce que nous nous faisons être par notre volonté*, sont ici de nouveaux exemples de la facilité que trouve le déterminisme à s'offrir comme une doctrine de liberté, alors qu'en recourant à l'épreuve décisive, c'est-à-dire à la question de l'incertitude réelle des futurs contingents, on trouve ou la négation de ce qui est l'essence du sentiment du libre arbitre, ou la contradiction affrontée. Le cas particulier de Proclus a ceci de particulier qu'il s'est complu à bien mettre la contradiction en évidence par ses formules. Il nous paraît utile, malgré ce quelles ont de compliqué et de fastidieux, de les donner en échantillon de la logique du dernier des philosophes illustres de la décadence de l'hellénisme. Il faut voir jusqu'où la méthode de penser était descendue.

« Le genre de la connaissance ne se guide pas sur ce qu'est le connaissable, mais sur ce qu'est le connaissant; car la connaissance est dans le connaissant, non dans le connaissable. Elle est donc conforme à ce en quoi elle est, et non à ce en quoi elle n'est pas. Lors donc que le connaissable est indéterminé, mais que le connaissant est déterminé, la connaissance n'est pas indéterminée à cause du connaissable, mais déterminée à cause du connaissant. La meilleure manière de connaître est celle qui ne se règle pas sur le mode inférieur. Les dieux, meilleurs en toutes choses, ont conçu toutes choses d'avance de la manière la meilleure : avant le temps, celles qui sont dans le temps, incorporellement les corporelles, immatériellement les matérielles, et *déterminément les indéterminées*, et immuablement les muables, et sans génération les engendrées. S'ils connaissent les futurs, ce n'est pas que la nécessité en ait fixé l'événement, mais c'est qu'à des choses déterminées une génération indéterminée a été donnée, et aux dieux une *prescience déterminée de cet indéterminé...* Les dieux, par conséquent, connaissent divinement et intemporellement ce qui est en nous et ce que nous opérons à raison de nos aptitudes natives, et ils ont la prescience de nos choix, non point à cause de ce qui est donné en nous, mais de ce qui est donné en eux-mêmes » (1). Les stoïciens avaient moins mal rencontré, en distinguant le futur nécessaire du futur certain ; aussi est-ce leur distinction qui régna plus tard dans la scolastique ; mais Proclus a dit le mot plus franchement : *la détermination de l'indéterminé*.

Proclus parle de la prescience des dieux, non de celle de Dieu, qui ne pourrait sans déchoir se connaître lui-même, à combien plus forte raison connaître les contingences, quoique de toute éternité découlant de lui par d'infinis intermédiaires. Le déterminisme universel lui servait, comme autrefois aux stoïciens, à expliquer les présages, les oracles, toutes les sortes de divination, et à en prouver l'existence. Si toutes choses sont liées, elles peuvent se servir de signes les unes aux autres, les présentes aux futures, et ce serait faire injure aux dieux que de leur en contester la connaissance. Ils peuvent donc, eux ou les démons, nous la communiquer, s'ils sont consultés ou évoqués avec des rites, des prières, des sacrifices convenables. Plotin à une époque où, depuis longtemps déjà la magie et l'astrologie étaient chose reçue, même pour des

---

(1) Proclus, *De providentia et fato et de eo quod in nobis*, § 51 et 52. Le texte grec de l'ouvrage est perdu. La traduction... e est d'une évidente et curieuse littéralité.

philosophes, n'avait montré qu'une crédulité modérée. Il avait écarté de l'astrologie, non pas, il est vrai, les *signes* prétendus de l'avenir, écrits dans les apparences célestes, mais au moins la croyance aux *influences* astrales, parce qu'il lui répugnait de soumettre l'âme à l'empire des phénomènes externes ; et il avait condamné les pratiques des astrologues. Sa démonologie était restée toute théorique, sans évocations, sans conjurations. Enfin toute opération théurgique était exclue de la doctrine de ce philosophe, qui rapportait en somme tout le culte à l'extase, croyait à la possibilité pour l'homme de se confondre, passagèrement, sans doute, mais sans recours à des intermédiaires, avec l'âme divine, et qui, au rapport de Porphyre, son disciple et son biographe, connaissait cet état par des expériences répétées. Porphyre, lui, parut quelquefois hésiter sur ces questions mêlées de croyances magiques et de religion, de culte national. L'embarras était grand pour ce philosophe qui se signala par une lutte active contre le christianisme, et qui devait être tenté de partager, de ménager au moins les pratiques liées au culte des anciens dieux, et de tolérer toutes les superstitions qui pouvaient s'y rattacher. Cependant Porphyre se montra partisan du culte idéal, tout en esprit, et combattit non seulement la divination, la magie, les apparitions d'esprits, tous les arts trompeurs, toutes les impostures théurgiques, mais même les sacrifices et le meurtre des animaux, ce qui était se séparer avec éclat du parti de la restauration du polythéisme.

Ce fut le dernier effort de la libre philosophie pour se tenir séparée d'une religion qui ne vivait plus que par la partie inférieure de ses croyances, et encore le plus souvent altérées par des importations orientales; car les dieux propres de la Grèce et de Rome n'étaient plus que des noms, pour lesquels les symbolistes cherchaient des sens à tâtons. Le néoplatonisme, à dater de ce moment, lia de plus en plus sa cause à celle des cultes païens dans ce qu'ils avaient surtout de superstitieux, exploitant les croyances théurgiques, et au besoin y aidant par l'imposture, comme, en pareil cas, cela ne manque point d'arriver. La vie et les écrits de Jamblique (sous le règne de Constantin) et le livre des *Mystères des Égyptiens*, qui lui est attribué par Proclus, et qui en tout cas est de son temps, et n'est pas pour lui faire tort à lui-même, sont caractéristiques de l'esprit *philosophique* de cette époque, en dehors du christianisme. L'auteur de cet écrit défend contre Porphyre les pratiques théurgiques et magiques, qu'il prétend concilier avec le mysticisme et le culte spirituel de Plotin; il donne une théorie complète, mêlée de contes merveilleux, de toutes les tribus angéliques, démoniques et animiques dont le monde est peuplé, et des dieux, tant corporels qu'incorporels, avec lesquels le théurgiste a l'art de se mettre en rapport. Et cet art, comme de raison, n'est pas nouveau, il descend d'Hermès, qui l'a transmis aux prêtres égyptiens, et ceux-ci l'ont enseigné aux sages de la Grèce. Certes les chrétiens aussi croyaient aux démons et à leur action. Au moins avaient-ils le mérite de se les peindre habitants de l'Enfer et de s'interdire tout rapport volontaire avec eux. En fait de théurgie, les inventeurs de la messe faisaient preuve d'un génie dont la comparaison était réellement accablante pour les pauvres thaumaturges du paganisme, et ils avaient l'avantage de ne garder du sacrifice que le symbole. Par quelle aberration d'esprit le malheureux empereur Julien put-il croire que les froids symboles, les dégoûtants sacrifices et les superstitions puériles d'une religion aux abois, qu'il s'efforçait de colorer du reflet des vieilles beautés de l'hellénisme, lui seraient de quelque service pour s'opposer à l'invasion qu'il voyait d'un fanatisme ignorant et cruel? Il fut conduit à adopter, par esprit de réaction contre l'éducation chrétienne qu'on lui avait imposée, des croyances qui paraissaient liées à la mission qu'il se donnait de restaurateur des institutions romaines et des anciennes mœurs.

L'œuvre d'une exégèse théologique du polythéisme, si ingrate et désespérée d'avance qu'elle fût, s'imposait aux philosophes, dès qu'en vertu du syncrétisme régnant, ils confondaient la philosophie et la religion en une doctrine unique, dont ils croyaient que les principaux articles avaient été connus des grands sages de l'antiquité, et pouvaient se retrouver sous le voile du symbole dans les traditions de tous les peuples. Au fond, c'est la méthode philosophique et la critique rationnelle qui étaient universellement abandonnées : par les chrétiens, parce qu'ils prétendaient trouver dans la « Révélation » les dogmes que leurs docteurs prononçaient à la majorité des voix, après de longs débats sur le sens des Écritures; pour les païens, parce qu'ils reconnaissaient une croyance générale des nations, avec des interprètes autorisés d'une antique tradition concordante. La discussion des principes et le raisonnement venaient à peine en seconde ligne. Le premier principe, le réalisme de l'absolu, n'était pas contesté.

Le symbolisme était la seule méthode applicable à l'interprétation de la mythologie. Il suffisait, au surplus, pour des esprits peu difficiles en ce genre, de transporter l'ancien sens naturaliste des divinités au sens *intelligible*. Plotin fait une comparaison admissible à ce titre, en disant que le vrai royaume de Kronos n'est autre chose que l'Intelligence pure, cet archétype du monde sensible, qui embrasse toute intelligence, toute divinité, toute âme, où tout est éternel et immuable. Il aime aussi à rappeler que les pythagoriciens ont donné à la Monade le nom d'Apollon (Ἀπόλλων, de ἀ-πολύς), l'essence de l'Un ne pouvant être exprimée que par une négation dans les langues humaines. Il ne dit pourtant pas expressément que telle est l'étymologie du nom du dieu de la lumière ; mais il donne une complète explication symbolique du mythe fondamental des trois plus anciens dieux de l'hellénisme, idéalisés selon sa doctrine. Kronos est toujours représenté enchaîné, dit-il, en signe de son identité immuable. Il a laissé l'empire de l'univers à Zeus, son fils, pour ne pas déchoir de sa dignité de gouverneur du monde intelligible. Il a mutilé son père Ouranos, c'est-à-dire qu'il a scindé l'Un premier, et il occupe un rang intermédiaire entre ce principe absolu et parfait et l'Ame universelle, ou Zeus, qui tire de lui la Beauté qu'il transmet à Aphrodite et aux autres belles choses temporelles (1).

Ce système de transformation des dieux de la nature en idées abstraites fut étendu aux immortels de l'Olympe par les disciples de Plotin, et exposé dans une sorte de manuel du néoplatonisme dont l'auteur vivait dans l'intimité de l'empereur Julien (2).

Suivant lui, les mythes sont aptes à recevoir quatre sortes d'interprétations : théologiques, physiques, psychiques, matérielles ; les premières n'emploient rien de corporel et sont des théories sur les essences mêmes des dieux. Par exemple, s'il s'agit de Kronos dévorant ses enfants, le mythe nous fait entendre l'essence du dieu intellectuel, dans le retour de l'Intelligence sur elle-même. Les dieux, selon ce philosophe, sont de deux espèces : les hypercosmiens et les encosmiens. Ceux-ci sont les auteurs du monde. Des hypercosmiens, les uns créent (ποιοῦσι) les essences des dieux, les autres l'Intelligence, les autres les âmes, ce qui les

---

(1) Plotin, *Ennéades*, V, i, 4 ; v, 6 ; viii, 12.
(2) Sallustius, *De diis et mundo*, cap. 4 et 6.

divise en trois ordres (τρεῖς ἔχουσι τάξεις). Il est à remarquer que les termes de l'auteur sont d'un polythéisme beaucoup moins raffiné que ceux des théories des hypostases de Plotin et de Porphyre. On dirait que l'intention de l'auteur est de se tenir plus à la portée du peuple. Il distingue ensuite quatre classes de dieux *encosmiens* : les créateurs (ποιοῦντες) : Zeus, Posidôn et Héphaistos ; les animateurs (ψυχοῦντες) : Dèmèter, Hèra et Artémis ; les organisateurs (ἁρμόζοντες) : Apollon, Aphroditè, Hermès ; et les gardiens (φρουροῦντες) : Estia Athèna, Arès. Ces douze grands dieux forment quatre trinités, observe Sallustius, parce que chacune des quatre fonctions met un milieu en rapport avec deux extrémités. Il s'occupe ensuite brièvement d'expliquer les symboles plastiques de ces douze dieux et de ranger sous eux quelques divinités inférieures.

Proclus adopta dans sa mythologie ces quatre trinités en donnant aux douze dieux les noms de *démiurgiques, zoogoniques, anagogiques* et *gardiens* ; mais il les fit précéder de plusieurs ordres de dieux supérieurs, d'une conception bizarre. A l'origine (origine logique) du tout, le dieu sans nom et sans symbole, absolu et imparticipable ; puis l'Intelligence, qui est triple, et d'où émanent trois trinités : la première, des dieux intelligibles ; la seconde, des dieux intelligibles et intellectuels ; la troisième des dieux intellectuels. La première, quoique ineffable encore par son rang auprès de l'Un suprême, peut se nommer *le Père*. La seconde, moins ineffable, est *la Mère des dieux* : Ouranos la représente, par les trois divisions du ciel, qui renferment les dieux, les âmes divines et tout l'ordre de la génération ; son second et son troisième terme versent aux êtres l'ambroisie et le nectar, c'est-à-dire le fini et l'infini, dont le mélange est l'aliment universel de la nature. Enfin, la troisième admet quelque chose de plus que la distinction de ses termes, le nombre, et c'est dans son sein que se font les premiers Mariages, c'est d'elle qu'émanent les *pères intellectuels,* qu'il ne faut pas confondre avec le *Père intelligible.*

Le premier de ces pères est Kronos, l'Ancien, le dieu qui commence, le dieu de la jeunesse du monde, par conséquent ; le second, Rhéa, son épouse, la fécondité, l'écoulement, le devenir infini ; le troisième, Zeus, la vie (Ζεύς, de ζῆν) qui ordonne les âmes dans le cours fatal de la génération, sous la providence de son père Kronos, et fait ainsi avancer en âge le monde. Mais pour tenir séparé du monde qui est son œuvre la dignité de ce premier dieu démiurge, Proclus imagine une trinité particulière qu'il compose avec trois enfants de Zeus et de Rhéa : Athèna, Cora, Dionysos. Cora donne son nom à cette trinité dont les membres prennent d'elle le nom de dieux Curêtes. Enfin, Rhéa, unie cette fois à Zeus, prend le nom de Dèmèter. On a vu plus haut la trinité démiurgique et celles qui la suivent. Après cela, viennent les ordres innombrables d'agents et de verbes des dieux : anges, héros, démons, préposés par eux à la conduite des âmes et ministres de leur action dans la nature. Il faut enfin ajouter les croyances théurgiques et magiques relatives à cette démonologie. Proclus, à en croire Marinus son disciple, qui écrivit sa vie, était sous la protection spéciale d'Apollon et d'Athèna, recevait en songe des avertissements divins, et possédait des pouvoirs surnaturels, tels que faire pleuvoir ou guérir les malades. Il est permis de voir dans ces témoignages des signes de l'état d'esprit d'un disciple, plutôt que d'extravagantes prétentions d'un philosophe mystique, et cependant ce dernier, paraît avoir été beaucoup plus avant dans le culte des divinités intermédiaires que Plotin, qui franchissait tous les étages des dieux pour se perdre dans l'Un par l'extase.

L'école d'Athènes, près de sa fin, qui devait être celle de l'hellénisme, au moins direct, s'épuisa dans un suprême effort pour comprendre la possibilité de l'émanation, et pour achever l'œuvre du syncrétisme philosophique et religieux. Cette dernière tâche eut pour la postérité le résultat appréciable de lui transmettre des documents et des commentaires. Ceux de Damascius et de Simplicius, disciples de Proclus, ont été utilisés par tous les historiens de la philosophie. Le travail de la raison, chez ces derniers maîtres, tendait de plus en plus à se confondre avec l'érudition : conséquence naturelle de l'abandon de toute recherche de voies nouvelles, et de la reconnaissance des hautes autorités de la pensée. Aristote et Platon étaient de plus en plus ces autorités : non pas indiscutables, mais qu'on ne discutait que pour les concilier et pour montrer qu'ils étaient d'accord en leurs apparents discords, et que leur doctrine consistait à faire descendre le monde éternel des *Intelligibles* abstraits, descendus eux-mêmes de l'*Être-non Être* auquel nulle qualification ne convient qui ne soit négative. On leur joignait de la sorte Plotin, et, avec Plotin, tout ce que lui-même avait emprunté au panthéisme providentialiste des stoïciens, et la mythologie symbolique de ses disciples, destinée par eux à fournir à l'humanité la religion unique, universelle.

Damascius, natif de Damas, et versé dans les études orientales, entreprit de mettre le sceau au syncrétisme, et d'unir à la pensée de la plus haute antiquité religieuse des nations celles des derniers penseurs du monde grécisant, héritiers de douze cents ans de spéculations philosophiques, en montrant que les anciennes cosmogonies ne sont rien de moins que fondées sur la doctrine des purs *Intelligibles*. A Babylone, on reconnaissait un premier dieu, innommable, auteur de deux archées qui par leur union engendrent *Moümin* : ce *Moümin* est le Monde intelligible. Puis venait une trinité, et, de cette trinité, *Bélos*, un démiurge (1). A Sidon, on nommait après Kronos, archée première, deux archées subordonnées, et, après celles-ci, *Aër* et *Aura* : *Aër* est l'Intelligible absolu, *Aura* l'Intelligible vivant. Chez les Phéniciens, *Oulomos* était la suprême Intelligence ; *Chousoros*, l'Intelligence seconde, divisant cet absolu. Les Égyptiens avaient pour premier principe la Nuit, qui est encore le dieu inconnaissable, et deux principes au-dessous, l'un fécondant, l'autre fécondé, d'où ils tiraient une trinité, et, de cette trinité, tout le monde intelligible. Cette étonnante exégèse des cosmogonies orientales est complétée par une interprétation semblable, ou encore plus étrange, de celle qu'Hésiode avait posée en fondement de sa théogonie. Pour Damascius, l'Érèbe et la Nuit, nés du premier principe, sont la Monade et la Dyade, le Fini et l'Infini ; et l'Éther, l'Amour et Métis, issus de leur union, forment la trinité intelligible de l'Existence, de la Puissance du développement, et de l'Évolution du retour (ὕπαρξις, δύναμις, ἐπιστροφή).

Damascius n'est pas moins intéressant en ses explications sur l'*Un pur* et sur l'émanation que dans le complément qu'il donne au syncrétisme. Il ne peut que rester irrémédiablement embarrassé comme ses prédécesseurs, dans la contradiction de la nature de Dieu comme origine de toute pensée, de tout être et de toute vie, et de cette même nature comme étrangère à toute distinction et à toute action, inconsciente, immodifiable, *indifférente*, c'est-à-dire pas plus ceci que cela, ni quelque chose ni rien, quoique le rien soit le résultat de l'examen de tout attribut et de tout nom qu'on essaie de lui donner. Mais ce que la critique de cette idée fondamen-

---

(1) Voyez ci-dessus, p. 187.

tale de son école a de remarquable chez Damascius, c'est que l'ample développement de son analyse et de ses doutes apparents ressemble tout à fait aux subtiles argumentations des sophistes tels que Gorgias ou les mégariques. La conclusion devrait être que l'Un n'a pas l'existence réelle, n'est pas intelligible en tant qu'existence réelle; mais le néoplatonicien conclut, au contraire, que l'Un est d'autant plus réel qu'il est moins existant, qu'il est l'Intelligible souverain parce que l'intelligible finit à lui. Ainsi l'exige le principe de la philosophie qui mesure les degrés de la réalité sur ceux de l'abstraction des idées.

Ce principe fut aussi celui des plus *profonds* théologiens du christianisme et c'est au néoplatonisme qu'ils l'empruntèrent. Quelques-uns l'exposèrent clairement avec ses conséquences touchant la *docta ignorantia* et le *deus incomprehensibilis*; la plupart conservèrent les contradictions qu'il engendrait, tout en rejetant ses plus dures formules et se refusant à l'aveu des contradictoires qu'ils semblaient concilier. Pour les uns et pour les autres, il y avait un très puissant correctif. Mais ne sortons pas ici de l'histoire de l'hellénisme.

C'est par une rencontre curieuse et instructive, que ce dernier des métaphysiciens du néoplatonisme dans l'antiquité se trouve avoir rappelé par le titre même de son livre : περὶ ἀρχῶν, le sujet et le nom de cette spéculation sur les *Principes*, commencée dans les cosmogonies et continuée par cette *physique* ou *physiologie* des anciens qui est à peu près ce que nous appelons la *métaphysique*. Ce sujet est avant tout la question de l'origine des êtres, et Damascius, tout en la transportant de la mythologie du naturalisme dans la mythologie des abstractions, la résout comme les auteurs des cosmogonies par l'inconscience du fondement et par le développement progressif de la vie, avec un point de départ fictif. Là confus, indéterminé, il devient ici logique et négatif, pur néant pris au sein de l'éternité. Si nous considérons Anaximandre et Pythagore comme les premiers initiateurs de la métaphysique en Grèce, l'un avec son Infini matériel, l'autre avec son dualisme idéaliste du Fini et de l'Infini, tous deux avec le principe de l'évolution, nous trouverons que dans cet intervalle de plus de mille ans qui avait vu paraître tant de systèmes, la philosophie non seulement ne s'était pas fondée comme science, mais semblait même avoir peu changé sur le point capital. Sa fin rejoignait son commencement et c'est toujours la mythologie qui régnait, s'appliquant à de nouveaux objets, mais tirant la même conclusion sous de nouvelles formes : déterminisme universel et panthéisme. Le progrès de l'esprit était grand, en ce qu'il se prenait ainsi lui-même pour objet au lieu de s'appliquer à la fantasmagorie de la substance matérielle et de son transformisme ; mais il se forgeait un nouveau substantialisme chimérique et un nouveau transformisme, avec ses hypostases et ses âmes, tantôt purement intelligibles et tantôt matérialisées, dont l'individualité consciente, ainsi suspendue entre deux abîmes, était finalement invitée au renoncement d'elle même.

Nous continuons à faire ici abstraction du christianisme, qui, à l'époque où nous sommes parvenus, avait répandu d'autres croyances dans le monde. Mais ce n'est pas rationnellement qu'il les justifiait. Rationnellement, il est plus exact de dire que, ne possédant rien et ne trouvant rien par lui-même, il laissait envahir par la philosophie régnante sa foi descendue d'une origine entièrement différente, et se chargeait du poids d'une théologie et d'une psychologie que, bien à tort, il croyait siennes, et qui lui devenaient nuisibles, mortelles même, dans l'esprit de ceux qui les approfondissaient. C'est, au fond, pour cette raison que le pyrrhonisme a été, en philosophie, l'appui le plus sûr des croyances chrétiennes, et que des penseurs vraiment profonds qui ont été animés de ces croyances l'ont bien senti, avant que le criticisme, eût apporté des arguments nouveaux dans la vieille question de la *concordia rationis et fidei*. Au temps des écoles d'Alexandrie et d'Athènes finissantes, le scepticisme n'était plus là pour tirer la conclusion des contradictions des philosophes. C'est le syncrétisme, la dissimulation des contradictions qui partout s'imposait. Il n'y avait plus de pyrrhoniens, ou ils se tenaient cachés. C'est le dogmatisme, non le pyrrhonisme, qui faisait dire à quelques-uns : *Credo quia absurdum*.

Si nous récapitulons les grands principes des systèmes qui s'étaient proposés à la foi des philosophes durant ce long travail de la pensée sur l'origine ou l'essence de l'univers, nous en distinguons six de parfaitement caractérisés qui tous ont transmis, comme nous l'avons montré, certains de leurs plus importants éléments, alliés de force, au syncrétisme néoplatonicien. Nous laissons de côté les deux écoles répudiées, qui sont l'atomisme de Démocrite et d'Épicure, qui ne devait revivre, en se transformant, que bien des siècles après, et le scepticisme, absolu ou probabiliste, des Pyrrhoniens et de la Nouvelle Académie.

Le premier des six systèmes est l'évolutionisme matérialiste et transformiste d'Héraclite, interprété et complété par le panthéisme et le déterminisme providentiel des stoïciens : l'Ame du monde.

Le second est l'évolutionisme idéaliste du Fini, de l'Infini et des Nombres, allié, dans le pythagorisme, et puis dans le platonisme, à la doctrine de l'éternité et des transmigrations des âmes.

Le troisième est la conception éléatique de l'Absolu, par laquelle le monde phénoménal de la multiplicité et du changement est séparé, comme illusoire, de l'essence de l'Un pur, simple et identique.

Le quatrième est la doctrine platonicienne des Idées en soi, de la participation ou de la descente du monde sensible ; la chute des âmes.

Le cinquième est la doctrine d'Aristote sur la réalité, mais non sur la perpétuité des individus, sur le caractère conceptuel des idées, sur l'action divine exercée dans le monde par les causes finales, sur Dieu esprit pur, sans détermination.

Le sixième est la création démiurgique d'Anaxagore, de Socrate et de Platon (en son *Timée*), système que Socrate seul peut-être a embrassé de simple et ferme croyance, et qui, pour les autres philosophes, pour Platon lui-même probablement, et pour les néoplatoniciens très certainement, n'a point été l'équivalent d'une doctrine monothéiste de la personnalité de Dieu, non plus que de la création, dans le sens de commencement des phénomènes et de négation de l'éternité du monde.

La croyance à la personnalité d'un Dieu unique, au commencement absolu du monde par un acte de volonté, et à la vie future en son rapport a Dieu, n'appartient pas à la philosophie de l'hellénisme. La religion populaire en était beaucoup moins éloignée que la métaphysique des écoles. Cette croyance, dans sa forme nette et décisive, est entrée en Occident par le judaïsme et le christianisme. Les doctrines des philosophes modernes, — en exceptant la méthode criticiste et ses applications, — ou rappellent par leurs thèses principales les six systèmes que nous venons de définir, ou doivent au christianisme les notions essentielles qui les en séparent.

Nous avons parcouru la longue carrière des systèmes qui s'étendent de l'origine de la pensée rationnelle jusqu'à l'époque où elle meurt d'épuisement et se subordonne à une croyance religieuse. Nous reprendons maintenant la même période en nous appliquant à un sujet que nous avons à dessein écarté, autant du moins qu'il était possible : la psychologie et la morale.

CHAPITRE XI

La morale et la psychologie avant Socrate.

En dehors des sciences *exactes*, c'est-à-dire à base logique, que les anciens ont fondées, et des sciences naturelles d'observation et d'expérience systématique, qui appartiennent aux temps modernes, fonder une science c'est créer un ordre d'études pour lequel la méthode reste controversable et les critères de jugement douteux, *en tant que l'on prend pour caractère de ce qui est scientifique, l'accord des savants livrés à ces études*. Mais ce qui permet l'application du terme de *science* à des branches du savoir ou de la recherche qu'on ne peut soustraire à ce genre d'incertitude, c'est la forme et le système des propositions liées que l'on dispose, que l'on organise, à l'aide de principes ou d'hypothèses, de la même manière qu'on le ferait dans le cas où les prémisses et les conclusions des raisonnements seraient universellement avouées. En ce sens, on peut dire que les anciens ont fondé la morale comme science, et même la métaphysique, comme nous l'avons vu dans le chapitre précédent, et la psychologie, puisqu'ils ont fait des analyses d'idées et traité plusieurs questions capitales, débattu des hypothèses sur l'âme, sur sa nature, sur ses propriétés, et composé des systèmes.

La situation de la morale et de la psychologie, *comme sciences*, est restée ce qu'elle était dans l'antiquité. Pour la psychologie, qu'il nous suffise de remarquer que, parmi les philosophes de notre temps, les uns admettent l'existence de l'âme, les autres la nient, et qu'ensuite, laissant de côté la question de sa substance et celle de son immortalité, pour n'envisager que ses fonctions, les uns croient que les connaissances arrivent à l'esprit, — quelque idée qu'ils se fassent d'ailleurs de l'esprit considéré en lui-même, — par la voie de l'expérience, les autres que certains concepts sont essentiels à la constitution de l'esprit, et antérieurs, en ordre logique, à l'expérience dont ils conditionnent les représentations. Et, touchant la volonté, dont il faudrait connaître le rapport avec les idées, les uns la regardent comme invariablement déterminée par ses antécédents et ses circonstances internes ou externes, les autres admettent qu'elle peut donner commencement à des phénomènes dont les contradictoires étaient possibles avant l'événement. Les anciens débattaient d'école à école les mêmes problèmes.

Le cas de la morale est d'un intérêt particulier, à cause de ce fait remarquable, que l'accord se fait souvent sur les conclusions d'ordre pratique, là où les dissidences se maintiennent dans les théories, et cela jusqu'aux oppositions les plus graves. Il est assez manifeste que les hommes de réflexion, en pays de culture philosophique, n'ont jamais pu tomber d'accord sur le fondement rationnel d'une doctrine des mœurs, et que nul philosophe n'a réussi à formuler, à la satisfaction de ses rivaux, un ensemble de définitions et de principes dont les devoirs seraient déduits rigoureusement. Si jamais l'accord pouvait s'établir entre les penseurs sur les théories, ce serait sinon la preuve certaine d'un progrès général dans la pratique populaire, au moins le signe avant-coureur de l'établissement d'un régime légal plus exigeant en matière de moralité, et plus autoritaire, analogue à l'idéal chinois, par exemple. Mais jusqu'ici les auteurs de constructions systématiques n'ont ni obtenu l'adhésion d'un assez grand public, ni produit, il faut l'avouer, une doctrine comparable pour la force et la clarté à ce stoïcisme antique dont l'esprit inspira et soutint pendant plusieurs siècles les conducteurs les plus méritants d'une République et d'un Empire en décadence. Si nous rapprochons de la théorie stoïcienne, — on le peut sous quelques rapports essentiels, — l'éthique de Kant, comme centre possible des idées morales qui obtiendraient la prééminence dans le siècle prochain, nous sommes forcé de reconnaître qu'elle est embarrassée des restes d'une métaphysique obscure dont le *criticisme* de son auteur ne s'était pas affranchi ; et si nous examinons le degré de probabilité que présente l'hypothèse d'un accord qui s'établirait entre les penseurs sur les principes moraux, nous sommes forcé de remarquer que, soit en philosophie, soit dans les systèmes d'utopie sociale, que nous devons ici considérer sous l'aspect philosophique, les doctrines qui se sont produites avec éclat depuis un siècle présentent entre elles des contradictions radicales.

En éthique proprement dite, c'est, d'un côté la morale de l'obligation, avec Kant; de l'autre, celle de l'utilité et du sentiment, avec Bentham, Stuart Mill, Herbert Spencer ; et il faut ajouter celle de la pitié et du renoncement, avec Schopenhauer ; et, dans l'utopie, d'une part l'école saint-simonienne et les divers plans de communisme ; d'une autre, l'école *sociétaire* de Charles Fourier et le libéralisme absolu. Nous ne parlons pas encore de la morale de l'Église, autre élément de discorde. En somme, il n'y a rien d'établi ou qui semble près de l'être, ni populairement, ni scientifiquement ; et même les notions de la justice pénale, partie essentielle d'une morale théorique, sont un objet de débat entre les jurisconsultes, les médecins, les philosophes et le public, ainsi que le témoigne, pour ce dernier, l'incertitude des verdicts des jurys.

Ces considérations sont bien propres à faire valoir le mérite des anciens qui ont débrouillé les notions rationnelles et les sentiments moraux les plus importants pour nos sociétés comme pour les leurs, et en grande partie indépendants des systèmes. Nous voulons surtout parler de la classification des *vertus* qui, transmise d'école en école depuis Socrate, Platon et Aristote, a pris place dans la théologie morale du christianisme avec les noms consacrés de Force, Prudence, Tempérance et Justice. On peut en vérifier l'exactitude en partant de la plus simple division empirique des *vices*. Il est pratiquement sensible, en effet, que tout ce qui est sujet de reproche, dans la conduite, se rapporte à l'injustice, quand il s'agit des rapports mutuels des hommes. Si l'on ne sort pas de l'agent lui-même, on a l'un de ces trois cas : 1° le manque d'énergie dans le gouvernement de soi-même, parce que l'agent ne fait point l'effort nécessaire ou pour aller à ce qu'il juge bon, malgré l'obstacle ou la passion contraire, ou pour s'abstenir de ce qu'il juge mauvais, malgré la tentation ; 2° le défaut de réflexion ou de raison dans la comparaison et le calcul des biens et des maux à prévenir d'une action considérée sous différents rapports, dans le présent et dans l'avenir, pour soi et pour autrui ; 3° le manque d'équilibre entre les jouissances d'ordre sensible et passionnel qui, bonnes et naturelles en elles-mêmes, se nuisent entre elles et conduisent au mal quand chacune d'elles n'est pas volontairement modérée ou tempérée par la considération des autres. Les trois vertus : Force, Prudence ou Sagesse, et Tempérance sont opposées à ces trois vices. On peut observer seulement que la dernière n'est bien distinguée que par le genre habituel de ses applications et dépend moralement de l'exercice des deux autres,

Les deux formes du mal moral, l'injustice, d'où la violence et la fraude envers autrui, et le dérèglement de la volonté et des passions dans l'enceinte propre de l'individu, ont appelé très inégalement l'intervention du législateur dans les anciennes sociétés, même dans celles où c'est au nom de la religion qu'il imposait une règle des mœurs. Les chefs politiques ont visé à mettre l'ordre et la paix entre *les hommes*, non à moraliser l'*homme* ; les prêtres ont trouvé des obstacles à leur ordinaire tendance à tout régler et gouverner ; et il s'est constitué, dans chaque milieu civilisé, une sphère moyenne d'observances morales convenues, dont seuls l'exemple, la coutume et la crainte de l'opinion ont marqué les limites. C'est là qu'a été proprement le domaine de la morale sur lequel a pu s'exercer l'influence des penseurs occupés de la recherche rationnelle du bien pour l'homme individuel et social, surtout individuel ; pendant que les magistrats civils, essentiellement occupés du droit, renonçaient à la lutte contre le vice, ou même en consacraient l'existence par des institutions, et que les prêtres éprouvaient la résistance, au moins passive, des masses rebelles, et cherchaient vainement à s'assurer le pouvoir de les contraindre. Ce n'est en général qu'à la condition de conniver dans une certaine mesure avec les mauvaises mœurs, et avec beaucoup d'actes injustes qu'il serait trop difficile de surveiller et de réprimer, que l'autorité, de quelque nature qu'elle soit, se fait supporter et obéir dans les choses d'importance capitale. Les religions elles-mêmes, celles qui ont exercé sur les consciences l'action la plus puissante, ont échoué dans la réforme des mœurs populaires ; ou du moins les devoirs qu'elles ont prêchés, si l'on ne peut dire que l'efficacité en ait été nulle, sont restés dans un grand éloignement de la vie et des mœurs de l'immense majorité de leurs adhérents ; et l'on serait parfois tenté de croire que le désir de conserver ceux-ci, quoique si infidèles, est l'une des causes de ce genre de corruption bien connu, dans lequel elles tombent, qui consiste à remplacer par des pratiques rituelles et des croyances superstitieuses la sérieuse obéissance à leurs commandements moraux. Au reste, ces commandements étant relatifs à un idéal élevé très au-dessus de la commune portée humaine, une religion qui les maintient dans leur rigueur ne saurait en fait obtenir pour les imposer aux peuples une autorité effective, et son action moralisante demeure toujours indirecte et très imparfaite.

On ne peut citer qu'une grande nation qui, en dehors de toute religion positive, ait fait entrer les préceptes moraux dans ses institutions et dans ses lois à un très haut degré, bien au delà de la mesure ordinaire que comportent l'établissement et la défense de l'ordre social. Mais il faut observer, pour diminuer notre étonnement sur ce cas singulier que présente la Chine, que la tradition et la coutume avaient une puissance extraordinaire dans ce pays, très uni de mœurs quoique répandu sur une si vaste surface; que les mœurs et les lois s'y distinguaient imparfaitement, parce que toutes les institutions et le gouvernement y étaient du type patriarcal, c'est-à-dire domestique plus que politique; que ce gouvernement, qui était absolu, y fut tempéré par l'existence d'une classe d'hommes voués à la culture littéraire et scientifique, et qui n'avaient dans la religion nationale ni titres ni fonctions particulières, et qu'enfin ces hommes, les *Lettrés*, qui devinrent naturellement, — non pas toujours sans luttes cependant, — les pédagogues et les administrateurs de l'empire chinois, furent les disciples d'une philosophie morale dégagée par la réflexion du fond même de l'esprit de la nation.

La doctrine de Confucius (Khouñ-fou-tseu, 551- 479 av. notre ère) obtint la durée et l'autorité, par préférence à d'autres écoles, grâce à cette conformité avec le génie positif du peuple chinois, et à l'absence d'une métaphysique ou d'une théologie qui auraient amené la dispute et les sectes. Les prescriptions de cette morale devenue règle d'État sont restées invariables, et de là vient en grande partie ce lieu commun de l'*immobilisme* longtemps attribué chez nous à la Chine, par un effet du lointain et de l'ignorance. Il n'en a pas moins fallu, quand on y a regardé de plus près, constater dans l'histoire de cette nation des révolutions politiques, des luttes sanglantes occasionnées par des essais de constitution utopique, des changements de religion dans le peuple et dans la politique des gouvernements à l'endroit des religions. L'esprit des Lettrés n'a pas laissé de dominer à travers vingt-quatre siècles de dissensions de toutes sortes. La raison de cette persistance victorieuse nous est donnée par la nature de la langue chinoise et par le genre d'enseignement qu'elle comporte ; mais avant tout par le fait même d'un enseignement universel faisant corps avec une éthique, et dont les Lettrés avaient seuls la direction.

La politique de Lao Tseu, conforme à sa morale, aurait laissé le peuple dans l'ignorance afin de lui assurer autant que possible le *repos* qui naît de l'*absence de désirs*. Il n'y avait pas de raison pour que les bonzes, après l'introduction du bouddhisme dans la Chine, eussent à cet égard d'autres vues que les prêtres du Tao. Mais l'école de Confucius, n'eût-ce été qu'à raison de son mode de recrutement, — car c'est à grand tort que l'on qualifie quelquefois de *caste* la classe des Lettrés, — avait des maximes de gouvernement tout opposées, et faisait de l'enseignement de la morale le premier objet des conducteurs de peuples. Par le fait, l'instruction a toujours été très répandue en Chine, malgré les difficultés de la langue et de l'écriture, et infiniment respectée. Cette langue, bien que l'écriture soit idéographique, est la langue commune de la conversation et des livres. Mais un Chinois ne saurait l'apprendre par principes, sans établir dans sa mémoire une suite d'idées et de maximes liées à l'exprsssion symbolique de la pensée par des signes écrits, ou servant à passer du sens propre, toujours matériel à l'origine, au sens figuré, c'est-à-dire intellectuel ou moral des caractères. Les maximes, *moralités* ou dictons, sont conformes à l'enseignement confucéen, parce que le travail de la langue a dû être nécessairement l'œuvre des Lettrés, après celle des premiers inventeurs dont ils ont eux-mêmes suivi et conservé l'esprit. La classe instruite, et celle qui n'ayant qu'une demi instruction n'en est que plus respectueuse de ce qu'elle a appris, ont contracté en Chine une habitude, inconnue partout ailleurs, de penser et de discourir en invoquant à tout moment les maximes. Le lieu commun a pris un empire immense, attaché qu'il était invariablement à l'enseignement de tous les degrés, et d'abord au plus élémentaire. Le cérémonial, la politesse, tout le système des convenances sociales ont bénéficié des notions morales sur lesquelles avait porté le fondement de l'instruction publique pour toutes les classes de la population. Ainsi s'est formé ce genre d'esprit unique au monde, qui ne peut que sembler ridicule aux hommes de l'Occident, surtout depuis qu'il est entré dans sa période de corruption. On conçoit sans peine la puissance et la durée d'un système moral et politique appuyé sur une telle base. Les habitudes d'esprit qui en sont nées, et dont les inconvénients se voient mieux aujourd'hui que les avantages, restent difficilement modifiables tant que se fera attendre la complète adoption par les Chinois d'une écriture alphabétique.

Nous avons discuté ailleurs le caractère athée ou, pour mieux dire, non théiste de la Chine lettrée et officielle. Confucius et ses disciples, exclusivement voués à la culture morale, ne se distinguèrent en rien dans la religion officielle de leur nation : culte des esprits, sacrifices, etc. C'est dire que Confucius n'enseignait point une psychologie à lui, en dehors de l'étude des facultés morales, car autrement il aurait eu à se prononcer sur le fondement des croyances spiritistes, et il est dit qu'il s'abstint systématiquement de toute profession de foi touchant l'essence humaine ou divine, la Terre et le Ciel, et, par conséquent, sur l'immortalité de l'âme. Au lieu d'entreprendre, comme Socrate, à qui on l'a quelquefois comparé, la critique des doctrines qui avaient régné jusqu'à lui, et d'ouvrir une libre étude, logique et morale, des idées, il posa dogmatiquement les principes de la droiture du cœur et de la conduite et du perfectionnement de soi-même, en les rattachant, d'une part, au principe de l'ordre du monde, de l'autre, à la tradition des vertus de l'âge patriarcal. Cela fait, le travail de la morale se réduisait à l'examen des maximes de la vie droite par rapport à l'individu, à la famille et à l'État. Les auteurs et commentateurs des *sse-chou*, livres classiques de l'école de Confucius, se renferment dans ce cercle. A une époque postérieure, des lettrés tentèrent une conciliation de la morale confucéenne avec la doctrine du Tao, et formulèrent des thèses conçues dans un esprit panthéiste, en prétendant toujours remonter à la plus ancienne tradition. Il y eut des tentatives de réformes sociales qui troublèrent profondément l'empire, mais qui en somme ne modifièrent pas le caractère de la nation et de l'État. Les sciences, tant mathématiques que naturelles, restèrent toujours dans l'état empirique le moins développé où elles puissent être chez un peuple d'esprit fin et industrieux. Il suffira de mentionner les *cinq éléments* admis dans une école florissante pendant le xi° siècle, pour montrer combien les connaissances physiques étaient bornées : c'étaient le *feu*, l'*eau*, la *terre*, le *bois* et le *métal*! On a cru trouver la matière d'une histoire de la philosophie chinoise après le siècle de Confucius et de Lao-tseu. On n'a cité cependant aucune œuvre originale qui soit proprement *une philosophie*. Mais la doctrine de Confucius a certainement droit à ce nom.

Cette doctrine a pour premier principe une notion qui se traduit d'une façon visiblement insuffisante par le mot *Ciel*, et se rendrait mieux par ceux de raison universelle et ordre universel et n'est peut-être pas très éloignée de la pensée également vague qu'on exprimait par le mot Bien, dans l'école platonicienne, sans en admettre aucune détermination. Le *Ta-hio*, ou *Grande Étude*, ouvrage de Thsen-tseu, disciple de Confucius, enseigne comme loi de l'homme le développement dans l'homme de ce principe rationnel ou céleste. Connaître sa destination physique et morale, méditer sur les effets et les causes, le principe et les conséquences des actions, se diriger d'intention et de fait dans le chemin de la perfection, se corriger sans cesse et se rendre meilleur, tel est l'objet de la Grande Étude. La tranquillité de l'âme s'obtient par la ferme résolution de marcher dans cette voie. En la suivant, le prince,— qui est pris ici pour le modèle parfait de ce que chacun a à se proposer dans sa sphère d'occupation, — le prince arrive par le perfectionnement de soi-même à la bonne direction de sa famille et à la bonne administration de l'État.

Un autre disciple de Confucius appelle la *Voie droite* ce principe de la conduite rationnelle qui est un mandat du *Ciel*. Le *Milieu*, dans son style, est l'état de la conscience que les passions ne troublent pas, ou dans lequel elles s'harmonisent. Modération, équité, désintéressement, tels sont les caractères de ce milieu et de cette harmonie, loi constante du monde. L'homme vulgaire n'arrive point à la voie droite du milieu; certains se flattent de la dépasser (allusion aux vertus de l'ascétisme); seul, l'homme de principes s'y tient invariablement. Sans doute, il n'atteint pas la perfection absolue, mais le ciel et la terre aussi ont leurs défauts, dont l'homme lui-même peut juger; car ce que sa loi a de plus grand est tellement grand que le monde entier ne saurait le contenir, et ce qu'elle a de moindre, le monde ne saurait le détruire. C'est elle qui illumine l'univers du haut des cieux jusqu'aux abîmes. La perfection est le principe et la fin des êtres, quoiqu'il soit incompréhensible alors qu'eux-mêmes ils soient produits. Mais l'œuvre de l'homme est le perfectionnement : de soi d'abord, ensuite d'autrui. En s'y livrant, il remplit le mandat du Ciel et accomplit sa destinée agrandie dans le temps et dans l'espace. Cette œuvre a son commencement dans le désir de bien penser et de bien vouloir, et se poursuit, grâce à l'enchaînement des vertus, jusqu'au dévouement au bien des hommes. Voilà la droite voie et la vraie science, ignorées des amateurs de chimères et des faiseurs de merveilles. « Le Philosophe (c'est Confucius) disait : Rechercher les principes des choses qui sont dérobées à l'intelligence humaine, faire des actions extraordinaires qui paraissent en dehors de la nature de l'homme, en un mot opérer des prodiges pour se procurer des admirateurs et des sectateurs dans les siècles à venir, voilà ce que je ne voudrais pas faire » (1).

L'amour des hommes, le dévouement à l'humanité, qui sont prescrits dans les livres de cette école, doivent se bien distinguer de la vertu mystique du sacrifice. Ils en diffèrent d'abord par le tempérament : la règle des mœurs, dit Tseu-ssé ne dépasse pas le bien conforme à la nature humaine et qui lui reste proportionné ; elle ne tend à faire que des hommes ; elle leur prescrit d'avoir pour autrui les mêmes sentiments qu'ils ont pour eux-mêmes, de ne pas faire à autrui ce qu'ils ne voudraient pas leur être fait. Et quand se pose la question de la conduite à tenir envers ceux qui font le mal, il est dit partout qu'on doit les ramener au bien, autant que possible, éviter, s'il se peut, les châtiments, « rendre le bien pour le bien *et le juste pour le mal*; car avec quoi paierait-on les bienfaits, si l'on payait les injures par les bienfaits ? Il faut opposer à la haine et à l'injure la justice (2). »

Une autre différence essentielle consiste en ce que la morale confucéenne vise le développement humain par les forces morales, et s'applique aux rapports ordinaires de la vie civile, non à la poursuite de la sainteté dans la solitude et par le renoncement. Cette doctrine est aussi un enseignement de liberté morale et d'activité de l'esprit ; elle compte le courage moral au nombre des trois puissances qui coopèrent à l'œuvre du perfectionnement de l'homme : les deux autres sont la conscience du bien et du mal et *l'équité du cœur*, ou humanité. Elle ne discute point la question du libre arbitre, et se contente de poser pratiquement, avec force, la possibilité de faire le bien. Elle n'étudie pas non plus la liberté humaine au point de vue du *droit* qui s'en déduit pour l'homme d'imposer des limites à l'action d'autrui. C'est toujours sous l'autre aspect, l'aspect corrélatif du *devoir*, qu'elle envisage les relations mutuelles des membres de la société, ce qui tient à ce qu'en principe elle part du *mandat du Ciel*, que chacun doit remplir selon sa condition.

(1) *Tchoun-youn*, ou *l'Invariabilité dans le milieu*, livre rédigé par Tseu-ssé, petit-fils de Confucius (trad. en français par G. Pauthier).
(2) Même livre, chap. XIII, et *Lun-yu*, ou les *Entretiens philosophiques*, XIV, 36.

De là le caractère impérialiste de cette morale constamment préoccupée de la bonne administration de l'État: la ligne descendante des devoirs commence à ceux du prince qui ordonne, qui n'est lui-même obligé que moralement, par la tradition, et dont la responsabilité, qui couvre tout, reste dénuée de sanction. Des *cinq devoirs* définis par le moraliste, quatre consacrent l'autorité : chez le prince, chez le père, chez le mari, chez le frère aîné. Le cinquième est relatif à l'amitié. Aucun ne confère un droit à celui vis-à-vis duquel est prescrit un devoir. Le rôle politique du philosophe, avec de tels principes de morale, ne pouvait consister qu'à donner des conseils, à entretenir et à rappeler la tradition, et toute son attente devait se réduire à l'espérance presque messianique de la venue du bon empereur. Mais la doctrine de la pure obéissance n'a pas coutume de conduire les hommes à la moralité, ni quand ils commandent, ni quand ils obéissent. Ces *Lettrés* qui reconnaissaient une sorte de droit divin des empereurs furent sur le point de voir leur classe anéantie par eux. Ils virent au moins rechercher et jeter au feu leurs livres et les livres plus anciens, le trésor de leur nation, qu'ils avaient commentés. Leur attachement au principe féodal qui leur donnait l'accès et le crédit auprès des petits princes, dans les parties de l'empire où ils étaient répandus, les rendit suspects à un empereur qui poursuivait l'unité du pouvoir par les procédés en usage dans ces sortes de cas (213 av. notre ère). Leur influence se rétablit plus tard. Mais la crise avait causé des pertes irréparables.

Ce n'est pas que le principe du pouvoir absolu n'ait trouvé des adversaires parmi les *Lettrés*, à certains moments ; de même aussi qu'il s'en trouva d'autres pour essayer de le faire servir à l'établissement de la comunauté des biens. Mais la conception confucéenne de l'État l'emporta toujours après les troubles et la Chine reste l'exemplaire unique, dans le monde civilisé, d'une nation qui ne se gouverne *que par l'habitude*, qui, administrée et régentée du haut en bas par des pédants auxquels l'invariable tradition est transmise dans les écoles, doit à ses précepteurs, qui sont ses magistrats, la connaissance des maximes de conduite, l'ordre matériel, tous les biens qu'une tutelle exacte, même sans probité, peut procurer à un peuple. Elle est privée des vertus qui ne naissent que de l'autonomie, et aussi de cette initiative de l'esprit au défaut de laquelle les sciences s'arrêtent et les méthodes deviennent des routines. Le formalisme des *rites* s'est substitué, sous ce régime, à la sincérité des sentiments et à la vérité dans les idées. Le peuple le plus moral, si l'on ne regardait qu'à la continuelle profession du devoir dans les discours, est devenu le plus menteur par convention, et vénal par sous-entendus. Sans doute, il ignore les écoles de sophistes, l'affectation de l'immoralité, les critiques où nulle autorité n'est respectée. Rien ne serait plus contraire aux bienséances; mais on ne trouve pas non plus chez lui les actes meilleurs que les paroles, la vérité aiguisée par la contradiction, les mœurs soutenues par la publicité et la franchise. Les Chinois semblent ne bien connaître de la conscience ni sa fierté véridique, ni la distinction de l'intention et du fait, ni la responsabilité essentiellement personnelle. Une solidarité barbare enchaîne devant la loi le frère au frère, le père au fils, le magistrat à ses subordonnés. Les peines sont corporelles et du genre infamant. Les hommes soumis à ce régime forment, de degré en degré, dans les fonctions, une sorte de hiérarchie d'écoliers récitant leurs leçons à des pédagogues armés du fouet. Tout n'est que beaux discours, dissimulation nécessaire et malfaisance secrète, bassesse universelle. Telle est, dans l'application, la fin d'une doctrine morale qui n'a voulu connaître que le devoir.

A quelque antiquité que l'on remonte dans l'histoire des Grecs, avant le commencement de leur chronologie positive, on les trouve en possession d'une liberté d'esprit singulière. Les poésies homériques nous montrent partout des croyances sans dogmes arrêtés et imposés. Le sentiment moral s'y fait jour dans les jugements, dans les maximes, dans les traits rapportés de la vie des hommes, et il y est comme spontané, franc et naturel, libre des altérations et des simulations, et sans aucune trace de l'esprit de système qui révéleraient l'existence et les œuvres d'un sacerdoce armé du pouvoir « spirituel ». Tout y sort immédiatement de la conscience, le bien et le mal, le beau et le laid qui procèdent, en chaque situation, de la coutume et de la nature. Dans les poèmes d'Hésiode, que l'on estime ou peu s'en faut contemporains des premiers, mais qui appartiennent à un milieu si différent, on oserait presque dire bourgeois, nous voyons apparaître la morale proprement dite, et en même temps la réflexion attristée, une sorte de pessimisme. Les préceptes de justice et de prudence, le précepte du *travail*, point très remarquable, se joignent à l'éloge de la *piété*, parmi les plaintes sur la dureté de la condition des hommes.

Deux ou trois siècles plus tard, quoique l'orphisme et les mystères soient nés, avec la tendance d'une certaine classe d'esprits à l'établissement d'un régime sacerdotal, la Grèce nous montre dans la personne du *sage* ce qu'elle nous a montré dans celle du *poète*, la liberté de l'âme, et de plus un effort propre pour atteindre la connaissance raisonnée des choses et se donner des règles de conduite. Le groupe à demi légendaire des *sept sages*, ce qu'on nous rapporte de la vie et des sentences de ces hommes devenus des types du *savoir*, aux yeux de la postérité, dénotent la possession de soi-même chez le penseur, et l'aptitude à la critique, aux recherches, aux découvertes. En un sens, ce ne serait pas assigner le commencement de la morale que de citer les sentences de tels ou tels de ces hommes, pas plus que de rapporter celles des *Travaux et des jours* d'Hésiode, ou de recueillir celles d'Homère, ou même de remarquer l'esprit d'après lequel sont constituées des personnes mythiques comme Dikè, Thémis et Athènè, ou enfin la signification étymologique des mots qui fixent le caractère divin dans la notion d'ordre, c'est-à-dire de raison. Mais, en un sens aussi, quand on rapproche tout cela du caractère d'un peuple qui, dans ses créations de tout genre s'est montré si apte à la réflexion et à l'analyse, si ouvert à l'impartiale vérité, si porté à observer et à raconter toutes choses et lui-même, il faut bien reconnaître la présence latente de la philosophie morale, et déjà l'étude de la conscience. Les inscriptions fameuses du temple de Delphes : Rien de trop, Connais-toi toi-même, et les sentences des Sages, et les moralités d'Ésope, et les maximes les plus communes des poètes gnomiques sont quelque autre chose que de simples conseils, et doivent passer pour les préludes du mouvement d'où sortirent des écoles qui visèrent à l'établissement d'une science des mœurs.

Dans ce qui nous est parvenu des poètes gnomiques antérieurs à ces écoles, ce que nous trouvons de plus remarquable, c'est un sentiment très décidément pessimiste de la vie humaine, de son incertitude et de ses misères, et du peu de satisfaction que donnent les passions. Puis c'est la notion forte de la justice, la ferme recommandation de l'observer, comme la plus sûre des méthodes, malgré la remarque amère de son opposition avec la marche du monde, avec la volonté de Zeus, supposé que Zeus soit, comme on le dit, le répartiteur des biens et des maux ; c'est la protestation de la conscience contre la loi de solidarité en vertu de laquelle les bons sont atteints par les peines qui ne devraient frapper que les méchants : en un mot la pensée d'où le problème de la théodicée est sorti en d'autres lieux et d'autres religions. La conclusion morale de ces réflexions est le conseil de prudence et de tempérance, l'invitation à fuir les passions et toutes les conditions, autant qu'elles dépendent de nous, desquelles naissent les dangers et les troubles de la vie. Cet enseignement est donc surtout à l'adresse de l'individu et vise à lui procurer la tranquillité de l'âme. Un grand nombre des écoles dogmatiques n'ont pas, nous le verrons, différé de ces moralistes du sixième siècle dans l'appréciation du bonheur et dans la définition de la sagesse. Elles n'ont atteint que rarement dans leurs motifs le degré de pessimisme d'un Théognis et d'un Solon.

Le commencement de la morale comme science séparée, ou cherchant des principes qui lui soient propres, doit se prendre au moment où la philosophie opère un retour sur soi de la conscience en revenant de l'excursion tentée dans la connaissance universelle. Les sages ou savants (en grec, *sophes, sophistes*) — ceux d'entre eux que Pythagore voulait déjà nommer *philosophes* seulement, comme s'il pressentait ce que la science devait coûter de peines et comporter d'incertitudes, — qui s'étaient occupés de *physiologie*, de cosmogonie, de mathématiques, et appliqués aux concepts de la plus grande généralité, avaient essayé des explications du cosmos par les éléments, leurs mélanges et leurs transformations, par l'unité, par les nombres, par les atomes, leurs chocs et leurs figures, par l'Accord et le Discord, par l'Intelligence discriminative et constructive. Puis les différentes solutions du problème universel ayant paru se réfuter les unes par les autres, on vit venir les *sages* en mode subversif auxquels est resté dans la postérité le nom de *sophistes*, pris en mauvaise part. Il faut cependant distinguer deux classes de ces hommes, car il serait très injuste de leur appliquer à tous le même jugement. La plupart ne furent des sortes de *professeurs du pour et du contre* qu'en tant que maîtres de dialectique et d'éloquence, manifestant leurs doutes sincères sur la valeur des théories, et par suite sur le fond des questions débattues depuis deux siècles dans la société grecque. Parmi ceux-là, il y eut quelques vrais penseurs dont les raisons de *non savoir*, qu'ils exposaient, sont restées des points notables pour l'histoire de la philosophie. Mais d'autres sophistes, usant de la faculté dont ils se vantaient, de démontrer ce qu'on voulait, enseignaient que le bonheur, objet naturel et avoué de chacun, consiste dans la satisfaction la plus entière de ses passions unie au pouvoir de les satisfaire; que la justice est une invention des faibles pour se défendre contre la force ou l'intelligence des mieux doués et des mieux lotis, mais qu'au fond chacun n'a de loi que son plaisir et son intérêt. Dans cet état des esprits, dont le tableau nous est donné par les Dialogues de Platon, et si admirablement surtout par le *Gorgias*, la question de la morale se trouvait ramenée, avec celle de la science en général, à la psychologie, à l'étude du *petit monde*, du monde interne, sujet de connaissance plus limité, plus sûr, sujet par excellence du savoir de l'homme, puisqu'il est l'homme lui-même, et dans lequel enfin il doit trouver, si elle est quelque part, la règle de ses mœurs. C'est là la révolution socratique de la méthode, point de départ nouveau de presque toute la spéculation à dater de ce moment.

Les principaux philosophes de l'âge antérieur à Socrate, Pythagore, Héraclite, Empédocle, Démocrite, n'avaient pas manqué de formuler leurs idées sur la morale, mais sans pouvoir obtenir pour elles plus d'autorité que les poètes; car ils ne les établissaient pas sur des principes spéciaux réclamant une valeur de science, et ils ne les attachaient même pas à leurs doctrines propres par des liens bien visibles. Chez les anciens pythagoriciens on ne discerne guère que l'idée trop vague de l'harmonie, et des observations d'un faible intérêt sur les nombres comme symboles des vertus; non que toute leur éthique se bornât là, mais le surplus consistait en préceptes de purification empruntés au sentiment religieux, et en règles de vie ascétique léguées probablement à leur école par l'institut pythagorique, après sa dispersion. Empédocle tirait également toute sa morale de ses idées religieuses, et non de sa doctrine philosophique, ou d'aucune analyse spéciale des notions éthiques. Pour lui, l'hypothèse des transmigrations, la démonologie, les expiations sont le fondement unique des jugements et des préceptes moraux; il n'envisage les âmes, dans ce séjour d'instabilité, de maladie et de mort qui est la terre, que comme suspendues entre le *Sphairos* ou monde de l'unité et de la paix, — après nous ne savons quel âge d'or de l'espèce humaine à ses débuts, dont le rapport avec le *Sphairos* n'apparaît pas dans les fragments qui nous restent de son poème, — et le monde des contraires et de la guerre universelle, dont tous les états semblent n'être que des formes de la peine.

La doctrine d'Héraclite n'est pas plus optimiste, il voit avec dégoût les hommes dans l'ignorance et livrés aux plus basses et aux plus misérables passions. Il ne surpasse en ceci le jugement des gnomiques que par plus d'élévation dans la pensée, — car ils sont quelquefois un peu vulgaires dans leurs plaintes, — et, comme eux aussi, il conclut à la soumision de l'individu à l'ordre et aux lois du monde, seulement avec une vue philosophique plus générale et plus noble de cet ordre universel. Sous ce rapport, Héraclite marche déjà dans la voie des stoïciens, dont il fut l'inspirateur par son système du monde. Il contemple la destinée, ou nécessité des choses, deux idées qu'il indentifie (εἱμαρμένην... ὑπάρχειν καὶ ἀνάγκην), et, faisant, comme on dit en termes familiers, *de nécessité vertu*, c'est le conformisme et la paix intérieure qu'il recommande. On doit probablement entendre un mot remarquable qui est rapporté de lui : Ἦθος ἀνθρώπῳ δαίμων, en ce sens, que tout homme a *dans son état moral son démon*; que c'est par cet état qu'il est heureux ou malheureux. Le pessimisme du jugement se tourne ainsi en un optimisme de volonté, comme dans le stoïcisme au fond (1). Ce rapport est intéressant, mais la morale d'Héraclite n'offre pas le développement psychologique que les stoïciens, à la suite des écoles socratiques, purent donner à la leur, et on ne saurait non plus y découvrir une relation particulière avec la doctrine héracliténne de l'écoulement universel, de l'alternance des contraires, et de l'opposition de l'état d'unité et de paix à l'état de division et de guerre. Nous ne lui voyons pas de ce chef un caractère systématique.

Il n'existe nullement, entre le sentiment de Démocrite sur la morale et celui d'Héraclite, la différence qu'on pourrait supposer en pensant à la légende bien connue des larmes de l'un et du rire de l'autre sur la condition humaine. Le premier de ces philosophes n'est pas moins grave que le second, et les fragments qu'on a de ses œuvres offrent des jugements et des préceptes nombreux où se résume toute la sagesse pratique de l'âge de la pensée qui se terminait à lui, et cela tantôt avec des considérations semblables à celles des gnomiques, et d'un point de vue utilitaire, — qui ne manquera pas non plus chez Socrate, remarquons-le bien, — tantôt avec une plus grande élévation. Par exemple, il montre combien les plaisirs sont courts, trompeurs en résultat, sources

(1) Voyez ci-dessus c. V.

d'ennuis très souvent, irritants par eux-mêmes et non calmants pour qui se livre entièrement à leur poursuite; Mais le tout est dit en regardant l'agrément et le désagrément (τέρψις, ἀτερψίη) éprouvés comme les critères du bien et du mal de l'agent, et afin de conclure à son état d'imperturbable tranquillité d'esprit (εὐθυμία, ἀθαμβία) comme but à atteindre. C'est à peu près ce que devait dire plus tard Épicure, et c'est dans le même esprit que Démocrite conseillait la recherche des biens intellectuels, l'étude, le culte du beau. Peut-être trouvera-t-on qu'il entrait dans une direction notablement différente, quand il recommandait la diminution stoïque des besoins, la répression des appétits (dans un sens un peu plus qu'épicurien), le gouvernement de la raison, et la crainte des voluptés troublantes, mais surtout quand il demandait au désintéressement et non à l'égoïsme le principe du bien faire. Remarquons cette sentence déjà platonicienne : « L'injuste est plus malheureux que celui qui subit l'injustice » (ὁ ἀδικέων τοῦ ἀδικεομένου κακοδαιμονέστερος) (1).

On peut prendre pour le dernier mot de Démocrite en morale la dépendance où l'homme est de lui-même et de sa propre volonté pour le bonheur ou le malheur, chose essentiellement interne ; et ce point de vue le rapproche plus décidément des futurs stoïciens que des futurs épicuriens : « le bon et le mauvais démon de l'âme ne résident pas dans les troupeaux ou dans l'or, mais c'est dans l'âme elle-même que réside le démon » (ψυχὴ δ' οἰκητήριον δαίμονος) (2). Il est à peine besoin de faire observer que le *bon* et le *mauvais démon* sont en grec le *bonheur* et le *malheur*. Mais nous ne pouvions bien traduire qu'en les ramenant à leur sens étymologique les mots grecs dont le français technique *eudémonisme* a été tiré. Observons maintenant que la formule de Démocrite : *C'est dans l'âme qu'est le démon* exprime une pensée fort semblable à celle d'Héraclite : *Le moral de l'homme est son démon.* On peut juger par là de la profondeur où la connaissance du fondement de la moralité, en tant que direction de soi-même, avait pénétré par l'œuvre de la philosophie des Grecs, avant que l'analyse des notions morales eût produit les écoles divergentes. Aucun autre peuple n'a offert dans l'histoire le spectacle d'un tel effort de travail de l'homme sur lui-même.

(1) Fragments 117 et 224 de Démocrite dans les *Fragm. phil. græc.* de Mullach, t. I, p. 347 et 354.
(2) *Ibid*, n° 1, p. 340.

CHAPITRE XII

La psychologie morale de Socrate.

L'entreprise de construire une théorie des mœurs en s'appuyant sur l'analyse psychologique de la nature morale de l'homme était analogue de celle qui avait été faite, et qui avait réussi, pour créer la géométrie à l'aide d'un petit nombre de principes et de notions constatés dans l'esprit et relatifs à un certain ordre de phénomènes donnés dans l'expérience ; l'analogue aussi d'une autre tentative qui n'avait conduit qu'à la contradiction entre les penseurs, et qui aurait consisté à ramener à un petit nombre de lois ou de causes ces phénomènes eux-mêmes pris dans toute leur extension. Nous venons de voir qu'avant Socrate et son école on n'avait pas songé à la possibilité d'une science de la morale ainsi comprise, pas plus d'ailleurs qu'envisagée comme un simple corollaire de la doctrine générale qu'on admettait, et de laquelle on aurait essayé de la déduire. Les nombres symboliques des pythagoriciens répondaient trop imparfaitement à l'une ou à l'autre de ces deux idées, et il ne semble pas que Démocrite, par exemple ait cherché un rapport entre l'atomisme et son principe moral du bonheur, ou voulu démontrer ce dernier autrement que par ses réflexions sur la vie.

C'est cependant à l'époque même de Démocrite, que se fondait pratiquement la méthode d'analyse psychologique et morale, dans les polémiques journalières de Socrate contre les sophistes, et c'est alors que commencèrent à se distinguer les tendances opposées d'où naquirent les écoles socratiques, et de là les sectes nombreuses, divisées sur la question des fins de l'homme. A s'en tenir aux premières apparences, rien ne ressemble moins à une science que ce qui s'élabora en matière d'éthique à dater de ce moment. Mais dût-on prendre au sérieux la plaisanterie trop souvent répétée des deux cent-soixante opinions qui se firent jour sur la nature du souverain bien, il faut commencer par remarquer le fait de l'accord fondamental des écoles de morale sur le principe de la rationalité de la recherche. L'esprit de la science leur est commun à toutes : elles visent à instituer les mœurs sur la raison et sur l'étude de l'homme. Dans ce qu'elles appellent la vertu, ou dans ce qu'elles estiment être le bonheur, c'est toujours la vérité et le bien selon l'entendement qu'elles poursuivent, et c'est toujours la sagesse qu'elles visent à définir et à enseigner. Il y a donc une communauté réelle d'intention et d'édification entre elles toutes.

Observons un autre fait très considérable : c'est l'harmonie des doctrines déduites de principes opposés, quand on passe de ces principes à leurs applications prétendues, et au plus grand nombre des préceptes qu'elles fournissent pour la vie journalière. Pas plus les philosophies que les religions, ne donnent des leçons d'immoralité, à cet égard, ou pour les choses qui sont de leur domaine commun. D'ailleurs ces principes qu'on appelle opposés ne le sont pas ordinairement dans la force logique du mot, et sont plutôt des sortes d'hypothèses que leurs auteurs destinent au même service, aux mêmes explications, en partie du moins, que les hypothèses rivales, et qui, en effet, conduisent en partie aux mêmes conséquences.

Enfin la divergence des doctrines éthiques ne comporte réellement qu'un petit nombre de directions principales, et, entre ces mêmes directions, sauf quelques variations sans importance dans les termes, on a vu les esprits se partager, à toutes les époques de liberté philosophique, comme si les hommes se distribuaient spontanément en certaines catégories d'aptitudes intellectuelles et de tempéraments passionnels, dont chacune produirait sa théorie particulière pour l'opposer aux autres. Ici une première remarque à faire paraît être que les écoles opposées ont erré plus souvent par leurs négations, leurs exclusions, leurs prétentions rivales à atteindre la vérité dans son unique et dernier fond, que dans les vérités qu'il leur a été permis de reconnaître de leurs divers points de vue. Mais ce qui domine la question et rend le cas irrémédiable, c'est que la science de la morale est réellement suspendue, *comme science*, à des principes sur lesquels l'accord des hommes ne peut pas être obtenu spontanément, et devenir universel, comme il l'est entièrement ou à peu près sur les principes des sciences mathématiques et naturelles. En présence de ce mal sans ressource, il faut choisir : ou de demander l'accord à l'action d'une autorité externe et à la contrainte, — ce qui n'est nullement une garantie pour la vérité, — ou de se confier au travail collectif des hommes, aux fruits qu'on peut en attendre, en laissant chacun libre de ses jugements. Il ne saurait y avoir collection et combinaison que de ce qui est originairement individuel, et ce qui est individuel court des chances d'erreur. Cette méthode de travail est celle que nous devons à la Grèce et qui suppose la liberté morale.

Il est au plus haut degré remarquable que la première application réfléchie de cette liberté à la fondation de ce qu'on a pu d'abord croire être une science comme les autres, — plus sûre que les autres, puisqu'on venait de manquer la science de la nature, — se soit accompagnée d'une illusion ! En effet, l'entreprise de Socrate se divise en deux points : le premier consistait à transporter l'étude, de l'objet, déclaré inaccessible, au sujet, dont l'analyse, suivant le précepte de Delphes, semblait plus à portée. C'est le sens de la phrase de Cicéron sur la mission de Socrate comme ayant détourné la philosophie des choses occultes, enveloppées dans l'essence profonde de la nature (« a rebus occultis et ab ipsa natura involutis... avocavisse philosophiam »), pour la diriger *vers la vie commune*, dans l'investigation des vertus et des vices *et de tout ce qui est bien ou mal*. En cela, le philosophe mit le sceau à l'œuvre de l'hellénisme, qui, en théologie, par l'humanisation des dieux olympiens, autrefois tout mythiques, et par l'aboutissement du principe universel physique à l'intelligence ordonnatrice d'Anaxagore, et, dans la poésie, par le passage du lyrique au dramatique, dans l'art enfin, par la création des plus beaux types humains, avait tendu partout à faire de l'homme le sujet essentiel de l'étude de l'homme.

Le second point de la pensée socratique, et c'est ici le lieu de l'illusion, portait sur l'ambition de construire une théorie de la morale, scientifique en ce sens que la pratique de la morale en fût une conséquence forcée. La politique, avec les mœurs, devait devenir une science, et c'est ce qui explique l'insistance, sans cela bien étrange, que Socrate mettait à démontrer aux politiciens d'Athènes leur ignorance des choses dont ils se mêlaient de décider chaque jour. Ce qu'il leur démontrait en effet, c'est qu'ils étaient incapables de rendre compte de leurs opinions, ou de justifier leurs actes, dans les matières d'État, d'après les principes du juste et de l'utile, parce qu'ils ne pouvaient définir ces principes eux-mêmes, ni, en général, raisonner sur les vertus et en discerner les applications. Les connaître, selon Socrate, c'eût été aussi *nécessairement* les appliquer, et il ne voyait qu'incertitude et erreurs dans la marche de la démocratie athénienne. Il appartenait pour cette raison au parti aristocratique : non pas apparemment qu'il fût plus satisfait de ses actes, quand ce parti avait le pouvoir, mais parce qu'il pouvait espérer trouver, plus facilement dans une élite de citoyens que dans la foule, des hommes capables de diriger la république *conformément à la science*.

Cette conformité à la science était, selon Socrate, inhérente à la possession même de la science ; elle constituait la vertu, et les vertus étaient autant de connaissances (φρονήσεις ᾤετο εἶναι πάσας τὰς ἀρετάς), les vices autant de faits d'ignorance. Par exemple, l'intempérant est un homme qui ne sait pas apprécier le rapport d'un plaisir actuel à une peine à venir, et il n'y aurait point de lâches si les hommes savaient que la mort est un accident bon en lui-même ou pour le moins indifférent. Cette confusion de la science et de la sagesse était favorisée par les termes de la langue grecque, mais ne laissait pas d'être fort systématique, s'appuyant formellement sur ces deux propositions : que l'homme cherche constamment le bien et évite le mal, c'est-à-dire ce qu'il juge tel ; et qu'il n'est pas possible que l'agent agisse contrairement à son propre jugement. On voit que la thèse du déterminisme se présentait immédiatement, dès que l'on considérait la moralité comme le corollaire d'un *savoir*; et c'est ainsi que Socrate fut non pas le premier *nécessitaire*, universellement parlant, il s'en faut bien, puisqu'il refusait de spéculer sur le monde objectif, mais le premier psychologue *déterministe* (1).

Malgré cette distinction, il faut bien dire que ce qu'il n'était pas formellement, il l'était par sa tendance, et que d'ailleurs son abstention en matière de *physique* n'allait pas jusqu'à lui interdire les jugements moraux sur l'ordre du cosmos. Il démontrait l'existence d'une Providence universelle par l'argument des causes finales, avec des développements tout semblables à ceux qui n'ont

---

(1) Aristote, *Morale à Nicomaque*, VI, 13 ; VII, 2 ; Xénophon, *Memorabilia*, III, 9 ; Platon, *Ménon*, *Protagoras*, passim. On soulève quelquefois une difficulté sur ce que la question : *la vertu se peut-elle enseigner?* a reçu des réponses variables, tandis qu'il est dit que *la vertu est une science*. Mais ce n'est pas la même question, car un savoir peut n'être pas transmissible.

cessé d'être employés depuis lui et qu'il présentait avec autant de discernement et de force qu'on a jamais pu le faire (1). C'est en ce sens, en un sens moral, bien différent de celui de l'intelligence motrice d'Anaxagore, que Socrate était monothéiste, puisqu'il est d'ailleurs avéré qu'il admettait tout au moins la démonologie et la divination. L'unité providentielle de la direction du cosmos fut, comme on sait, la doctrine des stoïciens, de même que cette foi aux démons et aux oracles : ils s'éloignèrent de Socrate en cela seulement qu'ils se décidèrent pour la nature immanente de Dieu et de la finalité, en reprenant cette *physiologie* dont Socrate entendait s'affranchir.

Revenons à la morale comme science. Il résulte clairement des analyses et des controverses sans conclusion des *Dialogues* de Platon, que Socrate, professant comme il faisait l'ignorance et l'incessante recherche, n'atteignait point le but posé *a priori* : constituer cette science qui se serait composée des définitions des vertus classées par espèces et par genres, et formant, grâce à la détermination de la plus générale de toutes, l'unité de la vertu. Les raisonnements inductifs et les définitions générales dont Aristote lui rapporte le mérite d'avoir découvert la méthode (2) ne lui serviront à rien de tel, mais seulement à faire échouer dans la contradiction les adversaires, *plus savants que lui*, qui se croyaient en mesure de bien définir et ne pouvaient rester d'accord avec eux-mêmes en passant la revue des conséquences de leurs différentes définitions rapprochées les unes des autres. Platon ne réussit pas mieux dans une entreprise qui supposait la possibilité de réduire analytiquement toutes les notions morales les unes aux autres, c'est-à-dire à l'identité, et, en d'autres termes, de se passer des jugements synthétiques *a priori* dans la morale. La critique de Kant a seule pu donner la raison de cet échec de la science socratique, bien que Kant lui-même n'en ait pas fait, que je sache, la remarque. Il ne sera pas sans intérêt de rappeler à ce propos que Platon, mettant, dans sa théorie des Idées, le Bien *au-dessus de l'Essence*, au-dessus des Idées, a précisément reconnu par là même qu'il ne pouvait déduire logiquement du Bien les idées morales particulières, quoiqu'il le qualifiât métaphoriquement, ou dans un sentiment religieux, de *Père des Idées*.

(1) Xénophon, *Memorabilia* I, 4.
(2) Voyez ci-dessus, C. IV.

Nous disions que les controverses des *Dialogues* de Platon, les pareilles bien certainement de celles de Socrate, étaient *sans conclusion* ; mais il ne faut entendre ceci que des conclusions auxquelles le lecteur est naturellement porté à s'attendre touchant la question de définir et de rapporter les définitions les unes aux autres : celles du juste, du bon, de l'utile, de l'agréable, etc., etc. Le lecteur ne sait pas d'ailleurs, en général, que le problème est insoluble. Mais en est-il de même, au fond, quand la question est de conclure sur la préférence morale à donner à un mobile de l'âme sur un autre ? c'est maintenant ce qu'il faut examiner. Le doute sur ce sujet est moins surprenant qu'on ne le croirait d'abord, à consulter seulement l'opinion commune et bien fondée sur l'esprit du platonisme.

Un historien et commentateur très savant, très intelligent et très complet de Platon et de ses œuvres, attaché lui-même à la doctrine eudémonique et utilitaire, — à celle qui, avec Stuart Mill, prend l'utilité sociale pour critère, — a fait, à propos du dialogue : *Le Protagoras*, l'intéressante remarque suivante :

« Le Socrate des dialogues formule, dans le *Protagoras*, une théorie éthique que nous voyons acceptée par Protagoras lui-même et par les autres interlocuteurs; et cette théorie est positive et nette, à un degré qui n'est pas commun chez Platon... Il déclare expressément que le plaisir, ou le bonheur, est la fin à poursuivre; la douleur, ou la misère, la fin à éviter ; et qu'il n'y a pas d'autres fins à l'égard de laquelle les choses puissent être appelées bonnes ou mauvaises... Il met les contradicteurs au défi d'en assigner. Par le fait, il n'a pas répondu à ce défi, dans d'autres dialogues où il s'écarte de la présente doctrine : dans aucun, il n'a spécifié une fin différente. Dans d'autres, il a insisté, comme dans le *Protagoras*, sur la nécessité d'un art ou science de calculer; dans aucun il ne nous a expliqué nettement sur quels sujets doit porter le calcul » (1). L'auteur de cette remarque pense que Platon a erré, dans cet endroit, en ne considérant les fins que relativement à l'individu, tandis que là où il s'est occupé de la société, et par conséquent de la justice (dans le dialogue de la

---

(1) George Grote, *Plato and the other companions of Socrates*, t. II, p. 81. — Le *calcul* en question est celui des biens et des maux à provenir des décisions possibles de l'agent, comparées entre elles sous tous les rapports qu'on en peut envisager.

République, surtout) il a bien vu qu'il fallait agrandir les fins, et les considérer dans leurs rapports avec l'avantage de la communauté. L'eudémonisme subsisterait toujours, pour l'appréciation des fins, après cette généralisation nécessaire. G. Grote porte ce jugement d'après le principe de son école, principe faux, parce qu'il ne fournit aucun moyen de résoudre l'opposition, pratiquement incontestable en des cas ordinaires et continuels, entre les fins de bonheur de l'individu et l'utilité sociale. La pensée de Platon est fort différente, comme nous l'exposerons plus loin avec le détail nécessaire. Platon n'a pas à généraliser l'idée du bonheur pour y faire entrer celle de la justice, qui, selon lui, en est inséparable, dans l'individu comme dans l'État : le juste seul est heureux. En tant qu'il y a opposition apparente, et que l'homme injuste peut paraître heureux, le juste malheureux, il est indubitable que Platon prescrit la justice pour fin, de préférence à ce qui passe pour le bonheur, et, en ce sens, G. Grote a tort de dire que ce philosophe n'a nulle part spécifié une autre fin à rechercher que le bonheur, et ne s'est pas expliqué sur les comparaisons (le *calcul*) à établir entre les différents mobiles de l'âme. Mais il reste vrai que Platon a refusé de distinguer entre l'état humain de justice et l'état de bonheur vrai. Au besoin, pour lever les antinomies apparentes, il recourait à l'immortalité de l'âme et aux peines et récompenses après la vie : solution religieuse de la difficulté.

Il n'est pas douteux que la pensée de Platon n'ait traduit exactement celle de Socrate en cela. Quand on lit les *Memorabilia* de Xénophon, on trouve l'eudémonisme et l'utilitarisme le mieux caractérisé, dans l'enseignement de Socrate. Le *calcul* y est si bien expliqué, et par de nombreux exemples, que les moralistes utilitaires modernes n'ont pas eu beaucoup à inventer quant à la méthode. Les tendances personnelles de Xénophon l'inclinaient à développer cette face de la morale socratique. Et cependant on la reconnaît dans certains dialogues de Platon, comme nous venons de le voir. L'eudémonisme est certain, mais il doit être interprété. Quand on songe au caractère de Socrate, tel qu'il ressort de sa vie, à son respect des dieux et des lois, à la hauteur de ses vues sur la justice et les autres vertus comme sciences, il est impossible d'imaginer que le bonheur en tant que somme et résultante de plaisir, ait pu lui paraître la fin de la vie humaine. Sa conviction *philosophique* au sujet de l'immortalité de l'âme, nous paraît plus incertaine, en dépit de tous les raisonnements que Platon lui prête dans le *Phédon*.

L'eudémonisme, sauf interprétation, étant ainsi le principe de la morale socratique, comme il l'est resté, moyennant interprétation, de la morale de Platon, il est facile de comprendre que les écoles nées de l'enseignement de Socrate se soient accordées à poser ce principe, et qu'ensuite elles aient différé dans la définition du vrai bien dont la détermination est demandée à la science. La science n'étant point fixée, chacun s'attachait selon son caractère à un idéal propre de vie. Socrate lui-même avait pu paraître favoriser plusieurs manières différentes d'être et de sentir. On doit écarter ici de la question ceux de ses disciples qui s'attachèrent à la partie négative de sa méthode et se consacrèrent à la dispute contre tous, sans même qu'on vît bien quelle attitude morale ils entendaient prendre, en leur profession d'inscience, à moins que ce ne fût celle de l'*indifférence* et de l'*apathie*.

Il n'en fut pas ainsi des cyniques, bien qu'on puisse les placer sur le même rang que les philosophes d'Élis et de Mégare en tant qu'hostiles à la recherche scientifique et même à la logique. Nous avons vu plus haut qu'Antisthène contestait la notion de genre et la validité du raisonnement. Il n'eut donc et ne légua pour méthode à son école qu'une sorte d'inspiration et de reconnaissance directe du *bon* et du *vrai* en matière de vie et de mœurs, ce qui était certainement une conséquence à tirer de l'enseignement socratique, supposé qu'il fallût tenir le savoir pour inabordable en suivant la voie des définitions et de la classification des notions morales. Antisthène, prenant ce parti, s'attacha également à quelques-uns des traits moraux caractéristiques du maître : la simblicité de la vie, la réduction des besoins au minimum, le mépris des faux biens, des vaines coutumes et des dépendances qu'on peut éviter. Le principe supérieur sur lequel se dirige la vie ainsi comprise n'est autre chose que le sentiment immédiat de l'identité du *bien vivre*, ou de la *vie selon la nature*, en un mot de la *vertu*, avec le beau et le bien, qui sont une seule et même chose (τ' ἀγαθὰ καλά), et avec le bonheur. Cet état de félicité, fait en grande partie d'indifférence et d'abstention de tout ce qui peut être retranché de la vie naturelle (κατὰ φύσιν), est, suivant le fondateur de l'école cynique, l'état d'un dieu : d'un dieu, ou *de Dieu*; car nous ne savons guère quelle intuition pouvaient avoir de la divinité, — en dehors de toute spéculation, puisqu'ils n'en admettaient aucune, — un Antisthène ou un Diogène, étrangers très certainement aux croyances du peuple (1).

Aristippe de Cyrène tira du principe eudémoniste de l'enseignement de Socrate des conséquences diamétralement opposées quant à la doctrine des mœurs, ou, pour parler plus exactement, quant à la sagesse pratique de l'individu la mieux faite pour le rendre heureux ; car il ne s'occupa point d'autre chose, et les pensées plus élevées de Socrate, comme homme, au regard des dieux, et comme citoyen, lui demeurèrent indifférentes. L'indépendance de l'individu par rapport à la société et à la coutume fut pour Aristippe et les cyrénaïques une fin recherchée, comme pour les cyniques, mais dans un esprit contraire, c'est-à-dire avec la volonté, non de s'affranchir des choses, mais de s'en arranger et d'en tirer parti (*omnis Aristippum decuit color, et status et res*); non de s'en laisser dominer, mais de se les subordonner, de les exploiter de son mieux (*mihi res, non me rebus subjungere conor*) ; et avec la résolution, non de borner ses désirs et de simplifier sa vie, mais de se procurer tous les plaisirs possibles qui se peuvent accorder entre eux et ne sont pas des causes prévoyables de peines à venir. Le bonheur ne pouvant être qu'une somme de tels plaisirs et n'étant pas susceptible de définition en lui-même, c'est seulement par leur recherche dans le détail, avec l'attention et la prudence convenables, qu'il pouvait être atteint, selon ce philosophe pratique. Ce n'est pourtant pas, à vrai dire, une philosophie, puisqu'elle ne pose pas même un état comme fin à atteindre pour le sage, et qu'elle laisse échapper la notion du bien (du bonheur en ce cas-ci) dans son unité.

Ce constraste du cynique et du cyrénaïque est d'un réel enseignement pour le psychologue et le moraliste, auquel il montre bien ce que peuvent le caractère et l'humeur des individus, pour appliquer une méthode de philosopher qui ne leur offre, ou dans laquelle ils ne veulent comprendre qu'un principe à déterminer et qu'une fin à se proposer : le bonheur, sa définition et les moyens de l'atteindre ; car c'est bien ainsi, exclusivement, que les petites écoles socratiques envisagèrent la question qu'avait traitée le maître. Et l'on peut voir d'un autre côté, chez Xénophon, autre

---

(1) Antisthenes in eo libro qui physicus inscribitur populares deos multos, naturalem unum esse dicens tollit vim et naturam deorum. Ciceron, *De nat. deor.*, I, 13.

disciple de Socrate, ce qu'un homme d'État, un général, un économiste, un homme de vertu, a su exposer des conséquences mieux entendues de la même méthode, sans cependant en agrandir l'idée et la portée.

L'école cyrénaïque devait, par son développement, montrer plus clairement encore la nature arbitraire des jugements qui se peuvent porter sur le bonheur, proposé comme fin dans une doctrine éthique. Non seulement ces jugements varient et s'opposent, comme le prouve la coexistence si longtemps prolongée des écoles stoïcienne et épicurienne, qui firent suite à la cynique et à la cyrénaïque ; mais il peut même arriver ceci, que les premiers eudémonistes sont bien loin de prévoir : c'est que certains de leurs successeurs déclareront le bonheur impossible, et, après due démonstration des inévitables misères de l'existence et des leurres du plaisir, donneront le suicide comme le dernier mot de la sagesse. Cette conclusion ne pèche pas contre la logique ; car c'est à la reconnaissance d'un fait d'expérience chez chacun, s'il y a lieu, qu'on recourt ainsi, pour supprimer le but et la matière donnés tout d'abord à la doctrine, et transformer par là celle-ci. Voilà pourquoi l'étrange revirement put se produire dans l'école hédoniste elle-même, chez les disciples d'Hégésias surnommé πεισιθάνατος, *qui conseille la mort*. Cette branche de l'école ne dura guère, mais on vit plus d'une fois, dans la suite, les épicuriens les plus sérieux prendre le même chemin. Les cyrénaïques, qui le suivaient jusqu'au bout, devaient nécessairement abandonner l'indifférence morale, ou égoïsme, d'Aristippe, sorte d'optimisme individuel fondé sur la confiance de *se trouver bien* à ne songer qu'à soi et à s'accommoder des choses. Une tout autre attitude convient à des hommes qui regardent leurs semblables comme des compagnons d'infortune dans une situation qui n'a d'issue bonne et sûre que la mort. La pitié, l'universelle pitié est le sentiment le mieux adapté au jugement pessimiste des conditions de l'humanité, chez le philosophe qui ne trouve pas dans un autre sentiment, celui du devoir, et dans les espérances de l'au delà un correctif aux impressions qu'il a tirées de l'expérience.

FIN DU PREMIER VOLUME

TABLE DES MATIÈRES

LIVRE PREMIER

CRITIQUE DES RELIGIONS A L'ÉTAT CONSTITUÉ. — LES DOGMES. LES SACERDOCES.

Pages.

Chap. I. — **Résumé de l'introduction à la philosophie analytique de l'histoire** 1
Principe des diversités originelles en religion. — Rappel des principaux traits caractéristiques des races quant à la religion.

Chap. II. — **Le mazdéisme antique. Le dualisme moral** 9
Distinction des prêtres mazdéens et des mages. — Anciennes erreurs dans l'histoire des religions. — Zoroastre : discussion de l'âge et de la personne. — Origine et caractère du dualisme mazdéen. — Le principe premier. — Monothéisme mazdéen. — Les bons et les mauvais esprits. — Les Fravachis. — L'origine du mal. — Le monde primitif. — La doctrine de la chute dans le mazdéisme. — La lutte contre les *dévas*. — Le triomphe final du bien.

Chap. III. — **Du fondement psychologique du spiritisme** 48
Caractère de la personnification spiritiste. — Hypothèse de H. Spencer. — L'homme primitif selon cette hypothèse. — Origine des idées d'esprit et de matière. — Extension et transformation de la méthode spiritiste.

Chap. IV. — **De l'origine du dualisme moral** 57
Diversité des émotions possibles chez des hommes primitifs. — Hostilités des Iraniens contre les *Dévas*. — Origine de l'Ahoura des Iraniens. — Hypothèse de l'*Orage* comme mythe primitif et origine du dualisme moral.

Chap. V. — **Le dogmatisme chez les Chinois** 63
Développement religieux des Chinois. — Doctrine de l'Yang et de l'Yn. — Religion du Tao. — Le livre des *Récompenses et des peines*. — L'école des *Lettrés*. — Introduction du bouddhisme.

Chap. VI. — **Le dogmatisme au Japon** 73
La religion du Sinto. — Culte et morale. — Le bouddhisme et le confucéisme au Japon.

Chap. VII. — **Religions des Américains** 81
De l'origine des civilisations américaines. — Culte solaire des Péruviens. — Religion des Aztèques. — L'idée du sacrifice dans les religions américaines.

Chap. VIII. — **Doctrine théologique et eschatologique des Égyptiens.** 93
L'âge des dogmes égyptiens. — Doctrine égyptienne des transmigrations. — Objet de la momification des morts. — Doctrine de la momification des morts. — Doctrine de la réviviscence et des métamorphoses. — Épreuves posthumes et divinisation. — Ju-

gement des âmes. — L'unité divine. L'émanation. — Théogonie et cosmogonie. — Combat du Bien contre le Mal. — Transformation philosophique du dogme égyptien.

Chap. XI. — **Brahmanisme et doctrine sacerdotale de l'Inde** 115
Les Aryens dans l'Inde. Les castes. — Panthéisme anthropomorphique des Brahmanes. — Cosmogonie brahmanique. — Théorie des évolutions et des âges. — La doctrine théocratique. — Les âmes. Leur destinée. — La diététique brahmanique. — La pénitence. L'extase. — Évolution philosophique du brahmanisme.

Chap. X. — **Sectes religieuses de l'Inde** 131
Le sivaïsme et les cultes inférieurs de l'Inde. — Le vichnouisme. — La triade théologique. — Cosmogonie vichnouiste. — Doctrine indienne du verbe. — Cosmogonies diverses. — Mythologie vichnouiste. — Avatars de Vichnou.

Chap. XI. — **Secte de Crichna** 147
Origine et caractère de la secte de Crichna. — Théorie de la foi. Mépris des œuvres. — L'extase.

Chap. XII. — **Religions de l'Asie occidentale** 153
Procédés de l'imagination religieuse. — Les anciens cultes de Babylone. — Dieux babyloniens et assyriens. — Doctrine babylonienne. — Système des dieux planètes. — Les pyramides babyloniennes. — Le déluge des Sémites. — Mythologie du déluge chaldéo-babylonien. — Fin commune des religions sémitiques polythéistes.

Chap. XIII. — **Les cosmogonies sémitiques** 182
Premiers éléments des cosmogonies sémitiques. — Cosmogonies conservées par Bérose. — Cosmogonies d'après des textes cunéiformes. — Cosmogonies de source phénicienne.

Chap. XIV. — **La cosmogonie du livre de la Genèse** 196
Cosmogonie du premier chapitre. — Légende de la formation de l'homme dans le second chapitre. — Légende du premier péché. — Légende des premiers établissements humains. — Remarque sur l'antiquité historique.

Chap. XV. — **La discipline étrusque** 218
Les religions de l'Europe ancienne. — La nation étrusque. — La religion étrusque. — Les présages, — les nombres mystiques. — La fulguration. — Les dieux étrusques. — Les génies et les démons. — De la théocratie et des sacerdoces. — Le sacerdoce étrusque.

Chap. XVI. — **La religion des Gaulois**............. 245
La discipline druidique. — Les origines gauloises. — La doctrine des druides. — L'immortalité selon les druides. — Les superstitions gauloises. — La plante sacrée des druides. — La théologie des druides. — Le syncrétisme dans la Gaule.

Chap. XVII. — **Polythéisme systématisé des Grecs** 276
Origine de la théologie hellénique. — Théogonie d'Hésiode. — Ouranos, Kronos et les Titans. — Kronos, Zeus. La titanomachie. — Les Japétides. Prométhée. — Mythe des races. — Morale religieuse de la Grèce.

Chap. XVIII. — **Mythographes et philosophes. Les mystères, l'orphisme** 300
Transformation de la mythologie. — Épuration de l'idéal divin. — Les dieux des anciens philosophes. — Esprit et origines des mys-

tères de la Grèce. — Le mysticisme dans les mystères. — Le mystère de Samothrace. — Le mystère d'Eleusis. — Le mystère de Dionysos. — L'orphisme. — La superstition et la fraude. — L'orphisme et le dionysisme.

Chap. XIX. — **La magie, la sorcellerie, la démonologie** 334
Principe psychologique des superstitions magiques. — La magie chez les Finnois. — Nature de la magie démonologique. — La magie chaldéenne. — Les éléments matériels et la démonologie. — La démonologie du feu. — La démonologie mazdéenne. — Immoralité du démonisme.

Chap. XX. — **La divination et l'astrologie.** 354
Idée générale de la divination par le sort. — Ses moyens variés. — La superstition astrologique. — Son origine. — Bases du système astrologique. — Les influences astrales. — Les dieux du système astrologique. — La divination et le sacerdoce.

Chap. XXI. — **L'évhémérisme, le syncrétisme, les apothéoses. Deux formes du panthéisme** 378
Idée générale du système d'Evhémère et du syncrétisme. — Opposition du panthéisme et de l'esprit anthropomorphique. — Conciliation des deux points de vue. — Les deux formes de l'idée panthéiste chez les anciens.

LIVRE DEUXIÈME

LA SCIENCE, LA MÉTAPHYSIQUE ET LA MORALE DANS L'ANTIQUITÉ

Chap. I. — **Le commencement des sciences** 391
Commencement de la civilisation libre. — L'écriture et la numération en Grèce. — Les nombres pythagoriques.

Chap. II. — **La géométrie et les sciences exactes** 403
La géométrie, l'astronomie, la mécanique. — La logique formelle et l'algèbre. — Début des méthodes d'observation.

Chap. III. — **La métaphysique, d'Anaximandre aux Sophistes** . . . 429
La spéculation chez les Ioniens. — Démocrite et l'ancien atomisme. — Le pythagorisme et Empédocle. — La philosophie éléatique.

Chap. IV. — **La métaphysique, des sophistes aux stoïciens** 448
Les sophistes et Socrate. — Platon. — Platon socialiste. — Platon théologien. — Les *Idées* de Platon. — Les dieux. La démiurgie. La création du temps. — Aristote. Opposition à la théorie des Idées. — Théorie des causes. — Finalité. Progrès de la nature. — Aristote théologien : la pensée pure. — Les dieux subalternes. — Idée du libre arbitre et de l'accident. — Réalité de la contingence. — Survivance de l'intellect actif.

Chap. V. — **Stoïciens et épicuriens.** 474
Système d'Épicure. — Les atomes. — La liberté. — La vie divine. — Système de Zénon. — L'éther et son évolution. — La providence divine. — Le déterminisme. — L'immanence. — Dieu et les dieux.

Chap. VI. — **Le pyrrhonisme. La critique du savoir** 486
Origines formelles de l'école sceptique. — Pyrrhon. L'attitude pyrrhonienne. — Débuts du phénoménisme et de la critique du sa-

voir. — Ænesidème : critique de la cause. — Critique de la validité du syllogisme. — Les cinq modes ou moyens de l'*épochè*.

CHAP. VII. — **Le probabilisme. Le criticisme chez les anciens**. . . 497
La nouvelle académie : son origine. — Arcésilas. — Le probabilisme — Carnéade. — Le criticisme dans l'antiquité. — Controverse sur le déterminisme et le libre arbitre. — État pareil de la controverse au xix° siècle. — Origine du prédéterminisme divin.

CHAP. VIII. — **Origines de néoplatonisme alexandrin** 511
Idée caractéristique du néoplatonisme. — Premiers initiateurs : Potamon, Alcinoüs, etc. — Numenius. Principe de l'émanation. — Les hypostases. La trinité. — Ammonius Saccas, réputé fondateur de l'école alexandrine.

CHAP. IX. — **Plotin. La doctrine de l'émanation** 517
Plotin. Doctrine des hypostases. — Les idées, la matière, le mal. — L'âme du monde. — Unité et identité des êtres. — Nécessité universelle. — L'évolution néoplatonicienne. — L'optimisme néoplatonicien. — Le problème du mal. — Descente et ascension des âmes. — Les métensomatoses. — La fin de béatitude au sens néoplatonicien. — Rapprochement du néoplatonisme et du brahmanisme.

CHAP. X. — **Le néoplatonisme. Les successeurs de Plotin**. 537
Exagérations réalistes des disciples de Plotin. — L'école d'Athènes : Proclus. — Les superstitions dans le néoplatonisme. — La restauration du culte païen. — Mythologie de Proclus. — Les derniers philosophes de l'école d'Athènes. — Damascius : le livre des *Principes*. — Récapitulation : la métaphysique hellénique.

CHAP. XI. — **La morale et la psychologie avant Socrate** 554
La morale et la psychologie comme sciences. — La morale chez les Chinois. — L'école de Confucius. — L'invariabilité dans le milieu. — Caractère de la Chine lettrée. — Morale des plus anciens philosophes grecs. — Morale des sophistes. — Morale des écoles dogmatiques antésocratiques. — Héraclite et démocrite.

CHAP. XII. — **La psychologie morale de Socrate** 570
Science socratique de la morale. — L'identité de la science et de la vertu. — La recherche des définitions morales. — L'eudémonisme socratique. — Les écoles socratiques de morale. — Antisthène. — Aristippe de Cyrene.

www.ingramcontent.com/pod-product-compliance
Lightning Source LLC
Chambersburg PA
CBHW070404230426
43665CB00012B/1244